本书为

国家社科基金重点项目

国家出版基金项目

『十三五』国家重点出版物出版规划项目 结项成果

THE GENERAL ANNALS
OF CHINESE CONFUCIANISM

国家出版基金项目
NATIONAL PUBLICATION FOUNDATION

中国儒学通志

丛书主编　苗润田　冯建国

先秦卷·学案篇

本册作者　王传林

ZHEJIANG UNIVERSITY PRESS
浙江大学出版社
·杭州·

图书在版编目(CIP)数据

中国儒学通志.先秦卷.学案篇 / 苗润田,冯建国
主编;王传林著. — 杭州:浙江大学出版社,2022.12
ISBN 978-7-308-23008-7

Ⅰ. ①中… Ⅱ. ①苗… ②冯… ③王… Ⅲ. ①儒学—
研究—中国—先秦时代 Ⅳ. ①B222.05

中国版本图书馆 CIP 数据核字(2022)第 165263 号

中国儒学通志·先秦卷·学案篇

主　　编　苗润田　冯建国
本册作者　王传林

出 版 人　褚超孚
策　　划　袁亚春　陈　洁
统　　筹　陈丽霞　宋旭华　王荣鑫
责任编辑　胡　畔
责任校对　赵　静
责任印制　范洪法
封面设计　项梦怡
出版发行　浙江大学出版社
　　　　　(杭州市天目山路 148 号　邮政编码 310007)
　　　　　(网址:http://www.zjupress.com)
排　　版　浙江时代出版服务有限公司
印　　刷　杭州钱江彩色印务有限公司
开　　本　710mm×1000mm　1/16
印　　张　34.75
字　　数　636 千
版 印 次　2022 年 12 月第 1 版　2022 年 12 月第 1 次印刷
书　　号　ISBN 978-7-308-23008-7
定　　价　218.00 元

"中国儒学通志"总序

儒学是中华传统文化的主干,是中华民族的精神血脉,它不但对中国古代的政治、经济、思想、文化、教育等诸多领域产生过广泛而深刻的影响,对人类文明的发展做出了巨大贡献,而且在今天仍然具有不容忽视的现代价值。儒家的思想理论,广泛涉及人与自然、人与人、人与社会、群与己、古与今、知与行、义与利、生与死、荣与辱、苦与乐、德与刑、善与恶、战争与和平等这样一些人类所面对的、贯通古今的矛盾和问题,提出了天人合一、天下为公、大同世界,修身正己、自强不息、厚德载物,以民为本、为政以德、见利思义、清廉从政,明体达用、经世致用、知行合一、仁者爱人、以德立人、以诚待人、讲信修睦,求同存异、和而不同、和谐相处,有教无类、因材施教、温故知新、学思结合等一系列为学、为人、为事、为官、处世的常理和常道,对于正确处理人与人的关系、人与自然的关系、个体与群体的关系、群体与群体的关系、不同民族和国家间的关系、不同文化和文明间的关系等都具有普遍的指导意义,是人类走向未来不可或缺的精神资源。这也就是一种产生在两千多年前农耕时代并且随着历史的发展不断前行的思想、学说,在信息时代的今天仍然具有广泛感召力、影响力,为世人所推重、学习、研究、传承的根本原因。"研究孔子、研究儒学,是认识中国人的民族特性、认识当今中国人精神世界历史来由的一个重要途径。"(《习近平在纪念孔子诞辰 2565 周年国际学术研讨会暨国际儒学联合会第五届会员大会开幕会上的讲话》)"中国儒学通志"是研究孔子、儒学的一个窗口。

"中国儒学通志"由纪年卷、纪事卷、学案卷三个部分组成。纪年卷主要记录自孔子创立儒学至 1899 年有关儒学发展的各个方面,包括重要儒学人物的生卒,儒学发展过程中有较大影响的事件,以及重要儒学论著的完成、刊印等,全方位展现儒学发展的面貌。纪事卷以事件为线索,记录有关中国儒学发展的重大历史事件,如"焚书坑儒""罢黜百家,独尊儒术"等,内容包括事件产生的原因、经过、结果及其对儒学发展的影响。学案卷以人物为中心,主要记述对儒学发展有较大影响的人物,包括该人物的生平事迹、对儒学所持的观点、在儒学发展史上的地位和贡献,以及有关的评价等。

"中国儒学通志"是我国著名学者庞朴先生继《20世纪儒学通志》(浙江大学出版社2013年6月)出版后主持的又一国家社会科学基金重点项目。庞先生去世后,2016年改由苗润田、冯建国教授主持。在苗润田、冯建国的主持下,该项目组建了一支有国内知名学者参加的学养深厚的研究队伍,制定了切实可行的研究计划和实施方案。通过多次召开小型学术研讨会,邀请王钧林教授、朱汉民教授、郭沂教授等专家学者与课题组成员一起,就课题的指导思想、整体框架、重点难点问题等展开广泛深入的研究,不但达成了学术共识而且促进并深化了对课题的认识。在这个过程中,浙江大学出版社、山东大学儒学高等研究院、山东大学人文社会科学研究院、山东大学哲学与社会发展学院自始至终都给予了巨大支持和帮助。彭丹博士协助我们做了大量的事务性工作。在此,谨向他们,向关心、支持"中国儒学通志"研究、撰著的朋友、同仁致以诚挚的谢意!

苗润田　冯建国

2022年12月于山东大学

目　录

儒家圣王学案

"祖述尧舜，宪章文武"是《礼记·中庸》与《汉书·艺文志》对孔子开创的儒学之"道统"的历史溯源①。孔子远绍尧舜，近仰周公，主张以仁爱拯救天下，志在恢复周礼；孔子坦言："周监于二代，郁郁乎文哉！吾从周。"（《论语·八佾》）其实，儒家"祖述尧舜，宪章文武"隐藏着对历史乌托邦的追念与对圣王政治的期许，他们试图通过张扬道德理想主义去校正血腥政治的发展方向，试图通过"法先王"去教化、校正后王、今王，期待道德成为政治的基石尤其是成为最高权力的基石。

诚然，孔子开创的儒学不仅有"道统"可溯，而且其学隐含"圣统"与"王统"。其中，所谓"圣统"即孔子眼中的基于理想道德人格与历史次第的圣人序列。所谓"王统"即孔子眼中的基于理想政道、理想君主人格与历史次第的王者序列。细绎"祖述尧舜，宪章文武"之义，隐约可见儒家有时有意无意地将道、圣、王之三统合一，他们认为圣人与王者或曰圣王是天地大道的载体，是匡正世道的根本，是教化人心的君师。儒家视域中的道统、圣统、王统之"三统"寄寓着儒学的根本旨归、儒家的政治理想、儒者的理想人格。特别是道统、圣统、王统之三统合一，突显出儒学相异于先秦其他诸子之学的基本内容与理论旨趣。诚如《汉书·艺文志》曰：

---

① 按：关于儒学的源头，后世儒者有不同认知，明人周汝登的《圣学宗传》（卷1）与清人张伯行的《道统录》（上卷）皆从"伏羲"开始且次之神农与黄帝，其依据是《周易·系辞下》曰"古者包牺氏之王天下也，仰则观象于天，俯则观法于地，观鸟兽之文，与地之宜，近取诸身，远取诸物，于是始作八卦，以通神明之德，以类万物之情。……包牺氏没，神农氏作。……神农氏没，黄帝、尧、舜氏作"之语。事实上，伏羲、神农、黄帝是远古文化的始祖与源头，尽管远古文化包蕴着儒学的基因，但是要说儒学之源，《礼记·中庸》与《汉书·艺文志》所言"祖述尧舜，宪章文武"之语更合乎历史与逻辑。因为，将伏羲、神农与黄帝视为道家、法家、农家等诸家学术之源似乎也是可以的。

儒家者流，盖出于司徒之官，助人君顺阴阳明教化者也。游文于六经之中，留意于仁义之际，祖述尧舜，宪章文武，宗师仲尼，以重其言，于道最为高。①

孔子虽然赞言尧舜文武，但其建构道统、圣统、王统之"三统"的理论意识并不强烈；相比而言，孟子不仅"言必称尧舜"，而且极具道统、圣统、王统之"三统"意识。孟子曰：

由尧舜至于汤，五百有馀岁，若禹、皋陶，则见而知之；若汤，则闻而知之。由汤至于文王，五百有馀岁，若伊尹、莱朱则见而知之；若文王，则闻而知之。由文王至于孔子，五百有馀岁，若太公望、散宜生，则见而知之；若孔子，则闻而知之。由孔子而来至于今，百有馀岁，去圣人之世，若此其未远也；近圣人之居，若此其甚也，然而无有乎尔，则亦无有乎尔。（《孟子·尽心下》）

从尧舜至孔子，孟子将儒学道统缕析得颇为清晰，隐约地反映出他的圣统、王统之构建即圣王观。另外，西周先贤通过"曰若稽古"（《尚书·虞书》）与"率由旧章"（《诗经·大雅·假乐》），以追记的方式建构出古之"文统"与"经统"之源流。在先秦儒者眼中，经典是道的书面化呈现，圣王是道的人格化呈现，制度是道的政治化呈现。

依孔子、孟子与荀子之视角，我们寻尧舜、文武与周公之历史踪迹与思想要旨，且为尧舜、文武与周公各立学案。

尧舜学案

尧，姓伊祁，名放勋，其父为喾帝，其先祖为黄帝。尧初封于陶，改封于唐，故号陶唐氏，尧代挚为天子，定都平阳。尧命羲和推求历法，授民农耕时令；设谏言之鼓，让百姓尽其言；立诽谤之木，让百姓攻其过。尧禅让帝位于舜，创立禅让制。

---

① （汉）班固：《汉书》卷30，中华书局1962年版，第1728页。

舜，姚姓[1]，有虞氏，名重华，其父为瞽叟，其先祖为黄帝。司马迁认为"舜，冀州之人也"（《史记·五帝本纪》），孟子认为"舜生于诸冯，迁于负夏，卒于鸣条，东夷之人也"（《孟子·离娄下》）。

春秋时期，尧已然成为儒家追仰的古昔圣王，儒者认为尧之至善的道德修养与完美的道德人格是世之君主的楷模。孔子赞曰"大哉，尧之为君也"（《论语·泰伯》），孟子更是"言必称尧舜"（《孟子·滕文公上》），荀子亦赞曰"尧舜者，天下之英也"（《荀子·正论》）。

一、天性本善，仁孝修身

尧舜性之，其心无蔽。"孟子道性善，言必称尧舜"，侧面说明人性本善，"尧舜，性之也"（《孟子·尽心上》）。换言之，尧舜之性是天性即"天与之""其性本浑成"[2]，是"天性浑全，不假修习"[3]；或曰"惟尧舜为能无物欲之蔽，而充其性"[4]；反求于心，无蔽于私欲。其实，尧舜之"所以为万世法，亦是率性而已。所谓率性，循天理是也"[5]。"舜明于庶物，察于人伦，由仁义行，非行仁义也"（《孟子·离娄下》），其仁义是内发而行，并非其行外合仁义。"舜之居深山之中，与木石居，与鹿豕游，其所以异于深山之野人者几希。及其闻一善言，见一善行，若决江河，沛然莫之能御也"（《孟子·尽心上》）；舜之性善，其闻善言善行而自觉并扩而充之，存心养性以操持之；诚所谓"鸡鸣而起，孳孳为善者，舜之徒也。鸡鸣而起，孳孳为利者，跖之徒也。欲知舜与跖之分，无他，利与善之间也"（同上）。向善与逐利是人有分别的根因，向善之为澄明心性，逐利之欲遮蔽心性。尧与舜关于人情的对话触及欲望对心性的遮蔽问题。尧问舜曰："人情何如？"舜对曰："人情甚不美，又何问焉！妻子具而孝衰于亲，嗜欲得而信衰于友，爵禄盈而忠衰于君。人之情乎！人之情乎！甚不美，又何问焉！唯贤者为不然。"（《荀子·性恶》）显然，舜认为人之情需要节制、修养，否则无有善

---

① 按：《新唐书·宰相世系表》曰"姚姓，虞舜生于姚墟，因以为姓"，《元和姓纂》（卷5）"姚：虞舜生于姚墟，子孙以姚为氏。"（唐）林宝：《元和姓纂》卷5，中华书局1994年版，第1册，第556—557页。

② （宋）黎靖德编，王星贤点校：《朱子语类》卷74，中华书局1986年版，第5册，第1910页。

③ （宋）朱熹撰：《四书章句集注》，中华书局1983年版，第358页。

④ （宋）黎靖德编，王星贤点校：《朱子语类》卷55，中华书局1986年版，第4册，第1307页。

⑤ （宋）朱熹撰：《四书章句集注》，中华书局1983年版，第200页。

行；或曰：人性虽然本善，但是亦需操存、养护与扩充。

尧帝"其仁如天，其知如神；就之如日，望之如云"（《史记·五帝本纪》），"巍巍乎！唯天为大，唯尧则之"（《论语·泰伯》）。舜帝本性善良，年二十以仁孝闻名，年三十得到尧帝举用，年五十摄行天子事，年五十八尧崩，年六十一代替尧帝践帝位。智者务急，仁者亲贤；"尧舜之知而不遍物，急先务也；尧舜之仁不遍爱人，急亲贤也"（《孟子·尽心上》）；故曰："尧舜之道，孝弟而已矣"（《孟子·告子下》）。"舜之践帝位，载天子旗，往朝父瞽叟，夔夔唯谨，如子道"（《史记·五帝本纪》），舜之弟象不仁，曾谋害舜，舜为帝时却仍"封弟象为诸侯"（同上）。舜之举是仁的体现，"仁人之于弟也，不藏怒焉，不宿怨焉，亲爱之而已矣。亲之欲其贵也，爱之欲其富也。封之有庳，富贵之也"（《孟子·万章上》）。尽管舜封象，但是"象不得有为于其国，天子使吏治其国，而纳其贡税焉"，即舜封给象的权力是有权力边界的，以免象滥权而伤害其封国之民。

"舜顺适不失子道"（《史记·五帝本纪》），尧许二女于舜，舜担心父母阻碍而娶不成，所以"舜不告而娶"。"不孝有三，无后为大；舜不告而娶，为无后也，君子以为犹告也"（《孟子·离娄上》），"告则不得娶。男女居室，人之大伦也。如告，则废人之大伦，以怼父母，是以不告也"（《孟子·万章上》）。古代婚姻讲究礼数，讲究"父母之命、媒妁之言"（《孟子·滕文公下》），尽管"丈夫生而愿为之有室，女子生而愿为之有家"，但是"不待父母之命、媒妁之言，钻穴隙相窥，逾墙相从，则父母国人皆贱之"（同上）。若此，舜不告而娶的行为究竟是孝还是不孝？孟子认为舜为大孝，并且声称"不得乎亲，不可以为人；不顺乎亲，不可以为子。舜尽事亲之道而瞽瞍底豫，瞽瞍底豫而天下化，瞽瞍底豫而天下之为父子者定，此之谓大孝"（《孟子·离娄上》）。

不过，与儒家赞美尧舜不同，庄子认为尧是黥人以仁义、"虞氏招仁义以挠天下"（《庄子·骈拇》），指出世人称颂的尧舜是乱人之徒；并且声称"道德不废，安取仁义；性情不离，安用礼乐"，"毁道德以为仁义，圣人之过也"（《庄子·马蹄》），"与其誉尧而非桀，不如两忘而化其道"（《庄子·大宗师》）。战国末期，绍继老子之学的韩非对尧舜亦多有批评，韩非曰：

　　天下皆以孝悌忠顺之道为是也，而莫知察孝悌忠顺之道而审行之，是以天下乱。皆以尧、舜之道为是而法之，是以有弑君，有曲父。尧、舜、汤、武或反君臣之义，乱后世之教者也。尧为人君而君其臣，舜为人臣而臣其君，汤、武为人臣而弑其主、刑其尸，而天下誉之，此天下所以至今不治者也。（《韩非子·忠孝》）

二、以德为政，垂裳无为

尧帝时期，"汤汤洪水方割，荡荡怀山襄陵"（《尚书·尧典》），于是，尧任命鲧去治理水患，以安百姓。传说，"尧之时，十日并出，焦禾稼，杀草木，而民无所食。猰貐、凿齿、九婴、大风、封豨、修蛇皆为民害"（《淮南子·本经训》），尧派羿杀死野兽、射落九日。尧"兴利除害，伐乱禁暴"，"能明驯德，以亲九族；九族既睦，便章百姓；百姓昭明，合和万国"（《史记·五帝本纪》）。尧任用德才兼备的贤者，团结族人，九族和睦；考察百官，奖善罚恶，为政有道，政治清明，协和万邦，天下安宁。

以德为政，亦有刑罚。尧治天下，"盖杀一人，刑二人，而天下治"（《荀子·议兵》）。舜摄行天子之政，"象以典刑，流宥五刑，鞭作官刑，扑作教刑，金作赎刑"（《史记·五帝本纪》）。尧在位时，"舜流共工于幽州，放驩兜于崇山，杀三苗于三危，殛鲧于羽山，四罪而天下咸服"（《孟子·万章上》）。舜为政修订礼制，教化百姓，省刑罚，"行厚德，远佞人""直而温，宽而栗，刚而毋虐，简而毋傲"，孝敬父母，和睦邻里。或曰："舜非严刑罚，重禁令，而民归之矣"（《管子·治国》），舜善为民除害兴利，所以天下之民归之。尧舜之世，政教大行，八方宾服，四海颂其功德。此般盛世景象便是儒家眼中的无为而治、太平盛世与王道之世。

古代圣王为政，列德而尚贤；即便是乡野工肆之人，若有能亦举之：高予之爵，重予之禄，任予之职；"尧举舜于服泽之阳，授之政，天下平"（《墨子·尚贤上》），"舜有天下，选于众，举皋陶，不仁者远矣"（《论语·颜渊》）。所以，尧舜之时出现天下大治的盛景。孔子赞曰："无为而治者，其舜也与？夫何为哉，恭己正南面而已矣"（《论语·卫灵公》），"舜其大知也与！舜好问而好察迩言，隐恶而扬善，执其两端，用其中于民"（《礼记·中庸》）。其实，治理百姓，平治天下，尧舜各有其道。尧问舜曰："我欲致天下，为之奈何？"舜对曰："执一无失，行微无怠，忠信无倦，而天下自来。执一如天地，行微如日月，忠诚盛于内，贲于外，形于四海，天下其在一隅邪？"（《荀子·尧问》）《论语·尧曰》记载，尧曰"咨！尔舜！天之历数在尔躬。允执其中。四海困穷，天禄永终"，舜亦以此命禹并曰"予小子履，敢用玄牡，敢昭告于皇皇后帝：有罪不敢赦。帝臣不蔽，简在帝心。朕躬有罪，无以万方；万方有罪，罪在朕躬"。较之，尧舜之道略有分殊：尧曰执中，舜曰执一；尧强调治在身心，舜强调忠信无倦。

尧舜眼中的万物是名随其性，或曰"尧舜之心亦只是要万物皆如此尔"[①]。这是尧舜垂拱而治即无为而治的机枢所在。虽曰"尧舜垂衣裳而天下治"（《周易·系辞下》），然则尧舜之治却略有分别，尧强调无为而治，舜强调"从欲而治"（《荀子·大略》）且以礼范之、"舜之治天下，不以事诏而万物成"（同上）。或许，真实的情况是"舜巧于使民"而不穷其民，"舜无失民"（《荀子·哀公》），"舜明于庶物，察于人伦"（《孟子·离娄下》），"穆穆虞舜，明明赫赫，立义治律，万物皆作，分均天财，万物熙熙"（《逸周书·太子晋解》）。要言之，"尧舜行德，则民仁寿"（《汉书·董仲舒传》），君子德风，上之化下。其实，所谓尧舜无为而治不过是赞言尧舜随人之性、任物之用，无有滥为而已，即循天道、依地势、因人性、任物用。诚如孟子曰：

> 当尧之时，天下犹未平，洪水横流，泛滥于天下。草木畅茂，禽兽繁殖，五谷不登，禽兽偪人。兽蹄鸟迹之道，交于中国。尧独忧之，举舜而敷治焉。舜使益掌火，益烈山泽而焚之，禽兽逃匿。禹疏九河，瀹济漯，而注诸海；决汝汉，排淮泗，而注之江，然后中国可得而食也。当是时也，禹八年于外，三过其门而不入，虽欲耕，得乎？后稷教民稼穑。树艺五谷，五谷熟而民人育。人之有道也，饱食、暖衣、逸居而无教，则近于禽兽。圣人有忧之，使契为司徒，教以人伦：父子有亲，君臣有义，夫妇有别，长幼有序，朋友有信。放勋曰："劳之来之，匡之直之，辅之翼之，使自得之，又从而振德之。"圣人之忧民如此，而暇耕乎？（《孟子·滕文公上》）

舜为帝时，虽尚无为，然有功臣二十二人，咸成厥功：

---

① （宋）黎靖德编，王星贤点校：《朱子语类》卷25，中华书局1986年版，第2册，第634页。

皋陶为大理，平，民各伏得其实；伯夷主礼，上下咸让；垂主工师，百工致功；益主虞，山泽辟；弃主稷，百谷时茂；契主司徒，百姓亲和；龙主宾客，远人至；十二牧行而九州岛莫敢辟违；唯禹之功为大，披九山，通九泽，决九河，定九州，各以其职来贡，不失厥宜。方五千里，至于荒服。南抚交趾、北发、西戎、析枝、渠廋、氐、羌、北山戎、发、息慎、东长、鸟夷，四海之内咸戴帝舜之功。（《史记·五帝本纪》）

另外，舜还制定出考绌制度，提出"三岁一考功，三考绌陟"（同上）的为政理念。

尧舜仁德，养贤致福；尧舜钦明，民安无穷。尧舜至圣，履行至公；尧舜垂拱，天下康宁；赞之美之，世代传颂。尧舜为人为政皆以德为先，以和为归："尧舜自饰以仁义，虽为天子，安于节俭，茅茨不剪，采椽不斫，后宫衣不重采，食不重味"（《列女传·齐宿瘤女》）。因而，后人赞言"昔在陶唐，德盛化钧"（《文心雕龙·时序》），仁恩被于苍生，德化敷于四海。或曰："尧舜之道，不以仁政，不能平治天下。"（《孟子·离娄上》）

三、肇创禅让，相递传之

"尧禅天下，虞舜受之。"（《韩非子·十过》）尧在位七十载，欲禅君位，咨议众人，众人向尧推荐"矜在民间的虞舜"，尧将二女许给舜为妻，以观舜之德，"舜饬下二女于妫汭，如妇礼。尧善之，乃使舜慎和五典，五典能从。乃遍入百官，百官时序。宾于四门，四门穆穆，诸侯远方宾客皆敬。尧使舜入山林川泽，暴风雷雨，舜行不迷"（《史记·五帝本纪》）。通过尧历时三年的重重考察，舜终登帝位。尧禅位于舜，传贤不传子，不以天子之位为私有，开创王权更替过程中最为和平最为理想的模式——禅让制。从此，"禅让制"成为后人追慕的政权更替之理想范式。

舜年老时，"舜禅天下而传之于禹"（《韩非子·十过》），因为"唯禹之功为大，披九山，通九泽，决九河，定九州"（《史记·五帝本纪》）。舜的儿子商均不肖，舜举荐禹于天；舜"十七年而崩，三年丧毕，禹亦乃让舜子，如舜让尧子；诸侯归之，然后禹践天子位"（同上）。禹践天子位之后，"尧子丹朱，舜子商均，皆有疆土，以奉先祀。服其服，礼乐如之。以客见天子，天子弗臣，示不敢专也"（同上）。可见禹时，前二王之后皆有封，且与新王并存之,所以说后人推崇的"通三统"之政治理念概源于上古禹时。或因于此,先秦儒家认为尧舜的为政之道与君臣关系是最为理想的,孟子赞曰:"规矩,方员之至也;圣人,人伦之至也。欲为君尽君道,欲为臣尽臣道,二者皆法尧舜而已矣。不以舜之所以事尧事君,不敬其君者也;不以尧之所以治民治民,贼其民者也。"(《孟子·离娄上》)荀子赞曰:"先王之道,则尧舜已。"(《荀子·大略》)

"尧舜帅天下以仁"(《礼记·大学》),"尧舜尚贤身辞让"(《荀子·成相》),被儒者视为圣王;"尧让贤,以为民,泛利兼爱德施均。辨治上下,贵贱有等明君臣。尧授能,舜遇时,尚贤推德天下治","大人哉舜,南面而立万物备。舜授禹,以天下,尚得推贤不失序"(同上)。尧以不得舜为己忧,舜以不得禹、皋陶为己忧;尧舜之忧是为天下而得人,"为天下得人者谓之仁"(《孟子·滕文公上》)。以天下与人易,为天下得人难;"大舜有大焉,善与人同。舍己从人,乐取于人以为善"(《孟子·公孙丑上》)。舜谋四岳,辟四门,行厚德,远佞人;"舜相尧二十有八载,非人之所能为也,天也。尧崩,三年之丧毕,舜避尧之子于南河之南。天下诸侯朝觐者,不之尧之子而之舜;讼狱者,不之尧之子而之舜;讴歌者,不讴歌尧之子而讴歌舜,故曰天也"(《孟子·万章上》)。其实,"天道"即是"仁义",敬天即是敬畏自然理性与道德理性,因为天道曰阴阳、地道曰柔刚、人道曰仁义,天道、地道和人道相通相成。所以,与其说尧舜为天子是因为"受命于天",不如说是因为"德侔天地"。或许,这才是后人讴歌尧舜的真正原因。

然则,尧舜禹禅让之事在战国时期遭到质疑。庄子认为"尧授舜,舜授禹,禹用力"(《庄子·天运》)、"尧不慈,舜不孝,禹偏枯"(《庄子·盗跖》),韩非认为真实的情况是"舜逼尧,禹逼舜"(《韩非子·说疑》),声称"今有美尧、舜、汤、武、禹之道于当今之世者,必为新圣笑矣""今欲以先王之政,治当世之民,皆守株之类也"(《韩非子·五蠹》)。在庄子、韩非看来,儒者眼中的最为理想的权力更替模式却可能导致最坏的结果,甚至沦为血腥夺权的合法化工具与遮羞布。

四、敬天法时,授民以法

尧命令羲氏与和氏"敬顺昊天,数法日月星辰,敬授民时"(《史记·五帝本纪》),数法天地日月之道以制订历法,使民之生产、生活循时而行。

敬天法时主要通过则天、历数、弘道来体现，尤其是法时主要是模仿天道而制订历法。尧命令羲氏与和氏制订历法的主要贡献是结束单凭大火星制历的做法，将日、月、星、辰四者的运行统合考虑，制订出"阴阳合历"。尧帝之举意在化解"黎民于变时，雍"的时间难题，使得"百姓于变时，通"，进而让百姓按照重新厘定的时间秩序与时间节点开展农业生产与日常生活。显然，其所谓的"昊天"不再是直观之天，而是包含日月星辰的代名词；或曰："昊天"深蕴道数，是敬授民时的本源所在与理论依据。据《尚书》载，尧帝之时，人们已经形成系统化的以四时五行为架构的时空观念并制订天文历法，《尧典》曰：

> 分命羲仲，宅嵎夷，曰旸谷。寅宾出日，平秩东作。日中，星鸟，以殷仲春。厥民析，鸟兽孳尾。申命羲叔，宅南交，曰名都。平秩南讹，敬致。日永，星火，以正仲夏。厥民因，鸟兽希革。分命和仲，宅西，曰昧谷。寅饯纳日，平秩西成。宵中，星虚，以殷仲秋。厥民夷，鸟兽毛毨。申命和叔，宅朔方，曰幽都。平在朔易。日短，星昴，以正仲冬。厥民隩，鸟兽氄毛。帝曰："咨！汝羲暨和。期三百有六旬有六日，以闰月定四时成岁。允厘百工，庶绩咸熙。"

尧帝派羲仲观日出，以定春分；派羲叔观日行（太阳由北向南移动之行），以定夏至；派和仲观日落，以定秋分；派和叔观日行（太阳由南向北移动之行），以定冬至。春秋二分与冬夏二至始定，尧帝决定以 366 日为一年，每三年置一闰月，用闰月调整历法和四季的关系，确保每年的农时准确。质言之，所谓敬天法时、授民以法，其实是"天工人其代之"（《尚书·皋陶谟》），即圣人效法天地而替天行道，实现"赞天地之化育"（《礼记·中庸》），亦即"观乎天文，以察时变；观乎人文，以化成天下"（《周易·贲卦·象传》），顺天因民而实现天下大治、天下大同。

尽管尧舜自春秋时便已成为先秦儒家眼中的以道德教化天下的圣王，但是常常有俗见诘问"尧舜不能教化"朱与象的原因。对此，荀子辩解曰："尧舜至天下之善教化者也。南面而听天下，生民之属莫不振动从服以化顺之。然而朱象独不化，是非尧舜之过，朱象之罪也。尧舜者、天下之英也；朱象者、天下之嵬，一时之琐也。今世俗之为说者，不怪朱象，而非尧舜,岂不过甚矣哉! 夫是之谓嵬说。"(《荀子·正论》)荀子通过人有贤愚与性有善恶为"尧舜不能教化"朱与象之事辩白。其中,荀子所言"尧舜者天下之善教化者也,不能使嵬琐化"(同上)阐明尧舜虽然善于教化天下,却不能使嵬琐者化;古今世间贤良与嵬琐共存,由嵬琐变贤良,其关键在于"噂沓背憎,职竞由人"。荀子之语表明:即便是善于教化的尧舜也有不能教化者。换言之,尧舜的教化之于朱象是不成功的,或曰教化是有边界的。时至战国末年,诸子争鸣愈发激烈。与儒者尊崇尧舜不同,韩非纵论世之显学并从反面指出:"孔子、墨子俱道尧、舜,而取舍不同,皆自谓真尧、舜,尧、舜不复生,将谁使定儒、墨之诚乎? 殷、周七百馀岁,虞、夏二千馀岁,而不能定儒、墨之真,今乃欲审尧、舜之道于三千岁之前,意者其不可必乎! 无参验而必之者、愚也,弗能必而据之者、诬也。故明据先王,必定尧、舜者,非愚则诬也。愚诬之学,杂反之行,明主弗受也。"(《韩非子·显学》)韩非意在强调"法后王",反对儒者强调的"法先王"即反对儒者推尊的尧舜之道与仁义道德。

于儒家"道统"而言,自春秋至唐宋,尧舜之位始终尊崇。唐代中期,佛老之学盛行,韩愈辟佛老、扬儒学,提出儒家"道统"序列并将尧置于首位。两宋时期,理学家言及儒家"道统"序列亦多将尧置于首位。程颐声称"尧舜几千年,其心至今在"[1],并以"尧舜之心"会通《尚书·大禹谟》所言"人心惟危,道心惟微,惟精惟一,允执厥中"之"十六字心法"。绍继程颐提出的"心法"即"尧舜相传之道",朱熹提出"圣人不以人心为主,而以道心为主"[2],"人心亦只是一个。知觉从饥食渴饮,便是人心;知觉从君臣父子处,便是道心"[3]。可见,"尧舜相传之道"俨然成为两宋理学得以生发与构建的理论基石,其历史影响不言自明。

---

① 北京大学古文献研究所编:《全宋诗》卷724,北京大学出版社1998年版,第12册,第8373页。
② (宋)黎靖德编、王星贤点校:《朱子语类》卷78,中华书局1986年版,第5册,第2009页。
③ (宋)黎靖德编、王星贤点校:《朱子语类》卷78,中华书局1986年版,第5册,第2010页。

概言之,在后儒眼中,尧舜天性,仁心德音;尧舜气象①,流光溢彩;教化天下,遗泽后世。

附:先秦儒家经典所见尧舜之语辑要

尧曰:"咨!尔舜!天之历数在尔躬。允执其中。四海困穷,天禄永终。"(《论语·尧曰》)

尧问于舜曰:"人情何如?"舜对曰:"人情甚不美,又何问焉!妻子具而孝衰于亲,嗜欲得而信衰于友,爵禄盈而忠衰于君。人之情乎!人之情乎!甚不美,又何问焉!唯贤者为不然。"(《荀子·性恶》)

尧问于舜曰:"我欲致天下,为之奈何?"对曰:"执一无失,行微无怠,忠信无倦,而天下自来。执一如天地,行微如日月,忠诚盛于内,贲于外,形于四海,天下其在一隅邪!夫有何足致也!"(《荀子·尧问》)

舜曰:"维予从欲而治。"(《荀子·大略》)

舜曰:"惟兹臣庶,汝其于予治。"(《孟子·万章上》)

昔在帝尧,聪明文思,光宅天下。将逊于位,让于虞舜,作《尧典》。

曰若稽古帝尧,曰放勋,钦、明、文、思、安安,允恭克让,光被四表,格于上下。克明俊德,以亲九族。九族既睦,平章百姓。百姓昭明,协和万邦。

黎民于变时,雍。乃命羲和,钦若昊天,历象日月星辰,敬授人时。分命羲仲,宅嵎夷,曰旸谷。寅宾出日,平秩东作。日中,星鸟,以殷仲春。厥民析,鸟兽孳尾。申命羲叔,宅南交,曰明都。平秩南讹,敬致。日永,星火,以正仲夏。厥民因,鸟兽希革。分命和仲,宅西,曰昧谷。寅饯纳日,平秩西成。宵中,星虚,以殷仲秋。厥民夷,鸟兽毛毨。申命和叔,宅朔方,曰幽都。平在朔易。日短,星昴,以正仲冬。厥民隩,鸟兽氄毛。帝曰:"咨!汝羲暨和,期三百有六旬有六日,以闰月定四时成岁。允厘百

---

① 按:宋儒程颢、谢良佐、朱熹推崇尧舜,提出"尧舜气象",程颢曰"孔子与点,盖与圣人之志同,便是尧舜气象"(《朱子语类》卷28),谢良佐曰"夫子与之,非只乐其不愿仕,推曾点之学,虽禹稷之事固可以优为,特其志不存耳"(《论孟精义》卷7)并且提出"他(尧舜)做底事业,只是与天理合一,几曾做作,横在肚里"(《宋元学案》卷24)、"从此解悟,便可入尧舜气象"(《二程遗书》卷3),朱熹曰"'弄精神',是操切做作也,所以说:'知此,则入尧舜气象'"(《朱子语类》卷63)。

工，庶绩咸熙。"

帝曰："畴咨若时登庸？"放齐曰："胤子朱启明。"帝曰："吁！嚚讼，可乎？"

帝曰："畴咨若予采？"驩兜曰："都！共工方鸠僝功。"帝曰："吁！静言庸违，象恭滔天。"

帝曰："咨！四岳，汤汤洪水方割，荡荡怀山襄陵，浩浩滔天。下民其咨，有能俾乂？"佥曰："于！鲧哉。"帝曰："吁！咈哉，方命圮族。"岳曰："异哉！试可，乃已。"帝曰："往，钦哉！"九载，绩用弗成。

帝曰："咨！四岳。朕在位七十载，汝能庸命，巽朕位？"岳曰："否德忝帝位。"曰："明明扬侧陋。"师锡帝曰："有鳏在下，曰虞舜。"帝曰："俞，予闻，如何？"岳曰："瞽子，父顽，母嚚，象傲；克谐以孝，烝烝乂，不格奸。"帝曰："我其试哉！女于时，观厥刑于二女。"厘降二女于妫汭，嫔于虞。帝曰："钦哉！"（《尚书·尧典》）

虞舜侧微，尧闻之聪明，将使嗣位，历试诸难，作《舜典》。

曰若稽古，帝舜曰重华，协于帝。浚哲文明，温恭允塞，玄德升闻，乃命以位。慎徽五典，五典克从。纳于百揆，百揆时叙。宾于四门，四门穆穆。纳于大麓，烈风雷雨弗迷。

帝曰："格！汝舜。询事考言，乃言厎可绩，三载。汝陟帝位。"舜让于德，弗嗣。

正月上日，受终于文祖。在璇玑玉衡，以齐七政。肆类于上帝，禋于六宗，望于山川，遍于群神。辑五瑞。既月乃日，觐四岳群牧，班瑞于群后。岁二月，东巡守，至于岱宗，柴。望秩于山川，肆觐东后。协时月正日，同律度量衡。修五礼、五玉、三帛、二生、一死贽。如五器，卒乃复。五月南巡守，至于南岳，如岱礼。八月西巡守，至于西岳，如初。十有一月朔巡守，至于北岳，如西礼。归，格于艺祖，用特。

五载一巡守，群后四朝。敷奏以言，明试以功，车服以庸。

肇十有二州，封十有二山，浚川。

象以典刑，流宥五刑，鞭作官刑，扑作教刑，金作赎刑。眚灾肆赦，怙终贼刑。钦哉，钦哉，惟刑之恤哉！

流共工于幽州，放驩兜于崇山，窜三苗于三危，殛鲧于羽山，四罪而天下咸服。

二十有八载,帝乃殂落。百姓如丧考妣,三载,四海遏密八音。月正元日,舜格于文祖,询于四岳,辟四门,明四目,达四聪。

"咨,十有二牧!"曰:"食哉惟时! 柔远能迩,惇德允元,而难任人,蛮夷率服。"

舜曰:"咨,四岳! 有能奋庸熙帝之载,使宅百揆亮采,惠畴?"

佥曰:"伯禹作司空。"

帝曰:"俞,咨! 禹,汝平水土,惟时懋哉!"禹拜稽首,让于稷、契暨皋陶。

帝曰:"俞,汝往哉!"

帝曰:"弃,黎民阻饥,汝后稷,播时百谷。"

帝曰:"契,百姓不亲,五品不逊。汝作司徒,敬敷五教,在宽。"

帝曰:"皋陶,蛮夷猾夏,寇贼奸宄。汝作士,五刑有服,五服三就。五流有宅,五宅三居。惟明克允!"

帝曰:"畴若予工?"

佥曰:"垂哉!"

帝曰:"俞,咨! 垂,汝共工。"垂拜稽首,让于殳斨暨伯与。

帝曰:"俞,往哉! 汝谐。"

帝曰:"畴若予上下草木鸟兽?"

佥曰:"益哉!"

帝曰:"俞,咨! 益,汝作朕虞。"益拜稽首,让于朱虎、熊罴。

帝曰:"俞,往哉! 汝谐。"

帝曰:"咨! 四岳,有能典朕三礼?"

佥曰:"伯夷!"

帝曰:"俞,咨! 伯,汝作秩宗。夙夜惟寅,直哉惟清。"伯拜稽首,让于夔、龙。

帝曰:"俞,往,钦哉!"

帝曰:"夔! 命汝典乐,教胄子,直而温,宽而栗,刚而无虐,简而无傲。诗言志,歌永言,声依永,律和声。八音克谐,无相夺伦,神人以和。"

夔曰:"于! 予击石拊石,百兽率舞。"

帝曰:"龙,朕堲谗说殄行,震惊朕师。命汝作纳言,夙夜出纳朕命,惟允!"

帝曰:"咨!汝二十有二人,钦哉!惟时亮天功。"

三载考绩,三考,黜陟幽明,庶绩咸熙。分北三苗。

舜生三十征,庸三十,在位五十载,陟方乃死。

帝厘下土,方设居方,别生分类。作《汩作》、《九共》九篇、《槁饫》。(《尚书·舜典》)

文武学案

周文王,姓姬,名昌,岐周人;季历之子,继承西伯侯之位,是周王朝的奠基者。相传,文王演《易》、创周礼,为后世所推崇,尤其为先秦儒者所尊崇。周文王"明德慎罚",勤于政事,礼贤下士,广罗人才,使"天下三分,其二归周"(《史记·齐太公世家》);收附虞、芮两国,攻灭黎、邗等国;建都丰京,为周武王灭商奠定基础。

周武王,姓姬,名发,岐周人;姬昌与太姒的次子,是周王朝的开创者。姬发继承姬昌之位,重用太公望、周公旦、召公奭等人治理国家,顺天应民,东伐纣王。殷商大败,纣王自焚于鹿台;周王朝建立,定都镐京。武王分封宗亲功臣,仁治天下:"价人维藩、大师维垣、大邦维屏、大宗维翰、怀德维宁、宗子维城。"(《诗经·大雅·板》)武王克殷三年后驾崩,后世尊崇武王为明君,先秦儒者更是视武王为圣王。

一、以身行善,善施仁德

于人性而言,"尧舜,性之也;汤武,身之也"(《孟子·尽心上》)、"尧舜,性者也;汤武,反之也"(《孟子·尽心下》)。即是说,尧舜之性属于天性,是自然流溢、自然呈现,汤武之性是身之、反之,即亲身行之、返于天性。或曰"性,是自有底;身,是从身上做得来"[1],"反之者,修为以复其性,而至于圣人也"[2];"德有浅深。舜性之,武王反之,自是有浅深。又舜以揖逊,武以征伐,虽是顺天应人,自是有不尽善处"[3]。简言之,"尧舜天

---

[1]　(宋)黎靖德编,王星贤点校:《朱子语类》卷25,中华书局1986年版,第2册,第634页。

[2]　(宋)朱熹撰:《四书章句集注》,中华书局1983年版,第373页。

[3]　(宋)黎靖德编,王星贤点校:《朱子语类》卷25,中华书局1986年版,第2册,第633页。

性浑全,不假修习。汤武修身体道,以复其性"①,即于人性观之,尧舜、汤武实有分别:尧舜之性至善,无须修习,汤武之性不是至善,需要修习以复归至善之性。

文武怀仁,以身行之。周文王"遵后稷、公刘之业,则古公、公季之法,笃仁,敬老,慈少"(《史记·周本纪》)。文王、武王之德犹如"天有四时:春夏秋冬,风雨霜露,无非教也"(《韩诗外传》卷5)。文王卑服,能事昆夷;"徽柔懿恭,怀保小民,惠鲜鳏寡"(《尚书·无逸》);"文王惟克厥宅心,乃克立兹常事司牧人,以克俊有德"(《尚书·立政》);故曰:"惟文王德丕承,无疆之恤。"(《尚书·君奭》)"武王克商,成王定之,选建明德,以藩屏周"(《左传·定公四年》),"其兄弟之国者,十有五人,姬姓之国者,四十人,皆举亲也,夫举无他,唯善所在,亲疏一也"(《左传·昭公二十八年》)。克殷之后,武王与周公决定"纵马于华山之阳,放牛于桃林之虚;偃干戈,振兵释旅:示天下不复用也"(《史记·周本纪》)。

文王、武王皆是达孝之人。"文王之为世子,朝于王季,日三"(《礼记·文王世子》),"文王有疾,武王不脱冠带而养"(同上)。日常生活方面,文王、武王秉德而行、动容中礼。治国理政方面,文王、武王更是施仁重孝:"文王四乳,是谓大仁,天下所归,百姓所亲"(《淮南子·修务训》),"考卜惟王,宅是镐京;惟龟正之,武王成之"(《诗经·大雅·文王有声》)。不过,于德而言,武王、文王略有不同。商纣无道,武王伐之,"一人横行于天下,武王耻之","武王亦一怒而安天下之民"(《孟子·梁惠王下》),《尚书·武成》所载牧野之战"血流漂杵"的文字概为实况,尽管孟子质疑曰"尽信《书》,则不如无《书》。吾于《武成》,取二三策而已矣。仁人无敌于天下。以至仁伐至不仁,而何其血之流杵也"(《孟子·尽心下》)。无独有偶,荀子亦赞言文王、武王,荀子认为"文王伐崇,武王伐纣","皆以仁义之兵,行于天下也"(《荀子·议兵》),"武王始入殷,表商容之闾,释箕子之囚,哭比干之墓,天下乡善矣"(《荀子·大略》)。只是,事实是武王所率仁义之兵并非不杀人。

---

① (宋)朱熹撰:《四书章句集注》,中华书局1983年版,第358页。

二、尊老尚贤，广罗人才

姬昌初立，是为西伯，"礼下贤者，日中不暇食以待士，士以此多归之。伯夷、叔齐在孤竹，闻西伯善养老，盍往归之。太颠、闳夭、散宜生、鬻子、辛甲大夫之徒皆往归之"（《史记·周本纪》）。西伯驾崩，谥为文王。武王即位，圣人辅翼，"太公望为师，周公旦为辅，召公、毕公之徒左右王，师修文王绪业"（同上）。君怀仁义，众人辅之。或曰文、武"为政以德，譬如北辰，居其所而众星拱之"（《论语·为政》）。

"文武之政，布在方策。"（《礼记·中庸》）文王行善，尊老尚贤。诚如孟子所言："伯夷辟纣，居北海之滨，闻文王作兴，曰：'盍归乎来！吾闻西伯善养老者。'太公辟纣，居东海之滨，闻文王作兴，曰：'盍归乎来！吾闻西伯善养老者。'天下有善养老，则仁人以为己归矣。"（《孟子·尽心上》）伯夷、太公是当时天下之贤者，闻文王善养老者而归之，成为天下人归服文王的范例。西伯尊老尚贤，以德治国，广招人才，孟子赞曰："所谓西伯善养老者，制其田里，教之树畜，导其妻子，使养其老。五十非帛不暖，七十非肉不饱。不暖不饱，谓之冻馁。文王之民，无冻馁之老者，此之谓也"（同上）、"诸侯有行文王之政者，七年之内，必为政于天下矣"（《孟子·离娄上》）。其实，所谓"西伯善养老者"表面上是尊老、尚齿、怀柔与徕民，其背后隐藏的是"孝治"精神即"明王之以孝治天下"（《孝经·孝治》）。其中，怀柔与徕民之策不仅招徕天下之民慕而归之，而且网罗天下人才而用之。

三、文王被囚，羑里演《易》

纣王信谗，姬昌被拘；西伯困于羑里，"内文明而外柔顺，以蒙大难"（《周易·明夷·象传》），而"益易之八卦为六十四卦"（《史记·周本纪》）。不过，关于周文王演《易》的具体内容素有争议，《周易·系辞下》曰："古者包牺氏之王天下也，仰则观象于天，俯则观法于地，观鸟兽之文，与地之宜，近取诸身，远取诸物，于是始作八卦，以通神明之德，以类万物之情。"《汉书·艺文志》曰："至于殷、周之际，纣在上位，逆天暴物，文王以诸侯顺命而行道，天人之占可得而效，于是重易六爻，作上下篇。"《史记·日者列传》曰："周文王演三百八十四爻而天下治。"究言之，文王所演《易》者为何,有儒者认为"文王受王不率仁义之道,失为人法矣,己之调和阴阳尚微,故演《易》"(《白虎通·五经》),文王八卦"坎艮震在东北,离坤兑在西南,所以分阴方阳方"[1]、"文王八卦配四方四时,离南坎北,震东兑西"[2]。另有儒者认为,"文王在羑里时,演易八卦以六十四,作郁厄之辞"[3],《周易·系辞下》曰:"《易》之兴也,其当殷之末世,周之盛德邪,当文王与纣之事邪,是故其辞危,危者使平,易者使倾,其道甚大,百物不废,惧以终始。"南宋之前,有儒者认为"彖辞,文王作;爻辞,周公作"[4];南宋时期,朱熹认为"伏羲画卦,文王重卦,周公爻辞"[5],"伏羲再出,依前只画八卦;文王再出,依前只衍六十四卦"[6]。其实,"文王从而为之辞于其间,无非教人之意"[7]。包牺氏作《易》,绵络天地,经以八卦;文王附六爻,发天地之藏,定万物之基。

简言之,文王演《易》而成六十四卦和三百八十四爻,简绘图像,和以数字,道阴阳变化,阐人间万象,立教化之道。

四、顺天应民,武王伐纣

周武王九年(前 1047 年),武王在毕地祭祀文王之后,东往盟津举行阅兵,前来会盟的诸侯有八百之多。武王认为"未知天命",不可伐纣,于是还师而归。周武王十一年(前 1045 年),纣王昏乱暴虐滋甚,杀王子比干,囚箕子;太师疵、少师强抱其乐器而奔周。于是,武王遍告诸侯曰:"殷有重罪,不可以不毕伐。"(《史记·周本纪》)

武王伐殷,师渡孟津,作《泰誓》三篇,告于众庶:

> 呜呼！我西土君子。天有显道,厥类惟彰。今商王受狎侮五常,荒怠弗敬,自绝于天,结怨于民。斫朝涉之胫,剖贤人之心。作威杀戮,毒痛四海。崇信奸回,放黜师保。屏弃典刑,囚奴正士,郊社不

---

① (宋)黎靖德编,王星贤点校:《朱子语类》卷 77,中华书局 1986 年版,第 5 册,第 1973 页。

② (宋)黎靖德编,王星贤点校:《朱子语类》卷 77,中华书局 1986 年版,第 5 册,第 1974 页。

③ (唐)欧阳询等撰:《艺文类聚》卷 12,上海古籍出版社 1965 年版,第 223 页。

④ (宋)黎靖德编,王星贤点校:《朱子语类》卷 67,中华书局 1986 年版,第 5 册,第 1648 页。

⑤ (宋)黎靖德编,王星贤点校:《朱子语类》卷 67,中华书局 1986 年版,第 5 册,第 1646 页。

⑥ (宋)黎靖德编,王星贤点校:《朱子语类》卷 114,中华书局 1986 年版,第 7 册,第 2757 页。

⑦ (宋)黎靖德编,王星贤点校:《朱子语类》卷 66,中华书局 1986 年版,第 4 册,第 1621 页。

修，宗庙不享，作奇技淫巧以悦妇人。上帝弗顺，祝降时丧。尔其孜孜，奉予一人，恭行天罚。古人有言曰："抚我则后，虐我则仇。"独夫受洪惟作威，乃汝世雠。树德务滋，除恶务本，肆予小子诞以尔众士殄歼乃雠。尔众士其尚迪果毅，以登乃辟。功多有厚赏，不迪有显戮。（《尚书·泰誓下》）

《泰誓》除了鼓舞士气，提升战斗力与向心力，还提出"惟天地万物父母，惟人万物之灵""天矜于民，民之所欲，天必从之""天视自我民视，天听自我民听""上帝弗顺，祝降时丧"等人本与民本理念。同时，武王强调自己征伐纣王是"恭行天罚"、替天行道。周武王十二年（前1044年），武王率戎车三百辆、虎贲三百人抵达殷商别都朝歌郊外的牧野并举行誓师，作《牧誓》。《牧誓》曰："今商王受惟妇言是用，昏弃厥肆祀弗答，昏弃厥遗王父母弟不迪，乃惟四方之多罪逋逃，是崇是长，是信是使，是以为大夫卿士。俾暴虐于百姓，以奸宄于商邑"，"今予发惟恭行天之罚"。武王讨伐纣王之时，纣王兵师虽众却无战心，且多倒戈，纣王因此兵败，自燔于火而死。尹佚策祝曰："殷之末孙季纣，殄废先王明德，侮蔑神祇不祀，昏暴商邑百姓，其章显闻于天皇上帝。"（《史记·周本纪》）武王曰："膺更大命，革殷，受天明命。"（同上）

武王伐商初定，封商纣子禄父与殷之余民，并使自己的弟弟管叔鲜、蔡叔度以相的身份帮助禄父治理殷之遗民，又命召公释放囚禁的箕子、命毕公释放囚禁的百姓，而且亲到闾里拜见商容。武王罢兵西归，识其政事，作《武成》。武王曰：

呜呼，群后！惟先王建邦启土，公刘克笃前烈，至于大王肇基王迹，王季其勤王家。我文考文王克成厥勋，诞膺天命，以抚方夏。大邦畏其力，小邦怀其德。惟九年，大统未集，予小子其承厥志。厎商之罪，告于皇天后土、所过名山大川，曰："惟有道曾孙周王发，将有大正于商。今商王受无道，暴殄天物，害虐烝民，为天下逋逃主，萃渊薮。予小子既获仁人，敢祗承上帝，以遏乱略。华夏蛮貊，罔不率俾，恭天成命，肆予东征，绥厥士女。惟其士女篚厥玄黄，昭我周王。天休震动，用附我大邑周。惟尔有神，尚克相予以济兆民，无作神羞。"

（《尚书·武成》）

武王偃武修文、制官尚贤："列爵惟五,分土惟三；建官惟贤,位事惟能","垂拱而天下治"（同上）。武王分封诸侯,班赐宗彝,作《分殷之器物》："武王追思先圣王,乃褒封神农之后于焦,黄帝之后于祝,帝尧之后于蓟,帝舜之后于陈,大禹之后于杞。于是封功臣谋士,而师尚父为首封。封尚父于营丘,曰齐。封弟周公旦于曲阜,曰鲁。封召公奭于燕。封弟叔鲜于管,弟叔度于蔡。余各以次受封。"（《史记·周本纪》）较之,《分殷之器物》与《逸周书·度邑》文字大体相同,语言古朴,应为西周后期之作。

商纣无道,陷害万民；周革商命,顺天革命。《周易·革卦·彖传》曰："天地革而四时成,汤武革命,顺乎天而应乎人,革之时大矣哉。"《诗经·大雅·文王》曰："文王在上,于昭于天。周虽旧邦,其命维新。"文武圣主,天命维新；与之革故,政亦维新。故曰,周革殷命是"应天革命,以其明也"（《抱朴子·仁明》）,或曰"武王伐纣,时也"（《礼记·礼器》）。

五、敬德保民,以德配天

文王敬德是昭人性之光而行慈爱,事神保民；武王伐纣是勤恤民隐而除其害,无不欣喜。"文王视民如伤,望道而未之见；武王不泄迩,不忘远"（《孟子·离娄下》）；文王视民如伤,是以天地之心为心；武王心思周全,不怠慢近臣亦不遗忘远臣；故曰"文武兴,则民好善"（《孟子·告子上》）。

以德配天,祈天永命；以殷为鉴,敬德保民；"天子命无常,唯命是德庆"（《春秋繁露·三代改制质文》）,"惟文王、武王敷大德于天下,用克受殷命"（《尚书·毕命》）。文武嘉德,省法制,宽刑罚,废烦狱；"文王诛四,武王诛二"（《荀子·仲尼》）,太平之风见于世。"昔者夏桀殷纣不任其过,其亡也忽焉；成汤文武知任其过,其兴也勃焉"（《说苑·君道》）,"明德慎罚,文王所以造周也"（《左传·成公二年》）。文王治岐,实行"耕者九一,仕者世禄,关市讥而不征,泽梁无禁,罪人不孥"（《孟子·梁惠王下》）。当时有人指瑕文王是降阴德以分纣之天下,实则不知文王之心是诚在为民。"文王之德之纯"（《礼记·中庸》）是文王为文王的原因所在,诚如《诗经·大雅·文王》曰："穆穆文王,于缉熙敬止；假哉天命,有商孙子。"

文武兴周,又通三统,安抚夏商之遗民,继承文化之传统。"文武勤教"（《尚书·洛诰》），"万邦为宪"（《诗经·小雅·六月》），后儒绎曰："文王受命而王，应天变殷作周号，时正赤统。亲殷故夏，绌虞谓之帝舜，以轩辕为黄帝，推神农以为九皇。作宫邑于丰。名相官曰宰。作武乐，制文礼以奉天。武王受命，作宫邑于鄗，制爵五等，作象乐，继文以奉天。"（《春秋繁露·三代改制质文》）当时之世，"文王有辟雍之乐，武王、周公作《武》"（《庄子·天下》），颂扬文、武之功："广哉！熙熙乎！曲而有直体，其文王之德乎"，"美哉，周之盛也，其若此乎"，"《大武》者天下始乐周之征伐行武"（《左传·襄公二十九年》）。商周之际，"天下乐文王之怒，以定天下，故乐其武也。殷纣为恶日久，其恶最甚，斫涉刳胎，残贼天下。武王起兵，前歌后舞。克殷之后，民人大喜"（《白虎通·礼乐》）。然则，孔子评价《武》乐是"尽美矣，未尽善也"（《论语·八佾》），孔子"称泰伯以至德，称文王亦以至德，称武王则曰未尽善"[1]，"反复叹咏泰伯及文王事，而于武又曰'未尽善'，皆是微意"[2]。孔子之微意或许在于：武王在纣王自焚后而斫其头；"纵使文王做时，也须做得较详缓。武王做得大故粗暴。当时纣既投火了，武王又却亲自去斫他头来枭起"[3]。武王伐纣之时，伯夷、叔齐叩马而谏，武王未从其谏；牧野之战血流漂杵，武王平殷，"天下宗周，而伯夷、叔齐耻之，义不食周粟，隐于首阳山，采薇而食之"（《史记·伯夷列传》）。"伯夷叔齐饿于首阳之下，民到于今称之"（《论语·季氏》），"不降其志，不辱其身，伯夷、叔齐与"（《论语·微子》），从孔子对伯夷、叔齐的称颂声中可以窥见孔子谓《武》乐"未尽善"之根由。或许，真正的政治角斗与社会实况并不是《武》乐所能掩饰与美化的。尽管孔子本人景仰西周、渴望恢复周礼，但是深谙礼乐之道的他还是听出了《武》乐尽美而不尽善之处。相比而言，孔子对文王多有赞美之辞，孔子赞美文王是"三代之英"（《礼记·礼运》），孔子困于匡地时自陈"文王既没，文不在兹乎"（《论语·子罕》）以自勉。春秋时期，世人赞言"文王之功，天下诵而歌舞之，可谓则之，文王之行，至今为法，可谓象之"（《左传·襄公三十一年》）。

"文王以文治，武王以武功"（《礼记·祭法》），文王、武王之事表明他们有过人之德，"亹亹文王，令闻不已"（《诗经·大雅·文王》），"时维鹰

---

[1]　（宋）黎靖德编，王星贤点校：《朱子语类》卷35，中华书局1986年版，第3册，第907页。
[2]　（宋）黎靖德编，王星贤点校：《朱子语类》卷35，中华书局1986年版，第3册，第909页。
[3]　（宋）黎靖德编，王星贤点校：《朱子语类》卷35，中华书局1986年版，第3册，第907页。

扬,凉彼武王"(《诗经·大雅·大明》)。文武之德常为周公称颂,一是追念先人、歌颂功绩;二是树立楷模,教化众人。《诗经·大雅》之《大明》篇曰"有命自天、命此文王。于周于京、缵女维莘。长子维行、笃生武王。保右命尔、燮伐大商",反映的是"周公述文,武受命之功以训嗣王";《文王有声》篇曰"考卜维王、宅是镐京。维龟正之、武王成之。武王烝哉",反映的是"周公述文、武迁都丰、镐以训嗣王"。《诗经·大雅》之《文王》与《棫朴》篇反映的是周公追述文王之德,彰明周受天命而代商,作诗歌奏于清庙来咏歌文王之德以训嗣王。《诗经·周颂》之《执竞》曰"执竞武王,无竞维烈"、《武》曰"于皇武王,无竞维烈"、《桓》曰"桓桓武王,保有厥士;于以四方,克定厥家"等,多是歌颂文王之文治与武王之武功。然则,后世尊崇文武趋向极端,认为诬谤文武是大罪:"逆天地者,罪及五世;诬文武者,罪及四世。"(《大戴礼记·本命》)只是,颂扬之辞虽美,或有失真之声;吹捧之诗虽隆,或有违心之言。

追根溯源,肇自孔子,儒家便极为尊崇周文王与周武王;时至战国,孟子更是视周文王和周武王为内圣外王之楷模、后王所法之圣王。然则,与孔子、孟子赞美文王与武王不同,庄子、韩非指责文王与武王。《庄子·天运》曰:"文王顺纣而不敢逆,武王逆纣而不肯顺。"《庄子·盗跖》曰:"……武王伐纣,文王拘羑里。此六子者,世之所高也,孰论之,皆以利惑其真而强反其情性,其行乃甚可羞也。"《韩非子·说疑》曰:"……武王伐纣,此四王者,人臣弑其君者也,而天下誉之。察四王之情,贪得人之意也;度其行,暴乱之兵也。"《韩非子·外储说左下》曰:"失臣主之理,则文王自履而矜。"诚然,庄子、韩非所论文王、武王有别于孔子、孟子,并非囿于门户之见,概因学术宗旨与评判标准不同所致。

附:先秦儒家经典所见文武之语辑要

荡荡上帝,下民之辟。疾威上帝,其命多辟。天生烝民,其命匪谌。靡不有初,鲜克有终。

文王曰咨,咨汝殷商。曾是强御?曾是掊克?曾是在位?曾是在服?天降滔德,女兴是力。

文王曰咨,咨女殷商。而秉义类,强御多怼。流言以对。寇攘式内。侯作侯祝,靡届靡究。

文王曰咨，咨女殷商。女炰烋于中国。敛怨以为德。不明尔德，时无背无侧。尔德不明，以无陪无卿。

文王曰咨，咨女殷商。天不湎尔以酒，不义从式。既衍尔止。靡明靡晦。式号式呼。俾昼作夜。

文王曰咨，咨女殷商。如蜩如螗，如沸如羹。小大近丧，人尚乎由行。内奰于中国，覃及鬼方。

文王曰咨，咨女殷商。匪上帝不时，殷不用旧。虽无老成人，尚有典刑。曾是莫听，大命以倾。

文王曰咨，咨女殷商。人亦有言：颠沛之揭，枝叶未有害，本实先拨。殷鉴不远，在夏后之世。（《诗经·大雅·荡》）

文王在上，于昭于天。周虽旧邦，其命维新。有周不显，帝命不时。文王陟降，在帝左右。

亹亹文王，令闻不已。陈锡哉周，侯文王孙子。文王孙子，本支百世，凡周之士，不显亦世。

世之不显，厥犹翼翼。思皇多士，生此王国。王国克生，维周之桢；济济多士，文王以宁。

穆穆文王，于缉熙敬止。假哉天命。有商孙子。商之孙子，其丽不亿。上帝既命，侯于周服。

侯服于周，天命靡常。殷士肤敏。裸将于京。厥作裸将，常服黼冔。王之荩臣。无念尔祖。

无念尔祖，聿修厥德。永言配命，自求多福。殷之未丧师，克配上帝。宜鉴于殷，骏命不易！

命之不易，无遏尔躬。宣昭义问，有虞殷自天。上天之载，无声无臭。仪刑文王，万邦作孚。（《诗经·大雅·文王之什》）

文王之为世子，朝于王季日三。鸡初鸣而衣服，至于寝门外，问内竖之御者曰："今日安否？何如？"内竖曰："安。"文王乃喜。及日中又至，亦如之，及莫又至，亦如之。其有不安节，则内竖以告文王，文王色忧，行不能正履。王季复膳，然后亦复初。食上，必在视寒暖之节，食下，问所膳，命膳宰曰："末有原。"应曰："诺。"然后退。武王帅而行之，不敢有加焉。

文王有疾，武王不说冠带而养。文王一饭，亦一饭，文王再饭，亦再饭，旬有二日乃间。文王谓武王曰："女何梦矣?"武王对曰："梦帝与我九龄。"文王曰："女以为何也?"武王曰："西方有九国焉，君王其终抚诸。"文王曰："非也。古者谓年龄，齿亦龄也，我百，尔九十，吾与尔三焉。"文王九十七乃终，武王九十三而终。成王幼，不能莅阼，周公相，践阼而治，抗世子法于伯禽，欲令成王之知父子君臣长幼之道也。成王有过，则挞伯禽，所以示成王世子之道也，文王之为世子也。

凡学世子，及学士，必时。春夏学干戈，秋冬学羽钥，皆于东序。小乐正学干，大胥赞之，钥师学戈，钥师丞赞之，胥鼓南。春诵，夏弦，大师诏之瞽宗。秋学礼，执礼者诏之。冬读书，典书者诏之。礼在瞽宗，书在上庠。

凡祭与养老，乞言合语之礼，皆小乐正诏之于东序。大乐正学舞干戚，语说，命乞言，皆大乐正授数，大司成论说在东序。

凡侍坐于大司成者，远近间三席，可以问，终则负墙，列事未尽不问。

凡学春官释奠于其先师，秋冬亦如之。凡始立学者，必释奠于先圣先师，及行事必以币。

凡释奠者，必有合也，有国故则否。

凡大合乐，必遂养老。

凡语于郊者，必取贤敛才焉，或以德进，或以事举，或以言扬。曲艺皆誓之，以待又语，三而一有焉，乃进其等，以其序，谓之郊人。远之，于成均，以及取爵于上尊也。

始立学者，既兴器用币，然后释菜。不舞不授器，乃退，俟于东序。一献，无介语可也。教世子。

凡三王教世子，必以礼乐。乐所以修内也，礼所以修外也。礼乐交错于中，发形于外，是故其成也怿，恭敬而温文。立大傅少傅以养之，欲其知父子君臣之道也。大傅审父子君臣之道以示之，少傅奉世子，以观大傅之德行而审喻之。大傅在前，少傅在后，入则有保，出则有师，是以教喻而德成也。师也者，教之以事，而喻诸德者也。保也者，慎其身以辅翼之，而归诸道者也。记曰：虞、夏、商、周有师保，有疑丞，设四辅，及三公，不必备，唯其人。语使能也。君子曰：德，德成而教尊，教尊而官正，官正而国治。君之谓也。(《礼记·文王世子》)

武王使人候殷，反报岐周曰："殷其乱矣。"武王曰："其乱焉至？"对曰："谗慝胜良。"武王曰："尚未也。"又复往，反报曰："其乱加矣。"武王曰："焉至？"对曰："贤者出走矣。"武王曰："尚未也。"又往，反报曰："其乱甚矣。"武王曰："焉至？"对曰："百姓不敢诽怨矣。"武王曰："嘻！"遽告太公。太公对曰："谗慝胜良，命曰戮；贤者出走，命曰崩；百姓不敢诽怨，命曰刑胜。其乱至矣，不可以驾矣。"故选车三百，虎贲三千，朝要甲子之期，而纣为禽，则武王固知其无与为敌也。因其所用，何敌之有矣？（《吕氏春秋·贵因》）

武王至鲔水。殷使胶鬲候周师，武王见之。胶鬲曰："西伯将何之？无欺我也。"武王曰："不子欺，将之殷也。"胶鬲曰："曷至？"武王曰："将以甲子至殷郊，子以是报矣。"胶鬲行。天雨，日夜不休，武王疾行不辍。军师皆谏曰："卒病，请休之。"武王曰："吾已令胶鬲以甲子之期报其主矣。今甲子不至，是令胶鬲不信也。胶鬲不信也，其主必杀之。吾疾行以救胶鬲之死也。"武王果以甲子至殷郊。殷已先陈矣。至殷，因战，大克之。此武王之义也。人为人之所欲，己为人之所恶，先陈何益？适令武王不耕而获。（《吕氏春秋·贵因》）

周文王立国八年，岁六月，文王寝疾五日而地动，东西南北，不出国郊，百吏皆请曰："臣闻地之动，为人主也。今王寝疾五日而地动，四面不出周郊，群臣皆恐，曰'请移之'。"文王曰："若何其移之也？"对曰："兴事动众，以增国城，其可以移之乎。"文王曰："不可。夫天之见妖也，以罚有罪也。我必有罪，故天以此罚我也。今故兴事动众以增国城，是重吾罪也。不可。"文王曰："昌也请改行重善以移之，其可以免乎。"于是谨其礼秩皮革，以交诸侯；饬其辞令，币帛，以礼豪士；颁其爵列等级田畴，以赏群臣。无几何，疾乃止。文王即位八年而地动，已动之后四十三年，凡文王立国五十一年而终，此文王之所以止殃翦妖也。（《吕氏春秋·制乐》）

惟十有三年春，大会于孟津。王曰："嗟！我友邦冢君越我御事庶士，明听誓。惟天地万物父母，惟人万物之灵。亶聪明，作元后，元后作民父母。今商王受，弗敬上天，降灾下民。沉湎冒色，敢行暴虐，罪人以族，官人以世，惟宫室、台榭、陂池、侈服，以残害于尔万姓。焚炙忠良，刳剔孕妇。皇天震怒，命我文考，肃将天威，大勋未集。肆予小子发，以尔友邦冢君，观政于商。惟受罔有悛心，乃夷居，弗事上帝神祇，遗厥先宗庙弗祀。牺牲粢盛，既于凶盗。乃曰：'吾有民有命！'罔惩其侮。

天佑下民，作之君，作之师，惟其克相上帝，宠绥四方。有罪无罪，予曷敢有越厥志？同力，度德；同德，度义。受有臣亿万，惟亿万心；予有臣三千，惟一心。商罪贯盈，天命诛之。予弗顺天，厥罪惟钧。

予小子夙夜祗惧，受命文考，类于上帝，宜于冢土，以尔有众，厎天之罚。天矜于民，民之所欲，天必从之。尔尚弼予一人，永清四海，时哉弗可失！"

惟戊午，王次于河朔，群后以师毕会。王乃徇师而誓曰："呜呼！西土有众，咸听朕言。我闻吉人为善，惟日不足。凶人为不善，亦惟日不足。今商王受，力行无度，播弃犁老，昵比罪人。淫酗肆虐，臣下化之，朋家作仇，胁权相灭。无辜吁天，秽德彰闻。惟天惠民，惟辟奉天。有夏桀弗克若天，流毒下国。天乃佑命成汤，降黜夏命。惟受罪浮于桀。剥丧元良，贼虐谏辅。谓己有天命，谓敬不足行，谓祭无益，谓暴无伤。厥监惟不远，在彼夏王。天其以予乂民，朕梦协朕卜，袭于休祥，戎商必克。受有亿兆夷人，离心离德。予有乱臣十人，同心同德。虽有周亲，不如仁人。天视自我民视，天听自我民听。百姓有过，在予一人，今朕必往。我武维扬，侵于之疆，取彼凶残。我伐用张，于汤有光。勖哉夫子！罔或无畏，宁执非敌。百姓懔懔，若崩厥角。呜呼！乃一德一心，立定厥功，惟克永世。"

时厥明，王乃大巡六师，明誓众士。王曰："呜呼！我西土君子。天有显道，厥类惟彰。今商王受狎侮五常，荒怠弗敬，自绝于天，结怨于民。斫朝涉之胫，剖贤人之心。作威杀戮，毒痡四海。崇信奸回，放黜师保。屏弃典刑，囚奴正士，郊社不修，宗庙不享，作奇技淫巧以悦妇人。上帝弗顺，祝降时丧。尔其孜孜，奉予一人，恭行天罚。古人有言曰：'抚我则后，虐我则仇。'独夫受洪惟作威，乃汝世雠。树德务滋，除恶务本，肆予小子诞以尔众士殄歼乃雠。尔众士其尚迪果毅，以登乃辟。功多有厚赏，不迪有显戮。呜呼！惟我文考若日月之照临，光于四方，显于西土。惟我有周诞受多方。予克受，非予武，惟朕文考无罪；受克予，非朕文考有罪，惟予小子无良。"（《尚书·周书·泰誓》）

武王伐殷。往伐归兽，识其政事，作《武成》。

惟一月壬辰，旁死魄。越翼日，癸巳，王朝步自周，于征伐商。厥四月，哉生明，王来自商，至于丰。乃偃武修文，归马于华山之阳，放牛于桃林之野，示天下弗服。

丁未，祀于周庙，邦甸、侯、卫，骏奔走，执豆、笾。越三日，庚戌，柴、望，大告武成。

既生魄，庶邦冢君暨百工，受命于周。

王若曰："呜呼，群后！惟先王建邦启土，公刘克笃前烈，至于大王肇基王迹，王季其勤王家。我文考文王克成厥勋，诞膺天命，以抚方夏。大邦畏其力，小邦怀其德。惟九年，大统未集，予小子其承厥志。底商之罪，告于皇天后土、所过名山大川，曰：'惟有道曾孙周王发，将有大正于商。今商王受无道，暴殄天物，害虐烝民，为天下逋逃主，萃渊薮。予小子既获仁人，敢祗承上帝，以遏乱略。华夏蛮貊，罔不率俾，恭天成命，肆予东征，绥厥士女。惟其士女篚厥玄黄，昭我周王。天休震动，用附我大邑周。惟尔有神，尚克相予以济兆民，无作神羞！'既戊午，师逾孟津。癸亥，陈于商郊，俟天休命。甲子昧爽，受率其旅若林，会于牧野。罔有敌于我师，前途倒戈，攻于后以北，血流漂杵。一戎衣，天下大定。乃反商政，政由旧。释箕子囚，封比干墓，式商容闾。散鹿台之财，发钜桥之粟，大赉于四海，而万姓悦服。"

列爵惟五，分土惟三。建官惟贤，位事惟能。重民五教，惟食、丧、祭。惇信明义，崇德报功。垂拱而天下治。（《尚书·周书·武成》）

周公学案

周公，姓姬，名旦，是周文王姬昌第四子，周武王姬发的弟弟。周武王分封天下，周公被封于"少昊之虚曲阜，是为鲁公。周公不就封，留佐武王"（《史记·鲁周公世家》）。"文王有大德，而功未就，武王有大功，而治未成"（《新书·礼容语下》），周公集大德大功大治于一身，"一沐三握发，为周改法而制"（《论衡·书解》）。《尚书大传》（卷3）赞曰："周公居摄，一年救乱，二年克殷，三年践奄。""周公摄政，四年建侯卫，五年营成周，六年制礼作乐，七年致政成王。"①

武王克殷三年后（约前 1043 年），周武王驾崩，周公践阼代成王摄政当国，制礼作乐，教化天下，肇创西周清明盛世。春秋之末，孔子仰慕周公，绍承周公之余绪，将周公视为儒学精神之本源。譬而言之，周公是孔子之前、黄帝之后的中华上古文化尤其是礼乐文化的集结地与发源地。

一、制礼作乐

绍述夏商之礼乐，周公通过制礼作乐重新厘定礼乐制度，使松弛淡化的礼仪意识重新得到强化，礼仪的规范性与强制性重新得到加强，进而使得礼仪制度成为宗法等级社会良好运行的依据和标准。其实，所谓的周公制礼作乐，主要手段有厘定、增补、汇集等。基于此，周公通过继承与创新，逐渐为西周建构出颇为系统的礼乐制度。

周公相成王，"王道大洽，制礼作乐"（《汉书·郊祀志上》）。周公制礼作乐，尊后稷以配天，《诗经·生民》曰："载生载育，时维后稷。""胡臭亶时，后稷肇祀。"周公受成王之命，"作宫邑于洛阳，成文武之制，作汋乐以奉天"（《春秋繁露·三代改制质文》）；周公作勺（汋），"勺，言能勺先祖之道也"（《汉书·礼乐志》），亦"言周公辅成王，能斟酌文武之道而成之也"（《白虎通·礼乐》）。周公未作乐之前，因先王之乐以教化百姓，悦乐其俗，然后改作，以章功德；众人学歌九德，诵六诗，习六舞、五声、八音。周公损益夏商旧礼，结合周族旧俗，基于宗法血亲关系制定出一系列的人伦制度与行为规范。其中，"周人制度之大异于商者，一曰立子立嫡之制，由是而生宗法丧服之制，并由是而有封建子弟之制，君天子臣诸侯之制。二曰庙数之制。三曰同姓不婚之制"②。或许制礼作乐并非全然是周公亲手制定、亲力所为，但是周公摄政期间完成的制礼作乐无疑奠定了西周礼乐文化与社会制度的基础。

周公制礼作乐，以成周道。周公"愤发文德，天下和之；辅翼成王，诸

---

① 参见（清）永瑢、纪昀等编纂：《四库全书》第 68 册，上海古籍出版社 1987 年版，第 414、411 页。

按：《礼记·明堂位》曰："武王崩，成王幼弱，周公践天子之位以治天下；六年，朝诸侯于明堂，制礼作乐，颁度量，而天下大服；七年，致政于成王。"

② 王国维：《殷周制度论》，参见王国维撰：《观堂集林》卷 10，中华书局 1959 年版，第 453—454 页。

侯宗周"(《史记·太史公自序》),"周公兼夷狄驱猛兽而百姓宁"(《孟子·滕文公下》)。"周公辅成王,诛其两弟,故治"(《史记·三王世家》),周公杀管蔡,天下称圣,其原因在于"不以私害公"(《史记·淮南衡山列传》)。其实,周公辅翼成王而行管蔡之诛,是不以亲亲害尊尊,是维系周礼与王道。

要言之,"周公制成周一代之典,乃视夏商之礼而损益之。故三代之礼,其实则一,但至周而文为大备,故孔子美其文而从之"[①]。孔子曰"殷因于夏礼,所损益,可知也;周因于殷礼,所损益,可知也;其或继周者,虽百世可知也"(《论语·为政》)、"周监于二代,郁郁乎文哉"(《论语·八佾》),孔子洞见的正是周礼之文采与周礼之盛景。

二、秉仁谦行

周文王在世时,周公"为子孝,笃仁,异于群子"(《史记·鲁周公世家》)。周公"至忠厚仁,辅翼其君"(《春秋繁露·五行相生》),以仁摄政,明德慎罚。"惟周公克慎厥始,惟君陈克和厥中,惟公克成厥终"(《尚书·周书·毕命》),"周公师保万民,民怀其德"(《尚书·周书·君陈》),"周公相武王,诛纣伐奄,三年讨其君,驱飞廉于海隅而戮之。灭国者五十,驱虎、豹、犀、象而远之。天下大悦"(《孟子·滕文公下》)。成王年壮,周公"反籍于成王,而天下不辍事周;然而周公北面而朝之"(《荀子·儒效》),"若周公之于成王也,可谓大忠矣"(《荀子·臣道》)。周公身有至圣之德,心有仁义,事成王亦教化成王"引其君以当道,志于仁"(《孟子·告子下》)。

周公吐哺,天下归心;此心为仁,泽被天下。周公以仁为政的思想在其告诫其子伯禽代替自己就封于鲁时的谆谆教诲中亦有体现,周公告诫伯禽曰:"我文王之子,武王之弟,成王之叔父,我于天下亦不贱矣。然我一沐三捉发,一饭三吐哺,起以待士,犹恐失天下之贤人。子之鲁,慎无以

---

① (宋)黎靖德编,王星贤点校:《朱子语类》卷25,中华书局1986年版,第2册,第622页。

国骄人。"(《史记·鲁周公世家》)[1]同时周公指出"夫政不简不易,民不有近;平易近民,民必归之"(同上)。

三、修德勤政

"周公咸勤"(《尚书·周书·康诰》),起初,周公相武王以伐纣,武王崩,成王幼弱,周公践位以治天下,"制礼作乐,颁度量,而天下大服"(《礼记·明堂位》)。周公"思兼三王,以施四事;其有不合者,仰而思之,夜以继日;幸而得之,坐以待旦"(《孟子·离娄下》)。

周公摄政七年,成王长至能听政,周公还政成王,北面就臣之位,故曰:"五帝既没,三王既衰,能行谦德者,其惟周公乎。"(《韩诗外传》卷8)孔子对周公多有赞言,孔子曰:"昔者、周公事文王,行无专制,事无由己,身若不胜衣,言若不出口,有奉持于前,洞洞焉若将失之,可谓子矣。武王崩,成王幼,周公承文武之业,履天子之位,听天子之政,征夷狄之乱,诛管蔡之罪,抱成王而朝诸侯,诛赏制断,无所顾问,威动天下,振恐海内,可谓能武矣。成王壮,周公致政,北面而事之,请然后行,无伐矜之色,可谓臣矣。故一人之身,能三变者,所以应时也。"(《韩诗外传》卷7)不唯于此,孔子与曾子对周公之德多有讨论,曾子曰:"敢问圣人之德,无以加于孝乎?"孔子曰:"天地之性,人为贵。人之行,莫大于孝。孝莫大于严父。严父莫大于配天,则周公其人也。昔者,周公郊祀后稷以配天,宗祀文王于明堂,以配上帝。是以四海之内,各以其职来祭。夫圣人之德,又何以加于孝乎?"(《孝经·圣治》)周公能成其德教,行其政令,能以德配天,敬德保民,文治武功盛极一时,这一点从《诗经·小雅·北山》"溥天之下,莫非王土,率土之滨,莫非王臣"的诗句中可见一斑。

---

[1] 按:周公告诫伯禽一事,后儒多有演绎,比如《韩诗外传》(卷3)有言,成王封伯禽于鲁,周公诫之曰:"往矣!子无以鲁国骄士。吾文王之子,武王之弟,成王之叔父也,又相天下,吾于天下,亦不轻矣。然一沐三握发,一饭三吐哺,犹恐失天下之士。吾闻德行宽裕,守之以恭者荣;土地广大,守之以俭者安;禄位尊盛,守之以卑者贵;人众兵强,守之以畏者胜;聪明睿智,守之以愚者善;博闻强记,守之以浅者智。夫此六者,皆谦德也。夫贵为天子,富有四海,由此德也;不谦而失天下,亡其身者,桀纣是也;可不慎欤!故易有一道,大足以守天下,中足以守其国家,近足以守其身,谦之谓也。夫天道亏盈而益谦,地道变盈而流谦,鬼神害盈而福谦,人道恶盈而好谦。是以衣成则必缺衽,宫成则必缺隅,屋成则必加拙,示不成者,天道然也。《易》曰:'谦、亨,君子有终、吉。'《诗》曰:'汤降不迟,圣敬日跻。'诚之哉!其无以鲁国骄士也。"

周公为政有道,其道在事亲、为子、为弟、为臣、为相皆有道,修德诚谨,勤政亲躬。周公为政"进贤圣之士,上知天文,其形兆未见,其萌芽未生,昭然独见存亡之机,得失之要,治乱之源,豫禁未然之前"(《春秋繁露·五行相生》);"周公继文武之业,成二圣之功,德渐天地,泽被四海,故成王贤而贵之"(《春秋繁露·郊事对》)。

四、作书辅政

周公自称"多材多艺"(《尚书·周书·金縢》),作书多篇,又为《周易》作爻辞。西周初定,成王年少,周公摄政当国,周公诸弟如管叔、蔡叔疑之,管叔、蔡叔与武庚作乱反叛。周公奉成王命,伐诛武庚、管叔,流放蔡叔;封微子于宋,以奉殷祀。在此期间,周公作《大诰》,次作《微子之命》《馈禾》《嘉禾》,又作《康诰》《酒诰》《梓材》。其中,《大诰》篇旨强调天命在周,"爽邦由哲";周公陈大道以诰天下,并诏告周革殷命的原因。《微子之命》篇旨强调"崇德象贤""德垂后裔",周公告诉微子"率由典常,以蕃王室""永绥厥位,毗予一人"。《康诰》《酒诰》《梓材》篇旨强调"明德慎罚""敬天保民""克用文王教,不腆于酒""天降威,我民用大乱丧德,亦罔非酒惟行""聪听祖考之遗训,越小大德,小子惟一",阐明王者为政之术在于自明其德、教化人民。

成王在丰,使召公复营洛邑以如武王之意,周公作《召诰》与《洛诰》。《召诰》篇旨强调"惟命不于常""王其德之用,祈天永命";《洛诰》篇旨强调"奉答天命,和恒四方民""惟公德明光于上下,勤施于四方,旁作穆穆,迓衡不迷"。武王死后,管叔等人散布流言,声称周公将不利于孺子(成王),周公作诗贻成王,命之曰《鸱鸮》,成王"未敢诮周公"(《尚书·周书·金縢》)。周公归,恐成王壮而治有淫佚,作《多士》与《无逸》。《多士》篇旨强调"惟天明畏""时惟天命""明致天罚";《无逸》篇旨强调"君子所,其无逸","徽柔懿恭,怀保小民,惠鲜鳏寡",敬德保民。周公为师,东伐淮夷,作《多方》。《多方》篇旨强调"明德慎罚,亦克用劝","享天之命",不可"屑播天命"。《尚书·周书》记载,"召公为保,周公为师,相成王为左右。召公不说,周公作《君奭》","成王既践奄,将迁其君于蒲姑,周公告召公,作《将蒲姑》"。其中,《君奭》篇旨强调"秉德明恤""天寿平格,保乂有殷,有殷嗣,天灭威""惟乃知民德亦罔不能厥初,惟其终"。

成王在丰,天下已安,周之官政未次序,周公作《周官》;官别其宜,作《立政》。《周官》篇言周公设置三公、六卿等诸官职责,诸官职数虽多,但是统摄连属;其篇旨强调"明王立政,不惟其官,惟其人""以公灭私,民其允怀""恭俭惟德,无载尔伪"。《立政》篇言周公传授成王选才用人之道,强调"立政用憸人,不训于德,是罔显在厥世",即强调以德取人而不以貌取人,"惟成德之彦,以乂我受民""其惟吉士,用励相我国家"。武王克商二年之后,有疾,弗豫,周公作《金縢》。《金縢》篇言周公乞代武王疾死。武王既丧,管蔡之徒流言于国,成王误会周公,成王取《金縢》之书,阅后而泣,从此消除对周公的误解并彰明周公之德。另据清华简记载,周公作《皇门》,《皇门》篇旨强调以殷为鉴,以及"明德""明刑""恤邦"等政治理念。

周公所作之书大义在于强调敬天保民、以德配天、明德慎刑、秉德由哲、祈天永命。诚然,其书亦涉礼仪制度、百官职责、安邦经世之道等内容。

五、遗泽后世

周公辅翼成王,功盖天下。周公卒后,成王感佩周公之功德,"命鲁得郊祭文王,鲁有天子礼乐者,以褒周公之德也"(《史记·鲁周公世家》)。稍后,成王、康王追念周公有勋劳于天下而尊鲁,"故赐之以重祭。外祭,则郊社是也;内祭,则大尝禘是也。夫大尝禘,升歌《清庙》,下而管《象》;朱干玉戚,以舞《大武》;八佾,以舞《大夏》;此天子之乐也"(《礼记·祭统》)。从此,鲁国成为当时望国,礼乐盛行,德教流风。故后世有言:"周礼尽在鲁矣,吾乃今知周公之德,与周之所以王也。"(《左传·昭公二年》)

春秋时期,生活在鲁国的孔子仰慕周公,赞言"周公之才之美"(《论语·泰伯》)。孔子远尊尧舜,近崇周公,在"知天命"之年后周游列国,应聘诸侯,答礼行谊,推行周礼与王道。战国时期,后儒孟子赞言周公是"古圣人"(《孟子·公孙丑下》),面对陈贾质疑"周公使管叔监殷,管叔以殷畔。知而使之,是不仁也;不知而使之,是不智也。仁智,周公未之尽也,而况于王乎",孟子为周公辩白说:"周公,弟也;管叔,兄也。周公之过,不亦宜乎?且古之君子,过则改之;今之君子,过则顺之。古之君子,其过也,如日月之食,民皆见之;及其更也,民皆仰之。"(《孟子·公孙丑下》)其实,肇自春秋,"天下称诵周公"(《史记·太史公自序》),《诗经·破斧》美曰:"周公东征,四国是皇。哀我人斯,亦孔之将。"孔子曰:"周公其盛乎,身贵而愈恭,家富而愈俭,胜敌而愈戒。"(《荀子·儒效》)西汉时期,醇儒董仲舒赞曰:"周公,圣人也。"(《春秋繁露·效事对》)杜钦赞曰:"周公身有至圣之德。"(《汉书·杜周传》)西汉末年,王莽称颂周公之功德并"以周公为比"(《汉书·王莽传上》),且欲效法周公,复行周礼。魏晋时期,世人追赞周公之道,《抱朴子·逸民》曰"周公大圣,以贵下贱,吐哺握发,惧于失人",《三国志·魏书·武帝纪》曰"周公光于四海"。唐宋时期,周公被朝廷与后儒尊为圣人。唐初,唐高祖始受命,天下略定,"即诏有司立周公、孔子庙于国学,四时祠"(《新唐书·儒学列传》)。中唐以后,佛老盛行,韩愈建构儒家"道统"以振儒学并将周公置于儒家道统之中,其《原道》曰:"尧以是传之舜,舜以是传之禹,禹以是传之汤,汤以是传之文武周公,文武周公传之孔子,孔子传之孟轲。轲之死,不得其传焉。"[1]绍述韩愈提出的儒家道统序列,程颢、程颐与朱熹亦将周公置于儒家道统序列之中。另外,南宋叶适追溯儒家道统序列时曰:"次周公,治教并行,礼刑并举,百官众有司虽名物卑琐,而道德义理皆具。自尧舜元凯以来,圣贤继作,措于事物,其赅括演畅,皆不得如周公。"[2]

　　览史可知,自周至清,无论是官方还是民间,多推崇周公。周公及其创制的礼乐文化深刻地影响并塑造了中华传统价值体系和价值观念,以及中华民族的文化品格与精神追求。

附:先秦经典所见周公之语辑要

　　武王有疾,周公作《金縢》。

　　既克商二年,王有疾,弗豫。二公曰:"我其为王穆卜。"周公曰:"未可以戚我先王?"公乃自以为功,为三坛同墠。为坛于南方,北面,周公立焉。植璧秉珪,乃告太王、王季、文王。

　　史乃册,祝曰:"惟尔元孙某,遘厉虐疾。若尔三王是有丕子之责于

---

①　(唐)韩愈:《东雅堂昌黎集注》卷11,参见(清)永瑢、纪昀等编纂:《四库全书》第1075册,上海古籍出版社1987年版,第188页。
②　(宋)叶适:《习学记言》卷49,参见(清)永瑢、纪昀等编纂:《四库全书》第849册,上海古籍出版社1987年版,第797页。

天，以旦代某之身。予仁若考能，多材多艺，能事鬼神。乃元孙不若旦多材多艺，不能事鬼神。乃命于帝庭，敷佑四方，用能定尔子孙于下地。四方之民罔不祗畏。呜呼！无坠天之降宝命，我先王亦永有依归。今我即命于元龟，尔之许我，我其以璧与珪归俟尔命；尔不许我，我乃屏璧与珪。"

乃卜三龟，一习吉。启钥见书，乃并是吉。公曰："体！王其罔害。予小子新命于三王，惟永终是图；兹攸俟，能念予一人。"公归，乃纳册于金縢之匮中。王翼日乃瘳。

武王既丧，管叔及其群弟乃流言于国，曰："公将不利于孺子。"周公乃告二公曰："我之弗辟，我无以告我先王。"周公居东二年，则罪人斯得。于后，公乃为诗以贻王，名之曰《鸱鸮》。王亦未敢诮公。

秋，大熟，未获，天大雷电以风，禾尽偃，大木斯拔，邦人大恐。王与大夫尽弁以启金縢之书，乃得周公所自以为功代武王之说。二公及王乃问诸史与百执事。对曰："信。噫！公命我勿敢言。"

王执书以泣，曰："其勿穆卜！昔公勤劳王家，惟予冲人弗及知。今天动威以彰周公之德，惟朕小子其新逆，我国家礼亦宜之。"王出郊，天乃雨，反风，禾则尽起。二公命邦人凡大木所偃，尽起而筑之。岁则大熟。（《尚书·周书·金縢》）

召公既相宅，周公往营成周，使来告卜，作《洛诰》。

周公拜手稽首曰："朕复子明辟。王如弗敢及天基命定命，予乃胤保大相东土，其基作民明辟。予惟乙卯，朝至于洛师。我卜河朔黎水，我乃卜涧水东，瀍水西，惟洛食；我又卜瀍水东，亦惟洛食。伻来以图及献卜。"

王拜手稽首曰："公不敢不敬天之休，来相宅，其作周配，休！公既定宅，伻来，来，视予卜，休恒吉。我二人共贞。公其以予万亿年敬天之休。拜手稽首诲言。"

周公曰："王，肇称殷礼，祀于新邑，咸秩无文。予齐百工，伻从王于周，予惟曰：'庶有事。'今王即命曰：'记功，宗以功作元祀。'惟命曰：'汝受命笃弼，丕视功载，乃汝其悉自教工。'孺子其朋，孺子其朋，其往！无若火始焰焰；厥攸灼叙，弗其绝。厥若彝及抚事如予，惟以在周工往新邑。伻向即有僚，明作有功，惇大成裕，汝永有辞。"

公曰："已！汝惟冲子，惟终。汝其敬识百辟享，亦识其有不享。享多仪，仪不及物，惟日不享。惟不役志于享，凡民惟日不享，惟事其爽侮。乃惟孺子颂，朕不暇听。朕教汝于棐民，彝汝乃是不蘉，乃时惟不永哉！笃叙乃正父罔不若予，不敢废乃命。汝往敬哉！兹予其明农哉！彼裕我民，无远用戾。"

王若曰："公！明保予冲子。公称丕显德，以予小子扬文武烈，奉答天命，和恒四方民，居师；惇宗将礼，称秩元祀，咸秩无文。惟公德明光于上下，勤施于四方，旁作穆穆，迓衡不迷。文武勤教，予冲子夙夜毖祀。"王曰："公功棐迪，笃罔不若时。"

王曰："公！予小子其退，即辟于周，命公后。四方迪乱未定，于宗礼亦未克敉，公功迪将，其后监我士师工，诞保文武受民，乱为四辅。"王曰："公定，予往已。以功肃将祗欢，公无困哉！我惟无斁其康事，公勿替刑，四方其世享。"

周公拜手稽首曰："王命予来承保乃文祖受命民，越乃光烈考武王弘朕恭。孺子来相宅，其大惇典殷献民，乱为四方新辟，作周恭先。曰其自时中乂，万邦咸休，惟王有成绩。予旦以多子越御事笃前人成烈，答其师，作周孚先。考朕昭子刑，乃单文祖德。伻来毖殷，乃命宁予以秬鬯二卣。曰明禋，拜手稽首休享。予不敢宿，则禋于文王、武王。惠笃叙，无有遘自疾，万年厌于乃德，殷乃引考。王伻殷乃承叙万年，其永观朕子怀德。"

戊辰，王在新邑烝，祭岁，文王骍牛一，武王骍牛一。王命作册逸祝册，惟告周公其后。王宾杀禋咸格，王入太室，祼。王命周公后，作册逸诰，在十有二月。惟周公诞保文武受命，惟七年。（《尚书·周书·洛诰》）

周公曰："呜呼！君子所，其无逸。先知稼穑之艰难，乃逸，则知小人之依。相小人，厥父母勤劳稼穑，厥子乃不知稼穑之艰难，乃逸乃谚。既诞，否则侮厥父母曰：'昔之人无闻知。'"

周公曰："呜呼！我闻曰：昔在殷王中宗，严恭寅畏，天命自度，治民祗惧，不敢荒宁。肆中宗之享国七十有五年。其在高宗，时旧劳于外，爰暨小人。作其即位，乃或亮阴，三年不言。其惟不言，言乃雍。不敢荒宁，嘉靖殷邦。至于小大，无时或怨。肆高宗之享国五十年有九年。其在祖甲，不义惟王，旧为小人。作其即位，爰知小人之依，能保惠于庶民，不敢侮鳏寡。肆祖甲之享国三十有三年。自时厥后立王，生则逸，生则逸，不知稼稽之艰难，不闻小人之劳，惟耽乐之从。自时厥后，亦罔或克寿。或十年，或七八年，或五六年，或四三年。"

周公曰："呜呼！厥亦惟我周太王、王季，克自抑畏。文王卑服，即康功田功。徽柔懿恭，怀保小民，惠鲜鳏寡。自朝至于日中昃，不遑暇食，用咸和万民。文王不敢盘于游田，以庶邦惟正之供。文王受命惟中身，厥享国五十年。"

周公曰："呜呼！继自今嗣王，则其无淫于观、于逸、于游、于田，以万民惟正之供。无皇曰：'今日耽乐。'乃非民攸训，非天攸若，时人丕则有愆。无若殷王受之迷乱，酗于酒德哉！"

周公曰："呜呼！我闻曰：'古之人犹胥训告，胥保惠，胥教诲，民无或胥诪张为幻。'此厥不听，人乃训之，乃变乱先王之正刑，至于小大。民否则厥心违怨，否则厥口诅祝。"

周公曰："呜呼！自殷王中宗及高宗及祖甲及我周文王，兹四人迪哲。厥或告之曰：'小人怨汝詈汝。'则皇自敬德。厥愆，曰：'朕之愆。'允若时，不啻不敢含怒。此厥不听，人乃或诪张为幻，曰小人怨汝詈汝，则信之，则若时，不永念厥辟，不宽绰厥心，乱罚无罪，杀无辜。怨有同，是丛于厥身。"

周公曰："呜呼！嗣王其监于兹。"（《尚书·周书·无逸》）

周公曰："王若曰：猷告尔四国多方惟尔殷侯尹民。我惟大降尔命，尔罔不知。洪惟图天之命，弗永寅念于祀，惟帝降格于夏。有夏诞厥逸，不肯戚言于民，乃大淫昏，不克终日劝于帝之迪，乃尔攸闻。厥图帝之命，不克开于民之丽，乃大降罚，崇乱有夏。因甲于内乱，不克灵承于旅。罔丕惟进之恭，洪舒于民。亦惟有夏之民叨懫日钦，劓割夏邑。天惟时求民主，乃大降显休命于成汤，刑殄有夏。惟天不畀纯，乃惟以尔多方之义民不克永于多享；惟夏之恭多士大不克明保享于民，乃胥惟虐于民，至于百为，大不克开。乃惟成汤克以尔多方简，代夏作民主。慎厥丽，乃劝；厥民刑，用劝；以至于帝乙，罔不明德慎罚，亦克用劝；要囚殄戮多罪，亦克用劝；开释无辜，亦克用劝。今至于尔辟，弗克以尔多方享天之命，呜呼！"（《尚书·周书·多方》）

周公曰："呜呼！休兹知恤，鲜哉！古之人迪惟有夏，乃有室大竞，吁俊尊上帝迪，知忱恂于九德之行。乃敢告教厥后曰：'拜手稽首后矣！'曰：'宅乃事，宅乃牧，宅乃准，兹惟后矣。谋面，用丕训德，则乃宅人，兹乃三宅无义民。'桀德，惟乃弗作往任，是惟暴德罔后。亦越成汤陟，丕厘上帝之耿命，乃用三有宅；克即宅，曰三有俊，克即俊。严惟丕式，克用三宅三俊，其在商邑，用协于厥邑；其在四方，用丕式见德。呜呼！其在受德，暋为羞刑暴德之人，同于厥邦；乃惟庶习逸德之人，同于厥政。帝钦罚之，乃伻我有夏，式商受命，奄甸万姓。亦越文王、武王，克知三有宅心，灼见三有俊心，以敬事上帝，立民长伯。立政：任人、准夫、牧、作三事。虎贲、缀衣、趣马、小尹、左右携仆、百司庶府。大都小伯、艺人、表臣百司、太史、尹伯，庶常吉士。司徒、司马、司空、亚、旅。夷、微、卢烝。三亳阪尹。文王惟克厥宅心，乃克立兹常事司牧人，以克俊有德。文王罔攸兼于庶言；庶狱庶慎，惟有司之牧夫是训用违；庶狱庶慎，文王罔敢知于兹。亦越武王，率惟敉功，不敢替厥义德，率惟谋从容德，以并受此丕丕基。"（《尚书·周书·立政》）

伯禽将归于鲁，周公谓伯禽之傅曰："汝将行，盍志而子美德乎？"对曰："其为人宽，好自用以慎。此三者，其美德已。"周公曰："呜呼！以人恶为美德乎？君子好以道德，故其民归道。彼其宽也，出无辨矣，女又美之！彼其好自用也，是所以窭小也。君子力如牛，不与牛争力；走如马，不与马争走；知如士，不与士争知。彼争者均者之气也，女又美之！彼其慎也，是其所以浅也。闻之曰：'无越逾不见士。'见士问曰：'无乃不察乎？'不闻即物少至，少至则浅。彼浅者，贱人之道也，女又美之！吾语女：我，文王之为子，武王之为弟，成王之为叔父，吾于天下不贱矣；然而吾所执贽而见者十人，还贽而相见者三十人，貌执之士者百有余人，欲言而请毕事者千有余人，于是吾仅得三士焉，以正吾身，以定天下。吾所以得三士者，亡于十人与三十人中，乃在百人与千人之中。故上士吾薄为之貌，下士吾厚为之貌，人人皆以我为越逾好士，然故士至；士至而后见物，见物然后知其是非之所在。戒之哉！女以鲁国骄人，几矣！夫仰禄之士犹可骄也，正身之士不可骄也。彼正身之士，舍贵而为贱，舍富而为贫，舍佚而为劳，颜色黎黑而不失其所，是以天下之纪不息，文章不废也。"（《荀子·尧问》）

周公曰："冬日之闭冻也不固，则春夏之长草木也不茂。"(《韩非子·解老》)

伯禽将行，请所以治鲁，周公曰："利而勿利也。"(《吕氏春秋·贵公》)

周公曰："吾已知之矣。此君子也，取不能其主，有以其恶告王，不忍为也。若夫期而不当，言而不信，此殷之所以亡也，已以此告王矣。"(《吕氏春秋·贵因》)

孔子与孔门学案

　　春秋末年,周室式微,诸侯恣行,礼废乐崩,孔子欲以仁拯世,欲"匡乱世反之于正"(《史记·太史公自序》)。孔子周游列国而未能施其志,退而称述诗书,"为天下制仪法,垂六艺之统纪于后世"(同上)。时至战国,儒学虽然成为一时显学,但已难辨真伪,而且"儒分为八""取舍相反不同"(《韩非子·显学》);当时之世,儒学已为天下裂,后学更是难窥孔子儒学之真义。今值新时代,我们应该厘清孔子儒学的基本思想,重估其当代价值,阐扬其精神要义。

　　孔子一生授徒众多,门下弟子多达三千,身通六艺者七十有二;《论语》以"四科十哲"列之,《庄子》以"五德"论之。

　　　德行:颜渊、闵子骞、冉伯牛、仲弓。言语:宰我、子贡。政事:冉有、季路。文学:子游、子夏。(《论语·先进》,下引只注篇名)

　　　《庄子》曰:老子见孔子从弟子五人,问曰:"为谁?"对曰:"子路为勇,其次子贡为智,曾子为孝,颜回为仁,子张为武。"[1]

　　战国末年,韩非以"儒分为八"概论当时儒学之发展态势,《韩非子·显学》曰:

　　　世之显学,儒、墨也。儒之所至,孔丘也。墨之所至,墨翟也。自孔子之死也,有子张之儒,有子思之儒,有颜氏之儒,有孟氏之儒,有漆雕氏之儒,有仲良氏之儒,有孙氏之儒,有乐正氏之儒。

---

① 　参见(宋)李昉等编纂:《太平御览》卷915,中华书局1960年版,第4册,第4056页。

晋人陶渊明对韩非的"儒分为八"说有所细化与补充,其《圣贤群辅录》曰:

> 夫子没后,散于天下,设于中国,成百氏之源,为纲纪之儒。居环堵之室,荜门圭窦,瓮牖绳枢,并日而食,以道自居者,有道之儒,子思氏之所行也。衣冠中,动作顺,大让如慢,小让如伪者,子张氏之所行也。颜氏传诗为道,为讽谏之儒。孟氏传书为道,为疏通致远之儒。漆雕氏传礼为道,为恭俭庄敬之儒。仲梁氏传乐为道,以和阴阳,为移风易俗之儒。乐正氏传春秋为道,为属辞比事之儒。公孙氏传易为道,为洁净精微之儒。[①]

虽然后人常将《圣贤群辅录》"断为伪托"[②],但是细读《圣贤群辅录》之论,则见其所绎"儒分为八"之说亦有些许道理。其实,儒学自孔子之后已然呈现多元化发展之路向,孔门弟子多是精于一经、通于诸艺,各有所承、各有所扬。

孔子病逝之后,众弟子游于诸侯列国,或干禄,或讲学,或著述,或隐逸。其中,子张居陈,澹台子羽居楚,子夏居西河,子贡终于齐。春秋战国交替之际,孔门弟子及再传弟子成为"孔孟之间的驿站"[③]。这个"驿站"是一个"思想的驿站",具有承上启下的作用。战国时期,天下战乱,齐鲁学者不废儒学。周威王、周宣王之际,孟子、荀子继前儒而起,欲寻孔子之原旨,开启儒学系统化建构与纵深化发展的黄金时代。从孔子到孟子、荀子,儒学实现哲学突破与发展创新,呈现勃兴之势并成为一时显学。然则,自战国至西汉中期,世之"学者多称七十子之徒,誉者或过其实,毁者或损其真,钧之未睹厥容貌"(《史记·仲尼弟子列传》)。司马迁《史记》作《仲尼弟子列传》欲正视听,但因史料难觅,凡列人物事迹极简,未能尽详。

---

① 参见(晋)陶渊明著,袁行霈笺注:《陶渊明集笺注》,中华书局 2003 年版,第 571—599 页。
② 参见(清)永瑢、纪昀等:《四库全书总目提要》卷 137,中华书局 1965 年版,下册,第 1160 页。
③ 庞朴:《孔孟之间的驿站》,《中国青年报》1999 年 11 月 7 日,第 3 版。

今取诸说,且列孔门弟子为八①,各为学案。②

孔子学案

鲁襄公二十二年(前551年),孔子生于鲁国昌平乡陬邑。孔子的祖先是宋国人,其父是叔梁纥。叔梁纥与颜氏女野合而生孔子,孔子生而首上圩顶,故名曰丘,字仲尼,子姓,孔氏。孔子曾经这样总结自己的一生,他说:"吾十有五而志于学,三十而立,四十而不惑,五十而知天命,六十而耳顺,七十而从心所欲不逾矩。"(《为政》)其实,孔子生前并无多少尊荣,周游列国未遇明主,厄于陈蔡、困于匡地,于困境之中坚守仁爱智慧,于乱世之中追寻天下大同。身怀仁礼的孔子在为学、为政、为师、治经、垂教等方面皆为后人称道。

一、为学

少年的孔子立志为学,而且敏而好学,孔子坦陈自己是"十有五而志于学",而且学无常师,"三人行,必有我师焉。择其善者而从之,其不善者而改之"(《学而》),"孔子之所严事:于周则老子;于卫,蘧伯玉;于齐,晏平仲;于楚,老莱子;于郑,子产;于鲁,孟公绰。数称臧文仲、柳下惠、铜鞮伯华、介山子然,孔子皆后之,不并世"(《史记·仲尼弟子列传》)。据《论语》《史记》等文献记述,孔子问礼于老子、问史于郯子、学乐于苌弘、习琴于师襄。孔子主张学而不厌,学以成人,学成君子。敏而好学的孔子在十七八

---

① 按:自从《论语》对孔门弟子以"四科十哲"排序,后世学人对孔门弟子亦有排序且多是大同小异,比如战国韩非《显学》提出"儒分为八"、明代吕元善《圣门志》(卷1)排出"四配"(颜回、曾子、孔伋、孟轲)与"十哲"(闵损、冉雍、端木赐、仲由、卜商、冉耕、宰予、冉求、言偃、颛孙师)、明代郭子章《圣门人物志》(卷2、卷3与卷4)排出"四配"(颜子、曾子、子思子、孟子)与"十哲"(闵子、冉子、端木子、仲子、卜子、冉子、宰子、冉子、言子、颛孙子)、清代熊赐履《学统》提出"正统"(孔子、颜回、曾子、子思、孟子)与"翼统"(闵子、冉有、子贡、有若、言偃、子夏),等等。我们依据韩非《显学》"儒分为八"的观点,试图从早期儒学流变探寻孔门弟子及儒学兴衰沉浮之迹;同时紧据《论语》提出的"四科十哲",举要而为孔门弟子略作学案。

② 按:书写"孔子与孔门学案"之选材主要以《论语》为据,辅以先秦诸子经典之相关材料,兼选《史记》之《孔子世家》《仲尼弟子列传》等相关材料;对目前学界有疑的材料选择用之,至于汉魏时期的附益之作或衍说则是择而用之并予以说明。其中,有些材料未予采用并非未见,而是未选。

岁时已经学有所成,主张仁爱,以礼闻名,当时已有人向他问道求学。

"仁"是孔子思想的重要内核,其价值向度具有内向性与自律性,主要指向内圣向度,兼蕴外王向度。孔子认为"仁"的基本旨归是"爱人",《论语》载:"樊迟问仁。子曰:'爱人。'"孔子强调"克己复礼为仁",指出"一日克己复礼,天下归仁焉。为仁由己,而由人乎哉"(《颜渊》)。孔子主张克己、节制、修养自己,复归于礼,复归于仁。所以说,儒学是"修己之学",而非"治人之学"。孔子曰:"人而不仁,如礼何?人而不仁,如乐何""仁远乎哉?我欲仁,斯仁至矣"(《述而》),是批评教条化的虚伪化的礼仪形式,强调礼乐的内涵是生命的感通与道德的自觉。其中,"我欲仁"表明人有道德自觉,是"斯仁至矣"的前提,"斯仁至矣"是"我欲仁"的结果。孔子语中的"我欲"与"由己"强调的是个体道德实践的自觉性、自律性与主体性,其所言"为仁由己,而由人乎哉"的深义即在于此。孔子认为"忠""恕"近于"仁",提出"夫仁者,己欲立而立人,己欲达而达人。能近取譬,可谓仁之方也已"(《雍也》)。孔子回答子贡问"有一言而可以终身行之者乎"时指出:"己所不欲,勿施于人"是"恕"道的体现,也是"仁"的实践原则之一。当然,孔子所论之"仁"在礼智、忠信、孝悌、义利等道德范畴上也有体现,比如孔子从价值取向的角度指出"君子喻于义,小人喻于利"(《里仁》)。孔子认为君子应该"义以为上"(《阳货》)、"义以为质"(《卫灵公》),做到"见利思义"(《宪问》)、见义忘利。身体力行,以身作则,孔子坦言"不义而富且贵,于我如浮云"(《述而》)。

"礼"是孔子思想的内核之一,其价值向度具有外向性与他律性,主要指向外王向度,却以"仁"开显的内圣向度为基础。孔子"少好礼","为儿嬉戏,常陈俎豆,设礼容"(《史记·孔子世家》),他长期生活于鲁国浓郁的礼乐文化环境中,深受礼乐传统之熏染,谦虚勤学,"入太庙,每事问"(《乡党》),积累了丰富的礼乐知识。孔子少年时曾从事相礼活动,以礼乐知识谋生,后来"以诗书礼乐教"。孔子主张以礼为政,认为"道之以德,齐之以礼",百姓会"有耻且格"(《为政》),而且认为"礼乐不兴,则刑罚不中;刑罚不中,则民无所措手足"(《子路》)。孔子曰:"上好礼,则民莫敢不敬"(同上)、"上好礼,则民易使也"(《宪问》)。同时,孔子认为礼是处理君臣关系的法则,强调"君使臣以礼,臣事君以忠"(《八佾》),声称"居上不宽,为礼不敬,临丧不哀,吾何以观之哉"(同上)。孔子强调以礼修身,赞同"富而好礼"(《学而》),指出"恭而无礼则劳,慎而无礼则葸,勇而无礼则乱,直而无礼则绞"(《泰伯》)。孔子认为"君子博学于文,约之以礼,亦可以弗畔矣夫"(《雍也》),"君子义以为质,礼以行之,孙以出之,信以成之"(《卫灵公》)。孔子强调礼之让、礼之敬,洞见礼之规约性与范导性。一言以蔽之,在孔子看来,"不学礼,无以立"(《季氏》)。

其实,孔子眼中的"仁"与"礼"是浑然一体的,尽管"仁"与"礼"看起来好像有本质与形式之分殊。孔子曰"克己复礼为仁。一日克己复礼,天下归仁焉",正是洞见"仁"与"礼"的辩证关系,以及"复礼"而"归仁"的价值理路。要言之,"仁"与"礼"之于修己、治人、治国与平天下皆为机枢;仁与礼相辅相成,仁因礼而具体呈现,礼因仁而融入内涵。或曰:孔子质问"礼云礼云,玉帛云乎哉"(《阳货》)的深义便在于此。当时之世,"周礼尽在鲁矣"(《左传·昭公二年》),追根溯源,孔子的礼思想主要继承于周礼,孔子曰:"吾说夏礼,杞不足征也;吾学殷礼,有宋存焉;吾学周礼,今用之,吾从周。"(《礼记·中庸》)奈何,孔子生逢春秋末世,周道既衰,礼乐征伐自诸侯出。尽管志在天下的孔子在"知天命"之年以后周游列国、应聘诸侯、推行周礼、宣扬王道,然则,怎奈时不我与!孔子晚年的一句"甚矣吾衰也!久矣,吾不复梦见周公矣"(《述而》)道尽其对周礼废弛、王道不行的无限忧伤。

二、为政

孔子初仕①时,"尝为委吏矣,曰'会计当而已矣';尝为乘田矣,曰'牛羊茁壮,长而已矣'"(《孟子·万章下》);这一点从孔子自陈"吾少也贱,故多能鄙事"(《子罕》)之语中亦可找到印证。当时,季平子擅权、不喜孔子,竟使得鲁昭公未授孔子之官职。嗣后,阳虎、公山不狃违道义而攀缘孔子,孔子未出仕。孔子真正出仕是在"五十而知天命"之后,其出仕机缘是季桓子的默许,鲁定公"以孔子为中都宰,一年,四方皆则之。由中都宰为司空,由司空为大司寇"(《史记·孔子世家》)。

重视教化,为政有方。孔子在中都制定一系列的伦常制度与管理制

---

① 孔子"初仕"始于何时,历来意见不一。《孔子家语·相鲁》记载"孔子初仕,为中都宰",今人钱穆认为孔子"初仕"时间为"孔子尝为委吏"时期,并引孟子之言为证。参见钱穆:《孔子传》,生活·读书·新知三联书店2005年版,第9页。

度，"制为养生送死之节，长幼异食，强弱异任，男女别途，器不雕伪。为四寸之棺，五寸之椁，因丘陵为坟，不封不树"（《孔子家语·相鲁》）。孔子的政绩得到鲁定公的肯定，在五十二岁时由中都宰升任司空。当时的鲁国，季桓子是大司徒，叔孙武叔是大司马，孟懿子是大司空。孔子升为司空，为孟懿子的副手。这次升职标志着孔子的地位已从"士"升入"卿大夫"之列。孔子"别五土之性"，使得"物各得其生之宜，咸得其所"。不久，孔子由司空升为大司寇，掌管刑狱。孔子认为法治的目的不只是彰显司法的公正，而且是教化百姓，使其无纷争、无诉讼；孔子曰"听讼，吾犹人也，必也使无讼乎"（《颜渊》），"设法而不用，无奸民"（《孔子家语·相鲁》），其所言"道之以政，齐之以刑，民免而无耻。道之以德，齐之以礼，有耻且格"（《为政》）的深义亦在于此。

以礼邦交，为政以德。这是孔子为政过程中的基本理念。孔子为政之绩主要有二：一是"夹谷会盟"，二是"堕三都"。齐国认为"孔子为政必霸""鲁用孔丘，其势危齐"（《史记·孔子世家》），因此想借夹谷会盟炫耀强大国力，以势凌人。夹谷会盟之时，孔子为鲁君相礼，辅助会盟事宜。孔子识破齐君武装莱人上台演奏实有意欲趁机劫持鲁君之图谋，便出面阻止，言辞有理有据、有礼有节，齐君只好明令停止演奏。齐君要求与鲁国缔结出兵助战盟约，孔子借机要求齐君将郓阳、郓讙、龟阴三地归还鲁国，并且声称若齐国不归还三地，则鲁国没有从命之义。孔子所言令人折服，齐国只得同意归还三地。

鲁定公十三年（前 497 年）夏，孔子言于定公，提出"堕三都"之策。《史记·孔子世家》记载：

> 定公十三年夏，孔子言于定公曰："臣无藏甲，大夫毋百雉之城。"使仲由为季氏宰，将堕三都。于是叔孙氏先堕郈。季氏将堕费，公山不狃、叔孙辄率费人袭鲁。公与三子入于季氏之宫，登武子之台。费人攻之，弗克，入及公侧。孔子命申句须、乐颀下伐之，费人北。国人追之，败诸姑蔑。二子奔齐，遂堕费。将堕成，公敛处父谓孟孙曰："堕成，齐人必至于北门。且成，孟氏之保郭，无成是无孟氏也。我将弗堕。"十二月，公围成，弗克。

其实，"堕三都"之初，季孙氏、叔孙氏、孟孙氏皆是同意的。于是，先堕叔孙氏的郈邑，叔孙氏的家臣侯凡逃之。待堕季孙氏的费邑时，季氏的家臣公山不狃武力抗争并攻打鲁君，终败之。然而，待堕孟孙氏的成邑时，孟孙氏与家臣公敛处父却齐力反对，认为"堕成，齐人必至于北门"。孟孙氏守成邑成功后，季孙氏和叔孙氏萌生悔意；正因此事，季桓子对孔子渐有怠惰之心。事之初衷是为鲁国安宁，怎奈权臣枉私；"三都"未得全堕，君臣之间徒生嫌隙。至此，孔子于鲁国的为政生涯接近尾声。

三、周游

齐国在夹谷会盟时未能得逞，知道强逼不成，改为用计；"齐人归女乐，季桓子受之。三日不朝，孔子行"（《微子》）。季桓子和鲁定公沉迷齐女美色，日夜享乐，三日不上朝理政。孔子对季桓子与鲁定公颇感失望。"齐人馈女乐而孔子行"，齐人的政治目的达到了，然则，"自此礼乐丧矣"。

鲁定公懦弱，季桓子怠慢，孔子无用武之地。按照礼制，春天郊祭之后，应该把祭肉分给大夫，季桓子故意不分祭肉于孔子，孔子失望至极，离开鲁国。对此，《孟子·告子下》有记：

> 孔子为鲁司寇，不用，从而祭，燔肉不至，不税冕而行。不知者以为为肉也，其知者以为为无礼也。乃孔子则欲以微罪行，不欲为苟去。君子之所为，众人固不识也。

只是，不知礼的人以为孔子因为未得到一块祭肉而走，知礼的人明白孔子是因为"无礼"而走——"礼乐丧矣"。所以，与其说孔子因为"燔肉不至"而去，不如说孔子对当时鲁国礼乐制度精神的沦丧深感绝望而去。这在某种程度上就较为合理地解释了孔子缘何不因鲁公与季氏的怠政而离开，而因"燔肉不至"且"以微罪行"。当然，孔子以此种方式离开也有保全父母之邦的意思，是不愿天下人皆知鲁国君相之失。

孔子周游列国，初至卫。卫国是周公的弟弟康叔的封地，鲁卫两国素来交好："鲁卫之政，兄弟也。"（《子路》）尽管卫灵公对孔子礼遇有加，却并不打算任用孔子或实践孔子的思想。"孔子适卫，居十月，去卫过匡"（《史记·孔子世家》），原因是卫灵公听信谗言，派人监视孔子。孔子过匡,被人误会而遭围攻。孔子形似阳虎,阳虎曾攻打匡地,匡人误识孔子为阳虎,将孔子包围。卫国宁武子援手,孔子被困五天后化险为夷。孔子离匡过蒲,蒲人误以为孔子是卫国派来的,"蒲人止孔子"。孔子的弟子公良孺以私车五乘从孔子,其为人贤良,有勇力,谓曰:"吾昔从夫子遇难于匡,今又遇难于此,命也已。吾与夫子再罹难,宁斗而死。"公良孺斗得激烈,蒲人惧怕,蒲人谓孔子曰:"苟毋适卫,吾出子","与之盟,出孔子东门"。孔子经历劫难,返回卫国。子贡曰:"盟可负耶?"孔子曰:"要盟也,神不听。"(同上)孔子见南子,子路不说,孔子矢之曰:"予所否者,天厌之,天厌之。"(《雍也》)。细究之,"子见南子"可否? 西汉中期,《盐铁论》中的御史认为"孔子适卫,因嬖臣弥子瑕以见卫夫人,子路不说。子瑕,佞臣也,夫子因之,非正也。男女不交,孔子见南子,非礼也",并且贬责孔子"贬道以求容"(《盐铁论·论儒》)。西汉末年,王莽认为"孔子见南子,周公居摄,盖权时也"(《汉书·王莽传上》)。这两种观点各是应后世之需而生,多有偏颇。宋儒朱熹认为"圣人道大德全,无可不可。其见恶人,固谓在我有可见之礼,则彼之不善,我何与焉。然此岂子路所能测哉"[①]。其实,"圣人之见南子,非为利禄计,特以礼不可不见。圣人本无私意"[②]。卫灵公虽给孔子"粟六万",对孔子却是养而不用。卫灵公无意于仁义,但问陈兵之事,《卫灵公》篇记载:

> 卫灵公问陈于孔子。孔子对曰:"俎豆之事,则尝闻之矣;军旅之事,未之学也。"明日遂行。

孔子离卫,过曹,至宋。宋国大夫司马桓魋把持朝政,讨厌孔子。司马桓魋欲杀孔子,拔其树,孔子去。弟子曰"可以速矣",孔子曰"天生德于予,桓魋其如予何"(《史记·孔子世家》)。孔子逃过一劫,遂至陈国,住在司城贞子家。陈愍公对孔子礼遇有加,孔子居陈三载。哀公六年时,楚昭王礼聘孔子,陈蔡的大夫们深感恐慌,担心楚国用孔子会使楚国更加强大,恐伤于己,于是派人将孔子师徒围困在陈蔡之间的荒野。孔子师徒绝

---

① (宋)朱熹撰:《四书章句集注》,中华书局 1983 年版,第 91 页。
② (宋)黎靖德编,王星贤点校:《朱子语类》卷 33,中华书局 1986 年版,第 3 册,第 839 页。

粮七日，从者多病，孔子则"弦歌鼓琴，未尝绝音"（《庄子·让王》）。子路愠见曰"君子亦有穷乎"，子曰"君子固穷，小人穷斯滥矣"（《卫灵公》）。孔子于困境之中展现的是圣贤智慧，这是儒家困境智慧的源头之一。君子在不得志的时候能够"固穷"而"安乐"，小人在不得志的时候则会想入非非、胡作非为。君子不得志是暂时的，君子在不得志的时候"穷且益坚，不坠青云之志"。"古之得道者，穷亦乐，通亦乐；所乐非穷通也，道德于此，则穷通为寒暑风雨之序矣"（《庄子·让王》），"知穷之有命，知通之有时，临大难而不惧者，圣人之勇也"（《庄子·秋水》）。厄于陈蔡之野的孔子是"内省而不穷于道，临难而不失其德"（《庄子·让王》），故能"固穷"而"安乐"。

孔子于卫不见用，将西行见赵简子，行到黄河，听闻窦鸣犊、舜华之死，孔子临河而叹曰："美哉水，洋洋乎！丘之不济此，命也夫。"（《史记·孔子世家》）赵简子未得志时依靠贤人窦鸣犊、舜华，而如今得志却杀掉二人以执掌大权，"君子讳伤其类也。夫鸟兽之于不义也尚知辟之，而况乎丘哉"（同上）。孔子一生两度临水而叹，一次是临黄河而叹，唏嘘声中既暗含时不我与的宿命感，又流露出对水之自然美的独特领悟与对自我生命境遇的无尽感慨。另一次是在泗水之畔，子在川上曰"逝者如斯夫！不舍昼夜"（《子罕》），感怀声中隐有观逝惜时叹流的使命感，以及天人合一的生命体验、人生境界与审美意趣。

其实，孔子周游列国，是在为当时的人们寻找精神家园，是在为春秋乱世寻找道德理想国度。孔子周游列国十四年，所到之国有十个，在卫国、陈国居住较长，其他诸国或经过或短期停留。孔子周游列国，"干七十余君"，终不见用。鲁哀公十一年（前484年），齐伐鲁，季氏用冉有而有功，思孔子，孔子自卫归鲁。孔子时年六十有八，季康子秉礼恭迎孔子归鲁。

四、治经

孔子周游列国期间，鲁国国政发生很大变化。怠慢孔子的季桓子临终前后悔当初怠慢孔子，使得孔子去鲁而游；季桓子让儿子季康子召回孔子，由于大臣的阻止，季康子召回了孔子的弟子冉求。鲁哀公十一年（前484年），季康子用隆重的礼节恭迎孔子归鲁并奉为"国老"。孔子"自卫反鲁,然后乐正,雅颂各得其所"(《子罕》),孔子自陈"治《诗》《书》《礼》《乐》《易》《春秋》六经"(《庄子·天运》)。于今而言,"追惟仲尼闻望之隆则在六籍"①,因为"孔子于六艺,既有述有作,作固手定,述亦笔削,其间择改因革,大有经营,则亦自与泛言传述有别"②。

"述而不作,信而好古"(《述而》)的孔子整理编订了鲁国国史《春秋》,开创《春秋》笔法:微言大义。故曰,"孔子成《春秋》而乱臣贼子惧"(《孟子·滕文公下》)。《春秋》记载鲁隐公元年(前722年)至鲁哀公十四年(前481年)之史,历十二公,计二百四十二年。鲁哀公十四年春,鲁哀公与大臣们围猎于嘉祥南部山区,猎获麒麟。孔子认为麒麟为"仁兽",当现于太平盛世,而今是乱世,故《春秋》"绝笔于获麟"。《春秋公羊传》认为"麟者,仁兽也。有王者则至,无王者则不至"。西汉公羊学家称"麟为孔子受命之瑞"并将"麟为孔子受命之瑞"演绎成"麟为汉将受命之瑞"。虽然孔子坦陈自己是"述而不作,信而好古",虽然孔子"次《春秋》"并非原创性地创作,却是"述而有作",即按照周礼与道德之标准以"《春秋》笔法"将《春秋》二百四十二年之史实演绎成道德法典,并借此警示后人要以史为鉴,要重视历史与道德评判。诚如司马迁所言:"孔子明王道,干七十馀君,莫能用,故西观周室,论史记旧闻,兴于鲁而次春秋,上记隐,下至哀之获麟,约其辞文,去其烦重,以制义法,王道备,人事浃。七十子之徒口受其传指,为有所刺讥褒讳挹损之文辞不可以书见也。"(《史记·十二诸侯年表》)这或许正是孔子所言"知我者其惟春秋乎!罪我者其惟春秋乎"(《孟子·滕文公下》)的深义所在。信而好古,以史为据;述中有隐,隐中有判;不愿史时皆失礼,谩将刀笔指乾坤。

史载,"古者诗三千余篇,及至孔子去其重,取可施于礼义……三百五篇,孔子皆弦歌之"(《史记·孔子世家》)。可见,孔子"论诗书""修诗书"只是"去其重,取可施于礼义"。考镜源流,"古有采诗之官,王者所以观风俗,知得失,自考正也"(《汉书·艺文志》);"孟春之月,群居者将散,行人振木铎徇于路,以采诗,献之大师,比其音律,以闻于天子"(《汉书·食货志》)。民歌其志、舒其情、吟其雅、颂其美、诉其怨、怒其声;王欲观民,命

---

① 章太炎:《章太炎全集》(三)《订孔上》,上海人民出版社1984年版,第423页。
② 马宗霍:《中国经学史》,上海书店出版社1984年版,第10页。

官采诗；故曰，"王者不窥牖户而知天下"（同上）。显然，早期的《诗》和"诗言志"先于儒家而出现，且与儒者无涉。不过，孔子对《诗》之旨归有独到见解，其曰"诗三百，一言以蔽之，曰思无邪"（《为政》）。孔子"自卫反鲁，然后乐正"，表明孔子对"乐"之理论与发展是有贡献的。这一点从孔子的乐论中可见一斑，孔子曰"师挚之始，《关雎》之乱，洋洋乎盈耳哉"（《泰伯》）、"《关雎》，乐而不淫，哀而不伤"（《八佾》）、"乐其可知也：始作，翕如也；纵之，纯如也，皦如也，绎如也，以成"（同上）、"《韶》，'尽美矣，又尽善也'"、"《武》，'尽美矣，未尽善也'"（同上）等。细观孔子的乐论，可见当时的诗、乐尚为一体，即有诗乃有歌，有诗乃有乐。孔子"论诗书"与"修诗书"中的"书"应指《书》，孔子于《书》主要是编次与传播。春秋之末，周室式微，孔子追迹三代而"序书传，上纪唐虞之际，下至秦缪，编次其事"（《史记·孔子世家》），因为其眼中的"诗书、执礼，皆雅言也"（《述而》）。另有《汉书·艺文志》曰"故书之所起远矣，至孔子纂焉，上断于尧，下讫于秦，凡百篇，而为之序，言其作意"，亦可佐证孔子编次《书》、传播《书》。

"昔西伯拘羑里，演《周易》"（《史记·太史公自序》），说明《易》先于孔子而成书。"孔子晚而喜易，序彖、系、象、说卦、文言"（《史记·孔子世家》），并且爱不释手，以至于"读易，韦编三绝"（同上）。孔子坦言："加我数年，五十以学易，可以无大过矣。"（《述而》）春秋之末，周室微而礼乐废，孔子"追迹三代之礼"，"上纪唐虞之际，下至秦缪，编次其事"（《史记·孔子世家》）；孔子曰"殷因于夏礼，所损益，可知也；周因于殷礼，所损益，可知也；其或继周者，虽百世可知也"（《为政》）、"夏礼，吾能言之，杞不足徵也；殷礼，吾能言之，宋不足徵也。文献不足故也，足则吾能徵之矣"（《八佾》），又曰"吾说夏礼，杞不足徵也。吾学殷礼，有宋存焉；吾学周礼，今用之，吾从周"（《礼记·中庸》）。从此，《易》《书》《礼》得以流传。所以，世有孔子整理"六经"之说："孔子删《诗》述《书》，定礼理乐，制作《春秋》，赞明《易》道"（《孔子家语·本姓解》）。

不过，自春秋以降，人们围绕孔子与"六经"之关系时有争讼。清人龚自珍认为，"仲尼未生，已有六经；仲尼之生，不作一经"[1]；清人章学诚认为，"六艺，非孔氏之书，乃周官之旧典也。《易》尊太卜，《书》藏外史，《礼》

---

[1]　（清）龚自珍撰：《龚自珍全集·六经正名》，上海人民出版社1975年版，第38页。

在宗伯,《乐》隶司乐,《诗》颂太师,《春秋》存于国史"(《校雠通义·原道》)。尽管孔子与"六经"的关系至今难以定论,但有一点是确定无疑的:儒者"游文于六经之中,留意于仁义之际"(《汉书·艺文志》),推崇"六经",游于"六艺"。

概言之,孔子厘定了"六经"的基架,奠定了经学的基础,可以说,"无孔子即无所谓经学"[①]。

五、垂教

孔子垂教主要体现在文教、艺教、政教与德教四个层面。孔子的文教是通过"六艺"与"六经"之教来体现的,其间贯穿着德教与艺教——道德之教、技艺之教。孔子自陈"三十而立",其约在三十岁正式授徒设教。孔子讲学于杏坛,弟子列而读书。以"六艺"为教,以"六经"为本;所教内容为"六艺"(礼、乐、射、御、书、数),所教之本为"六经"(《诗》《书》《礼》《乐》《易》《春秋》)。孔子所授"六艺"是当时世人干禄进身之凭依,也是培养君子的基本课程。孔子的教育理想是培养有德行的君子,并不是让弟子们皆"为稻粱谋"。孔子的教育理念是有教无类,诲人不倦,因材施教;孔子的教育方法是"不愤不启,不悱不发",举一反三,教学相长。面对周室式微、礼坏乐崩、王纲解纽之时世,社会秩序、政治秩序、道德秩序如何重建是孔子思考的基本问题,孔子认为应该通过培养君子与优秀的官员去建立一个具有仁爱精神与礼乐制度的和谐社会。故曰,孔子的教育是成德之教、成人之教、君子之教、大成之教。

尽管周游列国未得见用,孔子却能乐而无怨、"人不知而不愠","在邦无怨,在家无怨。不怨天,不尤人,下学而上达"(《宪问》)。孔子的日常生活要求很低:"食无求饱,居无求安","发愤忘食,乐以忘忧"(《述而》),"饭疏食饮水,曲肱而枕之,乐亦在其中矣。不义而富且贵,于我如浮云"(同上)。显然,孔子的生活态度与精神旨趣彰显出孔子的君子品格与圣人境界。或因于此,言传身教成为孔子之教的基本方法之一。孔子常怀忧心,其曰:"德之不修,学之不讲,闻义不能徙,不善不能改,是吾忧也"(同上),"君子忧道不忧贫"(《卫灵公》)。晚年的"孔子不仕,退而修诗书礼乐,弟

---

① 徐复观:《中国经学史的基础》,上海书店出版社 2006 年版,第 29 页。

子弥众,至自远方,莫不受业焉"(《史记·孔子世家》),孔子自陈"自行束脩以上,吾未尝无诲焉"。对此,子贡有言:"君子正身以俟,欲来者不拒,欲去者不止。且夫良医之门多病人,隐栝之侧多枉木,是以杂也。"(《荀子·法行》)孔子之教宣扬"君子谋道不谋食",旨在培养道德君子。孔子之学强调修身、齐家、治国、平天下,是大人之学、大成之学。

孔子"垂德厚于后世"[①],教化之风拂古今。鲁哀公十六年(前479年),孔子生病,子贡请见。孔子负杖逍遥于门,曰:"赐,汝来何其晚也?"并叹而歌曰:"太山坏乎!梁柱摧乎!哲人萎乎!"谓子贡曰:"天下无道久矣,莫能宗予。夏人殡于东阶,周人于西阶,殷人两柱间。昨暮予梦坐奠两柱之间,予始殷人也。"(《史记·孔子世家》)是年,四月己丑日,孔子溘然长逝,享年七十有三,鲁哀公诔孔丘曰:"天不遗耆老,莫相予位焉,呜呼哀哉,尼父!"(《礼记·檀弓上》)孔子生前无享尊荣,死后却多次被褒奖与追封,西汉刘邦"过鲁,以太牢祠"(《史记·孔子世家》),西汉平帝加谥孔子"褒成宣尼公",北魏孝文帝改称为"文圣尼父",唐玄宗追谥"文宣王",宋代与元代在"文宣王"的基础上加封"大成至圣文宣王",明清两代改称为"至圣先师"。依循历代王朝对孔子的追谥加封之神圣化进程,清晰可见孔子之教之于后世王朝的统治与政教具有重要意义。于后世而言,孔子之教是圣人之德教、仁人之德教,沛然溢乎万世、泽被百姓。

孔子所垂之教虽有文教、艺教、政教与德教之分殊,但诸教之间是有内在统一性的;其中,文教、艺教、政教是形式而且承载德教,德教是诸教之本质而且贯穿始终。汉时,司马迁作《孔子世家》并赞曰:"孔子布衣,传十馀世,学者宗之。自天子王侯,中国言六艺者折中于夫子,可谓至圣矣。"至宋,宋儒一句"天不生仲尼,万古如长夜"[②],诗意化地道出孔子垂德与垂教之于后世的重要意义。近人对孔子更是多有赞言,比如柳诒徵认为,"孔子者,中国文化之中心也。无孔子,则无中国文化。自孔子以前

---

① (清)俞樾:《诸子平议》,中华书局1954年版,第239页。
② 按:《朱子语类》(卷93)记载:"'天不生仲尼,万古长如夜!'唐子西尝于一邮亭梁间见此语。"(黎靖德编,王星贤点校:《朱子语类》卷93,中华书局1986年版,第6册,第2350页)另考,唐庚(1069—1120年),字子西,眉州人,《唐子西文录》(一卷)记载:"蜀道馆舍壁间题一联云:'天不生仲尼,万古如长夜',不知何人诗也。"参见(清)吴景旭:《历代诗话》(四库全书本,第1483册),上海古籍出版社1987年版。

数千年之文化赖孔子而传,孔子以后数千年文化,赖孔子而开"①;梁漱溟认为,"孔子以前的中国文化,差不多都收在孔子手里;孔子以后的中国文化,又差不多都从孔子那里出来"②。又如,钱穆赞言:"孔子为中国历史上第一大圣人。在孔子以前,中国历史文化当已有两千五百年以上之积累,而孔子集其大成。在孔子以后,中国历史文化又复有两千五百年以上之演进,而孔子开其新统。在此五千多年,中国历史进程之指示,中国文化理想之建立,具有最深影响最大贡献者,殆无人堪与孔子相比伦。"③客观地讲,古往今来赞美孔子的话语皆非虚言,亦非夸大其词。其中因由在于,孔子生活在中华文明的"轴心时代"并促成时代精神的绽放,秉持"述而不作,信而好古"的文化观,承上启下,继往开来。

颜回学案

颜回,字子渊,比孔子小三十岁,鲁国人。孔门弟子众多,但孔子钟爱颜回,经常赞誉颜回。孔子曰"自吾有回,门人益亲"(《史记·仲尼弟子列传》),说明温柔敦厚的颜回不仅能融入孔门,而且能使师门关系更加融洽。

颜回德行良好。颜回的待人之道是以善待人,以德报怨。正是这种以仁爱之心对待他人的心态,使得颜回不仅赢得同门的尊敬,而且为后人津津乐道。与颜回同为孔门弟子的子贡认为:"夫能夙兴夜寐,讽诵崇礼,行不贰过,称言不苟,是颜回之行也。"(《孔子家语·弟子行》)《韩诗外传》(卷9)有言:

> 子路曰:"人善我,我亦善之;人不善我,我不善之。"子贡曰:"人善我,我亦善之;人不善我,我则引之进退而已耳。"颜回曰:"人善我,我亦善之;人不善我,我亦善之。"三子所持各异,问于夫子。夫子曰:"由之所持,蛮貊之言也;赐之所言,朋友之言也;回之所言,亲属之言也。"

---

① 柳诒徵:《中国文化史》(上),东方出版社2008年版,第226页。
② 梁漱溟:《东西文化及其哲学》,商务印书馆1999年版,第150页。
③ 钱穆:《孔子传·序言》,生活·读书·新知三联书店2002年版,第1页。

孔门之中,颜回的年龄偏小,与孔子犹如父子,孔子所言"回也视予犹父也"(《论语·先进》,下引只注篇名)阐明了这一点。换言之,颜回对待孔子像对待自己的父亲一样。颜回是少数能够完全理解孔子之道的学生,颜回非常尊重孔子,从不忤逆孔子,对孔子所说的一切都洗耳恭听;孔子所言"回也,非助我者也,于吾言无所不悦"(《先进》)印证了这一点。

颜回对孔子的崇信甚至达到"夫子步亦步也,夫子言亦言也,夫子趋亦趋也,夫子辩亦辩也,夫子驰亦驰也"(《庄子·田子方》)的地步。陈蔡绝粮之际,孔子失意,诸弟子多有动摇,只有颜回坚决地站在孔子一边。颜回称赞孔子的思想博大精深,认为天下容不下孔子,颜回曰:"夫子之道至大,故天下莫能容。虽然,夫子推而行之,不容何病,不容然后见君子!夫道之不修也,是吾丑也。夫道既已大修而不用,是有国者之丑也。不容何病,不容然后见君子。"(《史记·孔子世家》)听闻颜回之语,孔子欣然而笑曰:"有是哉颜氏之子!使尔多财,吾为尔宰。"(同上)而且,孔子多次夸赞颜回,孔子曰"回也,其心三月不违仁,其馀则日月至焉而已矣"(《雍也》),"吾与回言终日,不违如愚。退而省其私,亦足以发。回也,不愚"(《为政》)。孔子以"仁"称赞颜回,表明颜回身上多"仁"。颜回初入孔门时,对孔子之学从未提出异议,若愚。孔子始对颜回无有留意,待一番考察之后,发现颜回异常聪明,不仅对所学完全掌握,而且有所发挥。子贡是孔门中公认的极其聪明又有才华的人,子贡颇为自负且目中无人,但他独对颜回评价甚高,《论语·公冶长》记载:

> 子谓子贡曰:"女与回也孰愈?"对曰:"赐也何敢望回。回也闻一以知十,赐也闻一以知二。"子曰:"弗如也!吾与女弗如也。"

子贡认为颜回悟性比自己高,自己是"闻一以知二",而颜回是"闻一以知十";或曰,子贡认为颜回能够举一反三,触类旁通。孔子颇为认同子贡对颜回的评价。

颜回好学善问。鲁哀公问孔子,孔门弟子中谁最好学,孔子说"有颜回者好学,不迁怒,不贰过。不幸短命死矣。今也则亡,未闻好学者也"(《雍也》)。类似的问答在季康子与孔子的对话中也有体现,季康子问"弟子孰为好学",孔子对曰"有颜回者好学,不幸短命死矣"(《先进》)。可见,颜回在孔子心目中的形象是一贯的：聪明、好学、仁义。只是，颜回"不幸短命而死"，令孔子极为悲痛，每每记起，惋惜不已。

颜回问孔子什么是"仁"，孔子曰"克己复礼为仁。一日克己复礼，天下归仁焉。为仁由己，而由人乎哉"；颜回又曰"请问其目"，孔子回答说"非礼勿视，非礼勿听，非礼勿言，非礼勿动"（《颜渊》）。颜回认为孔子说的有理，谦虚地表示"我虽不才，愿遵其说"。其实，孔子所言在于强调为仁由己，即强调道德修养的自觉性，或曰强调道德修养的自律性而非他律性。其中关键在于克己复礼，即一切行为皆应遵礼而行，对违反礼的事不要看、不要听、不要说、不要做，如是，便会拥有仁，天下人便会向仁而动，向你学习。

颜回问孔子如何治理邦国，孔子回答应该"行夏之时，乘殷之辂，服周之冕，乐则韶舞。放郑声，远佞人。郑声淫，佞人殆"（《卫灵公》）。孔子认为应该使用夏代的历法、殷代的车子、周代的礼制与《韶》之乐舞，其中蕴藏使民以时、朴实适用、秩序有礼与尽善尽美的生活观念和治国理念。颜回心目中的孔子具有圣贤形象，颜回赞曰："仰之弥高，钻之弥坚；瞻之在前，忽焉在后。夫子循循然善诱人，博我以文，约我以礼。欲罢不能，既竭吾才，如有所立卓尔。虽欲从之，末由也已。"（《子罕》）这段话一方面说明孔子学识渊博、教学有方，另一方面说明颜回勤于钻研、学习有径。一言概之，师徒砥砺，教学相长。当时之世，大道不行，礼乐不兴，孔子对颜回说"用之则行，舍之则藏，唯我与尔有是夫"（《述而》）。孔子之语从侧面反映出其对颜回学识与品行的欣赏。

颜回向孔子请教君子与小人之别。颜回问何为君子，孔子回答："爱近仁，度近智，为己不重，为人不轻，君子也夫"，强调"弗学而行，弗思而得，小子勉之"（《孔子家语·颜回》）。颜回问何为小人，孔子回答："毁人之善以为辩，狡讦怀诈以为智，幸人之有过，耻学而羞不能，小人也"（同上）。颜回又问：如果出现小人之言同于君子，应该如何判别？孔子曰："君子以行言，小人以舌言。故君子于为义之上，相疾也，退而相爱；小人于为乱之上，相爱也，退而相恶"（《孔子家语·颜回》）。这即是说，君子以行动代替语言，小人是光说不做；君子与小人在坚守道义方面有所不同，君子维护道义，但有相爱；小人反之，小人表面上维护道义、相爱和气，实则是"退而相恶"。另外，颜回问孔子如何交朋友，孔子回答："君子之于朋

友也,心必有非焉而弗能谓:吾不知,其仁人也;不忘久德,不思久怨,仁矣夫。"(同上)

颜回贫不改乐。颜回出身贫寒,却从不以贫寒为耻,反而能贫不改乐。孔子赞曰:"贤哉回也!一箪食,一瓢饮,在陋巷,人不堪其忧,回也不改其乐。贤哉回也。"(《雍也》)孟子亦言:"颜子当乱世,居于陋巷。一箪食,一瓢饮。人不堪其忧,颜子不改其乐,孔子贤之。"(《孟子·离娄下》)颜回穷而有志,贫不妨行,虽然屡空,不为不贤,故曰:"惟仁者能处约、乐,小人富斯暴,贫斯滥矣。"(《盐铁论·地广》)

究言之,贫困之中的颜回何以能贫不改乐,其乐何事?两宋理学的开山祖师周敦颐在《通书·颜子》中论述颜回之乐时写道:"夫富贵,人所爱也。颜子不爱不求,而乐乎贫者,独何心哉?天地间有至贵至富、可爱可求而异乎彼者,见其大而忘其小焉尔。见其大则心泰,心泰则无不足,无不足则富贵贫贱处之一也。处之一则能化而齐。故颜子亚圣。"①"见其大而忘其小"表明颜回将道德价值视为人生的"大价值",而把世俗的富贵功利视为"小价值",而且能够见"大"而忘"小""富贵贫贱处之一也"。显然,在颜回那里,德性高于富贵,精神之满足高于物质之满足。或曰:富贵贫穷无关"心泰"与否,德性催生"心泰","无不足"消弭富贵贫穷之忧。其实,所谓"见其大则心泰,心泰则无不足,无不足则富贵贫贱处之一也"强调的是见大而心泰、心泰而乐,这种乐呈现在精神上就是"无不足"的状态与境界,所以颜回身处贫贱,却能"不改其乐"。因此,周敦颐主张"志伊尹之所志,学颜子之所学"(《通书·志学》)。其实,"志伊尹之所志"是强调为政应该追求"天下之乐","学颜子之所学"是强调为人应该持守"颜回之乐"。周敦颐诠释的"颜回之乐"对程颢、程颐与朱熹影响很大。程颢、程颐曰:"昔受学于周茂叔,每令寻颜子、仲尼乐处,所乐何事。"②程颐认为"箪瓢陋巷非可乐,盖自有其乐耳。'其'字当玩味,自有深意"③,说明颜回之乐并非乐贫。

其实,颜回所乐同于孔子。孔子并非反对财富,只是反对不义之富贵;孔子认为"富与贵是人之所欲也,不以其道得之,不处也;贫与贱是人

① (宋)周敦颐:《周敦颐集》卷2,中华书局2009年版,第32—33页。
② (宋)程颢、程颐著,王孝鱼点校:《二程集》上册,中华书局2004年版,第16页。
③ (宋)程颢、程颐著,王孝鱼点校:《二程集》上册,中华书局2004年版,第135页。

之所恶也,不以其道得之,不去也"(《里仁》),声称"富而可求也,虽执鞭之士,吾亦为之。如不可求,从吾所好"(《述而》),指出"邦有道,贫且贱焉,耻也;邦无道,富且贵焉,耻也"(《泰伯》)。同时,孔子坦言"饭疏食饮水,曲肱而枕之,乐亦在其中矣。不义而富且贵,于我如浮云"(《述而》)。显然,孔子之乐并非乐贫,亦非耻富、耻贵而乐。

合而言之,周敦颐眼中的孔颜之乐到底何义?人们通常以"安贫乐道"诠释"颜回之乐"或"孔颜之乐",然则细究起来便会发现此种诠释并不妥切。于此,《朱子语类》所载朱熹与弟子杨道夫的问答很有代表性:

> 问:"程子云:'周茂叔令寻颜子仲尼乐处,所乐何事。'窃意孔颜之学,固非若世俗之著于物者。但以为孔颜之乐在于乐道,则是孔颜与道终为二物。要之孔颜之乐,只是私意净尽,天理照融,自然无一毫系累耳。"曰:"然。但今人说乐道,说得来浅了。要之说乐道,亦无害。"①

又,《朱子语类》载朱熹与门人的问答写道:

> 问:"伊川谓'使颜子而乐道,不足为颜子',如何?"曰:"乐道之言不失,只是说得不精切,故如此告之。今便以为无道可乐,走作了。"②

换言之,"孔颜之乐"意境高远,"先贤到乐处,已自成就向上去了,非初学所能求"③,"人能克己,则心广体胖,仰不愧,俯不怍,其乐可知"④。所以说,颜回之乐是天性流溢,是道德修行之乐,这种乐是由心底自然流溢而出的,是天心在吾心的自然呈现。诚如朱熹所言:"颜子私欲克尽,故乐,却不是专乐个贫。须知他不干贫事,元自有个乐,始得。"⑤

---

① (宋)黎靖德编,王星贤点校:《朱子语类》卷31,中华书局1986年版,第3册,第798页。
② (宋)黎靖德编,王星贤点校:《朱子语类》卷31,中华书局1986年版,第3册,第801页。
③ (宋)黎靖德编,王星贤点校:《朱子语类》卷31,中华书局1986年版,第3册,第799页。
④ (宋)黎靖德编,王星贤点校:《朱子语类》卷31,中华书局1986年版,第3册,第798页。
⑤ (宋)黎靖德编,王星贤点校:《朱子语类》卷31,中华书局1986年版,第3册,第794—795页。

从穷理与工夫维度看,颜回是"直穷到底,至纤至悉,十分透彻,无有不尽,则于万物为一无所窒碍,胸中泰然,岂有不乐"①,"惟是私欲既去,天理流行,动静语默日用之间无非天理,胸中廓然,岂不可乐"②。故曰,颜回所乐与贫穷富贵无关,只道个"私欲既去,天理流行"。《礼记·大学》曰"所谓诚其意者:毋自欺也,如恶恶臭,如好好色",谢良佐释曰"好好色,恶恶臭,诚也"③;反观之,颜回所乐在于不止耻于贫穷,不为物欲所困,能从"逐物"而"返己",能使心性归于诚然、纯然。颜回之乐是心底纯诚自然流溢而出的乐,这种乐是道之诚在心性上的本然呈现;或曰颜回之乐是无欲之乐,是心性纯然流溢。较之,《礼记·中庸》曰"诚者,天之道也;诚之者,人之道也。诚者不勉而中,不思而得,从容中道,圣人也。诚之者,择善而固执之者也"与颜回之乐相通,尤其是"不勉而中,不思而得,从容中道"之义大抵是贫不改乐、无欲之乐——私欲尽去、心性纯然的另一种呈现。诚如孔子赞曰:"回之为人也,择乎中庸,得一善,则拳拳服膺而弗失之矣。"(《礼记·中庸》)其实,颜回于贫穷之中能生发乐、保持乐,体现的是一种"择善而固执之"的工夫与境界。《论语》中有旁证可以佐证孔颜之乐是贫不改乐、贫而安乐,比如《学而》篇记载:

> 子贡曰:"贫而无谄,富而无骄,何如?"子曰:"可也。未若贫而乐,富而好礼者也。"

孔子对子贡之问的回答反映出孔子之"乐"深蕴"贫而乐"之旨趣,这一点与孔子夸赞颜回之"乐"的旨趣遥相契合,而且义有融贯。另外,2009年出版的《上海博物馆藏战国楚竹书(八)》中的《颜渊问于孔子》记载颜渊问"至明",孔子指出"至明"之要在于"贫而安乐"④亦从侧面印证颜回之乐应是"贫不改乐"而非"安贫乐道"。值得一提的是,明儒曹端颇得"孔颜之乐"的真义,其《通书述解》曰:"今端窃谓孔颜之乐者,仁也,非是乐这仁,仁中自有其乐耳。且孔子安仁而乐在其中,颜子不违仁而不改其乐。安

---

① （宋）黎靖德编,王星贤点校:《朱子语类》卷31,中华书局1986年版,第3册,第795页。
② （宋）黎靖德编,王星贤点校:《朱子语类》卷31,中华书局1986年版,第3册,第796页。
③ 参见（宋）朱熹撰:《四书章句集注》,中华书局1983年版,第114页。
④ 参见马承源主编:《上海博物馆藏战国楚竹书(八)》,上海古籍出版社2009年版,第156页。

仁者天然自有之仁,而乐在其中者天然自有之乐也;不违仁者守之之仁,而不改其乐者守之之乐也。"①曹端的述解与孔子所说的"不仁者不可以久处约、不可以长处乐"(《里仁》)相通。

天妒英才,颜回"年二十九,发尽白,蚤死"(《史记·仲尼弟子列传》)。颜回先于孔子而逝,孔子悲恸不已,《论语·先进》篇记载:

> 颜渊死。子曰:"噫! 天丧予! 天丧予!"颜渊死,子哭之恸。从者曰:"子恸矣。"曰:"有恸乎? 非夫人之为恸而谁为!"

颜回的早死令孔子伤而痛哭,孔子认为这是上天要他的命;悲之所至,感天动地;情之所至,无需修饰。不过,令人颇为不解的是,当其他弟子向孔子请求厚葬颜回时,孔子却说"不可"。《论语·先进》篇记载:

> 颜渊死,颜路请子之车以为之椁。子曰:"才不才,亦各言其子也。鲤也死,有棺而无椁。吾不徒行以为之椁。以吾从大夫之后,不可徒行也。"
>
> 颜渊死,门人欲厚葬之,子曰:"不可。"门人厚葬之。子曰:"回也视予犹父也,予不得视犹子也。非我也,夫二三子也。"

厚葬当视财之有无,用财当视义之当否。若"有钱亦须与之,无害"②,若无钱则不可勉强以副其意;倘若反道而行、迫然而为,便是非诚。颜路请求以孔子的车子为颜回换棺椁,孔子不答应的原因大抵如是。

厚葬需量力而行,过犹不及总非中。"君子素其位而行,不愿乎其外。素富贵,行乎富贵;素贫贱,行乎贫贱"(《礼记·中庸》),"君子乐得其道,小人乐得其欲"(《荀子·乐论》),"君子无入而不自得",中立而不倚。礼有经权,丧礼亦非一成不变;丧礼操作当依财之多寡,"贫而厚葬,不循理也"③。知子莫若父,孔子所言"回也视予犹父也,予不得视犹子也"之义表明:与自己心意相通的颜回一定不会在意死后能否厚葬。相反,其他弟

---

① (明)曹端著,王秉伦点校:《曹端集》卷2,中华书局2003年版,第77—78页。
② (宋)黎靖德编,王星贤点校:《朱子语类》卷39,中华书局1986年版,第3册,第1011页。
③ (宋)朱熹撰:《四书章句集注》,中华书局1983年版,第125页。

子请求厚葬颜回,只是他们依循孔子与颜回的师徒感情做想当然之为而已,所以孔子曰"非我也,夫二三子也"。其实,贫不改乐的颜回早已超然物外,其乐早已与贫穷富贵、权位尊荣无关,这是超然之乐、圣人之乐。可以说,正是"贫不改乐"的品德与操守使得颜回"卓冠贤科""优入圣域"①。

子路学案

　　子路姓仲,名由,字子路、季路,比孔子小九岁,在孔门弟子中算是年龄颇长的。未入孔门时的子路性格粗鄙,"好勇力,志伉直,冠雄鸡,佩豭豚"(《史记·仲尼弟子列传》),且曾上门挑衅孔子,后被孔子智慧折服,去"奇装异服"而改穿儒服,拜孔子为师。子路忠心事师,孔子翼护子路;孔子曰"自吾得由,恶言不闻于耳"(同上),从侧面印证其师生关系之融洽。

　　子路有从政之才。孔子认为"由也果,于从政乎何有"(《论语·雍也》,下引只注篇名),"片言可以折狱者,其由也与"(《颜渊》)。在孔子看来,子路果断勇敢,治理政事何难之有;子路耿直信义,公正无私,以义服人。孔子回答孟武伯之问时说"由也,千乘之国,可使治其赋也,不知其仁也"(《公冶长》),表明孔子对子路的为政能力是肯定的。子路初仕鲁,又仕卫,均很有政绩。《论语·先进》篇记载:

　　　　子路、曾皙、冉有、公西华侍坐。子曰:"以吾一日长乎尔,毋吾以也。居则曰:'不吾知也!'如或知尔,则何以哉?"子路率尔而对曰:"千乘之国,摄乎大国之间,加之以师旅,因之以饥馑;由也为之,比及三年,可使有勇,且知方也。"夫子哂之。

孔子询问诸位弟子心志,子路提出富国御强,三年可期,并且能够让百姓人人有勇气、个个讲道义。子路的为政之法是先功利、后道义,重勇武、轻礼义。孔子认为"为国以礼",而子路"其言不让",故孔子"哂之"。《论语·子路》篇记载:

---

① 语见曲阜颜庙正门东西两侧石牌坊中门额枋题字,即"卓冠贤科坊"与"优入圣域坊"。

> 子路曰:"卫君待子而为政,子将奚先?"子曰:"必也正名乎!"子路曰:"有是哉,子之迂也!奚其正?"子曰:"野哉由也!君子于其所不知,盖阙如也。名不正,则言不顺;言不顺,则事不成;事不成,则礼乐不兴;礼乐不兴,则刑罚不中;刑罚不中,则民无所措手足。"

其实,子路与孔子的讨论主题表面上是"为政",实质上是"正名"。当时之世,礼坏乐崩,名不正、言不顺——"天下无道,则礼乐征伐自诸侯出"(《季氏》),孔子认为治国理政的首要任务是"正名"。冲动而急切的子路不以为然,而且认为孔了太迂腐;实则是子路未识"正名"之深义,故孔子责曰"野哉由也"。

"无宿诺"的子路为人坦荡,讲义气。《论语·公冶长》记载:

> 颜渊、季路侍。子曰:"盍各言尔志?"子路曰:"愿车马、衣轻裘,与朋友共。敝之而无憾。"颜渊曰:"愿无伐善,无施劳。"子路曰:"愿闻子之志。"子曰:"老者安之,朋友信之,少者怀之。"

又,《论语·子罕》记载:

> 子曰:"衣敝缊袍,与衣狐貉者立,而不耻者,其由也与?'不忮不求,何用不臧?'"子路终身诵之。子曰:"是道也,何足以臧?"

子路没有虚荣心,贫穷之时的子路面对富贵能够处之坦然,而且自若。因此,孔子引用《诗经》"不忮不求,何用不臧"的诗句夸赞子路。子路听到孔子的赞美,终身诵之,唯道是从。

春秋末世,儒家与道家之异已经显现:儒家心忧天下,意欲救之;道家心忧世道,伤而隐之。孔子周游列国时路遇隐者,隐者多相讥,性格粗鄙的子路却能以礼相问,宽容待之。《论语·微子》篇记载:

> 长沮、桀溺耦而耕,孔子过之,使子路问津焉。长沮曰:"夫执舆者为谁?"子路曰:"为孔丘。"曰:"是鲁孔丘与?"曰:"是也。"曰:"是知津矣。"问于桀溺,桀溺曰:"子为谁?"曰:"为仲由。"曰:"是鲁孔丘之

徒与？"对曰："然。"曰："滔滔者天下皆是也，而谁以易之？且而与其
从辟人之士也，岂若从辟世之士哉？"耰而不辍。子路行以告。夫子
怃然曰："鸟兽不可与同群，吾非斯人之徒与而谁与？天下有道，丘不
与易也。"

　　子路从而后，遇丈人，以杖荷蓧。子路问曰："子见夫子乎？"丈人
曰："四体不勤，五谷不分。孰为夫子？"植其杖而芸。子路拱而立。
止子路宿，杀鸡为黍而食之，见其二子焉。明日，子路行以告。子曰：
"隐者也。"使子路反见之，至则行矣。子路曰："不仕无义。长幼之
节，不可废也；君臣之义，如之何其废之？欲洁其身，而乱大伦。君子
之仕也，行其义也。道之不行，已知之矣。"

又，《论语·宪问》篇记载：

　　子路宿于石门。晨门曰："奚自？"子路曰："自孔氏。"曰："是知其
不可而为之者与？"

天下沉溺，何以救之；圣贤之人，自知津渡。遗憾的是，现实往往让人陷入
尴尬，无论你是圣贤还是黎庶。孔子周游列国，欲救天下，却路遇迷津并
使子路问津；长沮、桀溺隐而躬耕，却晓天下大势、知孔子之志。然则，他
们判然有别，一个积极有为，一个消极归隐。面对隐者之讥，孔子无奈叹
曰："人不能和鸟兽同群，我不同人打交道又同谁打交道？天下太平，我自
无须变之。"孔子之叹的言外之意是：人当同群，无逃于人世；天下无道，吾
当变易之；或曰"圣人不敢有忘天下之心""圣人之仁，不以无道必天下而
弃之也"[1]。面对丈人讽刺孔子"四体不勤，五谷不分"，子路拱手而立，以
礼迎之。子路知晓丈人是隐者，不愿出仕。子路认为，有能力不做官是不
对的，长幼之礼不能废弃，君臣之义不可废弃；君子出来做官，是践行君臣
之义；君子隐之以自洁其身，是破坏君臣伦理。子路坦言"道之不行，已知
之矣"，但是仍愿"知其不可而为之"。

　　仁者、君子、士作为孔门赞许的道德理想人格亦为子路所关注，子路

---

[1]　参见（宋）朱熹撰：《四书章句集注》，中华书局 1983 年版，第 184 页。

多次问学于孔子。道德与事功作为评价道德理想人格的标准究竟孰轻孰重，子路以"桓公杀公子纠，召忽死之，管仲不死"问于孔子。子路认为管仲当如"召忽死之"，不死是不忠、不仁，孔子却许管仲以仁，孔子曰："桓公九合诸侯，不以兵车，管仲之力也。如其仁！如其仁！"（《宪问》）又，子路问"君子"作为道德理想人格有何内涵，或曰道德个体如何做才能成就君子人格？《论语·宪问》篇记载：

> 子路问君子。子曰："修己以敬。"曰："如斯而已乎？"曰："修己以安人。"曰："如斯而已乎？"曰："修己以安百姓。修己以安百姓，尧舜其犹病诸！"

从子路穷追不舍的追问中，可知此时的子路并未真正领悟"君子"作为道德理想人格的真正含义。或许因此，"陈蔡绝粮"之时，子路向孔子发出"君子亦有穷乎"的诘问。与子路不同，孔子颇为看重"君子"这个道德理想人格，孔子曰"君子固穷，小人穷斯滥矣"（《卫灵公》）。孔子认为，君子能够安于贫困，面对困境自有智慧，心有所守："荓麦之茂，荓麦之有；君子之伤，君子之守。"（《全唐诗》卷23《猗兰操》）或曰："君子义以为上。君子有勇而无义为乱，小人有勇而无义为盗。"（《阳货》）又，子路问何谓士，孔子回答："切切、偲偲、怡怡如也，可谓士矣。"（《子路》）孔子指出，为人相互鼓励、相互批评、和睦相处即是士，并以朋友、兄弟为例向子路阐明士之道的关键在于相互鼓励、相互批评、和睦相处。

子路问孔何以"成人"，孔子回答"若臧武仲之知，公绰之不欲，卞庄子之勇，冉求之艺，文之以礼乐，亦可以为成人矣"（《宪问》）、"今之成人者何必然？见利思义，见危授命，久要不忘平生之言，亦可以为成人矣"（同上）。子路所问"成人"即"全人"、完美之人，孔子认为知、仁、勇、艺皆具，且能"节之以礼，和之以乐，使德成于内，而文见乎外"[①]，便是德才全备的人。只是孔子认为德才全备的"成人"之标准太高，能够做到"见利思义，见危授命"或者虽长期处于贫困，但能不忘平生之言，便可实现"成人"。或许是因为"由也喭"（《先进》），孔子告诫子路"知之为知之，不知为不知，

---

① 参见（宋）朱熹撰：《四书章句集注》，中华书局1983年版，第151页。

是知也"(《为政》)。孔子询问子路是否"闻六言六蔽"时说：

> 居！吾语女。好仁不好学，其蔽也愚；好知不好学，其蔽也荡；好信不好学，其蔽也贼；好直不好学，其蔽也绞；好勇不好学，其蔽也乱；好刚不好学，其蔽也狂。(《阳货》)

其实，所谓"成人"强调的是使之成为"人"——道德之人，"成人之学"强调的是成人之方与成人之道。

子路尊师重道，是孔子的追随者。孔子感叹"道不行，乘桴浮于海。从我者其由与"，子路闻之而喜。知"由"莫若孔子，接着，孔子以敲打的语气说"由也好勇过我，无所取材"(《公冶长》)。当子路自信地认定孔子若将三军必带上他时，孔子再次以敲打的语气说："暴虎冯河，死而无悔者，吾不与也。必也临事而惧，好谋而成者也。"(《述而》)事君应无欺，欺则不诚；孔子回答子路问事君时强调："勿欺也，而犯之。"(《宪问》)事神、事天亦应无欺；《论语》记载孔子疾病，子路请祷且为诔曰"祷尔于上下神祇"，一向"敬鬼神而远之"的孔子予以了否定。圣人之道合于天道，何须代祷，所以孔子曰"丘之祷久矣"(《述而》)。《论语》又载，孔子疾病，子路使门人为臣，子路之为是出于对孔子的至情，怎料孔子却说："由之行诈也，无臣而为有臣。吾谁欺？欺天乎？且予与其死于臣之手也，无宁死于二三子之手乎？且予纵不得大葬，予死于道路乎？"(《子罕》)其实，孔子之所以不认同子路在自己疾病时的所作所为，是因为孔子自知如若同意子路之为，则是不安其死而诌媚于神以苟期须臾之生，此非圣人所为。同理，当子路欲大葬孔子时，孔子批评子路是行诈、欺天。子路欲以君礼厚葬孔子，是僭越礼制的，与孔子坚守的周礼不合。圣人有所为有所不为，所以孔子批评子路之为。

孔子与子路亦师亦父，亦师亦友。孔子见南子，明明是一个很正常的见面，子路却不悦，孔子很无奈，只得对天发誓。公山不狃命人召请孔子，孔子有所动摇，子路不高兴，孔子便没去。子路可谓是吾爱吾师，但吾更爱道义。当"门人不敬子路"时，孔子对子路亦有翼护，孔子告诉那些不敬子路的门人："由也升堂矣，未入于室也。"(《先进》)在孔子眼中，子路的学问虽未"入室"，但已"升堂"；或曰：在孔子眼中，子路的学问虽未"大成"，但已"小有"。

"行行如也"的子路仕卫时,卫国发生父子争位,子路出于道义,冲进城里救主。勇猛的子路,势单力薄,帽缨被砍断,子路认为"君子死而冠不免"(《史记·仲尼弟子列传》),结缨而死。子路死,孔子"哭子路于中庭"(《礼记·檀弓上》)并"令左右皆覆醢",从此不忍食肉酱。其实,子路之惨死一半是性格勇武所致,一半是道义为上使然;或如班固所叹:"游圣门而靡救兮,顾覆醢其何补?"(《汉书·叙传上》)一言概之,可以"忠勇"称许子路。

子贡学案

子贡姓端木,名赐,字子贡,卫国人,比孔子小三十一岁,有经商之才,利口善辩。子贡"善居积,意贵贱之期,数得其时,故货殖多,富比陶朱"(《论衡·知实》),孔子评价子贡说"赐不受命,而货殖焉,亿则屡中"(《论语·先进》,下引只注篇名)。凡此表明,子贡多"智"。

子贡有治政经世之才,多次问道于孔子。《论语·颜渊》记载:

> 子贡问政。子曰:"足食,足兵,民信之矣。"子贡曰:"必不得已而去,于斯三者何先?"曰:"去兵。"子贡曰:"必不得已而去,于斯二者何先?"曰:"去食。自古皆有死,民无信不立。"

春秋乱世,战争不止,为政的首要之务是生存,即足食、足兵。然则,治国有道,孔子在子贡的追问下将"信"突显出来并把"信"视为比生死更为重要的事情,阐明"自古皆有死,民无信不立"的真义。取信于民,民信而国立。子贡凭其口才与智慧搅动当时诸侯,子贡为了鲁国和卫国不受敌国侵袭,分别出使齐国、吴国、晋国、越国,"子贡一出,存鲁,乱齐,破吴,强晋而霸越。子贡一使,使势相破,十年之中,五国各有变"(《史记·仲尼弟子列传》),以至于当时很多人认为"子贡贤于仲尼"。

子贡尊师重道。面对时人的"子贡贤于仲尼"之说,子贡谦虚地说:"譬之宫墙,赐之墙也及肩,窥见室家之好。夫子之墙数仞,不得其门而入,不见宗庙之美,百官之富。得其门者或寡矣。"(《子张》)子贡是说自己是墙低室浅、一眼可见,孔子是墙高宫广、高深莫测;若不入夫子之门,则不见其高深富有,然则能得夫子之门者却很少。其实,身具治世之才的子贡是有自知之明的——自知其浅,隆显老师,子贡曰"夫子之不可及也,犹天之不可阶而升也。夫子之得邦家者,所谓立之斯立,道之斯行,绥之斯来,动之斯和"(同上),"夫子之文章,可得而闻也;夫子之言性与天道,不可得而闻也"(《公冶长》)。子贡坚信,若孔子得用必能得到万人拥护,使西周盛世复现于世,实现天下太平。面对"叔孙武叔毁仲尼",子贡据理反驳曰:"无以为也,仲尼不可毁也。他人之贤者,丘陵也,犹可逾也;仲尼,日月也,无得而逾焉。人虽欲自绝,其何伤于日月乎?多见其不知量也。"(《子张》)子贡认为不可诋毁孔子,孔子若日月,虽有人要自绝于日月,但于日月无有损伤,诋毁之举不过是自不量力而已。子贡认为孔子是"固天纵之将圣,又多能也"(《子罕》),并赞美孔子是"学不厌,智也;教不倦,仁也。仁且智,夫子既圣矣"(《孟子·公孙丑上》)。诚可谓,"景公不知孔子圣,子贡正其名;子禽亦不知孔子所以闻政,子贡定其实"(《论衡·知实》)。

子贡好学善问。子贡眼中的道德理想人格大抵有仁者、君子、士三个层次。或许是纠结于道德与名利之选择、仁道与霸道之判分,子贡多次问仁于孔子并以管仲为例剖析何为"仁"。《论语》记载:

> 子贡问为仁。子曰:"工欲善其事,必先利其器。居是邦也,事其大夫之贤者,友其士之仁者。"(《卫灵公》)
>
> 子贡曰:"如有博施于民而能济众,何如?可谓仁乎?"子曰:"何事于仁,必也圣乎!尧舜其犹病诸!夫仁者,己欲立而立人,己欲达而达人。能近取譬,可谓仁之方也已。"(《雍也》)
>
> 子贡曰:"管仲非仁者与?桓公杀公子纠,不能死,又相之。"子曰:"管仲相桓公,霸诸侯,一匡天下,民到于今受其赐。微管仲,吾其被发左衽矣。岂若匹夫匹妇之为谅也,自经于沟渎而莫之知也。"(《宪问》)

其实,无论是子贡强调的"博施于民而能济众",还是他所质疑的管仲之仁,其眼中的仁与仁者之价值和形象的体现皆是依凭事功的。相比而言,孔子的回答则是既强调道德,又强调事功;其中,孔子所言"夫仁者,己欲立而立人,已欲达而达人"是在强调由心而发、推己及人,孔子所言"微管仲,吾其被发左衽矣"则是肯定内在之仁的外在发用即仁之于事功的根本性、价值性与现实性。

子贡眼中的"君子"更多的是一种道德理想人格。子贡问孔子何为君子,孔子回答说"先行其言,而后从之"(《为政》)。那么,君子若此,是否就是完美的,子贡心存疑问并问于孔子。《论语》记载:

> 子贡曰:"君子亦有恶乎?"子曰:"有恶:恶称人之恶者,恶居下流而讪上者,恶勇而无礼者,恶果敢而窒者。"曰:"赐也亦有恶乎?""恶徼以为知者,恶不孙以为勇者,恶讦以为直者。"(《阳货》)

孔子说:君子也有所恶之人,君子"厌恶宣扬别人缺点而无仁厚的人,厌恶以下谤上的人,厌恶勇敢而无礼的人,厌恶固执而不通情理的人"。子贡曰:厌恶把伺察妄求、揭人短处当作机智、耿直的人,厌恶把不谦逊当作勇敢的人。孔子、子贡之意强调:君子应该心有忠恕、宽容、容人之过、不揭人短,不媚上、不无礼。另外,子贡的善问引出孔子的"君子比德"之说:一是将君子比德于玉,二是将君子比德于水。孔子的这两种"君子比德"之说皆始见《荀子》之引证。

> 子贡问于孔子曰:"君子之所以贵玉而贱珉者,何也?为夫玉之少而珉之多邪?"孔子曰:"恶!赐,是何言也?夫君子岂多而贱之、少而贵之哉!夫玉者,君子比德焉。温润而泽,仁也;栗而理,知也;坚刚而不屈,义也;廉而不刿,行也;折而不挠,勇也;瑕适并见,情也;扣之,其声清扬而远闻,其止辍然,辞也。故虽有珉之雕雕,不若玉之章章。《诗》曰:'言念君子,温其如玉。'此之谓也。"(《荀子·法行》)
>
> 孔子观于东流之水,子贡问于孔子曰:"君子之所以见大水必观焉者是何?"孔子曰:"夫水,大遍与诸生而无为也,似德;其流也埤下,裾拘必循其理,似义;其洸洸乎不淈尽,似道;若有决行之,其应佚若声响,其赴百仞之谷不惧,似勇;主量必平,似法;盈不求概,似正;淖约微达,似察;以出以入,以就鲜洁,似善化;其万折也必东,似志。是故见大水必观焉。"(《荀子·宥坐》)

其实，"君子"作为道德理想人格，其德行、德品以及内涵起初并不清晰，这可能是子贡心存疑问的原因。这一点在子贡回答棘子成提出的"君子质而已矣，何以文为"时有所体现，子贡曰："惜乎！夫子之说君子也，驷不及舌。文犹质也，质犹文也。虎豹之鞟，犹犬羊之鞟。"（《颜渊》）君子与小人之质文皆不同，犹如虎豹与犬羊之鞟毛皆不同。换言之，虽曰君子在于淳质，但是虎豹与犬羊之鞟则是别以毛文。子贡之语表明君子应文质兼有、内外合一。不过，子贡肯定"质"的同时，似乎更看重"文"。为此，子贡问过孔子，《论语》记载：

> 子贡问曰："孔文子何以谓之文也？"子曰："敏而好学，不耻下问，是以谓之文也。"（《公冶长》）

相较于"仁者"与"君子"而言，"士"作为一种道德理想人格，显然是处于低层次的。然则，究竟何谓"士"或曰"士"之德行、德品以及内涵为何，子贡与孔子有系统的问答。《论语·子路》记载：

> 子贡问曰："何如斯可谓之士矣？"子曰："行己有耻，使于四方，不辱君命，可谓士矣。"曰："敢问其次。"曰："宗族称孝焉，乡党称弟焉。"曰："敢问其次。"曰："言必信，行必果，硁硁然小人哉！抑亦可以为次矣。"曰："今之从政者何如？"子曰："噫！斗筲之人，何足算也。"

子贡认为，孔子具有"仁者不忧，知者不惑，勇者不惧"（《宪问》）的君子品质，子贡曾以"有美玉于斯，韫椟而藏诸"鼓励孔子出仕，孔子深会子贡之喻并且说道："沽之哉！沽之哉！我待贾者也。"（《子罕》）孔子周游列国，凭借"温、良、恭、俭、让"之德行闻名于诸侯、观政于诸侯，子贡赞言："见其礼而知其政，闻其乐而知其德；由百世之后，等百世之王，莫之能违也。自生民以来，未有夫子也。"（《孟子·公孙丑上》）子贡眼中的孔子垂教立言、有教无类，门人众杂是夫子道德学问之魅力所在，子贡曰："君子正身以俟，欲来者不距，欲去者不止。且夫良医之门多病人，檃栝之侧多枉木，是以杂也。"（《荀子·法行》）

孔子认为君子"不怨天，不尤人；下学而上达"（《宪问》），强调"君子不器"(《为政》)。不过,当子贡问自己在孔子心目中"何如"时,孔子给出一个耐人寻味的回答:"女器也";子贡追问"何器也",孔子回答说"瑚琏也"(《公冶长》)。究言之,"瑚琏"何谓?"夏曰瑚,商曰琏,周曰簠簋,皆宗庙盛黍稷之器而饰以玉,器之贵重而华美者也。"[1]"君子不器"是不拘于一,是"体无不具"。显然,孔子认为子贡是瑚琏、是贵器,瑚琏、贵器即有定分之义。换言之,"子贡瑚琏,只是庙中可用,移去别处便用不得"[2],"子贡也是个偏底,可贵而不可贱,宜于宗庙朝廷而不可退处,此子贡之偏处"[3]。子贡颇有自知之明,当孔子让子贡将自己和颜回相比时,子贡谦虚地说:"赐也何敢望回。回也闻一以知十,赐也闻一以知二。"(《公冶长》)子贡的回答得到孔子的认可,孔子曰:"弗如也! 吾与女弗如也。"(同上)

子贡多次问孔子如何修身,并且问是否"有一言而可以终身行之"。孔子认为,如果"有一言而可以终身行之",应是"恕"之道,孔子曰:"其恕乎! 己所不欲,勿施于人。"(《卫灵公》)《论语》记载:

> 子贡问曰:"乡人皆好之,何如?"子曰:"未可也。""乡人皆恶之,何如?"子曰:"未可也。不如乡人之善者好之,其不善者恶之。"(《子路》)

> 子贡曰:"贫而无谄,富而无骄,何如?"子曰:"可也。未若贫而乐,富而好礼者也。"子贡曰:"《诗》云:'如切如磋,如琢如磨。'其斯之谓与?"子曰:"赐也,始可与言诗已矣! 告诸往而知来者。"(《学而》)

为人处世很难让所有人喜欢,也很难让所有人憎恶,因为他者自有道德评判与价值评判。或许,好好先生能让所有人喜欢,但是那种人在孔子眼中只是"乡原"——"乡原,德之贼也"(《阳货》)。为人处世应该是让好人喜欢、让坏人厌恶,不应讨好所有人,不应成为好好先生,更不能"阉然媚于世"。这是孔子"恶乡原,恐其乱德也"(《孟子·尽心下》)的深义所在。"贼仁近乡原,贼义近乡讪"(《法言·渊骞》),看似"行全无阙,非之无举,刺之无刺"的乡原之人实为"孔子之所罪,孟轲之所憎"(《论衡·累害》)。

---

[1] (宋)朱熹撰:《四书章句集注》,中华书局 1983 年版,第 76 页。
[2] (宋)黎靖德编,王星贤点校:《朱子语类》卷 24,中华书局 1986 年版,第 2 册,第 578 页。
[3] (宋)黎靖德编,王星贤点校:《朱子语类》卷 24,中华书局 1986 年版,第 2 册,第 579 页。

为人处世讨好所有人往往是混淆道德是非,看似完人实则是贼德、贼仁。子贡认识到贫而谄与富而骄是不可取的,因而提出"贫而无谄,富而无骄"。孔子认可子贡之说并提出更高的层次与境界,指出为人应当"贫而乐,富而好礼"。

以身说法,论断人我,子贡曰:"我不欲人之加诸我也,吾亦欲无加诸人。"其意思是我所不欲,勿施于我;人所不欲,我不加之。然则,孔子认为这不是子贡所能做到的:"赐也,非尔所及也。"(《公冶长》)又,子贡问孔子应该如何"为人下"——放低身段、谦虚地为人,孔子以"土"为喻说道:"为人下者乎?其犹土也。深抇之而得甘泉焉,树之而五谷蕃焉,草木殖焉,禽兽育焉;生则立焉,死则入焉;多其功,而不息。为人下者其犹土也。"(《荀子·尧问》)

子贡巧言,亦有失言,《论语·宪问》记载"子贡方人",被孔子批评;《史记》记载子贡失言,而终身耻之。

> 孔子卒,原宪遂亡在草泽中。子贡相卫,而结驷连骑,排藜藿入穷阎,过谢原宪。宪摄敝衣冠见子贡。子贡耻之,曰:"夫子岂病乎?"原宪曰:"吾闻之,无财者谓之贫,学道而不能行者谓之病。若宪,贫也,非病也。"子贡惭,不怿而去,终身耻其言之过也。(《史记·仲尼弟子列传》)

显然,"富而无骄"并非易事,结驷连骑的子贡耻笑原宪"摄敝衣冠","忧道不忧贫"的原宪却令"结驷连骑"的子贡自惭而去,以至于子贡"终身耻其言之过"。不过,当子贡说出"君子之过也,如日月之食焉:过也,人皆见之;更也,人皆仰之"(《子张》),或许隐有自省之意。同样,"富而好礼"亦非易事,《论语》记载子贡曾有去礼之意,遭到孔子的批评。《八佾》篇记载子贡欲去告朔之饩羊,孔子对子贡说道:"尔爱其羊,我爱其礼。"故曰,"子贡恶费羊,孔子重废礼也"(《论衡·非韩》)。

综上观之,"侃侃如也"的子贡在孔门"四科"之中被划为"言语"之列,并非无凭。其实,孔子对子贡是非常信任的,孔子临终前想见子贡,似有临终嘱托之意。《礼记·檀弓上》记载:

孔子蚤作，负手曳杖，消摇于门，歌曰："泰山其颓乎！梁木其坏乎！哲人其萎乎！"既歌而入，当户而坐。子贡闻之，曰："泰山其颓，则吾将安仰？梁木其坏，哲人其萎，则吾将安放？夫子殆将病也。"遂趋而入。夫子曰："赐！尔来何迟也？夏后氏殡于东阶之上，则犹在阼也。殷人殡于两楹之间，则与宾主夹之也。周人殡于西阶之上，则犹宾之也。而丘也，殷人也。予畴昔之夜，梦坐奠于两楹之间。夫明王不兴，而天下其孰能宗予？予殆将死也。"盖寝疾七日而没。

孔子自称殷人，"梦坐奠于两楹之间"，秉殷礼、行中庸。孔子一句"赐！尔来何迟也"略露焦急之意，语气之中当有深意。从孔子与子贡的对歌中，可见圣贤心忧天下的热切与追问。泰山其颓，吾将安仰？哲人其萎，吾将安放？礼坏乐崩，天下世道何往？哲人将去，众人之心何仰？孔子去世后，众弟子为孔子守孝三年，独有子贡结庐于孔子墓前又守孝三年，并植楷树以报师恩，然后离去。

子贡"常相鲁卫，家累千金"，往来诸侯，传道弘儒。子贡"喜扬人之美，不能匿人之过"（《史记·仲尼弟子列传》），卒于齐。

曾子学案

曾子名参[①]，南武城人，"字子舆，少孔子四十六岁"（《史记·仲尼弟子列传》），与其父曾点同为孔子的弟子。孔子以为曾子"能通孝道，故授

[①] 按：曾参之"参"读音有二：一是读为 cān，明代方以智《通雅·姓名》曰"曾参，字子舆，参当音参乘之骖"，清代王引之《春秋名字解诂》曰"曾参，字子舆。参，读为骖""古人名字多假借，必读本字而其义始明"；一是读为 shēn，东汉许慎《说文解字·林部》曰"森，木多兒。从林从木，读若曾参之参"，唐代白居易《慈乌夜啼》诗曰"慈乌复慈乌，鸟中之曾参"、北宋王安石《初去临川》诗曰"已觉省烦非仲叔，安能养志似曾参"、清代车万育《声律启蒙》曰"松郁郁，竹森森，闵损对曾参"。唐儒陆德明《经典释文》之《礼记·檀弓上》注曰"曾参，所金反，一音七南反"、《论语·学而篇》注曰"参，所金反，又七南反"、《孝经·开宗明义章》注曰"参，所林反"。可见"参"字读音一为"所金反"或"所林反"，即读 shēn；一为"七南反"，即读 cān。宋儒朱熹《论语集注·里仁篇》"参乎"注曰"曾参，所金反"，即读 shēn。今人王力《古代汉语》的《论语·学而》注、杨伯峻《论语译注》皆读作 shēn，然则吕友仁《曾参之"参"读音质疑》认为"当依本字读 cān"，并曰"曾参，字子舆，义则相配"。而近代学者读'参'音 shēn，既无别释，无所凭据，当依本字读 cān 为胜也"（吕友仁著：《训诂识小录》，上海古籍出版社 2017 年版，第128，127－128 页）。统言之，我们认为曾参之"参"应读 shēn。

之业"，世传曾子作《孝经》。虽说曾子"德全"，但其身上最显著的美德应是"孝"。

曾子有"三省"。孔子认为"参也鲁"（《论语·先进》，下引只注篇名），或许曾子自知其"鲁"，因而时常自省以进业，曾子曰："吾日三省吾身。为人谋而不忠乎？与朋友交而不信乎？传不习乎？"（《学而》）为人常自省，问心于诚信，问学于实践；"是故君子思仁义，昼则忘食，夜则忘寐，日旦就业，夕而自省，以殁其身，亦可谓守业矣"（《大戴礼·曾子制言中》）。曾子"三省"（忠、信、习）是对孔子之道的践行，传习之间注重学道、传道、践道。曾子勤于自省，常常反求诸己，是有大智慧的人，对后世影响很大。曾子提出的省察、克治之道德修养工夫被后儒有所演绎，比如荀子引述：

> 曾子曰："同游而不见爱者，吾必不仁也；交而不见敬者，吾必不长也；临财而不见信者，吾必不信也。三者在身，曷怨人？怨人者穷，怨天者无识。失之己而反诸人，岂不亦迂哉！"（《荀子·法行》）

曾子重孝道。秉承孔子所言"父母在，不远游"（《里仁》）的仁孝精神，曾子曰"吾父母老，食人之禄，则忧人之事。故吾不忍远亲而为人役"（《史记·仲尼弟子列传》），婉拒了齐人欲聘以为卿的邀请。爱有差等，事亲为大。曾子不仅能事亲、养亲，而且能敬亲、使亲无忧，《孟子·离娄上》曰：

> 曾子养曾皙，必有酒肉。将彻，必请所与。问有馀，必曰"有"。曾皙死，曾元养曾子，必有酒肉。将彻，不请所与。问有馀，曰"亡矣"。将以复进也。此所谓养口体者也。若曾子，则可谓养志也。事亲若曾子者，可也。

曾子餐后向父亲请示所剩酒肉如何分配，体现的是孝道：尊亲、敬亲。曾子在餐后食物无剩余时却说有剩余，并非不诚，而是以此让父亲安心，其意是养亲、使亲无忧。曾子曰："孝子之养老也，乐其心不违其志，乐其耳目，安其寝处，以其饮食忠养之孝子之身终，终身也者，非终父母之身，终其身也；是故父母之所爱亦爱之，父母之所敬亦敬之，至于犬马尽然，而况于人乎？"（《礼记·内则》）曾子认为"孝有三：大孝尊亲，其次不辱，其下能养"(《大戴礼·曾子大孝》),强调"君子之所为孝者:先意承志,谕父母于道"(《礼记·祭义》)。同时,曾子曰:"孝有三:小孝用力,中孝用劳,大孝不匮。思慈爱忘劳,可谓用力矣。尊仁安义,可谓用劳矣。博施备物,可谓不匮矣。父母爱之,嘉而弗忘;父母恶之,惧而无怨;父母有过,谏而不逆;父母既没,必求仁者之粟以祀之。此之谓礼终。"(同上)曾子之孝常见于生活细节,《孟子·尽心下》记载的"曾子不忍食羊枣"的生活琐事便是明证:

> 曾皙嗜羊枣,而曾子不忍食羊枣。公孙丑问曰:"脍炙与羊枣孰美?"孟子曰:"脍炙哉!"公孙丑曰:"然则曾子何为食脍炙而不食羊枣?"曰:"脍炙所同也,羊枣所独也。讳名不讳姓,姓所同也,名所独也。"

相传,曾皙爱吃羊枣;曾皙死后,曾子不忍心再食之,因为每食羊枣,必念父亲,难免伤怀。

曾子虽至孝,但其行孝也有不当之处。一事是曾子休妻。曾子对无恩的后母供养不衰,却因妻子藜蒸不熟而"出之"——休妻。因小过而休妻,是无夫妻之义、无有仁爱。一事是曾子有过而任由曾皙杖击。任由杖击,无保己身,是陷父于不仁不义。据《韩诗外传》(卷8)记载:

> 曾子有过[①],曾皙引杖击之,仆地,有间,乃苏,起曰:"先生得无病乎?"鲁人贤曾子,以告夫子。夫子告门人:"参来,勿内也。"曾参自以无罪,使人谢孔子,孔子曰:"汝不闻:昔者、舜为人子乎?小棰则待笞,大杖则逃。索而使之,未尝不在侧;索而杀之,未尝可得。今汝委身以待暴怒,拱立不去,杀身以陷父不义,其不孝孰大焉?"

尽管曾子是因孝心而甘受杖击并以弹琴、唱歌让父亲知道他的身体无碍,

---

① 按,此处曾子之"过"是何事,目前所见战国至西汉前期的文献未有记载,西汉后期的刘向《说苑·建本》言"曾子芸瓜而误斩其根,曾皙怒,援大杖击之",东汉末年的王肃辑注《孔子家语·六本》言"曾子耘瓜,误斩其根。曾皙怒,建大杖以击其背";较之可见,刘向与王肃认为此处所记曾子之"过"为"曾子芸瓜而误斩其根"。然则,倘若"曾子芸瓜而误斩其根,曾皙怒,援大杖击之"为真,则见曾皙之怒太过——性情涵养不够,不仁慈且无中道。或曰:曾皙因小事而大怒,并援大杖击之,颇显狂怪。

让父亲放心,但是孔子反对曾子的做法。孔子认为,如果父亲用小棰体罚,可以让他打两下,如果父亲用大棍子打,则应该逃跑;倘若任由暴怒的父亲体罚,则是陷父亲于不仁不义。

曾子讲爱敬。曾子认为"爱而敬"(《大戴礼·曾子事父母》)是事父母之道。曾子曰:"父母之行若中道,则从;若不中道,则谏;谏而不用,行之如由己。从而不谏,非孝也;谏而不从,亦非孝也。孝子之谏,达善而不敢争辩;争辩者,作乱之所由兴也。由己为无咎,则宁;由己为贤人,则乱。孝子无私乐,父母所忧忧之,父母所乐乐之。孝子唯巧变,故父母安之。"(同上)而且,曾子认为事兄、事弟皆有其道。其中,事兄之道在于尊,曾子曰:"尊事之,以为己望也;兄事之,不遗其言。兄之行若中道,则兄事之;兄之行若不中道,则养之;养之内,不养于外,则是越之也;养之外,不养于内,则是疏之也;是故君子内外养之也。"(同上)同时,曾子指出事(使)弟之道在于"嘉事不失时",声称"弟之行若中道,则正以使之;弟之行若不中道,则兄事之,诎事兄之道若不可,然后舍之矣"(《大戴礼·曾子事父母》)。

曾子讲"全身"。秉行孔子所言"身体发肤,受之父母,不敢毁伤"(《孝经·开宗明义》)之教义,曾子临终时让弟子帮助检查自己的手脚是否完整,确保"全身"以报父母,《论语·泰伯》记载:

> 曾子有疾,召门弟子曰:"启予足!启予手!《诗》云'战战兢兢,如临深渊,如履薄冰。'而今而后,吾知免夫!小子!"

《礼记·祭义》记载:

> 曾子曰:"身也者,父母之遗体也。行父母之遗体,敢不敬乎?居处不庄,非孝也;事君不忠,非孝也;莅官不敬,非孝也;朋友不信,非孝也;战陈无勇,非孝也。五者不遂,灾及于亲,敢不敬乎?"

曾子认为,孝子应该以孝修身、秉孝而行,不让父母担忧、不让父母蒙羞。于日常生活与日常行为方面,曾子强调"孝子不登高,不履危,痹亦弗凭;不苟笑,不苟訾,隐不命,临不指"(《大戴礼·曾子本孝》)、"险涂隘巷,不求先焉,以爱其身,以不敢忘其亲也"(同上)。显然,曾子认为孝子应该注重言行,因为"孝子言为可闻,行为可见。言为可闻,所以说远也;行为可见,所以说近也;近者说则亲,远者悦则附;亲近而附远,孝子之道也"(《荀子·大略》)。在曾子眼中,"夫孝,置之而塞乎天地,溥之而横乎四海,施诸后世而无朝夕,推而放诸东海而准,推而放诸西海而准,推而放诸南海而准,推而放诸北海而准。《诗》云'自西自东,自南自北,无思不服。'此之谓也"(《礼记·祭义》)。换言之,在曾子眼中,"孝"修治身心、维系家庭,是至情;"孝"贯通天地、放诸四海,是至道。不唯于此,曾子强调"慎终追远,民德归厚"(《学而》),主张孝治天下。曾子认为世有"犯其上、危其下",皆因未能秉孝而行、依礼而行,继而曾子强调为人应该依礼而行,敬贵孝老,声称"夫行也者,行礼之谓也。夫礼,贵者敬焉,老者孝焉,幼者慈焉,少者友焉,贱者惠焉。此礼也,行之则行也,立之则义也"(《大戴礼·曾子制言上》)。

曾子言"忠恕"。曾子认为,孔子的"吾道一以贯之"的机枢是"忠恕",声称"夫子之道,忠恕而已矣。"(《里仁》)忠有敬、恕有仁,"尽己之心为忠,推己及人为恕"[1];或曰"尽己之谓忠,推己之谓恕","中心为忠,如心为恕","忠恕一以贯之:忠者天道,恕者人道;忠者无妄,恕者所以行乎忠也;忠者体,恕者用,大本达道也"[2]。秉承"夫子之道",曾子以"忠恕"论君子、谈交友。曾子语中的"君子"有二义:一是政治与权力完美化身的"人君"。曾子提出"君子思不出其位"(《宪问》),强调人君应该是在其位谋其政。曾子曰"吾闻诸夫子:孟庄子之孝也,其他可能也;其不改父之臣,与父之政,是难能也"(《子张》)、"鸟之将死,其鸣也哀;人之将死,其言也善。君子所贵乎道者三:动容貌,斯远暴慢矣;正颜色,斯近信矣;出辞气,斯远鄙倍矣"(《泰伯》),皆证此义。这是对孔子"不在其位,不谋其政"(同上)的演绎。二是道德理想人格层面的"君子"。曾子眼中的君子是有品德、有气节、有志向的人,曾子曰:"可以托六尺之孤,可以寄百里之命,临大节而不可夺也。君子人与? 君子人也。"(同上)曾子认为君子应重道德工夫、知进与退,强调"君子进则能达,退则能静"(《大戴礼·曾子制言中》)、"天下有道,则君子欣然以交同;天下无道,则衡言不革;诸侯不听,则不干

① (宋)朱熹撰:《四书章句集注·中庸章句》,中华书局1983年版,第23页。
② (宋)朱熹撰:《四书章句集注·论语集注》,中华书局1983年版,第72页。

其土；听而不贤，则不践其朝；是以君子不犯禁而入人境，不通患而出危邑，则秉德之士不绵矣"（《大戴礼·曾子制言下》）。同时，曾子认为"君子"应是好学善问的人，曰"君子以文会友，以友辅仁"（《颜渊》）、"以能问于不能，以多问于寡；有若无，实若虚，犯而不校，昔者吾友尝从事于斯矣"（《泰伯》）、"君子攻其恶，求其过，强其所不能，去私欲，从事于义，可谓学矣"（《大戴礼·曾子立事》）。此外，曾子还将"士"视为一种道德理想人格，声称"士不可以不弘毅，任重而道远。仁以为己任，不亦重乎？死而后已，不亦远乎"（同上）。曾子认为"士"处于穷困之时应该比贤行达，曾子回答弟子之问时曰："不能则学，疑则问，欲行则比贤，虽有险道，循行达矣。今之弟子，病下人，不知事贤，耻不知而又不问，欲作则其知不足，是以惑暗，惑暗终其世而已矣，是谓穷民也。"（《大戴礼·曾子制言上》）

曾子重仁义。面对富贵与仁义，曾子选择了仁义，曾子曰："晋楚之富，不可及也。彼以其富，我以吾仁；彼以其爵，我以吾义，吾何慊乎哉。"（《孟子·公孙丑下》）曾子讲原则。孔子殁后，子夏、子张、子游认为"有若似圣人，欲以所事孔子事之，强曾子；曾子曰：'不可。江汉以濯之，秋阳以暴之，颞颞乎不可尚已'"（《孟子·滕文公上》）。曾子认为君子必诚其意，不可欺人、不可自欺，曾子曰"十目所视，十手所指，其严乎"（《礼记·大学》）申明此意。

曾子有贤名。《礼记·檀弓上》记载"曾子易箦"反映出曾子谨言慎行的日常生活态度："战战兢兢，如临深渊，如履薄冰"，时时心怀戒慎、依礼而行。《庄子》诸篇向来多有非儒之语，然则庄子对颜回与曾子鲜有诋毁，可见曾子之贤闻名于世。庄子认为"孔子行年六十而六十化"，"曾子再仕而心再化"（《庄子·寓言》），庄子笔下的曾子言"吾及亲仕，三釜而心乐；后仕，三千钟而不洎，吾心悲"（同上），阐明的正是重孝亲而轻俸禄。《庄子·让王》记载：

> 曾子居卫，缊袍无表，颜色肿哙，手足胼胝。三日不举火，十年不制衣，正冠而缨绝，捉衿而肘见，纳履而踵决。曳縰而歌商颂，声满天地，若出金石。天子不得臣，诸侯不得友。故养志者忘形，养形者忘利，致道者忘心矣。

尽管这段文字出自庄子的演绎,但见庄子笔下的曾子形象与儒家著作中的曾子形象基本相符。只不过,庄子在儒家塑造的"敝衣以耕"的曾子形象的基础上进一步升华了曾子的形象,庄子认为"曾子居卫"所表现出来的是"养志者忘形,养形者忘利,致道者忘心"。战国末年,荀子虽"非十二子",但对曾子鲜有非议,而且《荀子》诸篇多处称引曾子之语,且多有溢美之言。《荀子·法行》记载:

> 曾子病,曾元持足,曾子曰:"元志之!吾语汝。夫鱼鳖鼋鼍犹以渊为浅而堀其中,鹰鸢犹以山为卑而增巢其上,及其得也必以饵。故君子苟能无以利害义,则耻辱亦无由至矣。"

> 曾子曰:"无内人之疏而外人之亲,无身不善而怨人,无刑已至而呼天。内人之疏而外人之亲,不亦反乎!身不善而怨人,不亦远乎!刑已至而呼天,不亦晚乎!《诗》曰:'涓涓源水,不雝不塞。毂已破碎,乃大其辐。事已败矣,乃重太息。'其云益乎!"

很显然,荀子眼中的曾子是明义利、别亲疏的大儒,是善自省、无怨人的大儒。另外,《韩非子·外储说左上》记载"曾子杀彘"说明曾子教子有方、言而有信。时至西汉,曾子的形象与思想被后人进一步演绎,刘向《说苑·立节》有言:

> 曾子衣敝衣以耕,鲁君使人往致封邑焉。曰:"请以此修衣。"曾子不受。反复往,又不受。使者曰:"先生非求于人,人则献之,奚为不受?"曾子曰:"臣闻之,受人者畏人,予人者骄人,纵子有赐,不我骄也,我能不畏乎?"终不受。孔子闻之,曰:"参之言足以全其节也。"

其中,"曾子不受赐"说明曾子是清而有节。

值得一提的是,与孔子的宇宙观不同,曾子持"天圆而地方"的宇宙观。《大戴礼·曾子天圆》篇载,曾子弟子单居离问曾子"天圆而地方者,诚有之乎",曾子从直观与想象的维度提出"天之所生上首,地之所生下首,上首谓之圆,下首谓之方,如诚天圆而地方,则是四角之不揜也",并从阴阳气化与神灵的角度指出:

天道曰圆，地道曰方，方曰幽而圆曰明；明者吐气者也，是故外景；幽者含气者也，是故内景，故火日外景，而金水内景，吐气者施而含气者化，是以阳施而阴化也。阳之精气曰神，阴之精气曰灵；神灵者，品物之本也，而礼乐仁义之祖也，而善否治乱所由兴作也。

如果说《大戴礼记》中的曾子所持天地之道是"礼乐仁义之祖"的观点尚有先秦儒家秉持的天道即人道的思想印迹，那么其所论述的风雷电雾雨露霜雪霰雹皆是"一气之化"、毛虫羽虫皆为"阳气之所生"与介虫鳞虫皆为"阴气之所生""唯人为劳匈而后生也，阴阳之精也"以及"圣人为天地主，为山川主，为鬼神主，为宗庙主"等诸多观点则是明显带有战国晚期哲学与秦汉之际哲学的基本色彩。据考证，"天圆地方"①或"天道圜，地道方"②之语始见于秦汉之际，《曾子天圆》篇应是秦汉后学演绎之说或假托之辞。其中，曾子曰：

圣人慎守日月之数，以察星辰之行，以序四时之顺逆，谓之历，截十二管，以宗八音之上下清浊，谓之律也。律居阴而治阳，历居阳而治阴，律历迭相治也，其间不容发。圣人立五礼以为民望，制五衰以别亲疏；和五声之乐以导民气，合五味之调以察民情；正五色之位，成五谷之名。序五牲之先后贵贱，诸侯之祭，牛，曰太牢；大夫之祭牲，羊，曰少牢；士之祭牲，特豕，曰馈食；无禄者稷馈，稷馈者无尸，无尸者厌也。宗庙曰刍豢，山川曰牺牷，割列禳瘗，是有五牲。此之谓品

---

① 凡考，"天圆地方"一词始出秦汉之际，如《黄帝内经·灵枢经·邪客》曰"天圆地方，人头圆足方以应之"，《淮南子·天文训》曰"天圆地方，道在中央"、《淮南子·兵略训》曰"夫圆者，天也；方者，地也。天圆而无端，故不可得而观；地方而无垠，故莫能窥其门"。又如，《周髀算经》（卷上）曰"方属地，圆属天，天圆地方"，《白虎通·天地》曰"男女总名为人，天地所以无总名何？曰：天圆地方，不相类，故无总名也"。

② 凡考，以"圜"释"天"的说法出现的时间并不早，如《周易·说卦》言"乾为天，为圜"。以"圜"释"天道"是秦汉时期的事，如《吕氏春秋》曰"天道圜，地道方，圣王法之，所以立上下"、《新书·兵车之容》曰"古之为路舆也，盖圜以象天，二十八橑以象列星，轸方以象地，三十辐以象月"，又如《大玄经·太玄莹》曰"天圜地方，极植中央"。以"圜"释"天体"则是更晚的事，如东汉许慎的《说文解字·囗部》言"圜：天体也。从囗睘声"。从现存文献来看，将"天圆（圜）"与"地方"作为理解天地即宇宙的一对相互对应的哲学范式来使用应是很晚的事，当在秦汉之际或西汉中前期。

物之本、礼乐之祖、善否治乱之所由兴作也。

由此可见,战国晚期和秦汉之际流行的宇宙观与天人论的神秘色彩,以及天人同构与天人比类的理论范式。特别是五礼、五衰、五声、五味、五色、五牲相合论或曰耦合论,显然和《淮南子》《黄帝内经》《春秋繁露》等书基于五行而建构的五行、五方、五时、五声、五味、五色、五官、五脏相合论或曰耦合论如出一辙,因此我们认为《大戴礼记》所载曾子之语多半为后学衍说。另外,考镜源流,比照大义,不难发现《大戴礼记》所辑《曾子立事》《曾子本孝》《曾子立孝》《曾子大孝》《曾子事父母》《曾子制言(上中下)》与《曾子疾病》多是后学附益之作。其中,曾子论孝之语或散见《论语》或源自《孝经》,而且《大戴礼·曾子大孝》与《礼记·祭义》所载公明仪问孝于曾子的内容大致相同。凡此尔类,不再赘述。

附:曾点学案

曾点,字子皙,曾参之父。曾点"疾时礼教不行,欲修之"(《孔子家语·七十二弟子解》),孔子称善之。《论语》记载,孔子问子路、曾皙、冉有、公西华其志为何,诸弟子皆有所答,孔子独对曾皙所答予以称赞并喟然叹曰"吾与点也"。《论语·先进》记载:

> 子路、曾皙、冉有、公西华侍坐。子曰:"以吾一日长乎尔,毋吾以也。居则曰:'不吾知也!'如或知尔,则何以哉?"子路率尔而对曰:"千乘之国,摄乎大国之间,加之以师旅,因之以饥馑;由也为之,比及三年,可使有勇,且知方也。"夫子哂之。"求!尔何如?"对曰:"方六七十,如五六十,求也为之,比及三年,可使足民。如其礼乐,以俟君子。""赤!尔何如?"对曰:"非曰能之,愿学焉。宗庙之事,如会同,端章甫,愿为小相焉。""点!尔何如?"鼓瑟希,铿尔,舍瑟而作。对曰:"异乎三子者之撰。"子曰:"何伤乎?亦各言其志也。"曰:"莫春者,春服既成。冠者五六人,童子六七人,浴乎沂,风乎舞雩,咏而归。"夫子喟然叹曰:"吾与点也!"

孔子问子路、曾皙、冉有、公西华如何施展才能、有何志向,勇武的子路提出富国强兵、使民讲道义，具有经世之才的冉求提出富民待教，公西华提出以礼治国。孔子对子路、冉有、公西华所答不甚称赞，于是便问正在弹琴的曾皙。曾皙认为自己的志向异于子路、冉有、公西华，曾皙说道：暮春三月，身着春服，约上五六个成年之友，带上六七个童子，沐浴于沂水，舞雩台上吹吹风，歌而归家。听闻曾皙之言，孔子喟然叹言"吾与点"之情志合。待子路、冉有、公西华起身离开之后，曾皙让孔子评价一下子路、冉有、公西华所答内容。细致的曾皙问孔子缘何"哂由"，孔子认为子路"为国以礼，其言不让，是故哂之"。同时，孔子认为冉求、公西华所答皆多有谦虚。究而言之，孔子之志何谓？《论语·公冶长》记载："子路曰：'愿闻子之志。'子曰：'老者安之，朋友信之，少者怀之'。"其实，孔子之志隐有循道由性之意，其描绘的生活图景"则如天地之化工，付与万物而己不劳焉，此圣人之所为也"①。

时至两宋，宋儒对于曾点之志与言多有演绎。周敦颐、程颢、程颐、朱熹等人从《论语·先进》所载曾点之语中演绎出"曾点气象"并将"曾点气象"视为圣贤气象、天理流行，而且从中演绎出"尧舜气象"。程颐认为："孔子与点，盖与圣人之志同，便是尧舜气象也"，"曾点，狂者也，未必能为圣人之事，而能知夫子之志。故曰浴乎沂，风乎舞雩，咏而归，言乐而得其所也。孔子之志，在于老者安之，朋友信之，少者怀之，使万物莫不遂其性。曾点知之，故孔子喟然叹曰'吾与点也'"②。朱熹认为："曾点之学，盖有以见夫人欲尽处，天理流行，随处充满，无少欠阙。故其动静之际，从容如此。而其言志，则又不过即其所居之位，乐其日用之常，初无舍己为人之意。而其胸次悠然，直与天地万物上下同流，各得其所之妙，隐然自见于言外。视三子之规规于事为之末者，其气象不侔矣，故夫子叹息而深许之。"③另外，纵观北宋诸儒，"光风霁月"的周敦颐颇具"曾点气象"，常于吟风弄月中融入哲理与志趣。从学于周敦颐的程颢、程颐坦言"诗可以兴。某自再见茂叔后，吟风弄月以归，有'吾与点也'之意"④，"兴于诗者，

---

① 参见（宋）朱熹撰：《四书章句集注》，中华书局1983年版，第83页。
② 参见（宋）朱熹撰：《四书章句集注》，中华书局1983年版，第131页。
③ （宋）朱熹撰：《四书章句集注》，中华书局1983年版，第130页。
④ （宋）程颢、程颐著，王孝鱼点校：《二程集》上册，中华书局2004年版，第59页。

吟咏情性涵畅道德之中而歌动之,有吾与点之气象"①。其实,理学家于吟风弄月之中追寻曾点气象,意在将抒怀与义理融为一体。程颢《秋日偶成》诗曰:

闲来无事不从容,睡觉东窗日已红;

万物静观皆自得,四时佳兴与人同。

道通天地有形外,思入风云变态中;

富贵不淫贫贱乐,男儿到此是豪雄。②

"功名未是关心事,富贵由来自有天"③,抛却名利,吟风弄月,程颢于"我心处处自优游"④的境界中洞见"曾点气象"。北宋理学家追寻的"曾点气象"在南宋理学家的理学诗中也有体现。朱熹《曾点》诗曰:"春服初成丽景迟,步随流水玩晴漪;微吟缓节归来晚,一任轻风拂面吹"⑤,其诗中的"一任轻风拂面吹"不仅呈现出"曾点气象",而且流溢出洒脱与自怡。陆九渊《初夏侍长上郊行分韵得偕字》诗曰"谁言曾点志,吾得与之偕"⑥,道出"曾点志"的高远志趣以及自己的人生追求、理想与境界。凡此可见,"曾点气象"俨然成为两宋理学展开的内在理路与精神追求。

如果说《论语·先进》所载曾点之志尚显明爽,那么曾点吊唁季武子时"倚其门而歌"(《礼记·檀弓下》)则流于轻狂。从曾点之志可见,"曾点虽是见得快,恐只见体,其用处未必全"⑦,或曰"曾点见得甚高,却于工夫上有疏略处"⑧。将曾点与曾参相比较便会发现:"曾点与曾参正相反。曾参却是积累做去,千条万绪,做到九分八厘"⑨,"曾点意思,与庄周相

① (宋)程颢、程颐著,王孝鱼点校:《二程集》上册,中华书局 2004 年版,第 366 页。

② (宋)程颢、程颐著,王孝鱼点校:《二程集》上册,中华书局 2004 年版,第 482 页。

③ (宋)程颢、程颐著,王孝鱼点校:《二程集》上册,中华书局 2004 年版,第 476 页。

④ (宋)程颢、程颐著,王孝鱼点校:《二程集》上册,中华书局 2004 年版,第 482 页。

⑤ 北京大学古文献研究所编:《全宋诗》第 44 册,北京大学出版社 1998 年版,第 27500 页。

⑥ 北京大学古文献研究所编:《全宋诗》第 48 册,北京大学出版社 1998 年版,第 29844 页。

⑦ (宋)黎靖德编,王星贤点校:《朱子语类》卷 28,中华书局 1986 年版,第 2 册,第 714 页。

⑧ (宋)黎靖德编,王星贤点校:《朱子语类》卷 28,中华书局 1986 年版,第 2 册,第 718 页。

⑨ (宋)黎靖德编,王星贤点校:《朱子语类》卷 28,中华书局 1986 年版,第 2 册,第 718 页。

似，只不至如此跌荡"①，或曰"曾点之学，无圣人为之依归，便是佛老去"②。所以说，为人应当循本求真、率性而为，不可失于礼、不可无归依。

大体而言，曾点志高，工夫疏略，任性反常，颇显狂怪。诚如朱熹曰："曾点言志，当时夫子只是见他说几句索性话，令人快意，所以与之。其实细密工夫却多欠阙，便似庄列。如季武子死，倚其门而歌，打曾参仆地，皆有些狂怪。"③特别是曾点杖击曾参一事，折射出曾点性情涵养不够、不仁慈且无中道，因小事而大怒，颇显狂怪。

子夏学案

子夏姓卜，名商，字子夏，魏国人，比孔子小四十四岁，习于《诗》，通诸经，以文学著称。子夏出身贫寒，"衣若县鹑④"（《荀子·大略》），"为人性不弘，好论精微，时人无以尚之"（《孔子家语·七十二弟子解》）。孔子殁后，子夏返魏，教于西河，魏国以子夏为圣，"魏文侯师事之，而咨国政焉"（同上）。子夏教于西河之时，从学者众多，有段干木、李悝、公羊高、穀梁赤等；其中，身份尊贵者有魏国君主魏文侯，"段干木，晋国之大驵也，学于子夏"（《吕氏春秋·尊师》）。正是由于子夏的教化，"魏君贤人是礼，国人称仁"（《史记·魏世家》）；魏文侯以李悝为相，礼贤下士，首开战国变法之风，使魏国跃升为强国。子夏在魏国影响很大，以至于曾参赞言子夏"退而老于西河之上，使西河之民疑女于夫子"（《礼记·檀弓上》）。曾子之语表明子夏的影响很大，以至于西河的百姓将子夏比作孔夫子。从儒家六经传承谱系看，子夏出入六经，解经有道，传经有方。所以，可用"博学"或"博学而笃志"（《子张》）称许子夏。

子夏善《诗》。于孔门弟子而言，子夏对《诗》的学习与理解甚为精当。从《诗》学史看，"赵人有毛公，为河间献王博士，作诗外传，谓得子夏所传，由是为毛诗，列于学官"（《前汉纪·孝成皇帝纪二》）。子夏研《诗》造诣精

---

① （宋）黎靖德编，王星贤点校：《朱子语类》卷40，中华书局1986年版，第3册，第1027页。
② （宋）黎靖德编，王星贤点校：《朱子语类》卷41，中华书局1986年版，第3册，第1048页。
③ （宋）黎靖德编，王星贤点校：《朱子语类》卷40，中华书局1986年版，第3册，第1027页。
④ 按："县鹑"始出《诗·魏风·伐檀》"胡瞻尔庭有县鹑兮"，明人张自烈《正字通》释曰："鹑尾特秃，若衣之短结；故凡敝衣曰衣若县鹑。"可以推知，子夏"衣若县鹑"概因家贫，其衣短小，衣着无华。

深,世传《毛诗序》概出其手。不唯于此,西汉韩婴的《韩诗外传》记载子夏与孔子论诗之语颇多:

> 子夏读诗已毕。夫子问曰:"尔亦何大于诗矣?"子夏对曰:"诗之于事也,昭昭乎若日月之光明,燎燎乎如星辰之错行,上有尧舜之道,下有三王之义,弟子不敢忘,虽居蓬户之中,弹琴以咏先王之风,有人亦乐之,无人亦乐之,亦可发愤忘食矣。《诗》曰:'衡门之下,可以栖迟;泌之洋洋,可以乐饥。'"夫子造然变容,曰:"嘻!吾子始可以言诗已矣,然子以见其表,未见其里。"①(《韩诗外传》卷3)
>
> 子夏问曰:"关雎何以为国风始也?"孔子曰:"关雎至矣乎!夫关雎之人,仰则天,俯则地,幽幽冥冥,德之所藏,纷纷沸沸,道之所行,如神龙变化,斐斐文章。大哉!关雎之道也,万物之所系,群生之所悬命也,河洛出图书,麟凤翔乎郊,不由关雎之道,则关雎之事将奚由至矣哉!……"子夏喟然叹曰:"大哉!关雎乃天地之基也。"(《韩诗外传》卷5)

显然,子夏认为《诗》中有先王之风、尧舜之道,后世欲效先王,必循《诗》而入。接闻孔子之语,子夏对《诗》有了更深的领悟,喟然叹曰:"大哉!《关雎》乃天地之基也。"究言之,何以能从《关雎》之中洞见"天地之基"? 对此,从《周易》与《礼记》所论男女与夫妇的思想中可以找到相应的印证:《周易·序卦》曰"有天地然后有万物,有万物然后有男女,有男女然后有夫妇,有夫妇然后有父子,有父子然后有君臣,有君臣然后有上下,有上下然后礼义有所错",《礼记·中庸》曰"君子之道,造端乎夫妇,及其至也,察乎天地"。在孔子与子夏看来,《关雎》蕴藏王道之原、生民之属,是德之所藏、道之所行。

子夏通晓音律。子夏为父母居丧三年之后见孔子,孔子让他抚琴,子夏"援琴而弦,衎衎而乐"(《说苑·修文》),孔子称赞子夏堪为"君子"。闵子骞居丧三年之后去见孔子,援琴而弦时"切切而悲作"是"哀不尽";相比

---

① 按:何谓《诗》之"里"? 孔子回答颜渊问"其表已见,其里又何有哉"时阐明《诗》之"里",孔子曰:"窥其门,不入其中,安知其奥藏之所在乎! 然藏又非难也。丘尝悉心尽志,已入其中,前有高岸,后有深谷,泠泠然如此既立而已矣,不能见其里,未谓精微者也。"(《韩诗外传》卷3)

而言，"子夏哀已尽，能引而致之，故曰君子也"（同上）。子夏精通音律，以乐为教。子夏与魏文侯对古今之乐和音乐之别多有讨论，《史记·乐书》记载：

> 魏文侯问于子夏曰："吾端冕而听古乐则唯恐卧，听郑卫之音则不知倦。敢问古乐之如彼，何也？新乐之如此，何也？"子夏答曰："今夫古乐，进旅而退旅，和正以广，弦匏笙簧合守拊鼓，始奏以文，止乱以武，治乱以相，讯疾以雅。君子于是语，于是道古，修身及家，平均天下：此古乐之发也。今夫新乐，进俯退俯，奸声以淫，溺而不止，及优侏儒，獶杂子女，不知父子。乐终不可以语，不可以道古：此新乐之发也。今君之所问者乐也，所好者音也。夫乐之与音，相近而不同。"文侯曰："敢问如何？"子夏答曰："夫古者天地顺而四时当，民有德而五谷昌，疾疢不作而无袄祥，此之谓大当。然后圣人作为父子君臣以为之纪纲，纪纲既正，天下大定，天下大定，然后正六律，和五声，弦歌诗颂，此之谓德音，德音之谓乐。"
>
> 文侯曰："敢问溺音者何从出也？"子夏答曰："郑音好滥淫志，宋音燕女溺志，卫音趣数烦志，齐音骜辟骄志，四者皆淫于色而害于德，是以祭祀不用也。《诗》曰：'肃雍和鸣，先祖是听。'夫肃肃，敬也；雍雍，和也。夫敬以和，何事不行？为人君者，谨其所好恶而已矣。君好之则臣为之，上行之则民从之。《诗》曰：'诱民孔易'，此之谓也。……"

子夏认为，乐有古今之别，古乐和正以广，始奏以文，止乱以武，治乱以相，讯疾以雅；今乐进俯退俯，奸声以淫，溺而不止，无有古义。基此，子夏提出"德音之谓乐"的音乐哲学，区分了德音与溺音之别，阐发了"乐"的政治教化之功。较之，《礼记·乐记》所载子夏与魏文侯讨论古今乐音分别的文字与《史记·乐书》的内容大致相同，且从后者以为论。

　　子夏深晓《易》道。孔子晚而好《易》，子夏伴随左右。"孔子读《易》，至于《损》《益》则喟然而叹。子夏避席而问"（《说苑·敬慎》），子夏多得孔子解《易》之道。相传，西汉刘向《七略》载有《子夏易传》，然《汉书·艺文志》易类文献并未著录《子夏易传》。唐宋时期，《隋书·经籍志》著录"《周易》二卷,魏文侯师卜子夏传,残缺。梁六卷",《新唐书·艺文志》著录"《周易》卜子《传》二卷",陆德明《经典释文》记载"子夏易传三卷"。只是,后世学人认为《子夏易传》真伪难辨,尚无定论。不过,从唐代孔颖达疏《周易注疏》与李鼎祚《周易集解》、南宋朱震《汉上易传》所引"子夏曰"之内容,大体可见子夏《易》学之法旨。要言之,子夏《易》学的基本思想有四:一是继承《周易》象传之义推崇当位说[①],强调"处非其位,非人道也";二是强调卦爻相应说,认为相应则吉,不相应则凶;三是绍述《周易》阴阳消息的思想,提出十二消息说;四是将天候物象引入解易领域,称言互体卦与逸象。其中,子夏提出的"极六位而反于坤之复,其数七[②]"的观点,反映出其易学思想蕴涵以象数诠释《易》理的价值路向。

子夏精通《春秋》。《春秋》三传中的《公羊传》与《穀梁传》的作者均为子夏弟子,亲炙于子夏。子夏认为:"《春秋》者,记君不君,臣不臣,父不父,子不子者也;此非一日之事也,有渐以至焉。"(《说苑·复恩》)西汉公羊学家董仲舒认为"子夏言《春秋》重人"(《春秋繁露·俞序》),"卫子夏言有国家者不可不学《春秋》,不学《春秋》,则无以见前后旁侧之危,则不知国之大柄,君之重任也"(同上)。当然,子夏传经并不是照本宣科,而是微言大义、述而有作,"《诗》《书》《礼》《乐》定自孔子,发明章句始于子夏"(《后汉书·徐防传》)。所以说,追根溯源,《公羊》与《穀梁》学派的释经之法应始于子夏的发明。

子夏深明《书》义。子夏问《书》之大义,孔子曰:"吾于《帝典》见尧舜之圣焉;于《大禹》《皋陶谟》《益稷》见禹、稷、皋陶之忠勤功勋焉;于《洛诰》见周公之德焉。故《帝典》可以观美,《大禹谟》《禹贡》可以观事,《皋陶谟》《益稷》可以观政,《洪范》可以观度,《秦誓》可以观议,《五诰》可以观仁,《甫刑》可以观诚。通斯亡者,则《书》之大义举矣。"(《孔丛子·论书》)孔

---

① 按:子夏所论《周易》卦爻之当位与《礼记·乐记》所载子夏曰"夫古者,天地顺而四时当,民有德而五谷昌,疾疢不作而无妖祥,此之谓大当。然后圣人作为父子君臣,以为纪纲。纪纲既正,天下大定"中的顺、当与大当思想相贯通。所谓当位,其本根应源于天地四时之顺当,而卦爻之当位只是天地四时之顺当的象数化呈现与图景化呈现。

② 朱震:《汉上易传·卦图》卷下,上海古籍出版社1989年版,第350页。

子言《书》有"三见""七观"①,是在向子夏传授读《书》之法、解《书》之式。子夏依此法式读《书》,多有新见。《孔丛子·论书》曰:

> 子夏读《书》既毕,而见于夫子。夫子谓曰:"子何为于《书》?"子夏对曰:"《书》之论事也,昭昭然若日月之代明,离离然若星辰之错行;上有尧舜之德,下有三王之义。凡商之所受《书》于夫子者,志之于心,弗敢忘也。虽退而穷,居河济之间、深山之中,作壤室,编蓬户,常于此弹琴瑟以歌先王之道,则可以发愤慷慨,忘己贫贱。故有人亦乐之,无人亦乐之;上见尧舜之德,下见三王之义;忽不知忧患与死也。"夫子愀然变容,曰:"嘻! 子殆可与言《书》矣。虽然,其亦表之而已,未睹其里也。夫窥其门而不入其室,恶睹其宗庙之奥、百官之美乎?"②

子夏认为《书》论事有大义,其大义昭昭然若日月之代明,离离然若星辰之错行;其大义是"上有尧舜之德,下有三王之义",即《书》之大义是先王之道,是后世效法先王的指南。

子夏懂礼,心有天地。《论语·八佾》记载:

> 子夏问曰:"'巧笑倩兮,美目盼兮,素以为绚兮。'何谓也?"子曰:"绘事后素。"曰:"礼后乎?"子曰:"起予者商也! 始可与言诗已矣。"

---

① 按:另有《太平御览》(卷419)曰"《誓》可以观义,《五诰》可以观仁,《甫刑》可以观诚,《洪范》可以观度"[(宋)李昉等编纂:《太平御览》,中华书局1960年版,第1931页],《尚书大传》(卷3)曰"六《誓》可以观义,五《诰》可以观仁,《甫刑》可以观诚,《洪范》可以观度,《禹贡》可以观事,《皋陶谟》可以观治,《尧典》可以观美"[(清)陈寿祺辑校:《尚书大传》,中华书局1985年版,第132页]。统言之,大体可见"《书》标七观"(《文心雕龙·宗经》)之义。
② 按:《韩诗外传》(卷3)所载子夏论《诗》时曰"诗之于事也,昭昭乎若日月之光明,燎燎乎如星辰之错行,上有尧舜之道,下有三王之义,弟子不敢忘,虽居蓬户之中,弹琴以咏先王之风,有人亦乐之,无人亦乐之,亦可发愤忘食矣"与《孔丛子·论书》记载子夏论《书》只有个别字词不同而已,因此余谨推测概是:(1)后者所传有误,(2)后者假托之言,(3)后者抄录前者并窜改而为衍说。

《礼记·曾子问》记载，子夏请教孔子"三年之丧卒哭，金革之事无辟也者"是否合礼，说明子夏对礼仪有深度思考。在此，子夏看到了丧期与征战的冲突，更看到了孝亲与忠君的冲突，以及礼之经与权的冲突。《论语》记载，司马牛因无兄弟而悲伤，子夏劝慰他说"死生有命，富贵在天。君子敬而无失，与人恭而有礼，四海之内皆兄弟也"（《颜渊》），说明子夏眼界远大且于礼义有独见。

子夏有政才，且有理想化的政治构想。随孔子结束周游列国而归鲁，子夏曾为莒父宰。子夏问政于孔子，孔子曰："无欲速，无见小利。欲速，则不达；见小利，则大事不成。"（《子路》）子夏强调为政应该立信于民，只有立信之后才能让人民心悦诚服地听从指挥、服从管理。同时，子夏强调上下级的沟通应该建立在信的基础上，子夏曰："君子信而后劳其民，未信则以为厉己也；信而后谏，未信则以为谤己也。"（《子张》）子夏认为君主治国应该不远仁，这一点在他与樊迟的对话中有所体现。《论语·颜渊》记载：

> 樊迟问仁。子曰："爱人。"问知。子曰："知人。"樊迟未达。子曰："举直错诸枉，能使枉者直。"樊迟退，见子夏。曰："乡也吾见于夫子而问知，子曰，'举直错诸枉，能使枉者直'，何谓也？"子夏曰："富哉言乎！舜有天下，选于众，举皋陶，不仁者远矣。汤有天下，选于众，举伊尹，不仁者远矣。"

又，从子夏与孔子讨论《诗》"凯弟君子，民之父母"之义中可见子夏的为政之道与政治蓝图。《礼记·孔子闲居》记载：

> 孔子闲居，子夏侍。子夏曰："敢问《诗》云'凯弟君子，民之父母'，何如斯可谓民之父母矣？"孔子曰："夫民之父母乎，必达于礼乐之原，以致五至，而行三无，以横于天下，四方有败，必先知之。此之谓民之父母矣。"

子夏听闻孔子言礼乐之"五至"①、"三无"②、"三无私"③而顿晓礼乐通天地、贯人伦、宣德教,继而"子夏蹶然而起,负墙而立"并坦言"弟子敢不承乎"。子夏妙解《诗》"凯弟君子,民之父母",认为"三王之德,参于天地"是后世治国理政的政治指南。同时,子夏之问寄寓子夏推崇的为政之道即"凯弟君子,民之父母",亦即为政者要以德立身、以德施政,要以父母爱子之情去爱民,如是,百姓对待君子、邦国也会像对待自己的父母一样——孝敬而亲爱。显然,子夏与孔子眼中的"凯弟君子,民之父母"描绘的是君仁民爱、礼乐教化、和乐融融的理想社会景象与理想政治蓝图。这既是为政之道,也是为君之道;同时这不仅是王道的体现,而且是天道的体现。其实,子夏与孔子眼中的"凯弟君子,民之父母"是隐含双向规约的,即君子有德行、施仁政、教礼乐,则民爱之;反之,民视君主如仇寇。

子夏明于君子之道,教学有方。何谓君子之道,子夏曰"君子有三变:望之俨然,即之也温,听其言也厉"(《子张》)。何以教授君子之道,《论语》记载子夏与子游的理解和方法略有不同:

> 子游曰:"子夏之门人小子,当洒扫、应对、进退,则可矣。抑末也,本之则无。如之何?"子夏闻之曰:"噫!言游过矣!君子之道,孰

---

① 《礼记·孔子闲居》记载,子夏曰:"民之父母,既得而闻之矣;敢问何谓'五至'?"孔子曰:"志之所至,诗亦至焉。诗之所至,礼亦至焉。礼之所至,乐亦至焉。乐之所至,哀亦至焉。哀乐相生。是故,正明目而视之,不可得而见也;倾耳而听之,不可得而闻也;志气塞乎天地,此之谓五至。"

② 《礼记·孔子闲居》记载,子夏曰:"五至既得而闻之矣,敢问何谓三无?"孔子曰:"无声之乐,无体之礼,无服之丧,此之谓三无。"子夏曰:"三无既得略而闻之矣,敢问何诗近之?"孔子曰:"'夙夜其命宥密',无声之乐也。'威仪逮逮,不可选也',无体之礼也。'凡民有丧,匍匐救之',无服之丧也。"子夏曰:"言则大矣!美矣!盛矣!言尽于此而已乎?"孔子曰:"何为其然也!君子之服之也,犹有五起焉。"子夏曰:"何如?"子曰:"无声之乐,气志不违;无体之礼,威仪迟迟;无服之丧,内恕孔悲。无声之乐,气志既得;无体之礼,威仪翼翼;无服之丧,施及四国。无声之乐,气志既从;无体之礼,上下和同;无服之丧,以畜万邦。无声之乐,日闻四方;无体之礼,日就月将;无服之丧,纯德孔明。无声之乐,气志既起;无体之礼,施及四海;无服之丧,施于孙子。"

③ 《礼记·孔子闲居》记载,子夏曰:"三王之德,参于天地,敢问:何如斯可谓参于天地矣?"孔子曰:"奉三无私以劳天下。"子夏曰:"敢问何谓三无私?"孔子曰:"天无私覆,地无私载,日月无私照。奉斯三者以劳天下,此之谓三无私。……天有四时,春秋冬夏,风雨霜露,无非教也。地载神气,神气风霆,风霆流形,庶物露生,无非教也。清明在躬,气志如神,嗜欲将至,有开必先。开降时雨,山川出云。其在诗曰:'嵩高唯岳,峻极于天。惟岳降神,生甫及申。惟申及甫,惟周之翰。四国于蕃,四方于宣。'此文武之德也。"

先传焉？孰后倦焉？譬诸草木，区以别矣。君子之道，焉可诬也？有
始有卒者，其惟圣人乎！"（《子张》）

表面上看，子夏与子游之别在于教学之方，实则在于本末之别。子游大抵
是本末分明，子夏大抵是本末一贯。子游之语暗示：子夏所教内容为"洒
扫、应对、进退"，是学问之末，未得学问之本。其实，子夏所教内容仿佛只
是日常之事与理，实则是教学有方。天道即人道，"百姓日用而不知"（《周
易·系辞上》），子夏所教"洒扫、应对、进退"实则蕴含形上之道与君子之
道，"事有大小，而理无大小"[1]。或曰："洒扫应对"与"精义入神"贯通于
一理，"理无精粗本末，皆是一贯"[2]。诚如，程颐解释子夏之教时曰"凡物
有本末，不可分本末为两段事。洒扫应对是其然，必有所以然""自洒扫应
对上，便可到圣人事"[3]；又如，朱熹绍述子夏之教时言"学者当循序而渐
进，不可厌末而求本"[4]。"物有本末，事有始终，知所先后，则近道矣"
（《礼记·大学》），唯有圣人治学教学能够"有始有卒"；换言之，学问或所
学内容"有本末小大，在学者则须由下学乃能上达，惟圣人合下始终皆备
耳"[5]。其实，子夏为学有方、为学有志。子夏提出"日知其所亡，月无忘
其所能，可谓好学也已矣""百工居肆以成其事，君子学以致其道"（《子
张》），申明日新不失、月无所忘，百工务成其事、君子学致其道。同时，子
夏洞见学与仁之间的价值关联，强调"博学而笃志，切问而近思，仁在其中
矣"（《子张》）。子夏回答哀公所问"必学然后可以安国保民乎"时指出"不
学而能安国保民者，未之有也"，并且强调五帝亦有其师，子夏曰："臣闻黄
帝学乎大坟，颛顼学乎禄图，帝喾学乎赤松子，尧学乎务成子附，舜学乎尹
寿，禹学乎西王国，汤学乎贷乎相，文王学乎锡畴子斯，武王学乎太公，周
公学乎虢叔，仲尼学乎老聃。此十一圣人，未遭此师，则功业不能著乎天
下，名号不能传乎后世者也。"（《韩诗外传》卷5）值得一提的是，子夏提出
"仕而优则学，学而优则仕"（《子张》）的价值理念，为后学游于诸侯之门、

① （宋）黎靖德编，王星贤点校：《朱子语类》卷49，中华书局1986年版，第4册，第1209页。
② （宋）黎靖德编，王星贤点校：《朱子语类》卷49，中华书局1986年版，第4册，第1210页。
③ （宋）朱熹撰：《四书章句集注》，中华书局1983年版，第190页。
④ （宋）朱熹撰：《四书章句集注》，中华书局1983年版，第190页。
⑤ （宋）黎靖德编，王星贤点校：《朱子语类》卷49，中华书局1986年版，第4册，第1211页。

留意于"六艺"之文、干禄于帝王朝廷指明了方向,亦为实现为学与为官、志学与弘道之兼顾指明了方向。

深会孔子所言"女为君子儒,无为小人儒"(《雍也》)之告诫,子夏教导弟子时指出"虽小道,必有可观者焉;致远恐泥,是以君子不为也"(《子张》)、"大德不逾闲,小德出入可也"(同上),强调道在大通、道在致远,大德不逾、明辨是非,同时强调人际交往应该是"可者与之,其不可者拒之"(同上)。听闻曾子的"三费"与"三乐"思想,子夏感慨说:"善哉!谨身事一言,愈于终身之诵;而事一士,愈于治万民之功;夫人不可以不知也。吾尝蓬焉,吾田期岁不收,土莫不然,何况于人乎!与人以实,虽疏必密;与人以虚,虽戚必疏。夫实之与实,如胶如漆;虚之与虚,如薄冰之见昼日。君子可不留意哉。"(《韩诗外传》卷 9)显然,子夏认为交往之道的机枢在于"与人以实,虽疏必密;与人以虚,虽戚必疏",或曰子夏认为君子应该明察人际交往中的虚实之别,应该以诚修身、以实与人。

子夏重孝。子夏问孝于孔子,孔子曰:"色难。有事弟子服其劳,有酒食先生馔,曾是以为孝乎。"(《为政》)后来,子夏在孔子"色难"论的基础上有所发明,提出"贤贤易色,事父母能竭其力,事君能致其身,与朋友交言而有信。虽曰未学,吾必谓之学矣"(《学而》)。

子夏清高而洞明。子夏虽贫,却不为名利所动。时人问子夏"子何不仕",子夏回答说"诸侯之骄我者,吾不为臣;大夫之骄我者,吾不复见"并声称"争利如蚤甲,而丧其掌"(《荀子·大略》)。子夏之语流露出大儒的清高与洞明。这可能是荀子非子夏氏为"贱儒"的因由所在,荀子曰:"正其衣冠,齐其颜色,嗛然而终日不言,是子夏氏之贱儒也。"(《荀子·非十二子》)其实,荀子批评子夏氏之儒虚有其表,只是治经传经,没为时代发声,已经没有孔子周游列国而欲救天下的政治热情与道义担当。于此,或如孔子所言"商也不及"(《先进》)。不过,子夏身通六艺、传授六经,实有功于战国秦汉时期的六经传衍与儒学发展。

附:子张学案

子张,姓颛孙,名师,字子张,陈国人。子张少孔子四十八岁,是孔子晚年所收弟子。子张身有"狂狷"之气,"为人有容貌资质,宽冲博接,从容自务,居不务立于仁义之行。孔子门人友之而弗敬"(《孔子家语·七十弟子解》)。

　　子张属于性格比较偏激的人,敢于标新立异、提出不同见解。孔子评曰"师也过"(《论语·先进》,下引只注篇名)、"师也辟"(《先进》)。孔子是说,子张做事经常过头,而且有点邪僻。同门中人对子张评价不一,子游说"吾友张也为难能也,然而未仁"(《子张》),曾子说"堂堂乎张也,难与并为仁矣"(同上)。大体言之,子张性格激进,行为务外而自高,少有诚实恻怛之意,难以为仁,亦无辅人之仁。在孔门中,子张与子夏及门人争执颇多,差异颇大。《论语》记载:

　　　　子夏之门人问交于子张。子张曰:"子夏云何?"对曰:"子夏曰:'可者与之,其不可者拒之。'"子张曰:"异乎吾所闻:君子尊贤而容众,嘉善而矜不能。我之大贤与,于人何所不容? 我之不贤与,人将拒我,如之何其拒人也?"(《子张》)

子夏认为交友要择善而从之,子张认为交友要"尊贤而容众",赞美好人,善待能力差的人。同时,子张认为,"我"若是大贤,应能容众,"我"若是不贤,他人自会拒"我",如是,"我"怎会拒人呢? 子张之意强调交往之要在"我"而非在"他人","我"应贤而宽,非是,"我"会见善则拒、见不能则拒。较之,子张之语阐明切己反身是交往之要,实高于子夏之语;子夏所言"可"则与之,"不可"则拒之,颇失孔子儒学的教化、宽容与反身切己之要义。另有一事颇能说明子张的性情与行为异于他人,《礼记·檀弓上》记载:

　　　　子夏既除丧而见,予之琴,和之而不和,弹之而不成声。作而曰:"哀未忘也。先王制礼而弗敢过也。"子张既除丧而见,予之琴,和之而和,弹之而成声。作而曰:"先王制礼,不敢不至焉。"

同是居丧三年,子夏依然哀伤不已,而子张则是心已平和。"凡音者,生人心者也。情动于中,故形于声"(《礼记·乐记》);心有哀伤,弹不成声;心无哀伤,弹之成声。不过,儒门虽重丧孝,但亦讲节哀——哀而不伤、哀而有节。在此,子张与曾子弟子乐正子春略同,颇得孔门孝丧精义。另外,子张与子夏有过"相与论,终日不决"(《韩诗外传》卷9)的争论。在孔子眼中,"师也过,商也不及","过犹不及"(《先进》)皆非中庸之道。

子张关注从政、为官之事。《论语·为政》记载:

> 子张学干禄。子曰:"多闻阙疑,慎言其馀,则寡尤;多见阙殆,慎行其馀,则寡悔。言寡尤,行寡悔,禄在其中矣。"

从子张之问可见子张略显激进,孔子的回答不仅解除子张之惑,而且意欲救子张的冒进之失。孔子告诉子张应该多听多见,慎言慎行,谦虚存疑,如是,少过失、少后悔,则"禄在其中"。孔子将知识教育与德性教育相结合,意欲让子张"定其心而不为利禄动"。《论语·颜渊》记载:子张问政,孔子曰:"居之无倦,行之以忠"。又,《论语·尧曰》记载:

> 子张问于孔子曰:"何如斯可以从政矣?"子曰:"尊五美,屏四恶,斯可以从政矣。"子张曰:"何谓五美?"子曰:"君子惠而不费,劳而不怨,欲而不贪,泰而不骄,威而不猛。"子张曰:"何谓惠而不费?"子曰:"因民之所利而利之,斯不亦惠而不费乎?择可劳而劳之,又谁怨?欲仁而得仁,又焉贪?君子无众寡,无小大,无敢慢,斯不亦泰而不骄乎?君子正其衣冠,尊其瞻视,俨然人望而畏之,斯不亦威而不猛乎?"子张曰:"何谓四恶?"子曰:"不教而杀谓之虐;不戒视成谓之暴;慢令致期谓之贼;犹之与人也,出纳之吝,谓之有司。"

细绎子张问政,可见"子张少仁。无诚心爱民,则必倦而不尽心"①。这是孔子以"居之无倦,行之以忠"与"尊五美,屏四恶"告诫子张的原因所在。"惠而不费,劳而不怨,欲而不贪,泰而不骄,威而不猛"是为政之"五美",应发扬之;"不教而杀谓之虐、不戒视成谓之暴、慢令致期谓之贼、出纳之吝"是为政之"四恶",应力避之。要言之,孔子认为从政应该行仁爱人、敬众恤寡、节而不骄、劳而不怨,应该因民所利、使民以时、教民以法、与民以信。同时,孔子指出为政应当先施教于民,宽仁管理,不妄杀伐,出纳不

---

① 参见(宋)朱熹撰:《四书章句集注》,中华书局1983年版,第137页。

吝,反之,则谓之虐、暴、贼;此四者为有司之事,并非为政之体。

子张对"仁""明""德"等道德范畴多有关注,其问其见散落于《论语》诸篇。《论语·阳货》记载:

> 子张问仁于孔子。孔子曰:"能行五者于天下,为仁矣。"请问之。曰:"恭、宽、信、敏、惠。恭则不侮,宽则得众,信则人任焉,敏则有功,惠则足以使人。"

子张未识仁,心有惑,故有问。孔子以当行"恭、宽、信、敏、惠"告之,并指出"言忠信,行笃敬,虽蛮貊之邦行矣"(《卫灵公》)。孔子之意是说"恭、宽、信、敏、惠"之"五德"可行于天下、放诸四海。又,《论语·公冶长》记载:

> 子张问曰:"令尹子文三仕为令尹,无喜色;三已之,无愠色。旧令尹之政,必以告新令尹。何如?"子曰:"忠矣。"曰:"仁矣乎?"曰:"未知,焉得仁?""崔子弑齐君,陈文子有马十乘,弃而违之。至于他邦,则曰:'犹吾大夫崔子也。'违之。之一邦,则又曰:'犹吾大夫崔子也。'违之。何如?"子曰:"清矣。"曰:"仁矣乎?"曰:"未知。焉得仁?"

令尹子文为人喜怒不形,物我无闲,于国有"忠"。子张质疑令尹子文之为是否属于"仁",孔子认为子文所为只是"忠",是"未知",故未得"仁"。陈文子仕齐,崔子弑齐君,"陈文子有马十乘"却不讨贼,可谓是"不仁"。陈文子洁身去乱,未行道义担当,只算是"清",所以孔子只许陈文子以"清",而不许陈文子以"仁"。《论语·颜渊》记载"子张问明",孔子曰:"浸润之谮,肤受之诉,不行焉。可谓明也已矣。浸润之谮肤受之诉不行焉,可谓远也已矣。"浸润属于渐渍,缓而不骤;缓慢而隐微的潜毁会伤人之身心,不察不足以谓"明"。"毁人者渐渍而不骤,则听者不觉其入,而信之深矣。诉冤者急迫而切身,则听者不及致详,而发之暴矣。二者难察而能察之,则可见其心之明,而不蔽于近矣。"[①]然则,人常因为有蔽而不明,尤其是

---

① 参见(宋)朱熹撰:《四书章句集注》,中华书局1983年版,第134页。

幽隐缓微之蔽与近而不察之蔽常常使人蔽而不明。《论语・颜渊》载"子张问崇德、辨惑"之事,孔子曰"主忠信,徙义,崇德也。爱之欲其生,恶之欲其死。既欲其生,又欲其死,是惑也"。爱与恶是人之常情,生与死是人之天命。常情可变,天命难改;然则人们却总是以爱恶而取舍:想要爱者生,想要恶者死。其实,这是困于爱恶之惑与生死之惑。

子张对道德理想人格比较关注,曾问孔子何谓"士"与"善人之道"。《论语・颜渊》记载:

> 子张问:"士何如斯可谓之达矣?"子曰:"何哉,尔所谓达者?"子张对曰:"在邦必闻,在家必闻。"子曰:"是闻也,非达也。夫达也者,质直而好义,察言而观色,虑以下人。在邦必达,在家必达。夫闻也者,色取仁而行违,居之不疑。在邦必闻,在家必闻。"

又,《论语・子张》记载:

> 子张曰:"士见危致命,见得思义,祭思敬,丧思哀,其可已矣。"

子张未识仁、心务外,其学之病在于不务实。孔子以"质直而好义"告之,强调为人处世应该内有忠信,所行合宜,不能"色取仁而行违",不能表里不一,不能假仁而取虚誉。子张深得孔子之学,其所言"士见危致命,见得思义"已然是对孔子论"士"的演绎与发展。德修于心,行自无碍;若务虚誉,实则病矣。

子张从孔子于陈蔡,困厄之际,子张问"行"之要义。《论语・卫灵公》记载:

> 子张问行。子曰:"言忠信,行笃敬,虽蛮貊之邦行矣;言不忠信,行不笃敬,虽州里行乎哉? 立,则见其参于前也;在舆,则见其倚于衡也。夫然后行。"子张书诸绅。

孔子意在强调为人做事应该言行一致、表里如一,因为这是放诸四海而皆准的大道;反之,为人做事若是言行不一、表里不一,则于州里难行。忠信笃敬,念念不忘,做得工夫,然后可行;或曰:立行坐卧皆有忠信笃敬,则可行于天下。当子张言"执德不弘,信道不笃,焉能为有？焉能为亡"(《子张》)时,则见子张于"执德"(德性工夫)与"信道"(修道问学)方面已有开悟与心得。又,《论语·先进》记载子张问善人之道,孔子曰"不践迹,亦不入于室"。从子张之问可见,"子张是个务外底人"①。不过,子张资质甚高,不践成法、不循圣迹,却颇能暗合于大道。然则,即便善人美质,若不笃学、不践迹,似乎亦难至圣人之境。

子张于"古礼"大抵是个"疑古派",多次问礼于孔子。《论语·宪问》记载:

> 子张曰:"《书》云:'高宗谅阴,三年不言。'何谓也?"子曰:"何必高宗,古之人皆然。君薨,百官总己以听于冢宰三年。"

《尚书》记载商时天子居丧,三年不言,百官听于冢宰。或许子张洞见天子居丧时三年不言与天子日常治国理政之间的冲突,故而问于孔子,孔子以"古之人皆然"与"百官总己以听于冢宰"答之,或曰:"位有贵贱,而生于父母无以异者。故三年之丧,自天子达。子张非疑此也,殆以为人君三年不言,则臣下无所禀令,祸乱或由以起也。孔子告以听于冢宰,则祸乱非所忧矣。"②又,《论语·为政》记载:

> 子张问:"十世可知也?"子曰:"殷因于夏礼,所损益,可知也;周因于殷礼,所损益,可知也;其或继周者,虽百世可知也。"

子张对礼之"十世可知"心存疑问,孔子从夏商周之礼的因循损益告诉子张,循着"礼"演进的历史逻辑,虽百世亦可知,况十世乎。

或许是因为性格的原因,子张后来偏离了孔子的仁爱与爱有差等的主张,泛化了仁爱思想,暗合了墨家的兼爱思想。推言之,子张与墨家或有密切关系。战国中后期,世人对子张褒贬不一,其中较具代表性的是孟

---

① (宋)黎靖德编,王星贤点校:《朱子语类》卷93,中华书局1986年版,第6册,第2355页。
② 参见(宋)朱熹撰:《四书章句集注》,中华书局1983年版,第159页。

子与荀子的观点。孟子认可公孙丑所言"子夏、子游、子张皆有圣人之一体"(《孟子·公孙丑上》),然则荀子认为"弟陀其冠,神襌其辞,禹行而舜趋:是子张氏之贱儒也"(《荀子·非十二子》)。如果说孟子与公孙丑眼中的子张尚"有圣人之一体",那么荀子眼中的子张则是儒冠戴得歪歪斜斜、说话冲淡无味、模仿禹行舜趋的不羁形象。另外,从"子张见鲁哀公"之事中亦可窥见子张性格之乖异与学问之端绪,《新序·杂事五》记载:

> 子张见鲁哀公,七日而哀公不礼,托仆夫而去曰:"臣闻君好士,故不远千里之外,犯霜露,冒尘垢,百舍重趼,不敢休息以见君,七日而君不礼,君之好士也,有似叶公子高之好龙也,叶公子高好龙,钩以写龙,凿以写龙,屋室雕文以写龙,于是夫龙闻而下之,窥头于牖,拖尾于堂,叶公见之,弃而还走,失其魂魄,五色无主,是叶公非好龙也,好夫似龙而非龙者也。今臣闻君好士,不远千里之外以见君,七日不礼,君非好士也,好夫似士而非士者也。《诗》曰:'中心藏之,何日忘之。'敢托而去。"

当时之世,诸侯皆欲富国强兵、唯功利为上,鲜有圣王之心怀与道义之担当。子张不遇于鲁哀公纯属正常,只是子张于时世心有不甘。所以,当鲁哀公无心礼遇子张时,子张以"叶公好龙"之喻揭下当世人君礼贤下士的虚伪面纱。面对只慕"礼贤下士"之虚名的鲁哀公,子张伤心而走。

孔子卒后,"弟子皆服三年,三年心丧毕,相诀而去"(《史记·孔子世家》),从此,孔门弟子散游于诸侯列国。"子张居陈"(《史记·儒林列传》),陈地的儒学有赖于子张的传播。

子思学案

子思,姓孔,名伋,字子思,是孔子之孙、孔鲤之子。子思从学于曾参,其门人授业于孟子[①]。据1973年长沙马王堆汉墓出土的《五行篇》,可知

---

① 《史记·孟子荀卿列传》曰:"孟轲,驺人也。受业子思之门人。"

子思与《中庸》之关系以及子思与孟子的学术渊源①。子思"尝困于宋,子思作《中庸》"(《史记·孔子世家》)。战国时期,儒分为八,其中"有子思之儒"(《韩非子·显学》)。《汉书·艺文志》载"《子思》二十三篇",然于《论语》却不见子思之语;凡考子思之语,散见于《孟子》《荀子》《礼记》《韩非子》等诸书。

子思行仁义,志高洁。据《孟子》记载,曾子与子思面对敌寇时的行为表现有异,但其道相同。《孟子·离娄下》记载:

> 曾子居武城,有越寇。或曰:"寇至,盍去诸?"曰:"无寓人于我室,毁伤其薪木。"寇退,则曰:"修我墙屋,我将反。"寇退,曾子反。左右曰:"待先生,如此其忠且敬也。寇至则先去以为民望,寇退则反,殆于不可。"
>
> 子思居于卫,有齐寇。或曰:"寇至,盍去诸?"子思曰:"如伋去,君谁与守?"

曾子秉持谨身全身②与危邦不居的观念,遇寇而走——保身,是欲以全身而行仁孝之道;与曾子不同,子思遇寇而守——轻身,是欲以殉国而行君臣义。较之,曾子与子思遇寇时的表现虽异,但他们秉行的价值理念并无差异——皆是仁义,所以孟子曰"曾子、子思同道。曾子,师也,父兄也;子思,臣也,微也。曾子、子思易地则皆然"(《孟子·离娄下》)。其实,子思深得曾子之道,不仅具有无惧危险的勇气,而且具有治国理政的才智。君子之心系于大道,不系于利害,所以曾子、子思虽是异地,但能同道。

鲁缪公之时,子思为臣;鲁缪公派泄柳、申详伴随子思左右,以便随时请教。鲁缪公对子思虽然礼遇有加,却"不能安子思"(《孟子·公孙丑下》)、不能安其身心。鲁缪公之于子思,只是"亟问,亟馈鼎肉。子思不悦"(《孟子·万章下》)。显然,鲁缪公之举不是"国君欲养君子"的做法。

---

① 参见庞朴:《马王堆帛书解开了思孟五行说之谜——帛书〈老子〉甲本卷后古佚书之一的初步研究》,《文物》1977年第10期。

② 《论语·泰伯》载,曾子有疾,召门弟子曰:"启予足!启予手!《诗》云:'战战兢兢,如临深渊,如履薄冰。'而今而后,吾知免夫!小子!"《孝经·开宗明义》曰:"身体发肤,受之父母,不敢毁伤,孝之始也。立身行道,扬名于后世,以显父母,孝之终也。夫孝,始于事亲,中于事君,终于立身。"由此可见,曾子一贯秉持谨身、全身、立身以行仁孝之道的道德哲学。

子思认为,古之明君养君子并不是仅仅馈鼎送肉,若此,则与畜犬马无异,所以子思不悦。古之人君悦贤能举,又能养,今之人君悦贤不能举,又不能养。子思志趣高洁、自爱有节,无礼之馈送不受,无功之给与不受。子思之"志高洁"在其与鲁缪公讨论如何"友士"时亦有体现,《孟子·万章下》记载:

> 缪公亟见于子思,曰:"古千乘之国以友士,何如?"子思不悦,曰:"古之人有言:曰事之云乎,岂曰友之云乎?"子思之不悦也,岂不曰:"以位,则子,君也;我,臣也。何敢与君友也? 以德,则子事我者也。奚可以与我友?"千乘之君求与之友,而不可得也,而况可召与? 齐景公田,招虞人以旌,不至,将杀之。志士不忘在沟壑,勇士不忘丧其元。孔子奚取焉? 取非其招不往也。

孟子景仰子思,孟子借齐景公打猎时以不当方式召唤虞人而虞人不至之事赞扬子思的守礼与清高之志,同时阐明"取非其招不往"的原因,以及志士不怕弃尸沟壑、勇士不怕丧失头颅的大义。后儒对子思的"志高洁"亦有演绎,刘向《说苑·立节》记载:

> 子思居于卫,缊袍无表,二旬而九食,田子方闻之,使人遗狐白之裘,恐其不受,因谓之曰:"吾假人,遂忘之;吾与人也,如弃之。"子思辞而不受,子方曰:"我有子无,何故不受?"子思曰:"伋闻之,妄与不如弃物于沟壑,伋虽贫也,不忍以身为沟壑,是以不敢当也。"

子思居卫时,颇为贫穷,但是子思能安贫,有气节。秉行无功不受的人生哲学,子思没有接受田子方的"妄与",认为"妄与不如弃物于沟壑"。子思表明自己虽然贫困,但"不忍以身为沟壑",故不接受田子方的给与。

子思行守礼,言善言。对丧礼有深刻体认,且依礼而行。《礼记·檀弓上》记载:

> 子上之母死而不丧。门人问诸子思曰:"昔者子之先君子丧出母乎?"曰:"然。""子之不使白也丧之,何也?"子思曰:"昔者吾先君子无

所失道,道隆则从而隆,道污则从而污。伋则安能! 为伋也妻者,是
为白也母;不为伋也妻者,是不为白也母。"故孔氏之不丧出母,自子
思始也。

子思曰:"丧三日而殡,凡附于身者,必诚必信,勿之有悔焉耳矣。
三月而葬,凡附于棺者,必诚必信,勿之有悔焉耳矣。丧三年以为极,
亡则弗之忘矣。故君子有终身之忧,而无一朝之患。故忌日不乐。"

子思之母死于卫,柳若谓子思曰:"子,圣人之后也。四方于子乎
观礼,子盍慎诸。"子思曰:"吾何慎哉! 吾闻之:有其礼,无其财,君子
弗行也;有其礼,有其财,无其时,君子弗行也。吾何慎哉!"

子思之妻是子上之母,子思与子上之母离婚后,子上之母死,子思认为子
上"丧出母"有违礼制。子思认为,丧礼有制,三天行殡礼,随身的陪葬品
应合乎礼制,不妄增减。三个月之后下葬,随棺的陪葬品应合乎礼制,不
妄增减。服丧三年为极限,但除丧之后亦不应忘亲。君子终身怀念双亲,
但不应因思亲过度而伤身。双亲忌日不能做让人快乐的事,处理丧事不
要留遗憾。细绎"子思之母死于卫"一段文字可见,子思认为丧礼有其灵
活性即有经有权,处理丧事要量力而行,有礼无财时君子不为,有礼有财
而无时亦不为。子思认为,处理丧事的关键在于有哀戚之心,礼数固然重
要,但是心中礼意更重要,所以不因自己是圣人之后而在意他人的评价。
值得一提的是,子思与曾子关于"执亲之丧"存有分歧。曾子认为执亲之
丧"水浆不入于口者七日",子思却不苟同。子思认为先王制礼,"过之者
俯而就之,不至焉者,跂而及之。故君子之执亲之丧也,水浆不入于口者
三日,杖而后能起"(《礼记·檀弓上》)。意为先王所制之礼有其灵活性即
有经有权,这一点在子思哭庶母于孔氏之庙时有所体现。子思的庶母死
于卫,子思哭于孔庙招致门人质疑,子思意识到自己违礼而言"吾过矣,吾
过矣",遂哭于他室。另外,《礼记·檀弓下》中有一段对话颇能说明子思
对丧礼的重视:

穆公问于子思曰:"为旧君反服,古与?"子思曰:"古之君子,进人

> 以礼,退人以礼,故有旧君反服之礼也。今之君子,进人若将加诸膝,退人若将队诸渊,毋为戎首,不亦善乎!"

子思认为,反于初服而为旧君服丧,是因为古之君子"进人以礼,退人以礼"。子思批评今之君子不讲原则,感情用事,对待他人全凭自己的好恶。子思之言体现出儒家的忠君思想,其中可见移孝作忠与以孝尽忠的思想倾向。

子思"言善言"的品行在子思与鲁缪公的对话中有所体现。《论衡·非韩》记载:

> 鲁缪公问于子思曰:"吾闻庞撊是子不孝。不孝,其行奚如?"子思对曰:"君子尊贤以崇德,举善以劝民。若夫过行,是细人之所识也,臣不知也。"

鲁缪公问子思,庞撊的儿子不孝,其行如何? 子思回答"君子尊贤以崇德,举善以劝民",不以奸闻。其实,子思对鲁缪公的劝诫不仅体现出其政治理念,而且体现出其见识过人。孔子"不语怪、力、乱、神"(《述而》),子思不言奸闻妄说。"道听而涂说,德之弃也"(《阳货》),君子应该说符合自己身份的话,做符合自己身份的事,不妄听、不妄信、不妄言、不妄行。君子言行,自有边界;细人所识,子思不言。从此,鲁缪公对子思更加敬重。

子思认为"学"能"益才"。《说苑·建本》记载:

> 子思曰:学所以益才也,砺所以致刃也,吾尝幽处而深思,不若学之速;吾尝跂而望,不若登高之博见。故顺风而呼,声不加疾而闻者众;登丘而招,臂不加长而见者远。故鱼乘于水,鸟乘于风,草木乘于时。

子思认为,幽处深思不如学。子思之语应是对孔子"思而不学则殆"(《为政》)的活学活用。同时,子思认为企立而望不如登高能博见,凡事应当顺风顺水、顺势而为、顺时而为,不可因愚陋而逆之。要之,子思认为学能益才,犹如砺之致刃,即学习能够开发才能,学之工夫能够促进才华绽放。

战国后期,荀子对子思、孟子多有诋毁。荀子认为子思与孟子之学不够纯正,且多有非议。《荀子·非十二子》曰:

> 略法先王而不知其统,犹然而材剧志大,闻见杂博。案往旧造说,谓之五行,甚僻违而无类,幽隐而无说,闭约而无解。案饰其辞而祗敬之曰:此真先君子之言也。子思唱之,孟轲和之,世俗之沟犹瞀儒,嚾嚾然不知其所非也,遂受而传之,以为仲尼、子弓为兹厚于后世,是则子思、孟轲之罪也。

在荀子看来,子思、孟子是根据古事而自造其说,其言幽隐闭结而不能自圆,而且造成世俗之人以为子思、孟子所传是孔子、子弓之道。不过,客观来讲,"孙卿非数家之书,侻也;至于子思、孟轲,诡哉"(《法言·君子》)。

另外,凡考子思之事与语初见于《孟子》与《荀子》,两汉时期除了西汉中期成书的《小戴礼记·檀弓》《史记·孔子世家》偶有提及,两汉诸子之书鲜有提及。然则,三国时期出现的《孔丛子》广涉子思之事与语多达百余处之多,只是《孔丛子》所载子思之事语多为托伪,故不赘述。值得一提的是,《汉书·艺文志》记载"《子思》二十三篇",《隋书·经籍志》始载"《子思子》七卷",唐代马总《意林》(卷一)记载"《子思子》七卷",三者所记存有分歧。《隋书·音乐志》引南朝沈约之语:"《中庸》《表记》《坊记》《缁衣》皆取《子思子》。"与前人不同,南宋王应麟《汉志考证》认为《子思子》"今一卷本,是由《孔丛子》捃摭子思之言行者,而非《子思子》之原本",然则王应麟之说亦多有误。对此,我们略考《意林》(卷一)所载"《子思子》七卷"所录内容之源流,以辩证之。

"《子思子》七卷"(《意林》本)原文溯源表

"《子思子》七卷"(《意林》本)原文	来源考证	备注
慈父能食子,不能使知味;圣人能悦人,不能使人必悦。		不详
国有道,以义率身;无道,以身率义。荀息是也。	《孟子·尽心上》载孟子曰:"天下有道,以道殉身;天下无道,以身殉道。未闻以道殉乎人者也。"	或出于此

续表

"《子思子》七卷"(《意林》本)原文	来源考证	备注
言而信,信在言前;令而化,化在令外。圣人在上,而迁其化。	《淮南子·缪称训》:"同言而民信,信在言前也;同令而民化,诚在令外也。圣人在上,民迁而化,情以先之也。动于上,不应于下者,情与令殊也。" 《文子·精诚》载老子曰:"故同言而信,信在言前也,同令而行,诚在令外也。圣人在上,民化如神,情以先之,动于上不应于下者,情令殊也。" 《中论·贵验》:"子思曰:'同言而信,信在言前也;同令而化,化在令外也。'"	此语初见《淮南子·缪称训》,未言者;《文子·精诚》载为老子语,《中论·贵验》载为子思语。
终年为车,无一尺之轫,则不可驰。	《淮南子·缪称训》:"故终年为车,无三寸之辖,不可以驱驰。"	或出于此
百心不可得一人,一心可得百人。	《淮南子·缪称训》:"故两心不可以得一人,一心可以得百人。"	或出于此
君,本也;臣,枝叶也。本美则叶茂,本枯则叶凋。	《淮南子·缪称训》:"君,根本也;臣,枝叶也。根本不美,枝叶茂者,未之闻也。" 《文子·微明》载老子曰:"故君,根本也,臣,枝叶也,根本不美而枝叶茂者,未之有也。"	或化于《淮南子·缪称训》与《文子·微明》。
君子不以所能者病人,不以人之不能者愧人。	《礼记·表记》载子曰:"仁之难成久矣,惟君子能之。是故君子不以其所能者病人,不以人之所不能者愧人。"	源出于此
小人溺于水,君子溺于口也。	《礼记·缁衣》载子曰:"小人溺于水,君子溺于口,大人溺于民,皆在其所亵也。"	源出于此
繁于乐者重于忧,厚于义者薄于行。见长不能屈其色,见贵不能尽其辞,虽有风雨,吾不入其门也。	《管子·中匡》载管子对曰:"臣闻之,沉于乐者洽于忧,厚于味者薄于行慢于朝者缓于政,害于国家者危于社稷,臣是以敢出也。" 《孔子家语·好生》载孔子谓子路曰:"见长者而不尽其辞,虽有风雨,吾不能入其门矣。"	或化于《管子·中匡》与《孔子家语·好生》,并合而言之。
君子以心导耳目,小人以耳目导心。	《孔子家语·好生》载孔子谓子路曰:"君子以心导耳目,立义以为勇;小人以耳目导心,不悆以为勇。"	源出于此,略改。

纵观上表,基本可以断定唐代马总《意林》所载"《子思子》七卷"之内容当为后学杂取黄老道家《文子》《管子》《淮南子》和儒家《孟子》《礼记》《孔子家语》之文,或直取,或化用,或合成,或删改,多半不是子思之语。因此,可以断言《意林》所载"《子思子》七卷"应是伪作、后人假托,且不纯正。南朝时期梁朝人庾仲容作《子钞》,唐朝马总在庾仲容《子钞》的基础

上增损而成《意林》；据此可知，《意林》所载"《子思子》七卷"之内容在梁朝时或已存在，应是魏晋陋儒掇撮儒道之语而成的伪书。另外，《史记·孔子世家》记载"子思作《中庸》"，朱熹作《中庸章句序》谈及子思作《中庸》之动因时指出："《中庸》何为而作也？子思子忧道学之失其传而作也"①，并且赞曰：

> 子思惧夫愈久而愈失其真也，于是推本尧舜以来相传之意，质以平日所闻父师之言，更互演绎，作为此书，以诏后之学者。盖其忧之也深，故其言之也切；其虑之也远，故其说之也详。其曰"天命率性"，则道心之谓也；其曰"择善固执"，则精一之谓也；其曰"君子时中"，则执中之谓也。世之相后，千有余年，而其言之不异，如合符节。历选前圣之书，所以提挈纲维、开示蕴奥，未有若是之明且尽者也。自是而又再传以得孟氏，为能推明是书，以承先圣之统，及其没而遂失其传焉。②

两宋时期，诸儒因隆《中庸》而隆子思，朱熹尤甚。不过，朱熹显然是以《尚书·虞书·大禹谟》"人心惟危，道心惟微，惟精惟一，允执厥中"会通《中庸》之道，而且将《中庸》的"天命率性"理解为《大禹谟》的"道心"，将《中庸》的"择善固执"理解为《大禹谟》的"精一"，将《中庸》的"君子时中"理解为《大禹谟》的"执中"。同时，朱熹于"明天理，灭人欲"（《朱子语类》卷12）处引入道德工夫，于人伦日用处阐明中庸之道。

于早期儒学传承而言，子思上承曾子，下启孟子。儒家心性哲学概由子思而初生端绪，至宋代达到高峰并成为宋明理学的源头活水。宋元时期，子思的历史地位与政治地位日隆，宋徽宗崇宁元年（1102 年）诏封子思为"沂水侯"，元文宗至顺元年（1330 年）诏封子思为"述圣公"，从此世人尊称子思为"述圣"。

---

① （宋）朱熹撰：《四书章句集注》，中华书局 1983 年版，第 14 页。
② （宋）朱熹撰：《四书章句集注》，中华书局 1983 年版，第 15 页。

漆雕氏学案

孔子之后,儒分为八,其中有"漆雕氏之儒"(《韩非子·显学》)。只是,"漆雕氏之儒"究竟是指漆雕开还是另有所指,后世学人有不同看法。梁启超认为,"惟漆雕氏一派,即《论语》中的漆雕开,《汉书·艺文志》有《漆雕子》十三篇,可见得他在孔门中,位置甚高,并有著书,流传极盛。在战国时,俨然一大宗派。至其精神,……纯属游侠的性质。孔门智、仁、勇三德中,专讲勇德的一派,《孟子》书中所称北宫黝养勇、孟施舍养勇,以不动心为最后目的,全是受漆雕开的影响"[①]。郭沫若认为,"孔门弟子中有三漆雕,一为漆雕开,一是漆雕哆,一为漆雕徒父,但从能构成为一个独立的学派来看,当以漆雕开为合格。他是主张'人性有善有恶'的人,和宓子贱、公孙尼子、世硕等有同一的见解"[②]。其实,孔子门中的漆雕氏本非一人,《史记·仲尼弟子列传》记载有"漆雕开,字子开""漆雕哆,字子敛""漆雕徒父"。孙诒让《墨子间诂·非儒下》训释"桼雕刑残"时案曰:"孔子弟子列传尚有漆雕哆、漆雕徒父二人,此所云或非开也。"[③]困于漆雕哆、漆雕徒父之史料阙如,我们且据《论语》及相关史料为漆雕开略作学案。

漆雕开,字子开、子若,蔡国人,少孔子十一岁,研习《书》,不乐仕。以德行著称于孔门,是漆雕氏之儒的创始人。《汉书·艺文志》记载"《漆雕子》十三篇",概为漆雕开之书。

漆雕开主张人性有善有恶。《论衡·本性》曰:

> 周人世硕以为人性有善有恶,举人之善性,养而致之则善长;恶性,养而致之则恶长。如此,则(情)性各有阴阳,善恶在所养焉。故世子作《养(性)书》一篇。宓子贱、漆雕开、公孙尼子之徒,亦论情性,与世子相出入,皆言性有善有恶。

漆雕开"不乐仕",志于学。《论语》记载,孔子劝漆雕开出仕做官,漆

---

① 梁启超:《儒家哲学》,上海人民出版社 2009 年版,第 51 页。
② 郭沫若:《十批判书》,东方出版社 1996 年版,第 149 页。
③ (清)孙诒让撰,孙启志点校:《墨子间诂》上册,中华书局 2001 年版,第 307 页。

雕开以"吾斯之未能信"婉拒，表示不愿出仕为官。听闻漆雕开之语，孔子甚是欣悦。《论语·公冶长》记载：

> 子使漆雕开仕。对曰："吾斯之未能信。"子说。

漆雕开以"吾斯之未能信"婉拒出仕，表现出笃志为学、不为名利权位所动的精神品格。与《论语》所载略有不同，《孔子家语·七十二弟子解》记载：

> 孔子曰："子之齿可以仕矣。"时将过，子若报其书曰："吾斯之未能信。"孔子悦焉。

较之，《孔子家语》所记内容详于《论语》，且明显有演绎之词。其中，《论语》与《孔子家语》皆载漆雕开曰"吾斯之未能信"，以及孔子的赞许。漆雕开所言"吾斯之未能信"不仅赢得孔子的赞许，而且赢得后儒的追慕。北宋邢昺在《论语注疏》（卷5）有言：

> 正义曰：此章明弟子漆雕开之行。"子使漆雕开仕"者，弟子姓漆雕，名开，孔子使之仕进也。"对曰：吾斯之未能信"者，开意志于学道，不欲仕进，故对曰：吾于斯仕进之道未能信。言未能究习也。"子说"者，孔子见其不汲汲于荣禄，知其志道深，故喜说也。①

对此，后儒多有演绎。朱熹认为，（漆雕）"开自言未能如此，未可以治人，故夫子说其笃志"。而且，朱熹在《四书章句集注·论语集注》中引程颐与谢良佐之语以为参证：

> 程子曰："漆雕开已见大意，故夫子说之。"又曰："古人见道分明，故其言如此。"谢氏曰："开之学无可考。然圣人使之仕，必其材可以仕矣。至于心术之微，则一毫不自得，不害其为未信。此圣人所不能

---

① （汉）何晏注，（宋）邢昺疏：《论语注疏》卷5，参见（清）永瑢、纪昀等编纂：《四库全书》第195册，上海古籍出版社1987年版，第568页。

知,而开自知之。其材可以仕,而其器不安于小成,他日所就,其可量乎? 夫子所以说之也。"①

究而言之,漆雕开所言"吾斯之未能信"到底何义,朱熹回答门人之问时有详细阐释。《朱子语类》记载:

> 或问"吾斯之未能信"。曰:"知得深,便信得笃。理合如此者,必要如此;知道不如此,便不得如此,只此是信。且如人孝,亦只是大纲说孝,谓有些小不孝处亦未妨。又如忠,亦只是大纲说忠,谓便有些小不忠处,亦未妨。即此便是未信。此是漆雕开心上事。信与未信,圣人何缘知得。只见他其才可仕,故使之仕。他揆之于心,有一毫未得,不害其为未信,仍更有志于学,圣人所以说之。"(《朱子语类》卷28)

信者,诚也、实也,知行皆然。在仕与不仕、仕与为学方面,漆雕开见得分明,心有笃学之志,故其曰"吾斯之未能信",丝毫隐微之间,盖有自知之明、笃学之志。那么,漆雕开不仕是"循守者乎",朱熹回答门人所问时提出:"循守是守一节之廉,如原宪之不容物是也。漆雕开却是收敛近约。"(《朱子语类》卷28)朱熹认为,漆雕开"眼前看得阔,只是践履未纯熟"(同上),"漆雕开言'吾斯之未能信',皆是有些渣滓处。只是质美者,也见得透彻,那渣滓处都尽化了。若未到此,须当庄敬持养,旋旋磨擦去教尽"(《朱子语类》卷45)。其实,从漆雕开言"吾斯之未能信"婉拒出仕隐约可见"漆雕开深稳"(《朱子语类》卷28)、"漆雕开较静"(《朱子语类》卷117),眼界开阔、见事分明。

只是《论语》所记漆雕开的事迹与言语极少,《史记·仲尼弟子列传》袭用《论语》之语时更是一语带过,不过,"漆雕开事言语少,能理会"②。从《韩非子·显学》所言"漆雕之议,不色挠,不目逃,行曲则违于臧获,行直则怒于诸侯"之语,可以窥见漆雕开颇有任侠之风。饶有趣味的是,后

---

① 参见(宋)朱熹撰:《四书章句集注》,中华书局1983年版,第76页。
② (宋)黎靖德编,王星贤点校:《朱子语类》卷121,中华书局1986年版,第8册,第2922页。

世的非儒者与尊儒者围绕着漆雕氏形成截然相反的两种论见。《墨子·非儒下》以"桼雕刑残"而非儒,指责孔门弟子不修言行而遭刑于身。《孔丛子·诘墨》记载,墨子欲以"漆雕开形残"贬抑孔子与孔门弟子,诘墨之人以"漆雕开形残,非行己之致,何伤于德哉"反诘之。显然,诘墨之人认为漆雕开之"形残"与"全德"并不相妨害。其实,儒门之人自孔子伊始便颇为重视"全身"与"全德"之关系,比如孔子向曾子阐述孝之大义时曰:"身体发肤,受之父母,不敢毁伤,孝之始也。立身行道,扬名于后世,以显父母,孝之终也。夫孝,始于事亲,中于事君,终于立身。"(《孝经·开宗明义》)在孔子眼中,孝子、君子应当修身慎行,不能身无择行、口无择言,若是身无择行、口无择言而导致残身厥体、冒厄危戮,则是辱没父母先人。所以,"孝者怕入刑辟,刻画身体,毁伤发肤,少德泊行,不戒慎之所致也"(《论衡·四讳》),君子愧负刑辱,深自刻责,以修身为尽孝之先,以全身为尽孝之具。换言之,孝子、君子的"全身"是其"全德"的一种具体体现,孝子、君子的"全德"是其"全身"的一种价值目标;或曰:"全身"是"全德"的前提,"全德"是"全身"的目标。较之,非儒之人声称"漆雕开形残"是片面地强调"全身"与"全德"的表面关系,属于以貌取人;尊儒之人以"漆雕开形残,非行己之致,何伤于德哉"反诘是辩证地洞悉"全身"与"全德"的价值关联,属于以德取人。"以容取人乎,失之子羽;以言取人乎,失之宰予"(《韩非子·显学》);譬言之,以貌取人,失之漆雕。究实而言,以貌取人看重的是"形"——表象,以德取人看重的是"德"——本质,故曰以貌取人不如以德取人。

综上,从漆雕开的言行,大体可见漆雕开颇有"刚毅、木讷,近仁"(《子路》)之德行。综观儒学史,漆雕开一心向学、笃志而行的品德不仅为后儒赞赏,而且赢得历代统治者的追誉。大唐开元二十七年(739年),唐玄宗李隆基追封孔子及七十二弟子时,"漆雕开赠滕伯"[①];北宋大中祥符二年(1009年),宋真宗赵恒加封漆雕开为"平舆侯";明朝嘉靖九年(1530年),明世宗朱厚熜改封漆雕开为"先贤漆雕子"。

---

① 参见(唐)杜佑撰,王文锦等点校:《通典》卷53,中华书局1984年版,第305页。

乐正氏学案

战国时期,儒分为八,其中"有乐正氏之儒"(《韩非子·显学》)。史料难觅,韩非所言"乐正氏之儒"已不可详考,故后学多有争论。梁启超认为,"曾子弟子有乐正子春者,此文乐正氏疑即传曾子学者。孟子弟子亦有乐正子,当属孟子一派"①。陈奇猷认为,"此以指曾子弟子之乐正子春为是,子春以孝名闻,且有信而见信于齐,则亦其时之大儒也"②。郭沫若认为韩非所言"乐正氏之儒"中的"乐正氏"是指孟子的弟子乐正克,同时郭沫若指出《大学》是孟学,而且是乐正氏之儒的典籍"并给出三个理由:"第一,在孟派里面乐正克是高足。第二,以乐正为氏是学官的后裔,《王制》云'乐正崇四术,立四教',其职与《周官》的乐师相当,而次于大乐正。先代既为学官,当有家学渊源,故论'大学之道'。第三,乐正克,孟子称之为'善人'、'信人',又说'其为人也好善'。而《大学》1743 字的文章便一共有 11 个善字露面。"③史载,"周官乐正,以官为氏"④,"乐正"于周制之中掌握朝廷音乐与音乐教育:"乐正崇四术,立四教","乐正,乐官之长,掌国子之教。幼者教之于小学,长者教之于大学"⑤。其实,无论是乐正子春还是乐正克,其先人皆是以官职与职业为姓氏,故其可能有一定的家学渊源。基于此,我们推测韩非所言"乐正氏之儒"当是指乐正子春,但并不排除是指乐正克,抑或韩非所言"乐正氏之儒"本是合而论之。所以,我们且为乐正子春略作学案,并附乐正克学案。

乐正子春学案

乐正子春,鲁国人,师从曾子,以孝闻名、以信闻名、以礼闻名。晋人

① 参见梁启雄:《韩非子浅解》,中华书局 2009 年版,第 492 页。
② 陈奇猷:《韩非子新校注》,上海古籍出版社 2000 年版,第 1127 页。
③ 郭沫若:《十批判书》,东方出版社 1996 年版,第 141 页。
④ (唐)林宝:《元和姓纂》卷 10,中华书局 1994 年版,第 1491 页。
⑤ (唐)杜佑撰,王文锦等点校:《通典》卷 53,中华书局 1984 年版,第 301 页。

陶渊明《圣贤群辅录》所言"乐正氏传《春秋》为道,为属辞比事之儒"①之"乐正氏"应为乐正子春。

乐正子春重孝道。《孝经·开宗明义》曰"身体发肤,受之父母,不敢毁伤,孝之始也"反映的是儒家的孝道观与身体观,以及"全身"与"尽孝"之间的价值关联。儒者认为,为人应该爱护自己的身体、保全自己的身体,这是行孝的开端。作为以孝著称的曾子的弟子,乐正子春亦以重孝而有贤名,而且颇为重视"全身"与"尽孝"及其内在关联。《吕氏春秋·孝行》记载:

---

① 按:《春秋》"属辞比事"被后儒演绎成传释《春秋》的范式与书法。细绎《春秋》"三传",所谓《春秋》书法大体可归为三类:一是侧重历史事实,《左传》强调"实事求是",注重史实还原;二是侧重史志义理,《公羊》《穀梁》阐扬"微言大义",注重义理阐发;三是侧重修辞文法,《公羊》《穀梁》有温、婉、讥、刺、隐、讳等辞法,《左传》有"微而显,志而晦,婉而成章,尽而不汙""微而显,婉而辩"等辞法。钱钟书所言"昔人所谓'《春秋》书法',正即修词学之朔,而今之考论者忽焉"(钱钟书:《管锥编》第 5 册,中华书局 1986 年版,第 21 页),即指修辞学、文章义法而言。

所谓"属辞",作为《春秋》笔法的修辞文法即强调在叙述历史时选择准确的词语表达其价值判断。"属辞"是文辞的连缀,辞、事、义是《春秋》文本的基本层面,"属辞"意味着对文辞史事的剪裁、排比。董仲舒认为"《春秋》,义之大者也。视其温辞,可以知其塞怨。是故于外,道而不显,于内,讳而不隐。于尊亦然,于贤亦然"(《春秋繁露·楚庄王》),"《春秋》无通辞,从变而移"(《春秋繁露·竹林》)。显然,这无疑给诠释者提供了一个可以过度诠释的理由与路径。

所谓"比事",作为《春秋》笔法即按年月日之时间顺序来排比史事;董仲舒曰"《春秋》二百四十二年之文,天下之大,事变之博,无不有也"(《春秋繁露·十指》),"百礼之贵,皆编于月,月编于时,时编于君,君编于天"(《春秋繁露·观德》),"《春秋》之论事,莫重于志"(《春秋繁露·玉杯》);杜预《春秋左传序》(又称《春秋经传集解序》)曰"《春秋》者,鲁史记之名也。记事者,以事系日,以日系月,以月系时,以时系年,所以纪远近,别同异也。故史之所记,必表年以首事,年有四时,故错举以为所记之名也"[参见(清)永瑢、纪昀等编纂:《四库全书》第143 册,上海古籍出版社 1987 年版,第 12－14 页]。所以说,所谓《春秋》比事,其要在于比志,即以比事衍大义,亦即通过对史事的类比与衍义来发微前儒的道德观与价值观——多半是后儒托前儒之口以为新说。

"言之无文,行而不远。"《春秋》文辞简略或为省文,这是《春秋》"属辞比事"的客观原因,亦为传释者放大《春秋》文本间距留下发挥空间。钱钟书认为,"《春秋》著作,其事烦剧,下较汉晋,殆力倍而功半焉。文不得不省,辞不得不约,势使然尔"(钱钟书:《管锥编》第 1 册,中华书局 1986 年版,第 163 页)。《春秋》"属辞比事"既需要在同类事件中找出不同点,又需要在不同事件中找出相同点,意在探寻历史事件的共性与历史深处隐藏的演进逻辑与道德规律。这一点,反映出传释者着意探寻圣人寄寓于历史事件中的道德哲学与价值理念以及历史本身承载的规律性,同时反映出传释者建构政治与道德、历史与未来之新秩序的理论诉求。

乐正子春下堂而伤足，瘳而数月不出，犹有忧色。门人问之曰："夫子下堂而伤足，瘳而数月不出，犹有忧色，敢问其故?"乐正子春曰："善乎而问之。吾闻之曾子，曾子闻之仲尼：父母全而生之，子全而归之，不亏其身，不损其形，可谓孝矣。君子无行咫步而忘之。余忘孝道，是以忧。"

与《吕氏春秋·孝行》所载乐正子春伤足之事相似的文字在《礼记·祭义》中有所重现，《礼记·祭义》曰：

乐正子春下堂而伤其足，数月不出，犹有忧色。门弟子曰："夫子之足瘳矣，数月不出，犹有忧色，何也?"乐正子春曰："善如尔之问也!善如尔之问也!吾闻诸曾子，曾子闻诸夫子曰：'天之所生，地之所养，无人为大。父母全而生之，子全而归之，可谓孝矣。不亏其体，不辱其身，可谓全矣。'故君子顷步而弗敢忘孝也。今予忘孝之道，予是以有忧色也。壹举足而不敢忘父母，壹出言而不敢忘父母。壹举足而不敢忘父母，是故道而不径，舟而不游，不敢以先父母之遗体行殆。壹出言而不敢忘父母，是故恶言不出于口，忿言不反于身。不辱其身，不羞其亲，可谓孝矣。"

较之，《吕氏春秋·孝行》所载乐正子春之语表明君子应当重孝，半步不敢忘孝;《礼记·祭义》所载乐正子春之语表明孝子应当全其身，无辱身体，言语行为之际、举手投足之间无忘孝道、无忘父母，同时应当做到所言无恶言、无忿言，所行无辱身、无羞亲。换言之，儒家强调孝子应该言善言、行善行，修身慎行，无辱先人。反之，身无择行、口无择言，言有恶、行有忿，则必招致辱身羞亲，是谓不孝不智。由此观之，"全身"与"尽孝"之间存在清晰的价值关联："全身"是"尽孝"的一种具体体现，"尽孝"是"全身"的一种价值范导。或曰：孝子应当全身、立身以行孝、尽孝，尽孝之始在于全身，尽孝之终在于立身。

乐正子春行孝有方。《春秋公羊传·昭公十九年》记载："乐正子春之视疾也。复加一饭则脱然愈，复损一饭则脱然愈;复加一衣则脱然愈，复损一衣则脱然愈。"孝作为日常生活伦理，其关键体现在于"色难";亲老、养老、敬老、悦老，方显孝之真义，为人子者当尽心回馈哺育之恩。然则，当事人行孝之时的行为尺度却往往因孝心发用有过或不及而难以把握：孝心发用不及则显不敬、不诚，孝心发用过之则显做作、矫情。《礼记·檀弓下》记载：乐正子春之母死，五日而不食，曰："吾悔之，自吾母而不得吾情，吾恶乎用吾情！"当时礼制，父母过世，三日不食，乐正子春却五日不食，虽是孝心所发，犹有过之。所以，乐正子春说"吾悔之"，表明乐正子春尊礼、重礼，不敢有违。

乐正子春敬师道。"曾子易箦"典出《礼记·檀弓上》，反映出曾子过而能改，诚不违礼。其中，值得注意的是乐正子春所说的一个"止"①字或隐有深义。周礼规定华美而光洁的竹席只有大夫才能享用，曾子未做过大夫，不能享受此等席子。童言无忌，童子之语意在提醒曾子有僭越礼制之举，听闻童子之言，曾子易席，未安而死，不敢"违礼"。乐正子春因爱师而止童子之语，却遭到曾子的批评："尔之爱我也不如彼。君子之爱人也以德，细人之爱人也以姑息。"曾子认为，爱他人应是因其德行与德品，而不是无原则地迁就与纵容。其实，乐正子春或因竹席是季孙所赐而认为曾子当用，故曰"止"而维护之。

乐正子春爱诚信。《韩非子·说林下》记载：

> 齐伐鲁，索谗鼎，鲁以其雁（赝）往，齐人曰："雁（赝）也。"鲁人曰："真也。"齐曰："使乐正子春来，吾将听子。"鲁君请乐正子春，乐正子春曰："胡不以其真往也？"君曰："我爱之。"答曰："臣亦爱臣之信。"

这段话表面是说齐国因想要鲁国的鼎未成而伐鲁，实则是赞美乐正子春因重诚信而名扬天下。鲁君因爱宝鼎而送去赝品，齐人认为是假的，而鲁人坚称是真的，僵持之际，齐人要求让乐正子春来鉴定，是因为乐正子春重诚信。鲁君请乐正子春，乐正子春问为何不送真的去，鲁君说我爱真

---

① 《礼记·檀弓上》记载：曾子寝疾，病。乐正子春坐于床下，曾元、曾申坐于足，童子隅坐而执烛。童子曰："华而睆，大夫之箦与？"子春曰："止！"曾子闻之，瞿然曰："呼！"曰："华而睆，大夫之箦与？"曾子曰："然，斯季孙之赐也，我未之能易也。元，起易箦。"曾元曰："夫子之病革矣，不可以变，幸而至于旦，请敬易之。"曾子曰："尔之爱我也不如彼。君子之爱人也以德，细人之爱人也以姑息。吾何求哉？吾得正而毙焉斯已矣。"举扶而易之。反席未安而没。

鼎,乐正子春说我爱诚信。显然,在乐正子春眼中,诚信远比真鼎重要。这一点与孔子义以为质、信以成之的价值理念遥相契合,或曰:乐正子春崇尚诚信正是对孔子义以为质、信以成之的价值理念的践履。

附:乐正克学案

乐正克,战国时期鲁国人,师从孟子。乐正克的事迹与言语主要散见于《孟子》,世传《礼记》中的《学记》篇"是乐正克所作"[①]。因此,乐正克可能是战国后期"儒分为八"中的"乐正氏之儒"。

乐正克尊师道。《孟子·梁惠王下》记载:

> 鲁平公将出。嬖人臧仓者请曰:"他日君出,则必命有司所之。今乘舆已驾矣,有司未知所之。敢请。"公曰:"将见孟子。"曰:"何哉?君所为轻身以先于匹夫者,以为贤乎?礼义由贤者出。而孟子之后丧逾前丧。君无见焉!"公曰:"诺。"乐正子入见,曰:"君奚为不见孟轲也?"曰:"或告寡人曰,'孟子之后丧逾前丧',是以不往见也。"曰:"何哉君所谓逾者?前以士,后以大夫;前以三鼎,而后以五鼎与?"曰:"否。谓棺椁衣衾之美也。"曰:"非所谓逾也,贫富不同也。"乐正子见孟子,曰:"克告于君,君为来见也。嬖人有臧仓者沮君,君是以不果来也。"曰:"行或使之,止或尼之。行止,非人所能也。吾之不遇鲁侯,天也。臧氏之子焉能使予不遇哉?"

由上可见,鲁平公欲访贤人孟子,却因近臣臧仓以"孟子之后丧逾前丧"即"孟子办母亲的丧事比办父亲的丧事隆重"之诋毁与阻挠而未能成行。乐正克质问鲁平公为何未见孟子,鲁平公如实相告。乐正克解释说孟子办理母丧比父丧隆重的原因是孟子前后贫富不同,并以"前以士,后以大夫;前以三鼎,而后以五鼎"解释丧礼会因贫富而有经权之变。从乐正克的话中,不难读出他对孟子的尊重。然则,孟子将鲁平公未见自己的原因理解为"天命不遇,非人所能"(《论衡·刺孟》),而且言语中隐有时不我与的无奈与悲伤。其实从另一个角度看,鲁平公访贤、礼贤之心并不坚定,否则

[①] 郭沫若:《十批判书》,东方出版社 1996 年版,第 141 页。

亦不会因嬖人臧仓之语而改变欲见孟子的行动。

乐正克虽敬重孟子,但有时也有怠慢之举。《孟子·离娄上》记载:

> 乐正子从于子敖之齐。乐正子见孟子。孟子曰:"子亦来见我乎?"曰:"先生何为出此言也?"曰:"子来几日矣?"曰:"昔者。"曰:"昔者,则我出此言也,不亦宜乎?"曰:"舍馆未定。"曰:"子闻之也,舍馆定,然后求见长者乎?"曰:"克有罪。"

乐正克跟随王驩(子敖)来到齐国,却没有及时拜见正在齐国的孟子,孟子认为乐正克有违师生之礼而批评乐正克。听闻孟子的教诲,乐正克真诚地认识到了自己的过错。至于其中原因,或如朱熹所言:"王驩,孟子所不与言者,则其人可知矣。乐正子乃从之行,其失身之罪大矣;又不早见长者,则其罪又有甚者焉。故孟子姑以此责之。"[①]《孟子·离娄上》记载:

> 孟子谓乐正子曰:"子之从于子敖来,徒餔啜也。我不意子学古之道,而以餔啜也。"

显然,孟子不希望乐正克跟随王驩(子敖),更不希望乐正克跟随王驩(子敖)只是为了混吃混喝。所以,孟子责备乐正克是"不择所从,但求食耳。此乃正其罪而切责之"[②]。

乐正克有德行。乐正克深得孟子之道,其德行修养有所成就,并得到孟子的认可与赞美。《孟子·尽心下》记载:

> 浩生不害问曰:"乐正子,何人也?"孟子曰:"善人也,信人也。""何谓善? 何谓信?"曰:"可欲之谓善,有诸己之谓信。充实之谓美,充实而有光辉之谓大,大而化之之谓圣,圣而不可知之之谓神。乐正子,二之中,四之下也。"

---

① (宋)朱熹撰:《四书章句集注》,中华书局1983年版,第286页。
② (宋)朱熹撰:《四书章句集注》,中华书局1983年版,第286页。

孟子认为,乐正克是"善人也,信人也"。孟子提出"可欲之谓善",意在赞美乐正克明辨善恶,而且向善去恶。"天下之理,其善者必可欲,其恶者必可恶。其为人也,可欲而不可恶,则可谓善人矣。凡所谓善,皆实有之,如恶恶臭,如好好色,是则可谓信人矣。"①值得注意的是,孟子紧接着用美、大、圣、神勾勒出道德理想人格体系——"六重道德理想人格境界论"②,并描绘出他眼中的圣贤气象。孟子赞言"乐正子,二之中,四之下也",表明乐正克在"六重道德理想人格境界论"中占二重,接近于"美""大""圣""神"。或因于此,宋儒张载在《正蒙·中正》中将乐正子与颜渊相媲美,指出"乐正子、颜渊,知欲仁矣。乐正子不致其学,足以为善人信人,志于仁无恶而已;颜子好学不倦,合仁与智,具体圣人,独未至圣人之止尔"③。换言之,乐正克的道德理想人格处在第一二重境界之中、第四重境界之下。乐正克的道德理想人格已有小成,但是距离道德理想人格的最高境界尚有一定差距;诚如宋儒朱熹所言:"'乐正子,二之中',是知好善而未能有诸己,故有从子敖之失",或曰"'二之中,四之下',未必皆实有诸己者,故不免有失错处"④。

乐正克有政才。《孟子·告子下》记载:

> 鲁欲使乐正子为政。孟子曰:"吾闻之,喜而不寐。"公孙丑曰:"乐正子强乎?"曰:"否。""有知虑乎?"曰:"否。""多闻识乎?"曰:"否。""然则奚为喜而不寐?"曰:"其为人也好善。""好善足乎?"曰:"好善优于天下,而况鲁国乎? 夫苟好善,则四海之内,皆将轻千里而来告之以善。夫苟不好善,则人将曰:'訑訑,予既已知之矣。'訑訑之声音颜色,距人于千里之外。士止于千里之外,则谗谄面谀之人至矣。与谗谄面谀之人居,国欲治,可得乎?"

---

① (宋)朱熹撰:《四书章句集注》,中华书局1983年版,第370页。
② 按:孟子提出"六重道德理想人格境界论":第一重境界是善,即明辨善恶、向善而进;第二重境界是信,即心诚外信、心中实有;第三重境界是美,即内心充实、显美于外;第四重境界是大,即和顺积中而英华发外,美在其中而畅于四肢,发于事业而德业至盛;第五重境界是圣,即大而能化、无迹可见,不思不勉、从容中道;第六重境界是神,即圣之至妙,人不能测。其中,第六重境界是道德理想人格境界的最高境界。
③ (宋)张载撰,章锡琛点校:《张载集》,中华书局1978年版,第26—27页。
④ (宋)黎靖德编,王星贤点校:《朱子语类》卷61,中华书局1986年版,第4册,第1468页。

细绎上文可见,孟子对乐正克的政治才能是颇为赞赏的。孟子听闻"鲁欲使乐正子为政",喜而不寐;孟子之喜应是喜乐正子得用,又"喜其道之得行"[①]。当然,通过孟子对乐正克政治才能的赞赏亦可反证乐正克是深得孟子之道的。孟子认为行善可治国,为政若好善则必为四海慕之——四海徕民,反之,四海恶之。诚如朱熹所言,"此章言为政,不在于用一己之长,而贵于有以来天下之善"[②]。比而言之,孟子眼中的乐正克堪比孔子眼中的颜回,是值得赞美的。

附:《论语》辑要

子曰:"学而时习之,不亦说乎? 有朋自远方来,不亦乐乎? 人不知而不愠,不亦君子乎?"(《学而》)

子曰:"有教无类。"(《卫灵公》)

子曰:"自行束脩以上,吾未尝无诲焉。"(《述而》)

子夏曰:"仕而优则学,学而优则仕。"(《子张》)

子以四教:文、行、忠、信。(《述而》)

德行:颜渊、闵子骞、冉伯牛;言语:宰我、子贡;政事:冉有、季路;文学:子游、子夏。(《先进》)

子曰:"不愤不启,不悱不发。举一隅不以三隅反,则不复也。"(《述而》)

子曰:"学而不思则罔,思而不学则殆。"(《为政》)

子曰:"吾尝终日不食,终夜不寝,以思,无益,不如学也。"(《卫灵公》)

子曰:"后生可畏,焉知来者之不如今也。"(《子罕》)

子曰:"当仁,不让于师。"(《卫灵公》)

子曰:"巧言令色,鲜矣仁!"(《学而》)

子曰:"人而不仁,如礼何? 人而不仁,如乐何?"(《八佾》)

子曰:"里仁为美。择不处仁,焉得知?"(《里仁》)

子曰:"不仁者不可以久处约,不可以长久乐。仁者安仁,知者利仁。"(《里仁》)

---

① (宋)朱熹撰:《四书章句集注》,中华书局 1983 年版,第 347 页。

② (宋)朱熹撰:《四书章句集注》,中华书局 1983 年版,第 347 页。

子曰："唯仁者能好人，能恶人。"（《里仁》）

子曰："苟志于仁矣，无恶也。"（《里仁》）

子曰："富与贵，是人之所欲也；不以其道得之，不处也。贫与贱，是人之所恶也；不以其道得之，不去也。君子去仁，恶乎成名？君子无终食之间违仁，造次必于是，颠沛必于是。"（《里仁》）

子曰："我未见好仁者，恶不仁者。好仁者，无以尚之；恶不仁者，其为仁矣，不使不仁者加乎其身。有能一日用其力于仁矣乎？我未见力不足者。盖有之矣，我未之见也。"（《里仁》）

子曰："人之过也，各于其党。观过，斯知仁矣。"（《里仁》）

或曰："雍也仁而不佞。"子曰："焉用佞？御人以口给，屡憎于人。不知其仁，焉用佞？"（《公冶长》）

孟武伯问："子路仁乎？"子曰："不知也。"又问。子曰："由也，千乘之国，可使治其赋也，不知其仁也。""求也何如？"子曰："求也，千室之邑，百乘之家，可使之宰也，不知其仁也。""赤也何如？"子曰："赤也，束带立于朝，可使与宾客言也，不知其仁也。"（《公冶长》）

子张问曰："令尹子文三仕为令尹，无喜色；三已之，无愠色。旧令尹之政，必以告新令尹。何如？"子曰："忠矣。"曰："仁矣乎？"曰："未知；焉得仁？""崔子弑其君，陈文子有马十乘，弃而违之。至于他邦，则曰：'犹吾大夫崔子也。'违之。之一邦，则又曰：'犹吾大夫崔子也。'违之，何如？"子曰："清矣。"曰："仁矣乎？"曰："未知；焉得仁？"（《公冶长》）

子曰："回也，其心三月不违仁，其余则日月至焉而已矣。"（《雍也》）

樊迟问知。子曰："务民之义，敬鬼神而远之，可谓知矣。"问仁。曰："仁者先难而后获，可谓仁矣。"（《雍也》）

子曰："知者乐山，仁者乐水。知者动，仁者静。知者乐，仁者寿。"（《雍也》）

宰我问曰："仁者，虽告之曰，'井有仁焉。'其从之也？"子曰："何为其然也？君子可逝也，不可陷也；可欺也，不可罔也。"（《雍也》）

子贡曰："如有博施于民而能济众，何如？可谓仁乎？"子曰："何事于仁！必也圣乎！尧舜其犹病诸！夫仁者，己欲立而立人，己欲达而达人。能近取譬，可谓仁之方也已。"（《雍也》）

子曰："志于道，据于德，依于仁，游于艺。"（《述而》）

冉有曰:"夫子为卫君乎?"子贡曰:"诺;吾将问之。"入,曰:"伯夷、叔齐何人也?"曰:"古之贤人也。"曰:"怨乎?"曰:"求仁而得仁,又何怨?"出,曰:"夫子不为也。"(《述而》)

子曰:"仁远乎哉? 我欲仁,斯仁至矣。"(《述而》)

子曰:"若圣与仁,则吾岂敢? 抑为之不厌,诲人不倦,则可谓云尔已矣。"公西华曰:"正唯弟子不能学也。"(《述而》)

子曰:"恭而无礼则劳,慎而无礼则葸,勇而无礼则乱,直而无礼则绞。君子笃于亲,则民兴于仁;故旧不遗,则民不偷。"(《泰伯》)

曾子曰:"士不可以不弘毅,任重而道远。仁以为己任,不亦重乎? 死而后已,不亦远乎?"(《泰伯》)

子曰:"好勇贫疾,乱也。人而不仁,疾之已甚,乱也。"(《泰伯》)

子曰:"知者不惑,仁者不忧,勇者不惧。"(《子罕》)

颜渊问仁。子曰:"克己复礼为仁。一日克己复礼,天下归仁焉。为仁由己,而由人乎哉?"颜渊曰:"请问其目。"子曰:"非礼勿视,非礼勿听,非礼勿言,非礼勿动。"颜渊曰:"回虽不敏,请事斯语矣。"(《颜渊》)

仲弓问仁。子曰:"出门如见大宾,使民如承大祭。己所不欲,勿施于人。在邦无怨,在家无怨。"仲弓曰:"雍虽不敏,请事斯语矣。"(《颜渊》)

司马牛问仁。子曰:"仁者,其言也讱。"曰:"其言也讱,斯谓之仁已乎?"子曰:"为之难,言之得无讱乎?"(《颜渊》)

子张问:"士何如斯可谓之达矣?"子曰:"何哉,尔所谓达者?"子张对曰:"在邦必闻,在家必闻。"子曰:"是闻也,非达也。夫达也者,质直而好义,察言而观色,虑以下人。在邦必达,在家必达。夫闻也者,色取仁而行违,居之不疑。在邦必闻,在家必闻。"(《颜渊》)

樊迟问仁。子曰:"爱人。"问知。子曰:"知人。"樊迟未达。子曰:"举直错诸枉,能使枉者直。"樊迟退,见子夏曰:"乡也吾见于夫子而问知,子曰,'举直错诸枉,能使枉者直',何谓也?"子夏曰:"富哉言乎! 舜有天下,选于众,举皋陶,不仁者远矣。汤有天下,选于众,举伊尹,不仁者远矣。"(《颜渊》)

曾子曰:"君子以文会友,以友辅仁。"(《颜渊》)

樊迟问仁。子曰:"居处恭,执事敬,与人忠。虽之夷狄,不可弃也。"(《子路》)

子曰:"刚、毅、木、讷近仁。"(《子路》)

宪问耻。子曰:"邦有道,谷;邦无道,谷,耻也。""克、伐、怨、欲不行焉,可以为仁矣?"子曰:"可以为难矣,仁则吾不知也。"(《宪问》)

子曰:"有德者必有言,有言者不必有德。仁者必有勇,勇者不必有仁。"(《宪问》)

子曰:"君子而不仁者有矣夫,未有小人而仁者也。"(《宪问》)

子路曰:"桓公杀公子纠,召忽死之,管仲不死。"曰:"未仁乎?"子曰:"桓公九合诸侯,不以车兵,管仲之力也。如其仁,如其仁。"(《宪问》)

子曰:"君子道者三,我无能焉:仁者不忧,知者不惑,勇者不惧。"子贡曰:"夫子自道也。"(《宪问》)

子曰:"志士仁人,无求生以害仁,有杀身以成仁。"(《卫灵公》)

子贡问为仁。子曰:"工欲善其事,必先利其器。居是邦也,事其大夫之贤者,友其士之仁者。"(《卫灵公》)

子曰:"知及之,仁不能守之;虽得之,必失之。知及之,仁能守之。不庄以莅之,则民不敬。知及之,仁能守之,庄以莅之,动之不以礼,未善也。"(《卫灵公》)

子曰:"民之于仁也,甚于水火。水火,吾见蹈而死者矣,未见蹈仁而死者也。"(《卫灵公》)

阳货欲见孔子,孔子不见,归孔子豚。孔子时其亡也,而往拜之。遇诸涂。谓孔子曰:"来!予与尔言。"曰:"怀其宝而迷其邦,可谓仁乎?"曰:"不可。好从事而亟失时,可谓知乎?"曰:"不可。日月逝矣,岁不我与。"孔子曰:"诺!吾将仕矣。"(《阳货》)

微子去之,箕子为之奴,比干谏而死。孔子曰:"殷有三仁焉。"(《微子》)

子夏曰:"博学而笃志,切问而近思,仁在其中矣。"(《子张》)

子游曰:"吾友张也为难能也,然而未仁。"(《子张》)

曾子曰:"堂堂乎张也,难与并为仁矣。"(《子张》)

子曰:"君子义以为质,礼以行之,孙以出之,信以成之。君子哉。"(《卫灵公》)

子曰:"君子之于天下也,无适也,无莫也,义之与比。"(《里仁》)

子曰:"君子喻于义,小人喻于利。"(《里仁》)

子曰:"君子上达,小人下达。"(《宪问》)

子曰:"德之不修,学之不讲,闻义不能徙,不善不能改,是吾忧也。"(《述而》)

子曰:"非其鬼而祭之,谄也。见义不为,无勇也。"(《为政》)

有子曰:"信近于义,言可复也。恭近于礼,远耻辱也。因不失其亲,亦可宗也。"(《学而》)

子曰:"饭疏食,饮水,曲肱而枕之,乐亦在其中矣。不义而富且贵,于我如浮云。"(《述而》)

孔子曰:"君子有九思,视思明,听思聪,色思温,貌思恭,言思忠,事思敬,疑思问,忿思难,见得思义。"(《季氏》)

子路曰:"君子尚勇乎?"子曰:"君子义以上。君子有勇而无义为乱,小人有勇而无义为盗。"(《阳货》)

子曰:"富而可求也,虽执鞭之士,吾亦为之。如不可求,从吾所好。"(《述而》)

子曰:"君子谋道不谋食,耕也,馁在其中矣;学也,禄在其中矣。君子忧道不忧贫。"(《卫灵公》)

孔子曰:"……夫达也者,质直而好义,察颜而观色,虑以下人。"(《颜渊》)

子路语曰:"不仕无义。长幼之节,不可废也,君臣之义,如之何其废也?欲洁其身,而乱大伦。君子之仕也,行其义也,道之不行,已知之矣。"(《微子》)

子贡问政,子曰:"足食,足兵,民信之矣。"子贡曰:"必不得已而去,于斯三者何先?"曰:"去兵。"子贡曰:"必不得已而去,于斯二者何先?"曰:"去食。自古皆有死,民无信不立。"(《颜渊》)

子曰:"闻义不能徙,不善不能改,是吾忧也。"(《述而》)

子曰:"见利思义,见危授命,久要不忘平生之言,亦可以为成人矣。"(《宪问》)

子曰:"志士仁人,无求生以害仁,有杀身以成仁。"(《卫灵公》)

子曰:"笃信好学,守死善道。危邦不入,乱邦不居。天下有道则见,无道则隐。"(《泰伯》)

子曰:"邦有道,危言危行;邦无道,危行言孙。"(《宪问》)

117

子适卫,冉有仆。子曰:"庶矣哉!"冉有曰:"既庶矣,又何加焉?"曰:"富之。"曰:"既富矣,又何加焉?"曰:"教之。"(《子路》)

子曰:"鄙夫可与事君也与哉? 其未得之也,患得之;既得之,患失之。苟患失之,无所不至矣。"(《阳货》)

子路曰:"卫君待子而为政,子将奚先?"子曰:"必也正名乎!"子路曰:"有是哉,子之迂也! 奚其正?"子曰:"野哉,由也! 君子于其所不知,盖阙如也。名不正,则言不顺;言不顺,则事不成;事不成,则礼乐不兴;礼乐不兴,则刑罚不中;刑罚不中,则民无所措手足。故君子名之必可言也,言之必可行也。君子于其言,无所苟而已矣。"(《子路》)

子张问行。子曰:"言忠信,行笃敬,虽蛮貊之邦行矣。言不忠信,行不笃敬,虽州里行乎哉? 立,则见其参于前也;在舆,则见其倚于衡也,夫然后行。"(《卫灵公》)

陈亢问于伯鱼曰:"子亦有异闻乎?"对曰:"未也。尝独立,鲤趋而过庭,曰:'学诗乎?'对曰:'未也。''不学诗,无以言。'鲤退而学诗。他日又独立,鲤趋而过庭,曰:'学礼乎?'对曰:'不学礼,无以立。'鲤退而学礼。闻斯二者。"陈亢退而喜曰:"问一得三,闻诗、闻礼,又闻君子之远其子也。"(《季氏》)

子曰:"礼云礼云,玉帛云乎哉? 乐云乐云,钟鼓云乎哉?"(《阳货》)

孔子曰:"不知命,无以为君子也;不知礼,无以立也;不知言,无以知人也。"(《尧曰》)

曾子曰:"吾日三省吾身,为人谋而不忠乎? 与朋友交而不信乎? 传不习乎?"(《学而》)

子曰:"道千乘之国,敬事而信,节用而爱人,使民以时。"(《学而》)

子曰:"君子不重,则不威;学则不固。主忠信。无友不如己者。过,则无惮改。"(《学而》)

子曰:"人而无信,不知其可也。大车无輗,小车无軏,其何以行之哉?"(《为政》)

子曰:"始吾于人也,听其言而信其行;今吾于人也,听其言而观其行。于予与改是。"(《公冶长》)

颜渊、季路侍。子曰:"盍各言尔志?"子路曰:"愿车马、衣轻裘,与朋友共。敝之而无憾。"颜渊曰:"愿无伐善,无施劳。"子路曰:"愿闻子之

志。"子曰:"老者安之,朋友信之,少者怀之。"(《公冶长》)

曾子有疾,孟敬之问之。曾子言曰:"鸟之将死,其鸣也哀;人之将死,其言也善。君子所贵乎道者三:动容貌,斯远暴慢矣;正颜色,斯尽信矣;出辞气,斯远鄙倍矣。笾豆之事,则有司存。"(《泰伯》)

子曰:"笃信,好学,守死,善道。危邦不入,乱邦不居。天下有道则见,无道则隐。邦有道,贫且贱焉,耻也;邦无道,富且贵焉,耻也。"(《泰伯》)

子曰:"狂而不直,侗而不愿,悾悾而不信,吾不知之矣。"(《泰伯》)

子贡问政。子曰:"足食,足兵,民信之矣。"子贡曰:"必不得已而去,于斯三者何先?"曰:"去兵。"子贡曰:"必不得已而去,于斯二者何先?"曰:"去食。自古皆有死,民无信不立。"(《颜渊》)

子张问崇德辨惑。子曰:"主忠信,徙义,崇德也。爱之欲其生,恶之欲其死。既欲其生,又欲其死,是惑也。'诚不以富,亦祇以异。'"(《颜渊》)

樊迟请学稼。子曰:"吾不如老农。"请学为圃。曰:"吾不如老圃。"樊迟出。子曰:"小人哉,樊迟也!上好礼,则民莫不敢不敬;上好义,则民莫不敢不服;上好信,则民莫不敢不用情。夫如是,则四方之民襁负其子而至矣,焉用稼?"(《子路》)

子贡问曰:"何如斯可谓之士矣?"子曰:"行己有耻,使于四方,不辱使命,可谓士矣。"曰:"敢问其次。"曰:"宗族称孝焉,乡党称弟焉。"曰:"敢问其次。"曰:"言必信,行必果,硁硁然,小人哉!抑亦可以为次矣。"曰:"今之从政者何如?"子曰:"噫!斗筲之人,何足算也?"(《子路》)

子曰:"不逆诈,不亿不信,抑亦先觉者,是贤乎!"(《宪问》)

子曰:"君子义以为质,礼以行之,孙以出之,信以成之。君子哉!"(《卫灵公》)

有子曰:"其为人也孝弟,而好犯上者,鲜矣;不好犯上,而好作乱者,未之有也。君子务本,本立而道生。孝弟也者,其为仁之本与!"(《学而》)

子曰:"弟子,入则孝,出则悌,谨而信,泛爱众,而亲仁。行有余力,则以学文。"(《学而》)

子夏曰:"贤贤易色;事父母,能竭其力,事君,能致其身;与朋友交,言而有信。虽曰未学,吾必谓之学矣。"(《学而》)

曾子曰："慎终追远,民德归厚矣。"(《学而》)

子曰："父在,观其志;父没,观其行;三年无改于父之道,可谓孝矣。"(《学而》)

孟懿子问孝。子曰："无违。"樊迟御。子告之曰："孟孙问孝于我,我对曰:'无违。'"樊迟曰:"何谓也?"子曰:"生,事之以礼;死,葬之以礼,祭之以礼。"(《为政》)

孟武伯问孝。子曰："父母唯其疾之忧。"(《为政》)

子游问孝。子曰："今之孝者,是谓能养。至于犬马,皆能有养。不敬,何以别乎?"(《为政》)

子夏问孝。子曰："色难。有事,弟子服其劳;有酒食,先生馔,曾是以为孝乎?"(《为政》)

季康子问:"使民敬、忠以劝,如之何?"子曰:"临之以庄,则敬;孝慈,则忠;举善而教不能,则劝。"(《为政》)

或谓孔子曰:"子奚不为政?"子曰:"《书》云:'孝乎惟孝,友于兄弟,施于有政。'是亦为政,奚其为为政?"(《为政》)

林放问礼之本。子曰:"大哉问! 礼,与其奢也,宁俭。丧,与其易也,宁戚。"(《八佾》)

祭如在,祭神如神在。子曰:"吾不与祭,如不祭。"(《八佾》)

子曰:"居上不宽,为礼不敬,临丧不哀,吾何以观之哉?"(《八佾》)

子曰:"事父母几谏,见志不从,又敬不违,劳而不怨。"(《里仁》)

子曰:"父母在,不远游,游必有方。"(《里仁》)

子曰:"父母之年,不可不知也。一则以喜,一则以惧。"(《里仁》)

子食于有丧者之侧,未尝饱也。(《述而》)

子曰:"出则事公卿,入则事父兄,丧事不敢不勉,不为酒困,何有于我哉?"(《子罕》)

虽疏食菜羹,瓜祭,必齐如也。(《乡党》)

见齐衰者,虽狎,必变。见冕者与瞽者,虽亵,必以貌。凶服者,式之。(《乡党》)

子曰:"孝哉,闵子骞! 人不间于其父母昆弟之言。"(《先进》)

颜渊死,门人欲厚葬之,子曰:"不可。"门人厚葬之。子曰:"回也视予犹父也,予不得视犹子也。非我也,夫二三子也!"(《先进》)

季路问事鬼神。子曰:"未能事人,焉能事鬼?"曰:"敢问死。"曰:"未知生,焉知死?"(《先进》)

宰我问:"三年之丧,期已久矣。君子三年不为礼,礼必坏;三年不为乐,乐必崩。旧谷既没,新谷既升,钻燧改火,期可已矣。"子曰:"食夫稻,衣夫锦,于女安乎?"曰:"安!""女安,则为之!夫君子之居丧,食旨不甘,闻乐不乐,居处不安,故不为也。今女安,则为之!"宰我出。子曰:"予之不仁也!子生三年,然后免于父母之怀。夫三年之丧,天下之通丧也。予也有三年之爱于其父母乎!"(《阳货》)

子张曰:"士见危致命,见得思义,祭思敬,丧思哀,其可已矣。"(《子张》)

子游曰:"丧致乎哀而止。"(《子张》)

孟子与孟门学案

　　孟子生活于战国中后期，"当是之时，秦用商君，富国强兵；楚、魏用吴起，战胜弱敌；齐威王、宣王用孙子、田忌之徒，而诸侯东面朝齐。天下方务于合从连衡，以攻伐为贤，而孟轲乃述唐、虞、三代之德，是以所如者不合。退而与万章之徒序《诗》《书》，述仲尼之意，作《孟子》七篇"（《史记·孟子荀卿列传》）。孟子欲以仁义拯救天下，怎奈世无明君、时不我与。汉唐之间，孟子之学不兴；晚唐至南宋之间，孟子与《孟子》方为后儒重视，其历史地位与学术声望渐隆，并逐渐由"子"入"圣"、由"文"成"经"。

　　孟子的思想主要见于《孟子》，散见于《荀子》《史记》。纵观《孟子》诸篇，孟子与万章、公孙丑等人多有问答论学，策论天下。孟子合"教"与"育"，首提"教育"一词，并提出"得天下英才而教育之"（《孟子·尽心上》，下引只注篇名）是人生"三乐"中的"一乐"。依循孟子提出的"尚友""以论其世"（《万章下》）与"以意逆志"（《万章上》）的诠释理念，今据《孟子》，且为孟子、万章、公孙丑略作学案。

孟子学案

　　孟子，名轲，邹国人，"受业子思之门人，道既通，游事齐宣王，宣王不能用。适梁，梁惠王不果所言，则见以为迂远而阔于事情"（《史记·孟子荀卿列传》）。孟子效法孔子周游列国，无遇明君，只好退而讲学著书。孟子自陈"予未得为孔子徒也，予私淑诸人也"（《离娄下》）。孟子发展了孔子的仁爱学说，提出性善、仁心（四端）、仁者与仁政，自成体系。

一、性善

　　先秦时期，诸子对人性问题多有探讨，其中代表性观点有：孔子认为

"性相近,习相远"(《论语·阳货》);公都子引当时人性论之观点说"性可以为善,可以为不善""有性善,有性不善"(《告子上》);周人世硕认为"人性有善有恶"(《论衡·本性》),密子贱、漆雕开、公孙尼子之徒"皆言性有善有恶"(同上);荀子认为"人之性恶,其善者伪也"(《荀子·性恶》),韩非子认为"夫民之性,恶劳而乐佚"(《韩非子·心度》);告子认为"性无善无不善"(《告子上》);"孟子道性善,言必称尧舜"(《滕文公上》)。概言之,先秦时期的人性论大致可分五种:一是性善论;二是性恶论;三是性有善有恶论;四是性无善无不善论;五是性相近论。其中,孟子认为人性善。

究言之,孟子何以道"性善"? 面对公都子之问,孟子从人皆有四端之心的角度给出"可以为善"的回答。《告子上》篇记载:

> 公都子曰:"告子曰:'性无善无不善也。'或曰:'性可以为善,可以为不善;是故文武兴,则民好善;幽厉兴,则民好暴。'或曰:'有性善,有性不善;是故以尧为君而有象;以瞽瞍为父而有舜;以纣为兄之子且以为君,而有微子启、王子比干。'今曰'性善',然则彼皆非与?"孟子曰:"乃若其情,则可以为善矣,乃所谓善也。若夫为不善,非才之罪也。恻隐之心,人皆有之;羞恶之心,人皆有之;恭敬之心,人皆有之;是非之心,人皆有之。恻隐之心,仁也;羞恶之心,义也;恭敬之心,礼也;是非之心,智也。仁义礼智,非由外铄我也,我固有之也,弗思耳矣。故曰:'求则得之,舍则失之。'"

孟子之语以复句排比,阐明事理,以"情"言"实"论证人可以为善,其所说的"乃所谓善"是通过"为"而达到"善"。显然,"孟子只说可以为善"[1],而且孟子认为人若是为不善并非"才之罪"而是"弗思耳矣",即人之不善是心未思未明所致——"不为"所致,并不是人之本质与才的原因。对此,朱熹提出"情者,性之动也。人之情,本但可以为善而不可以为恶,则性之本善可知矣"[2],又曰:"情者,性之所发"[3],"孟子道性善,性无形容处,故说

---

① 钱穆著:《中国思想史》,台湾学生书局1951年版,第34页。

② (宋)朱熹撰:《四书章句集注》,中华书局1983年版,第328页。

③ (宋)黎靖德编,王星贤点校:《朱子语类》卷59,中华书局1986年版,第4册,第1380页。

其发出来底，曰'乃若其情，可以为善'，则性善可知"[1]。结合上下文，略析公都子与孟子对话的语境、语气与语义，孟子所说的"乃若其情"之"情"应训为"实"（真实情况）[2]。因为"'情'训为'实'，乃先秦用语之通例"，"'性善'之'善'，乃指性之'实'含有实现价值之能力"，即"'性善'乃指实现价值之能力内在于性之实质中"[3]。在孟子看来，人之情欲发之不中节，则致不善（情欲太过或不及导致不善），但是仍可为善（寡欲、节情与推恩而致善）。故曰，由"情"溯"性"、由"欲"溯"性"即由"已发"回溯"未发"可见性本善、性向善；或曰极本穷源则见性善。同时，孟子强调仁义礼智之"四端"于"我"而言，是"非由外铄我也，我固有之也，弗思耳矣"。"四端"是"我"本固有，并不是外力"铄我"，只因"弗思耳"，以至于"我"没有完成道德自觉。换言之，孟子强调"我"具有道德自觉能力，只是，有时"我"具有的道德自觉能力会被自己人为地消解。孟子在《告子》篇之"牛山之木"章中以喻证的方式阐明此义。

> 孟子曰："牛山之木尝美矣，以其郊于大国也，斧斤伐之，可以为美乎？是其日夜之所息，雨露之所润，非无萌蘗之生焉，牛羊又从而牧之，是以若彼濯濯也。人见其濯濯也，以为未尝有材焉，此岂山之性也哉？虽存乎人者，岂无仁义之心哉？其所以放其良心者，亦犹斧斤之于木也，旦旦而伐之，可以为美乎？其日夜之所息，平旦之气，其好恶与人相近也者几希，则其旦昼之所为，有梏亡之矣。梏之反覆，则其夜气不足以存；夜气不足以存，则其违禽兽不远矣。人见其禽兽也，而以为未尝有才焉者，是岂人之情也哉？故苟得其养，无物不长；苟失其养，无物不消。孔子曰：'操则存，舍则亡；出入无时，莫知其乡。'惟心之谓与？"（《告子上》）

孟子认为，牛山之木本来很美，只因斧斤伐之、牛羊食之，致使牛山成为秃

---

[1]　（宋）黎靖德编，王星贤点校：《朱子语类》卷59，中华书局1986年版，第4册，第1381页。

[2]　按：目前，学界有观点认为孟子的"乃若其情"的"情"是指"情实"，是做形容词用的；而朱熹的"性体情用"之"情"则是实体词，是做名词用的。鉴于情性问题颇为复杂，学界尚无共识，这个观点及区别且列于此，备为一说。

[3]　劳思光著：《新编中国哲学史》1卷，广西师范大学出版社2005年版，第123页。

山。孟子以山之性喻人之性，指出人本有仁义之心，只因放其良心，便不美了。人放其良心犹如斧斤伐木，旦旦而伐之，岂会有美、有善？若此，人何以致美、致善？对此，孟子提出存养"夜气"，操持本性。人性虽然本善，但若不加呵护、操持，"善"便会被人为地消解，"恶"便会随之出现。其实，人的道德自觉是源于对本心与本性的时时操持，这是自我道德提升的日常工夫，这是人之向善的自觉与过程。或曰，人性本善与人性向善并不矛盾，前者讲的是性之本然，后者讲的是性之使然；前者是人性之始端，后者是人性之归依。其实，即便人性本善，但人性之善仍会因情欲发之过度或不及而被遮蔽，故需向善而复，归于本善。

"孟子为性善论之宗"[1]，曾与告子论辩人性之善恶。与告子强调"生之谓性"（《告子上》）有所不同，孟子抛却从表象、直观之维去论性的路数，而从本性、实质之维洞见人的道德性与社会性，并以此反驳告子强调的人之本能性与自然性。同时，孟子驳斥了告子提出的"性犹杞柳也，义犹桮棬也；以人性为仁义，犹以杞柳为桮棬"（同上）的观点。其实，告子之语是说人性本无仁义，必待矫揉而后成，犹如荀子所言"人之性恶，其善者伪也"（《荀子·性恶》）。只是，无论是孟子还是荀子，皆不像告子那样将仁义视为对人性的戕贼，犹如桮棬对杞柳的戕贼。所以，孟子斥责告子，并且声称"率天下之人而祸仁义者，必子之言夫"（《告子上》）。要之，孟子与告子争论的关键有两点：一是人性善还是人性无善无恶，孟子认为人性善，告子认为人性无善无恶。二是仁义内在还是外在，仁义是否有桮棬之戕贼。孟子认为仁义内在，告子认为仁义外在；孟子认为仁义是人性之善的彰显，告子认为仁义是对人性的戕贼，犹如桮棬对杞柳的戕贼。

二、仁心

孟子认为"仁心，爱人之心也"[2]，指出"人皆有所不忍，达之于其所忍，仁也；人皆有所不为，达之于其所为，义也"（《尽心下》）。孟子由"人皆有不忍人之心"推出"先王有不忍人之心，斯有不忍人之政矣。以不忍人之心，行不忍人之政，治天下可运之掌上"（《公孙丑上》）。显然，孟子是以

---

[1] 郎擎霄著：《孟子学案》，上海三联书店 2014 年版，第 29 页。
[2] （宋）朱熹撰：《四书章句集注》，中华书局 1983 年版，第 275 页。

仁心为起点推出仁政的，其中关键是人君能不能成为仁人、能不能发明仁心而施行仁政。基于人皆有仁心，孟子提出道德个体成为仁人是可能的，因为"君子所性，仁义礼智根于心"（《尽心上》）、"仁义礼智，非由外铄我也，我固有之也"（《告子上》）。

尽管孟子强调"人皆有不忍人之心""仁义礼智根于心"，但是他清楚地意识到人会因"放其良心"与"弗思"而导致不能发明本心、仁心。孟子曰："人见其濯濯也，以为未尝有材焉，此岂山之性也哉？虽存乎人者，岂无仁义之心哉？其所以放其良心者，亦犹斧斤之于木也，旦旦而伐之，可以为美乎。"（《告子上》）孟子认为人若要实现道德提升则必须"求其放心""以仁存心，以礼存心"，孟子曰：

> 仁，人心也；义，人路也。舍其路而弗由，放其心而不知求，哀哉！人有鸡犬放，则知求之；有放心，而不知求。学问之道无他，求其放心而已矣。（《告子上》）
>
> 君子所以异于人者，以其存心也。君子以仁存心，以礼存心。（《离娄下》）

其实，无论是"求其放心"还是"以仁存心，以礼存心"，孟子皆强调道德修养工夫之于道德提升的重要性。孟子认为道德修养工夫能够发明本心、操持本心、存养本心，同时强调人作为道德主体在实现道德自觉的过程中还应拔除心中之茅。《尽心下》记载：

> 孟子谓高子曰："山径之蹊闲，介然用之而成路。为闲不用，则茅塞之矣。今茅塞子之心矣。"

其实，无论是孟子所言的"仁义礼智，非由外铄我也，我固有之也"，还是他所言的"万物皆备于我矣"（《尽心上》），无不意在凸显"我"的主体性。恰恰因为"我"之主体性的凸显，"我"之道德自觉才成为可能。所以，孟子强调"反身而诚，乐莫大焉。强恕而行，求仁莫近焉"（同上），而且指出"舍其路而弗由，放其心而不知求，哀哉"！因为"仁义礼智根于心"，所以"我"要发用仁心，则必须求放心、反求诸己。对此，孟子强调"尽其心者，知其性也。知其性,则知天矣。存其心,养其性,所以事天也。夭寿不贰,修身以俟之,所以立命也"(同上)。孟子相信,"我"作为道德个体可以通过尽心而知性、知天,同时可以通过存养心性而实现成德立命,由仁心实现成就仁人——通过实现道德自觉来成就道德理想人格。

简言之,仁心(或谓善心、良心、爱人之心、恻隐之心或不忍人之心)是基于人在特定条件下产生的本能之心、本然之心与向善之心的自然流露与天性呈现。其中存在着基于"人"作为"人类"之一的特定情感,即在人与人之间存在着情感的共通性与共同性。[①]

三、仁人

孟子提出不同层次的道德理想人格,比如士、君子、仁人、圣人、大丈夫等,并对仁人、仁者予以很高的定位。孟子曰"仁者爱人"(《离娄下》)、"爱人者人恒爱之"(同上)。

孟子认为人只要收其所放之良心、"不失其赤子之心"(《离娄下》),精心操持、精心呵护就能使仁心发明,成为仁人。孟子曰:"仁者如射,射者正己而后发。发而不中,不怨胜己者,反求诸己而已矣。"(《公孙丑上》)孟子回答曹交之问时提出"人皆可以为尧舜"(《告子下》),无疑是肯定了人皆可成为仁人、成为圣人。孟子之答不仅消除曹交的疑问,而且阐明人能够成仁、成圣。从性善之维看,圣人亦是人,圣人与我并无不同,这便是孟子所言"凡同类者举相似也,何独至于人而疑之,圣人与我同类者"(《告子上》)的真义所在。孟子认为舜就是仁人,孟子曰"舜之居深山之中,与木石居,与鹿豕游,其所以异于深山之野人者几希。及其闻一善言,见一善行,若决江河,沛然莫之能御也"(《尽心上》),"仁人之于弟也,不藏怒焉,不宿怨焉,亲爱之而已矣。亲之欲其贵也,爱之欲其富也"(《万章上》)。

崇尚仁义,反对战争。孟子认为好战之人非仁人,并以梁惠王为例而批评之。孟子曰:"不仁哉,梁惠王也!仁者以其所爱及其所不爱,不仁者以其所不爱及其所爱。"(《尽心下》)孟子通过"汤事葛""文王事昆夷"阐明仁者治国理政不用战、不用杀。孟子曰:

---

① 王传林:《仁心、仁人至仁政——孟子的"仁"之内构及价值向度》,《船山学刊》2016 年第 2 期。

> 惟仁者为能以大事小，是故汤事葛，文王事昆夷；惟智者为能以
> 小事大，故大王事獯鬻，句践事吴。以大事小者，乐天者也；以小事大
> 者，畏天者也。乐天者保天下，畏天者保其国。(《梁惠王下》)

孟子认为"仁者无敌"(《梁惠王上》)，不用战与杀。为此，孟子甚至怀疑《尚书·武成》所记武王伐纣之事，声称"尽信《书》，则不如无《书》。吾于《武成》，取二三策而已矣。仁人无敌于天下。以至仁伐至不仁，而何其血之流杵也"(《尽心下》)。其实，孟子基于道德理想主义所想象的人君形象是圣王合一的理想形象，即基于道德理想主义所升华出的完美人格足以统摄道德人格与政治人格、足以消解权力斗争的残酷与血腥。

孟子认为，一个人光有仁心还不够，仁心并不等于仁人，仁心只是成为仁人的逻辑前提，仁心在社会中依然会为是非、名利、情欲所惑；只有经过不断地寡欲养心、存心养性，才能保持仁心；只有将仁心扩而充之，才能成为仁人。要言之，仁心必须操存、发用、扩充，如是，才能成为仁人。所以，孟子以仁心为理论原点，提出仁人的理想人格，并进而推衍出仁政构想。[1]

四、仁政

孟子政治哲学的核心是仁政，其义绍述孔子提出的为政以德与先富后教的思想，强调"扩充爱己之爱以及人者也，皆不失孔子忠恕之义"[2]。其中，仁心是仁人与仁政的逻辑前提，仁人是道德个体的理想人格，仁政是仁心与仁人的政治价值展开。孟子在与梁惠王、穆公的对话中反复强调施行仁政的好处，《梁惠王上》记载孟子回答梁惠王之问时曰：

> 地方百里而可以王。王如施仁政于民，省刑罚，薄税敛，深耕易
> 耨。壮者以暇日修其孝悌忠信，入以事其父兄，出以事其长上，可使
> 制梃以挞秦楚之坚甲利兵矣。彼夺其民时，使不得耕耨以养其父母，
> 父母冻饿，兄弟妻子离散。彼陷溺其民，王往而征之，夫谁与王敌？

---

① 王传林：《孟子与庄子理想社会构想比较论》，《孔子研究》2017 年第 2 期。
② 陈柱：《诸子概论》，江苏文艺出版社 2008 年版，第 26 页。

故曰："仁者无敌。"王请勿疑！

孟子从施政、土地、伦常、兵事四个方面阐明仁义之于治国与化民的重要性，提出"仁者无敌"，结论简明而有力，态度诚恳而坚决。又，《梁惠王下》记载孟子回答穆公之问时曰：

凶年饥岁，君之民老弱转乎沟壑，壮者散而之四方者，几千人矣；而君之仓廪实，府库充，有司莫以告，是上慢而残下也。曾子曰："戒之戒之！出乎尔者，反乎尔者也。"夫民今而后得反之也。君无尤焉。君行仁政，斯民亲其上、死其长矣。

究言之，孟子眼中的仁政是怎样的一幅政治蓝图与生活情景？对此，孟子从经济、教育与道德等维度进行了较为详细的描绘，孟子曰：

夫仁政，必自经界始。经界不正，井地不钧，谷禄不平。是故暴君污吏必慢其经界。经界既正，分田制禄可坐而定也。夫滕壤地褊小，将为君子焉，将为野人焉。无君子莫治野人，无野人莫养君子。请野九一而助，国中什一使自赋。卿以下必有圭田，圭田五十亩。馀夫二十五亩。死徙无出乡，乡田同井。出入相友，守望相助，疾病相扶持，则百姓亲睦。方里而井，井九百亩，其中为公田。八家皆私百亩，同养公田。公事毕，然后敢治私事，所以别野人也。此其大略也。（《滕文公上》）

洞悉经济与政治之间的辩证关联，孟子提出施行"井田"制度实现制民之产以及仁政构想。孟子的仁政构想是建基于经济制度与经济基础之上的，其仁政构想的施行并不是仅仅依靠道德的力量，而是有经济实力的支撑与社会制度的保障的。孟子深知在当时之世仅仅依靠道德说教与伦理规约还不足以全面实现仁政，倘若没有经济与物质的支持，一切美好的构想终究难以实现。因此，孟子反复强调经济制度、政治制度与社会制度作为支撑之于仁政构想的重要性，并且为人君施仁富民设计了具体方略，孟子曰：

　　五亩之宅，树墙下以桑，匹妇蚕之，则老者足以衣帛矣。五母鸡，二母彘，无失其时，老者足以无失肉矣。百亩之田，匹夫耕之，八口之家足以无饥矣。所谓西伯善养老者，制其田里，教之树畜，导其妻子，使养其老。五十非帛不暖，七十非肉不饱。不暖不饱，谓之冻馁。文王之民，无冻馁之老者，此之谓也。（《尽心上》）

　　虽然实行"井田"以实现制民之产只是为政之术，但是循此发政施仁，则可见今之仁心与古之仁术亦有相通之处。换言之，仁心要靠仁政来体现，仁政要靠仁心来指导；由仁心至仁政，人君应当扩大而无穷，充实而无虚，如是，才能成为仁者，成就仁政。同时，孟子从历史维度描绘了过去的美好时代，孟子曰："夏后、殷、周之盛，地未有过千里者也，而齐有其地矣；鸡鸣狗吠相闻，而达乎四境，而齐有其民矣。地不改辟矣，民不改聚矣，行仁政而王，莫之能御也。"（《公孙丑上》）孟子认为，善养老者的周太王、西伯侯等人是理想君王，他们的"从之者如归市"，"天下归之者众"。孟子通过剖析现实，阐明仁政的可行性与现实性，声称"当今之时，万乘之国行仁政，民之悦之，犹解倒悬也。故事半古之人，功必倍之，惟此时为然"（同上），并且强调"不以仁政，不能平治天下"（《离娄上》）。孟子认为冉求为季氏宰时赋粟倍于往日，是"不行仁政而富之"（同上）。孟子指出，治国理政当以"民为贵，社稷次之，君为轻"（《尽心下》），并引《尚书·太誓》"天视自我民视，天听自我民听"阐明天意与民志的内在关联。同时，孟子提出"君有大过则谏，反覆之而不听，则易位"（《万章下》）、"贼仁者谓之贼，贼义者谓之残，残贼之人谓之一夫。闻诛一夫纣矣，未闻弑君也"（《梁惠王下》）、"君之视臣如手足，则臣视君如腹心；君之视臣如犬马，则臣视君如国人；君之视臣如土芥，则臣视君如寇雠"（《离娄下》），显然是洞见了君民之间的辩证关系，以及道德与权力的辩证关系。这是孟子民本思想与政治哲学的闪光点。

　　质言之，成为仁人的关键在于发明仁心，成就仁政的关键在于止战以保民、制产以富民、设教以化民。针对攻伐不止的战国政治实况，孟子主张"行先王之道"（《离娄上》），提出人君应当法古以富民，推恩以广仁：

"恩,心也;推之者政也。恩,仁也;推之者术也。"①其实,以不忍人之心行不忍人之政是推恩、施仁,以老老幼幼之心发政施仁亦是推恩、施仁。孟子反对战争,更反对"强战"。孟子认为,"君不行仁政而富之,皆弃于孔子者也",人君"争地以战,杀人盈野;争城以战,杀人盈城"是"率土地而食人肉,罪不容于死"(《离娄上》)。基此,孟子提出要让"善战者服上刑,连诸侯者次之,辟草莱、任土地者次之"(同上),同时指出"善为陈"与"善为战"是"大罪",声称"国君好仁,天下无敌","焉用战"(《尽心下》)。在孟子看来,善政不如善教,"善政,不如善教之得民也。善政民畏之,善教民爱之;善政得民财,善教得民心"(《尽心上》)。其中,"善教"是"设教以化民"的政治艺术性体现。孟子认为推行"井田"制度实现富民之后,应当"设为庠序学校以教之"(《滕文公上》),应当"谨庠序之教,申之以孝悌之义"(《梁惠王上》),应当让老百姓受教育、明礼义。孟子反对"乡原",视"乡原"为"德之贼"。恶乡原,恐乱德;树乡贤,以立德。在农耕社会中,乡村是人们"出入相共,守望相助,疾病相扶持"(《滕文公上》)的伦常生活展开的共同空间,乡贤作为道德化身起到调节日常生活秩序与伦常关系的重要作用。借此,人们形成生死与共的乡村命运共同体与荣辱与共的道德命运共同体。

从"道性善"至"崇仁政",孟子的哲学融心性与政治之二维于一体。在孟子那里,性善是其政治哲学的原点,仁心是其政治哲学的初端,仁人是其政治哲学的关键,仁政是其政治哲学的目标。究其根由在于,孟子认为人性本善、人性向善、人可为善,因为人皆有仁心、爱人之心、恻隐之心或不忍人之心。在孟子看来,人只有发明仁心,方可能成为仁人;人只有将内在的仁爱向外推广,才能实现善心开显价值、德性生发事功。因而孟子指出,人应该将本性之善扩而充之,收其所放之良心,寡欲以养心。并且,孟子特别强调人君应该内据仁心,外成仁人,施仁于民。孟子认为,仁人治国应该省罚薄税,仁人应该为民之榜样,仁人应该以礼义教化百姓。也就是说,仁人治国既要改善百姓的物质生活,又要提升百姓的道德水平。如是,既可得民心,又可取天下;如是,才能算是推行仁政,才可能实现仁政。

---

① (清)王夫之:《读四书大全说》卷8,中华书局1975年版,第513页。

令人叹惋的是,孟子死后,其学不显,战国晚期其性善论遭到荀子的质疑。荀子曰:"今孟子曰:'人之性善。'无辨合符验,坐而言之,起而不可设,张而不可施行,岂不过甚矣哉。"(《荀子·性恶》)两汉时期,孟子的性善论又遭质疑,西汉醇儒董仲舒认为"孟子以为万民性皆能当之,过矣"(《春秋繁露·实性》),东汉大儒王充认为"孟子之言情性,未为实也"(《论衡·本性》),并作《刺孟》篇,对孟子之言行多有批评。时至晚唐,佛老流行,儒学不兴,韩愈起而辟佛老、扬儒学、继道统,孟子的学术地位方才有所改观。韩愈在《送王秀才序》中写道:"故学者必慎其所道,道于杨墨老庄佛之学,而欲之圣人之道,犹航断港绝潢以望至于海也。故求观圣人之道,必自孟子始。"[1]韩愈认为,自孟子之后,儒家道统不继,若要复兴儒学应该接续孟子即应该越过汉魏回到先秦。北宋时期,"北宋五子"(邵雍、张载、周敦颐、程颢与程颐)绍承韩愈发起的复古运动之精神,对孟子与孟子哲学始隆之,加之北宋朝廷诏刻儒家石经之事件的推波助澜[2],孟子始由"子"入"圣",同时《孟子》亦始由"文"入"经",从此,孟子与《孟子》终于在历史舞台上实现华丽转身。

万章学案

万章,孟子弟子,邹国人。史载,孟子"退而与万章之徒序《诗》《书》,述仲尼之意,作《孟子》七篇"(《史记·孟子荀卿列传》)。今存《孟子》记载万章之言颇多,且有《万章》篇。其中,万章问孟子"尧以天下与舜""伊尹以割烹要汤""敢问友""敢问交际"等多达数十问。从万章与孟子的问答中,不难发现万章是个博学而有见识的人。

孟子确信仁政与王政足以拯救世道,万章对此将信将疑,多次问道于孟子。《滕文公下》记载:"万章问曰:'宋,小国也。今将行王政,齐楚恶而伐之,则如之何?'"从万章之问可见当时诸侯弱肉强食,小国面临生存困

---

① (唐)韩愈:《东雅堂昌黎集注》卷20,参见(清)永瑢、纪昀等编纂:《四库全书》第1075册,上海古籍出版社1987年版,第303页。
② 北宋宣和年间(1119—1125年),席贡补刻《孟子》于"后蜀石经",标志着《孟子》称"经"之始。参见王传林:《儒家"石经"之史考论——从"石经"之史看经学体系化之路向与特征》,《孔子研究》2015年第5期。

难,王道路远,城门之火难止。孟子认为,欲王天下则当"行王政","苟行王政,四海之内皆举首而望之,欲以为君"(《滕文公下》),如是,齐楚虽大,何足畏哉? 孟子指出,王者东征西战是拯救人民于水深火热之中,会得到人民的欢迎与拥护,商汤、周王就是历史中的例证。王者,天下之义主;霸者,天下之利主。当时之世,王道已远,霸道出现,大势使然。宋王偃曾经灭滕伐薛,击败齐、楚、魏之兵,欲称霸天下而非行王政。后来,事实证明"宋实不能行王政,后果为齐所灭,王偃走死"①。

万章对舜的为人处世方式有所疑问,多次请教于孟子。《万章上》记载:

> 万章问曰:"舜往于田,号泣于旻天,何为其号泣也?"孟子曰:"怨慕也。"
>
> 万章曰:"父母爱之,喜而不忘;父母恶之,劳而不怨。然则舜怨乎?"曰:"……为不顺于父母,如穷人无所归。天下之士悦之,人之所欲也,而不足以解忧;好色,人之所欲,妻帝之二女,而不足以解忧;富,人之所欲,富有天下,而不足以解忧;贵,人之所欲,贵为天子,而不足以解忧。人悦之、好色、富贵,无足以解忧者,惟顺于父母,可以解忧。人少,则慕父母;知好色,则慕少艾;有妻子,则慕妻子;仕则慕君,不得于君则热中。大孝终身慕父母。五十而慕者,予于大舜见之矣。"

万章问舜耕于历山之田时向天哭诉是有怨恨父母之意吗? 孟子回答说舜之"号泣于旻天"是"怨慕"。所谓"怨慕",应是"怨己之不得其亲而思慕"②。孟子推测,舜之心有"忧"且无从得解,所以"舜往于田,号泣于旻天";于舜而言,"人悦之、好色、富贵,无足以解忧者,惟顺于父母,可以解忧"。孟子认为,舜之所以心中有忧而不得解,是因为没有顺于父母,孝子"惟顺于父母,可以解忧"。舜为大孝子,终身慕父母,所以有"怨慕"之表现。在孟子眼中,舜是个大孝子,孟子所言"尧舜之道,孝弟而已矣"(《告

---

① (宋)朱熹撰:《四书章句集注》,中华书局 1983 年版,第 269 页。
② (宋)朱熹撰:《四书章句集注》,中华书局 1983 年版,第 302 页。

子下》)印证了这一点。

倘若真如孟子所言舜是个大孝子，那么"舜之不告而娶，何也"？对此，万章与孟子有较为深入的讨论。《万章上》记载：

> 万章问曰："《诗》云：'娶妻如之何？必告父母。'信斯言也，宜莫如舜。舜之不告而娶，何也？"孟子曰："告则不得娶。男女居室，人之大伦也。如告，则废人之大伦，以怼父母，是以不告也。"
>
> 万章曰："舜之不告而娶，则吾既得闻命矣；帝之妻舜而不告，何也？"曰："帝亦知告焉则不得妻也。"
>
> 万章曰："父母使舜完廪，捐阶，瞽瞍焚廪。使浚井，出，从而揜之。象曰：'谟盖都君咸我绩。牛羊父母，仓廪父母，干戈朕，琴朕，弤朕，二嫂使治朕栖。'象往入舜宫，舜在床琴。象曰：'郁陶思君尔。'忸怩。舜曰：'惟兹臣庶，汝其于予治。'不识舜不知象之将杀己与？"曰："奚而不知也？象忧亦忧，象喜亦喜。"
>
> 曰："然则舜伪喜者与？"曰："否。昔者有馈生鱼于郑子产，子产使校人畜之池。……故君子可欺以其方，难罔以非其道。彼以爱兄之道来，故诚信而喜之，奚伪焉？"

古人重礼，男婚女嫁需要"父母之命，媒妁之言"，若是"不待父母之命、媒妁之言，钻穴隙相窥，逾墙相从，则父母国人皆贱之"（《滕文公下》）。或因于此，万章问孟子，"舜之不告而娶"的原因何在？孟子认为"不孝有三，无后为大"，男不娶妻，是大不孝。舜的父亲顽固、母亲嚣张，常常欲加害于舜。舜若是将娶妻之事告诉父母则可能导致此事难成，这是废人之大伦，以雠怨于父母。所以，舜不会这样做。孟子认为，舜实际上知道父母与弟弟皆欲杀害自己，但是舜见弟弟之忧则忧、见弟弟之喜则喜，这是兄弟之情自然而真实的流露。于此可见，万章欲以舜为例探究孝之现实困境与道德两难，孟子深明舜之心并以孝、悌、仁、义赞许舜，以解万章之问。

最令万章不解的或许是，舜的弟弟（象）欲杀舜，舜却没有怨恨弟弟，舜为天子时反而将弟弟分封到有庳之地。对此，万章心存疑问并向孟子多有请教。《万章上》记载：

万章问曰："象日以杀舜为事,立为天子,则放之,何也?"孟子曰:"封之也,或日放焉。"

万章曰:"舜流共工于幽州,放驩兜于崇山,杀三苗于三危,殛鲧于羽山,四罪而天下咸服,诛不仁也。象至不仁,封之有庳。有庳之人奚罪焉?仁人固如是乎?在他人则诛之,在弟则封之。"曰:"仁人之于弟也,不藏怒焉,不宿怨焉,亲爱之而已矣。亲之欲其贵也,爱之欲其富也。封之有庳,富贵之也。身为天子,弟为匹夫,可谓亲爱之乎?"

"敢问或日放者,何谓也?"曰:"象不得有为于其国,天子使吏治其国,而纳其贡税焉,故谓之放,岂得暴彼民哉?虽然,欲常常而见之,故源源而来。'不及贡,以政接于有庳',此之谓也。"

万章认为,舜不当封象,而应像"流共工于幽州,放驩兜于崇山"一样对待象。万章指出,舜封象到有庳之地,会让有庳之地的老百姓无罪而遭象之虐,这不是仁人之心的体现。孟子解释说,象虽被舜封为有庳之君,但其却不得治其国,舜使吏代治,象只负责收取贡税。其实,这种情况类似于流放。象因不仁,受此处罚;舜之所为既不失亲爱之心,亦不让象虐待有庳之民。所以说,"圣人不以公义废私恩,亦不以私恩害公义。舜之于象,仁之至,义之尽也"[①]。

万章对王朝权力转移的程序与道德在王朝权力转移过程中的作用存有疑问,万章问道于孟子,意欲通过层层追问以探其究竟。《万章上》记载:

万章曰:"尧以天下与舜,有诸?"孟子曰:"否。天子不能以天下与人。""然则舜有天下也,孰与之?"曰:"天与之。""天与之者,谆谆然命之乎?"曰:"否。天不言,以行与事示之而已矣。"曰:"以行与事示之者如之何?"曰:"天子能荐人于天,不能使天与之天下;诸侯能荐人于天子,不能使天子与之诸侯;大夫能荐人于诸侯,不能使诸侯与之大夫。昔者尧荐舜于天而天受之,暴之于民而民受之,故曰:天不言,

---

① （宋）朱熹撰:《四书章句集注》,中华书局 1983 年版,第 305 页。

以行与事示之而已矣。"曰:"敢问荐之于天而天受之,暴之于民而民受之,如何?"曰:"使之主祭而百神享之,是天受之;使之主事而事治,百姓安之,是民受之也。天与之,人与之,故曰:天子不能以天下与人。……"

万章与孟子问答的重点是:天下是天下人之天下——天下人之公有,还是王者一人之天下——王者之私有? 如果天下是天下人之天下——天下人之公有,而不是王者一人之天下——王者之私有,那么王者就不能以天下人之天下与人。孟子认为,舜之行与事皆是据德而为,且为天所受、为人所受,尧是视舜之德和天下人之意而将天下与之。"天视自我民视,天听自我民听";民视即天视,民听即天听。民视舜之德而归于舜,这是舜的天命攸归,是民与之、天与之。诚如朱熹所言:"只是要付他事,看天命如何。"①

紧接着,万章关于天下让与即天命与政权转移提出新问题:传贤与传子之根本区别在何处? 如果说尧传天下于舜是因为舜有德,那么禹传天下"不传于贤而传于子"是否意味着禹时的道德滑坡? 对此,颇通仁孝之义的万章从历史与政权演进的角度追问孟子。《万章上》记载:

> 万章问曰:"人有言:'至于禹而德衰,不传于贤而传于子。'有诸?"孟子曰:"否,不然也。天与贤,则与贤;天与子,则与子。昔者舜荐禹于天,十有七年,舜崩。三年之丧毕,禹避舜之子于阳城。天下之民从之,若尧崩之后,不从尧之子而从舜也。禹荐益于天,七年,禹崩。三年之丧毕,益避禹之子于箕山之阴。朝觐讼狱者不之益而之启,曰:'吾君之子也。'讴歌者不讴歌益而讴歌启,曰:'吾君之子也。'丹朱之不肖,舜之子亦不肖。舜之相尧,禹之相舜也,历年多,施泽于民久。启贤,能敬承继禹之道。益之相禹也,历年少,施泽于民未久。舜、禹、益相去久远,其子之贤不肖,皆天也,非人之所能为也。莫之为而为者,天也;莫之致而至者,命也。匹夫而有天下者,德必若舜禹,而又有天子荐之者,故仲尼不有天下。……孔子曰:'唐虞禅,夏

---

① (宋)黎靖德编,王星贤点校:《朱子语类》卷58,中华书局1986年版,第4册,第1360页。

后、殷、周继,其义一也。'"

孟子认为,天子传位是据德而传,天下是天下人之天下,有德者居之。同时,孟子指出,尧舜之子皆不肖、无德行,而禹之子夏启孝顺、有贤德,这是夏启有天下的原因所在。在此,孟子有意无意地提到身有大德者如舜、启,则天与之,身有大恶者如桀、纣,则天废之。至于说伊尹、周公等圣贤,能嗣守先业,则天亦不废之。因此,伊尹、周公虽有舜禹之德却不有天下。

君子穷困之时是否行有权宜,万章从生存与道义之两难的角度对伊尹、孔子、百里奚之佚事质疑。其一,万章对当时流传的"伊尹以割烹要汤"[①]之事心存怀疑,请教于孟子。《万章上》记载:

> 万章问曰:"人有言'伊尹以割烹要汤'有诸?"孟子曰:"否,不然。……圣人之行不同也,或远或近,或去或不去,归洁其身而已矣。吾闻其以尧舜之道要汤,未闻以割烹也。"

孟子否定了"伊尹以割烹要汤"说,打消了万章的疑问。孟子指出,伊尹耕于畎亩,乐尧舜之道,是有德行与操守的,并不是干禄之人。伊尹自知天命所在,乐于用尧舜之道觉民、觉世,"圣人之行不同也,或远或近,或去或不去,归洁其身而已矣"。最后,孟子画龙点睛地说道:"吾闻其以尧舜之道要汤,未闻以割烹也。"

其二,万章对当时流传的孔子周游列国时攀附小人之事存有怀疑,并请教于孟子。《万章上》记载:

> 万章问曰:"或谓孔子于卫主痈疽,于齐主侍人瘠环,有诸乎?"孟子曰:"否,不然也。好事者为之也。……吾闻观近臣,以其所为主;观远臣,以其所主。若孔子主痈疽与侍人瘠环,何以为孔子?"

当时有言,孔子于卫攀附痈疽,于齐攀附侍人瘠环,万章向孟子确认有无

---

① 按:此事另见《墨子·尚贤》《吕氏春秋·本味》与《史记·夏本纪》,概皆绍述于《孟子》,故不赘述。

诸事,孟子否认有诸事,认为是"好事者为之"。君子行道有方。孔子"进以礼"是揖让辞逊、"退以义"是果决断割,并不是好事者所说的那样。换言之,圣人弘道,自有天命,圣人行不由径,怎会行曲线而媚于人。

其三,万章对当时流传的"百里奚自鬻而要秦穆公"之真伪存有怀疑,请教于孟子。《万章上》记载:

> 万章问曰:"或曰:'百里奚自鬻于秦养牲者,五羊之皮,食牛,以要秦穆公。'信乎?"孟子曰:"否,不然。好事者为之也。……时举于秦,知穆公之可与有行也而相之,可谓不智乎?相秦而显其君于天下,可传于后世,不贤而能之乎?自鬻以成其君,乡党自好者不为,而谓贤者为之乎?"

对此,孟子予以否定,并且认为这种传言是"好事者为之"。儒家素来强调以身干禄与以德就道是有根本区别的,孟子赞同后者并且认为志士仁人不会屈德而就,因此孟子否定了"百里奚自鬻而要秦穆公"之说。孟子认为,百里奚是凭借智慧、德行而离虞公、事穆公,其贤如此,必不是自鬻以成其君。显然,孟子的回答是以儒家道德标准反推历史,其实百里奚相秦穆公之事在孟子之时已无所据。历史是任由人打扮的小姑娘。孟子从道德理想主义的视角回护前贤,面对好事者以不正之心度圣贤,孟子不得不辩,因为孔子、百里奚之事关乎圣贤之大节。

万章对为人处世之道多有关注,曾向孟子请教如何交友、交往,以及如何成为"士"。《万章下》记载:

> 万章问曰:"敢问友。"孟子曰:"不挟长,不挟贵,不挟兄弟而友。友也者,友其德也,不可以有挟也。孟献子,百乘之家也,有友五人焉:乐正裘、牧仲,其三人,则予忘之矣。……"

曾子曰"君子以文会友,以友辅仁"(《论语·颜渊》),孟子言"友也者,友其德也,不可以有挟也"。于此,孟子从社会角色与政治角色有别的角度指出,不同的人有不同的交友之道,但是无论是何种身份、何种角色,道德与修养是建立良好的人际关系的基石。无论天子还是匹夫,相友须是以德,不能挟长挟贵；天子友匹夫而不为诎，匹夫友天子而不为僭；很显然，孟子的"友"思想刻意强调平等往来、互相尊重的交往伦理维度。孟子重视社会交往与"朋友"伦理，并将"朋友"视为"五伦"之一。因此，万章问孟子交友应持何心态。《万章下》记载：

> 万章问曰："敢问交际何心也？"孟子曰："恭也。"曰："却之却之为不恭，何哉？"曰："尊者赐之，曰'其所取之者，义乎，不义乎'，而后受之，以是为不恭，故弗却也。"曰："请无以辞却之，以心却之，曰'其取诸民之不义也'，而以他辞无受，不可乎？"曰："其交也以道，其接也以礼，斯孔子受之矣。"
>
> 万章曰："今有御人于国门之外者，其交也以道，其馈也以礼，斯可受御与？"曰："不可。《康诰》曰：'杀越人于货，闵不畏死，凡民罔不譈。'是不待教而诛之者也。殷受夏，周受殷，所不辞也。于今为烈，如之何其受之？"曰："今之诸侯取之于民也，犹御也。苟善其礼际矣，斯君子受之，敢问何说也？"曰："子以为有王者作，将比今之诸侯而诛之乎？其教之不改而后诛之乎？夫谓非其有而取之者盗也，充类至义之尽也。孔子之仕于鲁也，鲁人猎较，孔子亦猎较。猎较犹可，而况受其赐乎？"
>
> 曰："然则孔子之仕也，非事道与？"曰："事道也。""事道奚猎较也？"曰："孔子先簿正祭器，不以四方之食供簿正。"曰："奚不去也？"曰："为之兆也。兆足以行矣，而不行，而后去，是以未尝有所终三年淹也。孔子有见行可之仕，有际可之仕，有公养之仕也。于季桓子，见行可之仕也；于卫灵公，际可之仕也；于卫孝公，公养之仕也。"

万章认为待人接物自有其道，应当拒绝不义之财物；孟子认为应当以恭敬之心待人接物，尤其是面对贵人之赐，却之则不恭。其中，问题的关键是如何面对所受财物来源的合法性问题，在此，交友之礼让位于义——正当性，不义之财物不可接受，这是万章与孟子讨论交际应秉何心的第一层意思。紧接着，万章导出当今的诸侯掠夺民财而送与臣子，这样的人君及其赏赐可以接受吗？孟子认为财物之义与不义有其清晰的界线，不可模糊其界线，孔子为官时也曾按鲁国习俗参与争夺猎物，更何况人君的赏赐呢？孟子认为推行王道与争夺猎物并不矛盾，至于说孔子辞官而周游列国，是因为孔子想验证自己的政治主张。一言概之，万章与孟子的问答表明：交友有道，交往有道，受赐有道，出仕有道。

同时，万章颇为关注交往之礼，并以士与诸侯、庶人与诸侯的交往为例，问礼于孟子。《万章下》记载：

> 万章曰："士之不托诸侯，何也？"孟子曰："不敢也。诸侯失国，而后托于诸侯，礼也；士之托于诸侯，非礼也。"万章曰："君馈之粟，则受之乎？"曰："受之。""受之何义也？"曰："君之于氓也，固周之。"曰："周之则受，赐之则不受，何也？"曰："不敢也。"曰："敢问其不敢何也？"曰："抱关击柝者，皆有常职以食于上。无常职而赐于上者，以为不恭也。"曰："君馈之，则受之，不识可常继乎？"曰："缪公之于子思也，亟问，亟馈鼎肉。子思不悦。……悦贤不能举，又不能养也，可谓悦贤乎？"曰："敢问国君欲养君子，如何斯可谓养矣？"曰："以君命将之，再拜稽首而受。……尧之于舜也，使其子九男事之，二女女焉，百官牛羊仓廪备，以养舜于畎亩之中，后举而加诸上位。故曰，王公之尊贤者也。"

显然，万章通过士与君之交往欲察交往之礼，欲究士与君之间的政治伦理——尊养与事君之礼法。其中，孟子认为士可干禄于诸侯、仕于诸侯，但不可依附于诸侯、寄而素餐，这是"礼"，反之，是"非礼"。诸侯失去自己的国家而流亡他国，依附其他诸侯，是符合古礼的。"士"无功处困时可接受周济，但不可接受赏赐；无功而受赏赐，会被视为无尊严之人。"义，路也；礼，门也；惟君子能由是路，出入是门也。"孟子认为，去就辞受应依礼由门，应事接物当无一非义。在孟子看来，鲁缪公馈肉食于子思，却无养贤之心，子思不悦。国君养君子当依礼而行，能养能举，悦贤之至。尧舜在这方面做得比较好，后世人君应当效法尧舜的养贤之道。《万章下》记载：

> 万章曰："敢问不见诸侯，何义也？"孟子曰："在国曰市井之臣，在野曰草莽之臣，皆谓庶人。庶人不传质为臣，不敢见于诸侯，礼也。"

万章曰："庶人，召之役，则往役；君欲见之，召之，则不往见之，何也？"曰："往役，义也；往见，不义也。且君之欲见之也，何为也哉？"曰："为其多闻也，为其贤也。"曰："为其多闻也，则天子不召师，而况诸侯乎？为其贤也，则吾未闻欲见贤而召之也。"

……

万章曰："孔子，君命召，不俟驾而行。然则孔子非与？"曰："孔子当仕有官职，而以其官召之也。"

这段对话的主旨是探讨国君对待士人之礼，当时的国君对"士"很重视且有养士之风，但是为士者需自重，必待国君致敬尽礼而后见。"士"在自己国内是臣民，未仕者与执贽在位之臣不同，君欲见而召之，则见，不能主动前往见之。这是基本的礼数。孔子出仕时有官职，鲁君用合乎孔子官职的礼仪召唤孔子，孔子听闻君命召唤，不等马车驾好便出发。这是召之以礼，应之以礼。

孔子周游列国而不遇，归鲁而整理"六经"；孟子周游列国亦不遇，退而与万章之徒序诗书。圣人之事如此相同，圣人之思异乎？基此，万章就"孔子在陈，何思鲁之狂士"问道于孟子。《尽心下》记载：

万章问曰："孔子在陈曰：'盍归乎来！吾党之士狂简，进取，不忘其初。'孔子在陈，何思鲁之狂士？"孟子曰："孔子'不得中道而与之，必也狂狷乎！狂者进取，狷者有所不为也'。孔子岂不欲中道哉？不可必得，故思其次也。""敢问何如斯可谓狂矣？"曰："如琴张、曾皙、牧皮者，孔子之所谓狂矣。""何以谓之狂也？"曰："其志嘐嘐然，曰'古之人，古之人'。夷考其行而不掩焉者也。狂者又不可得，欲得不屑不洁之士而与之，是狷也，是又其次也。孔子曰：'过我门而不入我室，我不憾焉者，其惟乡原乎！乡原，德之贼也。'"曰："何如斯可谓之乡原矣？"曰："'何以是嘐嘐也？言不顾行，行不顾言，则曰：古之人，古之人。行何为踽踽凉凉？生斯世也，为斯世也，善斯可矣。'阉然媚于世也者，是乡原也。"万子曰："一乡皆称原人焉，无所往而不为原人，孔子以为德之贼，何哉？"曰："非之无举也，刺之无刺也；同乎流俗，合乎污世；居之似忠信，行之似廉洁；众皆悦之，自以为是，而不可与入尧舜之道，故曰德之贼也。"

综观上引，若要理解万章与孟子的问答，首先需要弄清楚何谓狂士、狷士，何谓乡原？所谓"狂者"，志高、胆大而进取；所谓"狷者"，孤洁、胆小而有所不为；所谓"乡原"，"阉然媚于世也者"，"乡原不狂不狷，人皆以为善，有似乎中道而实非也"①。显然，狂者、狷者、乡原皆是不得中道。从德品与德行来看，得中道之人高于狂者，狂者高于狷者，狷者高于乡原。孔门狂简小子虽不得中道，但犹有奋发、进取。孔子听闻鲁之狂简小子进取有为却不得中道，叹而忧之，故而归鲁。孟子认为狂简之士比乡愿要好，乡愿是老好人；孔子认为乡愿之人阉然媚世，是戕害道德的人。乡愿之人以好好主义而讨人欢心，实则是欺世盗名，媚世无节，匍匐而行。孔子"取夫狂狷者，盖以狂者志大而可与进道，狷者有所不为，而可与有为也。所恶于乡原，而欲痛绝之者，为其似是而非，惑人之深也。绝之之术无他焉，亦曰反经而已矣"②。其实，真正的狂者应是有所为而有所不为，"其见到处，直是有尧舜气象"（《朱子语类》卷40），真正的狷者应是择善而固、直道而行。春秋战国之时，世衰道微，大经不正，各为异说以济其私，巧言乱德，邪慝并起。孔子、孟子皆恶"乡愿"，意欲复归常道——尧舜之道。

纵观《孟子》多见万章睿智、尖锐之问，略见万章思想大要。遗憾的是，汉宋之间，孟子之学不兴，万章之名不显。唐宋之际，诸儒排佛、辟老、扬儒，孟子与《孟子》方始入"圣"、入"经"。北宋政和五年（1115年），万章承沐孟子之荫恩被封为博兴伯，从祀于孟庙西庑。

公孙丑学案

公孙丑，孟子弟子，齐国人。今存《孟子》记载公孙丑之言颇多，且有《公孙丑》篇。孟子"未尝得政，丑设词以问之"，从公孙丑与孟子的问答中，可见公孙丑是个博学而有见识的人。

公孙丑颇明政事，曾向孟子问管仲、晏子之功可复否，即霸业之功可

---

① （宋）朱熹撰：《四书章句集注》，中华书局1983年版，第375页。
② （宋）朱熹撰：《四书章句集注》，中华书局1983年版，第376页。

复否?《公孙丑上》记载:

> 公孙丑问曰:"夫子当路于齐,管仲、晏子之功,可复许乎?"孟子曰:"子诚齐人也,知管仲、晏子而已矣。或问乎曾西曰:'吾子与子路孰贤?'曾西蹵然曰:'吾先子之所畏也。'曰:'然则吾子与管仲孰贤?'曾西艴然不悦,曰:'尔何曾比予于管仲?管仲得君,如彼其专也;行乎国政,如彼其久也;功烈,如彼其卑也。尔何曾比予于是?'"曰:"管仲,曾西之所不为也,而子为我愿之乎?"
>
> 曰:"管仲以其君霸,晏子以其君显。管仲、晏子犹不足为与?"曰:"以齐王,由反手也。"曰:"若是,则弟子之惑滋甚。且以文王之德,百年而后崩,犹未洽于天下;武王、周公继之,然后大行。今言王若易然,则文王不足法与?"曰:"文王何可当也?由汤至于武丁,贤圣之君六七作。天下归殷久矣,久则难变也。武丁朝诸侯有天下,犹运之掌也。纣之去武丁未久也,其故家遗俗,流风善政,犹有存者;又有微子、微仲、王子比干、箕子、胶鬲皆贤人也,相与辅相之,故久而后失之也。尺地莫非其有也,一民莫非其臣也,然而文王犹方百里起,是以难也。齐人有言曰:'虽有智慧,不如乘势;虽有镃基,不如待时。'"

显然,公孙丑之问洞见王道与霸道有别,且对王道的现实可能性心存疑问。孟子的问答隐含推崇王道、认可霸道的价值取向。基于推崇王道,孟子指出仁政救国是有可能的,并且认为"当今之时,万乘之国行仁政,民之悦之,犹解倒悬也。故事半古之人,功必倍之,惟此时为然"。换言之,孟子认为当时的齐国具有施行仁政的天时、地利与人和等一切条件,只看齐王愿不愿意而已。孟子通过剖析商朝历史以明兴衰之因与成败之势,指出"文王之起"的关键在于"乘势"与"待时"。孟子之语表明:时势造英雄,英雄待时势。基于此,孟子为仁政救世找到明证与依据。然则,这只是基于道德理想主义而构建的理想政治构想。

公孙丑洞见政治事功与道德心性之间存在紧张与冲突,因此对孟子面对齐国卿相之位是否会悦然心动而心生疑窦,故而直问孟子"动心"与否。《公孙丑上》记载:

公孙丑问曰："夫子加齐之卿相,得行道焉,虽由此霸王,不异矣。如此,则动心否乎?"孟子曰:"否。我四十不动心。"曰:"若是,则夫子过孟贲远矣。"曰:"是不难。告子先我不动心。"曰:"不动心有道乎?"曰:"有。北宫黝之养勇也,不肤桡,不目逃。思以一豪挫于人,若挞之于市朝。不受于褐宽博,亦不受于万乘之君。视刺万乘之君,若刺褐夫。无严诸侯。恶声至,必反之。……"

曰:"敢问夫子之不动心,与告子之不动心,可得闻与?""告子曰:'不得于言,勿求于心;不得于心,勿求于气。'不得于心,勿求于气,可;不得于言,勿求于心,不可。夫志,气之帅也;气,体之充也。夫志,至焉;气,次焉。故曰:'持其志,无暴其气。'""既曰'志,至焉;气,次焉',又曰'持其志,无暴其气'者,何也?"曰:"志壹则动气,气壹则动志也。今夫蹶者趋者,是气也,而反动其心。""敢问夫子恶乎长?"曰:"我知言,我善养吾浩然之气。""敢问何谓浩然之气?"曰:"难言也。其为气也,至大至刚,以直养而无害,则塞于天地之间。其为气也,配义与道;无是,馁也。是集义所生者,非义袭而取之也。……"

公孙丑抽丝剥茧、步步追问,逼出孟子对政治事功与道德心性之冲突的价值判断。孟子提出"不动心",导出"养气"与"持志"之工夫,开显出"浩然之气"及其境界。借此,孟子阐明义与道、事与道、功与德之间的价值逻辑与辩证关联。于文章修辞观之,孟子所言"浩然之气"不仅"至大至刚,以直养而无害,则塞于天地之间",而且又"配义与道",可谓是以形象之比喻欲明幽渺之哲理、以夸张之想象欲言万千之气象。细绎公孙丑与孟子的问答,则见他们主要是围绕着"不动心""不动心之道"与"养浩然之气"来层层展开讨论的。得位行道,成就功业,历来是人们热心追逐的梦想;然则,孔子自陈"四十而不惑",孟子坦言"四十不动心"。孟子认为勇、志、约是"不动心之道"的枢机,同时引出集义、养气、知言之内在逻辑。人若能不动心,万事可为;集义而养气、知言而明义。气与义为一,集义到充盛之时,心中便生浩然之气。反之,心中无气,便是馁了。然则,朱熹认为"公孙丑不识'浩然之气',故教之养气工夫缓急云,不必太急,不要忘了,亦非

教人于无著摸处用工也"①。其实,朱熹之解是基于道德修养之工夫论的
路数来诠释的,而公孙丑是基于政治事功与道德心性是否具有统一性的
路数来追问的。或曰,公孙丑洞见儒家强调"学而优则仕"以及儒者对高
官厚禄趋之若鹜之俗弊而心生诸问。只是,绍述孔子的孟子早已看破功
名利禄,已不为功名利禄动心,孟子周游列国是"可以仕则仕,可以止则
止,可以久则久,可以速则速",其所言"乃所愿,则学孔子也"表明心志。
孟子个性鲜明,自然不肯屈就人君;孟子曾因人君无养贤之礼而以病辞
之,也曾转而以疾愈出吊于东郭氏。《公孙丑下》记载:

> 孟子去齐,居休。公孙丑问曰:"仕而不受禄,古之道乎?"曰:"非
> 也。于崇,吾得见王。退而有去志,不欲变,故不受也。继而有师命,
> 不可以请。久于齐,非我志也。"

另外,公孙丑对士与诸侯的交往礼仪颇为关注,曾从礼之古今有别的角度
问道于孟子。从公孙丑之问可知公孙丑信守古道、古礼,与公孙丑不同,
孟子强调礼有经有权,应顺心志而为。《滕文公下》记载:

> 公孙丑问曰:"不见诸侯何义?"孟子曰:"古者不为臣不见。段干
> 木逾垣而辟之,泄柳闭门而不内,是皆已甚。迫,斯可以见矣。阳货
> 欲见孔子而恶无礼,大夫有赐于士,不得受于其家,则往拜其门。阳
> 货瞰孔子之亡也,而馈孔子蒸豚;孔子亦瞰其亡也,而往拜之。当是
> 时,阳货先,岂得不见? 曾子曰:'胁肩谄笑,病于夏畦。'子路曰:'未
> 同而言,观其色赧赧然,非由之所知也。'由是观之,则君子之所养可
> 知已矣。"

"古者不为臣不见"是说先有君臣之义,后有君臣之礼。士与诸侯相见、交
往之礼古今有别,今有"迫,斯可以见矣",不过仍然要依礼而见。这里隐
藏一个问题值得关注,孟子并非梁惠王之臣民缘何有此相见,或者说,孟
子与梁惠王相见是否合礼? 如果说孟子循古礼而不见诸侯,何故千里来

① (宋)黎靖德编,王星贤点校:《朱子语类》卷104,中华书局1986年版,第7册,第2616—2617页。

见梁惠王？史载，孟子见梁惠王，是因梁惠王招之。若诸侯以礼召见，可往而见之，古礼亦如此。反之，若诸侯托疾怠慢或婉拒，往见者闻之则走。

公孙丑对教育之方多有关注，曾请教于孟子。《离娄上》记载：

> 公孙丑曰："君子之不教子，何也？"孟子曰："势不行也。教者必以正；以正不行，继之以怒；继之以怒，则反夷矣。'夫子教我以正，夫子未出于正也。'则是父子相夷也。父子相夷，则恶矣。古者易子而教之。父子之间不责善。责善则离，离则不祥莫大焉。"

孟子认为，父子相夷既不利于教育开展，也不利于亲情维系。古人之所以选择易子而教，是因为"易子而教，所以全父子之恩，而亦不失其为教"[①]。

公孙丑对为政之道很感兴趣，但其对孟子提出的"好善"的为政之道却心存疑问。《告子下》记载：

> 鲁欲使乐正子为政。孟子曰："吾闻之，喜而不寐。"公孙丑曰："乐正子强乎？"曰："否。""有知虑乎？"曰："否。""多闻识乎？"曰："否。""然则奚为喜而不寐？"曰："其为人也好善。""好善足乎？"曰："好善优于天下，而况鲁国乎？夫苟好善，则四海之内，皆将轻千里而来告之以善。夫苟不好善，则人将曰：'訑訑，予既已知之矣。'訑訑之声音颜色，距人于千里之外。士止于千里之外，则谗谄面谀之人至矣。与谗谄面谀之人居，国欲治，可得乎？"

孟子提出"六重道德理想人格境界论"，认为乐正子已达前两重境界（善与信），同时认为这是乐正子能够为政的基本前提。所以，听闻"鲁欲使乐正子为政"，孟子"喜而不寐"。其实，孟子所喜应是在于喜其道能得行。在孟子看来，"好善"足以治国，这是"善政"与"善教"的前提，也是推行"仁政"的前提。另外，公孙丑对君臣关系及政治伦常有较为深刻的认识，曾向孟子请教贤臣流放不贤之君可否？《尽心上》记载：

---

① （宋）朱熹撰：《四书章句集注》，中华书局 1983 年版，第 284 页。

> 公孙丑曰：“伊尹曰：‘予不狎于不顺。’放太甲于桐，民大悦。太甲贤。又反之，民大悦。贤者之为人臣也，其君不贤，则固可放与？”
> 孟子曰：“有伊尹之志，则可；无伊尹之志，则篡也。”

于此，公孙丑看到了为臣者的反抗精神与以德治国之道，而孟子却强调为臣者若有伊尹之志（忠），流放不贤之君是可以的；为臣者如果没有伊尹之志（忠），则是篡位而居。显然，孟子看到了君臣关系中更为危险与微妙的一面。

公孙丑认为“君子之不耕而食”无异于尸位素餐，并持异而问孟子。孟子曰：“君子居是国也，其君用之，则安富尊荣；其子弟从之，则孝弟忠信。‘不素餐兮！’孰大于是？”（《尽心上》）公孙丑看到的是社会分工导致的阶层分化，认为不从事劳动的君子不得食；然则，孟子却不这么认为。孟子提出“劳心者治人，劳力者治于人；治于人者食人，治人者食于人”（《滕文公上》），并为君子辩白，强调君子（脑力劳动）对社会的贡献更大。

公孙丑认为营道、弘道似不可及，且心有疑问。《尽心上》记载：

> 公孙丑曰：“道则高矣，美矣，宜若登天然，似不可及也。何不使彼为可几及而日孳孳也？”孟子曰：“大匠不为拙工改废绳墨，羿不为拙射变其彀率。君子引而不发，跃如也。中道而立，能者从之。”

公孙丑眼中的“道”是崇高而美好的，但学道像登天，似乎不可能达到，故其提出何不让“道”成为可以企及的每天能够不懈追求的“道”。孟子的回答否定了公孙丑的观点。师严而后道尊，孟子认为教人有不可易之法，不可自贬以迁就学生能力之不足。中道而立，言其非难非易；能者从之，言学者当自勉。君子教人为至忠，不可屈道而就学生。

公孙丑对孝有深刻的见解，曾通过剖析《诗》中《小弁》之“怨”而问道于孟子。如果说孝是出于自愿而为（即无条件的心甘情愿的行为），何以有怨？或曰：“孝子之至，莫大乎尊亲”（《万章上》），何以有怨？《告子下》记载：

> 公孙丑问曰：“高子曰：‘《小弁》，小人之诗也。’”孟子曰：“何以言

之？"曰："怨。"曰："固哉，高叟之为《诗》也！有人于此，越人关弓而射之，则己谈笑而道之；无他，疏之也。其兄关弓而射之，则己垂涕泣而道之；无他，戚之也。《小弁》之怨，亲亲也。亲亲，仁也。固矣夫，高叟之为《诗》也！"曰："《凯风》何以不怨？"曰："《凯风》，亲之过小者也；《小弁》，亲之过大者也。亲之过大而不怨，是愈疏也；亲之过小而怨，是不可矶也。愈疏，不孝也；不可矶，亦不孝也。孔子曰：'舜其至孝矣，五十而慕。'"

史载，周幽王娶了申后，生下太子宜臼，又得褒姒，生下伯服，却罢黜申后、废除宜臼。于是，宜臼之傅作《小弁》，以叙其哀痛迫切之情。孟子回答公孙丑之问时指出《小弁》之怨是"亲亲"的体现，"亲亲"是"仁"的体现。同时，孟子强调《小弁》所载"亲之过大"，"亲之过大而不怨，是愈疏也"，而"愈疏，不孝也"。所以说，《小弁》之怨是孝的体现，倘若无怨，反而无孝。其实，儒家向来强调"事父母几谏。见志不从，又敬不违，劳而不怨"（《论语·里仁》）。孝子无怨，孝子顺敬。这一点在公孙丑与孟子讨论"曾子不忍食羊枣"时也有触及。《尽心下》记载：

> 曾晳嗜羊枣，而曾子不忍食羊枣。公孙丑问曰："脍炙与羊枣孰美？"孟子曰："脍炙哉！"公孙丑曰："然则曾子何为食脍炙而不食羊枣？"曰："脍炙所同也，羊枣所独也。讳名不讳姓，姓所同也，名所独也。"

要言之，孝子之心有所不忍，睹物思亲，不敢忘恩，故有所讳。

综上可见，公孙丑多有机锋之问、睿智之辩，其思想在其问中涌现。遗憾的是，汉宋之间，孟子之学不兴，公孙丑之名不显。唐宋之际，诸儒排佛、辟老、扬儒，孟子与《孟子》方始入"圣"、入"经"。北宋政和五年（1115年），公孙丑承沐孟子之荫恩被封为寿光伯，从祀于孟庙西庑。

附：《孟子》辑要

孟子见梁惠王。王曰："叟不远千里而来，亦将有以利吾国乎？"孟子对曰："王何必曰利？亦有仁义而已矣。王曰'何以利吾国'？大夫曰'何以利吾家'？士庶人曰'何以利吾身'？上下交征利而国危矣。万乘之国弑其君者，必千乘之家；千乘之国弑其君者，必百乘之家。万取千焉，千取百焉，不为不多矣。苟为后义而先利，不夺不餍。未有仁而遗其亲者也，未有义而后其君者也。王亦曰仁义而已矣，何必曰利？"（《梁惠王上》）

"不违农时，谷不可胜食也；数罟不入洿池，鱼鳖不可胜食也；斧斤以时入山林，材木不可胜用也。谷与鱼鳖不可胜食，材木不可胜用，是使民养生丧死无憾也。养生丧死无憾，王道之始也。五亩之宅，树之以桑，五十者可以衣帛矣；鸡豚狗彘之畜，无失其时，七十者可以食肉矣；百亩之田，勿夺其时，数口之家可以无饥矣；谨庠序之教，申之以孝悌之义，颁白者不负戴于道路矣。七十者衣帛食肉，黎民不饥不寒，然而不王者，未之有也。"（《梁惠王上》）

梁惠王曰："晋国，天下莫强焉，叟之所知也。及寡人之身，东败于齐，长子死焉；西丧地于秦七百里；南辱于楚。寡人耻之，愿比死者一洒之，如之何则可？"孟子对曰："地方百里而可以王。王如施仁政于民，省刑罚，薄税敛，深耕易耨。壮者以暇日修其孝悌忠信，入以事其父兄，出以事其长上，可使制梃以挞秦楚之坚甲利兵矣。彼夺其民时，使不得耕耨以养其父母，父母冻饿，兄弟妻子离散。彼陷溺其民，王往而征之，夫谁与王敌？故曰：'仁者无敌。'王请勿疑！"（《梁惠王上》）

公孙丑问曰："夫子加齐之卿相，得行道焉，虽由此霸王，不异矣。如此，则动心否乎？"孟子曰："否。我四十不动心。"（《公孙丑上》）

"敢问何谓浩然之气？"曰："难言也。其为气也，至大至刚，以直养而无害，则塞于天地之间。其为气也，配义与道；无是，馁也。是集义所生者，非义袭而取之也。行有不慊于心，则馁矣。我故曰，告子未尝知义，以其外之也。必有事焉而勿正，心勿忘，勿助长也。"（《公孙丑上》）

孟子曰："人皆有不忍人之心。先王有不忍人之心，斯有不忍人之政矣。以不忍人之心，行不忍人之政，治天下可运之掌上。所以谓人皆有不忍人之心者，今人乍见孺子将入于井，皆有怵惕恻隐之心。非所以内交于孺子之父母也，非所以要誉于乡党朋友也，非恶其声而然也。由是观之，无恻隐之心，非人也；无羞恶之心，非人也；无辞让之心，非人也；无是非之心，非人也。恻隐之心，仁之端也；羞恶之心，义之端也；辞让之心，礼之端也；是非之心，智之端也。人之有是四端也，犹其有四体也。有是四端而自谓不能者,自贼者也;谓其君不能者,贼其君者也。凡有四端于我者,知皆扩而充之矣,若火之始然,泉之始达。苟能充之,足以保四海;苟不充之,不足以事父母。"(《公孙丑上》)

孟子曰:"是焉得为大丈夫乎?子未学礼乎?丈夫之冠也,父命之;女子之嫁也,母命之,往送之门,戒之曰:'往之女家,必敬必戒,无违夫子!'以顺为正者,妾妇之道也。居天下之广居,立天下之正位,行天下之大道。得志与民由之,不得志独行其道。富贵不能淫,贫贱不能移,威武不能屈。此之谓大丈夫。"(《滕文公下》)

孟子曰:"自暴者,不可与有言也;自弃者,不可与有为也。言非礼义,谓之自暴也;吾身不能居仁由义,谓之自弃也。仁,人之安宅也;义,人之正路也。旷安宅而弗居,舍正路而不由,哀哉!"(《离娄上》)

孟子曰:"人之所以异于禽于兽者几希,庶民去之,君子存之。舜明于庶物,察于人伦,由仁义行,非行仁义也。"(《离娄下》)

孟子曰:"伯夷,圣之清者也;伊尹,圣之任者也;柳下惠,圣之和者也;孔子,圣之时者也。孔子之谓集大成。集大成也者,金声而玉振之也。金声也者,始条理也;玉振之也者,终条理也。始条理者,智之事也;终条理者,圣之事也。智,譬则巧也;圣,譬则力也。由射于百步之外也,其至,尔力也;其中,非尔力也。"(《万章下》)

孟子谓万章曰:"一乡之善士,斯友一乡之善士;一国之善士,斯友一国之善士;天下之善士,斯友天下之善士。以友天下之善士为未足,又尚论古之人。颂其诗,读其书,不知其人,可乎?是以论其世也。是尚友也。"(《万章下》)

孟子曰:"牛山之木尝美矣,以其郊于大国也,斧斤伐之,可以为美乎?是其日夜之所息,雨露之所润,非无萌蘗之生焉,牛羊又从而牧之,是以若彼濯濯也。人见其濯濯也,以为未尝有材焉,此岂山之性也哉?虽存乎人者,岂无仁义之心哉?其所以放其良心者,亦犹斧斤之于木也,旦旦而伐之,可以为美乎?其日夜之所息,平旦之气,其好恶与人相近也者几希,则其旦昼之所为,有梏亡之矣。梏之反覆,则其夜气不足以存;夜气不足以存,则其违禽兽不远矣。人见其禽兽也,而以为未尝有才焉者,是岂人之情也哉?故苟得其养,无物不长;苟失其养,无物不消。孔子曰:'操则存,舍则亡;出入无时,莫知其乡。'惟心之谓与?"(《告子上》)

孟子曰:"仁,人心也;义,人路也。舍其路而弗由,放其心而不知求,哀哉!人有鸡犬放,则知求之;有放心,而不知求。学问之道无他,求其放心而已矣。"(《告子上》)

孟子曰:"尽其心者,知其性也。知其性,则知天矣。存其心,养其性,所以事天也。夭寿不贰,修身以俟之,所以立命也。"(《尽心上》)

孟子曰:"万物皆备于我矣。反身而诚,乐莫大焉。强恕而行,求仁莫近焉。"(《尽心上》)

孟子曰:"人不可以无耻。无耻之耻,无耻矣。"(《尽心上》)

孟子曰:"仁言,不如仁声之入人深也。善政,不如善教之得民也。善政民畏之,善教民爱之;善政得民财,善教得民心。"(《尽心上》)

孟子曰:"人之所不学而能者,其良能也;所不虑而知者,其良知也。孩提之童,无不知爱其亲者;及其长也,无不知敬其兄也。亲亲,仁也;敬长,义也。无他,达之天下也。"(《尽心上》)

孟子曰:"君子有三乐,而王天下不与存焉。父母俱存,兄弟无故,一乐也。仰不愧于天,俯不怍于人,二乐也。得天下英才而教育之,三乐也。君子有三乐,而王天下不与存焉。"(《尽心上》)

孟子曰:"孔子登东山而小鲁,登泰山而小天下。故观于海者难为水,游于圣人之门者难为言。观水有术,必观其澜。日月有明,容光必照焉。流水之为物也,不盈科不行;君子之志于道也,不成章不达。"(《尽心上》)

孟子曰:"君子之所以教者五:有如时雨化之者,有成德者,有达财者,有答问者,有私淑艾者。此五者,君子之所以教也。"(《尽心上》)

孟子曰:"君子之于物也,爱之而弗仁;于民也,仁之而弗亲。亲亲而仁民,仁民而爱物。"(《尽心上》)

孟子曰:"民为贵,社稷次之,君为轻。是故得乎丘民而为天子,得乎天子为诸侯,得乎诸侯为大夫。诸侯危社稷,则变置。牺牲既成,粢盛既洁,祭祀以时,然而旱干水溢,则变置社稷。"(《尽心下》)

孟子谓高子曰:"山径之蹊闲,介然用之而成路。为闲不用,则茅塞之矣。今茅塞子之心矣。"(《尽心下》)

孟子曰:"口之于味也,目之于色也,耳之于声也,鼻之于臭也,四肢之于安佚也,性也,有命焉,君子不谓性也。仁之于父子也,义之于君臣也,礼之于宾主也,智之于贤者也,圣人之于天道也,命也,有性焉,君子不谓

命也。"(《尽心下》)

孟子曰:"养心莫善于寡欲。其为人也寡欲,虽有不存焉者,寡矣;其为人也多欲,虽有存焉者,寡矣。"(《尽心下》)

荀子与荀门学案

孟子道性善，言必称尧舜；荀子讲性恶，言多称尧禹。荀子作《非十二子》批评前儒及当世诸子，认为"十二子"之学皆有弊端，未得大道。贬荀者认为"卿妄以道自任，明知思孟之学，故为排之，以自继仲尼之统"[①]，崇荀者认为"荀卿非子思、孟子，盖其门人韩非、李斯之流，托其师说以毁圣贤"[②]。不过，从荀子所非十二子来看，战国诸子争鸣既有诸家学派之间的争鸣，又有学派内部的争鸣。其中，由孔子发端的儒学呈现出多元并进的发展格局。儒学的新发展在某种程度上顺应了时代潮流，迎合了政治需求，这是荀学与荀门后学在战国晚期能够脱颖而出的原因所在。"荀卿著书，言人性之恶"[③]、主张隆礼重法，其弟子韩非与李斯继承了性恶论，抛弃了"礼"，拓展了"法"，从而使荀学的发展流于法家路数并对孔子儒学造成些许疏离乃至异化。

韩非与李斯"俱事荀卿，斯自以为不如非"(《史记·老子韩非列传》)。秦始皇见韩非所著《孤愤》与《五蠹》之书曰："嗟乎，寡人得见此人与之游，死不恨矣。"韩非至秦，秦始皇不信用，加之李斯、姚贾害之，秦始皇下吏治罪韩非。"李斯使人遗非药，使自杀。韩非欲自陈，不得见。秦王后悔之，使人赦之，非已死矣。"(同上)李斯"从荀卿学帝王之术"(《史记·李斯列传》)，学成入秦，事秦始皇。李斯"辅始皇，卒成帝业，斯为三公，可谓尊用矣"(同上)。于"学"而言，韩非与李斯虽颇得荀学之道，然又各有分别：韩非以理论见长，李斯以实践见长；韩非以论道闻名，李斯以权术得势。于荀学而言，韩非、李斯各是一偏，韩非抛弃了荀子隆礼行法与礼法合一的

①　(明)冯从吾：《少墟集》卷14《论荀卿非十二子》，参见(清)永瑢、纪昀等编纂：《四库全书》第1293册，上海古籍出版社1987年版，第244页。
②　(宋)王应麟：《困学纪闻》卷10，中华书局1989年版，第360页。
③　(唐)欧阳询：《艺文类聚》卷21，上海古籍出版社1987年版，第495页。

学理,强调严刑、重法、尚势、用术;李斯亦如韩非一样偏离了荀学大道,主张为政当重刑罚,建议"别黑白,定一尊",即企图通过政治权力之一统实现意识形态之一统。由此,荀学的纵深化发展导致儒学发展史中出现一种极端化的理论形态,尽管被韩非与李斯拓展的荀学一度赢得秦始皇的推崇。

耐人寻味的是,荀子自认深得孔子、子弓之道,缘何其两大弟子韩非与李斯皆背离其绍承孔子、子弓之道所建构的儒学新理念,或曰:荀子作为战国后期儒家的集大成者,缘何其两大弟子韩非与李斯皆抛弃其宣扬的仁义道德而走向严刑峻法? 这究竟是儒家思想与法家思想的内在冲突所致,还是时代大势所趋即时代选择所致? 换言之,韩非与李斯之学究竟是因个性偏激、寡恩无情所致,还是顺时而为、顺势而为? 韩非与李斯之学是荀学发展进程中的歧出现象,还是荀学发展进程中的必然结果? 另外,综观儒学发展史,但见自秦至清,荀子与荀学的历史地位并不隆显,其中原因值得探寻。循诸疑问,我们且为荀子与荀子的两大弟子韩非与李斯各为学案,探其究竟。

荀子学案

荀子,赵国人,年五十始游学于齐。相比于驺衍、淳于髡、田骈等人,荀子的学问最为人们称道。荀子于齐三为祭酒,位列大夫。或因齐人谗疾,荀子去齐适楚,楚国春申君任命荀子为兰陵令。春申君死后,荀子被免,客居兰陵,终老兰陵。

荀子"嫉浊世之政,亡国乱君相属,不遂大道而营于巫祝,信機祥,于是推儒、墨、道德之行事兴坏,序列著数万言而卒"(《史记·孟子荀卿列传》)。荀子的思想集诸大成,自体成系,尤其是其针对孟子道性善而言性恶更是独具特色。正基于此,荀子提出隆礼与重法的思想。

一、性恶

尽管人性问题在荀子之前已被诸子有所触及,但是直言性恶者鲜有见。孔子认为"性相近,习相远""唯上知与下愚不移"(《论语·阳货》)。告子认为"生之谓性""性无善无不善"(《孟子·告子上》),"孟子道性善,言必称尧舜"(《孟子·滕文公上》)。孟子的弟子公都子引时人之论说道：
"性可以为善，可以为不善""有性善，有性不善"(《孟子·告子上》)；周人
世硕认为"人性有善有恶"(《论衡·本性》)，密子贱、漆雕开、公孙尼子之
徒"皆言性有善有恶"(同上)。荀子针对孟子"道性善"，提出"人之性恶，
其善者伪也"(《荀子·性恶》，下引只注篇名)并详加驳论。《荀子·性
恶》曰：

> 人之性恶，其善者伪也。今人之性，生而有好利焉，顺是，故争夺
> 生而辞让亡焉；生而有疾恶焉，顺是，故残贼生而忠信亡焉；生而有耳
> 目之欲，有好声色焉，顺是，故淫乱生而礼义文理亡焉。然则从人之
> 性，顺人之情，必出于争夺，合于犯分乱理而归于暴。故必将有师法
> 之化，礼义之道，然后出于辞让，合于文理，而归于治。用此观之，然
> 则人之性恶明矣，其善者伪也。

荀子以文说理，直陈其事，围绕"人之性恶，其善者伪也"的论点而展开论
证。荀子认为，人之本性是生而好利，若顺其性，必会争夺不止，圣王意识
到这一点而制礼义之道，而有师法之化。于是，人之性依于礼义而有辞
让，合于文理而有善化。显然，荀子洞见了道德教化对人性的引导与校
正，以及对社会的规范与淳化。基此，荀子对孟子的性善论展开驳论，其
《性恶》篇写道：

> 孟子曰："人之学者，其性善。"曰：是不然。是不及知人之性，而
> 不察乎人之性伪之分者也。凡性者，天之就也，不可学，不可事。礼
> 义者，圣人之所生也，人之所学而能、所事而成者也。不可学、不可事
> 而在人者谓之性；可学而能、可事而成之在人者谓之伪。是性伪之分
> 也。今人之性，目可以见，耳可以听；夫可以见之明不离目，可以听之
> 聪不离耳，目明而耳聪，不可学明矣。

又言：

> 孟子曰："今人之性善，将皆失丧其性故也。"曰：若是，则过矣。

今人之性，生而离其朴，离其资，必失而丧之。用此观之，然则人之性恶明矣。所谓性善者，不离其朴而美之，不离其资而利之也。使夫资朴之于美，心意之于善，若夫可以见之明不离目，可以听之聪不离耳，故曰目明而耳聪也。今人之性，饥而欲饱，寒而欲暖，劳而欲休，此人之情性也。今人饥，见长而不敢先食者，将有所让也；劳而不敢求息者，将有所代也。夫子之让乎父，弟之让乎兄，子之代乎父，弟之代乎兄，此二行者，皆反于性而悖于情也；然而孝子之道，礼义之文理也。故顺情性则不辞让矣，辞让则悖于情性矣。用此观之，然则人之性恶明矣，其善者伪也。

复言：

孟子曰："人之性善。"曰：是不然。凡古今天下之所谓善者，正理平治也；所谓恶者，偏险悖乱也：是善恶之分也矣。今诚以人之性固正理平治邪？则有恶用圣王，恶用礼义哉！虽有圣王礼义，将曷加于正理平治也哉！今不然，人之性恶。故古者圣人以人之性恶，以为偏险而不正，悖乱而不治，故为之立君上之埶以临之，明礼义以化之，起法正以治之，重刑罚以禁之，使天下皆出于治、合于善也。是圣王之治，而礼义之化也。今当试去君上之埶，无礼义之化，去法正之治，无刑罚之禁，倚而观天下民人之相与也。若是，则夫强者害弱而夺之，众者暴寡而哗之，天下悖乱而相亡不待顷矣。用此观之，然则人之性恶明矣，其善者伪也。

荀子认为，于人而言，其性与其伪（为）有分别："性者，天之就也，不可学，不可事"，"在人者，谓之性"而"可学而能，可事而成之在人者，谓之伪"，这是"性伪之分"的重要区别所在。荀子认为，孟子"道性善"是"失丧其性故"，所谓"性故"即性之本然。荀子指出，人"生而离其朴，离其资"导致人性有恶，人"不离其朴而美之，不离其资而利之"则可为善。或曰，人之"恶"的出现是因其"生而离其朴，离其资"所致，人之"善"的出现是因其"不离其朴而美之，不离其资而利之"所致。所以，荀子认为孟子所言人性善是不对的，这是未见"善恶之分"、性伪（为）之分，荀子曰："性者，本始材朴也;伪者,文理隆盛也。无性则伪之无所加,无伪则性不能自美。"(《礼论》)所以,荀子指出"今孟子曰'人之性善。'无辨合符验,坐而言之,起而不可设,张而不可施行,岂不过其矣哉"。

进而,荀子强调"圣人化性而起伪,伪起而生礼义,礼义生而制法度;然则礼义法度者,是圣人之所生也"(《性恶》)。因为,倘若"道性善"则必导致"去圣王,息礼义",这不仅和孔子的儒学理念相违,而且从理论根源上否定了圣人与礼仪的价值和意义。荀子之语隐含的价值逻辑与辩证关联是:"性善则去圣王,息礼义矣。性恶则与圣王,贵礼义矣。"(同上)值得注意的是,荀子认为"圣人之所以同于众,其不异于众者,性也;所以异而过众者,伪也"(同上),是在强调圣人之本性"同于众",同时强调圣人能够自伪(为)、自化——能够不需外力而实现道德自觉与道德提升,或曰:"圣人能变化本性而兴起矫伪也。"[1]因此,荀子与孟子的人性说之别昭然可见:

> 孟子言性善,乃谓人之所以为人的特质是仁义礼智四端。荀子言性恶,是说人生而完具的本能行为中并无礼义;道德的行为皆必待训练方能成功。孟子所谓性,与荀子所谓性,实非一事。孟子所注重的,是性须扩充;荀子所注重的,是性须改造。虽然一主性善,一主性恶,其实亦并非完全相反。究竟言之,两说未始不可以兼容;不过两说实有很大的不同。[2]

绍述荀子的人性说,董仲舒对孟子的性善论略有微词,董子曰:

> 性如茧如卵。卵待覆而成雏,茧待缫而为丝,性待教而为善。此之谓真天。天生民性有善质,而未能善,于是为之立王以善之,此天意也。民受未能善之性于天,而退受成性之教于王。王承天意,以成民之性为任者也。今案其真质,而谓民性已善者,是失天意而去王任也。万民之性苟已善,则王者受命尚何任也?(《春秋繁露·深察名

---

[1] (清)王先谦:《荀子集解》,中华书局2012年版,第424页。
[2] 张岱年:《中国哲学大纲》,中国社会科学出版社1982年版,第192页。

号》）

同时，董子强调"今万民之性，待外教然后能善，善当与教，不当与性"（同上），声称"质于禽兽之性，则万民之性善矣；质于人道之善，则民性弗及也。万民之性善于禽兽者许之，圣人之所谓善者弗许。吾质之命性者异孟子。孟子下质于禽兽之所为，故曰性已善；吾上质于圣人之所为，故谓性未善。善过性，圣人过善"（同上）。在董子眼中，孟子"道性善"是只见"万民之性"——人性之一般性、根本性，未见"圣人之善"——人性之层次性、特殊性，因此董子曰："性有善端，动之爱父母，善于禽兽，则谓之善。此孟子之善。循三纲五纪，通八端之理，忠信而博爱，敦厚而好礼，乃可谓善。此圣人之善也。"（同上）较之，董仲舒提出的"性待王教而为善"的思想明显是吸收了荀子提出的"性善则去圣王，息礼义矣。性恶则与圣王，贵礼义矣"与"今人之性恶，必将待圣王之治，礼义之化，然后始出于治，合于善也"（《性恶》）的论见。显然，荀子、董子洞见人性有万民之性与圣人之性之分殊与差异，而孟子所见是人性的一般性与普遍性。换言之，荀子、董子于人性有细分，而孟子于人性未有细分或曰区分不够清晰。比如，孟子所言"人皆可以为尧舜"更多的是从道德养成、道德目标与道德境界上讲的，并未清晰地指明"人"与"尧舜"在人性上存在根本的区别与差异。

相对来说，"孟子以恻隐、是非、辞让、羞恶，皆出于人之本性；而荀子则以好利、疾恶等，皆生于人之本性。盖各持一端，以立论者也"[1]。荀子以陶人埏土为瓦比喻圣人化性而为仁义，其理论前提是人性恶。所以，人若迁善去恶则应当积善以去恶，其中，博学在去恶归善过程中扮演重要角色。或如章太炎所言："至于性善、性恶之辩，以二人为学入门不同，故立论各异。荀子隆礼乐而杀《诗》《书》，孟子则长于《诗》《书》。孟子由诗入，荀子由礼入。诗以道性情，故云人性本善；礼以立节制，故云人性本恶。"[2]其实，细观孟荀之学，可见孟子讲反求诸己、求其放心、推扩善端，荀子讲积学成圣、化性去恶、隆礼尚法；孟子之学注重向内而求，荀子之学

---

① 陈柱：《诸子概论》，江苏文艺出版社 2008 年版，第 30 页。

② 章太炎讲演，诸祖耿等记录：《章太炎国学讲演录》，中华书局 2013 年版，第 242 页。

注重向外而求。综观儒学史,清晰可见孟子与荀子之别影响两宋理学之分殊,程颐、朱熹之理学隐藏有绍述荀子之学的痕迹,程颢、陆九渊之心学明显有继承孟子之学的痕迹。①

二、隆礼

荀子认为"礼"可以消解人性之恶,节制人欲,实现个人的身心和谐。这是社会有序而和谐与政治有序而和谐的根本前提。《荀子·礼论》篇曰:

> 礼起于何也?曰:人生而有欲,欲而不得,则不能无求。求而无度量分界,则不能不争;争则乱,乱则穷。先王恶其乱也,故制礼义以分之,以养人之欲,给人之求。使欲必不穷乎物,物必不屈于欲。两者相持而长,是礼之所起也。

荀子认为"礼有三本:天地者,生之本也;先祖者,类之本也;君师者,治之本也"(《礼论》)。"礼"之根本精神贯通天地人,是天道映现于人道,故曰"礼者,人道之极也"(同上)。于人而言,"礼者,谨于治生死者也。生,人之始也;死,人之终也,终始俱善,人道毕矣"(同上)。显然,荀子眼中的"礼"关乎人的一生,是人之为人的道德规约,是人生价值(社会价值与政

---

① 按:若无上等天资与根器,似难学孟子、程颢、陆九渊、王阳明,因为求心识仁、发明本心、致良知皆非易事,若是资质低、根器小,则不免流于狂禅("束书不观,游谈无根";"举头望天外,无我这般人")、枯禅("闭目静坐,可以养心";终日静坐,精神枯然)。若有中等天资与根器,便可学荀子、张载、程颐、朱熹,因为勤学、积学、苦学、格物致知可以实现学以成人、成圣;不过,若是意不坚、力不勤(因为经籍浩繁难以穷尽、义理深奥难以尽晓),则不免会滑向佛禅之路。这可能便是宋时一度出现"儒门淡薄,收拾不住,皆归释氏"[(宋)志磐:《佛祖统纪》卷45]的学术现象的根因之一。"君子尊德性而道问学,致广大而尽精微,极高明而道中庸"(《礼记·中庸》),其实朱子理学与陆子心学并非俨然分殊"尊德性"与"道问学"之两端,他们只是于"尊德性"与"道问学"的次第安排上有所不同而已。那么,究竟如何理解朱熹所言"陆子静所学,分明是禅"(《朱子语类》卷116),于此,王阳明之言颇见公允:"吾尝断以陆氏之学,孟氏之学也,而世之议者以其尝与晦翁之有同异,而遂诋以为禅。夫禅之说,弃人伦、遗物理,而要其归极,不可以为天下国家。苟陆氏之学而果若是也,乃所以为禅也。"(参见陆九渊:《陆九渊集·王守仁序》,中华书局1980年版,第538页)事实上,陆王心学只因学术路径尤似空悟禅顿而流于禅路,然其学之价值向度仍是修齐治平。只是学陆王者之末流(鄙薄经典、反智叛逆)难得本心、难入真境,多流于空疏、近乎狂禅,从而招致世人尤其是理学者的诘难。观乎学理,程朱理学重格物、尚诚敬、精神聚敛,陆王心学重心悟、尚体认、精神狂逆。

治价值)得以开展的道德指南,故应"隆"之。

1.修身以礼

荀子认为"人无礼则不生,事无礼则不成"(《修身》),"礼者,众人法而不知,圣人法而知之"(《法行》)。圣人"安礼",众人"非礼"。因此,圣人制礼义,广教化;"礼义不行,教化不成"(《尧问》)。

"礼"是众人正身的规范,"礼者,人之所履也,失所履,必颠蹶陷溺。所失微而其为乱大者,礼也"(《大略》)。一个人的"容貌、态度、进退、趋行,由礼则雅,不由礼则夷固、僻违、庸众而野"(《修身》),故曰"礼者,所以正身也"(同上)。圣人制礼义,众人"积礼义而为君子"(《儒效》)。凡此表明,尽管荀子认为人性恶,但其强调通过"积礼义"可以实现道德超越,可以成就道德理想人格。

诚然,荀子眼中的"礼"不仅有外在性,而且有内在性。荀子曰:"礼以顺人心为本"(《大略》),并且指出"人莫贵乎生,莫乐乎安;所以养生安乐者莫大乎礼义。人知贵生乐安而弃礼义,辟之是犹欲寿而殇颈也,愚莫大焉"(《强国》)。同时,荀子强调"礼别异"即"礼"之外在性中蕴含层次性与等级性。于基本精神而言,"礼"与"乐"不同,而且功能有异:"乐合同,礼别异",但是"礼乐之统,管乎人心矣"(《乐论》)。

荀子强调"礼"有内外之属性,关乎人之身与心。这是"礼"之精神与价值展开的端点,因为荀子眼中的"礼"之精神与价值是贯通治身与治国的,即"礼"之精神与价值是由治身扩展至治国的。

2.治国以礼

"礼"通过正人身、顺人心,实现人之身心和谐。"人"作为社会的细胞,其身心有序而和谐是社会与政治得以有序而和谐的前提。众人"离其朴,离其资"、欲而有争,圣人起而制礼并使"礼"成为众人与国家之法则。荀子曰:

> 夫贵为天子,富有天下,是人情之所同欲也;然则从人之欲,则埶不能容,物不能赡也。故先王案为之制礼义以分之,使有贵贱之等,长幼之差,知愚能不能之分,皆使人载其事,而各得其宜。(《荣辱》)

同时,荀子指出"国家无礼则不宁"(《修身》),"礼之于正国家也,如权衡之于轻重也,如绳墨之于曲直也"(《大略》),并且强调"礼者,表也。非礼,昏世也;昏世,大乱也"(《天论》)。所以说,"为政不以礼,政不行矣"(《大略》)。

于治国而言,荀子强调人君应该"法先王,隆礼义",其《儒效》篇曰:

> 儒者法先王,隆礼义,谨乎臣子而致贵其上者也。人主用之,则势在本朝而宜;不用,则退编百姓而悫;必为顺下矣。
>
> 先王之道,人之隆也,比中而行之。曷谓中?曰:礼义是也。

荀子认为古人"其取人有道,其用人有法。取人之道,参之以礼;用人之法,禁之以等。行义动静,度之以礼"(《君道》),同时指出王者"听政之大分:以善至者待之以礼,以不善至者待之以刑"(《王制》),并且强调"修礼者王,为政者强,取民者安,聚敛者亡"(同上)。在荀子看来,"凡贵尧禹君子者,能化性,能起伪,伪起而生礼义"(《性恶》)。荀子认为国家的强弱贫富有其表征:"上不隆礼则兵弱,上不爱民则兵弱"(《富国》),其《王霸》篇曰:

> 国无礼则不正。礼之所以正国也,譬之犹衡之于轻重也,犹绳墨之于曲直也,犹规矩之于方圆也,既错之而人莫之能诬也。
>
> 朝廷必将隆礼义而审贵贱,若是,则士大夫莫不敬节死制者矣。
>
> 百官则将齐其制度,重其官秩,若是,则百吏莫不畏法而遵绳矣。

因此,荀子指出"隆礼至法则国有常"(《君道》),"隆礼贵义者其国治,简礼贱义者其国乱"(《议兵》),并且特别强调"人之命在天,国之命在礼。人君者,隆礼尊贤而王,重法爱民而霸,好利多诈而危,权谋倾覆幽险而亡"(《强国》)。

较言之,孔子强调恢复周礼,荀子强调制礼节欲,然则他们皆强调贵贱贫富长幼之分是"礼"之精神与功能的体现。"盖儒家之理想,常以贤则必贵,愚则必贱,国家必量能受职,量能给禄,则其享受亦当量入以为出,故有贵贱贫富长幼之分也。"①荀子论"礼"颇为周严,深见"礼"之内在性与形上性,其《王制》篇曰:"天地者,生之始也;礼义者,治之始也;君子者,礼义之始也;为之,贯之,积重之,致好之者,君子之始也。"同时,荀子洞见"礼"之外在性与层次性,其眼中的"礼"之外在性与层次性是通过礼仪制度的等级性与差异性来体现的,荀子曰:"礼者,贵贱有等;长幼有差,贫富轻重皆有称者也。"(《富国》)例如,天子、诸侯、大夫、士之服制等级各有不同。

三、重法

与孔子"审法度"(《论语·尧曰》)、孟子"省刑罚"(《孟子·梁惠王上》)有所不同,荀子强调"至法"(《君道》)、"重法"(《天论》)与"王者之法"(《王霸》)。荀子认为,"法"之于治人与治国是有非凡的功能与价值的,其中,"法"之于治人强调的是对人之身心的修治,"法"之于治国强调的是对国之秩序的整饬。

1. 以法修身

在荀子眼中,"人之生固小人,无师无法则唯利之见耳"(《荣辱》),因此人之为人不能"无法","人无法,则伥伥然;有法而无志其义,则渠渠然;依乎法,而又深其类,然后温温然"(《修身》)。荀子指出,"知而无法,勇而无惮,察辩而操僻,淫大而用之,好奸而与众,利足而迷,负石而坠,是天下之所弃也"(《非十二子》)。

修身以法,依礼而行,做到礼法合一,如是,不仅可去"斗"、去"争",而且可以提升道德素养,可以成就道德理想人格。《荀子·荣辱》篇曰:

> 斗者,忘其身者也,忘其亲者也,忘其君者也。行其少顷之怒,而丧终身之躯,然且为之,是忘其身也;家室立残,亲戚不免乎刑戮,然且为之,是忘其亲也;君上之所恶也,刑法之所大禁也,然且为之,是忘其君也。忧忘其身,内忘其亲,上忘其君,是刑法之所不舍也,圣王之所不畜也。

---

① 陈柱:《诸子概论》,江苏文艺出版社 2008 年版,第 33 页。

荀子认为"今人之性恶,必将待师法然后正"(《性恶》),提出"圣人积思虑,习伪故,以生礼义而起法度"的目的是"矫饰人之情性而正之,以扰化人之情性而导之"(同上),是使人循法致善而祛恶。荀子所言"圣人之所生也"(同上)的根因便在于此,即这是圣人存在的必要性,也是圣人的天然本职。在荀子眼中,大禹就是这样的圣人、圣王,荀子曰:

> 凡禹之所以为禹者,以其为仁义法正也。然则仁义法正有可知可能之理,然而涂之人也,皆有可以知仁义法正之质,皆有可以能仁义法正之具,然则其可以为禹明矣。今以仁义法正为固无可知可能之理邪?然则唯禹不知仁义法正,不能仁义法正也。将使涂之人固无可以知仁义法正之质,而固无可以能仁义法正之具邪?然则涂之人也,且内不可以知父子之义,外不可以知君臣之正。不然。今涂之人者,皆内可以知父子之义,外可以知君臣之正,然则其可以知之质、可以能之具,其在涂之人明矣。今使涂之人者以其可以知之质、可以能之具,本夫仁义法正之可知可能之理、可能之具,然则其可以为禹明矣。(《性恶》)

与孟子从"性善"的角度强调"人皆可以为尧舜"(《孟子·告子下》)不同,荀子提出"涂之人可以为禹"(《性恶》),认为"涂之人"有其道德自觉的潜质,只待圣人教化即可、只待依循礼义即可。或曰:荀子提出的"涂之人可以为禹"表明"仁义法正"之于"为禹"具有道德前提性、范导性与价值性,即"仁义法正"通过范导"可以知之质,可以能之具",能够开显出"可能之理,可能之具"与"可以为禹明"。基此,荀子提出"涂之人伏术为学,专心一志,思索孰察,加日县久,积善而不息,则通于神明,参于天地矣"(同上),并凸显出学以成德与学以成圣的价值向度。

2.以法治国

于治国而言,荀子强调"隆礼"的同时,又提出"重法""行法"与"尚法"。荀子认为"礼法之枢要是百王之所以同","三王既以定法度,制礼乐而传之,有不用而改自作"(《大略》)。所以,人君当法先王,"循其旧法,择其善者而明用之"(《王霸》)。

荀子指出,人君"重法爱民而霸,好利多诈而危,权谋倾覆幽险而亡"

（《强国》），又曰："夫天生蒸民，有所以取之：志意致修，德行致厚，智虑致明，是天子之所以取天下也。政令法，举措时，听断公，上则能顺天子之命，下则能保百姓，是诸侯之所以取国家也。"（《荣辱》）荀子认为，人君若要富国强国则必"修礼以齐朝，正法以齐官，平政以齐民"，如是，便会出现"节奏齐于朝，百事齐于官，众庶齐于下"（《富国》）的盛况。不仅如此，荀子从"师法"的角度阐明人有师法的重要性，荀子曰：

> 故人无师无法而知则必为盗，勇则必为贼，云能则必为乱，察则必为怪，辩则必为诞；人有师有法而知则速通，勇则速畏，云能则速成，察则速尽，辩则速论。故有师法者，人之大宝也；无师法者，人之大殃也。人无师法，则隆性矣；有师法则隆积矣。而师法者，所得乎情，非所受乎性。性不足以独立而治。性也者，吾所不能为也，然而可化也。情也者，非吾所有也，然而可为也。注错习俗，所以化性也；并一而不二，所以成积也。习俗移志，安久移质。并一而不二则通于神明，参于天地矣。（《儒效》）

同时，荀子认为"良法"只是达到清明治世的基本前提，其中关键还需人君成为君子，"然后百姓晓然皆知循上之法，像上之志，而安乐之"（《议兵》）；继而，荀子曰"故有良法而乱者，有之矣，有君子而乱者，自古及今，未尝闻也"（《王制》）。不仅如此，荀子还提出"王者之法""霸者之法"与"亡国之法"，并刻意区分了三者之异，荀子曰："故道王者之法，与王者之人为之，则亦王；道霸者之法，与霸者之人为之，则亦霸；道亡国之法，与亡国之人为之，则亦亡。三者，明主之所以谨择也，而仁人之所以务白也。"（《王霸》）荀子推崇"王者之法"且有详论，荀子曰：

> 王者之等赋、政事、财万物，所以养万民也。田野什一，关市几而不征，山林泽梁以时禁发而不税。相地而衰政。理道之远近而致贡。通流财物粟米，无有滞留，使相归移也，四海之内若一家。故近者不隐其能，远者不疾其劳，无幽闲隐僻之国莫不趋使而安乐之。夫是之谓人师。是王者之法也。（《王制》）

诚然，荀子眼中的"法"并不只是指法律，更多的是指为人与为政、修身与治国的根本原则。法之显用，关键在于人；法之于治国之用，关键在于人君。荀子指出，为君之道的至要之义在于"隆礼"与"至法"，声称"隆礼至法则国有常，尚贤使能则民知方，纂论公察则民不疑，赏克罚偷则民不怠，兼听齐明则天下归之"（《君道》）。同时，荀子强调"法者，治之端也；君子者，法之原也。故有君子则法虽省，足以遍矣；无君子则法虽具，失先后之施，不能应事之变，足以乱矣。不知法之义而正法之数者，虽博，临事必乱"（同上）。

值得一提的是，孔子、孟子眼中的理想人君是仁义之君、王者之君，荀子眼中的理想人君是"圣王"。在荀子看来，"圣王"作为理想政治人格与理想道德人格之统一体是有清晰界定的，荀子曰："圣也者，尽伦者也；王也者，尽制者也；两尽者，足以为天下极矣。故学者以圣王为师，案以圣王之制为法，法其法以求其统类，以务象效其人。"（《解蔽》）同时，荀子强调"王者制名，名定而实辨，道行而志通，则慎率民而一焉"（《正名》），反之，析辞擅作名则是以乱正名，会导致民生疑惑、人多辨讼。所以，王者制名之目的在于使民"壹于道法，而谨于循令"（同上），"由法谓之道，尽数矣"（《解蔽》）。荀子将圣与王相结合所提出的"圣王"论不仅丰富了孔子以来的儒家政治哲学，而且影响深远。西汉时期，董仲舒提出的"圣王生则称天子"（《春秋繁露·三代改制质文》）等论见以及其中隐藏的直接将现世天子推上"圣王"之位的道德期许，可以说是对荀子建构的"圣王"理念的继承与回归。另外，"作书美孙卿"[①]的董仲舒所著《春秋繁露》之《通国身》与《仁义法》亦应是绍继于荀子的礼法之于治身与治国的思想。

综观儒学史，荀子提出的"性恶"论常为后儒所贬。特别是在宋儒那里，荀子与荀子之学向来未受认可，程颐认为"荀子极偏驳，只一句'性恶'，大本已失"[②]，朱熹指出"荀卿则全是申韩，观成相一篇可见"[③]。晚清时期，谭嗣同批曰："故常以为两千来之政，秦政也，皆大盗也！两千年来之学，荀学也，皆乡愿也。"[①]梁启超在《论支那宗教改革》中写道："自秦汉

---

① 参见（清）王先谦：《荀子集解》卷 20，中华书局 1988 年版，第 558 页。
② （宋）程颢、程颐著，王孝鱼点校：《二程集》上，中华书局 1981 年版，第 262 页。
③ （宋）黎靖德编，王星贤点校：《朱子语类》卷 137，中华书局 1986 年版，第 8 册，第 3255 页。
① （清）谭嗣同：《仁学》（29），中华书局 1958 年版，第 47 页。

以后,政治学术,皆出于荀子。"①自秦至清,荀子与荀子之学虽无世誉,但是荀子之学却暗合了中央集权与君主专政的政治需求。尤其是在荀门高弟韩非与李斯的推波助澜下,荀子之学更是成为自秦以来的不少帝王实行"阳儒阴法"之策的"秘法"。

韩非学案

韩非,韩国人,韩王之子。韩非师从荀子,兼取老子、商鞅、慎到、申不害之说,主张法、术、势三者合一,强调明法、崇术、尚势、严刑,是战国法家流派的重要代表人物。韩非口吃,不善言辞,而善著书,"喜刑名法术之学,而其归本于黄老"(《史记·老子韩非列传》)。韩非见韩国积弱,数次书谏韩王,韩王不能用。秦始皇见韩非所著《孤愤》与《五蠹》之书赞叹不已,但因李斯、姚贾害之,韩非不为秦始皇信用。韩非知说之难而为《说难》,其文甚详。憾哉,韩非终客死于秦,不能自脱。

荀子认为"人之性恶,其善者伪也"(《荀子·性恶》),韩非认为"夫民之性,恶劳而乐佚"(《韩非子·心度》,下引只注篇名)并且指出"人之情性,贤者寡而不肖者众"(《难势》),而"民之性,喜其乱而不亲其法"(《心度》)。正基于此,韩非颇为强调对人性与人之言行的规约,由此建构出独具特色的政治哲学体系。

一、明法

韩非的"明法"思想主要体现在"以法为教"与"以吏为师"方面。韩非在《五蠹》篇中指出:

> 故明主之国,无书简之文,以法为教;无先王之语,以吏为师;无私剑之捍,以斩首为勇。是境内之民,其言谈者必轨于法,动作者归之于功,为勇者尽之于军。是故无事则国富,有事则兵强,此之谓王资。既畜王资而承敌国之衅,超五帝侔三王者,必此法也。

---

① (清)梁启超:《饮冰室合集》(文集1—〈三〉),中华书局1989年版,第57页。

韩非认为,"法"是圣王所立,人君"以法为教",官民"以法为师"即"以法教心"(《用人》)。韩非曰:"圣王之立法也,其赏足以劝善,其威足以胜暴,其备足以必完"(《守道》),"法者,编著之图籍,设之于官府,而布之于百姓者也"(《难三》),"法者,宪令著于官府,刑罚必于民心,赏存乎慎法,而罚加乎奸令者也"(《定法》),"法也者,官之所以师也"(《说疑》)。在韩非眼中,"令者,言最贵者也;法者,事最适者也"(《问辩》),所以,韩非强调为政、为君应该重法,并且指出"明王峭其法,而严其刑"(《五蠹》),"明主之道,一法而不求智,固术而不慕信,故法不败,而群官无奸诈矣"(同上)。韩非认为人君"明法"的目的是让官民"奉公法,废私术",其《有度》篇写道:

> 故明主使其群臣不游意于法之外,不为惠于法之内,动无非法。法,所以凌过游外私也;严刑,所以遂令惩下也。威不贷错,制不共门。威制共则众邪彰矣,法不信则君行危矣,刑不断则邪不胜矣。……故以法治国,举措而已矣。法不阿贵,绳不挠曲。法之所加,智者弗能辞,勇者弗敢争。刑过不避大臣,赏善不遗匹夫。

又,《扬权》篇曰:

> 主施其法,大虎将怯;主施其刑,大虎自宁。法刑狗信,虎化为人,复反其真。

在韩非看来,"国无常强,无常弱。奉法者强则国强,奉法者弱则国弱"(《有度》),反之,若"人主释法用私,则上下不别矣"(同上)。所以,"人主使人臣虽有智能不得背法而专制,虽有贤行不得逾功而先劳,虽有忠信不得释法而不禁,此之谓明法"(《南面》)。于"法"而言,韩非主张先"明法",后"重法"。韩非相信,人君"操法术之数,行重罚严诛,则可以致霸王之功"(《奸劫弑臣》),反之,若"无规矩之法,绳墨之端,虽王尔不能以成方圆。无威严之势,赏罚之法,虽尧、舜不能以为治"(同上)。

同时,在"明法"的基础上,韩非提出治国应有"常法",声称"家有常业,虽饥不饿。国有常法,虽危不亡"(《饰邪》),并以喻证方式说道:"夫摇镜则不得为明,摇衡则不得为正,法之谓也。故先王以道为常,以法为本,本治者名尊,本乱者名绝。"(同上)其实,韩非强调"常法"的目的有二:一是立常法以去私意,二是强调法的恒常性,否定法的常变性。韩非认为"舍常法而从私意,则臣下饰于智能,臣下饰于智能则法禁不立矣"(《饰邪》),"释规而任巧,释法而任智,惑乱之道也。乱主使民饰于智,不知道之故,故劳而无功"(同上),并且指出"治大国而数变法则民苦之,是以有道之君贵静,不重变法"(《解老》)。又,韩非在《诡使》篇写道:

> 夫立法令者以废私也,法令行而私道废矣。私者,所以乱法也。而士有二心私学、岩居窞处、托伏深虑,大者非世,细者惑下;上不禁,又从而尊之,以名,化之以实,是无功而显,无劳而富也。如此,则士之有二心私学者,焉得无深虑,勉知诈与诽谤法令,以求索与世相反者也。凡乱上反世者,常士有二心私学者也。故本言曰:"所以治者,法也;所以乱者,私也;法立,则莫得为私矣。"

圣王立法,人君明法,国有常法,官民师法;其实,韩非论法是自有一套价值逻辑的。韩非从正反之维度论证说:"法不立而诛不必"(《内储说上》)、"法立而诛必"(同上),"治强生于法,弱乱生于阿"(《外储说右下》);同时强调"释法术而心治,尧不能正一国"(《用人》),"圣人之为法也,所以平不夷矫不直也"(《外储说右下》)。又曰:

> 故有道之主,远仁义,去智能,服之以法。是以誉广而名威,民治而国安,知用民之法也。凡术也者,主之所以执也;法也者,官之所以师也。然使郎中日闻道于郎门之外,以至于境内日见法,又非其难者也。(《说疑》)

韩非认为,明主治国"明赏则民劝功,严刑则民亲法。劝功则公事不犯,亲法则奸无所萌"(《心度》),因为"民之性,喜其乱而不亲其法"(同上)、"民之性,恶劳而乐佚"(同上)。治民无常,唯治为法;圣人之治民在于"法与时移,而禁与能变"(同上)。在韩非看来,"治国者莫不有法"(《制分》)、"饬令则法不迁,法平则吏无奸。法已定矣,不以善言售法"(《饬令》)。换言之,韩非认为治国应有"常法",而且应该"明法",然后,官民皆当"师法"。为政者不"售法""释法",如是,才能实现社会井然有序、成就霸王功业。继而,韩非强调"夫治法之至明者,任数不任人"(《制分》),强调治国之术在于"去言而任法"。倘若"释法而任慧",受事者安得其务,刑赏者安得其务?

值得指出的是,以往有学者认为韩非的哲学主要体现在推崇峻法与霸道方面,其实不然。韩非眼中也有王道与爱民,只不过,韩非认为"法者,王之本也;刑者,爱之自也"(《心度》),并且认为圣王所立之法可以让官民复归于朴、去私为公。这便是韩非所言"民朴而禁之以名则治"(同上)的深义所在。遗憾的是,或因战国末世,法律不公,刑罚不中,韩非宣扬匡世必用重典、矫妄必须过正,以至于其学说沿着"明法"之路走向极端。

二、崇术

韩非认为"法""术"有别,"法者,编著之图籍,设之于官府,而布之于百姓者也。术者,藏之于胸中,以偶众端而潜御群臣者也"(《难三》),"法莫如显"故应"明法",而"术不欲见"故应"心藏"。其《定法》篇写道:

> 术者,因任而授官,循名而责实,操杀生之柄,课群臣之能者也,此人主之所执也。法者,宪令著于官府,刑罚必于民心,赏存乎慎法,而罚加乎奸令者也,此臣之所师也。君无术则弊于上,臣无法则乱于下,此不可一无,皆帝王之具也。

韩非认为人君治国应当"法""术"并重,指出"夫治天下之柄,齐民萌之度,甚未易处也。然所以废先王之教,而行贱臣之所取者,窃以为立法术,设度数,所以利民萌便众庶之道也"(《问田》)。韩非与问者曾就"法""术"之间的辩证关系有所讨论,其《定法》篇有言:

> 问者曰:"徒术而无法,徒法而无术,其不可何哉?"对曰:"申不害,韩昭侯之佐也。韩者,晋之别国也。晋之故法未息,而韩之新法又生;先君之令未收,而后君之令又下。申不害不擅其法,不一其宪令,则奸多,故利在故法前令则道之,利在新法后令则道之。利在故

新相反，前后相悖。则申不害虽十使昭侯用术，而奸臣犹有所谲其辞矣。故托万乘之劲韩，十七年而不至于霸王者，虽用术于上，法不勤饰于官之患也。公孙鞅之治秦也，设告相坐而责其实，连什伍而同其罪，赏厚而信，刑重而必。是以其民用力劳而不休，逐敌危而不却，故其国富而兵强；然而无术以知奸，则以其富强也资人臣而已矣。及孝公、商君死，惠王即位，秦法未败也，而张仪以秦殉韩、魏。惠王死，武王即位，甘茂以秦殉周。武王死，昭襄王即位，穰侯越韩、魏而东攻齐，五年而秦不益尺土之地，乃城其陶邑之封。应侯攻韩八年，成其汝南之封。自是以来，诸用秦者，皆应、穰之类也。故战胜则大臣尊，益地则私封立，主无术以知奸也。商君虽十饰其法，人臣反用其资。故乘强秦之资数十年而不至于帝王者，法虽勤饰于官，主无术于上之患也。"

显然，韩非认为应该"法""术"并重，不能"徒术而无法，徒法而无术"，并以喻证的方式写道："故国者君之车也，势者君之马也，无术以御之，身虽劳犹不免乱，有术以御之，身处佚乐之地，又致帝王之功也。"（《外储说右下》）不仅如此，韩非通过对春秋时期的政治人物关系的解剖，阐明"术"之于理顺君臣关系是颇为重要的。韩非曰：

> 昔者齐桓公两用管仲、鲍叔，成汤两用伊尹、仲虺。夫两用臣者国之忧，则是桓公不霸，成汤不王也。愍王一用淖齿而身死乎东庙，主父一用李兑，减食而死。主有术，两用不为患；无术，两用则争事而外市，一则专制而劫弑。今留无术以规上，使其主去两用一，是不有西河、鄢、郢之忧，则必有身死减食之患，是缪留未有善以知言也。（《难一》）

韩非认为"无术以任人，无所任而不败"（《八说》），指出人君若"无术"则其政难理，尤其在用人方面难免有失。韩非曰："无术以用人，任智则君欺，任修则君事乱，此无术之患也。明君之道，贱德义贵，下必坐上，决诚以参，听无门户，故智者不得诈欺。计功而行赏，程能而授事，察端而观失，有过者罪，有能者得，故愚者不任事。智者不敢欺，愚者不得断，则事无失矣。"(《八说》)因此,韩非强调"人主诚明于圣人之术,而不苟于世俗之言,循名实而定是非,因参验而审言辞"(《奸劫弑臣》),"明主之道,一法而不求智,固术而不慕信,故法不败,而群官无奸诈矣"(同上)。

韩非认为"有术之君,不随适然之善,而行必然之道"(《显学》),其中所谓"必然之道"就是去善而用术、"去言而任法"(《制分》)。具言之,韩非认为人主有"七术":"一曰,众端参观,二曰,必罚明威,三曰,信赏尽能,四曰,一听责下,五曰,疑诏诡使,六曰,挟知而问,七曰,倒言反事。"(《内储说上》)同时,韩非指出人主之"安术有七":"一曰,赏罚随是非,二曰,祸福随善恶,三曰,死生随法度,四曰,有贤不肖而无爱恶,五曰,有愚智而无非誉,六曰,有尺寸而无意度,七曰,有信而无诈。"(《安危》)韩非反对人主"释法术而心治"(《用人》),强调人主应该"寄治乱于法术"(《大体》),认为"人主者不操术,则威势轻而臣擅名"(《外储说右下》)。较之,韩非眼中的"法"与"术"之所属与施用对象是有分别的:"凡术也者,主之所以执也;法也者,官之所以师也。"(《说疑》)韩非认为人主必应是"有术之主",由此阐明"术"的专属性与重要性。在韩非眼中,"有术之主,信赏以尽能,必罚以禁邪,虽有驳行,必得所利"(《外储说左下》),反之,若"不行法术于内,而事智于外,则不至于治强矣"(《五蠹》)。

三、尚势

韩非认为"法""势"关系密切,提出"抱法处势则治,背法去势则乱"(《难势》)。同时,韩非指出人主"身之至贵,位之至尊,主威之重,主势之隆",凡此四者"不求诸外,不请于人"(《爱臣》)。人主不可失势,人"主失势而臣得国,主更称蕃臣,而相室剖符"(《孤愤》),因为"奸臣皆欲顺人主之心以取亲幸之势者"(《奸劫弑臣》)。人主有所善,臣从而誉之;人主有所憎,臣因而毁之;奸臣"同取""同舍"以取亲幸之势,"奸臣得乘信幸之势以毁誉进退群臣者,人主非有术数以御之也,非参验以审之也"(同上),必导致"幸臣之所以得欺主成私"。所以说,"善任势者国安,不知因其势者国危"(同上)、"无威严之势,赏罚之法,虽尧、舜不能以为治"(同上)。

韩非认为,人主"失势"的原因之一是"人主之患在于信人,信人则制于人"(《备内》),不知道"人臣之于其君,非有骨肉之亲也,缚于势而不得不事也"(同上)。因此,人主的"权势不可以借人"(《内储说下》),尤其是不可借于人臣,因为"偏借其权势则上下易位"(《备内》)。所以说,"势重者,人主之渊也;臣者,势重之鱼也。鱼失于渊而不可复得也,人主失其势重于臣而不可复收也"(《内储说下》)。韩非指出,圣人之治道有三:"一曰利,二曰威,三曰名。夫利者所以得民也,威者所以行令也,名者上下之所同道也"(《诡使》);明君之所以立功成名,其基本条件有四:"一曰天时,二曰人心,三曰技能,四曰势位"(《功名》)。进而,韩非刻意区分了"有势"与"无势"之别,声称:

> 夫有材而无势,虽贤不能制不肖。故立尺材于高山之上,则临千仞之溪,材非长也,位高也。桀为天子,能制天下,非贤也,势重也;尧为匹夫,不能正三家,非不肖也,位卑也。千钧得船则浮,锱铢失船则沉,非千钧轻锱铢重也,有势之与无势也。故短之临高也以位,不肖之制贤也以势。(《功名》)

在韩非看来,人主应该"躬亲其势柄"(《外储说左上》),"善持势者蚤绝其奸萌"(《外储说右上》)。韩非以喻证的方式指出:"国者,君之车也;势者,君之马也。夫不处势以禁诛擅爱之臣,而必德厚以与天下齐行以争民,是皆不乘君之车,不因马之利,释车而下走者也。"(同上)人主用术而处势,重法而居威,法、术、势三者合用,人主威权有加;反之,失其一,则有弊。韩非以为,"处势而骄下者,庸主之所易也"(《难一》),"凡明主之治国也,任其势"(《难三》)。不仅如此,韩非作《难势》篇详论"势"之于人主的重要性,其中有言:

> 夫势者,非能必使贤者用己,而不肖者不用己也。贤者用之则天下治,不肖者用之则天下乱。
>
> 势者,养虎狼之心,而成暴乱之事者也,此天下之大患也。势之于治乱,本末有位也,而语专言势之足以治天下者,则其智之所至者浅矣。
>
> 夫势者,名一而变无数者也。势必于自然,则无为言于势矣;吾所为言势者,言人之所设也。今曰"尧、舜得势而治,桀、纣得势而乱",吾非以尧、桀为不然也。虽然,非一人之所得设也。夫尧、舜生

而在上位，虽有十桀、纣不能乱者，则势治也；桀、纣亦生而在上位，虽有十尧、舜而亦不能治者，则势乱也。故曰："势治者则不可乱，而势乱者则不可治也。"

抱法处势则治，背法去势则乱。今废势背法而待尧、舜，尧、舜至乃治，是千世乱而一治也。抱法处势而待桀、纣，桀、纣至乃乱，是千世治而一乱也。且夫治千而乱一，与治一而乱千也，是犹乘骥骅而分驰也，相去亦远矣。

所以说，人君应当"执柄以处势"："柄者，杀生之制也；势者，胜众之资也"（《八经》）；"人主处制人之势，有一国之厚，重赏严诛，得操其柄，以修明术之所烛，虽有田常、子罕之臣，不敢欺也"（《五蠹》）。韩非认为"民以制畏上，而上以势卑下"（《八经》），其《五蠹》借仲尼与哀公之关系写道：

诚易以服人，故仲尼反为臣，而哀公顾为君。仲尼非怀其义，服其势也。故以义则仲尼不服于哀公，乘势则哀公臣仲尼。今学者之说人主也，不乘必胜之势，而务行仁义则可以王，是求人主之必及仲尼，而以世之凡民皆如列徒，此必不得之数也。

显然，韩非既看到了君臣之"势"有异，也看到了君臣之"势"有移。或曰："势"之于君臣虽"位"有不同，但会因"位"之变化而发生"势"之转移。诚如其《人主》篇所言：

人主之所以身危国亡者，大臣太贵，左右太威也。所谓贵者，无法而擅行，操国柄而便私者也。所谓威者，擅权势而轻重者也。此二者，不可不察也。夫马之所以能任重引车致远道者，以筋力也。万乘之主、千乘之君所以制天下而征诸侯者，以其威势也。威势者，人主之筋力也。今大臣得威，左右擅势，是人主失力；人主失力而能有国者，千无一人。虎豹之所以能胜人执百兽者，以其爪牙也；当使虎豹失其爪牙，则人必制之矣。今势重者，人主之爪牙也，君人而失其爪牙，虎豹之类也。宋君失其爪牙于子罕，简公失其爪牙于田常，而不蚤夺之，故身死国亡。今无术之主，皆明知宋、简之过也，而不悟其失，不察其事类者也。

因此，韩非告诫人君应当将法、术、势合一，"寄治乱于法术，托是非于赏罚，属轻重于权衡"（《大体》），"因道全法，君子乐而大奸止；澹然闲静，因天命，持大体"（同上）。

四、严刑

与前人不同的是，韩非将"刑""德"相提并论且视之为明主制臣理政之"二柄"，指出"明主之所导制其臣者，二柄而已矣。二柄者，刑、德也。何谓刑德？曰：杀戮之谓刑，庆赏之谓德"（《二柄》）。同时，韩非指出人主应当"以刑德制臣"（同上），若是"释其刑德而使臣用之，则君反制于臣矣"（同上）。

明主处理君臣关系讲究方式方法，"尽之以法，质之以备。故不赦死，不宥刑"（《爱臣》），因为赦死宥刑会导致社稷将危。所以说，"人主将欲禁奸，则审合刑名者，言异事也"（《二柄》）；人主听政有道，"以赏者赏，以刑者刑。因其所为，各以自成。善恶必及，孰敢不信"（《扬权》）。于为政之法而言，韩非认为"刑过不避大臣，赏善不遗匹夫"（《有度》），指出"属官威民，退淫殆，止诈伪，莫如刑。刑重则不敢以贵易贱，法审则上尊而不侵，上尊而不侵则主强"（同上）。继而，韩非站在国之治乱安危的立场，申明严刑重罚的重要性，其《奸劫弑臣》篇曰：

> 夫严刑重罚者，民之所恶也，而国之所以治也；哀怜百姓，轻刑罚者，民之所喜，而国之所以危也。圣人为法国者，必逆于世，而顺于道德。知之者，同于义而异于俗；弗知之者，异于义而同于俗。天下知之者少，则义非矣。
> 夫严刑者，民之所畏也；重罚者，民之所恶也。故圣人陈其所畏以禁其邪，设其所恶以防其奸，是以国安而暴乱不起。吾以是明仁义爱惠之不足用，而严刑重罚之可以治国也。

不仅如此，韩非强调"刑""德"二柄皆应为人主所用，不可为人臣假借，指出"至于守司囹圄，禁制刑罚，人臣擅之，此谓刑劫"（《三守》）。所以，"先王明赏以劝之,严刑以威之。赏刑明则民尽死,民尽死则兵强主尊"(《饰邪》),"有刑法而死,无螫毒,故奸人服"(《用人》),"先王之所以使其臣民者,非爵禄则刑罚也"(《外储说右上》)。

明主之道应该是"庆赏信而刑罚必,故君举功于臣,而奸不用于上"(《难一》),"以刑名收臣,以度量准下"(《难二》),因为"赏厚而信,人轻敌矣;刑重而必,失人不北矣"(同上),"无庆赏之劝,刑罚之威,释势委法,尧、舜户说而人辩之,不能治三家"(《难势》)。基于此,韩非强调人主治国首先应当"明刑辟"(《说疑》),"修刑重罚以为禁邪也,而以上为严"(《显学》),其次应当"以刑治,以赏战,厚禄以用术"(《饬令》)。在此,韩非指出:"重刑少赏,上爱民,民死赏。多赏轻刑,上不爱民,民不死赏。利出一空者,其国无敌;利出二空者,其兵半用;利出十空者民不守。重刑明民大制使人则上利。行刑、重其轻者,轻者不至,重者不来,此谓以刑去刑。罪重而刑轻,刑轻则事生,此谓以刑致刑,其国必削。"(同上)正是基于正反对比之剖析,韩非反对"轻刑",强调"重刑"。同时,韩非对当时流行的"轻刑"思想予以了批驳,韩非曰:

> 学者之言,皆曰轻刑,此乱亡之术也。……今取于轻刑者,其恶乱不甚也,其欲治又不甚也。此非特无术也,又乃无行。是故决贤不肖愚知之美,在赏罚之轻重。且夫重刑者,非为罪人也,明主之法揆也。
>
> 今不知治者皆曰:"重刑伤民,轻刑可以止奸,何必于重哉?"此不察于治者也。夫以重止者,未必以轻止也;以轻止者,必以重止矣。是以上设重刑者而奸尽止,奸尽止则此奚伤于民也?所谓重刑者,奸之所利者细,而上之所加焉者大也。民不以小利蒙大罪,故奸必止者也。所谓轻刑者,奸之所利者大,上之所加焉者小也。民慕其利而傲其罪,故奸不止也。(《六反》)

韩非认为,明主治国应当"适其时事以致财物,论其税赋以均贫富,厚其爵禄以尽贤能,重其刑罚以禁奸邪,使民以力得富"(《六反》),才是"帝王之政"。

在韩非看来,"父母之爱不足以教子""人主之爱不足以制臣"(《五蠹》),必待严刑以治之,故曰:"明王峭其法、而严其刑也。"(同上)耐人寻味的是,韩非将人主的"严刑"视为一种"爱",并且指出:

> 圣人之治民,度于本,不从其欲,期于利民而已。故其与之刑,非所以恶民,爱之本也。刑胜而民静,赏繁而奸生。故治民者,刑胜治之首也,赏繁乱之本也。夫民之性,喜其乱而不亲其法。(《心度》)

韩非认为,明主之所以"严刑""厚赏",是因为洞悉民之性、民之好,故而因循民之性与民之好而为之。韩非曰:

> 民者好利禄而恶刑罚。上掌好恶以御民力,事实不宜失矣,然而禁轻事失者,刑赏失也。其治民不秉法为善也,如是,则是无法也。故治乱之理,宜务分刑赏为急。治国者莫不有法,然而有存有亡。亡者,其制刑赏不分也。治国者,其刑赏莫不有分,有持以异为分,不可谓分。至于察君之分,独分也。是以其民重法而畏禁,愿毋抵罪而不敢胥赏。故曰:"不待刑赏而民从事矣。"(《制分》)

韩非将"刑"与"德"并举、"罚"与"赏"并重,尽管洞悉人性之恶,却缺乏人文关怀。韩非言"刑",一个"严"字让人不寒而栗。韩非在为人主张本的同时,偏离了业师荀子所言的儒家道德温情,以至于其论近乎无情、冷酷。

五、主道

其实,韩非不只讲"法""术""势",亦讲"道"与"德",只是其冷峻的笔锋、无情的论辩掩盖了其思想源头与其思想的形上性。韩非之学虽师于荀子儒学,但其本远绍老子之学,这一点在其论"道"时体现得尤为明显。

韩非眼中的"道"具有形上性、生发性与本源性,韩非解老时曰"道者,万物之所然也,万理之所稽也。理者,成物之文也;道者,万物之所以成也"(《解老》)。同时,韩非指出"道在不可见,用在不可知"(《主道》),"道者、弘大而无形"(《扬权》)。要言之,韩非眼中的"道"不仅具有形上性,而且有"道"之"用"。这是韩非由形上之"道"引出"圣人之道""明君之道"与"人主之道"的枢机。韩非曰:

> 道者，万物之始，是非之纪也。是以明君守始以知万物之源，治纪以知善败之端。故虚静以待令，令名自命也，令事自定也。虚则知实之情，静则知动者正。有言者自为名，有事者自为形，形名参同，君乃无事焉，归之其情。（《主道》）

> 道者，下周于事，因稽而命，与时生死。参名异事，通一同情。故曰道不同于万物，德不同于阴阳，衡不同于轻重，绳不同于出入，和不同于燥湿，君不同于群臣。凡此六者，道之出也。道无双，故曰一。是故明君贵独道之容。君臣不同道，下以名祷，君操其名，臣效其形，形名参同，上下和调也。（《扬权》）

绍继老子哲学，韩非指出"人主之道，静退以为宝"（《主道》），"圣人之道，去智与巧，智巧不去，难以为常"（《扬权》），明君之道，行赏"暖乎如时雨，百姓利其泽；其行罚也，畏乎如雷霆，神圣不能解也。故明君无偷赏，无赦罚。赏偷则功臣堕其业，赦罚则奸臣易为非。是故诚有功则虽疏贱必赏，诚有过则虽近爱必诛。近爱必诛，则疏贱者不怠，而近爱者不骄也"（《主道》）。同时，韩非指出人君不可"无道""失道"，"君有道，则臣尽力而奸不生；无道，则臣上塞主明而下成私"（《难一》），"天子失道，诸侯伐之，故有汤、武。诸侯失道，大夫伐之，故有齐、晋"（《难四》），"有道之臣，不贵其家。有道之君，不贵其臣。贵之富之，备将代之"（《扬权》）。因此，韩非强调人主应该"守道""因道"，"守自然之道，行毋穷之令，故曰明主"（《功名》），"因道全法，君子乐而大奸止"（《大体》），"天失道，草木犹犯干之，而况于人君乎"（《内储说上》）。不仅如此，韩非认为凡听有道、凡言有道，韩非曰：

> 凡听之道，以其所出，反以为之入；故审名以定位，明分以辨类。听言之道：溶若甚醉。唇乎齿乎，吾不为始乎，齿乎唇乎，愈惽惽乎。彼自离之，吾因以知之；是非辐辏，上不与构。虚静无为，道之情也；参伍比物，事之形也。（《扬权》）

另外，韩非认为"儒以文乱法，侠以武犯禁"（《五蠹》），并且反对儒家提倡的仁义道德。韩非强调"有道之主，远仁义，去智能，服之以法"（《说疑》），指出"天下皆以孝悌忠顺之道为是也,而莫知察孝悌忠顺之道而审行之,是以天下乱"(《忠孝》)。

其实,韩非以"庆赏"定义"德",消解了"德"的道德形上性,使之成为治国理政的一种手段与权术;其《二柄》篇曰:"二柄者,刑、德也。何谓刑德?曰:杀戮之谓刑,庆赏之谓德。"尽管韩非看到了"德"的内在性与外在性,但是他似乎有意强调"德"的外在性,其《解老》篇曰:

> 德者,内也;得者,外也。上德不德,言其神不淫于外也。神不淫于外则身全,身全之谓得。得者,得身也。凡德者,以无为集,以无欲成,以不思安,以不用固。

又,韩非指出"明君之道,贱德义贵,下必坐上,决诚以参,听无门户,故智者不得诈欺"(《八说》),"为治者用众而舍寡,故不务德而务法"(《显学》)。尽管韩非将"刑""德"视为"二柄",但其明显不赞成人主过多地倚重"德",而是极力鼓吹人主应当严刑、重法。

韩非之学不仅集法家诸子之学,而且集老子道家之学以及孔子、荀卿之学。可以说,韩非之学具有多变而成的理论特征,诚如刘咸炘《子疏》所言:

> 非之术盖多变矣。初学于荀卿,必不如是也。观《外储》引孔子盂圆水圆之说,是荀卿所述,(《君道》)而非闻之者也。乃以孔为不知,其背师明矣。继而学于黄老,故书常称引道家郑长者说,(《外储说右》)《解老》一篇,义颇纯正,与后世误解而诋老者大殊,虽亦有浅陋误解,固不害也。其言宁有与其所谓法术相合者邪?此其所学而非所执也。又继乃为管、慎、申之说,故《主道》二篇,纯为申义,《观行》以下诸篇,杂慎、申之说,其说皆与其后之说相反,如《安危》言有信无诈,而《外储说左下》则言恃势恃术而不恃信矣。《难三篇》驳管子赏罚信于所见,不求所不见之说,以为好说在所见,则群下必饰奸罔君矣。《用人篇》详申子治不逾官之说,《难三篇》亦申之,而《定法篇》则谓治不逾官为非矣。是皆后益深刻之之验也。且不独于前人之说也。《内储说》戒两用,而《难一篇》则言有术不患两用;《难四篇》

皆自难而自驳,则其自为之说亦驳之矣。大氐其初杂申、慎语,尚有纯者,如《功名篇》称尧舜,《有度篇》言先王,皆管、慎、申之所同;其后之自为说者,大氐宗商而兼慎,用申之术而去其无为自然法之说,纯为严刑立法密术察奸矣。极诋私行私意,以尊公功,尊主威,则商鞅之本旨也。故韩非子之于商极近,而于申稍远焉。①

战国乱世,乱象丛生;一道一法,难以包治百病;诸子学说常常随时而变、随境而变,甚至前后思想有时相互抵牾。其中,韩非之学即是如此。然则,于理论表征观之,韩非之学"虽集诸派之大成,而实以法为中坚"②。

"韩子引绳墨,切事情,明是非,其极惨礉少恩"(《史记·老子韩非列传》),韩非所著之书多偏离荀子之学,虽自成一家之言,却不为后儒所扬;不过,其论反倒为历代帝王、擅权者所暗喜。作为荀子高徒的韩非之所以背离荀子之学、抛弃儒家仁义道德而走向严刑峻法,应该不只是战国晚期儒家思想与法家思想的冲突所致,更多的应是战国乱世背景中的时代精神的自行选择与诸家学说相互争鸣相互会通之结果。至于说韩非偏激、尚刑、寡恩的个性,或许只是促成其学说特质形成的重要因素之一,其学说特质形成的背后根由更多的或许还是顺时而为、顺势而为。不过,不应忽略的是,主张性恶与重法的荀学发展至极时可能出现的一个理论形态与价值向度:韩非之学宗于荀子儒学,却流于法家;韩非之学看似是荀子儒学之歧出,实则是荀子隆礼重法之学失掉或偏离隆礼之后而远离儒家仁义价值导向的必然结果。

李斯学案

李斯,楚国上蔡人。李斯师从荀子学帝王之术,学成而欲建功,西去入秦,拜为秦相。李斯年少时为郡小吏,见厕中鼠与仓中鼠有别而叹曰:"人之贤不肖譬如鼠矣,在所自处耳。"(《史记·李斯列传》)

---

① 刘咸炘:《刘咸炘学术论集·子学编》,广西师范大学出版社 2007 年版,第 118 页。
② 陈柱:《诸子概论》,江苏文艺出版社 2008 年版,第 90 页。

一、入秦

李斯入秦之前在向业师荀子辞行时说道:"斯闻得时无怠,今万乘方争时,游者主事。今秦王欲吞天下,称帝而治,此布衣驰骛之时而游说者之秋也。处卑贱之位而计不为者,此禽鹿视肉,人面而能强行者耳。故诟莫大于卑贱,而悲莫甚于穷困。久处卑贱之位,困苦之地,非世而恶利,自托于无为,此非士之情也。故斯将西说秦王矣。"(《史记·李斯列传》)在此,李斯向荀子阐明自己将西行入秦而说秦王的"时"与"势"。李斯认为此时正是"秦王欲吞天下,称帝而治"之时,又是"游说者之秋";继而,李斯认为此时正是入秦大显身手的好时机,声称"自托于无为,此非士之情也"。

尽管史载李斯师从荀子,但是有关他们的学术问答或对话并不多见,西汉刘向删定的《荀子》(全书三十二篇)中仅有《议兵》篇存有李斯与荀子的一问一答:

> 李斯问孙卿子曰:秦四世有胜,兵强海内,威行诸侯,非以仁义为之也,以便从事而已。孙卿子曰:非汝所知也! 汝所谓便者,不便之便也;吾所谓仁义者,大便之便也。彼仁义者,所以修政者也;政修则民亲其上,乐其君,而轻为之死。故曰:凡在于军,将率末事也。秦四世有胜,諰諰然常恐天下之一合而轧己也,此所谓末世之兵,未有本统也。故汤之放桀也,非其逐之鸣条之时也;武王之诛纣也,非以甲子之朝而后胜之也,皆前行素修也,此所谓仁义之兵也。今女不求之于本而索之于末,此世之所以乱也。

细绎之,这段文字基本反映出李斯的学术价值取向与政治价值取向。李斯认为,秦四世有胜,兵强海内、威行诸侯并不是依靠仁义实现的,而是"以便从事"即取便利而为、顺时势而为。尽管李斯的观点不为荀子所认可,但李斯入秦后的所作所为尤其是抛却荀子及儒家仁义思想则无疑表明其思想苗头与政治取向早在问学于荀子之时就已初显端倪。或曰,荀子强调的以仁义为本的治国方略并不为急于建功立业的李斯所接受,亦不为急于以武力攻伐六国的强秦所接受。于当时之秦而言,霸道可期、可待，王道太远、太慢。或许，这正是李斯一入秦便能如鱼得水的深层原因。

二、谏秦

李斯"谏秦"主要体现在三件事情上：一是为谋官；二是为逐客；三是为勿击匈奴。

李斯入秦，初在吕不韦门下，得吕不韦举荐而说秦王，李斯曰：

> 胥人者，去其几也。成大功者，在因瑕衅而遂忍之。昔者秦穆公之霸，终不东并六国者，何也？诸侯尚众，周德未衰，故五伯迭兴，更尊周室。自秦孝公以来，周室卑微，诸侯相兼，关东为六国，秦之乘胜役诸侯，盖六世矣。今诸侯服秦，譬若郡县。夫以秦之强，大王之贤，由灶上骚除，足以灭诸侯成帝业，为天下一统，此万世之一时也。今怠而不急就，诸侯复强，相聚约从，虽有黄帝之贤，不能并也。（《史记·李斯列传》）

秦始皇听从李斯之计，暗地派遣谋士赍持金玉游说诸侯，对诸侯名士爱财者进行贿赂，对不肯合作者以利剑刺之。秦始皇初封李斯为长史，又拜李斯为客卿。

秦王政十年（前 237 年），时有官吏纵议驱逐客卿，身为客卿的李斯"亦在逐中"，或恐失去追逐功名利禄之机会的李斯向秦王嬴政上了《谏逐客书》。李斯于《谏逐客书》中以历史人物为例论证客卿对所事国家的重要性，指出秦之四公（穆公、孝公、惠王、昭王）召士纳贤、重用客卿之史实，同时又从物产汇聚于秦的角度指出客卿在其间扮演了重要角色。李斯站在"跨海内，制诸侯"即实现天下一统的高度，剖析"逐客"的利害得失。李斯认为，秦驱逐客卿是错误的。李斯之书阐明治国应当顺应历史潮流与天下大势，应当招揽天下英才而用之。李斯的《谏逐客书》堪称此类文书之典范，不仅说服秦王，而且使得秦王"除逐客之令，复李斯官，卒用其计谋"。细品李斯《谏逐客书》之行文，落笔似有无故遭逐而不能自平之怨气，故其"忽而正说，忽而倒说，忽而复说"；不过，"李斯之止逐客，并顺情入机，动言中务，虽批逆鳞，而功成计合，此上书之善说也"（《文心雕龙·论说》）。李斯因《谏逐客书》而得秦王赏识，官至廷尉。李斯辅秦王为皇帝,被拜为丞相。

秦始皇统一六国,海内为一,功齐三代。此时,秦始皇欲攻匈奴,李斯认为此事不可。李斯谏曰:

> 不可。夫匈奴无城郭之居,委积之守,迁徙鸟举,难得而制。轻兵深入,粮食必绝;运粮以行,重不及事。得其地,不足以为利;得其民,不可调而守也。胜必弃之,非民父母。靡敝中国,甘心匈奴,非完计也。(《汉书·严朱吾丘主父徐严终王贾列传》)

秦始皇不听李斯之谏,派遣蒙恬带兵攻胡,掠地千里,以河为境。蒙恬暴兵露师十多年,死者不可胜数,终不能渡过黄河而北攻。战争结果证明,李斯之谏颇有先见之明。

三、相秦

李斯相秦的功绩之一是上奏秦始皇实行政治意识形态领域中的“大一统”,李斯之奏在《史记·秦始皇本纪》与《史记·李斯列传》中均有记载。秦始皇三十四年(前 213 年),置酒咸阳宫,博士仆射周青臣等颂称始皇威德,齐人淳于越进谏曰:“臣闻之,殷周之王千余岁,封子弟功臣自为支辅。今陛下有海内,而子弟为匹夫,卒有田常、六卿之患,臣无辅弼,何以相救哉?事不师古而能长久者,非所闻也。今青臣等又面谀以重陛下过,非忠臣也。”秦始皇下其议,李斯议而有谏。李斯曰:

> 五帝不相复,三代不相袭,各以治,非其相反,时变异也。今陛下创大业,建万世之功,固非愚儒所知。且越言乃三代之事,何足法也?异时诸侯并争,厚招游学。今天下已定,法令出一,百姓当家则力农工,士则学习法令辟禁。今诸生不师今而学古,以非当世,惑乱黔首。丞相臣斯昧死言:古者天下散乱,莫之能一,是以诸侯并作,语皆道古以害今,饰虚言以乱实,人善其所私学,以非上之所建立。今皇帝并有天下,别黑白而定一尊。私学而相与非法教,人闻令下,则各以其学议之,入则心非,出则巷议,夸主以为名,异取以为高,率群下以造谤。如此弗禁,则主势降乎上,党与成乎下。禁之便。臣请史官非秦

记皆烧之。非博士官所职，天下敢有藏《诗》《书》百家语者，悉诣守、尉杂烧之。有敢偶语《诗》《书》者弃市。以古非今者族。吏见知不举者与同罪。令下三十日不烧，黥为城旦。所不去者，医药卜筮种树之书。若欲有学法令，以吏为师。

值得注意的是，《史记·秦始皇本纪》记载"制曰：'可'"，而《史记·李斯列传》记载"始皇可其议，收去《诗》《书》百家之语以愚百姓，使天下无以古非今。明法度，定律令，皆以始皇起"。司马迁认为，李斯有力于此。要言之，李斯之奏强调秦应在"天下已定"之时实行"法令出一"与"学出于一"，已经"并有天下"的皇帝理应实行"别黑白而定一尊"，即在国家政权实现"大一统"之后应该加强国家政治思想的"大一统"与教育文化的"大一统"。只不过，"具有彻底功利主义的理性主义思想"①的李斯所奏强调的是罢黜儒家诗书与百家之语，独尊法家而已。秦始皇用李斯之议而"燔五经之文，设挟书之律"，从此，"五经之儒，抱经隐匿；伏生之徒，窜藏土中。殄贤圣之文，厥辜深重，嗣不及孙"（《论衡·佚文》）。

李斯相秦的另一功绩是上奏秦始皇实行"郡县"制度。秦并天下，秦始皇对究竟是设藩臣、封诸侯还是设郡县、置官吏，心有困惑，李斯认为"周文武所封子弟同姓甚众，然后属疏远，相攻击如仇雠，诸侯更相诛伐，周天子弗能禁止。今海内赖陛下神灵一统，皆为郡县，诸子功臣以公赋税重赏赐之，甚足易制。天下无异意，则安宁之术也。置诸侯不便"（《史记·秦始皇本纪》）。听信李斯之言，秦始皇设郡县，坏六国诸侯之国与制。

秦始皇见"东南有天子气"（《史记·高祖本纪》），而作东南游，升会稽山，"李斯刻石，纪颂帝德"（《论衡·须颂》）。公元前 210 年，秦始皇巡游途中死于沙丘，赵高与李斯合谋立胡亥为帝。李斯权倾一时，其子为三川守。时有群盗吴广等西略地，章邯以破逐广等兵，派使者履案三川相属，并诋毁李斯父子。李斯恐失爵禄，于是阿谀二世，欲求宽容，李斯上书曰：

夫贤主者，必且能全道而行督责之术者也，督责之，则臣不敢不

---

① ［德］马克斯·韦伯：《儒教与道教》，王容芬译，商务印书馆 1995 年版，第 216 页。

竭能以徇其主矣。此臣主之分定,上下之义明,则天下贤不肖莫敢不尽心竭任以徇其君矣。是故主独制于天下而无所制也。能穷乐之极矣,贤明之主也,可不察焉。

……

且夫俭节仁义之人立于朝,则荒肆之乐辍矣;谏说论理之臣间于侧,则流漫之志诎矣;烈士死节之行显于世,则淫康之虞废矣。故明主能外此三者,而独操主术以制听从之臣,而修其明法,故身尊而势重也。凡贤主者,必将能拂世磨俗,而废其所恶,立其所欲,故生则有尊重之势,死则有贤明之谥也。是以明君独断,故权不在臣也。然后能灭仁义之涂,掩驰说之口,困烈士之行,塞聪掩明,内独视听,故外不可倾以仁义烈士之行,而内不可夺以谏说忿争之辩。故能荦然独行恣睢之心而莫之敢逆。若此然后可谓能明申、韩之术,而修商君之法。法修术明而天下乱者,未之闻也。故曰"王道约而易操"也。唯明主为能行之。若此则谓督责之诚,则臣无邪,臣无邪则天下安,天下安则主严尊,主严尊则督责必,督责必则所求得,所求得则国家富,国家富则君乐丰。故督责之术设,则所欲无不得矣。群臣百姓救过不给,何变之敢图? 若此则帝道备,而可谓能明君臣之术矣。虽申、韩复生,不能加也。(《史记·李斯列传》)

李斯的奏书阐明治国理政应当"修申、韩之明术,行督责之道,专以天下自适",并且指出"明主圣王之所以能久处尊位,长执重势,而独擅天下之利者,非有异道也,能独断而审督责,必深罚,故天下不敢犯也"。在此,李斯将尧禹之道视为桎梏,并且否定了仁义治国的重要性。史载,秦二世尤爱娱乐,身为丞相的李斯谏曰"放弃诗书,极意声色,祖伊所以惧也;轻积细过,恣心长夜,纣所以亡也"(《史记·乐书》)。然则,赵高为秦二世力辩曰"五帝、三王乐各殊名,示不相袭。上自朝廷,下至人民,得以接欢喜,合殷勤,非此和说不通,解泽不流,亦各一世之化,度时之乐,何必华山之騄耳而后行远乎"(同上)。忠言逆耳,谄媚悦心,秦二世心悦于赵高的说词。李斯治法于内,"用刑太极"(《新书·无为》);秦以赵高、李斯为杖,故有倾仆跌伤之祸,因为"杖圣者帝,杖贤者王,杖仁者霸,杖义者强,杖谗者灭,杖贼者亡"(《新书·辅政》)。只是,重法尚刑的李斯自己却没能善终,"李斯积功于秦,而卒被五刑"(《说苑·杂言》)。

四、非韩

世人常感叹"李斯使人遗非药,使自杀"(《史记·老子韩非列传》),但说李斯嫉才妒能、心胸狭窄,却未尝细细梳理李斯与韩非之关系渊源以及其中隐藏的人性方面的因由。其实,李斯非韩非,早在同师荀子之时已初现端倪。李斯与韩非俱事荀卿,李斯自以为不如韩非。那时,李斯与韩非只有才能高低之别,并无功名利害之争;但是,李斯自知与韩非相比自己才疏学浅,自卑、嫉妒之心暗生,只是未致非难韩非之境地。不过,"自以为不如韩非"的李斯却能采人之长,"韩非著书,李斯采以言事"(《论衡·案书》)。《史记》记载,当时有人传韩非之书至秦国,秦王见《孤愤》与《五蠹》之书感慨曰:"嗟乎,寡人得见此人与之游,死不恨矣。"李斯曰:"此韩非之所著书也。"秦急攻韩,韩王遣韩非使秦。秦王对韩非的到来很高兴,却对韩非未加信用。于李斯而言,先前同师荀子之门的同门之谊被潜在的功名利害之争荡涤一空,当年同门时的自卑、嫉妒亦于此时化作非难倾泻而出。尽管秦始皇欣赏韩非的文章,怎奈李斯、姚贾从中害之,李斯、姚贾毁之曰:"韩非,韩之诸公子也。今王欲并诸侯,非终为韩不为秦,此人之情也。今王不用,久留而归之,此自遗患也,不如以过法诛之。"(《史记·老子韩非列传》)。秦始皇听信李斯、姚贾之言,下吏治罪于韩非。此时,李斯若是念及昔日同师于荀门之谊,理当援救韩非。遗憾的是,李斯却"使人遗非药,使自杀。韩非欲自陈,不得见。秦王后悔之,使人赦之,非已死矣"(同上)。

其实,李斯非韩非、害韩非只是小人算计君子之阴谋得逞而已,或曰韩非是被李斯当作"假想敌"而陷害的。

五、争权

与陷害韩非不同,李斯与赵高的权力之争却是近乎赤身肉搏,而且李斯这次没有那般幸运了。《史记·李斯列传》记载:

> 是时二世在甘泉,方作觳抵优俳之观。李斯不得见,因上书言赵高之短曰:"臣闻之,臣疑其君,无不危国;妾疑其夫,无不危家。今有

大臣于陛下擅利擅害,与陛下无异,此甚不便。……"二世曰:"何哉？夫高,故宦人也,然不为安肆志,不以危易心,絜行修善,自使至此,以忠得进,以信守位,朕实贤之,而君疑之,何也？且朕少失先人,无所识知,不习治民,而君又老,恐与天下绝矣。朕非属赵君,当谁任哉？且赵君为人精廉强力,下知人情,上能适朕,君其勿疑。"李斯曰:"不然。夫高,故贱人也,无识于理,贪欲无厌,求利不止,列势次主,求欲无穷,臣故曰殆。"二世已前信赵高,恐李斯杀之,乃私告赵高。高曰:"丞相所患者独高,高已死,丞相即欲为田常所为。"

这段文字反映出李斯与赵高相互争权、相互诋毁,近乎角斗。只是秦二世偏向赵高,因此在赵高等人的构陷下,李斯被下狱。饶是有趣的是,秦二世使赵高审理李斯一案,身陷牢狱的李斯似乎只能仰天而叹了。李斯叹曰:

嗟乎！悲夫！不道之君,何可为计哉！昔者桀杀关龙逢,纣杀王子比干,吴王夫差杀伍子胥。此三臣者,岂不忠哉！然而不免于死,身死而所忠者非也。今吾智不及三子,而二世之无道过于桀、纣、夫差,吾以忠死,宜矣。且二世之治岂不乱哉！日者夷其兄弟而自立也,杀忠臣而贵贱人,作为阿房之宫,赋敛天下。吾非不谏也,而不吾听也。凡古圣王,饮食有节,车器有数,宫室有度,出令造事,加费而无益于民利者禁,故能长久治安。今行逆于昆弟,不顾其咎；侵杀忠臣,不思其殃；大为宫室,厚赋天下,不爱其费。三者已行,天下不听。今反者已有天下之半矣,而心尚未寤也,而以赵高为佐,吾必见寇至咸阳,麋鹿游于朝也。(《史记·李斯列传》)

赵高谴责李斯父子谋反,收捕李斯宗族、宾客。其实,李斯是自负有功,实无反心。或因于此,抑或是趋利避害之心的本能使然,李斯狱中上书求生,其书曰:

臣为丞相,治民三十余年矣。逮秦之地狭隘。先王之时秦地不过千里,兵数十万。臣尽薄材,谨奉法令,阴行谋臣,资之金玉,使游说诸侯，阴修甲兵，饰政教，官斗士，尊功臣，盛其爵禄，故终以胁韩弱魏，破燕、赵，夷齐、楚，卒兼六国，虏其王，立秦为天子。罪一矣。地非不广，又北逐湖、貉，南定百越，以见秦之强。罪二矣。尊大臣，盛其爵位，以固其亲。罪三矣。立社稷，修宗庙，以明主之贤。罪四矣。更克画，平斗斛度量，文章布之天下，以树秦之名。罪五矣。治驰道，兴游观，以见主之得意。罪六矣。缓刑罚，薄赋敛，以遂主得众之心，万民戴主，死而不忘。罪七矣。若斯之为臣者，罪足以死固久矣。上幸尽其能力，乃得至今，愿陛下察之！（同上）

怎奈李斯的上书落到了赵高手中，赵高使吏弃去不奏且曰"囚安得上书"。秦二世二年（前208年），七月，判李斯五刑，论腰斩咸阳市。临刑之前，李斯对儿子说"吾欲与若复牵黄犬俱出上蔡东门逐狡兔，岂可得乎"，李斯父子相哭，被夷三族。李斯已死，赵高为中丞相，事皆决于赵高。

六、作书

《史记·李斯列传》记载"同文书"是李斯之力，但是对李斯在"同文书"方面究竟做了哪些贡献却语焉未详。《汉书·艺文志》曰"仓颉七章者，秦丞相李斯所作也"，许慎《说文解字》卷一《序》指出：

（周）宣王太史籀，著大篆十五篇，与古文或异。至孔子书六经，左丘明述春秋传，皆以古文，厥意可得而说也。其后诸侯力政，不统于王。恶礼乐之害己，而皆去其典籍。分为七国，田畴异亩，车涂异轨，律令异法，衣冠异制，言语异声，文字异形。秦始皇帝初兼天下，丞相李斯乃奏同之，罢其不与秦文合者。斯作《仓颉篇》。

由此可知，李斯于"同文书"而言，其功在于作《仓颉篇》，这是秦朝实现"大一统"过程中的文化、文字大一统的关键。李斯于古文字"能明其画，因时推秦，遂得意于海内"（《史记·太史公自序》），也就是说，李斯在帮助秦始皇推行"统一文字"方面颇有功绩。

纵观李斯一生，李斯"以闾阎历诸侯，入事秦，因以瑕衅，以辅始皇，卒成帝业，斯为三公，可谓尊用矣"（《史记·李斯列传》）。然则，李斯"贪其所欲,致其所恶。李斯相秦,席天下之势,志小万乘;及其囚于囹圄,车裂于云阳之市,亦愿负薪入东门,行上蔡曲街径,不可得也"(《盐铁论·毁学》);或曰李斯"知六艺之归,不务明政以补主上之缺,持爵禄之重,阿顺苟合,严威酷刑"(《史记·李斯列传》),以至身遭刑戮。只是,耐人寻味的是,李斯是自认为深得孔子、子弓之道的荀子的高徒,却背离了荀子儒学。李斯抛弃仁义道德,走向严刑峻法,而且用计弄权并陷害同门韩非。凡此种种,或许是因其性恶、寡恩、无情,但亦折射出荀门的重法思想运用于现实所产生的流弊。

附:《荀子》辑要

君子曰:学不可以已。青,取之于蓝而青于蓝;冰,水为之而寒于水。木直中绳,柔以为轮,其曲中规,虽有槁暴,不复挺者,柔使之然也。故木受绳则直,金就砺则利,君子博学而日参省乎己,则知明而行无过矣。故不登高山,不知天之高也;不临深溪,不知地之厚也;不闻先王之遗言,不知学问之大也。干、越、夷、貉之子,生而同声,长而异俗,教使之然也。(《劝学》)

材性知能,君子小人一也。好荣恶辱,好利恶害,是君子小人之所同也,若其所以求之之道则异矣。小人也者,疾为诞而欲人之信己也,疾为诈而欲人之亲己也,禽兽之行而欲人之善己也。(《荣辱》)

人有三不祥:幼而不肯事长,贱而不肯事贵,不肖而不肯事贤,是人之三不祥也。人有三必穷:为上则不能爱下,为下则好非其上,是人之一必穷也。乡则不若,偝则谩之,是人之二必穷也。知行浅薄,曲直有以相县矣,然而仁人不能推,知士不能明,是人之三必穷也。人有此三数行者,以为上则必危,为下则必灭。(《非相》)

少事长,贱事贵,不肖事贤,是天下之通义也。有人也,埶不在人上,而羞为人下,是奸人之心也。志不免乎奸心,行不免乎奸道,而求有君子圣人之名,辟之,是犹伏而咶天,救经而引其足也。说必不行矣,俞务而俞远。故君子时诎则诎,时伸则伸也。(《仲尼》)

王者之制:道不过三代,法不二后王;道过三代谓之荡,法二后王谓之不雅。衣服有制,宫室有度,人徒有数,丧祭械用皆有等宜,声则凡非雅声者举废,色则凡非旧文者举息,械用则凡非旧器者举毁,夫是之谓复古。

是王者之制也。王者之论：无德不贵，无能不官，无功不赏，无罪不罚，朝无幸位，民无幸生，尚贤使能而等位不遗，析愿禁捍而刑罚不过。百姓晓然皆知夫为善于家而取赏于朝也；为不善于幽而蒙刑于显也。夫是之谓定论。是王者之论也。王者之等赋、政事、财万物，所以养万民也。田野什一，关市几而不征，山林泽梁以时禁发而不税。相地而衰政，理道之远近而致贡，通流财物粟米，无有滞留，使相归移也。四海之内若一家。故近者不隐其能，远者不疾其劳，无幽闲隐僻之国莫不趋使而安乐之。夫是之谓人师。是王者之法也。（《王制》）

道者何也？曰：君道也。君者何也？曰：能群也。能群也者何也？曰：善生养人者也，善班治人者也，善显设人者也，善藩饰人者也。善生养人者人亲之，善班治人者人安之，善显设人者人乐之，善藩饰人者人荣之。四统者具而天下归之，夫是之谓能群。（《君道》）

礼者，治辨之极也，强国之本也，威行之道也，功名之总也。王公由之，所以得天下也；不由，所以陨社稷也。故坚甲利兵不足以为胜，高城深池不足以为固，严令繁刑不足以为威，由其道则行，不由其道则废。（《议兵》）

故人之命在天，国之命在礼。人君者隆礼尊贤而王，重法爱民而霸，好利多诈而危，权谋、倾覆、幽险而亡。（《强国》）

礼有三本：天地者，生之本也；先祖者，类之本也；君师者，治之本也。无天地恶生？无先祖恶出？无君师恶治？三者偏亡焉，无安人。故礼上事天，下事地，尊先祖而隆君师，是礼之三本也。故王者天太祖，诸侯不敢坏，大夫士有常宗，所以别贵始。贵始，得之本也。（《礼论》）

凡礼，始乎棁，成乎文，终乎悦校。故至备，情文俱尽；其次，情文代胜；其下，复情以归大一也。天地以合，日月以明，四时以序，星辰以行，江河以流，万物以昌，好恶以节，喜怒以当，以为下则顺，以为上则明，万物变而不乱，贰之则丧也。礼岂不至矣哉！立隆以为极，而天下莫之能损益也。本末相顺，终始相应，至文以有别，至察以有说。天下从之者治，不从者乱；从之者安，不从者危；从之者存，不从者亡。小人不能测也。（《礼论》）

礼者，谨于治生死者也。生，人之始也；死，人之终也；终始俱善，人道毕矣。故君子敬始而慎终，终始如一，是君子之道，礼义之文也。（《礼

论》)

夫乐者,乐也,人情之所必不免也,故人不能无乐。乐则必发于声音,形于动静,而人之道,声音、动静、性术之变尽是矣。故人不能不乐,乐则不能无形,形而不为道,则不能无乱。先王恶其乱也,故制《雅》《颂》之声以道之,使其声足以乐而不流,使其文足以辨而不谚,使其曲直、繁省、廉肉、节奏足以感动人之善心,使夫邪污之气无由得接焉。(《乐论》)

故为蔽:欲为蔽,恶为蔽,始为蔽,终为蔽,远为蔽,近为蔽,博为蔽,浅为蔽,古为蔽,今为蔽。凡万物异则莫不相为蔽,此心术之公患也。(《解蔽》)

何谓衡?曰:道。故心不可以不知道。心不知道,则不可道而可非道。人孰欲得恣而守其所不可,以禁其所可?以其不可道之心取人,则必合于不道人,而不知合于道人。以其不可道之心,与不道人论道人,乱之本也。夫何以知!曰:心知道,然后可道;可道,然后能守道以禁非道。以其可道之心取人,则合于道人,而不合于不道之人矣。以其可道之心,与道人论非道,治之要也。何患不知?故治之要在于知道。人何以知道?曰:心。心何以知?曰:虚壹而静。心未尝不臧也,然而有所谓虚;心未尝不满也,然而有所谓一;心未尝不动也,然而有所谓静。人生而有知,知而有志。志也者,臧也,然而有所谓虚,不以所已臧害所将受谓之虚。心生而有知,知而有异,异也者,同时兼知之。同时兼知之,两也,然而有所谓一,不以夫一害此一谓之壹。心,卧则梦,偷则自行,使之则谋。故心未尝不动也,然而有所谓静,不以梦剧乱知谓之静。未得道而求道者,谓之虚壹而静。作之:则将须道者之虚则人,将事道者之壹则尽,尽将思道者静则察。知道察,知道行,体道者也。虚壹而静,谓之大清明。(《解蔽》)

故万物虽众,有时而欲遍举之,故谓之物,物也者,大共名也。推而共之,共则有共,至于无共然后止。有时而欲偏举之,故谓之鸟兽。鸟兽也者,大别名也。推而别之,别则有别,至于无别然后止。名无固宜,约之以命。约定俗成谓之宜,异于约则谓之不宜。名无固实,约之以命实,约定俗成谓之实名。名有固善,径易而不拂,谓之善名。物有同状而异所者,有异状而同所者,可别也。状同而为异所者,虽可合,谓之二实。状变而实无别而为异者,谓之化。有化而无别,谓之一实。此事之所以稽实定数也,此制名之枢要也。后王之成名,不可不察也。(《正名》)

人之性恶,其善者伪也。今人之性,生而有好利焉,顺是,故争夺生而辞让亡焉;生而有疾恶焉,顺是,故残贼生而忠信亡焉;生而有耳目之欲,有好声色焉,顺是,故淫乱生而礼义文理亡焉。然则从人之性,顺人之情,必出于争夺,合于犯分乱理而归于暴。故必将有师法之化,礼义之道,然后出于辞让,合于文理,而归于治。用此观之,然则人之性恶明矣,其善者伪也。故枸木必将待隐栝、烝、矫然后直,钝金必将待砻、厉然后利。今人之性恶,必将待师法然后正,得礼义然后治。今人无师法则偏险而不正,无礼义则悖乱而不治。古者圣王以人之性恶,以为偏险而不正,悖乱而不治,是以为之起礼义,制法度,以矫饰人之情性而正之,以扰化人之情性而导之也。始皆出于治、合于道者也。今之人化师法,积文学,道礼义者为君子;纵性情,安恣睢,而违礼义者为小人。用此观之,人之性恶明矣,其善者,伪也。(《性恶》)

治之经,礼与刑,君子以修百姓宁。明德慎罚,国家既治四海平。治之志,后埶富,君子诚之好以待。处之敦固,有深藏之能远思。(《成相》)

亲亲、故故、庸庸、劳劳,仁之杀也;贵贵、尊尊、贤贤、老老、长长,义之伦也。行之得其节,礼之序也。仁,爱也,故亲。义,理也,故行。礼,节也,故成。仁有里,义有门。仁非其里而虚之,非礼也;义非其门而由之,非义也。推恩而不理,不成仁;遂理而不敢,不成义;审节而不和,不成礼;和而不发,不成乐。故曰:仁、义、礼、乐,其致一也。君子处仁以义,然后仁也;行义以礼,然后义也;制礼反本成末,然后礼也。三者皆通,然后道也。(《大略》)

《韩非子》辑要

道者,万物之始,是非之纪也。是以明君守始以知万物之源,治纪以知善败之端。故虚静以待令,令名自命也,令事自定也。虚则知实之情,静则知动者正。有言者自为名,有事者自为形,形名参同,君乃无事焉,归之其情。(《主道》)

人主之道,静退以为宝。不自操事而知拙与巧,不自计虑而知福与咎。是以不言而善应,不约而善增。言已应,则执其契;事已增,则操其符。符契之所合,赏罚之所生也。(《主道》)

国无常强,无常弱。奉法者强则国强,奉法者弱则国弱。(《有度》)

明主之所导制其臣者，二柄而已矣。二柄者，刑、德也。何谓刑、德？曰：杀戮之谓刑，庆赏之谓德。为人臣者畏诛罚而利庆赏，故人主自用其刑德，则群臣畏其威而归其利矣。故世之奸臣则不然，所恶则能得之其主而罪之，所爱则能得之其主而赏之。（《二柄》）

人主之患在于信人。信人，则制于人。人臣之于其君，非有骨肉之亲也，缚于势而不得不事也。故为人臣者，窥觇其君心也，无须史之休，而人主怠傲处其上，此世所以有劫君弑主也。（《备内》）

人主欲为事，不通其端末而以明其欲，有为之者，其为不得利，必以害反。知此者，任理去欲。举事有道，计其入多，其出少者，可为也。惑主不然，计其入，不计其出，出虽倍其入，不知其害，则是名得而实亡，如是者功小而害大矣。凡功者，其入多，其出少，乃可谓功。今大费无罪而少得为功，则人臣出大费而成小功，小功成而主亦有害。（《南面》）

道者，万物之所然也，万理之所稽也。理者，成物之文也；道者，万物之所以成也。（《解老》）

圣王之立法也，其赏足以劝善，其威足以胜暴，其备足以必完法。法治世之臣，功多者位尊，力极者赏厚，情尽者名立。善之生如春，恶之死如秋。故民劝极力而乐尽情，此之谓上下相得。（《守道》）

明君之所以立功成名者四：一曰天时，二曰人心，三曰技能，四曰势位。（《功名》）

主之所用也七术，所察也六微。七术：一曰众端参观，二曰必罚明威，三曰信赏尽能，四曰一听责下，五曰疑诏诡使，六曰挟知而问，七曰倒言反事。此七者，主之所用也。（《内储说上》）

利之所在，民归之；名之所彰，士死之。是以功外于法而赏加焉，则上不信得所利于下，名外于法而誉加焉，则士劝名而下畜之于君。（《外储说左上》）

人主者，利害之辐毂也，射者众，故人主共矣。是以好恶见则下有因，而人主惑矣；辞言通则臣难言，而主不神矣。（《外储说右上》）

因事之理，则不劳而成。（《外储说右下》）

行义示则主威分，慈仁听则法制毁。（《八经》）

儒以文乱法，侠以武犯禁，而人主兼礼之，此所以乱也。夫离法者罪，而诸先生以文学取；犯禁者诛，而群侠以私剑养。故法之所非，君之所取；

吏之所诛,上之所养也。法趣上下四相反也,而无所定,虽有十黄帝不能治也。故行仁义者非所誉,誉之则害功;工文学者非所用,用之则乱法。(《五蠹》)

天下皆以孝悌忠顺之道为是也,而莫知察孝悌忠顺之道而审行之,是以天下乱。皆以尧、舜之道为是而法之,是以有弑君,有曲父。尧、舜、汤、武或反君臣之义,乱后世之教者也。尧为人君而君其臣,舜为人臣而臣其君,汤、武为人臣而弑其主、刑其尸,而天下誉之,此天下所以至今不治者也。夫所谓明君者,能畜其臣者也;所谓贤臣者,能明法辟、治官职,以戴其君者也。今尧自以为明而不能以畜舜,舜自以为贤而不能以戴尧,汤、武自以为义而弑其君长,此明君且常与而贤臣且常取也。故至今为人子者有取其父之家,为人臣者有取其君之国者矣。父而让子,君而让臣,此非所以定位一教之道也。(《忠孝》)

夫民之性,恶劳而乐佚,佚则荒,荒则不治,不治则乱而赏刑不行于天下者必塞。故欲举大功而难致而力者,大功不可几而举也;欲治其法而难变其故者,民乱不可几而治也。故治民无常,唯治为法。法与时转则治,治与世宜则有功。故民朴而禁之以名则治,世知维之以刑则从。时移而治不易者乱,能治众而禁不变者削。故圣人之治民治,法与时移而禁与能变。(《心度》)

李斯《谏逐客书》节要

今陛下致昆山之玉,有随、和之宝,垂明月之珠,服太阿之剑,乘纤离之马,建翠凤之旗,树灵鼍之鼓。此数宝者,秦不生一焉,而陛下说之,何也?必秦国之所生然后可,则是夜光之璧不饰朝廷,犀象之器不为玩好,郑、卫之女不充后宫,而骏良駃騠不实外厩,江南金锡不为用,西蜀丹青不为采。所以饰后宫充下陈娱心意说耳目者,必出于秦然后可,则是宛珠之簪,傅玑之珥,阿缟之衣,锦绣之饰不进于前,而随俗雅化佳冶窈窕赵女不立于侧也。夫击瓮叩缶弹筝搏髀,而歌呼呜呜快耳者,真秦之声也;郑、卫、桑闲、昭、虞、武、象者,异国之乐也。今弃击瓮叩缶而就郑卫,退弹筝而取昭虞,若是者何也?快意当前,适观而已矣。今取人则不然。不问可否,不论曲直,非秦者去,为客者逐。然则是所重者在乎色乐珠玉,而所轻者在乎人民也。此非所以跨海内制诸侯之术也。

臣闻地广者粟多,国大者人众,兵强则士勇。是以太山不让土壤,故能成其大;河海不择细流,故能就其深;王者不却众庶,故能明其德。是以地无四方,民无异国,四时充美,鬼神降福,此五帝、三王之所以无敌也。今乃弃黔首以资敌国,却宾客以业诸侯,使天下之士退而不敢西向,裹足不入秦,此所谓"藉寇兵而赍盗粮"者也。夫物不产于秦,可宝者多;士不产于秦,而愿忠者众。今逐客以资敌国,损民以益雠,内自虚而外树怨于诸侯,求国无危,不可得也。(《史记·李斯列传》)

李斯《行督责书》节要

故申子曰:"有天下而不恣睢,命之曰以天下为桎梏"者,无他焉,不能督责,而顾以其身劳于天下之民,若尧、禹然,故谓之"桎梏"也。夫不能修申、韩之明术,行督责之道,专以天下自适也,而徒务苦形劳神,以身徇百姓,则是黔首之役,非畜天下者也,何足贵哉!夫以人徇己,则己贵而人贱;以己徇人,则己贱而人贵。故徇人者贱,而人所徇者贵,自古及今,未有不然者也。凡古之所为尊贤者,为其贵也;而所为恶不尚者,为其贱也。而尧、禹以身徇天下者也,因随而尊之,则亦失所为尊贤之心矣,夫可谓大谬矣。谓之为"桎梏",不亦宜乎?不能督责之过也。(《史记·李斯列传》)

儒道争鸣学案

虽说"儒家宗师仲尼,道家传于老子"[①],但是先秦儒家与道家向来颇有渊源,孔子问礼于老子,庄子称许颜回精神。今人有言儒道互补,实为一孔之见,因为"世之学老子者则绌儒学,儒学亦绌老子"(《史记·老子韩非列传》)。其实,儒道争鸣自春秋末年已经出现,儒道争鸣之材料多见于《论语》《庄子》《孟子》《荀子》等。其中,孟子批评的道家人物是杨朱,荀子批评的道家人物是老、庄。孟子曰:"圣王不作,诸侯放恣,处士横议,杨朱、墨翟之言盈天下。天下之言,不归杨,则归墨。杨氏为我,是无君也;墨氏兼爱,是无父也。无父无君,是禽兽也。……杨墨之道不息,孔子之道不著。"(《孟子·滕文公下》)荀子曰:"老子有见于诎,无见于信。"(《荀子·天论》)"庄子蔽于天而不知人。"(《荀子·解蔽》)儒道之间可谓是"道不同不相为谋",道家主张无为自化,清静自正;儒家强调有为教化,家国天下。对于儒道之别,西汉司马谈与东汉班固皆有论说,司马谈《论六家之要指》曰:

> 儒者博而寡要,劳而少功,是以其事难尽从;然其序君臣父子之礼,列夫妇长幼之别,不可易也。
>
> 夫儒者以六艺为法。六艺经传以千万数,累世不能通其学,当年不能究其礼,故曰:"博而寡要,劳而少功。"若夫列君臣父子之礼,序夫妇长幼之别,虽百家弗能易也。
>
> 道家使人精神专一,动合无形,赡足万物。其为术也,因阴阳之大顺,采儒墨之善,撮名法之要,与时迁移,应物变化,立俗施事,无所不宜,指约而易操,事少而功多。儒者则不然。以为人主天下之仪表

---

① 章太炎讲演,诸祖耿等记录:《章太炎国学讲演录》,中华书局 2013 年版,第 235 页。

也,主倡而臣和,主先而臣随。如此则主劳而臣逸。至于大道之要,去健羡,绌聪明,释此而任术。夫神大用则竭,形大劳则敝。形神骚动,欲与天地长久,非所闻也。

道家无为,又曰无不为,其实易行,其辞难知。其术以虚无为本,以因循为用。无成势,无常形,故能究万物之情。不为物先,不为物后,故能为万物主。有法无法,因时为业;有度无度,因物与合。……(《史记·太史公自序》)

班固《汉书·艺文志》曰:

儒家者流,盖出于司徒之官,助人君顺阴阳明教化者也。游文于六经之中,留意于仁义之际,祖述尧舜,宪章文武,宗师仲尼,以重其言,于道最为高。孔子曰:"如有所誉,其有所试。"唐虞之隆,殷周之盛,仲尼之业,已试之效者也。然惑者既失精微,而辟者又随时抑扬,违离道本,苟以哗众取宠。后进循之,是以五经乖析,儒学浸衰,此辟儒之患。

道家者流,盖出于史官,历记成败存亡祸福古今之道,然后知秉要执本,清虚以自守,卑弱以自持,此君人南面之术也。合于尧之克攘,易之嗛嗛,一谦而四益,此其所长也。及放者为之,则欲绝去礼学,兼弃仁义,曰独任清虚可以为治。

比较司马谈与班固之论,可见司马谈推崇道家、贬抑儒家,而班固隐有推崇儒家、贬抑道家之意。

先秦时期,诸子争鸣,百家往而不反,道术为天下裂,诸子各引一端,"其言虽殊,辟犹水火,相灭亦相生也。仁之与义,敬之与和,相反而皆相成也"(《汉书·艺文志》)。于儒家与道家而言,彼此是独立之存在,并非为对方之补充,而且彼此各有长短。大体言之,儒道争鸣主要有道德仁义之争、理想人格之争、治国理政之有为与无为之争。

一、儒家(孔、孟)崇仁尚义,道家(老、庄)绝仁弃义

孔子强调人应该"志于仁"(《论语·里仁》)、"依于仁"(《论语·述

而》),仁者安仁,知者利仁,"君子无终食之间违仁,造次必于是,颠沛必于是"(《论语·里仁》)。孔子强调"为仁由己"(《论语·颜渊》)与"克己复礼为仁"(同上),强调凡事皆当遵礼而行:"非礼勿视,非礼勿听,非礼勿言,非礼勿动。"(同上)同时,主张仁者爱人,强调"无求生以害仁,有杀身以成仁"(《论语·卫灵公》)。孟子在孔子仁学基础上进一步阐发仁义之于治身与治国的重要性,孟子见梁惠王时阐明了这一点。《孟子·梁惠王上》记载:

> 孟子见梁惠王。王曰:"叟不远千里而来,亦将有以利吾国乎?"孟子对曰:"王何必曰利?亦有仁义而已矣。"

进而,孟子指出:

> 王如施仁政于民,省刑罚,薄税敛,深耕易耨。壮者以暇日修其孝悌忠信,入以事其父兄,出以事其长上,可使制梃以挞秦楚之坚甲利兵矣。彼夺其民时,使不得耕耨以养其父母,父母冻饿,兄弟妻子离散。彼陷溺其民,王往而征之,夫谁与王敌?故曰:"仁者无敌。"王请勿疑!

孟子认为人君行仁政,民亲其上,人君"行仁政而王"(《孟子·公孙丑上》),并且指出"当今之时,万乘之国行仁政,民之悦之,犹解倒悬也。故事半古之人,功必倍之,惟此时为然"(同上)。孟子将仁义视为人性之"四端"的重要内容并将其视为普遍性的存在,提出"今人乍见孺子将入于井,皆有怵惕恻隐之心","恻隐之心,仁之端也"(同上),并且声称"仁义礼智,非由外铄我也,我固有之也"(《孟子·告子上》)、"仁,人之安宅也;义,人之正路也。旷安宅而弗居,舍正路而不由,哀哉"(《孟子·离娄上》)。借此,孟子阐明仁义之于道德理想人格养成的重要性,强调"君子以仁存心,以礼存心。仁者爱人,有礼者敬人。爱人者人恒爱之,敬人者人恒敬之"(同上)。以仁义为标准,孟子对为君与为臣提出标准,指出"君不乡道,不志于仁,而求富之,是富桀也""君不乡道,不志于仁,而求为之强战,是辅桀也"(《孟子·告子下》)。不仅如此,孟子强调"人皆有所不忍,达之于其所忍,仁也;人皆有所不为,达之于其所为,义也。人能充无欲害人之心,而仁不可胜用也;人能充无穿逾之心,而义不可胜用也"(《孟子·尽心下》)。其实,看似玄妙的"仁"在孟子眼中的体现就在个人身边、就在现实生活之中:"仁"始于尊亲,"亲亲,仁也;敬长,义也"(《孟子·尽心上》)。尽管荀子批评子思、孟子,但是其自认绍继孔子、子弓之道,因此荀子不光强调隆礼重法,而且也强调仁义。荀子在论证道德理想人格时指出,"君子贫穷而志广,隆仁也"(《荀子·修身》),"唯仁之为守,唯义之为行。诚心守仁则形,形则神,神则能化矣"(《荀子·不苟》)。其实,荀子眼中的圣人也是本仁义的,荀子曰:"圣人也者,本仁义,当是非,齐言行,不失豪厘,无他道焉"(《荀子·儒效》);同时,荀子指出"仁者必敬人"(《荀子·臣道》)、"彼仁者爱人,爱人故恶人之害之也;义者循理,循理故恶人之乱之也"(《荀子·议兵》)。与孟子强调"仁,人心也;义,人路也"(《孟子·告子上》)和"夫义,路也;礼,门也"(《孟子·万章下》)略有不同,荀子强调"仁有里,义有门;仁,非其里而处之,非仁也;义,非其门而由之,非义也"(《荀子·大略》)。较言之,孔子、孟子与荀子在提倡仁义方面,其旨归是一脉相承的,皆言仁义之于为人为政的重要性。

与儒家将"仁义"视为为人为政的基本原则不同,道家认为"仁义"是道德废弛的产物,老子曰:"失道而后德,失德而后仁,失仁而后义,失义而后礼。夫礼者,忠信之薄,而乱之首"(《道德经》第 38 章)、"大道废,有仁义;智慧出,有大伪;六亲不和,有孝慈;国家昏乱,有忠臣"(《道德经》第 18 章),并且强调"绝圣弃智,民利百倍;绝仁弃义,民复孝慈;绝巧弃利,盗贼无有"(《道德经》第 19 章)。老子认为,为人为政应该"见素抱朴,少私寡欲"(同上)。时至战国,庄子继承了老子的"大道废,有仁义"与"绝仁弃义"的思想,颇为尖锐地写道:"说仁邪,是乱于德也;说义邪,是悖于理也"(《庄子·在宥》),"故纯朴不残,孰为牺尊!白玉不毁,孰为圭璋!道德不废,安取仁义!性情不离,安用礼乐!五色不乱,孰为文采!五声不乱,孰应六律!夫残朴以为器,工匠之罪也;毁道德以为仁义,圣人之过也"(《庄子·马蹄》)。耐人寻味的是,庄子《天运》篇载有"孔子见老聃而语仁义"却遭老子批评的故事:

孔子见老聃而语仁义。老聃曰:"夫播糠眯目,则天地四方易位矣;蚊虻噆肤,则通昔不寐矣。夫仁义憯然,乃愤吾心,乱莫大焉。吾子使天下无失其朴,吾子亦放风而动,总德而立矣,又奚杰然若负建鼓而求亡子者邪？夫鹄不日浴而白,乌不日黔而黑。黑白之朴,不足以为辩;名誉之观,不足以为广。泉涸,鱼相与处于陆,相呴以湿,相濡以沫,不若相忘于江湖。"

庄子设计如此故事,说明庄子极为熟悉儒家的仁义学说。只是,庄子认为儒家的"仁义"对人而言是一种束缚,是人我关系中的"呴濡",而不是人性与人生得以自然逍遥绽放的"江湖"。针对儒者鼓吹的仁义,庄子批判地写道:"黥汝以仁义,而劓而汝以是非"(《庄子·大宗师》),并举例说"昔者黄帝始以仁义撄人之心"(《庄子·在宥》)、"自虞氏招仁义以挠天下也,天下莫不奔命于仁义"(《庄子·骈拇》)。庄子认为,仁义刑人犹如是非刑人,皆是让人不得逍遥;仁义不仅不能平治天下,而且会扰乱天下。儒者宣扬的仁义对人性是一种伤害、束缚,使人心屈折礼乐仁义而不能逍遥,庄子曰:"且夫待钩绳规矩而正者,是削其性也;待绳约胶漆而固者,是侵其德也;屈折礼乐,呴俞仁义,以慰天下之心者,此失其常也。"(《庄子·骈拇》)在庄子看来,钩绳规矩、绳约胶漆对物之性与物之德是一种侵害,同理,仁义礼仪对人之性与人之心也是一种侵害。仁义道德犹如胶漆纆索,导致天下失正,使人生惑。人们只有"通乎道,合乎德,退仁义,宾礼乐"(《庄子·天道》),才能心有所定,才能"无所困苦"(《庄子·逍遥游》)。

二、儒家(孔、孟)推崇"圣人"人格,道家(老、庄)推崇"真人"人格

尽管声称"圣人,吾不得而见之矣;得见君子者,斯可矣"(《论语·述而》),但是孔子对"圣人"仍然心存敬畏。孔子曰:"君子有三畏:畏天命,畏大人,畏圣人之言。小人不知天命而不畏也,狎大人,侮圣人之言。"(《论语·季氏》)孟子曰"人皆有恻隐之心"、"圣人与我同类者"(《孟子·告子上》)、"人皆可以为尧舜"(《孟子·告子下》),其意表明人拥有道德自觉之能力,圣人与我于性情而言是同、是类,因此人人有成为圣人之可能。同时,孟子强调个人能够实现向善去恶,强调社会与政治能够实现去恶扬

善、天下大同。当然,孟子也承认人格的层次性与差异性,指出"天之生斯民也,使先知觉后知,使先觉觉后觉"(《孟子·万章下》)、"圣人之于天道也,命也"(《孟子·尽心下》)。孟子极为看重历史中的"圣人"及其垂教后世之功,孟子曰"圣人,百世之师也,伯夷、柳下惠是也。故闻伯夷之风者,顽夫廉,懦夫有立志;闻柳下惠之风者,薄夫敦,鄙夫宽。奋乎百世之上,百世之下,闻者莫不兴起也"(同上)、"伯夷,圣之清者也;伊尹,圣之任者也;柳下惠,圣之和者也;孔子,圣之时者也"(《孟子·万章下》)。不唯孟子鼓吹"尧舜"式的"圣人"人格,荀子也很看重"尧舜"式的"圣人"人格,荀子认为"圣人也者,本仁义"(《荀子·儒效》),并且强调"圣人化性而起伪,伪起而生礼义,礼义生而制法度;然则礼义法度者,是圣人之所生也"(《荀子·性恶》)。荀子将仁义教化与圣王教化合而为一,意在通过"法先王"以规范"当世之王"——以道德规约权力,故对"尧舜"极为赞誉。荀子曰"尧舜至天下之善教化者也。南面而听天下,生民之属莫不振动从服以化顺之"(《荀子·正论》)、"大人哉舜,南面而立万物备"(《荀子·成相》)。其实,先秦儒家(孔、孟、荀)眼中的圣人是道德的完美化身——圣人至德,"圣人南面而立,而天下大治"(《礼记·礼器》),"圣人"与"圣王"应是人君所追求的政治理想人格——道德与权力完美融合的化身。这或许才是先秦儒家(孔、孟、荀)宣扬"圣人"人格并将"尧舜"视为"圣人"与"圣王"的深层原因。

与儒家(孔、孟)强调"圣人"人格略有不同,道家(老、庄)对"圣人"人格多有贬损之词。老子认为"圣人"作为政治人格不是通过"有为"来体现的,而是通过"无为"来体现的,强调"圣人处无为之事,行不言之教"(《道德经》第2章),"圣人不行而知,不见而名,不为而成"(《道德经》第47章),"天之道,利而不害;圣人之道,为而不争"(《道德经》第81章)。同时,老子强调不以仁义充其心,不以仁义治其世,声称"圣人不仁,以百姓为刍狗"(《道德经》第5章),"圣人去甚,去奢,去泰"(《道德经》第29章),"圣人抱一为天下式"(《道德经》第22章),"圣人之治,虚其心,实其腹,弱其志,强其骨。常使民无知无欲"(《道德经》第3章)。

儒家(孔、孟)眼中的尧舜、黄帝是仁义化身的圣人,而在庄子眼中,"黄帝始以仁义撄人之心"(《庄子·在宥》)、"虞氏招仁义以挠天下"(《庄子·骈拇》)。较言之,儒家(孔、孟)强调道德理想人格的道德性与示范性,而道家尤其是庄子明确否定儒家强调的道德理想人格的道德性与示范性,并且提出一种具有内向超越性的理想人格——"真人"。庄子认为,儒家所谓的"圣人"其实是欺世盗名、追逐利禄之人,之所以如此,是因为那些"圣人们"未能看破名利生死。庄子认为,功名利禄不值得追求,仁义道德亦不值得追求;在庄子看来,无论是功名利禄还是仁义道德,皆伤生害性;进而,庄子向内提出"本真之心""游心德和",向外提出"体认大道""顺乎自然"。在人生目标的追求上,庄子提出"逍遥"的自由观和"真人"的理想人格论,旨在消解社会生活的矛盾与人为的束缚,主张回到至德之世、回到一种自然状态——将自然法则融贯至生命与生活之中。而且,庄子对"真人"人格展开系统阐述,自问自答地写道:"何谓真人?古之真人,不逆寡,不雄成,不谟士"(《庄子·大宗师》),"古之真人,其寝不梦,其觉无忧,其食不甘,其息深深"(同上),"古之真人,不知说生,不知恶死;其出不䜣,其入不距;翛然而往,翛然而来而已矣"(同上)。庄子眼中的"真人"不违逆微少、不逞强求成、不谋虑俗事;"真人"睡觉时不会做梦,醒来时不会烦恼,饮食不觉甘美,呼吸深沉绵长;"真人"不会乐生,不会怕死,生不欣喜,死不拒绝;无拘无束地死,无拘无束地生。其实,庄子并非如荀子所言"庄子蔽于天而不知人"(《荀子·解蔽》),庄子只是强调天人有分、各有边界,强调"古之真人,以天待之,不以人入天"(《庄子·徐无鬼》)。究言之,凡人成为真人有无可能?对此,庄子认为是有可能的,并提出"坐忘""心斋"等方法。何谓"坐忘",庄子借颜回之口曰"堕肢体,黜聪明,离形去知,同于大通,此谓坐忘"(《庄子·大宗师》)。一个人只有忘记自己的形体,抛弃自己的聪明,进而摆脱形体与才智的束缚,这样才能与大道融通为一,达到坐忘之境。何谓"心斋",庄子借仲尼之口说:"若一志,无听之以耳而听之以心,无听之以心而听之以气。听止于耳,心止于符。气也者,虚而待物者也。唯道集虚。虚者,心斋也。"(《庄子·人间世》)其中,"我"须殉耳目而内通,外于心知,如是,"我"才能通于大道,超越"我"之有限进入"道"之无限。寂静之处观照空虚之境,吾心虚处透现澄明,吉祥之光笼罩空明之心;心有所止,唯止能静,犹如止水鉴物,此谓心斋。此时,本然之性尽现、吉祥止止,故可逍遥而游。

较而言之,儒家(孔、孟)尤其是孟子推崇的是"圣人"人格,而庄子则是贬损"圣人"人格,推崇"真人"人格。在儒家那里,无论是"圣人"还是

"圣王"其实是隐藏内圣与外王之统一性的；无论是"圣人"还是"圣王"，作为理想人格皆强调道德至上、责任意识与政治担当。在儒家看来，寻常百姓可以成为尧舜般的圣人，人君可以成为文武般的圣王；前者强调道德与生活的完美融合，后者强调权力与道德的完美融合。与儒家（孔、孟）推崇"圣人"人格不同，庄子认为儒家所谓的"圣人"人格不值得追求，声称一个人只有"茫然彷徨乎尘垢之外，逍遥乎无为之业"（《庄子·大宗师》），方能不为"世俗之礼"（同上）所束缚；一个人只有内心空明，抛弃仁义，恬淡无为而独与自然融为一体，方能成为"真人"。

"孟子道性善，言必称尧舜"（《孟子·滕文公上》），孟子眼中的"舜"是天然性善而且有道德自觉能力，孟子曰"舜之居深山之中，与木石居，与鹿豕游，其所以异于深山之野人者几希。及其闻一善言，见一善行，若决江河，沛然莫之能御也"（《孟子·尽心上》），又曰"鸡鸣而起，孳孳为善者，舜之徒也。鸡鸣而起，孳孳为利者，跖之徒也。欲知舜与跖之分，无他，利与善之间也"（同上）。若将孟子《尽心》篇与庄子《盗跖》篇对读，深析二者义理之异同，则见他们在学说与文献方面应是了解彼此的，可能只是"道不同不相为谋"而已。《庄子·盗跖》篇有言：

> 欲求富贵焉，盗莫大于子。天下何故不谓子为盗丘而乃谓我为盗跖？子以甘辞说子路而使从之，使子路去其危冠，解其长剑，而受教于子，天下皆曰："孔丘能止暴禁非。"其卒之也，子路欲杀卫君而事不成，身菹于卫东门之上，是子教之不至也。子自谓才士圣人邪！则再逐于鲁，削迹于卫，穷于齐，围于陈、蔡，不容身于天下。子教子路菹此患，上无以为身，下无以为人，子之道岂足贵邪？

较之，孟子与庄子眼中的舜与跖有别，孟子与庄子眼中的利与善之判分亦有分野。以往，人们以为孟子与庄子虽处同时，却不曾言及对方，其实从孟子与庄子所论人物及其态度来看，隐约可见他们虽不曾明言对方，但他们言说的义理之中却隐有相攻之意。

如果说在庄子、孟子那里清晰可见儒道关于人性善恶与理想人格之辩难，那么到了荀子那里这种辩难则出现了某种化解、融合与会通。比如，荀子提出"凡人之性者，尧舜之与桀跖，其性一也；君子之与小人，其性一也"(《荀子·性恶》)。荀子认为,尧舜与桀跖、圣人与小人的区别在于"尧禹君子者,能化性,能起伪,伪起而生礼义"(同上),"桀跖小人者,从其性,顺其情,安恣睢,以出乎贪利争夺"(同上)。换言之,尧舜与桀跖、圣人与小人的区别在于有无道德自觉与道德自为。不仅如此,荀子从义与利是人之"两有"的角度指出:"虽尧舜不能去民之欲利,然而能使其欲利不克其好义也。虽桀纣亦不能去民之好义,然而能使其好义不胜其欲利也。"(《荀子·大略》)其实,儒门之内也有争鸣,孟子与荀子之异即是如此。孟子道"性善",荀子讲"性恶";孟子称"尧舜",荀子言"尧禹"(又曰舜禹);孟子认为"人皆可以为尧舜"(《孟子·告子下》),荀子认为"涂之人可以为禹"(《荀子·性恶》)。而且,荀子对孔子门人与孟子亦有非议,荀子曰:"世俗之沟犹瞀儒、嚾嚾然不知其所非也,遂受而传之,以为仲尼子弓为兹厚于后世:是则子思孟轲之罪也"(《荀子·非十二子》),又曰:"弟陀其冠,神禫其辞,禹行而舜趋:是子张氏之贱儒也。正其衣冠,齐其颜色,嗛然而终日不言:是子夏氏之贱儒也。偷儒惮事,无廉耻而耆饮食,必曰君子固不用力:是子游氏之贱儒也。"(同上)可见,儒家流派内部素有争鸣,儒学发展与流变进程中素有自我反思性与自我批判性的生发与展开。

三、儒家(孔、孟)强调积极有为,道家(老、庄)主张无为而治

孔子认为"为政以德"(《论语·为政》),强调为政的首务是"正名"(《论语·子路》),子夏认为"学而优则仕"(《论语·子张》),而且他们多是心怀天下、"知其不可而为之"(《论语·宪问》)。孔子与弟子们周游列国、欲救天下,便是基于"有为"思想而出发的。效法孔子,孟子亦周游列国、欲救天下,而且孟子认为当时之世"圣王不作,诸侯放恣,处士横议,杨朱、墨翟之言盈天下。天下之言,不归杨,则归墨"。进而,孟子指出"杨墨之道不息,孔子之道不著,是邪说诬民,充塞仁义也。仁义充塞,则率兽食人,人将相食。吾为此惧,闲先圣之道,距杨墨,放淫辞,邪说者不得作"(《孟子·滕文公下》)。从孔子与孟子之经历可见儒家"修身及家,平均天下"(《礼记·乐记》)的志向与理想,《礼记·大学》系统地阐述了这种修齐治平的理论逻辑:

古之欲明明德于天下者,先治其国;欲治其国者,先齐其家;欲齐其家者,先修其身;欲修其身者,先正其心;欲正其心者,先诚其意;欲诚其意者,先致其知,致知在格物。物格而后知至,知至而后意诚,意诚而后心正,心正而后身修,身修而后家齐,家齐而后国治,国治而后天下平。

令人扼腕的是,无论是孔子还是孟子,皆周游列国十余年,欲"有为"却无果,不得不于无奈之中,退而整理六经、序诗著书。

当孔子感叹"天下有道则见,无道则隐"(《论语·泰伯》)、"邦有道,则仕;邦无道,则可卷而怀之"(《论语·卫灵公》),声称"道不行,乘桴浮于海"(《论语·公冶长》)时,则于"有为"与"无为"之间流露出某种摇摆与游弋以及面对两难选择的无奈与焦灼。无独有偶,强调尽心、知性、知天、修身与立命的孟子亦如孔子一样面对艰难世道与两难选择,尽管其声称"穷则独善其身,达则兼善天下"(《孟子·尽心下》)。其实,孔孟也讲"无为",只不过他们认为"无为而治"大概只有尧舜可以实现,当时之世很难依靠"无为"实现天下大治。孔子曰:"无为而治者,其舜也与? 夫何为哉,恭己正南面而已矣"(《论语·卫灵公》),即表明大概只有尧舜可以无为而治,世之诸侯治国仍需有为。这种思想碰撞在孔子与楚狂接舆偶遇时的情景中有所体现,"孔子下,欲与之言,趋而辟之,不得与之言"(《论语·微子》)折射出儒家"有为"与道家"无为"实则是道不同不相为语。同时,这种思想较量在子路反驳丈人之语中亦有体现:"欲洁其身,而乱大伦。君子之仕也,行其义也。道之不行,已知之矣。"(同上)"无为"而隐世,"有为"而救世,可见,肇自春秋之末,儒家与道家的现实观照和价值取向便有不同,其行为更是迥然相异。汉时,孔子及弟子的"无为"思想被后儒有所演绎。《韩诗外传》(卷7)曰:

孔子游于景山之上,子路子贡颜渊从。孔子曰:"君子登高必赋,小子愿者何? 言其愿,丘将启汝。"子路曰:"由愿奋长戟,荡三军,乳虎在后,仇敌在前,蠡跃蛟奋,进救两国之患。"孔子曰:"勇士哉!"子贡曰:"两国构难,壮士列阵,尘埃涨天,赐不持一尺之兵,一斗之粮,解两国之难,用赐者存,不用赐者亡。"孔子曰:"辩士哉!"颜回不愿,孔子曰："回何不愿？"颜渊曰："二子已愿，故不敢愿。"孔子曰："不同意，各有事焉，回其愿，丘将启汝。"颜渊曰："愿得小国而相之，主以道制，臣以德化，君臣同心，外内相应，列国诸侯莫不从义向风，壮者趋而进，老者扶而至，教行乎百姓，德施乎四蛮，莫不释兵，辐辏乎四门，天下咸获永宁，蠉飞蠕动，各乐其性，进贤使能，各任其事，于是君绥于上，臣和于下，垂拱无为，动作中道，从容得礼，言仁义者赏，言战斗者死，则由何进而救，赐何难之解。"孔子曰："圣士哉！大人出，小子匿，圣者起，贤者伏。回与执政，则由赐焉施其能哉！"

显然，于治国理政而言，究竟是采取"无为"还是采取"有为"作为政治理念，老庄与孔孟观点相异。然则，无论是"有为"还是"无为"其结果都是指向天下大治，只是具体措施、手段与方式不同而已。其中，"无为"强调自发自为以至大治，"有为"强调他发他为以至大治。诚如孟子所言："无为其所不为，无欲其所不欲，如此而已矣。"（《孟子·尽心上》）荀子虽然强调隆礼重法，但亦推崇"无为"之治。荀子曰"仁者之行道也，无为也；圣人之行道也，无强也"（《荀子·解蔽》），并且指出：

> 故君人者立隆政本朝而当，所使要百事者诚仁人也，则身佚而国治，功大而名美，上可以王，下可以霸；立隆正本朝而不当，所使要百事者非仁人也，则身劳而国乱，功废而名辱，社稷必危：是人君者之枢机也。故能当一人而天下取，失当一人而社稷危。不能当一人而能当千百人者，说无之有也。既能当一人，则身有何劳而为，垂衣裳而天下定。（《荀子·王霸》）

不唯于此，《荀子·宥坐》篇载孔子曰"夫水遍与诸生而无为也，似德。……"，不仅反映荀子对圣人之道的推崇，更见其对"无为"思想的认可。

考镜源流，儒家的"无为"思想可追溯至《尚书》与《周易》那里，《尚书·周书·武成》赞美武王是"垂拱而天下治"，《周易·系辞下》曰"黄帝、尧、舜垂衣裳而天下治"，其中，所谓"垂拱""垂衣裳"即是"无为"。尧任贤使能，恭己无为而天下治；尧则天而行，无为而化成。圣王之德与天地相合，知天道无为，万物自化，"故无为之为大矣。本不求功，故其功立；本不求名,故其名成。沛然之雨,功名大矣,而天地不为也,气和而雨自集"(《论衡·自然》)。

与儒家从德与行上论说"有为"或"无为"不同,道家(老、庄)从"道"的形上高度来辨析"有为"与"无为"。老子与庄子皆认为"道"是"无为"的,这是他们阐述为人为政皆应"无为"的本源与凭依。老子认为,"道常无为而无不为。侯王若能守之,万物将自化"(《道德经》第 37 章),"圣人处无为之事,行不言之教"(《道德经》第 2 章)。所以,治理天下、教化天下不需积极有为,而应循道而行,"为无为","为无为,则无不治"(《道德经》第 3 章)。老子认为,为人为政应该"无为而无不为"(《道德经》第 48 章),尤其是人君治理天下应该"常以无事,及其有事,不足以取天下"(同上),老子曰:"我无为,而民自化;我好静,而民自正;我无事,而民自富;我无欲,而民自朴。"(《道德经》第 57 章)在庄子眼中,"道"是"无为无形"的,人与道可以实现"道通为一""知通为一"(《庄子·齐物论》),因此人可以"逍遥乎无为之业"(《庄子·大宗师》)。庄子认为"天无为以之清,地无为以之宁,故两无为相合,万物皆化"(《庄子·至乐》),并且指出"帝王无为而天下功"(《庄子·天道》)。庄子在《应帝王》篇的结尾处以寓言的论证方式写道:

> 南海之帝为儵,北海之帝为忽,中央之帝为浑沌。儵与忽时相与遇于浑沌之地,浑沌待之甚善。儵与忽谋报浑沌之德,曰:"人皆有七窍以视听食息,此独无有,尝试凿之。"日凿一窍,七日而浑沌死。

庄子的寓言阐明:南海之帝与北海之帝的"有为"导致"浑沌"之死,尽管南海之帝与北海之帝的"有为"是出于"善意"——以己之心所度出的"好意"——以"我"观之的"善意"。不仅如此,庄子通过"天道"与"人道"区分了"无为"与"有为"之别,其《在宥》篇曰:

> 何谓道?有天道,有人道。无为而尊者,天道也;有为而累者,人道也。主者,天道也;臣者,人道也。天道之与人道也,相去远矣,不可不察也。

庄子认为，人君不得已而临天下则"莫若无为"（《庄子·在宥》）。于人之修身而言，"无为"而后"安其性命之情"（同上），"无为"而后"体尽无穷，而游无朕，尽其所受于天，而无见得，亦虚而已"（《庄子·应帝王》），如是，方可实现"用心若镜，不将不迎，应而不藏"（同上）的人生境界——"胜物而不伤"的境界。庄子强调"与天为徒，故一切皆任天"，"赞成天然，而不赞成人为。以天然为自然，以人为为不自然，故一切皆以任天为本"[①]。

值得一提的是，发轫于春秋战国时期的儒道争鸣在西汉初期的黄老道家作品《淮南子》中得到进一步的延续，尽管此时的诘难已不比先秦时期那般激烈与针对。《淮南子·精神训》有言：

> 今夫儒者，不本其所以欲而禁其所欲，不原其所以乐而闭其所乐。是犹决江河之源而障之以手也。夫牧民者，犹畜禽兽也，不塞其圈垣，使有野心，系绊其足，以禁其动，而欲修生寿终，岂可得乎！夫颜回、季路、子夏、冉伯牛，孔子之通学也，然颜渊夭死，季路菹于卫，子夏失明，冉伯牛为厉。此皆迫性拂情而不得其和也。

又，《淮南子·齐俗训》篇甚至认为治国不必以"邹、鲁之礼之谓礼"，因为"鲁国服儒者之礼，行孔子之术；地削名卑，不能亲近来远"。在汉初黄老道家眼中，儒家"祖述尧舜，宪章文武"、志复周礼，致使儒学呈现复古风向，不勉泥古而阔远，显然是"知仁义而不知世变"（《淮南子·人间训》）。进而，汉初黄老道家指出"为儒而踞里闾，为墨而朝吹竽，欲灭迹而走雪中，拯溺者而欲无濡，是非所行而行所非"（《淮南子·说山训》），讥讽儒家迂腐疏阔、言行不一，不能与时偕行、不明天下大势。

综上可见，先秦儒家与道家眼中的"仁义"判然有别，同时这种差别致使他们眼中的圣人形象大不相同。儒家祖述尧舜、宪章文武，道家认为尧舜文武以仁义与武力扰乱天下。因此，先秦儒家与道家的政治理念亦不相同。究竟是"有为"还是"无为"，先秦儒家与道家的选择不同，具体实施手段与方式亦不同。"有为"与"无为"作为两种政治理念不仅让儒道两家争论不休，亦让统治者面临两难选择，这一点在西汉前期治国理念的选择

---

① 陈柱：《诸子概论》，江苏文艺出版社 2008 年版，第 58 页。

与转向过程中有所体现。

附:先秦儒道争鸣材料辑要

楚狂接舆歌而过孔子曰:"凤兮! 凤兮! 何德之衰? 往者不可谏,来者犹可追。已而,已而! 今之从政者殆而!"孔子下,欲与之言。趋而避之,不得与之言。(《论语·微子》)

长沮、桀溺耦而耕,孔子过之,使子路问津焉。长沮曰:"夫执舆者为谁?"子路曰:"为孔丘。"曰:"是鲁孔丘与?"曰:"是也。"曰:"是知津矣。"问于桀溺,桀溺曰:"子为谁?"曰:"为仲由。"曰:"是鲁孔丘之徒与?"对曰:"然。"曰:"滔滔者天下皆是也,而谁以易之? 且而与其从辟人之士也,岂若从辟世之士哉?"耰而不辍。子路行以告。夫子怃然曰:"鸟兽不可与同群,吾非斯人之徒与而谁与? 天下有道,丘不与易也。"(《论语·微子》)

子路从而后,遇丈人,以杖荷莜。子路问曰:"子见夫子乎?"丈人曰:"四体不勤,五谷不分。孰为夫子?"植其杖而芸。子路拱而立。止子路宿,杀鸡为黍而食之,见其二子焉。明日,子路行以告。子曰:"隐者也。"使子路反见之。至则行矣。子路曰:"不仕无义。长幼之节,不可废也;君臣之义,如之何其废之? 欲洁其身,而乱大伦。君子之仕也,行其义也。道之不行,已知之矣。"(《论语·微子》)

"圣王不作,诸侯放恣,处士横议,杨朱、墨翟之言盈天下。天下之言,不归杨,则归墨。杨氏为我,是无君也;墨氏兼爱,是无父也。无父无君,是禽兽也。公明仪曰:'庖有肥肉,厩有肥马,民有饥色,野有饿莩,此率兽而食人也。'杨墨之道不息,孔子之道不着,是邪说诬民,充塞仁义也。仁义充塞,则率兽食人,人将相食。吾为此惧,闲先圣之道,距杨墨,放淫辞,邪说者不得作。作于其心,害于其事;作于其事,害于其政。圣人复起,不易吾言矣。"(《孟子·滕文公下》)

庄子蔽于天而不知人。(《荀子·解蔽》)

老子有见于诎,无见于信。(《荀子·天论》)

不尚贤,使民不争;不贵难得之货,使民不为盗;不见可欲,使心不乱。是以圣人之治,虚其心,实其腹,弱其志,强其骨。常使民无知无欲。使夫知者不敢为也。为无为,则无不治。(《道德经》第三章)

大道废,有仁义;智慧出,有大伪;六亲不和,有孝慈;国家昏乱,有忠

臣。(《道德经》第十八章)

绝圣弃智,民利百倍;绝仁弃义,民复孝慈;绝巧弃利,盗贼无有。此三者以为文不足。故令有所属:见素抱朴,少私寡欲。(《道德经》第十九章)

道常无为而无不为。侯王若能守之,万物将自化。化而欲作,吾将镇之以无名之朴。无名之朴,夫亦将无欲。不欲以静,天下将自定。(《道德经》第三十七章)

上德不德,是以有德;下德不失德,是以无德。上德无为而无以为;下德为之而有以为。上仁为之而无以为;上义为之而有以为。上礼为之而莫之应,则攘臂而扔之。故失道而后德,失德而后仁,失仁而后义,失义而后礼。夫礼者,忠信之薄,而乱之首。前识者,道之华,而愚之始。是以大丈夫处其厚,不居其薄;处其实,不居其华。故去彼取此。(《道德经》第三十八章)

信言不美,美言不信。善者不辩,辩者不善。知者不博,博者不知。圣人不积,既以为人己愈有,既以与人己愈多。天之道,利而不害;圣人之道,为而不争。(《道德经》第八十一章)

自我观之,仁义之端,是非之涂,樊然淆乱,吾恶能知其辩!(《庄子·齐物论》)

德荡乎名,知出乎争。名也者,相轧也;知也者,争之器也。二者凶器,非所以尽行也。且德厚信矼,未达人气;名闻不争,未达人心。而强以仁义绳墨之言术暴人之前者,是以人恶有其美也,命之曰灾人。灾人者,人必反灾之。(《庄子·人间世》)

意而子见许由,许由曰:"尧何以资汝?"意而子曰:"尧谓我:'汝必躬服仁义,而明言是非。'"许由曰:"而奚为来轵?夫尧既已黥汝以仁义,而劓汝以是非矣,汝将何以游夫遥荡、恣睢、转徙之途乎?"意而子曰:"虽然,吾愿游于其藩。"许由曰:"不然。夫盲者无以与乎眉目颜色之好,瞽者无以与乎青黄黼黻之观。"(《庄子·大宗师》)

骈拇枝指,出乎性哉!而侈于德。附赘县疣,出乎形哉!而侈于性。多方乎仁义而用之者,列于五藏哉!而非道德之正也。是故骈于足者,连无用之肉也;枝于手者,树无用之指也;多方骈枝于五藏之情者,淫僻于仁义之行,而多方于聪明之用也。(《庄子·骈拇》)

且夫待钩绳规矩而正者，是削其性；待绳约胶漆而固者，是侵其德也；屈折礼乐，呴俞仁义，以慰天下之心者，此失其常然也。（《庄子·骈拇》）

自虞氏招仁义以挠天下也，天下莫不奔命于仁义，是非以仁义易其性与？（《庄子·骈拇》）

彼其所殉仁义也，则俗谓之君子；其所殉货财也，则俗谓之小人。其殉一也，则有君子焉，有小人焉；若其残生损性，则盗跖亦伯夷已，又恶取君子小人于其间哉？且夫属其性乎仁义者，虽通如曾、史，非吾所谓臧也；属其性于五味，虽通如俞儿，非吾所谓臧也；属其性乎五声，虽通如师旷，非吾所谓聪也；属其性乎五色，虽通如离朱，非吾所谓明也。吾所谓臧者，非仁义之谓也，臧于其德而已矣；吾所谓臧者，非所谓仁义之谓也，任其性命之情而已矣；吾所谓聪者，非谓其闻彼也，自闻而已矣；吾所谓明者，非谓其见彼也，自见而已矣。（《庄子·骈拇》）

道德不废，安取仁义！性情不离，安用礼乐！五色不乱，孰为文采！五声不乱，孰应六律！夫残朴以为器，工匠之罪也；毁道德以为仁义，圣人之过也。（《庄子·马蹄》）

夫赫胥氏之时，民居不知所为，行不知所之，含哺而熙，鼓腹而游，民能以此矣。及至圣人，屈折礼乐以匡天下之形，县跂仁义以慰天下之心，而民乃始踶跂好知，争归于利，不可止也。此亦圣人之过也。（《庄子·马蹄》）

为之斗斛以量之，则并与斗斛而窃之；为之权衡以称之，则并与权衡而窃之；为之符玺以信之，则并与符玺而窃之；为之仁义以矫之，则并与仁义而窃之。何以知其然邪？彼窃钩者诛，窃国者为诸侯，诸侯之门，而仁义存焉，则是非窃仁义圣知邪？故逐于大盗，揭诸侯，窃仁义并斗斛、权衡、符玺之利者，虽有轩冕之赏弗能劝，斧钺之威弗能禁。（《庄子·胠箧》）

昔者黄帝始以仁义撄人之心，尧、舜于是乎股无胈，胫无毛，以养天下之形，愁其五藏以为仁义，矜其血气以规法度。然犹有不胜也。（《庄子·在宥》）

孔子西藏书于周室，子路谋曰：“由闻周之征藏史有老聃者，免而归居。夫子欲藏书，则试往因焉。”孔子曰：“善。”往见老聃，而老聃不许，于是翻十二经以说。老聃中其说，曰：“大谩，愿闻其要。”孔子曰：“要在仁义。"老聃曰:"请问:仁义,人之性邪?"孔子曰:"然。君子不仁则不成,不义则不生。仁义,真人之性也,又将奚为矣?"老聃曰:"请问何谓仁义?"孔子曰:"中心物恺,兼爱无私,此仁义之情也。"(《庄子·天道》)

夫子曰:"夫道,于大不终,于小不遗,故万物备。广广乎其无不容也,渊乎其不可测也。形德仁义,神之末也,非至人孰能定之!夫至人有世,不亦大乎!而不足以为之累。天下奋柄而不与之偕,审乎无假而不与利迁,极物之真,能守其本,故外天地,遗万物,而神未尝有所困也。通乎道,合乎德,退仁义,宾礼乐,至人之心有所定矣。"(《庄子·天道》)

商太宰荡问仁于庄子。庄子曰:"虎狼,仁也。"曰:"何谓也?"庄子曰:"父子相亲,何为不仁?"曰:"请问至仁。"庄子曰:"至仁无亲。"(《庄子·天运》)

孔子见老聃而语仁义。老聃曰:"夫播穅眯目,则天地四方易位矣;蚊虻噆肤,则通昔不寐矣。夫仁义憯然,乃愤吾心,乱莫大焉。吾子使天下无失其朴,吾子亦放风而动,总德而立矣,又奚杰然若负建鼓而求亡子者邪?夫鹄不日浴而白,乌不日黔而黑。黑白之朴,不足以为辩;名誉之观,不足以为广。泉涸,鱼相与处于陆,相呴以湿,相濡以沫,不若相忘于江湖。"(《庄子·天运》)

若夫不刻意而高,无仁义而修,无功名而治,无江海而闲,不道引而寿,无不忘也,无不有也,澹然无极而众美从之,此天地之道,圣人之德也。(《庄子·刻意》)

啮缺遇许由,曰:"子将奚之?"曰:"将逃尧。"曰:"奚谓邪?"曰:"夫尧,畜畜然仁,吾恐其为天下笑。后世其人与人相食与!夫民不难聚也,爱之则亲,利之则至,誉之则劝,致其所恶则散。爱利出乎仁义,捐仁义者寡,利仁义者众。夫仁义之行,唯且无诚,且假乎禽贪者器。是以一人之断制利天下,譬之犹一覕也。夫尧知贤人之利天下也,而不知其贼天下也,夫唯外乎贤者知之矣。"(《庄子·徐无鬼》)

孔子游乎缁帷之林,休坐乎杏坛之上。弟子读书,孔子弦歌鼓琴,奏曲未半。有渔父者下船而来,须眉交白,被发揄袂,行原以上,距陆而止,左手据膝,右手持颐以听。曲终而招子贡、子路,二人俱对。客指孔子曰:"彼何为者也?"子路对曰:"鲁之君子也。"客问其族。子路对曰:"族孔氏。"客曰:"孔氏者何治也?"子路未应,子贡对曰:"孔氏者,性服忠信,身行仁义,饰礼乐,选人伦,上以忠于世主,下以化于齐民,将以利天下。此孔氏之所治也。"又问曰:"有土之君与?"子贡曰:"非也。""侯王之佐与?"子贡曰:"非也。"客乃笑而还行,言曰:"仁则仁矣,恐不免其身,苦心劳形以危其真。呜乎,远哉其分于道也。"(《庄子·渔父》)

何谓道?有天道,有人道。无为而尊者,天道也;有为而累者,人道也。主者,天道也;臣者,人道也。天道之与人道也,相去远矣,不可不察也。(《庄子·在宥》)

故君子不得已而临邪天下,莫若无为。无为也,而后安其性命之情。故贵以身于为天下,则可以托天下;爱以身于为天下,则可以寄天下。故君子苟能无解其五藏,无擢其聪明,尸居而龙见,渊默而雷声,神动而天随,从容无为而万物炊累焉。吾又何暇治天下哉!(《庄子·在宥》)

无为名尸,无为谋府,无为事任,无为知主。体尽无穷,而游无朕,尽其所受于天,而无见得,亦虚而已。至人之用心若镜,不将不迎,应而不藏,故能胜物而不伤。(《庄子·应帝王》)

故曰:"古之畜天下者,无欲而天下足,无为而万物化,渊静而百姓定。"记曰:"通于一而万事毕,无心得而鬼神服。"(《庄子·天地》)

圣人之心静乎,天地之鉴也,万物之镜也。夫虚静恬淡,寂漠无为者,天地之平而道德之至,故帝王圣人休焉。休则虚,虚则实,实者伦矣。虚则静,静则动,动则得矣。静则无为,无为也,则任事者责矣。无为则俞俞,俞俞者忧患不能处,年寿长矣。夫虚静恬淡,寂寞无为者,万物之本也。(《庄子·天道》)

夫帝王之德,以天地为宗,以道德为主,以无为为常。无为也,则用天下而有余;有为也,则为天下用而不足。故古之人贵夫无为也。上无为也,下亦无为也,是下与上同德,下与上同德则不臣;下有为也,上亦有为也,是上与下同道,上与下同道则不主。上必无为而用天下,下必有为为天下用,此不易之道也。故古之王天下者,知虽落天地,不自虑也;辩虽雕万物,不自说也;能虽穷海内,不自为也。天不产而万物化,地不长而万物育,帝王无为而天下功。(《庄子·天道》)

逍遥,无为也;苟简,易养也;不贷,无出也。(《庄子·天运》)

故曰:"夫恬淡寂寞,虚无无为,此天地之平而道德之质也。"(《庄子·刻意》)

故曰："纯粹而不杂,静一而不变,惔而无为,动而以天行,此养神之道也。"(《庄子·刻意》)

天无为以之清,地无为以之宁,故两无为相合,万物皆化。芒乎芴乎,而无从出乎! 芴乎芒乎,而无有象乎! 万物职职,皆从无为殖。故曰:"天地无为也,而无不为也。"人也,孰能得无为哉! (《庄子·至乐》)

天地有大美而不言,四时有明法而不议,万物有成理而不说。圣人者,原天地之美而达万物之理。是故至人无为,大圣不作,观于天地之谓也。(《庄子·知北游》)

彻志之勃,解心之缪,去德之累,达道之塞。富、贵、显、严、名、利六者,勃志也;容、动、色、理、气、意六者,缪心也;恶、欲、喜、怒、哀、乐六者,累德也;去、就、取、与、知、能六者,塞道也。此四六者不荡胸中则正,正则静,静则明,明则虚,虚则无为而无不为也。(《庄子·庚桑楚》)

万物殊理,道不私,故无名。无名故无为,无为而无不为。(《庄子·则阳》)

君子之人,若儒、墨者师,故以是非相整也,而况今之人乎! (《庄子·知北游》)

古之人其备乎! 配神明,醇天地,育万物,和天下,泽及百姓,明于本数,系于末度,六通四辟,小大精粗,其运无乎不在。其明而在数度者,旧法世传之史尚多有之。其在于《诗》《书》《礼》《乐》者,邹鲁之士、缙绅先生多能明之。《诗》以道志,《书》以道事,《礼》以道行,《乐》以道和,《易》以道阴阳,《春秋》以道名分。其数散于天下而设于中国者,百家之学时或称而道之。(《庄子·天下》)

芴漠无形,变化无常,死与生与! 天地并与! 神明往与! 芒乎何之? 忽乎何适? 万物毕罗,莫足以归,古之道术有在于是者。庄周闻其风而悦之。以谬悠之说,荒唐之言,无端崖之辞,时恣纵而不傥,不以觭见之也。以天下为沉浊,不可与庄语;以卮言为曼衍,以重言为真,以寓言为广。独与天地精神往来,而不敖倪于万物,不谴是非,以与世俗处。其书虽瑰玮而连犿无伤也,其辞虽参差而諔诡可观。彼其充实不可以已,上与造物者游,而下与外死生、无终始者为友。其于本也,宏大而辟,深闳而肆;其于宗也,可谓稠适而上遂矣。虽然,其应于化而解于物也,其理不竭,其来不蜕,芒乎昧乎,未之尽者。(《庄子·天下》)

儒墨争鸣学案

　　墨家本源于儒家，墨子"学儒者之业，受孔子之术"（《淮南子·要略训》），然则墨学于儒学却是批判之、扬弃之，并于"非儒"之中完成了破与立。战国中期，墨家思想已达到"盈天下"的状况，以至于孟子起而"辟墨家"。孟子斥曰："圣王不作，诸侯放恣，处士横议，杨朱、墨翟之言盈天下。……杨墨之道不息，孔子之道不著，是邪说诬民，充塞仁义也。"（《孟子·滕文公下》）战国末期，荀子对墨家多有非议，声称"不知壹天下建国家之权称，上功用，大俭约，而僈差等，曾不足以容辨异，县君臣；然而其持之有故，其言之成理，足以欺惑愚众：是墨翟宋钘也"（《荀子·非十二子》）。其实，无论是孟子的距墨还是荀子的非墨，皆多是批评墨子之语，属于典型的以"我"观之、以"我"非之。相比而言，两汉史家与学者评论墨家倒颇显客观，西汉司马谈在《论六家之要指》中写道：

　　　　墨者亦尚尧舜道，言其德行曰："堂高三尺，土阶三等，茅茨不翦，采椽不刮。食土簋，啜土刑，粝粱之食，藜藿之羹。夏日葛衣，冬日鹿裘。"其送死，桐棺三寸，举音不尽其哀。教丧礼，必以此为万民之率。使天下法若此，则尊卑无别也。夫世异时移，事业不必同，故曰："俭而难遵。"要曰："强本节用，则人给家足之道也。此墨子之所长，虽百长弗能废也。"（《史记·太史公自序》）

东汉班固在《汉书·艺文志》中指出：

　　　　墨家者流，盖出于清庙之守。茅屋采椽，是以贵俭；养三老五更，是以兼爱；选士大射，是以上贤；宗祀严父，是以右鬼；顺四时而行，是以非命；以孝视天下，是以上同；此其所长也。及蔽者为之，见俭之利,因以非礼,推兼爱之意,而不知别亲疏。

战国中后期,"周室衰而王道废,儒墨乃始列道而议,分徒而讼"(《淮南子·俶真训》),墨家在"破"儒学之弊的同时完成了理论之"立"。墨家与儒家并驾齐驱,成为一时显学。《韩非子·显学》有言:

> 世之显学,儒、墨也。儒之所至,孔丘也。墨之所至,墨翟也。
> ……自墨子之死也,有相里氏之墨,有相夫氏之墨,有邓陵氏之墨。
> 故孔、墨之后,儒分为八,墨离为三,……

大体而言,儒墨争鸣主要有四:一是儒家讲爱有差等,墨子讲兼相爱;二是儒家讲厚葬,墨子讲薄葬;三是儒家讲礼乐,墨子讲非乐;四是儒家讲天命,墨子讲非命。究言之,儒墨争鸣孰是孰非,或如庄子所言:"道隐于小成,言隐于荣华。故有儒、墨之是非,以是其所非,而非其所是。"(《庄子·齐物论》)那么,何以洞明儒墨争鸣:既知其所非,又知其所是? 我们认为,理应"莫若以明"(同上),以道观之。

一、儒家讲爱有差等,墨子讲兼相爱

孔子尚"仁",多次与弟子讨论"仁"的内涵。孔子回答"樊迟问仁"时强调"仁"的内涵是"爱人"(《论语·颜渊》)。孟子继承了孔子主张的"仁者爱人"(《孟子·离娄下》)的思想,提出"仁之实,事亲是也"(《孟子·离娄上》)。孔子认为"立爱自亲始"(《礼记·祭义》)、"君子笃于亲,则民兴于仁"(《论语·泰伯》),孟子强调"孝子之至,莫大乎尊亲;尊亲之至,莫大乎以天下养"(《孟子·万章上》)、"不得乎亲,不可以为人;不顺乎亲,不可以为子"(《孟子·离娄上》)。进而,孟子批评墨子的兼爱说,指出"杨氏为我,是无君也;墨氏兼爱,是无父也。无父无君,是禽兽也"(《孟子·滕文公下》),同时坦言"我亦欲正人心,息邪说,距诐行,放淫辞,以承三圣者;岂好辩哉? 予不得已也。能言距杨墨者,圣人之徒也"(同上)。统言之,孔子与孟子皆强调爱有差等,施由亲始;而且,孟子强调"亲亲,仁也""亲亲而仁民,仁民而爱物"(《孟子·尽心上》),并将孔子爱有差等的思想推广到民与物的范围。孔子与孟子认为,爱的起点是对父母兄弟之爱,这是人之天然血亲关系的体现。试想，一个不爱自己父母兄弟的人，怎能会爱他人他物？在孔子与孟子眼中，仁爱是以家庭为中心而逐渐推广出去的，犹如水中的涟漪层层荡开。

墨子反对"爱有差等"，提出"兼相爱"。《墨子·兼爱》曰：

> 若使天下兼相爱，国与国不相攻，家与家不相乱，盗贼无有，君臣父子皆能孝慈，若此则天下治。故圣人以治天下为事者，恶得不禁恶而劝爱？故天下兼相爱则治，交相恶则乱。故子墨子曰："不可以不劝爱人者，此也。"
>
> 夫爱人者，人必从而爱之；利人者，人必从而利之；恶人者，人必从而恶之；害人者，人必从而害之。
>
> 今天下之君子，忠实欲天下之富而恶其贫，欲天下之治而恶其乱，当兼相爱、交相利。此圣王之法，天下之治道也，不可不务为也。
>
> 今若夫兼相爱、交相利，此其有利且易为也，不可胜计也。我以为则无有上说之者而已矣，苟有上说之者，劝之以赏誉，威之以刑罚，我以为人之于就兼相爱、交相利也，譬之犹火之就上、水之就下也，不可防止于天下。

墨子强调人与人的关系是"兼相爱，交相利"，自我对所有人都是同等程度的爱。墨子认为"兼相爱，交相利"是"圣王之法，天下之治道"，墨子坚信只要人人实行"兼相爱，交相利"，一个相亲相爱的非攻的理想世界就会被创造出来。这种略带功利色彩的道德观念所勾勒的是一幅以原始平等思想为基调的乌托邦式的理想社会。显然，墨子的"兼相爱"是一种更为高尚、更为伟大的爱，是超越亲情与族类边界的大爱。但是，于具体实践而言，这种无疆的大爱往往是行不通的，因为个人总是生活在特定的时空之中；空间上有远近，时间上有先后，血缘上有亲疏，凡此无不阻碍着这种无疆之爱的展开与扩散。

较言之，儒家倡导的"爱"是建立在血缘亲情的心理基础之上的，是无条件的、超功利的，是血缘亲情的自然流溢；而墨家的"兼相爱，交相利"所倡导的"爱"不仅消解血缘亲情的差异性与超功利性，而且是以外在的道德期许乃至道德回报与现实物质功利的回馈为鹄的。因此，墨家倡导的无分亲疏的"兼相爱"最终沦为道德回馈与物质利益交换的手段,甚至成为脱离实际的乌托邦式的道德理想主义之空想。

值得一提的是,墨家从哲学范畴辨析的角度对儒家倡导的仁义礼智信与忠孝等价值观念有所批评,并给出不同的理解与定义。《墨子·经上》曰:

> 仁,体爱也。
>
> 义,利也。
>
> 礼,敬也。
>
> 知,材也。
>
> 知,接也。
>
> 信,言合于意也。
>
> 忠,以为利而强君也。
>
> 孝,利亲也。

墨家认为"仁"是"体爱",这种"爱"的特点是强调"爱己";或曰"体爱"强调的是内向性的爱,是一种"偏爱",如"亲亲"。不仅如此,墨家用"利"定义"义",用"敬"定义"礼",用"材"与"接"定义"智",用"言合于意"定义"信",用"利君"诠释"忠",用"利亲"诠释"孝",皆见墨家对仁义礼智信与忠孝的理解和儒家完全不同。墨家从"兼相"与"交相"的角度来定义仁义礼智信与忠孝,消解了这些道德范畴的内向维度与超越性,使之成为人我交往过程中一种极具功利色彩的交往手段。显然,这种定义与诠释是对儒家道德范畴的异化与过度诠释。

二、儒家(孔子)讲节用、厚葬,墨家(墨子)讲节用、薄葬

孔子认为"道千乘之国"的基本理念有三:"敬事而信,节用而爱人,使民以时。"(《论语·述而》)不仅如此,孔子回答"林放问礼之本"时指出"礼,与其奢也,宁俭;丧,与其易也,宁戚"(《论语·八佾》)。孔子对待生活与礼制的态度是简朴、尚俭,孔子曰:"麻冕,礼也;今也纯,俭。吾从众"(《论语·子罕》),又曰:"奢则不孙,俭则固。与其不孙也,宁固"(《论语·述而》)。孔子认为"恭近礼,俭近仁,信近情,敬让以行此,虽有过,其不甚

矣"(《礼记·表记》),换言之,节用与尚俭是近乎仁的表现。孔子认为"孝"之于父母所体现的是"生事之以礼,死葬之以礼,祭之以礼"(《论语·为政》)。

围绕着"厚葬"问题,孔子与门人意见不一。《论语·先进》篇记载,颜渊死时,孔子"门人欲厚葬之",孔子却说"不可"。孔子赞成"死葬之以礼",其弟子门人多认同"厚葬"。此事从侧面反映出春秋战国交替之际的奢靡之风与厚葬之风。这是墨子"非儒",提倡节用,反对厚葬的原因之一。志在恢复周礼的孔子自然看重丧葬礼制,但是孔子认为"葬,先轻而后重;其奠也,先重而后轻;礼也。自启及葬,不奠,行葬不哀次;反葬奠,而后辞于殡,逐修葬事。其虞也,先重而后轻,礼也"(《礼记·曾子问》)。这种思想与《礼记》中的《王制》与《礼器》篇所言丧礼制度精神相契合,《礼记·王制》篇曰:"天子七日而殡,七月而葬。诸侯五日而殡,五月而葬。大夫、士、庶人,三日而殡,三月而葬。三年之丧,自天子达,庶人县封,葬不为雨止,不封不树,丧不贰事,自天子达于庶人。丧从死者,祭从生者。支子不祭",《礼记·礼器》篇曰:"礼,有以多为贵者:天子七庙,诸侯五,大夫三,士一。天子之豆二十有六,诸公十有六,诸侯十有二,上大夫八,下大夫六。诸侯七介七牢,大夫五介五牢。天子之席五重,诸侯之席三重,大夫再重。天子崩,七月而葬,五重八翣;诸侯五月而葬,三重六翣;大夫三月而葬,再重四翣。此以多为贵也。"其实,儒家(孔子及弟子)的节用与厚葬思想是以人情为出发点的,与墨子以社会财富与功利为出发点的节用思想是有所区别的。这一点在后儒荀子那里有所体现。于治国而言,荀子认为"强本而节用,则天不能贫"(《荀子·天论》)、"节用以礼,裕民以政"(《荀子·富国》)。于治身而言,荀子强调"节用御欲"(《荀子·荣辱》),因为"人之情,食欲有刍豢,衣欲有文绣,行欲有舆马,又欲夫馀财蓄积之富也;然而穷年累世不知不足,是人之情也"(同上)。另外,《孝经·庶人》篇认为"谨身节用,以养父母"是"庶人之孝"的体现。

与儒家(孔子及弟子)讲节用、厚葬不同,墨家(墨子)"善守御,为节用"(《史记·孟子荀卿列传》),强调"强本节用"。墨子认为人君治国"用财不费,民德不劳,其兴利多"(《墨子·节用上》),反之,若是不知节用,用财靡费,则会劳民、败利。《墨子·节用上》有言:

"今天下为政者,其所以寡人之道多。其使民劳,其籍敛厚,民财不足,冻饿死者不可胜数也。且大人惟毋兴师以攻伐邻国,久者终年,速者数月,男女久不相见,此所以寡人之道也。与居处不安、饮食不时、作疾病死者,有与侵就伏橐,攻城野战死者,不可胜数。此不令为政者所以寡人之道数术而起与?圣人为政特无此,不圣人为政,其所以众人之道亦数术而起与?"故子墨子曰:"去无用之费,圣王之道,天下之大利也。"

《墨子·节用中》写道:

是故古者圣王制为节用之法,曰:"凡天下群百工,轮、车、鞼、鞄、陶、冶、梓、匠,使各从事其所能。"曰:"凡足以奉给民用,则止。"诸加费不加于民利者,圣王弗为。

古者圣王制为节葬之法,曰:"衣三领,足以朽肉,棺三寸,足以朽骸,堀穴深不通于泉,流不发泄,则止。死者既葬,生者毋久丧用哀。"

较之可见,墨家(墨子)与儒家(孔子)的节用观立论不同,前者从社会与国家层面强调功利,后者从情感与伦常层面强调达情。客观地讲,墨子从现实与功利的维度论证节用与节葬的合理性,针对当时奢靡的"厚葬"与残忍的"杀殉"之风,不失为一种抑制与矫正。《墨子·节葬下》曰:

今唯无以厚葬久丧者为政,君死,丧之三年;父母死,丧之三年;妻与后子死者,五皆丧之三年;然后伯父叔父兄弟孽子其;族人五月;姑姊甥舅皆有月数;则毁瘠必有制矣。使面目陷陬,颜色黧黑,耳目不聪明,手足不劲强,不可用也。又曰:"上士操丧也,必扶而能起,杖而能行,以此共三年。"若法若言,行若道,苟其饥约又若此矣。是故百姓冬不仞寒,夏不仞暑,作疾病死者不可胜计也。

墨子认为现今以厚葬久丧来治国理政,国家必会贫穷,百姓必会减少,刑政必会混乱。因此,墨子鼓励薄葬,并以托古讽今的方式说道:

故古圣王制为葬埋之法，曰："棺三寸，足以朽体；衣衾三领，足以覆恶。以及其葬也，下毋及泉，上毋通臭，垄若参耕之亩，则止矣。"死则既以葬矣，生者必无久哭，而疾而从事，人为其所能，以交相利也。此圣王之法也。（《墨子·节葬下》）

其实，无论是言"节用"还是讲"薄葬"，墨子之意皆在从现实功利的角度"非儒"。这是墨家（墨子）对儒家（孔子）礼制思想的攻击，这一点在《墨子》之《非儒》与《公孟》篇中亦有体现。《墨子·非儒下》曰：

且夫繁饰礼乐以淫人，久丧伪哀以谩亲，立命缓贫而高浩居，倍本弃事而安怠傲。贪于饮食，惰于作务，陷于饥寒，危于冻馁，无以违之。是若人气，鱄鼠藏，而羝羊视，贲彘起。

《墨子·公孟》有言：

子墨子谓程子曰："儒之道足以丧天下者，四政焉。儒以天为不明，以鬼为不神，天鬼不说，此足以丧天下。又厚葬久丧，重为棺椁，多为衣衾，送死若徙，三年哭泣，扶后起，杖后行，耳无闻，目无见，此足以丧天下。又弦歌鼓舞，习为声乐，此足以丧天下。又以命为有，贫富寿夭、治乱安危有极矣，不可损益也。为上者行之，必不听治矣；为下者行之，必不从事矣，此足以丧天下。"程子曰："甚矣！先生之毁儒也。"子墨子曰："儒固无此若四政者，而我言之，则是毁也。今儒固有此四政者，而我言之，则非毁也，告闻也。"程子无辞而出。

墨家认为，儒家学说足以丧亡天下，"厚葬久丧"是导致天下丧亡的根源之一。墨家指出，居丧的人制作棺椁、衣衾、陪葬品是大量浪费财物，处丧三年导致身体毁伤，需要人扶才能站起来，依靠拐杖才能行走，这不利于农业生产与维持生计。墨家从生产与生活的角度提出节丧、薄葬是有现实依据的，他们看到了社会财富浪费的根源与社会利益争夺的根源，其说具有一种现实观照与人文情怀。因此，如果只是简单地将墨家的这种说法归结为诋毁儒家，则失之偏颇。

墨家提出的节用与薄葬思想很有市场,以至于成为当时的显学。不过,孟子认为"墨之治丧也,以薄为其道也"(《孟子·滕文公上》),提出"孝子仁人之掩其亲,亦必有道矣"(同上)。荀子认为"墨子之言昭昭然为天下忧不足",其实"不足非天下之公患也"(《荀子·富国》)。在荀子眼中,天下之公患是缺少合理而清晰的分配制度——礼制,造成人之欲望难以控制,以至于出现争夺之乱。墨子"上功用,大俭约,而僈差等"(《荀子·非十二子》)是没有看到分配制度——礼制的重要性,因此没能从根本上消除争夺之乱的祸根。荀子坦言:

> 墨子之"节用"也则使天下贫,非将堕之也,说不免焉。墨子大有天下,小有一国,将蹙然衣粗食恶,忧戚而非乐。若是则瘠,瘠则不足欲;不足欲则赏不行。墨子大有天下,小有一国,将少人徒,省官职,上功劳苦,与百姓均事业,齐功劳,若是则不威,不威则罚不行。赏不行,则贤者不可得而进也;罚不行,则不肖者不可得而退也。贤者不可得而进也,不肖者不可得而退也,则能不能不可得而官也。若是则万物失宜,事变失应,上失天时,下失地利,中失人和,天下敖然,若烧若焦。墨子虽为之衣褐带索,啜菽饮水,恶能足之乎? 既以伐其本,竭其原,而焦天下矣。(《荀子·富国》)

荀子认为"墨子有见于齐,无见于畸"(《荀子·天论》),只见整齐划一,未见差异性。因此,荀子不无担忧地说道:"墨术诚行,则天下尚俭而弥贫,非斗而日争,劳苦顿萃,而愈无功,愀然忧戚非乐,而日不和。"(《荀子·富国》)在荀子看来,墨家强调节用、薄葬是无见人之礼义、无见人之情性,儒家强调节用、厚葬是既见人之礼义,又见人之情性。这是"儒墨之分"(《荀子·礼论》)的根源所在。其实,类似的观点,庄子早有论及,《庄子·天下》曰:

> 不侈于后世,不靡于万物,不晖于数度,以绳墨自矫,而备世之急,古之道术有在于是者。墨翟、禽滑厘闻其风而说之。为之大过,己之大循。作为《非乐》,命之曰《节用》,生不歌,死无服。墨子泛爱兼利而非斗,其道不怒;又好学而博,不异,不与先王同,毁古之礼乐。

三、儒家(孔子)尚乐,墨家(墨子)"非乐"

孔子很是看重礼乐的教化之功,认为"礼乐不兴,则刑罚不中;刑罚不中,则民无所措手足"(《论语·子路》),强调"兴于诗,立于礼,成于乐"(《论语·泰伯》)。孔子回答"颜渊问为邦"时进一步指出乐的作用,认为"为邦"应该"行夏之时,乘殷之辂,服周之冕,乐则韶舞。放郑声,远佞人。郑声淫,佞人殆"(《论语·卫灵公》)。孔子认为礼乐的内核是仁,反对徒有形式的礼乐,质问"礼云礼云,玉帛云乎哉;乐云乐云,钟鼓云乎哉"(《论语·阳货》)、"人而不仁,如礼何;人而不仁,如乐何"(《论语·八佾》)。孔子对音乐有很深的造诣,与鲁国乐官谈论音乐时曰:"乐其可知也:始作,翕如也;从之,纯如也,皦如也,绎如也,以成。"(同上)孔子在齐国闻见韶乐,竟然"三月不知肉味"并赞曰"不图为乐之至于斯也"(《论语·述而》)。面对礼坏乐崩,周游列国归来的孔子开始"正乐":"吾自卫反鲁,然后乐正,雅颂各得其所。"(《论语·子罕》)

与孔子尚乐不同,墨子"非乐"。墨子"非乐"的基本理由有四。

一是"目之所美,耳之所乐,口之所甘,身体之所安"是"亏夺民衣食之财"。《墨子·非乐上》有言:

> 子墨子言曰:"仁之事者,必务求兴天下之利,除天下之害,将以为法乎天下。利人乎,即为;不利人乎,即止。且夫仁者之为天下度也,非为其目之所美,耳之所乐,口之所甘,身体之所安,以此亏夺民衣食之财,仁者弗为也。"是故子墨子之所以非乐者,非以大钟、鸣鼓、琴瑟、竽笙之声以为不乐也,非以刻镂华文章之色以为不美也,非以犓豢煎炙之味以为不甘也,非以高台厚榭邃野之居以为不安也。虽身知其安也,口知其甘也,目知其美也,耳知其乐也,然上考之不中圣王之事,下度之不中万民之利,是故子墨子曰:"为乐非也。"

二是墨子认为礼乐对于"求兴天下之利,除天下之害而无补"。《墨子·非乐上》有言:

> 子墨子曰:"……姑尝厚措敛乎万民,以为大钟、鸣鼓、琴瑟、竽笙

之声,以求兴天下之利,除天下之害而无补也。"是故子墨子曰:"为乐非也。"

三是墨子认为王公大人附庸风雅而拊乐,则会"亏夺民衣食之财"。《墨子·非乐上》有言:

> 子墨子曰:"……今王公大人惟毋为乐,亏夺民衣食之财以拊乐如此多也。"是故子墨子曰:"为乐非也。"

四是墨子认为妇人迷于音乐会耽误"纺绩织纴"与农业生产。《墨子·非乐上》有言:

> 今惟毋在乎妇人说乐而听之,即不必能夙兴夜寐,纺绩织纴,多治麻丝葛绪捆布縿,是故布縿不兴。曰:"孰为大人之听治而废国家之从事?"曰:"乐也。"是故子墨子曰:"为乐非也。"

从治国、致利与生产之维度,墨子列举了"非乐"之理由。同时,墨子特别指出人君若欲求兴天下之利,除天下之害,则不可不禁止乐。人君若是淫溢康乐、湛浊于酒,则国无祯祥、家有败亡,这是亡于饰乐、祸起骄奢。

然则,荀子对墨子的"非乐"之论表示不能理解。首先,荀子从"人情"的维度指出"人不能无乐",无乐会生乱,"先王恶其乱也,故制雅颂之声以道之","先王立乐之方也,而墨子非之奈何"(《荀子·乐论》)。其次,荀子从"宗庙之乐"之于教化君臣的角度指出乐有和敬、和亲、和顺之功,声称"乐者审一以定和者也,比物以饰节者也,合奏以成文者也;足以率一道,足以治万变","先王立乐之术也,而墨子非之奈何"(同上)。再次,荀子从音乐具有征诛之功的维度指出,"乐者出所以征诛也,入所以揖让也;征诛揖让,其义一也。出所以征诛,则莫不听从;入所以揖让,则莫不从服。故乐者、天下之大齐也,中和之纪也,人情之所必不免也。是先王立乐之术也,而墨子非之奈何"(同上)。荀子认为"乐者,先王之所以饰喜也;军旅鈇钺者,先王之所以饰怒也。先王喜怒皆得其齐焉。是故喜而天下和之,怒而暴乱畏之。先王之道,礼乐正其盛者也"(同上)。基于此,荀子指出

"墨子之于道也，犹瞽之于白黑也，犹聋之于清浊也，犹欲之楚而北求之也"（同上），并且指出墨子"非乐"是没有看到音乐教化之于人情、社会与政治的功能；或曰：墨子"非乐"是刻意地抹杀音乐教化之于人情、社会与政治的功能。因此，荀子认为墨子"非乐"不仅背离儒学精神，而且不通人情与为政之道。故而，荀子批评墨子是"上功用，大俭约，而僈差等"（《荀子·非十二子》），"有见于齐，无见于畸"（《荀子·天论》），并且颇为坚定地说道："我以墨子之'非乐'也，则使天下乱。"（《荀子·富国》）

四、孔子悬置天命，"敬鬼神而远之"；墨子推崇天志，明鬼

孔子承认"天"的存在，认为人能够"知天命"（《论语·为政》），强调"不知命，无以为君子也"（《论语·尧曰》），同时承认天对人有作用。孔子认为，人"获罪于天，无所祷也"（《论语·八佾》），人若失礼违道则"天厌之"（《论语·雍也》）甚至天丧之。孔门弟子更是相信"死生有命，富贵在天"（《论语·颜渊》）。尽管如此，孔子在现实生活中却是罕言天道的，诚如子贡所言"夫子之文章，可得而闻也；夫子之言性与天道，不可得而闻也"（《论语·公冶长》）。而且，孔子"罕言利，与命"（《论语·子罕》），其对待鬼神的态度是"敬鬼神而远之"（《论语·雍也》）。孔子之所以罕言天道、"敬鬼神而远之"，是因其眼中有"人"，是因其认为"天地之性，人为贵"（《孝经·圣治》）。在孔子看来，"人"应该有所修行、有所担当，于道德修行而言，应该"不怨天，不尤人；下学而上达"（《论语·宪问》）；于责任担当而言，孔子困于匡地时自勉曰："文王既没，文不在兹乎？天之将丧斯文也，后死者不得与于斯文也；天之未丧斯文也，匡人其如予何？"（《论语·子罕》）孔子及门人相信天与天命，只是他们以敬而远之的态度将天与天命悬置了起来，尽管他们偶尔也借天与天命以申己意或将天与天命视为自己思想与行动的至上依据。

与儒家（孔子及弟子）不同，墨子承认"天志"，但对"天命"则持否定态度。墨子认为人们过度相信天命，则会导致"上不听治，下不从事；上不听治，则刑政乱；下不从事，则财用不足"（《墨子·非命上》）。墨子认为儒者重视"天命"并以此教导天下，其实是残害天下百姓。《墨子·非儒下》有言：

> 有强执有命以说议曰:"寿夭贫富,安危治乱,固有天命,不可损益。穷达赏罚幸否有极,人之知力,不能为焉。"群吏信之,则怠于分职;庶人信之,则怠于从事。吏不治则乱,农事缓则贫,贫且乱政之本,而儒者以为道教,是贼天下之人者也。

不仅如此,墨子认为主张"有命"的人是天下的大害,应该反对之;《墨子·非命下》曰:"昔者桀执有命而行,汤为仲虺之告以非之。""昔者纣执有命而行,武王为太誓、去发以非之。"墨子认为,"执有命者,此天下之厚害也"(《墨子·非命中》)。

其实,墨子在"天志"中导入了"人志",在"天命"中看到了"宿命",因此他重视"天志",否定"天命"。墨子的"天志"说强调"天欲义而恶不义"(《墨子·天志上》)、"顺天意者,义政也。反天意者,力政也"(同上)。质言之,墨子是在借天的意志肯定民的意志。墨子认为仁义皆源于天志,"本察仁义之本,天之意不可不慎"(《墨子·天志中》),"天之爱民之厚也"(同上)。因此,墨子强调"爱人利人,顺天之意,得天之赏者有之;憎人贼人,反天之意,得天之罚者亦有矣"(同上)。究竟是"顺天之意"还是"反天之意",尧舜与桀纣之迥然不同的结局证明了这一点。《墨子·天志中》写道:

> 故子墨子之有天之意也,上将以度天下之王公大人之为刑政也,下将以量天下之万民为文学、出言谈也。观其行,顺天之意谓之善意行,反天之意谓之不善意行;观其言谈,顺天之意谓之善言谈,反天之意谓之不善言谈;观其刑政,顺天之意谓之善刑政,反天之意谓之不善刑政。故置此以为法,立此以为仪,将以量度天下之王公大人卿大夫之仁与不仁,譬之犹分黑白也。是故子墨子曰:"今天下之王公大人士君子,中实将欲遵道利民,本察仁义之本,天之意不可不顺也。顺天之意者,义之法也。"

只是,墨子认为人"得罪于天,将无所以避逃之"(《墨子·天志下》),明显是过度夸大天意与天志,不免流于宿命论。又,《墨子·天志下》曰:

天之所欲者何也？所恶者何也？天欲义而恶其不义者也。何以知其然也？曰：义者，正也。何以知义之为正也？天下有义则治，无义则乱，我以此知义之为正也。然而正者，无自下正上者，必自上正下。是故庶人不得次己而为正，有士正之；士不得次己而为正，有大夫正之；大夫不得次己而为正，有诸侯正之；诸侯不得次己而为正，有三公正之；三公不得次己而为正，有天子正之；天子不得次己而为政，有天正之。今天下之士君子，皆明于天子之正天下也，而不明于天之正天子也。是故古者圣人明以此说人曰："天子有善，天能赏之；天子有过，天能罚之。"天子赏罚不当，听狱不中，天下疾病祸福，霜露不时。天子必且犓豢其牛羊犬彘，洁为粢盛酒醴，以祷祠祈福于天。我未尝闻天之祷祈福于天子也，吾以此知天之重且贵于天子也。

由天之爱义罚恶推出天志与天意之于人主与政治的重要性，同时将民意与民志转化成天意与天志，认为天意爱民、利民，进而导出天下士人君子"欲为义者，则不可不顺天之意矣"（《墨子·天志下》）。墨子意在申明天子应该顺天意而为——顺民意而为，否则，天必罚之。这种思想反映出以墨子为代表的手工业者及底层百姓的政治诉求，生活于社会底层的他们也许只能依靠天意来表达自己的政治诉求与社会期许。其实，这是一种朴素的政治哲学，与宗教神学或神学目的论全然无涉。《墨子·天志下》有言：

顺天之意者，兼也；反天之意者，别也。兼之为道也，义正；别之为道也，力正。……若事上利天，中利鬼，下利人，三利而无所不利，是谓天德。故凡从事此者，圣知也，仁义也，忠惠也，慈孝也，是故聚敛天下之善名而加之。是其故何也？则顺天之意也。曰：力正者何若？曰：大则攻小也，强则侮弱也，众则贼寡也，诈则欺愚也，贵则傲贱也，富则骄贫也，壮则夺老也。是以天下之庶国，方以水火毒药兵刃以相贼害也。若事上不利天，中不利鬼，下不利人，三不利而无所利，是谓之贼。故凡从事此者，寇乱也，盗贼也，不仁不义，不忠不惠，不慈不孝，是故聚敛天下之恶名而加之。是其故何也？则反天之意也。

墨子言"天志"是"以天为天子之上司，能施赏罚于天子，而不差爽，且天亦如人然，能饮食者也"，"墨子既以天为有人格，有意志，而天之于物，又特偏爱于人者"①。墨家后学认为墨子是置天志以为仪法，他们从历史中找出理由来支持墨子的天志说，认为：

> 非独子墨子以天之志为法也，于先王之书大夏之道之然："帝谓文王，予怀而明德，毋大声以色，毋长夏以革，不识不知，顺帝之则。"此语文王之以天志为法也，而顺帝之则也。且今天下之士君子，中实将欲为仁义，求为上士，上欲中圣王之道，下欲中国家百姓之利者，当天之志而不可不察也。天之志者，义之经也。（《墨子·天志下》）

比较发现，墨子的"天志"说在很大程度上影响到了董仲舒的"天谴"说。董仲舒所言"天意常在于利民"（《春秋繁露·止雨》），"天之生民，非为王也，而天立王以为民也。故其德足以安乐民者，天予之；其恶足以贼害民者，天夺之"（《春秋繁露·尧舜不擅移、汤武不专杀》），明显有绍述墨子天志说的痕迹。

与孔子"敬鬼神而远之"的态度不同，墨子相信鬼神并且"明鬼神"。墨子认为当时天下大乱的根本原因之一是人们不相信鬼神、缺乏对鬼神的敬畏，人若心无敬畏则必生乱。墨子指出："今若使天下之人，偕若信鬼神之能赏贤而罚暴也，则夫天下岂乱哉。"（《墨子·明鬼下》）当然，墨子以神话传说论证鬼神的存在略显荒诞，尽管他绘声绘色地列举了句芒、厉神、庄子仪等鬼神。至于墨子所言"武王必以鬼神为有，是故攻殷伐纣，使诸侯分其祭。若鬼神无有，则武王何祭分哉"（同上），显然是只看到武王敬畏鬼神的态度，而未领悟武王祭拜鬼神背后隐藏的激励士气、凝聚人心而伐纣的深义。墨子认为鬼神能够通明人间善恶，并且能够运用无上的威力来扬善除恶。《墨子·明鬼下》篇曰：

> 鬼神之罚，不可为富贵众强、勇力强武、坚甲利兵，鬼神之罚必胜之。若以为不然，昔者夏王桀贵为天子，富有天下，上诟天侮鬼，下殃

---

① 陈柱：《诸子概论》，江苏文艺出版社 2008 年版，第 136 页。

傲天下之万民,祥上帝伐元山帝行,故于此乎天乃使汤至明罚焉。汤以车九两,鸟陈雁行,汤乘大赞,犯遂夏众,入之郊逐,王乎禽推哆、大戏。故昔夏王桀贵为天子,富有天下,有勇力之人推哆、大戏,生列兕虎,指画杀人,人民之众兆亿,侯盈厥泽陵,然不能以此围鬼神之诛。此吾所谓鬼神之罚,不可为富贵众强、勇力强武、坚甲利兵者,此也。

昔者殷王纣贵为天子,富有天下,上诟天侮鬼,下殃傲天下之万民,播弃黎老,贼诛孩子,楚毒无罪,刲剔孕妇,庶旧鳏寡,号啕无告也。故于此乎天乃使武王至明罚焉。武王以择车百两,虎贲之卒四百人,先庶国节窥戎,与殷人战乎牧之野。王乎禽赉中、恶来,众畔百走。武王逐奔入宫,万年梓株折纣而系之赤环,载之白旗,以为天下诸侯僇。故昔者殷王纣贵为天子,富有天下,有勇力之人赉中、恶来、崇侯虎指寡杀人,人民之众兆亿,侯盈厥泽陵,然不能以此围鬼神之诛。此吾所谓鬼神之罚,不可为富贵众强、勇力强武、坚甲利兵者,此也。

其实,墨子之所以强调鬼神有赏罚之力、能够扬善抑恶,是因为墨子意在表明无论是贵为天子还是贱为百姓,都应该心有敬畏,不可任性而为、任力而为,否则的话,鬼神必罚之。墨子强调敬畏鬼神,意在说明"人世界即鬼世界,鬼世界即人世界"[1];强调鬼神的权威性,意在告诫人君不能虚位,应该力疾躬行。所以说,将墨家的"明鬼"思想视为宗教或迷信之说,则不免有冤枉墨子之嫌。

总而言之,尽管墨学源于儒学,其思想观点却异于儒家。墨学是基于时代问题与儒学流弊的理论反思,具有针对时代问题与儒学流弊的批判性、反思性与创新性,而且具有政治观照与平民意识。另外,与儒家将尧舜视为圣人不同,墨家将大禹视为苦行救世的圣人。儒家的圣人观强调道德至上,墨家的圣人观强调事功至上。于此来看,荀子所言"墨子蔽于用而不知文"(《荀子·解蔽》)是有一定道理的。

附:先秦儒墨争鸣材料辑要

墨者夷之,因徐辟而求见孟子。孟子曰:"吾固愿见,今吾尚病,病愈,

---

① 郭沫若:《十批判书》,东方出版社 1996 年版,第 112 页。

我且往见，夷子不来！"他日又求见孟子。孟子曰："吾今则可以见矣。不直，则道不见；我且直之。吾闻夷子墨者。墨之治丧也，以薄为其道也。夷子思以易天下，岂以为非是而不贵也？然而夷子葬其亲厚，则是以所贱事亲也。"徐子以告夷子。夷子曰："儒者之道，古之人'若保赤子'，此言何谓也？之则以为爱无差等，施由亲始。"徐子以告孟子。孟子曰："夫夷子，信以为人之亲其兄之子为若亲其邻之赤子乎？彼有取尔也。赤子匍匐将入井，非赤子之罪也。且天之生物也，使之一本，而夷子二本故也。盖上世尝有不葬其亲者。其亲死，则举而委之于壑。他日过之，狐狸食之，蝇蚋姑嘬之。其颡有泚，睨而不视。夫泚也，非为人泚，中心达于面目。盖归反虆梩而掩之。掩之诚是也，则孝子仁人之掩其亲，亦必有道矣。"徐子以告夷子。夷子怃然为闲曰："命之矣。"（《孟子·滕文公上》）

圣王不作，诸侯放恣，处士横议，杨朱、墨翟之言盈天下。天下之言，不归杨，则归墨。杨氏为我，是无君也；墨氏兼爱，是无父也。无父无君，是禽兽也。公明仪曰："庖有肥肉，厩有肥马，民有饥色，野有饿莩，此率兽而食人也。"杨墨之道不息，孔子之道不著，是邪说诬民，充塞仁义也。仁义充塞，则率兽食人，人将相食。吾为此惧，闲先圣之道，距杨墨，放淫辞，邪说者不得作。作于其心，害于其事；作于其事，害于其政。圣人复起，不易吾言矣。（《孟子·滕文公下》）

昔者禹抑洪水而天下平，周公兼夷狄驱猛兽而百姓宁，孔子成《春秋》而乱臣贼子惧。《诗》云："戎狄是膺，荆舒是惩，则莫我敢承。"无父无君，是周公所膺也。我亦欲正人心，息邪说，距诐行，放淫辞，以承三圣者；岂好辩哉？予不得已也。能言距杨墨者，圣人之徒也。（《孟子·滕文公下》）

孟子曰："杨子取为我，拔一毛而利天下，不为也。墨子兼爱，摩顶放踵利天下，为之。子莫执中，执中为近之，执中无权，犹执一也。所恶执一者，为其贼道也，举一而废百也。"（《孟子·尽心上》）

孟子曰："逃墨必归于杨，逃杨必归于儒。归，斯受之而已矣。今之与杨墨辩者，如追放豚，既入其苙，又从而招之。"（《孟子·尽心下》）

墨子之言昭昭然为天下忧不足。夫不足非天下之公患也，特墨子之私忧过计也。今是土之生五谷也，人善治之，则亩数盆，一岁而再获之。然后瓜桃枣李一本数以盆鼓；然后荤菜百疏以泽量；然后六畜禽兽一而剸车;鼋、鼍、鱼、鳖、鳅、鳝以时别,一而成群;然后飞鸟、凫、雁若烟海;然后昆虫万物生其间,可以相食养者,不可胜数也。夫天地之生万物也,固有馀,足以食人矣;麻葛茧丝、鸟兽之羽毛齿革也,固有馀,足以衣人矣。夫有馀不足,非天下之公患也,特墨子之私忧过计也。(《荀子·富国》)

天下之公患,乱伤之也。胡不尝试相与求乱之者谁也?我以墨子之"非乐"也,则使天下乱;墨子之"节用"也则使天下贫,非将堕之也,说不免焉。墨子大有天下,小有一国,将蹙然衣粗食恶,忧戚而非乐。若是则瘠,瘠则不足欲;不足欲则赏不行。墨子大有天下,小有一国,将少人徒,省官职,上功劳苦,与百姓均事业,齐功劳,若是则不威,不威则罚不行。赏不行,则贤者不可得而进也;罚不行,则不肖者不可得而退也。贤者不可得而进也,不肖者不可得而退也,则能不能不可得而官也。若是则万物失宜,事变失应,上失天时,下失地利,中失人和,天下敖然,若烧若焦。墨子虽为之衣褐带索,啜菽饮水,恶能足之乎?既以伐其本,竭其原,而焦天下矣。(《荀子·富国》)

故墨术诚行,则天下尚俭而弥贫,非斗而日争,劳苦顿萃,而愈无功,愀然忧戚非乐,而日不和。(《荀子·富国》)

不知壹天下建国家之权称,上功用,大俭约,而僈差等,曾不足以容辨异,县君臣;然而其持之有故,其言之成理,足以欺惑愚众:是墨翟宋钘也。(《荀子·非十二子》)

人主者,以官人为能者也;匹夫者,以自能为能者也。人主得使人为之,匹夫则无所移之。百亩一守,事业穷,无所移之也。今以一人兼听天下,日有馀而治不足者,使人为之也。大有天下,小有一国,必自为之然后可,则劳苦耗悴莫甚焉。如是,则虽臧获不肯与天子易埶业。以是县天下,一四海,何故必自为之?为之者,役夫之道也,墨子之说也。(《荀子·王霸》)

墨子有见于齐,无见于畸。(《荀子·天论》)

故人苟生之为见,若者必死;苟利之为见,若者必害;苟怠惰偷懦之为安,若者必危;苟情说之为乐,若者必灭。故人一之于礼义,则两得之矣;一之于情性,则两丧之矣。故儒者将使人两得之者也,墨者将使人两丧之者也,是儒墨之分也。(《荀子·礼论》)

墨子曰:"乐者、圣王之所非也,而儒者为之过也。"君子以为不然。乐者,圣王之所乐也,而可以善民心,其感人深,其移风易俗。故先王导之以礼乐,而民和睦。夫民有好恶之情,而无喜怒之应则乱;先王恶其乱也,故修其行,正其乐,而天下顺焉。故齐衰之服,哭泣之声,使人之心悲。带甲婴胄,歌于行伍,使人之心伤;姚冶之容,郑卫之音,使人之心淫;绅、端、章甫,舞韶歌武,使人之心庄。故君子耳不听淫声,目不视邪色,口不出恶言,此三者,君子慎之。(《荀子·乐论》)

故先王案为之立文,尊尊亲亲之义至矣。(《荀子·礼论》)

墨子蔽于用而不知文。(《荀子·解蔽》)

儒者曰:"亲亲有术,尊贤有等。"言亲疏尊卑之异也。其礼曰:"丧父母三年,妻,后子三年,伯父叔父弟兄庶子其,戚族人五月。"若以亲疏为岁月之数,则亲者多而疏者少矣,是妻后子与父同也。若以尊卑为岁月数,则是尊其妻子与父母同,而亲伯父宗兄而卑子也,逆孰大焉。其亲死,列尸弗敛,登屋窥井,挑鼠穴,探涤器,而求其人矣。以为实在则赣愚甚矣;如其亡也必求焉,伪亦大矣!取妻,身迎,祛端为仆,秉辔授绥,如仰严亲,昏礼威仪,如承祭祀。颠覆上下,悖逆父母,下则妻子,妻子上侵事亲,若此可谓孝乎?儒者:"迎妻,妻之奉祭祀,子将守宗庙,故重之。"应之曰:"此诬言也,其宗兄守其先宗庙数十年,死丧之其,兄弟之妻奉其先之祭祀弗散,则丧妻子三年,必非以守奉祭祀也。夫忧妻子以大负累,有曰:'所以重亲也',为欲厚所至私,轻所至重,岂非大奸也哉!"(《墨子·非儒下》)

有强执有命以说议曰:"寿夭贫富,安危治乱,固有天命,不可损益。穷达赏罚幸否有极,人之知力,不能为焉。"群吏信之,则怠于分职;庶人信之,则怠于从事。吏不治则乱,农事缓则贫,贫且乱政之本,而儒者以为道教,是贼天下之人者也。(《墨子·非儒下》)

孔某与其门弟子闲坐,曰:"夫舜见瞽叟孰然,此时天下圾乎!周公旦非其人也邪?何为舍其家室而托寓也?"某所行,心术所至也。其徒属弟子皆效孔某。子贡、季路辅孔悝乱乎卫,阳货乱乎齐,佛肸以中牟叛,漆雕刑残,莫大焉。夫为弟子后生,其师,必修其言,法其行,力不足,知弗及而后已。今孔某之行如此,儒士则可以疑矣。(《墨子·非儒下》)

公孟子曰:"三年之丧,学吾之慕父母。"子墨子曰:"夫婴儿子之知,独慕父母而已。父母不可得也,然号而不止,此亓故何也?即愚之至也。然则儒者之知,岂有以贤于婴儿子哉?"(《墨子·公孟》)

　　子墨子谓程子曰："儒之道足以丧天下者，四政焉。儒以天为不明，以鬼为不神，天鬼不说，此足以丧天下。又厚葬久丧，重为棺椁，多为衣衾，送死若徒，三年哭泣，扶后起，杖后行，耳无闻，目无见，此足以丧天下。又弦歌鼓舞，习为声乐，此足以丧天下。又以命为有，贫富寿夭、治乱安危有极矣，不可损益也。为上者行之，必不听治矣；为下者行之，必不从事矣，此足以丧天下。"程子曰："甚矣！先生之毁儒也。"子墨子曰："儒固无此若四政者，而我言之，则是毁也。今儒固有此四政者，而我言之，则非毁也，告闻也。"程子无辞而出。(《墨子·公孟》)

　　子墨子言曰："仁之事者，必务求兴天下之利，除天下之害，将以为法乎天下。利人乎，即为；不利人乎，即止。且夫仁者之为天下度也，非为其目之所美，耳之所乐，口之所甘，身体之所安，以此亏夺民衣食之财，仁者弗为也。"是故子墨子之所以非乐者，非以大钟、鸣鼓、琴瑟、竽笙之声以为不乐也，非以刻镂华文章之色以为不美也，非以犓豢煎炙之味以为不甘也，非以高台厚榭邃野之居以为不安也。虽身知其安也，口知其甘也，目知其美也，耳知其乐也，然上考之不中圣王之事，下度之不中万民之利，是故子墨子曰："为乐非也。"(《墨子·非乐上》)

　　是故子墨子曰：尝若鬼神之能赏贤如罚暴也。盖本施之国家，施之万民，实所以治国家利万民之道也。若以为不然，是以吏治官府之不洁廉，男女之为无别者，鬼神见之；民之为淫暴寇乱盗贼，以兵刃毒药水火，退无罪人乎道路，夺人车马衣裘以自利者，有鬼神见之。是以吏治官府，不敢不洁廉，见善不敢不赏，见暴不敢不罪。民之为淫暴寇乱盗贼，以兵刃毒药水火，退无罪人乎道路，夺车马衣裘以自利者，由此止。是以莫放幽闲，拟乎鬼神之明显，明有一人畏上诛罚，是以天下治。(《墨子·明鬼下》)

　　今逮至昔者三代圣王既没，天下失义，后世之君子，或以厚葬久丧以为仁也，义也，孝子之事也；或以厚葬久丧以为非仁义，非孝子之事也。曰二子者，言则相非，行即相反，皆曰："吾上祖述尧舜禹汤文武之道者也。"而言即相非，行即相反，于此乎后世之君子，皆疑惑乎二子者言也。若苟疑惑乎之二子者言，然则姑尝传而为政乎国家万民而观之。计厚葬久丧，奚当此三利者？我意若使法其言，用其谋，厚葬久丧实可以富贫众寡，定危治乱乎，此仁也，义也，孝子之事也，为人谋者不可不劝也。仁者将兴之天下，谁贾而使民誉之，终勿废也。意亦使法其言，用其谋，厚葬久丧实不可以富贫众寡，定危理乱乎，此非仁非义，非孝子之事也，为人谋者不可不沮也。仁者将求除之天下，相废而使人非之，终身勿为。（《墨子·节葬下》）

不侈于后世，不靡于万物，不晖于数度，以绳墨自矫，而备世之急，古之道术有在于是者。墨翟、禽滑厘闻其风而说之。为之大过，已之大循。作为《非乐》，命之曰《节用》，生不歌，死无服。墨子泛爱兼利而非斗，其道不怒；又好学而博，不异，不与先王同，毁古之礼乐。

黄帝有《咸池》，尧有《大章》，舜有《大韶》，禹有《大夏》，汤有《大濩》，文王有辟雍之乐，武王、周公作《武》。古之丧礼，贵贱有仪，上下有等，天子棺椁七重，诸侯五重，大夫三重，士再重。今墨子独生不歌，死不服，桐棺三寸而无椁，以为法式。以此教人，恐不爱人；以此自行，固不爱己。未败墨子道，虽然，歌而非歌，哭而非哭，乐而非乐，是果类乎？其生也勤，其死也薄，其道大觳，使人忧，使人悲，其行难为也，恐其不可以为圣人之道，反天下之心，天下不堪。墨子虽能独任，奈天下何！离于天下，其去王也远矣。

墨子称道曰："昔者禹之湮洪水，决江河而通四夷九州岛也，名山三百，支川三千，小者无数。禹亲自操稿耜而九杂天下之川，腓无胈，胫无毛，沐甚雨，栉疾风，置万国。禹，大圣也，而形劳天下也如此。"使后世之墨者多以裘褐为衣，以跂蹻为服，日夜不休，以自苦为极，曰："不能如此，非禹之道也，不足谓墨。"相里勤之弟子五侯之徒，南方之墨者苦获、已齿、邓陵子之属，俱诵《墨经》，而倍谲不同，相谓别墨，以坚白、同异之辩相訾，以觭偶不仵之辞相应，以巨子为圣人，皆愿为之尸，冀得为其后世，至今不决。

墨翟、禽滑厘之意则是，其行则非也。将使后世之墨者必自苦以腓无胈、胫无毛，相进而已矣。乱之上也，治之下也。虽然，墨子真天下之好也，将求之不得也，虽枯槁不舍也，才士也夫！（《庄子·天下》）

夫随其成心而师之，谁独且无师乎？奚必知代而心自取者有之？愚者与有焉。未成乎心而有是非，是今日适越而昔至也。……道隐于小成，言隐于荣华。故有儒、墨之是非，以是其所非，而非其所是。欲是其所非而非其所是，则莫若以明。（《庄子·齐物论》）

削曾、史之行，钳杨、墨之口，攘弃仁义，而天下之德始玄同矣。（《庄

子·胠箧》)

彼曾、史、杨、墨、师旷、工倕、离朱，皆外立其德，而以爚乱天下者也，法之所无用也。(《庄子·胠箧》)

今世殊死者相枕也，桁杨者相推也，刑戮者相望也，而儒、墨乃始离跂攘臂乎桎梏之间。(《庄子·在宥》)

禹之治天下，使民心变，人有心而兵有顺，杀盗非杀，人自为种而天下耳，是以天下大骇，儒、墨皆起。其作始有伦，而今乎妇女，何言哉！(《庄子·天运》)

君子之人，若儒、墨者师，故以是非相赍也，而况今之人乎！(《庄子·知北游》)

儒法争鸣学案

　　追根溯源,法家思想之源可以追溯至管子那里,其流可以追溯至商鞅、慎到与申不害那里,但是于先秦法家而言,其集大成者却是战国末年的韩非。商鞅重法、慎到重势、申不害重术,韩非倡导法、术、势相结合。战国时期,法家依地域而形成齐法家与秦晋法家两系,齐法家重法、术、势,强调法教并重、亦行仁义;秦晋法家强调法、术、势相结合,主张不别亲疏、不分贵贱皆断于法。齐法家以管子为宗,秦晋法家宗于商鞅、盛于韩非。关于法家的思想特点与学术源流,两汉史家多有论涉,西汉司马谈《论六家之要指》曰"法家严而少恩;然其正君臣上下之分,不可改矣","法家不别亲疏,不殊贵贱,一断于法,则亲亲尊尊之恩绝矣。可以行一时之计,而不可长用也,故曰:'严而少恩。'若尊主卑臣,明分职不得相逾越,虽百家弗能改也"(《史记·太史公自序》),东汉班固曰"法家者流,盖出于理官,信赏必罚,以辅礼制。《易》曰:'先王以明罚饬法',此其所长也"(《汉书·艺文志》)。

　　通过探寻先秦儒家与法家的争鸣之处,则见所谓儒法争鸣主要集中于《韩非子》,散见于《荀子》《孟子》《庄子》,尽管法家思想自管子、商鞅之时就异于儒家思想。韩非师从荀子,学儒却非儒。韩非是集法家诸子之大成者,其重功利的思想实受李悝、商鞅之影响,其对商鞅的有法而无术、申不害的有术而无法与慎到的重势而无法并不满意,提出法、术、势并举与德、刑二柄皆掌的思想。以韩非为代表的先秦法家思想与先秦儒家思想存在诸多相异之处,这一点从《荀子》与《庄子》所论慎到之语中可见一斑。荀子认为法家是"尚法而无法",其《非十二子》篇曰:"尚法而无法,下修而好作,上则取听于上,下则取从于俗,终日言成文典,反紃察之,则倜然无所归宿,不可以经国定分;然而其持之有故,其言之成理,足以欺惑愚众:是慎到田骈也。"庄子认为"慎到不知道",只晓"术",《庄子·天下》

篇曰：

> 公而不当，易而无私，决然无主，趣物而不两，不顾于虑，不谋于知，于物无择，与之俱往，古之道术有在于是者。彭蒙、田骈、慎到闻其风而说之。……是故慎到，弃知去己，而缘不得已，泠汰于物以为道理，曰："知不知，将薄知而后邻伤之者也。"

较之，法家主张"无教化，去仁爱，专任刑法而欲以致治，至于残害至亲，伤恩薄厚"（《汉书·艺文志》），与儒家"游文于六经之中，留意于仁义之际，祖述尧舜，宪章文武"（同上）的学术理路有根本不同。

大体而言，儒家与法家的争鸣主要有三：一是治人以仁义，还是以法刑；二是治国行王道，还是行霸道；三是治国理政应"法先王"，还是"法后王"。

一、儒家重仁义、省刑罚，法家（韩非）否仁义、尚法刑

先秦儒家孔子、孟子、荀子，可谓是学脉相继，道统有续。孟子坦陈："予未得为孔子徒也，予私淑诸人也"（《孟子·离娄下》）、"乃所愿，则学孔子"（《孟子·公孙丑上》）；荀子认为自己"上则法舜禹之制，下则法仲尼子弓之义，以务息十二子之说"（《荀子·非十二子》）。因此，以孔子、孟子、荀子为核心的先秦儒家在仁义、刑罚方面多有相同与相通之处，大抵可以概括为重仁义、省刑罚。

孔子认为，人之为人应该"据于德，依于仁"（《论语·述而》），应该"爱人"（《论语·颜渊》）。于修身而言，"克己复礼为仁。一日克己复礼，天下归仁焉"（同上）；于治国而言，"敬事而信，节用而爱人，使民以时"（《论语·学而》）。孔子回答子贡问"管仲非仁者与"时说道："管仲相桓公，霸诸侯，一匡天下，民到于今受其赐。微管仲，吾其被发左衽矣。岂若匹夫匹妇之为谅也，自经于沟渎而莫之知也。"（《论语·宪问》）孔子认为管仲相桓公，霸诸侯，一匡天下，其"仁"通过其"事"而体现。同时，孔子曰"殷有三仁"即"微子去之，箕子为之奴，比干谏而死"（《论语·微子》），是从"行"上言"仁"。在孔子那里，"仁"并非只是形而上的道德概念，而是能够通过行、事、言来体现的道德品质。基于"仁"，孔子从道德理想人格的角

度提出"君子喻于义"(《论语·里仁》)、"君子义以为上"(《论语·阳货》)、强调"不义而富且贵,于我如浮云"(《论语·述而》)、"所谓君子者,言忠信而心不德,仁义在身而色不伐"(《荀子·哀公》)。只是当时礼坏乐崩,世人不好仁义、不修道德,以至于孔子感叹:"德之不修,学之不讲,闻义不能徙,不善不能改,是吾忧也。"(《论语·述而》)孟子继承了孔子的仁义思想并有所发展,孟子见梁惠王时以"王何必曰利?亦有仁义而已矣"(《孟子·梁惠王上》)规劝梁惠王行仁义,成仁政。孟子认为"仁义礼智根于心"(《孟子·尽心上》),指出"仁义忠信,乐善不倦,此天爵也"(《孟子·告子上》)。显然,这是强调"仁义"具有道德的内在性与天然的外在性,理应成为修身与治国的基本法则。孟子曰:

> ……是君臣、父子、兄弟终去仁义,怀利以相接,然而不亡者,未之有也。先生以仁义说秦楚之王,秦楚之王悦于仁义,而罢三军之师,是三军之士乐罢而悦于仁义也。为人臣者怀仁义以事其君,为人子者怀仁义以事其父,为人弟者怀仁义以事其兄,是君臣、父子、兄弟去利,怀仁义以相接也。然而不王者,未之有也。(《孟子·告子下》)

自认深得孔子真传的荀子也极为重视仁义,认为"君子处仁以义,然后仁也;行义以礼,然后义也"(《荀子·大略》),"圣人也者,本仁义"(《荀子·儒效》),并且指出"凡禹之所以为禹者,以其为仁义法正也"(《荀子·性恶》)。不仅如此,荀子认为王者之所以成就王道、王天下,其要在于"案然修仁义,伉隆高,正法则,选贤良,养百姓,为是之日,而名声制天下之美矣"(《荀子·王制》)。

相对而言,孔子、孟子对刑罚之于修身与治国的作用并不是十分看重,孔子曰"道之以政,齐之以刑,民免而无耻;道之以德,齐之以礼,有耻且格"(《论语·为政》),阐明刑罚之于治国与化民的作用是有限度的。孔子认为为政首务在于"正名",礼乐次之,刑罚又次之,声称"名不正,则言不顺;言不顺,则事不成;事不成,则礼乐不兴;礼乐不兴,则刑罚不中;刑罚不中,则民无所措手足"(《论语·子路》)。孟子认为,人君应该"施仁政于民,省刑罚"(《孟子·梁惠王上》)。与孔、孟的刑罚思想略有不同,荀子主张礼刑并重,认为"治之经,礼与刑,君子以修,百姓宁"(《荀子·成相》)、"刑政平而百姓归之"(《荀子·致士》),指出"刑称罪,则治;不称罪,则乱"(《荀子·正论》)。值得注意的是,荀子的礼刑并重与"治则刑重,乱则刑轻"的思想直接影响到了韩非。

韩非认为仁义不足以治国,指出"言先王之仁义,无益于治,明吾法度,必吾赏罚者亦国之脂泽粉黛也。故明主急其助而缓其颂,故不道仁义"(《韩非子·显学》),"夫慕仁义而弱乱者,三晋也;不慕而治强者,秦也;然而未帝者,治未毕也"(《韩非子·外储说左上》)。韩非举例说道:宋襄公与楚人战于涿谷上,"宋人大败,公伤股,三日而死,此乃慕自亲仁义之祸"(同上),徐偃王尚"仁义而徐亡,子贡辩智而鲁削。以是言之,夫仁义辩智,非所以持国也"(《韩非子·五蠹》)。基于此,韩非对当时崇尚仁义之说的说客展开驳斥,《韩非子·奸劫弑臣》篇曰:

> 世之学术者说人主,不曰"乘威严之势以困奸邪之臣",而皆曰"仁义惠爱而已矣"。世主美仁义之名而不察其实,是以大者国亡身死,小者地削主卑。何以明之?夫施与贫困者,此世之所谓仁义;哀怜百姓不忍诛罚者,此世之所谓惠爱也。……夫严刑者,民之所畏也;重罚者,民之所恶也。故圣人陈其所畏以禁其邪,设其所恶以防其奸。是以国安而暴乱不起。吾以是明仁义爱惠之不足用,而严刑重罚之可以治国也。无捶策之威,衔橛之备,虽造父不能以服马;无规矩之法,绳墨之端,虽王尔不能以成方圆;无威严之势,赏罚之法,虽尧、舜不能以为治。今世主皆轻释重罚严诛,行爱惠,而欲霸王之功,亦不可几也。故善为主者,明赏设利以劝之,使民以功赏而不以仁义赐;严刑重罚以禁之,使民以罪诛而不以爱惠免。是以无功者不望,而有罪者不幸矣。

韩非认为,秉持仁义之说的学者劝说人主"务行仁义则可以王,是求人主之必及仲尼,而以世之凡民皆如列徒,此必不得之数也"(《韩非子·五蠹》)。韩非指出,人主"务以仁义自饰者,可亡也"(《韩非子·亡征》),"存国者,非仁义也"(《韩非子·八说》)。贬损仁义、推崇刑罚,是秦晋法家的基本态度。商鞅作为秦晋法家的典型代表,曾将礼乐、诗书、修善、孝弟、诚信、贞廉、仁义、非兵、羞战视为"六虱"(《商君书·靳令》)。绍述商鞅,韩非将孝悌、忠顺视为导致天下大乱的根源之一,韩非曰:"天下皆以孝悌忠顺之道为是也,而莫知察孝悌忠顺之道而审行之,是以天下乱"(《韩非子·忠孝》),并且强调有道之主必"远仁义,去智能,服之以法"(《韩非子·说疑》)。不仅如此,韩非特意借"叶公子高问政于仲尼"否定了仲尼的思想,其《难三》篇曰:

> 叶公子高问政于仲尼,仲尼曰:"政在悦近而来远。"哀公问政于仲尼,仲尼曰:"政在选贤。"齐景公问政于仲尼,仲尼曰:"政在节财。"三公出,子贡问曰:"三公问夫子政一也,夫子对之不同,何也?"仲尼曰:"叶都大而国小,民有背心,故曰政在悦近而来远。鲁哀公有大臣三人,外障距诸侯四邻之士,内比周而以愚其君,使宗庙不扫除,社稷不血食者,必是三臣也,故曰政在选贤。齐景公筑雍门,为路寝,一朝而以三百乘之家赐者三,故曰政在节财。"或曰:仲尼之对,亡国之言也。叶民有倍心,而说之"悦近而来远",则是教民怀惠。惠之为政,无功者受赏,而有罪者免,此法之所以败也。法败而政乱,以乱政治败民,未见其可也。且民有倍心者,君上之明有所不及也。不绍叶公之明,而使之悦近而来远,是舍吾势之所能禁而使与不行惠以争民,非能持势者也。

韩非认为,仲尼是不知赏罚之功,不知刑罚之用。因此,韩非强调人主应该善明赏罚,如是,"百官不敢侵职,群臣不敢失礼。上设其法,而下无奸诈之心"(《韩非子·难一》)。在韩非眼中,明主谨于听治,"明其法禁,察其谋计",因为"法明则内无变乱之患,计得则外无死虏之祸"。继而,韩非指出:

> 仁者,慈惠而轻财者也;暴者,心毅而易诛者也。慈惠则不忍,轻财则好与;心毅则憎心见于下,易诛则妄杀加于人。不忍则罚多宥赦,好与则赏多无功;憎心见则下怨其上,妄诛则民将背叛。故仁人在位,下肆而轻犯禁法,偷幸而望于上;暴人在位,则法令妄而臣主乖,民怨而乱心生。故曰:"仁暴者,皆亡国者也。"(《韩非子·八说》)

韩非认为"行义示则主威分,慈仁听则法制毁",强调"设法度以齐民,信赏罚以尽民能,明诽誉以劝沮,名号、赏罚、法令三隅,故大臣有行则尊君,百姓有功则利上,此之谓有道之国也"(《韩非子·八经》)。不仅如此,韩非指出"治民无常,唯治为法。法与时转则治,治与世宜则有功"(《韩非子·心度》),"法平则吏无奸。法已定矣,不以善言售法"(《韩非子·饬令》)。韩非认为,人之本性皆在利己,"夫安利者就之,危害者去之,此人之情也"(《韩非子·奸劫弑臣》),又曰"夫民之性,喜其乱而不亲其法""夫民之性,恶劳而乐佚"(《韩非子·心度》)。韩非指出,君主应以庆赏(功名利禄)为诱饵,胸藏权术,以法刑管控臣属与百姓,声称"君以计畜臣,臣以计事君,君臣之交,计也"(《韩非子·饬邪》)。显然,韩非的思想是以君主为本位,主张法、术、势相结合;韩非曰"抱法处势则治,背法去势则乱"(《韩非子·难势》)、"君无术则弊于上,臣无法则乱于下,此不可一无,皆帝王之具也"(《韩非子·定法》)。而且,韩非认为"儒以文乱法,侠以武犯禁"(《韩非子·五蠹》)并欲除之而后快,其论颇显偏激,且流于意气之说。或许,韩非之说就是导致李斯与秦始皇发动焚书坑儒的理论依据之一。

二、儒家主张治国行王道,法家(韩非)主张治国行霸道

儒家追慕尧舜之道,主张治国行王道。生活在春秋末世的孔子面对王道陵迟、礼乐废坏,意欲恢复周礼,孔子作《春秋》旨在"明得失,差贵贱,反王道之本"(《春秋繁露·王道》)。尽管春秋之世,王道早已消隐、霸道横行于世,但是真正将"王道"与"霸道"作为一对政治范畴来辨析的是孟子。孟子推崇王道,反对霸道,认为霸道无道德依据,并不是长治久安之道。孟子曰:

> 以力假仁者霸,霸必有大国,以德行仁者王,王不待大。汤以七十里,文王以百里。以力服人者,非心服也,力不赡也;以德服人者,中心悦而诚服也,如七十子之服孔子也。(《孟子·公孙丑上》)

孟子认为世道交相丧,相比于尧舜禹而言,所谓"春秋五霸"实则是历史的罪人;孟子直言"五霸者,三王之罪人也;今之诸侯,五霸之罪人也;今之大夫,今之诸侯之罪人也"(《孟子·告子下》)。基于"性善",孟子指出"尧

舜,性之也;汤武,身之也;五霸,假之也。久假而不归,恶知其非有也"(《孟子·尽心上》),并且认为生活在王道时期的百姓与生活在霸道时期的百姓在精神风貌方面是不同的:"霸者之民,骅虞如也;王者之民,皞皞如也。"(同上)值得一提的是,孟子见梁惠王时,对自己心目中的"王道"有所描绘,孟子曰:

> 不违农时,谷不可胜食也;数罟不入洿池,鱼鳖不可胜食也;斧斤以时入山林,材木不可胜用也。谷与鱼鳖不可胜食,材木不可胜用,是使民养生丧死无憾也。养生丧死无憾,王道之始也。(《孟子·梁惠王上》)

细绎之,孟子设想的"王道"并非只是道德维度的乌托邦,而是有经济与教育作为支撑的理想社会构想。换言之,孟子心目中的"王道"是建立在物质极大丰富的基础上的:谷物不可胜食、材木不可胜用、养生丧死无憾,同时又是建立在精神相对满足的基础上的:谨庠序之教,申之以孝悌之义,颁白者不负戴于道路。与孟子尊王贱霸的观点略有不同,荀子是尊王次霸,荀子曰:"君人者,隆礼尊贤而王,重法爱民而霸,好利多诈而危,权谋倾覆幽险而尽亡矣。"(《荀子·天论》)荀子认为治国之道有三:"义立而王,信立而霸,权谋立而亡"(《荀子·王霸》),其中关键在于人君如何谨慎选择。荀子曰:

> 故道王者之法,与王者之人为之,则亦王;道霸者之法,与霸者之人为之,则亦霸;道亡国之法,与亡国之人为之,则亦亡。三者,明主之所以谨择也,而仁人之所以务白也。(《荀子·王霸》)

在荀子眼中,管仲为政"未及修礼",故只能成就霸道。"修礼者王,为政者强,取民者安,聚敛者亡"(《荀子·王制》),而霸者则不然,霸者"辟田野,实仓廪,便备用,案谨募选阅材伎之士,然后渐庆赏以先之,严刑罚以纠之"(同上)。基于此,荀子指出:"齐桓、晋文、楚庄、吴阖闾、越勾践是皆和齐之兵也,可谓入其域矣,然而未有本统也,故可以霸而不可以王。"(《荀子·议兵》)荀子认为"王者富民,霸者富士"(《荀子·王制》),故将"王道"

列于"霸道"之先。综上可见,先秦儒家所描绘的"王道"其实是一个政通人和、礼乐齐鸣的理想社会。这一点在《礼记·乐记》中亦有体现:

> 是故先王之制礼乐,人为之节;衰麻哭泣,所以节丧纪也;钟鼓干戚,所以和安乐也;昏姻冠笄,所以别男女也;射乡食飨,所以正交接也。礼节民心,乐和民声,政以行之,刑以防之,礼乐刑政,四达而不悖,则王道备矣。

与儒家不同的是,尽管法家承认"三王"(尧舜禹)时期存在"王道",但是他们认为时移事异,旧时的"王道"已难现当世。商鞅认为,"三代不同礼而王,五霸不同法而霸"(《商君书·更法》),又曰:

> 而今夫世俗治者莫不释法度而任辩慧,后功力而进仁义,民故不务耕战。彼民不归其力于耕,即食屈于内;不归其节于战,则兵弱于外。入而食屈于内,出而兵弱于外,虽有地万里,带甲百万,与独立平原一贯也。且先王能令其民蹈白刃,被矢石,其民之欲为之,非好学之,所以避害。故吾教令民之欲利者非耕不得,避害者非战不免,境内之民莫不先务耕战而后得其所乐。故地少粟多,民少兵强。能行二者于境内,则霸王之道毕矣。(《商君书·慎法》)

绍承商鞅,韩非认为当今之世的人主不必复古,而应"致霸王之功"、成霸王之业。韩非说:

> 圣人之治也,审于法禁,法禁明著则官法;必于赏罚,赏罚不阿则民用。官官治则国富,国富则兵强,而霸王之业成矣。霸王者,人主之大利也。人主挟大利以听治,故其任官者当能,其赏罚无私。使士民明焉尽力致死,则功伐可立而爵禄可致,爵禄致而富贵之业成矣。富贵者,人臣之大利也。人臣挟大利以从事,故其行危至死,其力尽而不望。此谓君不仁,臣不忠,则不可以霸王矣。(《韩非子·六反》)

韩非指出,当今人主"皆轻释重罚、严诛,行爱惠,而欲霸王之功,亦不可几也"，唯"操法术之数，行重罚严诛，则可以致霸王之功"，并且举例说道：
"伊尹得之汤以王，管仲得之齐以霸，商君得之秦以强。此三人者，皆明于
霸王之术，察于治强之数，而不以牵于世俗之言。"（《韩非子·奸劫弑臣》）
简言之，韩非的"霸道"是建基于法刑、赏罚、国富与兵强之上的，而不是建
基于仁义道德之上的。较之，这一点和以管子为代表的齐法家所持的"霸
道"思想有所不同。管子指出，"身仁行义，服忠用信，则王。审谋章礼，选
士利械，则霸"（《管子·幼官》）。显然，管子认为"王道"建基于仁义、忠
信，"霸道"建基于谋略、人才、军备。公元前 684 年，管仲回答齐桓公问
"社稷可定乎"时指出，"君霸王，社稷定，君不霸王，社稷不定"（《管子·大
匡》）。无论是和荀子相比，还是和韩非相比，管子的霸道思想都显得有些
与众不同，尽管管子也将富国强兵视为霸道的基石。究其原因在于，管子
的霸道思想是融摄仁义与忠爱之道德理念的。管子曰：

> 明王之务，在于强本事，去无用，然后民可使富。论贤人，用有
> 能，而民可使治。薄税敛，毋苟于民，待以忠爱，而民可使亲；三者，霸
> 王之事也。（《管子·五辅》）
> 霸王之形，象天则地，化人易代，创制天下。等列诸侯，宾属四
> 海，时匡天下，大国小之，曲国正之，强国弱之，重国轻之，乱国并之，
> 暴王残之，傯其罪，卑其列，维其民，然后王之。（《管子·霸言》）
> 霸王之形，德义胜之，智谋胜之，兵战胜之，地形胜之，动作胜之，
> 故王之。（《管子·霸言》）

显然，管子的"霸王"（霸道）论不仅强调仁义与道德，而且是融合王道理想
与圣人品格的。君人者有道，霸王者有时；故而，管仲回答齐桓公之问时
指出："夷吾之所闻，能为霸王者，盖天子圣人也。"（《管子·度地》）

比较而言，先秦儒家（孟子、荀子）主张治国行王道，法家（韩非、管子）
主张治国行霸道。但是，以韩非为代表的秦晋法家的"霸道"思想却不同
于以管子为代表的齐法家的"霸道"思想，韩非强调以法刑、赏罚、国富与
兵强来实现"霸道"，而管子则是强调以仁义、忠爱、人才与道德来实现"霸
道"。

三、儒家强调"法先王"，法家（韩非）主张"法后王"

儒家"祖述尧舜，宪章文武"强调的是"法先王"。在孔子眼中，"巍巍乎！舜禹之有天下也，而不与焉"（《论语·泰伯》）、"大哉，尧之为君也"（同上），孔子甚至认为"无为而治者，其舜也与"（《论语·卫灵公》）。时至战国，孟子"言必称尧舜"（《孟子·滕文公上》），强调"欲为君尽君道，欲为臣尽臣道，二者皆法尧舜而已矣"（《孟子·离娄上》）、"尧舜之道，孝弟而已矣"（《孟子·告子下》）。荀子认为"王者之制：道不过三代，法不二后王；道过三代谓之荡，法二后王谓之不雅"（《荀子·王制》）。荀子明确指出儒者应该"法先王"，人主应该"法先王"。荀子曰：

> 儒者法先王，隆礼义，谨乎臣子而致贵其上者也。人主用之，则埶在本朝而宜；不用，则退编百姓而悫；必为顺下矣。（《荀子·儒效》）

> 凡言不合先王，不顺礼义，谓之奸言；虽辩，君子不听。法先王，顺礼义，党学者，然而不好言，不乐言，则必非诚士也。（《荀子·非相》）

同时，荀子提出"先王之道，仁义之统"（《荀子·荣辱》）、"先王之道，则尧舜已"（《荀子·大略》），强调为政应该"法先王，统礼义，一制度"（《荀子·儒效》）。不过，荀子又曰"百王之道，后王是也"（《荀子·不苟》）、"欲观圣王之迹，则于其粲然者矣，后王是也"（《荀子·非相》）、"凡成相，辨法方，至治之极复后王"（《荀子·成相》）、"百家之说，不及后王，则不听也"（《荀子·儒效》），可见荀子又颇为重视"法后王"并且洞见先王与后王之间的历史关联。其实，荀子所谓的"法先王"与"法后王"是相对而言的，即后王不过是先王序列中的后王，于历史时间节点来看虽属于后世，但于荀子所处时代而言仍是先王。另外，《孝经》从"追远"的维度强调"非先王之法服不敢服，非先王之法言不敢道，非先王之德行不敢行"，明显是强调"法先王"。

与儒家（孔、孟、荀）强调隆仁义、法先王不同，法家（韩非）主张治国理政应该"法后王"。韩非曰：

> 故明主之国，无书简之文，以法为教；无先王之语，以吏为师；无
> 私剑之捍，以斩首为勇。是境内之民，其言谈者必轨于法，动作者归
> 之于功，为勇者尽之于军。是故无事则国富，有事则兵强，此之谓王
> 资。既畜王资而承敌国之釁，超五帝侔三王者，必此法也。（《韩非
> 子·五蠹》）

韩非认为"学者则称先王之道，以籍仁义，盛容服而饰辩说，以疑当世之法而贰人主之心。其言古者，为设诈称，借于外力，以成其私而遗社稷之利"（《韩非子·五蠹》），并且斥责"称先王之道"的人是"五蠹之民"。韩非甚至明确指出以仁义为内核的尧舜之道是亡国之道，韩非曰：

> 天下皆以孝悌忠顺之道为是也，而莫知察孝悌忠顺之道而审行
> 之，是以天下乱。皆以尧、舜之道为是而法之，是以有弑君，有曲父。
> 尧、舜、汤、武，或反君臣之义，乱后世之教者也。尧为人君而君其臣，
> 舜为人臣而臣其君，汤、武为人臣而弑其主、刑其尸，而天下誉之，此
> 天下所以至今不治者也。……是废常、上贤则乱，舍法、任智则危。
> 故曰："上法而不上贤。"（《韩非子·忠孝》）

韩非意在强调"为治者用众而舍寡，故不务德而务法"，声称"国法不可失，而所治非一人也。故有术之君，不随适然之善，而行必然之道"（《韩非子·显学》）。不仅如此，韩非从历史演进的维度指出尧舜之道早已过时，并斥责儒者是以文乱法，以古惑今。《韩非子·难一》篇有言：

> 或问儒者曰："方此时也，尧安在？"其人曰："尧为天子。""然则仲
> 尼之圣尧奈何？圣人明察在上位，将使天下无奸也。今耕渔不争，陶
> 器不窳，舜又何德而化？舜之救败也，则是尧有失也。贤舜则去尧之
> 明察，圣尧则去舜之德化，不可两得也。楚人有鬻楯与矛者，誉之曰：
> '吾楯之坚，莫能陷也。'又誉其矛曰：'吾矛之利，于物无不陷也。'或
> 曰：'以子之矛陷子之楯，何如？'其人弗能应也。夫不可陷之楯与无
> 不陷之矛，不可同世而立。今尧、舜之不可两誉，矛楯之说也。且舜
> 救败，期年已一过，三年已三过，舜有尽，寿有尽，天下过无已者，以有

尽逐无已，所止者寡矣。"

韩非声称，"古今异俗，新故异备，如欲以宽缓之政、治急世之民，犹无辔策而御駻马，此不知之患也"（《韩非子·五蠹》）。在韩非看来，"今世儒者之说人主，不善今之所以为治，而语已治之功；不审官法之事，不察奸邪之情，而皆道上古之传，誉先王之成功"是巫祝之言，有度之主应明之。进而，韩非指出"明主举实事，去无用；不道仁义者故，不听学者之言"（《韩非子·显学》）。不仅如此，韩非对当时流行的儒墨之学亦持批判态度，认为"孔、墨之后，儒分为八，墨离为三，取舍相反不同，而皆自谓真孔、墨"（同上），其实是远离孔、墨之真而自售其说。同时，韩非指出"孔子、墨子俱道尧舜，而取舍不同，皆自谓真尧舜"（同上），其实是远离尧舜之真而自售其说。继而，韩非断言："殷、周七百余岁，虞、夏二千余岁，而不能定儒、墨之真，今乃欲审尧、舜之道于三千岁之前，意者其不可必乎！无参验而必之者、愚也，弗能必而据之者、诬也。故明据先王，必定尧、舜者，非愚则诬也。愚诬之学，杂反之行，明主弗受也。"（同上）李斯采韩非之语而事秦始皇，于是，秦始皇从政治实践角度实行法后王，一制度，隆刑法而杀诗书。《史记·六国年表》记载：

> 秦既得意，烧天下诗书，诸侯史记尤甚，为其有所刺讥也。……秦取天下多暴，然世异变，成功大。传曰："法后王"，何也？以其近己而俗变相类，议卑而易行也。学者牵于所闻，见秦在帝位日浅，不察其终始，因举而笑之，不敢道，此与以耳食无异。悲夫！

其实，"法后王"尤其是"法今王"其弊甚矣，当"以吏为师"与"以王为师"成为政治理念与行动指南，"吏"与"王"便成了无法无天的权威，凡此势必造成对民意的屈抑与打压。特别是当"吏"与"王"之意失去道德依据的时候，难免形成唯"吏"是从、唯"王"是从的集体性沉默。于秦朝短暂的国祚而言，陈胜与吴广的起义以及项羽与刘邦的起义或许正是对秦之"法后王"（"法今王"）的反抗与革命。

诚然，先秦儒家与法家之争鸣并不局限于以上三个方面，但是儒法争鸣的背后无疑是道德与政治、古道与今王、理想与现实之争，以及功名利禄之价值取向之争。其中,儒家崇信仁义道德,法家否定仁义道德。究而言之,仁义道德是否能够成为个体修身之规范,是否能够成为治国理政之法则,或曰治国理政究竟是依靠自律还是依靠他律? 这不只是道德与政治之间的张力之体现,更是古道与今王、理想与现实之间的冲突之体现。在此,儒家与法家走向了不同的价值向度,尽管秦晋法家的集大成者韩非曾经从学于大儒荀子。换言之,韩非的离经叛道究竟是其个性使然,还是其洞见政治的残酷性与当时天下大势之后的理性选择,这似乎是个不难回答的问题。

附:先秦儒法争鸣材料辑要

子曰:"道之以政,齐之以刑,民免而无耻;道之以德,齐之以礼,有耻且格。"(《论语·为政》)

子路曰:"卫君待子而为政,子将奚先?"子曰:"必也正名乎!"子路曰:"有是哉,子之迂也! 奚其正?"子曰:"野哉由也! 君子于其所不知,盖阙如也。名不正,则言不顺;言不顺,则事不成;事不成,则礼乐不兴;礼乐不兴,则刑罚不中;刑罚不中,则民无所措手足。故君子名之必可言也,言之必可行也。君子于其言,无所苟而已矣。"(《论语·子路》)

子贡问政。子曰:"足食。足兵。民信之矣。"子贡曰:"必不得已而去,于斯三者何先?"曰:"去兵。"子贡曰:"必不得已而去,于斯二者何先?"曰:"去食。自古皆有死,民无信不立。"(《论语·颜渊》)

王如施仁政于民,省刑罚,薄税敛,深耕易耨。壮者以暇日修其孝悌忠信,入以事其父兄,出以事其长上,可使制梃以挞秦楚之坚甲利兵矣。(《孟子·梁惠王上》)

争地以战,杀人盈野;争城以战,杀人盈城。此所谓率土地而食人肉,罪不容于死。故善战者服上刑,连诸侯者次之,辟草莱、任土地者次之。(《孟子·离娄上》)

听政之大分:以善至者待之以礼,以不善至者待之以刑。两者分别,则贤不肖不杂,是非不乱。(《荀子·王制》)

故不教而诛,则刑繁而邪不胜;教而不诛,则奸民不惩;诛而不赏,则勤厉之民不劝;诛赏而不类,则下疑俗险而百姓不一。(《荀子·富国》)

川渊深而鱼鳖归之,山林茂而禽兽归之,刑政平而百姓归之,礼义备

而君子归之。(《荀子·致士》)

刑称罪,则治;不称罪,则乱。故治则刑重,乱则刑轻,犯治之罪固重,犯乱之罪固轻也。(《荀子·正论》)

师旅有制,刑法有等,莫不称罪,是君子之所以为憚诡其所敦恶之文也。(《荀子·礼论》)

治之经,礼与刑,君子以修百姓宁。明德慎罚,国家既治四海平。(《荀子·成相》)

人无法,则伥伥然;有法而无志其义,则渠渠然;依乎法,而又深其类,然后温温然。(《荀子·修身》)

法后王,一制度,隆礼义而杀《诗》《书》;其言行已有大法矣,然而明不能齐法教之所不及,闻见之所未至,则知不能类也;知之曰知之,不知曰不知,内不自以诬,外不自以欺,以是尊贤畏法而不敢怠傲:是雅儒者也。法先王,统礼义,一制度;以浅持博,以古持今,以一持万;苟仁义之类也,虽在鸟兽之中,若别白黑;倚物怪变,所未尝闻也,所未尝见也,卒然起一方,则举统类而应之,无所儗作;张法而度之,则晻然若合符节:是大儒者也。(《荀子·儒效》)

王者之制:道不过三代,法不二后王;道过三代谓之荡,法二后王谓之不雅。衣服有制,宫室有度,人徒有数,丧祭械用皆有等宜。声、则非雅声者举废,色、则凡非旧文者举息,械用,则凡非旧器者举毁,夫是之谓复古,是王者之制也。(《荀子·王制》)

至道大形:隆礼至法则国有常,尚贤使能则民知方,纂论公察则民不疑,赏克罚偷则民不怠,兼听齐明则天下归之。(《荀子·君道》)

君人者,隆礼尊贤而王,重法爱民而霸,好利多诈而危,权谋倾覆幽险而尽亡矣。(《荀子·天论》)

不明于法,而欲治民一众,犹左书而右息之。(《管子·七法》)

明法审数,立常备能,则治。(《管子·幼官》)

刑法不审,则盗贼胜。(《管子·七法》)

政之所兴,在顺民心。政之所废,在逆民心。民恶忧劳,我佚乐之。民恶贫贱,我富贵之,民恶危坠,我存安之。民恶灭绝,我生育之。能佚乐之,则民为之忧劳。能富贵之,则民为之贫贱。能存安之,则民为之危坠。能生育之,则民为之灭绝。故刑罚不足以畏其意,杀戮不足以服其心。故刑罚繁而意不恐,则令不行矣。杀戮众而心不服,则上位危矣。故从其四欲,则远者自亲;行其四恶,则近者叛之。(《管子·牧民》)

严刑罚,则民远邪。(《管子·牧民》)

法者,将用民之死命者也;用民之死命者,则刑罚不可不审;刑罚不审,则有辟就;有辟就,则杀不辜而赦有罪;杀不辜而赦有罪,则国不免于贼臣矣。故夫爵服贱、禄赏轻、民闲其治、贼臣首难,此谓败国之教也。(《管子·权修》)

省刑罚,薄赋敛,则民富矣。(《管子·小匡》)

故赏不足劝,则士民不为用。刑罚不足畏,则暴人轻犯禁。民者服于威杀,然后从。见于利,然后用。(《管子·正世》)

凡民者莫不恶罚而畏罪,是以人君严教以示之,明刑罚以致之。(《管子·版法解》)

粟之三分在上,谓民萌皆受上粟,度君藏焉,五谷相靡而重,去什三为馀,以国币准谷反行,大夫无什于重,君以币赋禄,什在上,君出谷什而去七,君敛三,上赋七,散振不资者,仁义也。五谷相靡而轻,数也,以乡守重而籍国,数也。出实财,散仁义,万物轻,数也。(《管子·山至数》)

所谓仁义礼乐者皆出于法,此先圣之所以一民者也。(《管子·任法》)

六虱:曰礼乐,曰诗书,曰修善,曰孝弟,曰诚信,曰贞廉,曰仁义,曰非兵,曰羞战。国有十二者,上无使农战,必贫至削。十二者成群,此谓君之治不胜其臣,官之治不胜其民,此谓六虱胜其政也。(《商君书·靳令》)

圣王者,不贵义而贵法;法必明,令必行,则已矣。(《商君书·画策》)

王者得治民之至要,故不待赏赐而民亲上,不待爵禄而民从事,不待刑罚而民致死。(《商君书·农战》)

人情而有好恶;故民可治也。人君不可以不审好恶;好恶者,赏罚之本也。夫人情好爵禄而恶刑罚,人君设二者以御民之志,而立所欲焉。(《商君书·错法》)

设民所恶以禁其奸,故为刑罚以威之。(《韩非子·难一》)

今缓刑罚,行宽惠,是利奸邪而害善人也,此非所以为治也。(《韩非子·难二》)

法者,宪令著于官府,刑罚必于民心,赏存乎慎法,而罚加乎奸令者

也,此臣之所师也。君无术则弊于上,臣无法则乱于下,此不可一无,皆帝王之具也。(《韩非子·定法》)

故明主之治国也,适其时事以致财物,论其税赋以均贫富,厚其爵禄以尽贤能,重其刑罚以禁奸邪,使民以力得富,以事致贵,以过受罪,以功致赏而不念慈惠之赐,此帝王之政也。(《韩非子·六反》)

故先王明赏以劝之,严刑以威之。赏刑明则民尽死,民尽死则兵强主尊。刑赏不察则民无功而求得,有罪而幸免,则兵弱主卑。故先王贤佐尽力竭智。故曰:"公私不可不明,法禁不可不审,先王知之矣。"(《韩非子·饰邪》)

周之世者,必为汤、武笑矣。然则今有美尧、舜、汤、武、禹之道于当今之世者,必为新圣笑矣。是以圣人不期修古,不法常可,论世之事,因为之备。宋人有耕田者,田中有株,兔走,触株折颈而死,因释其耒而守株,冀复得兔,兔不可复得,而身为宋国笑。今欲以先王之政,治当世之民,皆守株之类也。(《韩非子·五蠹》)

世之显学,儒、墨也。儒之所至,孔丘也。墨之所至,墨翟也。自孔子之死也,有子张之儒,有子思之儒,有颜氏之儒,有孟氏之儒,有漆雕氏之儒,有仲良氏之儒,有孙氏之儒,有乐正氏之儒。自墨子之死也,有相里氏之墨,有相夫氏之墨,有邓陵氏之墨。故孔、墨之后,儒分为八,墨离为三,取舍相反不同,而皆自谓真孔、墨,孔、墨不可复生,将谁使定后世之学乎?孔子、墨子俱道尧、舜,而取舍不同,皆自谓真尧、舜,尧、舜不复生,将谁使定儒、墨之诚乎?殷、周七百余岁,虞、夏二千余岁,而不能定儒、墨之真,今乃欲审尧、舜之道于三千岁之前,意者其不可必乎!无参验而必之者、愚也,弗能必而据之者、诬也。故明据先王,必定尧、舜者,非愚则诬也。愚诬之学,杂反之行,明主弗受也。(《韩非子·显学》)

言先王之仁义,无益于治,明吾法度,必吾赏罚者亦国之脂泽粉黛也。故明主急其助而缓其颂,故不道仁义。(《韩非子·显学》)

吾以是明仁义爱惠之不足用,而严刑重罚之可以治国也。(《韩非子·奸劫弑臣》)

见大利而不趋,闻祸端而不备,浅薄于争守之事,而务以仁义自饰者,可亡也。(《韩非子·亡征》)

夫称上古之传颂,辩而不悫,道先王仁义而不能正国者,此亦可以戏

而不可以为治也。夫慕仁义而弱乱者,三晋也;不慕而治强者,秦也;然而未帝者,治未毕也。(《韩非子·外储说左上》)

故有道之主,远仁义,去智能,服之以法。(《韩非子·说疑》)

故存国者,非仁义也。(《韩非子·八说》)

儒以文乱法,侠以武犯禁,而人主兼礼之,此所以乱也。夫离法者罪,而诸先生以文学取;犯禁者诛,而群侠以私剑养。故法之所非,君之所取;吏之所诛,上之所养也。法趣上下四相反也,而无所定,虽有十黄帝不能治也。故行仁义者非所誉,誉之则害功;文学者非所用,用之则乱法。(《韩非子·五蠹》)

是故乱国之俗,其学者则称先王之道,以籍仁义,盛容服而饰辩说,以疑当世之法而贰人主之心。其言古者,为设诈称,借于外力,以成其私而遗社稷之利。其带剑者,聚徒属,立节操,以显其名而犯五官之禁。其患御者,积于私门,尽货赂而用重人之谒,退汗马之劳。其商工之民,修治苦窳之器,聚弗靡之财,蓄积待时而侔农夫之利。此五者,邦之蠹也。(《韩非子·五蠹》)

儒家经典学案

　　通常，人们将《诗》《书》《易》《礼》《乐》《春秋》称为"六经"，后儒更是视"六经"为学问之圭臬，儒学之本源①。秦汉之际，《乐》失传，《诗》《书》《易》《礼》《春秋》并称"五经"；汉武帝崇儒，建元五年（前136年）"置五经博士"（《汉书·武帝纪》）。《春秋》之"三传"（《左传》《穀梁传》《公羊传》）与《礼》之"三礼"（《周礼》《礼记》《仪礼》）乘时势而出，成为一时显学。西汉末年，朝廷在"序、庠置《孝经》师一人"（《汉书·平帝纪》），《孝经》的政治地位始隆；东汉末年，朝廷诏刻儒家"七经"，《论语》《公羊》始被视为"经"②。两汉时期，孟子、荀子之文亦有流传，《荀子》于西汉始见辑本，《孟子》于东汉始见注本。自春秋至东汉，先秦儒经的传承谱系清晰，蔚为大观。然则，细绎儒经之"名"便会发现《礼记》是"记"，《左传》《公羊传》《穀梁传》是"传"，《论语》是"语"，《孟子》是"文"或"子"，凡此称"经"似乎

---

① 按：虽说"六经，先王之陈迹也"（《庄子·天运》），或曰"五经者，周史之大宗也"[（清）龚自珍：《龚自珍全集·古史钩沈论二》，上海人民出版社1975年版，第22页]，然则"六经"却是既统摄春秋之前的历史，又蕴涵根源于天地的大道；诚如王阳明曰："以事言谓之史，以道言谓之经，事即道，道即事，《春秋》亦经，五经亦史。"（《传习录上》）

② 按：何谓经？《大戴礼·易本命》曰"凡地：东西为纬，南北为经"，《白虎通·五经》曰"经，常也。有五常之道，故曰五经"，《释名·释典艺》曰"经，径也。如径路无所不通，可常用也"；许慎《说文解字·系部》曰"经，织也。从纟，巠声"，段玉裁《说文解字注·经》曰"织之从丝谓之经。必先有经，而后有纬。是故三纲、五常、六艺谓之天地之常经"[（清）段玉裁：《说文解字注》，上海古籍出版社1981年版，第644页]。于儒经之"经"而言，后儒多以恒、常、道、法释之，如《文心雕龙·宗经》曰"经也者，恒久之至道，不刊之鸿教也"，《孝经序》疏引皇侃之语曰"经者，常也，法也"。

有待商榷。因为古人对"经"①、"书"、"传"、"述"之分皆有标准："圣人作经,贤者作书"(《论衡·书解》),"圣人作,贤者述,……五经之兴,可谓作矣"(《论衡·对作》)。②

圣人无私,圣学无私;圣人如日月,为世人学行之法仪;圣学观照世道人心,为世人精神之路标。伴随着儒家经学史的发展,解读儒经之法式与体例层出不穷,从先秦时期的口头说经、口耳传经、以传解经到两汉时期的注重师法、自创家法、章句训诂③,再到从汉至清出现的义疏之学、义理之学、考据之学,儒家群经不仅生发出独特的"十三经"体系,而且衍生出

---

① 今人蒋伯潜认为"经"之义有二:"一以经为官书;一以经为圣人所作,为万世不易之常道。六经为周公旧典,犹后世御纂钦定之书,与私人著述不同,故为官书"(蒋伯潜《十三经概论》,上海古籍出版社 1983 年版,第 2 页),"《易》《书》《诗》《礼》《春秋》五经,本不以经名书,后人乃称之曰'经'"(同上书,第 348 页)。其实,蒋伯潜之说值得商榷,若以周公为据,"六经"中可能只有《礼》《乐》是当时的"官书",故以"官书"概指六经不妥;若以孔子为据,六经皆先于孔子而存在,况且孔子只是编次或整理六经而非真正创作六经,更何况孔子之时,"天子失官,学在四夷"(《左传·昭公十七年》),六经已非尽是"官书"。

② 按:于儒家"六经"而言,先秦虽有"六经"(《诗》《书》《易》《礼》《乐》《春秋》),然历秦火之后,《乐》失传,故于"六经"只取"五经"而为学案。于儒家"十三经"而言,《尔雅》为字类书,儒学义理不显且与早期儒学道统略远,故暂不为其作学案。

③ 于解经范式来看,常见有"传"(《论衡·书解》曰"贤者造为传,述作者之意,采圣人之志,故经须传也",孔颖达《春秋左传正义·隐公元年》曰"传者,传也,博释经意,传示后人",细分为大传、小传、内传、外传、别传等)、"记"(《汉书·艺文志》曰"左史记言,右史记事,事为春秋,言为尚书",《论衡·对作》曰"圣人作经,艺者传记",引为分疏其事)、"注"(《说文·水部》曰"注:灌也",段玉裁注《说文·水部》"注"字时曰"释经以明其义曰注",贾公彦《仪礼疏》曰"注者,注义於经下,若水之注物也",《文心雕龙·论说》曰"议者宜言,说者说语,传者转师,注者主解,赞者明意,评者平理,序者次事,引者胤辞",引为注明经义、注入新说)、"释"(《说文·采部》曰"释:解也",引为分析明意)、"说"(《文心雕龙·论说》曰"说者说语",引为开释明意)、"故"(《说文·古部》曰"古:故也。从十、口。识前言者也",《说文·攴部》曰"故:使为之也",引为原由、本来、本然)、"笺"(《说文·竹部》曰"笺:表识书也")、"微"(颜师古注《汉书·艺文志》载《左氏微》"时曰"微,谓释其微指")、"论"(《论衡·对作》曰"论者,述之次也",《文心雕龙·论说》曰"论也者,弥纶群言,而研精一理者也")、"训"(《法言·问神》曰"事得其序之谓训",《说文·言部》曰"诂:训故言也。从言古声",细分训诂、训旨)、"条例"(杜预《春秋左氏传序》曰"经之条贯,必出于传,传之义例,总归诸凡")、"大义"(《荀子·大略》曰"义,理也",《释名·释言语》曰"义,宜也。裁制事物,使合宜也",引为彰明其义,使文说得宜)、"解故"(《说文·角部》曰"解:判也。从刀判牛角",引为分析、判分、明义,解故即求其本义)、"解说"(《说文·角部》曰"解:判也",《说文·言部》曰"说:释也",引为分析说明)、"解诂"(《说文·言部》曰"诂:训故言也",引为解释古义、言其事义)、"驳难"(诘难、批驳、与人相论而辨明道理)、"通释"(贯通全书,旁及多方而释之)、"正义"(亦称注疏、义疏。唐初,官方依据权威注疏,统一诸家注疏,树立正统之义)、"疏纂"(疏通经传,纂辑诸说)等等。

独特的儒经诠释学。①从"六经"到"十三经",儒经体系化过程呈现出由"经"而"子"、由"本"而"衍"的扩展性与开放性,以及由"少"至"多"和由"子"入"经"的圣典化与经典化之特性。儒经体系的形成过程反映出儒学从尊经崇传到引"子"入"经"的扩张,以及由"经学时代"向"理学时代"与

① 按:孔子之后,"儒分为八"(《韩非子·显学》);左氏以传解经,子夏发明章句、传播六经;从此,儒经传承自成谱系。春秋战国之时,口说流行,"故有公羊、穀梁、邹、夹之传"(《汉书·艺文志》),时至西汉,儒经始多"著于竹帛"。西汉诸儒不师古法,改增师法,著为后法;东汉时期,国举明经,诸儒各随家法,"由是家法学者日盛"(《后汉书·鲁恭传》),"各以家法教授,易有施、孟、梁丘、京氏,尚书欧阳、大小夏侯,诗齐、鲁、韩,礼大小戴,春秋严、颜,凡十四博士"(《后汉书·儒林列传》)。大体来看,"前汉重师法,后汉重家法。先有师法,而后能成一家之言。师法者溯其源,家法者衍其流也。师法、家法所以分者,如《易》有施、孟、梁丘之学,是师法;施家有张、彭之学,孟有翟、孟、白之学,梁丘有士孙、邓、衡之学,是家法。家法从师法分出,而施、孟、梁丘之师法又从田王孙一师分出者也"(皮锡瑞:《经学历史》,中华书局2008年版,第136页),或曰:"盖前汉多言师法,而后汉多言家法。不改师法,则能修家法矣"(王鸣盛:《十七史商榷》,上海书店出版社2005年版,第190-191页)。(凡考,《荀子》之《修身》《儒效》《性恶》始提"师法"一词,荀子认为"不是师法,而好自用,譬之是犹以盲辨色、以聋辨声也,舍乱妄无为也","故有师法者,人之大宝也;无师法者,人之大殃也"。)

综观儒经解释史,"经学"一词始见《汉书》《邹阳传》曰"邹鲁守经学",《儿宽传》曰"见上语经学",儒经解释法式与体例主要有章句、训诂、义理、考据。所谓"章句"即"分章辨句"——分章析句、解词通义,《后汉书·徐防传》曰"诗书礼乐,定自孔子;发明章句,始于子夏";其弊在于"碎义逃难,便辞巧说,破坏形体";说五字之文,至于二三万言"(《汉书·艺文志》)即失于离而破、说而繁。所谓"训诂"即以今释古、以通言释方言,细分为形训(如以形索义)、音训(如音同、音近、音转相训)、义训(如以通言释古语,以通言释方言),其弊在于拘而泥、类而附。所谓"义疏"即融通义理、疏其大义,裒集前注群书以究大义、以疏道理,唐代《五经正义》以钦定标准释义开创义疏之注经范式,其原则是"疏不破注";只是后儒热衷创新,常常"疏而破注";其弊在于肆其志、任其意。所谓"义理"即通明大义奥理,发明新义道理,《汉书·楚元王传》曰"歆治左氏,引传文以解经,转相发明,由是章句义理备焉";两宋时期,宋儒更相发明,以理阐经,别出新路;其弊在于空而疏、远于本。所谓"考据"即考索辑佚、释字训词、校勘订正,清有乾嘉之学、法盛一时;其弊在于博而琐、细而杂。略概儒经史之时代特征与解经范式,可见西汉诸儒是以微言大义通经,东汉诸儒是以章句训诂解经,两宋诸儒是以义理绎经,清代前期诸儒是以考据救经;或曰汉至清,诸儒有以小学解经、以义理解经、以经学解经,亦有以字考经、以经考字、以经考经以及以本经解经、以群经解经、以师说解经、以史事解经。

自汉至清,儒经史隐有辩证发展主线:西汉重今文经——尊孔子为素王、重《公羊》、阐发微言大义,西汉末年与东汉重古文经——尊周公为圣王、重《周礼》、注重章句训诂,唐儒重注疏、尊五经、讲道统,宋儒重义理、尊四书、发新义——宋儒轻视汉唐诸儒并主张越过汉唐复归先秦儒源,从尊"周孔"(周公、孔子)转向尊"孔孟"(孔子、孟子)、从崇"五经"转向崇"四书",清儒重考据、尊儒经、尚实用——清儒鄙薄宋明诸儒而且推尊汉学。清儒具有"六经责我开生面"的问题意识与时代担当,认为"古之所谓理学,经学也""今之所谓理学,禅学也"(《亭林文集》卷3《与施愚山书》),宣扬治经之要在于求古求是、通经致用,彰明"黜抑宋学、推崇汉学"的价值取向。

"朴学时代"的转向与发展。王朝更迭,质文代变,"每一时代底理论的思维乃是一种历史的产物,在不同的时代具有非常不同的形式,并且同时也具有非常不同的内容"①。另外,自汉至清,历代诏刻的儒家"石经"与帝王御注儒经在儒经体系化过程中起到推波助澜的作用,尤其是在由"子"入"经"的阶段,诏刻"石经"不仅以官方诏令形式为世人提供标准化的版本,而且为世人提供圣典化的教科书。然而,由于儒经过度地附丽于时代与政治,虽然逐渐实现了经典化与圣典化,但是也被时代与政治所异化,以至于流弊丛生。

综观中华传统文化史,自春秋至晚清,中华传统文化的核心是儒学,儒学的核心是经学。考镜源流,辨章学术;"五经"是渊海,诸子是川流。若以唐宋之际为节点,则宋代以前是以"五经"为主流,而唐代以后则是以"四书"为主流。从"五经"至"四书",从"五经学"至"四书学",儒学和经学实现蝶变与开新;自宋至清,"四书"脱颖而出,"五经"与之并行。可以说,经学是中华传统文化的基因与核心,经学的发展与中华传统文化的发展互为表里、互相涵摄,经学的价值理念、价值诉求与价值理想早已贯注到中华传统文化的脉络之中。只是,令人叹惋的是清末民初,科举废除,儒经遭弃,西学东渐,传统沦落;从而导致儒经成为知识性历史遗存,不再是人们修身养性、为学出仕之要义,亦不再是人们崇信的天道规律、人伦纲常之法旨。或曰,自春秋至清末,经学是德性的学问、生活的学问、天地的学问,然则自五四运动至今,经学变成文献的学问、知识的学问、历史的学问。经典新读,文化赓续。今言"文化自信""推动中华优秀传统文化创造性转化与创新性发展",意义深远。究实言之,"中国文化的反省,应当追溯到中国经学的反省"②,"要恢复民族的活力,便必须恢复历史文化的活力。要恢复历史文化的活力,便对塑造历史文化的基型、推动文化的基线的经学,应当重新加以反省、加以把握"③。

---

① [德]恩格斯著:《辩证法与自然科学》,曹葆华、于光远译,人民出版社1951年版,第217页。
② 徐复观:《中国经学史的基础·自序》,上海书店出版社2006年版,第1页。
③ 徐复观:《中国经学史的基础》,上海书店出版社2006年版,第188页。

《诗经》学案

《诗经》初称《诗》，是中国古代最早的一部诗歌总集，收集了商周至春秋中期（前1100—前600年）的诗歌，共311篇；其中，有6篇只有标题，没有内容，实存305篇，言其篇之大数，简称"诗三百"。

司马迁认为"诗三百篇，大抵贤圣发愤之所为作也"（《史记·太史公自序》），其实并不尽然。《诗经》凡涉内容丰富，有当时各地民风歌谣，又有诸侯宴饮礼乐之作，同时还有歌颂明君圣王之作；凡涉劳动与爱情、战争与徭役、压迫与反抗、风俗与婚姻、祭祖与宴会、动物与植物等内容，是商周时期的家庭、社会与政治之生活的真实写照。周革殷命，以德听政；特别是西周初年，经济、政治、道德相较于殷商时期发生很大变化，《诗经》诸篇的出现反映出那时的时代精神，以及那时人们的生活状态与精神状态。民歌其志，舒其情，吟其雅，颂其美，诉其怨，怒其声；诗官采诗，以观民风；王者听诗，以晓民意。史载，"古有采诗之官，王者所以观风俗，知得失，自考正也"（《汉书·艺文志》），"孟春之月，群居者将散，行人振木铎徇于路，以采诗，献之大师，比其音律，以闻于天子。故曰王者不窥牖户而知天下"（《汉书·食货志》）。简言之，每年春天，采诗之官摇木铎采诗于乡间，记诵成文交于太师①谱曲，唱与天子以听，作为听政的参考。

一、成书

《诗经》是诗歌总集，由于时代久远与文献不足，已不可详考其作者，相传为尹吉甫采集而成。据传，《诗经》在孔子之前多达3000首，孔子删《诗》之后，《诗》有311首（6首笙诗有目无诗）。《史记·孔子世家》曰"古者诗三千余篇，及至孔子去其重，取可施于礼义，……三百五篇孔子皆弦歌之，以求合韶武雅颂之音"，《汉书·艺文志》曰"孔子纯取周诗，上采殷，下取鲁，凡三百五篇"，皆表明《诗经》经孔子编订而成"诗三百"。司马迁曰"孔子不仕，退而修诗书礼乐，弟子弥众，至自远方，莫不受业焉"（《史记·孔子世家》）、"幽厉之后，王道缺，礼乐衰，孔子修旧起废，论诗书，作

---

① 《周礼》记载太师"教六诗，曰风，曰赋，曰比，曰兴，曰雅，曰颂"（《周礼·春官宗伯》）。

春秋,则学者至今则之"(《史记·太史公自序》),表明《诗》先于孔子而成书,孔子于《诗》只是"去其重""取可施于礼义"。那么,孔子修《诗》,使"雅颂各得其所",是否意味着孔子大量删《诗》即"删《诗》"说成立? 对此,后人素来争讼纷纷,其中持否定意见者有孔颖达、朱熹、朱彝尊、魏源等人。朱熹直接否定孔子删《诗》说,声称"那曾见得圣人执笔删那个,存这个"①。其实,孔子"删《诗》"说是很晚才出现的,散见于汉时诸书,如《汉书·叙传下》曰"虙羲画卦,书契后作,虞夏商周,孔纂其业,纂书删诗",《风俗通义·孔子》曰"自卫反鲁,删《诗》《书》",《孔子家语·本姓解》曰"祖述尧舜,宪章文武,删《诗》述《书》",《越绝书·外传本事》曰"说之者见夫子删《诗》《书》"等等。

《诗经》之内容分为《风》《雅》《颂》,其中《雅》分为《小雅》《大雅》,《颂》为《商颂》《周颂》《鲁颂》。综观《诗经》,《风》是商周之际至春秋时期的歌谣,《雅》是周时的正声雅乐,《颂》是宗庙乐歌、颂神乐歌、祭祀乐歌。《诗经》有些作品成文于西周初年,有些作品成文于春秋时期,诗歌凡涉地域主要是黄河流域与长江流域。其中,《周颂》应成文于西周初年,以宗庙乐歌、颂神乐歌为主,偶有描写农业生产。《大雅》应是西周盛隆时期的作品,比如郑玄认为《文王之什》是文王、武王时代的诗,《生民之什》从《生民》至《卷阿》八篇为周公、成王之世诗;朱熹认为"正《大雅》……多周公制作时所定也"。相比而言,《小雅》《鲁颂》《商颂》成文较晚,应成文于周室东迁以后。

二、注本

综观《诗经》注疏与诠释史,孔子传《诗》于子夏,子夏"习于《诗》,能通其义"(《孔子家语·七十二弟子解》);子夏《诗序》(二卷)是《诗经》诠释史上的开山之作。世称子夏作《诗序》,然其所引高子、孟仲子乃是战国时期的人,可见后学杂入之痕迹较为明显。因此,后世对《诗序》是否为子夏所作有争议,"以为子夏所创,毛公及卫宏又加润益者,《隋书·经籍志》也。以为子夏不序《诗》者,韩愈也。以为子夏惟裁初句,以下出于毛公者,成伯屿也。以为诗人所自制者,王安石也。以《小序》为国史之旧文,以《大

---

① (宋)黎靖德编,王星贤点校:《朱子语类》卷80,中华书局1986年版,第6册,第2065页。

序》为孔子作者，明道程子也。以首句即为孔子所题者，王得臣也。以为毛《传》初行尚未有《序》，其后门人互相传授，各记其师说者，曹粹中也。以为村野妄人所作，昌言排击而不顾者，则倡之者郑樵、王质，和之者朱子也"①。另外，《新唐书·艺文志》称"《韩诗》，卜商序，韩婴注，二十二卷"，郑玄释《南陔》曰"子夏序《诗》，篇义各编，遭战国至秦而《南陔》六诗亡"②，皆证子夏序《诗》。西汉时期，《诗》之所传分为三家：申公作《训诂》，号《鲁诗》；辕固生作传，号《齐诗》；韩婴作传，号《韩诗》，皆列于学官。稍后，毛亨《毛诗故训传》（二十卷）③问世，自谓子夏所传。

　　汉儒毛亨《毛诗故训传》独行至今，世谓其解经最密。《后汉书·儒林列传》曰（卫）"宏从曼卿受学，因作毛诗序，善得风雅之旨，于今传于世"④；《隋书·经籍志》曰"先儒相承，谓之《毛诗》。《序》，子夏所创，毛公及敬仲又加润益。郑众、贾逵、马融，并作《毛诗传》，郑玄作《毛诗笺》。《齐诗》，魏代已亡；《鲁诗》亡于西晋；《韩诗》虽存，无传之者。唯《毛诗郑笺》，至今独立"。于西汉《诗经》注疏与诠释史而言，值得一提的还有韩婴的《韩诗外传》（十卷），其书特色在于："杂引古事古语，证以《诗》词，与《经》义不相比附，故曰《外传》。所采多与周秦诸子相出入。"此书引荀卿《非十二子》之文，又取董仲舒《春秋繁露》茧丝、卵雏之喻。此书之例"每条必引《诗》词，而未引《诗》者二十八条"。《汉书·艺文志》以《韩诗外传》入《诗类》，应是与《内传》连类并有意别之。明儒王世贞称"《外传》引《诗》以证事，非引事以明《诗》"⑤，其说甚确。韩婴之书称《外传》，"虽非其解经之深旨，然文辞清婉，有先秦风"⑥。

　　唐贞观十六年（642 年），唐太宗命孔颖达等因郑笺为正义，于是，汉

①　（清）永瑢、纪昀等：《四库全书总目提要》卷 15，中华书局 1965 年版，第 119 页。
②　参见（清）永瑢、纪昀等：《四库全书总目提要》卷 15，中华书局 1965 年版，第 119 页。
③　按：东汉大儒郑玄《诗谱》认为"鲁人大毛公为《训诂传》，河间献王得而献之，以小毛公为博士"。此处所言大毛公为毛亨、小毛公为毛苌，三国吴人陆玑《毛诗草木鸟兽虫鱼疏》曰毛"亨作《诂训传》以授毛苌"。
④　（宋）晁公武撰，孙猛校证：《郡斋读书志》卷 2，上海古籍出版社 1990 年版，第 61 页。
⑤　参见（清）永瑢、纪昀等：《四库全书总目提要》卷 16，中华书局 1965 年版，第 136 页。
⑥　（宋）晁公武撰，孙猛校证：《郡斋读书志》卷 2，上海古籍出版社 1990 年版，第 64 页。

毛亨传、郑玄笺、唐孔颖达疏《毛诗正义》（四十卷）①始出。郑玄是东汉人，陆玑三国吴人，所传《毛诗》应有渊源。郑玄《六艺论》曰"注《诗》宗毛为主。毛义若隐略，则更表明。如有不同，即下己意，使可识别"；郑玄因《毛传》而表识其傍，积而成帙，故谓之笺；自郑玄之笺行世，齐、鲁、韩三家渐废。《毛诗正义》的特色在于：孔颖达等以为前人疏文繁重，删其所烦而增其所简，又析为四十卷；其书以刘焯《毛诗义疏》、刘炫《毛诗述义》为稿本，融贯群言，包罗古义。自晋室东迁，学有南北之异；南学简约，得其英华；北学深博，穷其枝叶；孔颖达疏《毛诗正义》混南学与北学之异，虽未必尽得圣人之意，但于刑名度数已是详备。

唐人成伯屿撰《毛诗指说》（一卷），其书共有四篇：一曰《兴述》，明先王陈《诗》观风之旨，孔子删《诗》正雅之由；二曰《解说》，先释《诗》义，而《风》《雅》《颂》次之，《周南》又次之，诂《传》《序》又次之，篇章又次之，后妃又次之，终以《鹊巢》《驺虞》。大略即举《周南》一篇，隐括论列，引申以及其馀。三曰《传受》，备详齐、鲁、毛、韩四家授受世次以及后儒训释源流。四曰《文体》，凡三百篇中句法之长短，篇章之多寡，措辞之异同，用字之体例，皆胪举而详之，颇似刘氏《文心雕龙》之体。②其中，成伯屿认为《诗序》首句为子夏所传，其下为毛苌所续，是颇有见地的。

两宋时期，《诗经》注疏与诠释较为繁盛。北宋欧阳修撰《毛诗本义》（十六卷），其书特色在于：因循毛亨、郑玄之说，对前人之说多有质疑并改正，所得良多；其书和气平心，以意逆志，推原所始，多求其意；"故其立论未尝轻议二家，而亦不曲徇二家。其所训释，往往得诗人之本志。后之学者，或务立新奇，自矜神解。至于王柏之流，乃并疑及圣经，使《周南》《召南》俱遭删窜。则变本加厉之过，固不得以滥觞之始归咎于修矣"③。南

---

① 按：《汉书·艺文志》载"《毛诗》二十九卷"，"《毛诗故训传》三十卷"，《后汉书·儒林传》始曰"赵人毛长传《诗》，是为《毛诗》"，《隋书·经籍志》载《毛诗》二十卷，汉河间太守毛苌传，郑氏笺。郑玄《诗谱》曰："鲁人大毛公为训诂，传于其家，河间献王得而献之，以小毛公为博士。"陆玑《毛诗草木虫鱼疏》曰："孔子删《诗》授卜商，商为之序，以授鲁人曾申，申授魏人李克，克授鲁人孟仲子，仲子授根牟子，根牟子授赵人荀卿，荀卿授鲁国毛亨，毛亨作《训诂传》以授赵国毛苌。时人谓亨为大毛公，苌为小毛公。"据二书，则作《传》者乃毛亨，非毛苌，故孔氏《正义》亦云大毛公为其《传》，由小毛公而题毛也。——（清）永瑢、纪昀等：《四库全书总目提要》卷15，中华书局1965年版，第120页。
② 参见（清）永瑢、纪昀等：《四库全书总目提要》卷15，中华书局1965年版，第121页。
③ 参见（清）永瑢、纪昀等：《四库全书总目提要》卷15，中华书局1965年版，第121页。

宋朱熹撰《诗集传》（八卷），其书特色在于：朱熹注《诗》，两易其稿；抛弃前人注疏，据自己所析而为诗旨章句。朱熹突破《毛诗正义》"疏不破注"的陈规，借鉴《毛传》之言，直接注经，不标引文，彰显简练扼要、眉目清晰之特色。朱熹认为《诗·大雅·崧高》"天生蒸民，有物有则"表明"物乃形气，则乃理也"①，"有一个物，便有一个道理"②，"事事物物，皆具天理"③。进而，朱熹拓展了前儒以理解经的诠释范式，提出读《诗》应"章句以纲之，训诂以纪之，讽咏以昌之，涵濡以体之，察之情性隐微之间，审之言行枢机之始，则修身及家、平均天下之道，其亦不待他求而得之于此矣"④。有宋一朝，另有苏辙《诗集传》（二十卷）、程颐《伊川诗说》（二卷）、杨时《毛诗辨疑》（一卷）、吕祖谦《吕氏家塾读诗记》（三十二卷）、杨简《慈湖诗传》（二十卷）、段昌武《毛诗集解》（二十五卷）、王应麟《诗考》（一卷）和《诗地理考》（六卷）等值得一观。其实，《诗》在北宋以前虽有注疏，但并无异学。肇自欧阳修、苏辙，《诗》之注疏与诠释别解渐生。郑樵、周孚之后，论《诗》之争端大起。南宋末年，《诗》之注疏与诠释呈现出黜古义、立新学之路向。时至元代，说《诗》者多依傍朱熹《诗集传》之笺疏，虽有新作，但特色不彰，例如许谦《诗集传名物钞》（八卷）、刘瑾《诗传通释》（二十卷）、朱公迁《诗经疏义》（二十卷）、朱倬《诗疑问》（七卷）、刘玉汝《诗缵绪》（十八卷）等。

明初，永乐年间（1403—1424 年），明成祖诏命胡广等人撰修《五经大全》，胡广等奉敕撰《诗经大全》（二十卷）⑤。《诗经大全》之特色在于：其书主要是羽翼朱熹《诗集传》，多采元代刘瑾《诗传通释》而稍损益之。其不足之处是：采元代刘瑾《诗传通释》之说太滥，未究其源；同时，比较《诗经大全》与《诗传通释》隐约可见胡广等人大抵是剽窃旧文以应诏。明末，郝敬著《毛诗原解》（三十六卷），其书卷首有《读诗》（一卷）阐明解诗之要旨。郝敬《读诗》曰："诗意深厚，正不贵明浅，或借古以讽今，或反言以明

---

① （宋）黎靖德编，王星贤点校：《朱子语类》卷 62，中华书局 1986 年版，第 4 册，第 1486 页。

② （宋）黎靖德编，王星贤点校：《朱子语类》卷 120，中华书局 1986 年版，第 7 册，第 2892 页。

③ （宋）黎靖德编，王星贤点校：《朱子语类》卷 98，中华书局 1986 年版，第 7 册，第 2510 页。

④ （宋）朱熹集注，赵长征点校：《诗集传·序》，中华书局 2011 年版，第 2 页。

⑤ 按：自汉至清，时有皇帝注解儒经、诏刻儒经或敕修儒经，虽然他们的作品与举动于儒经本身的发展并无太多学术价值，但是他们以自身的政治身份去附庸风雅，却在无形中推动了儒经的传播。换言之，后世皇帝们注疏、诏刻、敕修儒经作为经学发展史上的"学术现象"（经学政治化与政治经学化之现象）于儒经发展史，其影响还是值得一提的。

正,或托其人之口吻以发意中事,或漫无可否,述事以见意""三百篇所以高绝千古,惟其寄兴悠远""诗之有比,犹易之有象。易义难言,以象像之;诗志难言,以比譬之";同时,郝敬认为《诗》与《春秋》互为表里,声称"夫子作《春秋》,皆本风人美刺之意。其删《诗》也,明好恶、辨邪正、稽理乱,与《春秋》相终始。幽厉以前,美刺在《诗》;平王以后,是非在《春秋》。《诗》微而显,《春秋》显而微;《诗》善言,而《春秋》言善也"①。郝敬解《诗》处处寻求与朱熹《诗集传》之不同,对朱熹多有批评之言。当然,郝敬解《诗》也有标新立异之语。综观明代《诗经》注疏与诠释史,另有朱善《诗解颐》(四卷)、季本《诗说解颐》(四十卷)、姚舜牧《诗经疑问》(十二卷)、何楷《诗经世本古义》(二十八卷)等值得一顾。

清代是《诗经》注疏与诠释史上的极盛时期,上至皇帝,下至诸儒,多有贡献。康熙末年,康熙皇帝御定《钦定诗经传说汇纂》(二十卷),该书刻成于雍正五年(1727年),雍正皇帝制《序》颁行。《钦定诗经传说汇纂》之特色在于:"研思六义,综贯四家。于众说之异同,既别白瑕瑜,独操衡鉴。而编校诸臣,亦克承训示,考证详明,一字一句,务深溯诗人之本旨。故虽以《集传》为纲,而古义之不可磨灭者,必一一附录以补阙遗。于学术持其至平,于经义乃协其至当。"②乾隆二十年(1755年),乾隆皇帝御纂《钦定诗义折中》(二十卷)。《钦定诗义折中》之特色在于:汇铸众说,演阐经义,体例与《周易述义》同;训释多参稽古义,衡量自汉以来诸儒论《诗》之得失,镜别异同。同时,根据毛亨、郑玄之说《诗》,订正其讹;编校分章多从郑玄,"微事率从《小序》。使孔门大义,上溯渊源。卜氏旧传,远承端绪,因钦定《诗经》以树义,即因《御纂周易》以立名。作述之隆,后先辉耀"③。清初大儒王夫之撰《诗经稗疏》(四卷),其书特色在于:辨正名物训诂,以补《传》《笺》诸说之遗。书末附以《考异》一篇,虽未赅备,亦足资考证。④综观清代《诗经》注疏与诠释史,力作迭出,另有钱澄之《田间诗学》(十二卷)、朱鹤龄《诗经通义》(十二卷)、陈启源《毛诗稽古编》(三十卷)、李光地《诗所》(八卷)、毛奇龄《毛诗写官记》(四卷)与《诗札》(二卷)等。其中,马

---

① （明）郝敬:《毛诗原解·读诗》,中华书局1991年影印版,第2—5页。
② （清）永瑢、纪昀等:《四库全书总目提要》卷16,中华书局1965年版,第130页。
③ （清）永瑢、纪昀等:《四库全书总目提要》卷16,中华书局1965年版,第130—131页。
④ 参见（清）永瑢、纪昀等:《四库全书总目提要》卷16,中华书局1965年版,第131页。

瑞辰《毛诗传笺通释》(三十一卷)是清代后期《诗经》诠释与注疏史上的重要著作,其书特色在于:广征博引,触类旁通,以古音古义来纠正讹误;参考诸家,辨其异同,"比较准确地解释了字义和语法"①;时常驳正宋元诸儒臆说,且多贬抑朱熹《诗集传》;着力于文字、声韵、名物、制度的考证,却罕有论及诗篇之旨义。马瑞辰自陈治经法旨时说:"志存译圣,冀兼综乎诸家;论戒凿空,希折衷于至当"②,故其于"通释"中寻求"本义",于"翻译"中寻求"诗教",注重由小学而经学即"小学经学"之法式,强调"考证之学,首在以经证经,实事求是"③、旁征博采以求通达。然则,正因于此,其书偶有驳杂混乱之处④。

三、篇旨

儒家"五经"之中,《诗》之文义易明,故世人于《诗》多有辩争。"《诗》无达诂"(《春秋繁露·精华》),历代注家各随所主之门户、各阐新见。从"诗言志"(《尚书·虞书·舜典》)发展到《诗》言教,《诗》之内涵与承载日益丰富;从"诗书,义之府也"(《左传·僖公二十七年》)发展到"教之《诗》,而为之导广显德,以耀明其志"(《国语·楚语上》),《诗》之外延与功用日渐拓展。春秋末期,孔子旗帜鲜明地提出《诗》教说,孔子曰"入其国,其教可知也。其为人也温柔敦厚,《诗》教也"(《礼记·经解》),同时指出"《诗》之失,愚"并且强调"其为人温柔敦厚而不愚,则深于《诗》者矣"。另据《礼记》记载,子贡问乐于师乙,师乙曰:"宽而静、柔而正者宜歌《颂》。广大而静、疏达而信者宜歌《大雅》。恭俭而好礼者宜歌《小雅》。正直而静、廉而谦者宜歌《风》。肆直而慈爱者宜歌《商》;温良而能断者宜歌《齐》。夫歌者,直己而陈德也。动己而天地应焉,四时和焉,星辰理焉,万物育焉。故商者,五帝之遗声也。商人识之,故谓之商。齐者三代之遗声也,齐人识之,故谓之齐。明乎商之音者,临事而屡断,明乎齐之音者,见利而让。临事而屡断,勇也;见利而让,义也。有勇有义,非歌孰能保此?故歌者,上

---

① (清)马瑞辰撰,陈金生点校:《毛诗传笺通释》上册,中华书局1989年版,第2页。

② (清)马瑞辰撰,陈金生点校:《毛诗传笺通释·自序》上册,中华书局1989年版,第1页。

③ (清)马瑞辰撰,陈金生点校:《毛诗传笺通释·例言》上册,中华书局1989年版,第1页。

④ (清)马瑞辰撰,陈金生点校:《毛诗传笺通释·本书点校说明》上册,中华书局1989年版,第3—4页。

如抗，下如队，曲如折，止如槁木，倨中矩，句中钩，累累乎端如贯珠。故歌之为言也，长言之也。说之，故言之；言之不足，故长言之；长言之不足，故嗟叹之；嗟叹之不足，故不知手之舞之，足之蹈之也。"（《礼记·乐记》）显然，从孔子所言《诗》教"与师乙所说《诗》歌"中不仅可见早期的《诗》是诗、歌、乐、舞一体化的，而且可见《诗》之道、德、教、化之大义与功用。另外，孔子对《诗》之大旨有精辟概括，孔子曰"诗三百，一言以蔽之，曰'思无邪'"（《论语·为政》），并且强调"《诗》以达意"（《史记·滑稽列传》）。只是后儒对孔子之言颇有质疑，朱熹认为"只是'思无邪'一句好，不是一部诗皆'思无邪'"①，指出"'温柔敦厚'，诗之教也。使篇篇皆是讥刺人，安得'温柔敦厚'"②，强调"凡诗之言，善者可以感发人之善心，恶者可以惩创人之逸志，其用归于使人得其情性之正而已"③。战国时期，庄子认为"《诗》以道志"（《庄子·天下》），荀子认为"《诗》言是其志也"（《荀子·儒效》）并且指出"故风之所以为不逐者，取是以节之也，小雅之所以为小者，取是而文之也，大雅之所以为大者，取是而光之也，颂之所以为至者，取是而通之也。天下之道毕是矣"（同上）。在荀子眼中，《诗》中的"国风"部分之所以不放荡，是因为有"道"之节制；《诗》中的"小雅"部分之所以为小雅，是因为有"道"之修饰；《诗》中的"大雅"部分之所以为大雅，是因为有"道"之光大；《诗》中的"颂"之部分之所以达至顶峰，是因为有"道"之神贯。

《诗经》咏物、言志、言情、讽诵，其大旨论功颂德、止僻防邪，使人知善而劝、知恶而戒，使人得情性之正而归于道德之正。今存《诗经》分《风》《雅》《颂》三部分。从《诗》之内容看，"风土之音曰风，朝廷之音曰雅，宗庙之音曰颂"④。从《诗》之篇目看，《颂》有 40 篇，《雅》有 105 篇（《小雅》中有 6 篇有目无诗，略而不计），《风》有 160 篇，凡 305 篇。其中，《风》收录当时"十五国风"⑤，大部分是黄河流域的民间乐歌、乡土风谣，反映地域性

---

① （宋）黎靖德编，王星贤点校：《朱子语类》卷 80，中华书局 1986 年版，第 6 册，第 2065 页。
② （宋）黎靖德编，王星贤点校：《朱子语类》卷 80，中华书局 1986 年版，第 6 册，第 2065 页。
③ （宋）朱熹：《四书章句集注》，中华书局 1983 年版，第 53 页。
④ （宋）郑樵：《通志·总序》，中华书局 1987 年版，第 7 页。
⑤ 按："十五国风"的具体篇数分别为：《周南》11 篇、《召南》14 篇、《邶风》19 篇、《墉风》10 篇、《卫风》10 篇、《王风》10 篇、《郑风》21 篇、《齐风》11 篇、《魏风》7 篇、《唐风》10 篇、《秦风》10 篇、《陈风》10 篇、《桧风》4 篇、《曹风》4 篇、《豳风》7 篇。

风土人情、人文精神及价值观念①。《风》中诗篇是《诗经》中的精华部分，吟唱爱情、劳动、出征、思征之情愫，抒发怀故土、思征人、反欺凌之幽情与怨叹，常用复沓的手法来反复咏叹，尽显当时民歌之时代特色。其中，《风》之诸诗采自民间，可观四方民情之美恶，《周南》与《召南》尤显。除抒情之外，各国之风大抵具有美刺之意。《关雎》篇旨发乎情、止乎礼，乐而不淫，或喻后妃之德，风化天下，"使人有齐庄中正意思，所以冠于三百篇"②。《桃夭》篇旨贺新婚，新娘"宜其室家"，或喻有与后妃君王相关之意。《鹊巢》篇旨言鸠之性专静无比，隐喻夫人之德。《采苹》篇旨言采集植物以祭祀，以"昭忠信"。《蒹葭》篇旨诉尽追求伊人而不可得的凄婉缠绵之情，抑或其隐喻之处深藏惋惜招贤而不可得之叹惋，抑或其隐喻之处深藏追寻"伊人"而不得之遗憾（"伊人"：喻指美人、贤士、政治或是理想，难以确指，这是此诗引发无穷想象与诠释的魅力所在）。《月出》《东门之枌》篇旨赞美爱情，《东门之池》《宛丘》篇旨赞美爱情，或为"刺时之作"。《采苓》篇旨刺晋献公好听谗言，《葛生》篇旨刺晋献公好攻战，《无衣》篇旨美晋武公，《山有枢》篇旨刺晋昭公守财而懂治国之道，《羔裘》篇旨刺时即晋人刺君在其位而不恤其民，《蟋蟀》篇旨自勉劝人应勤劳，或刺晋僖公俭不中礼。《硕鼠》篇旨刺君重敛，蚕食于民，不修其政，贪若大鼠，言语之中有反抗与革命之意。《南山》篇旨刺齐襄公淫乎其妹是鸟兽之行，又非鲁桓公不能禁制夫人而去之。《东方未明》篇旨刺朝廷兴居无节，号令不时。《子衿》篇旨诉男女相悦之情，属于淫奔之诗，抑或刺郑国衰乱不修学校。《野有蔓草》篇旨思遇时、美爱情，向往良辰美景、邂逅丽人。《缁衣》篇旨言赠衣，或喻美郑武公好贤。《相鼠》篇旨刺在位者无礼仪，将统治者比之为鼠，以尽讽刺与反抗之意。《北门》篇旨刺君不知己志而遇困苦，或言贤者安于贫仕。《静女》篇言男女幽期密约，或刺卫君无道，夫人无德。《日月》篇旨曰弃妇呼诉日月，言其不幸；或为卫庄姜不见答于卫庄公而作，指责遭弃，且有希望丈夫能回心转意之期待。《氓》篇旨为弃妇自诉不幸，或为"刺淫奔"之作，或托喻弃妇而隐言政治命运。《木瓜》篇旨借男女相爱

---

① 按：于内容看，国风中确有表达讽刺之意的诗篇，但若认为篇篇皆为"讽"，恐是武断、妄言。"风者，出于土风"（郑樵：《六经奥论》）；《诗序》以"讽"释"风"应是"诗教"初生及流行时的引申衍说。

② （宋）黎靖德编，王星贤点校：《朱子语类》卷81，中华书局1986年版，第6册，第2095页。

赠答"投之以木瓜，报之以琼琚"而美齐桓公助卫人复国之厚恩。《君子偕老》篇旨刺卫夫人淫乱，失事君子之道，诗陈人君之德、服饰之盛、宜与君子偕老。《七月》篇旨言农耕生活图景，或喻周公作诗使成王以知民事。《鸱鸮》篇旨言周公作诗以遗成王，旨在消除管叔、蔡叔之流言。《东山》篇旨述周公东征，诗人抒情尽在思乡念亲。《破斧》篇旨美周公、庆生还。

《雅》分《小雅》与《大雅》，"小雅是所系者小，大雅是所系者大"[1]即依其义之大小而分。其中，《小雅》凡74篇，多为燕饮乐歌、祭祀乐歌、赞美之音，也有讽刺之语、哀怨之声。如《鹿鸣》篇旨为天子燕宾师之歌，《伐木》篇旨为天子燕友，《隰桑》篇旨为天子燕士；《南山有薹》篇旨为大臣颂美天子，《天保》篇旨为大臣祝颂天子；《庭燎》篇旨言宣王勤政，史籀美之；《正月》篇旨言周室丧乱，大夫伤之而以诗刺之；《小弁》篇旨以讽其父，颇有哀怨；《角弓》篇旨言王不亲九族而好信谗佞，以致宗族相怨；《青蝇》篇旨言厉王听信谗言，君子忧之而以诗相告。其中，《大雅》凡31篇，多为"正声雅乐"，即宴会乐歌、祭祀乐歌和史诗。如《文王》篇旨言周公追述文王之德，作诗歌奏于清庙，以训后嗣之王；《生民》篇旨言周公制礼作乐，尊后稷以配天，以叙事推本其始；《大明》篇旨言周公述文武受命之功，并以此训诫、教化后嗣之王。当然，《大雅》之中也有反映人民不满现实政治、表达政治愿望的讽刺诗，比如《荡》篇旨言厉王无道，召穆公作赋谏之；《板》篇旨言厉王用事之臣多怀不忠，以致祸败，公卿赋此诗以责之；《召旻》篇旨言幽王近刑人、用谗慝，诸侯携贰，戎狄内侵，国人流散，旨在谏王。《颂》凡40篇，多为祭祀天地、祭祀宗庙、歌功颂德之乐歌，美盛德之形容，以其功而告于神明。比如《天作》篇旨为周祭岐山，《维天之命》篇旨为祭文王之诗，《烈文》篇旨为成王祭宗庙，《那》篇旨为祭祀成汤之乐歌，《玄鸟》篇旨为禘祀之诗，《殷武》篇旨为祭祀高宗之乐。其中，《鲁颂》有《有駜》《泮水》《閟宫》，篇旨歌其时、颂其事，"皆有先王礼乐教化之遗意"[2]。

《诗经》有赋、比、兴之表现手法，其中，"赋者，敷陈其事而直言之者

---

① （宋）黎靖德编，王星贤点校：《朱子语类》卷80，中华书局1986年版，第6册，第2068页。
② （宋）朱熹集注，赵长征点校：《诗集传》卷20，中华书局2011年版，第317页。

也"①,"比者,以彼物比此物也"②,"兴者,先言他物以引起所咏之词也"③。换言之,"赋"就是直接铺陈叙述、直接表达感情,"比是以一物比一物,而所指之事常在言外。兴是借彼一物以引起此事,而其事常在下句。但比意虽切而却浅,兴意虽阔而味长"④。《诗经》之"比"属比喻,包括明喻、暗喻、转喻与隐喻等;《诗经》之"兴"即"起兴",强调用其他东西引出言说内容。例如,《关雎》首章先比而后赋,且有赋其事而寓比兴之意。《小雅》诸诗多为兴,其《伐木》是天子燕友之歌,为兴;《南山有薹》是大臣颂美天子之诗,为兴;《青蝇》是厉王之世谗言繁兴,君子忧之而作,为兴。但是,《小雅》之中亦见赋、比、兴之手法兼有之诗,其《正月》言周室丧乱,大夫伤之而作诗,前五章皆是赋,六章是兴,七章是赋中有比,八九章皆是比,十章是先比而后赋,十与十一章皆是赋;《蓼莪》记载王室昏乱,谗邪肆行,"民之生不如死久矣"⑤;诗文表面为孝子痛伤而作,前三章皆先比而后赋,四章为赋,五六章皆是兴。《大雅》诸诗多为赋,其中,《文王》记载周公追述文王之德,彰明周王朝受命而代替商王朝,作诗歌奏于清庙,受厘陈戒之辞以训嗣王,是赋;《生民》记载周公制礼作乐,尊后稷以配天,作诗以推本其始,命之祥明,受命于天,是赋;《民劳》记载厉王之时,公卿忧乱,同列相戒,是赋。不仅如此,《颂》之诸诗亦多为赋,比如《清庙》记载周公成洛,奉成王,见诸侯,作明堂,宗祀文王,率诸侯祀之而作此乐歌,是赋;《闵予小子》记载成王免丧,始朝先王之庙,作诗四篇以自警,是赋;《玄鸟》篇旨为禘祀之诗,是赋;《殷武》记载祀高宗之乐,盖帝乙之世,武丁亲尽当祧,以其中兴功高,特新其庙,称为高宗而祀之,故作此歌,是赋。⑥

综观《诗经》诸诗,风格鲜明、特征清晰,常见四言为句,形式优美;重章迭唱,节律明快;叠字重言,情感丰沛;同音相叠,绘声绘色;同韵相叠,

---

① (宋)朱熹集注,赵长征点校:《诗集传》卷1,中华书局2011年版,第4页。

② (宋)朱熹集注,赵长征点校:《诗集传》卷1,中华书局2011年版,第6页。

③ (宋)朱熹集注,赵长征点校:《诗集传》卷1,中华书局2011年版,第2页。

④ (宋)黎靖德编,王星贤点校:《朱子语类》卷80,中华书局1986年版,第6册,第2069—2070页。

⑤ (宋)刘克撰:《诗说》卷9,参见《续修四库全书》编委会编:《续修四库全书》第57册,上海古籍出版社2002年版,第132页。

⑥ 参见(明)丰坊撰:《申培诗说》(《丛书集成初编》第1711册),中华书局1985年版,第19—24页。

韵律优美;双声叠韵①,反复咏叹;语气虚字,隐言生情;拟物比声,借物言情;自然韵律,融贯其间。诚如刘勰《文心雕龙·物色》所言:

> 诗人感物,联类不穷。流连万象之际,沉吟视听之区。写气图貌,既随物以宛转;属采附声,亦与心而徘徊。故"灼灼"状桃花之鲜,"依依"尽杨柳之貌,"杲杲"为出日之容,"漉漉"拟雨雪之状,"喈喈"逐黄鸟之声,"喓喓"学草虫之韵。"皎日""嘒星",一言穷理;"参差""沃若",两字连形;并以少总多,情貌无遗矣。虽复思经千载,将何易夺?

不唯于此,《诗经》赋文铺陈叙敷,直抒胸臆,言外有意,情景共现;比兴意深,借物言志,修辞立诚,寄意幽远。其中,风以化俗,雅以正伦,颂以歌功,诗史相寓,诗哲互涵,兴观群怨,美刺相兼。

四、影响

自孔子伊始,儒家对《诗》非常重视,《论语》《孟子》《荀子》《孝经》《礼记》等作品常引《诗》为证,缘《诗》而发。孔子非常重视《诗》,认为"不学《诗》,无以言"(《论语·季氏》),强调"兴于诗,立于礼,成于乐"(《论语·泰伯》)。孔子教育弟子时指出:"小子! 何莫学夫诗? 诗,可以兴,可以观,可以群,可以怨。迩之事父,远之事君。多识于鸟兽草木之名"(《论语·阳货》)。孟子与公孙丑等人多次讨论《诗》并且引《诗》为证,孟子提出"故说《诗》者不以文害辞,不以辞害志;以意逆志,是为得之"(《孟子·万章上》)。孟子认为《诗》产生的时代是王道流行的时代,声称"王者之迹息而诗亡,诗亡然后春秋作"(《孟子·离娄下》)。较之于孔子与孟子,荀子对《诗》之重视有过之而无不及,荀子不仅多次引《诗》为文,而且常有新见。荀子认为"诗者,中声之所止也"(《荀子·劝学》)、"诗言是其志也"(《荀子·儒效》),指出先王之道和仁义之统散载于《诗》与《书》(见《荀子·荣辱》),同时声称天下之道与百王之道是"一",认为"一"是"诗书礼

---

① 《诗经》诸诗常见用韵范式主要有:一是全诗句句用韵;二是一章一韵;三是一章双韵;四是偶句用韵;五是抱韵即一四或二三句用韵;六是疏韵即隔二句用韵;七是遥韵即上下章对应用韵;等等。

乐之道归是"(《荀子·儒效》)。于先秦儒学来看,《诗》不仅生发独特的诗教理念,而且催生原始儒学的诗性特质。

西汉初期,《诗》有《鲁诗》《齐诗》《毛诗》三家,各有解经家法与传承谱系。汉武帝建元五年(前136年)"置五经博士"(《汉书·武帝纪》),《诗》位列其中。东汉灵帝熹平四年至光和六年(175—183年),汉灵帝命蔡邕等人刻写儒经于石(世称"熹平石经"),《诗》位列其中。于两汉而言,《诗》皆列于学官。唐初,唐太宗崇尚儒学,诏命孔颖达等撰《毛诗正义》(四十卷),《诗》再度成为王朝的官方之学。唐文宗大和七年至开成二年(833—837年),唐文宗命人刻儒经于石(世称"开成石经"),其中亦有《诗》。嗣后,北宋诏刻的"嘉祐石经"、南宋诏刻的"绍兴石经"、清代诏刻的"乾隆石经"等儒家石经中均有《诗》。自唐肇始,历代科举考试亦将《诗》列为考试内容之一。

"周诗三百篇,雅丽理训诰。曾经圣人手,议论安敢到。"(韩愈:《荐士》[1])《诗》的表达范式主要有咏物、言志、言情、讽诵,其中,言志与抒情直接影响汉代乐府诗、汉代文赋和唐代诗歌的发展与创新,甚至间接催生宋明理学家的哲理诗的生发与绽放。

孔子曰"温柔敦厚,《诗》教也"(《礼记·经解》),孔子"只说'思无邪'一语,直截见得诗教之本意"[2]。其实,孔子语中的《诗》教也是德教,因为《诗》中有不少篇章颂道德、美德政、歌圣王。自孔子肇始,儒家向来强调以《诗》教国子、化臣民,后儒更是论《诗》而成《诗》学,绎《诗》而成《诗》史,从而塑造了中华民族的文化品格与价值观念。

附:《诗经》节要

关关雎鸠,在河之洲。窈窕淑女,君子好逑。
参差荇菜,左右流之。窈窕淑女,寤寐求之。
求之不得,寤寐思服。悠哉悠哉,辗转反侧。
参差荇菜,左右采之。窈窕淑女,琴瑟友之。
参差荇菜,左右芼之。窈窕淑女,钟鼓乐之。(《国风·关雎》)

---

[1] 参见(清)彭定求等编:《全唐诗》卷337,中华书局1999年版,第5册,第3786页。
[2] (宋)黎靖德编,王星贤点校:《朱子语类》卷23,中华书局1986年版,第2册,第540页。

　　彼黍离离，彼稷之苗。行迈靡靡，中心摇摇。知我者，谓我心忧；不知我者，谓我何求。悠悠苍天，此何人哉？

　　彼黍离离，彼稷之穗。行迈靡靡，中心如醉。知我者，谓我心忧；不知我者，谓我何求。悠悠苍天，此何人哉？

　　彼黍离离，彼稷之实。行迈靡靡，中心如噎。知我者，谓我心忧；不知我者，谓我何求。悠悠苍天，此何人哉？（《国风·黍离》）

　　青青子衿，悠悠我心。纵我不往，子宁不嗣音？

　　青青子佩，悠悠我思。纵我不往，子宁不来？

　　挑兮达兮，在城阙兮。一日不见，如三月兮！（《国风·子衿》）

　　硕鼠硕鼠，无食我黍！三岁贯女，莫我肯顾。逝将去女，适彼乐土。乐土乐土，爰得我所。

　　硕鼠硕鼠，无食我麦！三岁贯女，莫我肯德。逝将去女，适彼乐国。乐国乐国，爰得我直。

　　硕鼠硕鼠，无食我苗！三岁贯女，莫我肯劳。逝将去女，适彼乐郊。乐郊乐郊，谁之永号？（《国风·硕鼠》）

　　蒹葭苍苍，白露为霜。所谓伊人，在水一方。

　　溯洄从之，道阻且长。溯游从之，宛在水中央。

　　蒹葭萋萋，白露未晞。所谓伊人，在水之湄。

　　溯洄从之，道阻且跻。溯游从之，宛在水中坻。

　　蒹葭采采，白露未已。所谓伊人，在水之涘。

　　溯洄从之，道阻且右。溯游从之，宛在水中沚。（《国风·蒹葭》）

　　蓼蓼者莪，匪莪伊蒿。哀哀父母，生我劬劳。

　　蓼蓼者莪，匪莪伊蔚。哀哀父母，生我劳瘁。

　　瓶之罄矣，维罍之耻。鲜民之生，不如死之久矣。无父何怙？无母何恃？出则衔恤，入则靡至。

　　父兮生我，母兮鞠我。抚我畜我，长我育我，顾我复我，出入腹我。欲报之德。昊天罔极！

南山烈烈，飘风发发。民莫不谷，我独何害！南山律律，飘风弗弗。民莫不谷，我独不卒！（《小雅·蓼莪》）

陟彼北山，言采其杞。偕偕士子，朝夕从事。王事靡盬，忧我父母。

溥天之下，莫非王土；率土之滨，莫非王臣。大夫不均，我从事独贤。

四牡彭彭，王事傍傍。嘉我未老，鲜我方将。旅力方刚，经营四方。

或燕燕居息，或尽瘁事国；或息偃在床，或不已于行。

或不知叫号，或惨惨劬劳；或栖迟偃仰，或王事鞅掌。

或湛乐饮酒，或惨惨畏咎；或出入风议，或靡事不为。（《小雅·北山》）

文王在上，于昭于天。周虽旧邦，其命维新。有周不显，帝命不时。文王陟降，在帝左右。

亹亹文王，令闻不已。陈锡哉周，侯文王孙子。文王孙子，本支百世，凡周之士，不显亦世。

世之不显，厥犹翼翼。思皇多士，生此王国。王国克生，维周之桢；济济多士，文王以宁。

穆穆文王，于缉熙敬止。假哉天命，有商孙子。商之孙子，其丽不亿。上帝既命，侯于周服。

侯服于周，天命靡常。殷士肤敏，祼将于京。厥作祼将，常服黼冔。王之荩臣，无念尔祖。

无念尔祖，聿修厥德。永言配命，自求多福。殷之未丧师，克配上帝。宜鉴于殷，骏命不易！

命之不易，无遏尔躬。宣昭义问，有虞殷自天。上天之载，无声无臭。仪刑文王，万邦作孚。（《大雅·文王》）

经始灵台，经之营之。庶民攻之，不日成之。经始勿亟，庶民子来。

王在灵囿，麀鹿攸伏。麀鹿濯濯，白鸟翯翯。王在灵沼，于牣鱼跃。

虡业维枞，贲鼓维镛。于论鼓钟，于乐辟廱。

于论鼓钟，于乐辟廱。鼍鼓逢逢。蒙瞍奏公。（《大雅·灵台》）

泂酌彼行潦,挹彼注兹,可以餴饎。岂弟君子,民之父母。

泂酌彼行潦,挹彼注兹,可以濯罍。岂弟君子,民之攸归。

泂酌彼行潦,挹彼注兹,可以濯溉。岂弟君子,民之攸塈。(《大雅·泂酌》)

民亦劳止,汔可小康。惠此中国,以绥四方。无纵诡随,以谨无良。式遏寇虐,憯不畏明。柔远能迩,以定我王。

民亦劳止,汔可小休。惠此中国,以为民逑。无纵诡随,以谨惛怓。式遏寇虐,无俾民忧。无弃尔劳,以为王休。

民亦劳止,汔可小息。惠此京师,以绥四国。无纵诡随,以谨罔极。式遏寇虐,无俾作慝。敬慎威仪,以近有德。

民亦劳止,汔可小愒。惠此中国,俾民忧泄。无纵诡随,以谨丑厉。式遏寇虐,无俾正败。戎虽小子,而式弘大。

民亦劳止,汔可小安。惠此中国,国无有残。无纵诡随,以谨缱绻。式遏寇虐,无俾正反。王欲玉女,是用大谏。(《大雅·民劳》)

天生烝民,有物有则。民之秉彝,好是懿德。天监有周,昭假于下。保兹天子,生仲山甫。

仲山甫之德,柔嘉维则。令仪令色,小心翼翼。古训是式,威仪是力。天子是若,明命使赋。

王命仲山甫,式是百辟,缵戎祖考,王躬是保。出纳王命,王之喉舌。赋政于外,四方爰发。

肃肃王命,仲山甫将之。邦国若否,仲山甫明之。既明且哲,以保其身。夙夜匪解,以事一人。

人亦有言,柔则茹之,刚则吐之。维仲山甫,柔亦不茹,刚亦不吐。不侮矜寡,不畏强御。

人亦有言,德輶如毛,民鲜克举之。我仪图之,维仲山甫举之。爱莫助之。衮职有阙,维仲山甫补之。

仲山甫出祖。四牡业业。征夫捷捷,每怀靡及。四牡彭彭,八鸾锵锵。王命仲山甫,城彼东方。

四牡骙骙,八鸾喈喈。仲山甫徂齐,式遄其归。吉甫作诵,穆如清风。

仲山甫永怀,以慰其心。(《大雅·烝民》)

　　我将我享,维羊维牛,维天其右之。仪式刑文王之典,日靖四方。
　　伊嘏文王,既右飨之。我其夙夜,畏天之威,于时保之。(《周颂·我将》)

　　思乐泮水,薄采其芹。鲁侯戾止,言观其旗。其旗茷茷,鸾声哕哕。无小无大,从公于迈。
　　思乐泮水,薄采其藻。鲁侯戾止,其马蹻蹻。其马蹻蹻,其音昭昭。载色载笑,匪怒伊教。
　　思乐泮水,薄采其茆。鲁侯戾止,在泮饮酒。既饮旨酒,永锡难老。顺彼长道,屈此群丑。
　　穆穆鲁侯,敬明其德。敬慎威仪,维民之则。允文允武,昭假烈祖。靡有不孝,自求伊祜。
　　明明鲁侯,克明其德。既作泮宫,淮夷攸服。矫矫虎臣,在泮献馘。淑问如皋陶,在泮献囚。
　　济济多士,克广德心。桓桓于征,狄彼东南。烝烝皇皇,不吴不扬。不告于讻,在泮献功。
　　角弓其觩。束矢其搜。戎车孔博。徒御无斁。既克淮夷,孔淑不逆。式固尔犹,淮夷卒获。
　　翩彼飞鸮,集于泮林。食我桑葚,怀我好音。憬彼淮夷,来献其琛。元龟象齿,大赂南金。(《鲁颂·泮水》)

　　天命玄鸟,降而生商,宅殷土芒芒。古帝命武汤,正域彼四方。
　　方命厥后,奄有九有。商之先后,受命不殆,在武丁孙子。武丁孙子,武王靡不胜。
　　龙旗十乘,大糦是承。邦畿千里,维民所止,肇域彼四海。
　　四海来假,来假祁祁。景员维河。殷受命咸宜,百禄是何。(《商颂·玄鸟》)

《尚书》学案

《尚书》初称《书》，西汉时期称《书经》或《尚书》，其有今文与古文之分。《尚书》篇章分为《虞书》《夏书》《商书》《周书》，《尚书》文体主要有典、谟、训、誓、诰、命。《尚书》是上古时代的政事史料汇编，属于记言体史书、政书。《尚书》主要记载上古帝王的政事、治国言论与哲学思想，关涉古代政治、经济、地理、天文、历法等领域。尽管《尚书》的部分篇章明言为周公所作，但全书非出于一人之手；孔子整理"六经"时，重新编订。《论语》《孟子》《荀子》《礼记》等多有称引"《书》曰"，孔子更是提出"疏通知远"（《礼记·经解》）的《书》教思想。《尚书》中周公所作诸篇的政治思想丰赡、影响巨大，为先秦儒家政治思想之渊薮。

西汉前期，世人始称《书》为《尚书》。"尚书"之"尚"即"上"，其义有三：一曰上古之书，二曰崇尚之书，三曰君上之书。汉代《尚书大传》引子夏语认为《尚书》"昭昭如日月之代明，离离若参辰之错行"；然则，唐代韩愈《进学解》认为"周《诰》殷《盘》，佶屈聱牙"，南宋朱熹认为"《尚书》中盘庚五诰之类，实是难晓"[①]。《尚书》版本很多，伏生所传为《今文尚书》（凡二十八篇），孔安国所传为《古文尚书》（凡四十四篇）。东晋初年，梅赜所献《尚书》（凡五十八篇）是凑合今古文《尚书》而成，收录伪孔安国《尚书传》，同时将伏生《今文尚书》分为三十三篇，加上孔壁《古文尚书》（二十五篇），定为五十八篇。唐儒孔颖达奉诏编撰《尚书正义》，采用的底本便是梅赜所编今古文合编本。依据清人考据，今人利用出土简牍疑古辨伪，关于《尚书》形成二途：一是认可《今文尚书》，否定《古文尚书》且以"伪《古文尚书》"称之；二是认可《古文尚书》，折中取之。

《尚书》言天道政理，言修身以德、为政以德。汉唐以降，上至帝王，下至学者，研习有加，注解迭出。《尚书》树之可为史鉴，援之可以赞治，引之可以立论，传之可为教化。从儒家"六经"发展至"十三经"，《尚书》在群经中的地位一直很稳定，诚如唐代史家刘知幾赞言："夫《尚书》者，七经之冠冕，百氏之襟袖，凡学者，必先精此书，次及群籍。"（《史通·断限》）

---

① （宋）黎靖德编，王星贤点校：《朱子语类》卷78，中华书局1986年版，第5册，第1981页。

一、成书

先秦时期，《尚书》多是师徒门人之间口耳相传，罕见抄本。秦时焚书，伏生壁藏之，"汉定，伏生求其书，亡数十篇，独得二十九篇，即以教于齐鲁之间"（《史记·儒林列传》）。伏生以《今文尚书》"教济南张生及欧阳生，欧阳生教千乘儿宽；儿宽既通尚书，以文学应郡举，诣博士受业，受业孔安国"，"自此之后，鲁周霸、孔安国、雒阳贾嘉，颇能言尚书事"（同上）。汉武帝时期，鲁恭王坏孔子宅壁而得《古文尚书》，以研读《今文尚书》起家的孔安国尽得《古文尚书》，而且《古文尚书》之篇目多于《今文尚书》，"逸书得十馀篇，盖《尚书》滋多于是矣"（同上）。较之，《古文尚书》晚于《今文尚书》而出，且篇章数目有别。班固认为《尚书》系孔子整理，凡百篇，而汉武帝时期出现的《尚书古文经》却仅有"四十六卷"（《汉书·艺文志》）。《汉书·艺文志》曰：

> 故书之所起远矣，至孔子纂焉，上断于尧，下讫于秦，凡百篇，而为之序，言其作意。秦燔书禁学，济南伏生独壁藏之。汉兴亡失，求得二十九篇，以教齐鲁之间。讫孝宣世，有欧阳、大小夏侯氏，立于学官。古文尚书者，出孔子壁中。武帝末，鲁共王坏孔子宅，欲以广其宫，而得古文尚书及礼记、论语、孝经凡数十篇，皆古字也。共王往入其宅，闻鼓琴瑟钟磬之音，于是惧，乃止不坏。孔安国者，孔子后也，悉得其书，以考二十九篇，得多十六篇。安国献之。遭巫蛊事，未列于学官。刘向以中古文校欧阳、大小夏侯三家经文，酒诰脱简一，召诰脱简二。率简二十五字者，脱亦二十五字，简二十二字者，脱亦二十二字，文字异者七百有馀，脱字数十。书者，古之号令，号令于众，其言不立具，则听受施行者弗晓。古文读应尔雅，故解古今语而可知也。

由上观之，《尚书》传至西汉出现以口授为主的《今文尚书》和以古字抄录的《古文尚书》。大体可以推知，《古文尚书》成书于战国中后期，而《今文尚书》则晚于前者，当成书于秦汉之际，其抄本见于西汉初期。西汉初年，汉文帝欲求能治《尚书》者，天下无有，只有济南伏生能言《尚书》。汉文帝欲召伏生，年九十有余的伏生已老而不能行，汉文帝诏命太常使掌故晁错前往受之。

《尚书》于西汉始有今古文之分,只是"孔安国古文尚书藏之秘府,诸儒专门伏生二十五篇,一向不取孔氏所藏古文者"[1]。与今文《尚书》不同的是,"《古文尚书》至东晋时因内史梅赜始行于世"[2],只是梅赜向朝廷所献《尚书》是今古文合编本《尚书》(凡五十八篇)。唐代初期,大儒孔颖达奉诏编撰《尚书正义》,采用的底本便是今古文合编本。

二、注本

自秦以降,《尚书》注本层出不穷,汉有今古文之分,晋、唐有今古文之合。其中,具有代表性的注本有唐儒孔颖达的《尚书正义》(凡五十八篇),清儒孙星衍的《尚书今古文注疏》(二十九篇)。

唐儒孔颖达奉诏为《尚书正义》(二十卷),采用的底本是今古文合编本即梅赜所献《尚书》(五十八篇)。《尚书正义》之特色在于:一是凑合《今文尚书》与《古文尚书》,将伏生《今文尚书》22篇分为33篇,加上《古文尚书》25篇,定篇为58篇;二是融合汉魏诸儒之说,匡正杂说,去华取实,偏重南学,统一诸说,确立正义;三是以君为师,辅佐时政,而不像前儒那样以师自任、以道自任;四是保存不少旧说典故,于训诂学而言有相当大的价值。其中,略显不足之处是依据伪传而疏解。不过,瑕不掩瑜,其颇为鲜明的特色在于:孔颖达等人在《尚书正义》中提到天人关系,阐明应循天道治理百姓,同时《尚书正义》劝诫人君应当好好地治理百姓,以承天意,否则,必违天意,以至上天离去。显然,这种思想既承继墨子的天志说与董仲舒的天谴论,又融合了孔子与孟子的民本思想。

北宋时期,《尚书》注疏解说有增,其中有苏轼的《东坡书传》(十三卷),此书与诸儒之说多有不同。程颐《伊川书说》(一卷),系程颐门人记其师所谈四十馀篇。元明时期,吴澄撰《书纂言》(四卷),吴澄专释今文,不重古文,尚为有合于古义。郝敬撰《尚书辨解》(十卷),前八卷解伏书二十八篇,后二卷辨孔书,故曰《辨解》;郝敬"解经无不以私意穿凿,亦不但此书为然也"[3]。明末清初,王夫之撰《书经稗疏》(四卷),诠释经文,多出

① (宋)黎靖德编,王星贤点校:《朱子语类》卷86,中华书局1986年版,第6册,第2207页。
② (宋)黎靖德编,王星贤点校:《朱子语类》卷112,中华书局1986年版,第7册,第2724页。
③ (清)永瑢、纪昀等:《四库全书总目提要》卷14,中华书局1965年版,第111页。

新意;虽然醇疵互见,而可取者较多,比如能所观、知行观等思想。

自汉至清,《尚书》注疏史有迹可循。清编《四库全书总目提要》(卷11)曰:

> 《书》以道政事,儒者不能异说也。《小序》之依托,《五行传》之附会,久论定矣。然诸家聚讼,犹有四端:曰今文、古文,曰错简,曰《禹贡》山水,曰《洪范》畴数。夫古文之辨,至阎若璩始明。朱彝尊谓是书久颁于学官,其言多缀辑逸经成文,无悖于理。汾阴汉鼎,良亦善喻。吴澄举而删之,非可行之道也。禹迹大抵在中原,而论者多当南渡。昔疏今密,其势则然。然尺短寸长,互相补苴,固宜兼收并蓄,以证异同。若夫刘向记《酒诰》《召诰》脱简仅三,而诸儒动称数十。班固牵《洪范》于《洛书》,诸儒并及《河图》,支离畸輵,淆经义矣。故王柏《书疑》、蔡沈《皇极数》之类,非解经之正轨者,咸无取焉。①

清儒孙星衍《尚书今古文注疏》(二十九篇),仅疏今文二十八篇与《泰誓》篇,没有注伪《古文尚书》二十五篇。孙星衍《尚书今古文注疏》采清代王鸣盛、江声、段玉裁、王引之四家之说,同时又吸取部分清代学术成果,注释丰富,值得参考。清代经学家在经书文字解释和名物制度考据等方面长于前人,这一点在孙星衍《尚书今古文注疏》中可见一斑。因此,《尚书今古文注疏》为后人研究古代的经济、政治、文化、哲学等提供诸多线索,具有相当重要的参考意义。

值得一提的是,汉武帝时,孔壁所出《尚书》是古文《尚书》,孔安国传之。然则,后儒对《古文尚书》与孔安国所为之序皆有所疑。朱熹认为:

> 孔壁所出尚书,如禹谟五子之歌胤征泰誓武成冏命微子之命蔡仲之命君牙等篇皆平易,伏生所传皆难读。如何伏生偏记得难底,至于易底全记不得?此不可晓。如当时诰命出于史官,属辞须说得平易。若盘庚之类再三告戒者,或是方言,或是当时曲折说话,所以

---

① (清)永瑢、纪昀等:《四库全书总目提要》卷11,中华书局1965年版,第89页。

难晓。①

关于《尚书》今古文之优劣,朱熹认为:

> 孔壁之传,汉时却不传,只是司马迁曾师授。如伏生尚书,汉世却多传者,晁错以伏生不曾出,其女口授,有齐音不可晓者,以意属成,此载于史者。及观经传,及孟子引"享多仪"出自洛诰,却无差。只疑伏生偏记得难底,却不记得易底。②

朱熹认为"《尚书》孔安国传,此恐是魏晋间人所作,托安国为名,与毛公诗传大段不同。今观序文亦不类汉文章。汉时文字粗,魏晋间文字细。如孔丛子亦然,皆是那一时人所为"③,指出《尚书小序》已不知何人所作,"《尚书大序》亦不是孔安国作,怕只是撰孔丛子底人作。文字软善,西汉文字则粗大"④。面对《尚书》诰令之文,朱熹感叹"好一场大鹘突""读《尚书》,可通则通;不可通,姑置之"⑤。为便于直观显示《今文尚书》与《古文尚书》所载篇目之别异,特列下表以示之:

今古文《尚书》篇章对照表

《古文尚书》 (清阮元十三经注疏本)	《今文尚书》 (皮锡瑞《今文尚书考证》本)	《古文尚书》多出 《今文尚书》的篇章
《尚书序》		
《虞书·尧典》	《虞书·尧典》	
《虞书·舜典》		《舜典》《汩作》《九共》
《虞书·大禹谟》		《大禹谟》
《虞书·皋陶谟》	《虞书·皋陶谟》	
《虞书·益稷》		《益稷》

---

① (宋)黎靖德编,王星贤点校:《朱子语类》卷78,中华书局1986年版,第5册,第1978页。
② (宋)黎靖德编,王星贤点校:《朱子语类》卷78,中华书局1986年版,第5册,第1978-1979页。
③ (宋)黎靖德编,王星贤点校:《朱子语类》卷78,中华书局1986年版,第5册,第1984-1985页。
④ (宋)黎靖德编,王星贤点校:《朱子语类》卷78,中华书局1986年版,第5册,第1985页。
⑤ (宋)黎靖德编,王星贤点校:《朱子语类》卷78,中华书局1986年版,第5册,第2022页。

续表

《古文尚书》 （清阮元十三经注疏本）	《今文尚书》	《古文尚书》多出 《今文尚书》的篇章
《夏书·禹贡》 《夏书·甘誓》 《夏书·五子之歌》 《夏书·胤征》	《禹贡》 《甘誓》	 《五子之歌》 《胤征》
《商书·汤誓》 《商书·仲虺之诰》 《商书·汤诰》 《商书·伊训》 《商书·太甲上、中、下》 《商书·咸有一德》 《商书·盘庚上、中、下》 《商书·说命上、中、下》 《商书·高宗肜日》 《商书·西伯戡黎》 《商书·微子》	《汤誓》 《盘庚》 《高宗肜日》 《西伯戡黎》 《微子》	 《汤诰》 《伊训》《肆命》《原命》 《咸有一德》《典宝》
《周书·泰誓、中、下》 《周书·牧誓》 《周书·武成》 《周书·洪范》 《周书·旅獒》 《周书·金縢》 《周书·大诰》 《周书·微子之命》 《周书·康诰》 《周书·酒诰》 《周书·梓材》 《周书·召诰》 《周书·洛诰》 《周书·多士》 《周书·无逸》 《周书·君奭》 《周书·蔡仲之命》 《周书·多方》 《周书·立政》 《周书·周官》	 《牧誓》 《洪范》 《大诰》 《金縢》 《康诰》 《酒诰》 《梓材》 《召诰》 《洛诰》 《多士》 《无逸》 《君奭》 《多方》 《立政》	 《武成》 《旅獒》

续表

《古文尚书》 （清阮元十三经注疏本）	《今文尚书》	《古文尚书》多出 《今文尚书》的篇章
《周书·君陈》		
《周书·顾命》	《顾命》	
《周书·康王之诰》	《康王之诰》	
《周书·毕命》		
《周书·君牙》		
《周书·冏命》		《冏命》
《周书·吕刑》	《吕刑》	
《周书·文侯之命》	《文侯之命》	
《周书·费誓》	《费誓》	
《周书·秦誓》	《秦誓》	

综观《尚书》学史，《尚书》自有今古之分后，诸儒多传"伏生二十五篇，一向不取孔氏所藏古文者"。究其原因，或如朱熹所言："《尚书》注并序，某疑非孔安国所作"[①]、"《尚书》决非孔安国所注，盖文字困善，不是西汉人文章"[②]。此外，览清代《尚书》注疏小史，另有阎若璩、毛奇龄的《尚书古文疏证》、皮锡瑞的《今文尚书考证》等值得关注。

三、篇旨

于篇章而言，《今文尚书》与《古文尚书》篇目差异很大，尤其与后来的今古文合编本相比，三者各自所录篇目差异甚大。今依传世本《尚书》（凡五十八篇），且从《虞书》《夏书》《商书》《周书》中摘取要篇以析篇旨大义。

《虞书》有《尧典》《舜典》《大禹谟》《皋陶谟》《益稷》，凡五篇。《尧典》与《舜典》记载尧舜的事迹与德行，颂扬尧舜的政绩。尧命人制订历法，提出"期三百有六旬有六日，以闰月定四时，成岁"，同时提出"克谐以孝"、以德为政，"协时月正日，同律度量衡"，修五礼、作五刑。尧舜在政权更替过程中采用的是禅让有德——禅让制，这种政权交接方式成为后人尤其儒家道德理想主义者景仰与追寻的政权更迭之典范。《大禹谟》提出正德、

---

① （宋）黎靖德编，王星贤点校：《朱子语类》卷78，中华书局1986年版，第5册，第1984页。
② （宋）黎靖德编，王星贤点校：《朱子语类》卷78，中华书局1986年版，第5册，第1984页。

利用、厚生，又言"人心惟危，道心惟微，惟精惟一，允执厥中"[①]。《皋陶谟》提出"行有九德"，强调为人、为政在于以德修身、以德治国，同时强调"天聪明自我民聪明，天明畏自我民明威"，即"天命—民本"相互涵摄的思想。

《夏书》有《禹贡》《甘誓》《五子之歌》《胤征》，凡四篇。《禹贡》从地理角度提出"禹别九州岛，随山浚川，任土作贡"（九州岛：冀、兖、青、徐、扬、荆、豫、梁、雍），歌颂大禹治水的政绩；同时提出"五服"（五百里甸服、五百里侯服、五百里绥服、五百里要服、五百里荒服）与"四海"（东渐于海，西被于流沙，朔南暨声教，讫于四海）的"天下观"。其中，"五服"设置是以中原为中心，次第以状如同心圆之图式向外划分，形成上古的天下观与政治文化中心论。《甘誓》为夏启讨伐有扈氏，在甘地发布的作战誓词，其要旨是夏启认为有扈氏"威侮五行，怠弃三正"、违天意，夏启宣称自己的讨伐是代天行罚，同时夏启申明军纪和赏罚。《五子之歌》提出"民惟邦本，本固邦宁"，强调为政以德、唯民为本；反之，若是失道失德，则必导致国家败亡，追悔莫及。《胤征》记载"羲和湎淫，废时乱日，胤往征之"，提出"威克厥爱，允济；爱克厥威，允罔功"，强调为政不可"颠覆厥德"。

《商书》有《汤誓》《仲虺之诰》《汤诰》《伊训》《太甲上、中、下》《咸有一德》《盘庚上、中、下》《说命上、中、下》《高宗肜日》《西伯戡黎》《微子》，凡十一篇。《汤誓》是商汤讨伐夏桀的战斗檄文，汤王认为夏桀获罪于天，昏暗无德，天命殛之。夏桀尽失君道，不忧民众，舍弃稼穑，夺农之业，以敛财货；夏桀尽失民心，民众诅咒曰"如桀为日，愿与日俱亡"。汤王声称讨伐夏桀是受天命而讨伐，是以示天威、以正天道。汤既黜夏命，复归于亳，作《汤诰》。汤王向前来道贺的诸侯阐明"夏王灭德作威"，自己讨伐夏桀是"将天命明威，不敢赦"。《仲虺之诰》是汤王的贤相仲虺为汤王作政权合法性辩护，强调汤王讨伐夏桀是"奉天命"，得到四方百姓支持（东征西夷

[①] 按：宋儒演绎"人心惟危，道心惟微，惟精惟一，允执厥中"，提出人心、道心并言二心有别。朱熹曰："只是这一个心，知觉从耳目之欲上去，便是人心；知觉从义理上去，便是道心。人心则危而易陷，道心则微而难著"（《朱子语类》卷78），"道心是知觉得道理底，人心是知觉得声色臭味底，人心不全是不好，若人心是全不好底，不应只下个'危'字。盖为人心易得走从恶处去，所以下个'危'字"（同上），"自人心而收之，则是道心；自道心而放之，则是人心"（同上）。程颐指出，"人心人欲，故危殆；道心天理，故精微。惟精以致之，惟一以守之，如此方能执中"（同上）。

怨,南征北狄怨),提出"德日新,万邦惟怀;志自满,九族乃离"的政治理念,为汤革夏命找到道德与政治合法性之基石,同时提出"钦崇天道,永保天命"的政治宣言。汤王死后,大臣伊尹教导并告诫太甲,作《伊训》;伊尹提出祭祀先王,强调为政应有道德,不可失德。失德则生巫风、淫风、乱风,"三风"起,国必亡;并且重点强调"尔惟德罔小,万邦惟庆;尔惟不德罔大,坠厥宗",即强调人君修德行善勿论大小,行之,天下百姓庆幸、国家可保。《太甲上、中、下》记录太甲继位之初,为政昏乱,毁坏法度,于是"伊尹放太甲"至桐宫,太甲悔过三年,伊尹还政太甲;重新当政的太甲克终厥德,天下咸宁;其篇旨在于强调为政以德,"惟天无亲,克敬惟亲,民罔常怀,怀于有仁"。伊尹作《咸有一德》,其篇旨强调"天难谌,命靡常。常厥德,保厥位",即天命无常,修德可保君位,反之,失道则失君位。《盘庚上、中、下》记载"盘庚迁殷",盘庚"行汤之政,然后百姓由宁,殷道复兴"(《史记·殷本纪》)。盘庚陈述迁都理由时指出"用罪伐厥死,用德彰厥善",并且强调"式敷民德,永肩一心",即要"施实德于民",与民同心。盘庚声言"邦之臧,惟汝众,邦之不臧,惟予一人有佚罚",体现出帝王胸怀与责任担当。《说命上、中、下》记载武丁与傅说的故事,提出"朝夕纳诲,以辅台德""明王奉若天道,建邦设都""惟天聪明,惟圣时宪,惟臣钦若,惟民从义",强调君道、政道应法天道,唯道德可教化天下,使"四海之内,咸仰朕德,时乃风"。《西伯戡黎》记载殷纣王与贤臣祖伊的对话,纣王发出"我生不有命在天"的疑问,祖伊认为上天已知纣王罪多,已无法祈福于天。"天作孽,犹可违;自作孽,不可活";《西伯戡黎》篇旨反映出政治天命观中的宿命论与德命论之冲突。其中,周革殷命折射出政治更替中的宿命论向德命论的转向、历史与逻辑相一致的转向、威权政治向德性政治的转向。《微子》记载微子对纣王为政失道失德的剖析,提出"降监殷民,用乂雠敛;召敌雠不怠;罪合于一,多瘠罔诏",强调政权系于人君,君命系天命,唯德为治、唯德续命。

《周书》有《泰誓》《牧誓》《武成》《洪范》《旅獒》《金縢》《大诰》《微子之命》《康诰》《酒诰》《梓材》《召诰》《洛诰》《多士》《无逸》《君奭》《蔡仲之命》《多方》《立政》《周官》《君陈》《顾命》《康王之诰》《毕命》《君牙》《囧命》《吕刑》《文侯之命》《费誓》《秦誓》,凡三十篇。其中,十二篇文诰相传为周公所作。周公姬旦摄政七年,制礼作乐,自称"多材多艺"(《尚书·金縢》)。

其中,《大诰》作于周公摄政之初,三监叛乱,周公东征并作《大诰》。平定三监之后,周公令其弟康叔赴卫以治殷遗民,周公作《康诰》《酒诰》《梓材》三诰以教康叔牧民。《召诰》记载周公营建东都洛邑时与召公的谈话,阐明"惟命不于常"的天命观。《洛诰》记载周公营建东都洛邑时向周成王的"告卜"之语,周公希望移居新都洛邑,成王婉拒而表示愿留旧都镐京。或许,其中折射出《金縢》篇所载周公与成王之间存在政治猜忌,尽管《金縢》篇中的成王"执书以泣",表示迎回周公,但"居东二年"的周公是否重回旧都镐京已无从得知。其实,《洛诰》篇隐晦地道出周公与成王之间的政治斗争。《多士》与《多方》为训殷商遗民之诰命,要求殷商遗民服从周王朝的统治,周公以"宅尔田,继尔居"作为政治特许条件。《无逸》篇是周公教导成王时所作,通过以夏为鉴与以殷为鉴阐述"君子所其无逸"的政治哲学。《君奭》篇记载周公摄政,"召公不说,周公作《君奭》",周公向召公表示愿意同心同德,共营姬周之天下;同时周公阐明"惟乃知民德亦罔不能厥初,惟其终"的德政观。《立政》篇阐述周公传授成王选才与用人之道,周公阐明"立政"以德、"克俊有德",强调"立政用憸人,不训于德,是罔显在厥世"。《金縢》记载周武王克商后生病,周公以璧圭祷告于先王,愿以身代武王,并将祷辞置于金縢之匮,而后武王病愈。时至周成王,成王听信谗言怀疑周公,成王开启金縢见到周公祷书,悔悟而泣。面对"管叔及其群弟乃流言于国",周公居东二年,作诗以贻成王,名之曰《鸱鸮》。《金縢》篇以成王态度变化为主线:信任周公——怀疑周公——再次信任周公。

值得注意的是,《周书》之《洪范》篇提出"九畴":五行(水、火、木、金、土)、五事(貌、言、视、听、思)、五纪(岁、月、日、星辰、历数)、八政(食、货、祀、司空、司徒、司寇、宾、师)、三德(正直、刚克、柔克)、五福(寿、富、康宁、攸好德、考终命)、六极(凶、短、折、疾、忧、贫、恶、弱),又曰"初一曰五行,次二曰敬用五事,次三曰农用八政,次四曰协用五纪,次五曰建用皇极,次六曰乂用三德,次七曰明用稽疑,次八曰念用庶征,次九曰向用五福,威用六极"。很显然,《洪范》"九畴"是在试图用古代朴素的数度思维与数理法则去建构政治伦理法则与日常生活法则,并探寻个体生命福祸休戚的生命规律与王朝福祸休戚的命运规律。

四、影响

孔子整理"六经","六经"始有传承,《尚书》始生谱系,而《尚书》得到官方尊崇却是始于西汉初期。汉武帝建元五年(前136年)"置五经博士"(《汉书·武帝纪》),其中便有《尚书》。汉宣帝甘露三年(前51年)"诏诸儒讲五经同异"(《汉书·宣帝纪》)并立大小夏侯尚书为博士,汉成帝建始四年(前29年)春,"初置尚书员五人"(《汉书·成帝纪》)。时至唐初,唐太宗崇儒学,诏命孔颖达等人正义"五经",其中便有《尚书》,而且《尚书正义》成为官方科举考试的权威版本。①

《尚书》的文体风格对后世影响很大,尤其是对政令文书之影响尤甚。从文体风格来看,《尚书》主要有典、训、诰、誓、命,为秦汉时期的制、诰、诏、命等政治文体的发展提供了参考模板。《尚书》以典、训、诰、誓、命等不同文体呈现出远古时期的政治图景、伦理向度与道德期许,为秦汉乃至后世的制、诰、诏、令等政治文体提供了基本范式。《尚书》以典、训、诰、誓、命等政治文体言说政治哲学与伦理道德,成为早期儒家政治哲学的源头活水。春秋以降,后学注疏《尚书》时往往将儒家政治伦理哲学融入其中,使得《尚书》之文与《尚书》之学成为儒家哲学的发源地与寄寓地。值得一提的是,自汉至清,历代诏刻的儒家石经中皆有《尚书》,如东汉的"熹平石经"、唐代的"开成石经"、北宋的"嘉祐石经"、南宋的"绍兴石经"、清代的"乾隆石经"等。另外,自隋唐至清末,《尚书》多为朝廷科举考试的必考内容之一。

肇自六朝时期,《尚书》传至海外,并逐渐在韩国、日本、东南亚、欧美等地形成海外《尚书》学。其中,《尚书》在欧美的传播得益于英国著名汉学家理雅各布(James Legge,1815－1897年),他于1879年译出《东方圣书》(第三卷),包含《书经》《诗经中的宗教》和《孝经》。理雅各布所译《尚书》是迄今为止最好的《尚书》英译本,理雅各布有正确的翻译理念,强调解经先识字、译典信为本、注释不可缺。因而,理雅各布及其所译《尚书》开创欧美《尚书》学之端绪。

---

① 按:《古文尚书》自唐代孔颖达等人奉敕作《尚书正义》,终唐一朝无有异说。时至南宋,朱熹虽疑其伪,然其言性、言心、言学之语,皆源溯古文,而且将《尚书·大禹谟》"人心惟危,道心惟微,惟精惟一,允执厥中"视为儒门"心法"。

附:《尚书》节要

昔在帝尧,聪明文思,光宅天下。将逊于位,让于虞舜,作《尧典》。

曰若稽古帝尧,曰放勋,钦、明、文、思、安安,允恭克让,光被四表,格于上下。克明俊德,以亲九族。九族既睦,平章百姓。百姓昭明,协和万邦。

黎民于变时,雍。乃命羲和,钦若昊天,历象日月星辰,敬授人时。分命羲仲,宅嵎夷,曰旸谷。寅宾出日,平秩东作。日中,星鸟,以殷仲春。厥民析,鸟兽孳尾。申命羲叔,宅南交。平秩南为,敬致。日永,星火,以正仲夏。厥民因,鸟兽希革。分命和仲,宅西,曰昧谷。寅饯纳日,平秩西成。宵中,星虚,以殷仲秋。厥民夷,鸟兽毛毨。申命和叔,宅朔方,曰幽都。平在朔易。日短,星昴,以正仲冬。厥民隩,鸟兽鹬毛。帝曰:"咨!汝羲暨和,期三百有六旬有六日,以闰月定四时成岁。允厘百工,庶绩咸熙。"(《虞书·尧典》)

皋陶曰:"都!亦行有九德。亦言,其人有德,乃言曰,载采采。"禹曰:"何?"皋陶曰:"宽而栗,柔而立,愿而恭,乱而敬,扰而毅,直而温,简而廉,刚而塞,强而义。彰厥有常,吉哉!日宣三德,夙夜浚明有家;日严祗敬六德,亮采有邦。翕受敷施,九德咸事,俊义在官。百僚师师,百工惟时,抚于五辰,庶绩其凝。无教逸欲,有邦兢兢业业,一日二日万几。无旷庶官,天工,人其代之。天叙有典,敕我五典五惇哉!天秩有礼,自我五礼有庸哉!同寅协恭和衷哉!天命有德,五服五章哉!天讨有罪,五刑五用哉!政事懋哉懋哉!""天聪明,自我民聪明。天明畏,自我民明威。达于上下,敬哉有土!"

皋陶曰:"朕言惠可底行?"禹曰:"俞!乃言底可绩。"皋陶曰:"予未有知,思日赞赞襄哉!"(《虞书·皋陶谟》)

禹别九州岛,随山浚川,任土作贡。禹敷土,随山刊木,奠高山大川。

冀州:既载壶口,治梁及岐。既修太原,至于岳阳;覃怀底绩,至于衡漳。厥土惟白壤,厥赋惟上上错,厥田惟中中。恒、卫既从,大陆既作。岛夷皮服,夹右碣石入于河。

济河惟兖州。九河既道,雷夏既泽,灉、沮会同。桑土既蚕,是降丘宅土。厥土黑坟,厥草惟繇,厥木惟条。厥田惟中下,厥赋贞,作十有三载乃同。厥贡漆丝,厥篚织文。浮于济、漯,达于河。

海岱惟青州。嵎夷既略,潍、淄其道。厥土白坟,海滨广斥。厥田惟上下,厥赋中上。厥贡盐絺,海物惟错。岱畎丝、枲、铅、松、怪石。莱夷作牧。厥篚檿丝。浮于汶,达于济。

海、岱及淮惟徐州。淮、沂其乂,蒙、羽其艺,大野既猪,东原底平。厥土赤埴坟,草木渐包。厥田惟上中,厥赋中中。厥贡惟土五色,羽畎夏翟,峄阳孤桐,泗滨浮磬,淮夷蠙珠暨鱼。厥篚玄纤、缟。浮于淮、泗,达于河。

淮海惟扬州。彭蠡既猪,阳鸟攸居。三江既入,震泽底定。筱簜既敷,厥草惟夭,厥木惟乔。厥土惟涂泥。厥田唯下下,厥赋下上,上错。厥贡惟金三品,瑶、琨筱、簜、齿、革、羽、毛惟木。鸟夷卉服。厥篚织贝,厥包橘柚,锡贡。沿于江、海,达于淮、泗。

荆及衡阳惟荆州。江、汉朝宗于海,九江孔殷,沱、潜既道,云土、梦作乂。厥土惟涂泥,厥田惟下中,厥赋上下。厥贡羽、毛、齿、革惟金三品,杶、干、栝、柏,砺、砥、砮、丹惟菌簵、楛,三邦底贡厥名。包匦菁茅,厥篚玄纁玑组,九江纳锡大龟。浮于江、沱、潜、汉,逾于洛,至于南河。

荆河惟豫州。伊、洛、瀍、涧既入于河,荥波既猪。导菏泽,被孟猪。厥土惟壤,下土坟垆。厥田惟中上,厥赋错上中。厥贡漆、枲,絺、纻,厥篚纤、纩,锡贡磬错。浮于洛,达于河。

华阳、黑水惟梁州。岷、嶓既艺,沱、潜既道。蔡、蒙旅平,和夷底绩。厥土青黎,厥田惟下上,厥赋下中,三错。厥贡璆、铁、银、镂、砮磬、熊、黑、狐、狸、织皮,西倾因桓是来,浮于潜,逾于沔,入于渭,乱于河。

黑水、西河惟雍州。弱水既西,泾属渭汭,漆沮既从,沣水攸同。荆、岐既旅,终南、惇物,至于鸟鼠。原隰底绩,至于猪野。三危既宅,三苗丕叙。厥土惟黄壤,厥田惟上上,厥赋中下。厥贡惟球、琳、琅玕。浮于积石,至于龙门、西河,会于渭汭。织皮昆仑、析支、渠搜,西戎即叙。

导岍及岐,至于荆山,逾于河;壶口、雷首至于太岳;底柱、析城至于王屋;太行、恒山至于碣石,入于海。

西倾、朱圉、鸟鼠至于太华;熊耳、外方、桐柏至于陪尾。

导嶓冢，至于荆山；内方，至于大别。

岷山之阳，至于衡山，过九江，至于敷浅原。

导弱水，至于合黎，馀波入于流沙。

导黑水，至于三危，入于南海。

导河、积石，至于龙门；南至于华阴，东至于厎柱，又东至于孟津，东过洛汭，至于大伾；北过降水，至于大陆；又北，播为九河，同为逆河，入于海。

嶓冢导漾，东流为汉，又东，为沧浪之水，过三澨，至于大别，南入于江。东，汇泽为彭蠡，东，为北江，入于海。

岷山导江，东别为沱，又东至于澧；过九江，至于东陵，东迆北，会于汇；东为不江，入于海。

导沇水，东流为济，入于河，溢为荥；东出于陶丘北，又东至于菏，又东北，会于汶，又北，东入于海。

导淮自桐柏，东会于泗、沂，东入于海。

导渭自鸟鼠同穴，东会于沣，又东会于泾，又东过漆沮，入于河。

导洛自熊耳，东北，会于涧、瀍；又东，会于伊，又东北，入于河。

九州岛攸同，四隩既宅，九山刊旅，九川涤源，九泽既陂，四海会同。六府孔修，庶土交正，厎慎财赋，咸则三壤成赋。中邦锡土、姓，祇台德先，不距朕行。

五百里甸服：百里赋纳总，二百里纳铚，三百里纳秸服，四百里粟，五百里米。

五百里侯服：百里采，二百里男邦，三百里诸侯。

五百里绥服：三百里揆文教，二百里奋武卫。

五百里要服：三百里夷，二百里蔡。

五百里荒服：三百里蛮，二百里流。

东渐于海，西被于流沙，朔南暨声教讫于四海。禹锡玄圭，告厥成功。

（《夏书·禹贡》）

武王胜殷，杀受，立武庚，以箕子归。作《洪范》。

惟十有三祀，王访于箕子。王乃言曰："呜呼！箕子。惟天阴骘下民，相协厥居，我不知其彝伦攸叙。"

箕子乃言曰："我闻在昔，鲧堙洪水，汩陈其五行。帝乃震怒，不畀'洪范'九畴,彝伦攸斁。鲧则殛死,禹乃嗣兴,天乃锡禹'洪范'九畴,彝伦攸叙。

初一曰五行,次二曰敬用五事,次三曰农用八政,次四曰协用五纪,次五曰建用皇极,次六曰乂用三德,次七曰明用稽疑,次八曰念用庶征,次九曰向用五福,威用六极。

一、五行:一曰水,二曰火,三曰木,四曰金,五曰土。水曰润下,火曰炎上,木曰曲直,金曰从革,土爰稼穑。润下作咸,炎上作苦,曲直作酸,从革作辛,稼穑作甘。

二、五事:一曰貌,二曰言,三曰视,四曰听,五曰思。貌曰恭,言曰从,视曰明,听曰聪,思曰睿。恭作肃,从作乂,明作哲,聪作谋,睿作圣。

三、八政:一曰食,二曰货,三曰祀,四曰司空,五曰司徒,六曰司寇,七曰宾,八曰师。

四、五纪:一曰岁,二曰月,三曰日,四曰星辰,五曰历数。

五、皇极:皇建其有极。敛时五福,用敷锡厥庶民。惟时厥庶民于汝极。锡汝保极:凡厥庶民,无有淫朋,人无有比德,惟皇作极。凡厥庶民,有猷有为有守,汝则念之。不协于极,不罹于咎,皇则受之。而康而色,曰:'予攸好德。'汝则锡之福。时人斯其惟皇之极。无虐茕独而畏高明,人之有能有为,使羞其行,而邦其昌。凡厥正人,既富方谷,汝弗能使有好于而家,时人斯其辜。于其无好德,汝虽锡之福,其作汝用咎。无偏无陂,遵王之义;无有作好,遵王之道;无有作恶,尊王之路。无偏无党,王道荡荡;无党无偏,王道平平;无反无侧,王道正直。会其有极,归其有极。曰:皇,极之敷言,是彝是训,于帝其训,凡厥庶民,极之敷言,是训是行,以近天子之光。曰:天子作民父母,以为天下王。

六、三德:一曰正直,二曰刚克,三曰柔克。平康,正直;强弗友,刚克;燮友,柔克。沈潜,刚克;高明,柔克。惟辟作福,惟辟作威,惟辟玉食。臣无有作福、作威、玉食。臣之有作福、作威、玉食,其害于而家,凶于而国。人用侧颇僻,民用僭忒。

七、稽疑:择建立卜筮人,乃命卜筮。曰雨,曰霁,曰蒙,曰驿,曰克,曰贞,曰悔,凡七。卜五,占用二,衍忒。立时人作卜筮,三人占,则从二人之言。汝则有大疑,谋及乃心,谋及卿士,谋及庶人,谋及卜筮。汝则从,龟从,筮从,卿士从,庶民从,是之谓大同。身其康强,子孙其逢,汝则从,龟从，筮从，卿士逆，庶民逆吉。卿士从，龟从，筮从，汝则逆，庶民逆，吉。庶民从，龟从，筮从，汝则逆，卿士逆，吉。汝则从，龟从，筮逆，卿士逆，庶民逆，作内吉，作外凶。龟筮共违于人，用静吉，用作凶。

八、庶征：曰雨，曰旸，曰燠，曰寒，曰风。曰时五者来备，各以其叙，庶草蕃庑。一极备，凶；一极无，凶。曰休征：曰肃、时雨若；曰乂，时旸若；曰晰，时燠若；曰谋，时寒若；曰圣，时风若。曰咎征：曰狂，恒雨若；曰僭，恒旸若；曰豫，恒燠若；曰急，恒寒若；曰蒙，恒风若。曰王省惟岁，卿士惟月，师尹惟日。岁月日时无易，百谷用成，乂用民，俊民用章，家用平康。日月岁时既易，百谷用不成，乂用昏不明，俊民用微，家用不宁。庶民惟星，星有好风，星有好雨。日月之行，则有冬有夏。月之从星，则以风雨。

九、五福：一曰寿，二曰富，三曰康宁，四曰攸好德，五曰考终命。六极：一曰凶、短、折，二曰疾，三曰忧，四曰贫，五曰恶，六曰弱。”（《周书·洪范》）

秦穆公伐郑，晋襄公帅师败诸崤，还归，作《秦誓》。公曰：“嗟！我士，听无哗！予誓告汝群言之首。古人有言曰：‘民讫自若，是多盘。’责人斯无难，惟受责俾如流，是惟艰哉！我心之忧，日月逾迈，若弗云来。惟古之谋人，则曰未就予忌；惟今之谋人，姑将以为亲。虽则云然，尚猷询兹黄发，则罔所愆。

番番良士，旅力既愆，我尚有之；仡仡勇夫，射御不违，我尚不欲。惟截截善谝言，俾君子易辞，我皇多有之！昧昧我思之，如有一介臣，断断猗无他技，其心休休焉，其如有容。人之有技，若己有之。人之彦圣，其心好之，不啻若自其口出。是能容之，以保我子孙黎民，亦职有利哉！人之有技，冒疾以恶之；人之彦圣而违之，俾不达是不能容，以不能保我子孙黎民，亦曰殆哉！邦之杌陧，曰由一人；邦之荣怀，亦尚一人之庆。”（《周书·秦誓》）

《周易》学案

《周易》（又称《易》或《易经》），分为“经”与“传”两大部分。“经”主要是六十四卦和三百八十四爻，卦爻各有辞，相传为西周初年的周文王所作

（或曰爻辞为周公所作）；"传"主要是解释彖象、卦爻辞与哲理的言语，凡有十篇，故称"十翼"，相传为春秋末年的孔子所作。孔子晚而喜《易》，并传《易》于商瞿、子夏等人。

春秋至西汉前期，儒门《易》学传承谱系清晰，"孔子传易于瞿，瞿传楚人馯臂子弘，弘传江东人矫子庸疵，疵传燕人周子家竖，竖传淳于人光子乘羽，羽传齐人田子庄何，何传东武人王子中同，同传灾川人杨何"（《史记·仲尼弟子列传》）。西汉元朔年间，杨何以治易为中大夫。《汉书·艺文志》所录冠以《周易》之名的著作有"周易三十八卷""周易明堂二十六卷""周易随曲射匿五十卷""易经十二篇，施、孟、梁丘三家""易传周氏二篇"，"凡易十三家，二百九十四篇"。东汉时期，《汉书·艺文志》对商周至西汉时期的《易》之发展史略有概括：

> 《易》曰："宓戏氏仰观象于天，俯观法于地，观鸟兽之文，与地之宜，近取诸身，远取诸物，于是始作八卦，以通神明之德，以类万物之情。"至于殷、周之际，纣在上位，逆天暴物，文王以诸侯顺命而行道，天人之占可得而效，于是重易六爻，作上下篇。孔氏为之彖、象、系辞、文言、序卦之属十篇。故曰易道深矣，人更三圣，世历三古。及秦燔书，而易为筮卜之事，传者不绝。汉兴，田和传之。讫于宣、元，有施、孟、梁丘、京氏列于学官，而民间有费、高二家之说。刘向以中古文易经校施、孟、梁丘经，或脱去"无咎""悔亡"，唯费氏经与古文同。

两汉时期，世人认为《易》相比于《乐》《诗》《礼》《书》《春秋》而言是"原"。《汉书·艺文志》曰："六艺之文：乐以和神，仁之表也；诗以正言，义之用也；礼以明体，明者著见，故无训也；书以广听，知之术也；春秋以断事，信之符也。五者，盖五常之道，相须而备，而易为之原。"时至唐初，陆德明从五经经义总别处以序五经次第，认为《周易》"虽文起周代，而卦肇伏羲，既处名教之初，故《易》为七经之首"[①]。

---

① （唐）陆德明：《经典释文》卷 1《序录》，中华书局 1983 年版，第 3 页。

一、成书

《易》有《连山》《归藏》《周易》，《周易》成书应为西周初年。《周礼·春官宗伯》曰：大卜"掌三易之法，一曰《连山》，二曰《归藏》，三曰《周易》；其经卦皆八，其别皆六十有四"，筮人"掌三易以辨九筮之名，一曰《连山》，二曰《归藏》，三曰《周易》"。相传，《易》为伏羲所作，文王所造，孔子所赞。"伏羲始王天下，未有前圣法度"，"于是始作八卦，以通神明之德，以象万物之情也"（《白虎通·五经》），"西伯拘羑里，演周易"（《史记·太史公自序》），"孔子晚而喜易，序彖、系、象、说卦、文言"（《史记·孔子世家》）。或曰："《易》言伏羲作八卦，前是未有八卦，伏羲造之，故曰作也。文王图八，自演为六十四，故曰衍"（《论衡·对作》），"伏羲作八卦，文王增其辞"（《中论·智行》）。

西汉前期，人们对《周易》中的八卦、六十四卦、三百八十四爻、象传之文的作者归属多有争议。通常认为，"伏羲至纯厚，作易八卦"（《史记·太史公自序》），"自伏羲作八卦，周文王演三百八十四爻而天下治"（《史记·日者列传》）。当然，对此也有不同意见，如《淮南子·要略》认为"伏羲为之六十四变，周室增以六爻"。统言之，《周易》中的八卦是伏羲所作或曰六十四卦亦是伏羲所作，周文王"演三百八十四爻"，孔子赞《易》而为"十翼"。而且，孔子提出"洁静精微，《易》教也""洁静精微而不贼，则深于《易》者也"（《礼记·经解》）。所以说，《周易》作者至少有伏羲、文王与孔子。

《周易》之名始出甚晚，《周易》一书在先秦时期多称《易》，秦汉之际始有《易传》《易经》或《易》混称，如《史记》《汉书》多是将《周易》《易》之名混用。

二、注本

综观《周易》注疏史，孔子"序彖、系、象、说卦、文言"为"十翼"开创出一种诠释《周易》的古典范式；孔子传《易》于子夏，子夏作《易传》开创出一种诠释《周易》的全新范式。清编《四库全书总目提要》（卷1）记载"卜子夏撰《子夏易传》(十一卷)"①,只是其书真伪难辨,姑且列之。《周易》注疏史发展于西汉,具有代表性的注家有京房、焦延寿等人;《周易》注疏史流延于东汉,具有代表性的注家有郑玄、荀爽等人。②东汉郑玄遍注儒经,其中就有《周易注》,"郑玄括囊大典,网罗众家,删裁繁诬,刊改漏失,自是学者略知所归"(《后汉书·郑玄传》)。《隋书·经籍志》记载"郑玄《周易注》九卷",然则自从王弼《周易注》问世,郑玄《周易注》始渐浸微。时至北宋,郑玄《周易注》多有散佚、残缺不全,宋编《崇文总目》载郑玄《周易注》(一卷),且仅存《文言》《序卦》《说卦》《杂卦》四篇。南宋王应麟辑佚并汇编《周易郑康成注》(一卷)。王应麟所编《周易郑康成注》之特色在于:"旁掫诸书,裒为此帙,经文异字,亦皆并存。其无经文可缀者,则总录于末简。又以玄注多言互体,并取《左传》《礼记》《周礼》《正义》中论互体者八条,以类附焉。考玄初从第五元先受京氏《易》,又从马融受费氏《易》,故其学出入于两家。然要其大旨,费义居多,实为传《易》之正脉。"③

三国魏时,王弼撰《周易注》(十卷),该书特色在于:废象数、重义理,

---

① 《四库全书总目提要》(卷1)《子夏易传》(十一卷)曰:案说《易》之家,最古者莫若是书。其伪中生伪,至一至再而未已者,亦莫若是书。《唐会要》载开元七年诏:"子夏《易传》,近无习者,令儒官详定。"刘知几议曰:"《汉志》《易》有十三家而无子夏作者,至梁阮氏《七录》,始有《子夏易》六卷,或云韩婴作,或云丁宽作。然据《汉书》,《韩易》十二篇,《丁易》八篇,求其符合,事殊舛剌,必欲行用,深以为疑。"司马贞议亦曰"案刘向《七略》有《子夏易传》,但此书不行已久,今所存多失真本。荀勖《中经簿》云:《子夏传》四卷,或云丁宽。是先达疑非子夏矣。又《隋书·经籍志》云:《子夏传》残阙,梁六卷,今二卷。知其书错缪多矣。又王俭《七志》引刘向《七略》云:《易传》子夏,韩氏婴也。今题不称韩氏而载薛虞记,其质粗略,旨趣非远,无益后学"云云。是唐以前所谓《子夏传》,已为伪本。晁说之《传易堂记》又称:"今号为《子夏传》者,乃唐张弧之《易》"(案弧唐末为大理寺评事,有《素履子》,别著录),是唐时又一伪本并行。故宋《国史志》以假托子夏易传与真子夏易传两列其目,而《崇文总目》亦称此书篇第,略依王氏,决非卜子夏之文也。朱彝尊《经义考》,证以陆德明《经典释文》、李鼎祚《周易集解》、王应麟《困学纪闻》所引,皆今本所无。德明、鼎祚犹旦在张弧以前,应麟乃南宋末人,何以当日所见与今本又异? 然则今本又出伪托,不但非子夏书,亦并非张弧书矣。流传既久,姑存以备一家云尔。——参见(清)永瑢、纪昀等:《四库全书总目提要》卷1,中华书局1965年版,第1页。

② 两汉时期,"《易》有数家之传"(《汉书·艺文志》),"有施、孟、梁丘、京氏列于学官,而民间有费、高二家之说"(同上);或曰,"田何传易授丁宽,丁宽授田王孙,王孙授沛人施雠、东海孟喜、琅邪梁丘贺,由是易有施、孟、梁丘之学。又东郡京房受易于梁国焦延寿,别为京氏学。又有东莱费直,传易,授琅邪王横,为费氏学"(《后汉书·儒林列传上》)。时至东汉建武年间(25—56年),"范升传孟氏易,以授杨政,而陈元、郑众皆传费氏易,其后马融亦为其传。融授郑玄,玄作易注,荀爽又作易传,自是费氏兴,而京氏遂衰"(《后汉书·儒林列传上》)。

③ 参见(清)永瑢、纪昀等:《四库全书总目提要》卷1,中华书局1965年版,第2页。

究爻位之上下，辨卦德之刚柔；平心而论，阐明义理，使《易》不杂于术数。王弼批评前人对象数的穿凿附会是"失其原""巧喻弥甚"，提出"得象而忘言""得意而忘象""卦者，时也，爻者，适时之变者也"等诠释理念与注疏路数。因此，王弼拓展了《周易》注疏史之理路。其实，崇尚玄学的王弼使《易》入老庄之学，属于以老庄诠释《周易》，可谓是瑕瑜互见。诸儒对王弼《周易注》之好恶则多是囿于门户之见，如朱熹曰"王弼周易，巧而不明"[①]。时至唐初，唐太宗崇尚儒学，诏命孔颖达等人撰《五经正义》，《周易》位列其中。孔颖达依王弼、韩康伯《周易注》而为《周易正义》（十卷）。王弼、韩康伯注，孔颖达疏《周易正义》（十卷）之特色在于：王弼攻汉儒注解《周易》流于谶纬之弊，排击汉儒，自标新学。孔颖达等所作《周易正义》专崇王弼《周易注》，众说皆废；诚如孔颖达《周易正义序》所言："江南义疏有十馀家，辞尚虚诞，皆所不取。唯王弼之学，独冠古今，以弼为本，采诸说附益之。"[②]于唐代《周易》注疏史而言，唐儒李鼎祚《周易集解》（十七卷）是集大成之作，该书特色在于：沿用王弼《周易注》本，以《序卦传》散缀六十四卦之首，盖用《毛诗》分冠《小序》之例。所采凡子夏、孟喜、焦赣、京房、马融、荀爽、郑玄、刘表、何晏、宋衷、虞翻、陆绩、干宝、王肃、王弼、姚信、王廙、张璠、向秀、王凯冲、侯果、蜀才、翟元、韩康伯、刘巘、何妥、崔憬、沈骥士、卢氏、崔觐、伏曼容、孔颖达、姚规、朱仰之、蔡景君等三十五家之说。李鼎祚《自序》谓"刊辅嗣之野文，补康成之逸象"，"盖王学既盛，汉《易》遂亡，千百年后学者，得考见画卦之本旨者，惟赖此书之存耳"[③]。

　　两宋是《周易》注疏史上的昌盛时期，名家辈出，常有新见。于解易方法看，两宋诸儒形成了以数解易（邵雍等人）、以图解易（刘牧等人）、以理解易（张载、程颐等人）、以图数理兼而解易（朱熹等人）的解经范式。张载撰《横渠易说》（三卷）之特色在于：此书较程颐《易传》为简，往往经文数十句中一无所说。这一点和张载主张的解经方法有很大关系，张载强调"反约穷源"、"发源端本"、"志于道者，能自出义理"（《经学理窟·义理》）、"心解则求义自明，不必字字相较"（同上），这是对汉唐儒者"泥文而不求大体"（同上）的校正。不过，张载说《乾·彖》用"迎之不见其首，随之不见其

①　（宋）黎靖德编，王星贤点校：《朱子语类》卷51，中华书局1986年版，第4册，第1218页。
②　（宋）晁公武撰，孙猛校证：《郡斋读书志》卷1，上海古籍出版社1990年版，第6页。
③　参见（清）永瑢、纪昀等：《四库全书总目提要》卷1，中华书局1965年版，第4页。

后"，说《文言》用"谷神"字，说"鼓万物而不与圣人同忧"用"天地不仁，以万物为刍狗"语，皆借《老子》之言而实异其义①，属于典型的以《老》解《易》。这种解经现象应因缘于张载早年"访诸释老之书，累年尽究其说"②的经历。苏轼撰《东坡易传》（九卷）又名《毗陵易传》，该书特色在于："其论卦必先求其所齐之端，则六爻之义，未有不贯者，未尝凿而通也。"③然则，苏轼解《乾卦·彖传》性命之理诸条，诚不免杳冥恍惚，沦于异学。不过，其推阐理势，言简意明，往往足以达难显之情，而深得曲譬之旨。《东坡易传》大体近于王弼，而王弼之说唯畅玄风，苏轼之说多切人事。④朱熹评价《东坡易传》发明爱恶相攻、情伪相感之义而议其粗疏，其《杂学辨》以苏轼是书为首。胡一桂记晁说之之言：苏轼作《易传》是"杂以禅"。其实，《东坡易传》文辞博辨，足资启发，如李衡作《周易义海撮要》、丁易东作《周易象义》、董真卿作《周易会通》皆采录《东坡易传》之说。程颐撰《易传》（四卷），其特色在于：程颐不信邵雍之数，邵雍是以数言《易》，而程颐《易传》是以言理为主：阐天道、切人事。程颐《易传序》曰"君子居则观其象而玩其辞，动则观其变而玩其占。……至微者理也，至著者象也。体用一源，显微无间"⑤，其《易序》曰"散之在理，则有万殊；统之在道，则无二致"⑥。很显然，程颐《易传》具有鲜明的以"理"解"易"的诠释路数与理论特征。南宋朱熹撰《周易本义》（十二卷），该书特色在于：以《上、下经》为二卷，《十翼》自为十卷；兼采汉魏隋唐诸家易学之说，融占筮、象数与义理于一体，以象数补程颐《易传》之不足。绍述孔子，发展儒学，建构理学，朱熹《周易本义》论辨明晰，理学统贯其中；诚如其《周易本义序》曰："《易》之为书，卦、爻、彖、象之义备，而天地万物之情见。圣人之忧天下来世，其至矣！先天下而开其物，后天下而成其务，是故极其数以定天下之象，著其象以定天下之吉凶。六十四卦，三百八十四爻，皆所以顺性命之理，尽变化之道也。散之在理，则有万殊；统之在道，则无二

① 参见（清）永瑢、纪昀等：《四库全书总目提要》卷1，中华书局1965年版，第6页。
② （宋）张载著，章锡琛点校：《张载集·吕大临横渠先生行状》，中华书局1978年版，第381页。
③ （宋）晁公武撰，孙猛校证：《郡斋读书志》卷1，上海古籍出版社1990年版，第39页。
① 参见（清）永瑢、纪昀等：《四库全书总目提要》卷1，中华书局1965年版，第6页。
⑤ 参见（宋）程颢、程颐著，王孝鱼点校：《二程集》下，中华书局1981年版，第689页。
⑥ 参见（宋）程颢、程颐著，王孝鱼点校：《二程集》下，中华书局1981年版，第690页。

致。"①大体来看，朱熹《周易本义》之图源于刘牧、周敦颐，"象数宗邵，道理尊程，不复自立说，惟断为占筮而作"②。

明初，明成祖诏命编纂的《五经大全》之《周易大全》是明代《周易》学史中的重要标志。明永乐十二年(1414年)，胡广等奉敕撰《周易大全》(二十四卷)，该书特色在于：明成祖"亲制《序》，弁之卷首，命礼部刊赐天下"；此书"宗旨则尚可谓不失其正。且二百馀年以此取士，一代之令甲在焉。录存其书，见有明儒者之经学，其初之不敢放轶者由于此，其后之不免固陋者亦由于此"③。从明代《周易》诠释史来看，明儒黄道周《易象正》(十六卷)具有一定的创新性与代表性。黄道周《易象正》的特色在于："于每卦六爻皆即之卦以观其变"④，强调"变卦"解《易》；学宗朱熹之道脉，又阐王守仁之绪言，思拟象、理极数，以"图"释《易》。兼采汉易卦气说与宋易象数说，黄道周提出气数说，并借此推验古今王朝盛衰与文运盛衰，尽管其说招来牢狱之灾。另外，王阳明弟子季本撰《易学四同》(八卷)，该书特色在于：开创以心学解释《周易》之新路，其《序》曰"《易》，心学也。随时变易，归于中道，故谓之易。大心之动静，阴阳而已矣"⑤，"圣人画卦，全在心上见得此理"⑥。显然，季本的解易理论源自王阳明提出的"经，常道也，其在于天谓之命，其赋于人谓之性，其主于身谓之心。心也，性也，命也，一也""六经者，吾心之记籍也；而六经之实，则具于吾心"(《稽山书院尊经阁记》⑦)。来知德撰《周易集注》(十六卷)，该书特色在于：重视"象"，提出"圣人立象，有卦情之象，有卦画之象，有大象之象，有中爻之象，有错卦之象，有综卦之象，有爻变之象，有占中之象。正如释卦名义，有以卦德释者，有以卦象释者，有以卦体释者，有以卦综释者，即此意也"(《易经字义·象》⑧)，其《序》曰"孔子见男女有象即有数，有数即有理"⑨，

---

① 参见(宋)朱熹撰，廖名春点校：《周易本义》，中华书局2009年版，第1页。

② (清)李光地：《榕村语录》卷9，中华书局1995年版，第152页。

③ 参见(清)永瑢、纪昀等：《四库全书总目提要》卷5，中华书局1965年版，第28页。

④ 参见(清)永瑢、纪昀等：《四库全书总目提要》卷5，中华书局1965年版，第32页。

⑤ 参见《续修四库全书》编委会编：《续修四库全书》第6册，上海古籍出版社2002年版，第154页。

⑥ (清)黄宗羲著，沈芝盈点校：《明儒学案》卷13，中华书局1985年版，第280页。

⑦ (明)王阳明著，吴光等编校：《王阳明全集》卷7，上海古籍出版社1992年版，第254、255页。

⑧ 参见(清)永瑢、纪昀等编纂：《四库全书》第32册，上海古籍出版社1987年版，第8页。

⑨ 参见(清)永瑢、纪昀等编纂：《四库全书》第32册，上海古籍出版社1987年版，第3页。

"理寓于象数之中"(《周易集注》卷13《系辞上》①)，其《圆图》曰"流行者气，主宰者理，对待者数"②。其实，来知德虽然重视"象"，但是亦重视理、气、数，并将四者相统一。

清代，《周易》注疏史与诠释史发展至历史高峰，上至皇帝御纂，下至诸儒注疏，名家迭出，新见发明。清康熙二十二年(1683年)，康熙御定《日讲易经解义》(十八卷)。《日讲易经解义》之特色在于："其大旨在即阴阳往来、刚柔进退，明治乱之倚伏、君子小人之消长，以示人事之宜，于帝王之学，最为切要"③;《日讲易经解义》"讲幄敷陈，睿裁鉴定。其体例与宋以来奏进讲义大致略同，而于观象之中，深明经世之道"；其御制《序》提出"帝王立政之要，必本经学"，主张"以经学为治法"④。同时，《日讲易经解义》认为"儒者拘泥章句，株守一隅，非但占验机祥，渐失其本，即推奇偶者言天而不言人，阐义理者言心而不言事，圣人立教，岂为是无用之空言乎"⑤。清编《四库全书总目提要》评介《日讲易经解义》多有溢美之词："信乎帝王之学，能见其大，非鲰生一知半解所能窥测高深也。"⑥清康熙五十四年(1715年)，康熙诏大学士李光地采摭群言编纂《御纂周易折中》(二十二卷)，认为其书特色在于：自宋以来，"惟说《易》者多歧，门户交争，务求相胜，遂至各倚于一偏。故数者《易》之本，主数太过，使魏伯阳、陈抟之说窜而相杂，而《易》入于道家。理者《易》之蕴，主理太过，使王宗传、杨简之说溢而旁出，而《易》入于释氏。明永乐中官修《易经大全》，庞杂割裂，无所取裁，由群言淆乱，无圣人以折其中也"⑦。事实上，《周易折中》所谓"折中"是折中于康熙表彰的朱熹理学：康熙认为"易学当以朱子为注，故列《本义》为先"(《周易折中》卷首《凡例》)，因为"宋儒朱子注释群经，阐发道理，凡所著作及编纂之书，皆明白准确，归于大中至正，今经五百余年，学者无敢疵议。朕以为孔孟之后，有裨斯文者，朱子之功最为宏

---

① 参见(清)永瑢、纪昀等编纂:《四库全书》第32册,上海古籍出版社1987年版,第359页。
② 参见(清)永瑢、纪昀等编纂:《四库全书》第32册,上海古籍出版社1987年版,第13页。
③ 参见(清)永瑢、纪昀等:《四库全书总目提要》卷6,中华书局1965年版,第34页。
④ 参见(清)永瑢、纪昀等编纂:《四库全书》第1298册,上海古籍出版社1987年版,第187页。
⑤ 参见(清)永瑢、纪昀等:《四库全书总目提要》卷6,中华书局1965年版,第34页。
⑥ 参见(清)永瑢、纪昀等:《四库全书总目提要》卷6,中华书局1965年版,第34页。
⑦ 参见(清)永瑢、纪昀等:《四库全书总目提要》卷6,中华书局1965年版,第34—35页。

钜"(《清圣祖实录》卷 249①）。《周易折中》认为易道变化包含天地人三极之道，申明"以卦象明之者，乾之象莫大于天也。以卦位明之者，乾之位莫尊于五也"(《周易折中》卷九《彖上传》)，从而突出九五之尊——君位至上；当然，《周易折中》也讲穷理尽性至命、养贤养民。清编《四库全书总目提要》评介《御纂周易折中》时赞言："圣祖仁皇帝道契羲文，心符周孔，几徐典学，深见弥纶天地之源"，"盖数百年分朋立异之见，至是而尽融；数千年画卦系辞之旨，乃至是而大彰矣。至于《经》《传》分编，一从古本，尤足正费直以来割裂缀附之失焉"②。清乾隆二十年（1755 年），傅恒等奉敕撰《御纂周易述义》（十卷），其书特色在于："多推阐御纂《周易折中》之蕴，故赐名曰《述义》。所解皆融会群言，撷取精要，不条列姓名，亦不驳辨得失，而遗文诠释，简括宏深。大旨以切于实用为本"；"全书纲领，具于斯矣。又于取象，则多从古义"；"根据先儒，阐明《经》义。盖汉《易》之不可训者在于杂以谶纬，推衍祯祥。至其象数之学，则去古未远，授受具有端绪"；《御纂周易述义》"于宋《易》、汉《易》酌取其平，探羲、文之奥蕴，以决王、郑之是非"③。

值得指出的是，王夫之的《周易稗疏》与黄宗羲的《易学象数论》是清代《周易》注疏史与诠释史中颇具代表性与创新性的杰作。王夫之撰《周易稗疏》（四卷）并附《考异》（一卷），其书特色在于："其读《易》之时随笔札记，故每条但举《经》文数字标目，不全载《经》文。又遇有疑义，乃为考辨，故不逐卦逐爻一一尽为之说。大旨不信陈抟之学，亦不信京房之术，于先天诸图、纬书、杂说皆排之甚力，而亦不空谈玄妙，附合老庄之旨。故言必征实，义必切理，于近时说《易》之家为最有根据。"④其中，王夫之依据《周易》"形而上者谓之道，形而下者谓之器"阐发全新的道器观："合道器而尽上下之理，则圣人之意可见矣"(《周易内传》卷五）,提出"道与器不相离"（同上）、"因物而见理，因器而见道"(《四书训义》卷七）、"据器而道存，离器而道毁"(《周易外传》卷二）与"天下惟器"(《周易外传》卷五）的道器观。黄宗羲撰《易学象数论》（六卷），其《自序》曰："《易》广大无所不备，自九流

---

① 参见中华书局影印：《清实录》第 6 册，中华书局 1985 年版，第 466 页。
② 参见（清）永瑢、纪昀等：《四库全书总目提要》卷 6，中华书局 1965 年版，第 35 页。
③ 参见（清）永瑢、纪昀等：《四库全书总目提要》卷 6，中华书局 1965 年版，第 35 页。
④ 参见（清）永瑢、纪昀等：《四库全书总目提要》卷 6，中华书局 1965 年版，第 35 页。

百家借之以行其说，而《易》之本义反晦。世儒过视象数以为绝学，故为所欺。今一一疏通之，知其于《易》本了无干涉，而后反求程《传》，亦廓清之一端。"①黄宗羲认为"王辅嗣《注》简当而无浮义，而病朱子添入康节先天之学为添一障。盖《易》至京房、焦延寿而流为方术，至陈抟而岐入道家，学者失其初旨"②。黄宗羲《易学象数论》的特色在于：前三卷论《河图》、《洛书》、先天、方位、纳甲、纳音、月建、卦气、卦变、互卦、筮法、占法，而附以所著之《原象》为内篇，皆象也。后三卷论《太元》、《乾凿度》、《元包》、《潜虚》、《洞极》、《洪范》数、《皇极》数以及六壬、太乙、遁甲为外篇，皆数也。大旨谓圣人以象示人，有八卦之象、六爻之象、象形之象、爻位之象、反对之象、方位之象、互体之象，七者备而象穷矣。后儒之为伪象者，纳甲也，动爻也，卦变也，先天也，四者杂而七者晦矣。故是编崇七象而斥四象，而七者之中又必求其合于古，以辨象学之讹。又，《遁甲》《太乙》《六壬》三书，世谓之三式，皆主九宫，以参详人事。③黄宗羲《易学象数论》"究心象数，故一一能洞晓其始末"，其书"宏纲巨目，辨论精详，与胡渭《易图明辨》均可谓有功《易》道者矣"④。

综观清代《周易》注疏史，名家迭出，另有李光地的《周易通论》(四卷)与《周易观象》(十二卷)、胡渭的《易图明辨》(十卷)、惠栋的《周易述》(二十三卷)与《易汉学》(八卷)等值得一顾。据不完全统计，有清一代，《周易》注疏不下百种。

三、篇旨

《周易》分经与传，"经"为六十四卦与三百八十四爻及卦爻之辞，"传"解释卦辞和爻辞，凡有十篇。《周易》全书篇旨宏丰，道通天人，"时""变""易"三字尽显其要。孔子曰"《易》以神化"(《史记·滑稽列传》)，司马迁闻董生之语曰"《易》著天地阴阳四时五行，故长于变"(《史记·太史公自序》)，可见"《易》之为术，幽明远矣"，非精研深思则难晓大义。不过，《说卦》与《系辞下》之言可以概括《周易》全书要旨，《说卦》曰"昔者圣人之作

---

① (清)黄宗羲撰，郑万耕点校：《易学象数论·自序》，中华书局 2010 年版，第 1 页。
② (清)永瑢、纪昀等：《四库全书总目提要》卷 6，中华书局 1965 年版，第 36 页。
③ (清)永瑢、纪昀等：《四库全书总目提要》卷 6，中华书局 1965 年版，第 36 页。
④ (清)永瑢、纪昀等：《四库全书总目提要》卷 6，中华书局 1965 年版，第 36 页。

《易》也，将以顺性命之理，是以立天之道曰阴与阳，立地之道曰柔与刚，立人之道曰仁与义。兼三才而两之，故《易》六画而成卦。分阴分阳，迭用柔刚，故《易》六位而成章"，《系辞下》曰"易之为书也，广大悉备，有天道焉，有人道焉，有地道焉。兼三材而两之，故六六者，非它也，三材之道也，道有变动，故曰爻，爻有等，故曰物，物相杂，故曰文，文不当，故吉凶生焉"。其实，《周易》"六十四卦皆观象系辞"[①]，阴阳时变统贯其中；或曰天地生生不息，"变化原力为阴阳"[②]。故曰："易道深矣，一言以蔽之，曰'时中'"[③]，于君子而言，时中、顺时、适变、处中即得《易》之大道。

《周易》凡有"八卦"（乾☰、坤☷、震☳、巽☴、坎☵、离☲、艮☶、兑☱），每卦有六爻，分上卦与下卦。"六爻"为六条"—"或"－－"，或"—"与"－－"之组合，其中，"—"代表奇、阳，"－－"代表偶、阴。"六爻"卦位自下而上数，每爻寓意不同，指称、表义有别，不同爻位的寓意亦不同。而且，《周易》之"十翼"各有篇旨，其中，《文言》释《乾》《坤》两卦卦爻辞，阐明天地阴阳变化之理与治国修心之道。《系辞》是《周易》总论，博大精深，阐明乾坤之地位，追述《周易》渊源、作者与年代，揭示《周易》之作用等。《说卦》阐明"八卦"的产生、性质、功用、方位、卦象。《序卦》梳理六十四卦之排列与排列依据，并以因果、正反、生克为方法，缕析卦与卦之关系。《杂卦》杂糅六十四卦，分六十四卦为三十二对，简陈卦名之义；《杂卦》乱《序卦》六十四卦之序列，错综六十四卦而衍说卦义。

"《易》与天地准，故能弥纶天地之道"（《系辞上》），或曰《周易》言"道"统贯天道、地道与人道，即天地自然之道通过阴阳之道统摄人道之仁义与政道之德刑。人作为天地之间的生命通过"感"与"应"而循乎天地之道，中道而从，而不失道，从而实现成人成圣，故曰"天地设位，而易行乎其中矣，成性存存，道义之门"（《系辞上》）。《周易》重"德"，常于卦爻之中隐喻"德"之重要性，并以此构建人之价值向度与道德修养进路，"夫谦德之光，《周易》所美"（《后汉书·崔骃列传》），"君子以成德为行""君子进德修业，

---

① （清）俞樾：《群经平议》卷 2，参见《续修四库全书》编委会编：《续修四库全书》第 178 册，上海古籍出版社 2002 年版，第 23 页。

② 蒋伯潜：《十三经概论》，上海古籍出版社 1983 年版，第 88 页。

③ （清）惠栋：《易汉学》卷 7（见《丛书集成新编》第 17 册），台湾新文丰出版公司 1985 年版，第 69 页。

忠信，所以进德也，修辞立其诚，所以居业也"(《乾卦·文言》)。同时，《周易》强调君子应该厚道、畜德、修德，《坤卦·象传》曰"君子以厚德载物"、《蹇卦·象传》曰"君子以反身修德"、《大畜·象传》曰"君子以多识前言往行，以畜其德"。不仅如此，《周易》强调人有道德自觉性与自明性，《晋卦·象传》曰"君子以自昭明德"，同时强调君子以德开显自身价值，《坎卦·象传》曰"君子以常德行，习教事"、《渐卦·象传》曰"君子以居贤德，善俗"、《节卦·象传》曰"君子以制数度，议德行"。

古者包牺氏"始作八卦，以通神明之德，以类万物之情"(《系辞下》)，洞悉"天地之大德曰生"(《系辞下》)与"善不积，不足以成名；恶不积，不足以灭身"(同上)即见自然之中有消、灭、凶、恶、害、咎、虚、亏，故而其作《易》宗旨强调以德致吉、祛恶致祥，"易简之善配至德"(《系辞上》)。换言之，《周易》中的"德"并不是单纯地指人之道德，而是容涵天地之德、神明之德与人之道德。因此，《周易》六十四卦与三百八十四爻隐喻有"德"，诚如《系辞下》曰："履，德之基也；谦，德之柄也；复，德之本也；恒，德之固也；损，德之修也；益，德之裕也；困，德之辨也；井，德之地也；巽，德之制也。"其实，《周易》言"德"归根到底是强调人的自化、教化与道德理想人格养成，人通过"感"与"应"而完成道德自觉与道德提升，"天地之间，只有一个感与应而已，更有甚事？"[1]故曰：人应该"与天地合其德，与日月合其明，与四时合其序，与鬼神合其吉凶，先天而天弗违，后天而奉天时"(《乾卦·文言》)。要言之，这便是圣人作《易》"和顺于道德而理于义"(《说卦》)的初衷。

《周易》要旨阐明"乾道变化，各正性命，保合太和，乃利贞。首出庶务，万国咸宁"(《乾卦·彖传》)。其中，"太和"强调人与自然的和谐，人与人的和谐，以及社会政治运行的和谐；强调从自然之道建构伦常之道与政治之道；强调阴阳协调，刚柔并济，双向互补，动态平衡；强调生生不息，变化日新，大化流行。《系辞上》曰"乾以易知，坤以简能。易则易知，简则易从。易知则有亲，易从则有功。有亲则可久，有功则可大。可久则贤人之德，可大同贤人之业。易简而天下之理得矣，天下之理得，而成位乎其中矣"，表明"易一名而含三义"(变易、不易、简易)，诚如张载《正蒙·太和》

---

① （宋）程颢、程颐著，王孝鱼点校：《二程集》(上册)，中华书局 2004 年版，第 152 页。

篇所言:"有象斯有对,对必反其为,有反斯有仇,仇必和而解。"①

仰天俯地,酌乎象数,洞见义理,折以时中。《系辞上》曰"天一地二,天三地四,天五地六,天七地八,天九地十。天数五,地数五,五位相得而各有合。天数二十有五,地数三十,凡天地之数,五十有五,此所以成变化,而行鬼神也",《说卦》曰"昔者圣人之作《易》也,幽赞于神明而生蓍,参天两地而倚数,观变于阴阳而立卦,发挥于刚柔而生爻,和顺于道德而理于义,穷理尽性以至于命",皆在阐明天地有数,数中有理,理中有道,道中有德;或曰:"数"蕴含秩序、"数"蕴含和谐、"数"蕴含道德。《周易》洞悉"天地之数"与周天之数并以此为基源与范式建构出中国古代数思维与数哲学,创建出独具特色的理论范式。观象取数,援物比类;古人以数与数字诠释天地阴阳之道并以此构建天地万物的生成理路。遗憾的是,昔日言《周易》者要么重象数、要么重义理,殊不知象数蕴含义理,义理寄寓象数,象数与义理本是浑然一体。

四、影响

西周之初,《易》之影响初生;春秋时期,《易》之影响渐起。孔子晚年喜《易》、赞《易》,"孔子读易,韦编三绝,而为之传"(《汉书·儒林传》),并于"十翼"之中融入儒家伦理道德哲学。孔子赞《易》,子弓传《易》,诸经引《易》;时至战国,"诸子征《易》辞,始于荀卿"②。西汉建元五年(前136年),汉武帝"置五经博士"(《汉书·武帝纪》),《易》位列其中;至孝宣世,复立"施、孟、梁丘易","至元帝世,复立京氏易"(《汉书·儒林传》);于西汉而言,《易》成为朝廷标榜的儒经之一,并成为治国理政的经典。

唐初,唐太宗崇尚儒学,诏命孔颖达等人撰有《周易正义》。明初,永乐皇帝命儒臣合元以前诸儒之说汇为《周易大全》。清时,康熙皇帝御定《日讲易经解义》,乾隆诏撰《御纂周易述义》。另外,自东汉王朝诏刻"熹平石经"始刻《周易》,其后历代诏刻的儒家石经中皆有《周易》,比如唐代诏刻的"开成石经"、宋代诏刻的"嘉祐石经"与"绍兴石经"、清代诏刻的"乾隆石经"等。可见,《周易》多为自唐至清的历代王朝所倚重。

---

① (宋)张载著,章锡琛点校:《张载集》,中华书局1978年版,第10页。
② 蒙文通:《儒学五论》,广西师范大学出版社2007年版,第20页。

《周易》于汉代分途为象数与义理两派，后又分途为象数、义理、形象与史事①四派。"汉儒言象数，去古未远也；一变而为京、焦，入于禨祥；再变而为陈（抟）、邵（雍），务穷造化。《易》遂不切于民用。王弼尽黜象数，说以老庄；一变而胡瑗、程子，始阐明儒理；再变而李光、杨万里，又参证史事。《易》遂日启论端。此两派六宗，已相互攻驳。"②北宋邵雍发展了《周易》的象数思想提出"神生数，数生象，象生器"（《皇极经世·观物外篇》），奠定了《周易》象数学派的理论基础。

综观《周易》学史，注家林立，今存《周易》注疏与诠释之作有数千卷，蔚为大观。《周易》作为中华文化的源头之一，蕴涵中华民族的古代哲学思维模式与道德价值取向；于今而言，《周易》是复兴中华传统文化的活水之源。

附：《周易》节要

（乾☰）：乾：元亨，利贞。

（彖传）：大哉乾元，万物资始，乃统天。云行雨施，品物流形。大明始终，六位时成，时乘六龙以御天。乾道变化，各正性命，保合大和，乃利贞。首出庶物，万国咸宁。

（象传）：天行健，君子以自强不息。

（文言）："元"者，善之长也；"亨"者，嘉之会也；"利"者，义之和也；"贞"者，事之干也。君子体仁足以长人，嘉会足以合礼，利物足以和义，贞固足以干事。君子行此四德者，故曰"乾、元、亨、利、贞"。（《周易·乾卦》）

（坤☷）：坤：元亨，利牝马之贞。君子有攸往，先迷后得主，利。西南得朋，东北丧朋。安贞，吉。

（彖传）：至哉坤元，万物资生，乃顺承天。坤厚载物，德合无疆。含弘

---

① 明儒王阳明《传习录》有言："以事言谓之史，以道言谓之经；事即道，道即事；春秋亦经，五经亦史。《易》是包牺氏之史，《书》是尧、舜以下史，《礼》《乐》是三代史。其事同，其道同，安有所谓异？"——参见（明）王守仁撰，吴光等编校：《王阳明全集》卷1，上海古籍出版社1992年版，第10页。

② 参见（清）永瑢、纪昀等：《四库全书总目提要》卷1，中华书局1965年版，第1页。

光大,品物咸亨。牝马地类,行地无疆,柔顺利贞。君子攸行,先迷失道,后顺得常。西南得朋,乃与类行;东北丧朋,乃终有庆。安贞之吉,应地无疆。

(象传):地势坤,君子以厚德载物。

(文言):《坤》至柔而动也刚,至静而德方,后得主而有常,含万物而化光。坤道其顺乎,承天而时行。(《周易·坤卦》)

(震☳):震:亨。震来虩虩,笑言哑哑。震惊百里,不丧匕鬯。

(象传):震,亨。震来虩虩,恐致福也。笑言哑哑,后有则也。震惊百里,惊远而惧迩也。出可以守宗庙社稷,以为祭主也。

(象传):洊雷,震;君子以恐惧修省。(《周易·震卦》)

(巽☴):巽:小亨,利攸往,利见大人。

(象传):重巽以申命,刚巽乎中正而志行。柔皆顺乎刚,是以小亨,利有攸往,利见大人。

(象传):随风,巽;君子以申命行事。(《周易·巽卦》)

(坎☵):坎:习坎,有孚,维心亨,行有尚。

(象传):习坎,重险也。水流而不盈,行险而不失其信。维心亨,乃以刚中也。行有尚,往有功也。天险不可升也,地险山川丘陵也,王公设险以守其国,坎之时用大矣哉!

(象传):水洊至,习坎;君子以常德行,习教事。(《周易·坎卦》)

(离☲):离:利贞,亨。畜牝牛,吉。

(象传):离,丽也;日月丽乎天,百谷草木丽乎土,重明以丽乎正,乃化成天下。柔丽乎中正,故亨;是以畜牝牛吉也。

(象传):明两作离,大人以继明照于四方。(《周易·离卦》)

(艮☶):艮:艮其背,不获其身,行其庭,不见其人,无咎。

(象传):艮,止也。时止则止,时行则行,动静不失其时,其道光明。艮其止,止其所也。上下敌应,不相与也。是以不获其身,行其庭不见其人,无咎也。

（象传）：兼山,艮；君子以思不出其位。（《周易·艮卦》）

（兑☱）：兑：亨,利贞。

（彖传）：兑,说也。刚中而柔外,说以利贞,是以顺乎天,而应乎人。说以先民,民忘其劳；说以犯难,民忘其死；说之大,民劝矣哉！

（象传）：丽泽,兑；君子以朋友讲习。（《周易·兑卦》）

天尊地卑,乾坤定矣。卑高以陈,贵贱位矣。动静有常,刚柔断矣。方以类聚,物以群分,吉凶生矣。在天成象,在地成形,变化见矣。是故,刚柔相摩,八卦相荡。鼓之以雷霆,润之以风雨。日月运行,一寒一暑。乾道成男,坤道成女。乾知大始,坤作成物。乾以易知,坤以简能。易则易知,简则易从。易知则有亲,易从则有功。有亲则可久,有功则可大。可久则贤人之德,可大则贤人之业。易简而天下之理得矣。天下之理得,而成位乎其中矣。

圣人设卦观象,系辞焉而明吉凶,刚柔相推而生变化。是故吉凶者,失得之象也。悔吝者,忧虞之象也。变化者,进退之象也。刚柔者,昼夜之象也。六爻之动,三极之道也。是故,君子所居而安者,易之序也,所乐而玩者,爻之辞也。是故,君子居则观其象而玩其辞,动则观其变而玩其占,是以"自天佑之,吉无不利"。

象者,言乎象者也,爻者,言乎变者也。吉凶者,言乎其失得也。悔吝者,言乎其小疵也。无咎者,善补过也。是故,列贵贱者存乎位,齐小大者存乎卦,辩吉凶者存乎辞,忧悔吝者存乎介,震无咎者存乎悔。是故卦有小大,辞有险易。辞也者,各指其所之。

易与天地准,故能弥纶天地之道。仰以观于天文,俯以察于地理,是故知幽明之故。原始反终,故知死生之说。精气为物,游魂为变,是故知鬼神之情状。与天地相似,故不违。知周乎万物,而道济天下,故不过。旁行而不流,乐天知命,故不忧。安士敦乎仁,故能爱,范围天地之化而不过,曲成万物而不遗,通乎昼夜之道而知,故神无方而易无体。

一阴一阳之谓道,继之者善也,成之者性也。仁者见之谓之仁,知者见之谓之知,百姓日用而不知,故君子之道鲜矣！显诸仁,藏诸用,鼓万物而不与圣人同忧,盛德大业至矣哉! 富有之谓大业,日新之谓盛德。生生之谓易,成象之谓乾,效法之谓坤,极数知来之谓占,通变之谓事,阴阳不测之谓神。

夫易广矣大矣! 以言乎远则不御,以言乎迩则静而正,以言乎天地之间则备矣。夫乾,其静也专,其动也直,是以大生焉。夫坤,其静也翕,其动也辟,是以广生焉。广大配天地,变通配四时,阴阳之义配日月,易简之善配至德。

……

天一地二,天三地四,天五地六,天七地八,天九地十。天数五,地数五,五位相得而各有合。天数二十有五,地数三十,凡天地之数,五十有五,此所以成变化而行鬼神也。

大衍之数五十,其用四十有九。分而为二以象两,挂一以象三,揲之以四以象四时,归奇于扐以象闰。故再扐而后挂。

乾之策,二百一十有六,坤之策,百四十有四,凡三百有六十,当期之日。二篇之策,万有一千五百二十,当万物之数也。是故四营而成易,十有八变而成卦,八卦而小成。引而伸之,触类而长之,天下之能事毕矣。显道神德行,是故可与酬酢,可与佑神矣。子曰:"知变化之道者,其知神之所为乎!"

易有圣人之道四焉:以言者尚其辞,以动者尚其变,以制器者尚其象,以卜筮者尚其占,是以君子将以有为也。将以有行也,问焉而以言,其受命也如响。无有远近幽深,遂知来物。非天下之至精,其孰能与于此? 参伍以变,错综其数。通其变,遂成天下之文;极其数,遂定天下之象。非天下之至变,其孰能与于此? 易无思也,无为也,寂然不动,感而遂通天下之故。非天下之至神,其孰能与于此。

夫易,圣人之所以极深而研几也。惟深也,故能通天下之志;惟几也,故能成天下之务;惟神也,故不疾而速,不行而至。子曰:"易有圣人之道四焉"者,此之谓也。

子曰:"夫易何为者也? 夫易,开物成务,冒天下之道,如斯而已者也。"是故圣人以通天下之志,以定天下之业,以断天下之疑。是故蓍之德圆而神,卦之德方以知,六爻之义易以贡,圣人以此洗心,退藏于密,吉凶与民同患。神以知来,知以藏往,其孰能与于此哉? 古之聪明睿知神武而不杀者夫？是以明于天之道，而察于民之故，是兴神物以前民用。圣人以此斋戒，以神明其德夫。是故阖户谓之坤，辟户谓之乾，一阖一辟谓之变，往来不穷谓之通。见乃谓之象。形乃谓之器，制而用之谓之法，利用出入、民咸用之谓之神。是故，易有太极，是生两仪，两仪生四象，四象生八卦，八卦定吉凶，吉凶生大业。是故法象莫大乎天地；变通莫大乎四时；悬象著明莫大乎日月；崇高莫大乎富贵；备物致用，立功成器以为天下利，莫大乎圣人；探赜索隐，钩深致远，以定天下之吉凶，成天下之亹亹者，莫大乎蓍龟。是故天生神物，圣人则之。天地变化，圣人效之。天垂象，见吉凶，圣人象之，河出图，洛出书，圣人则之。易有四象，所以示也。系辞焉，所以告也。定之以吉凶，所以断也。（《周易·系辞上》）

易之兴也，其于中古乎？作易者，其有忧患乎？是故履，德之基也。谦，德之柄也。复，德之本也。恒，德之固也。损，德之修也。益，德之裕也。困，德之辨也。井，德之地也。巽，德之制也。履，和而至。谦，尊而光。复，小而辨于物。恒，杂而不厌。损，先难而后易。益，长裕而不设。困，穷而通。井，居其所而迁。巽，称而隐。履以和行，谦以制礼，复以自知。恒以一德。损以远害，益以兴利，困以寡怨，井以辨义，巽以行权。

易之为书也不可远，为道也屡迁，变动不居，周流六虚，上下无常，刚柔相易，不可为典要，唯变所适。其出入以度，外内使知惧。又明于忧患与故，无有师保，如临父母。初率其辞，而揆其方，既有典常。苟非其人，道不虚行。

易之为书也，原始要终以为质也。六爻相杂，唯其时物也。其初难知，其上易知，本末也。初辞拟之，卒成之终。若夫杂物撰德，辨是与非，则非其中爻不备。噫！亦要存亡吉凶，则居可知矣。知者观其彖辞，则思过半矣。二与四，同功而异位，其善不同。二多誉，四多惧，近也。柔之为道，不利远者，其要无咎，其用柔中也。三与五，同功而异位，三多凶，五多功，贵贱之等也。其柔危，其刚胜邪？

易之为书也，广大悉备，有天道焉，有人道焉，有地道焉。兼三才而两之，故六；六者非它也，三才之道也。道有变动，故曰爻。爻有等，故曰物。物相杂，故曰文。文不当，故吉凶生焉。

易之兴也，其当殷之末世，周之盛德邪？当文王与纣之事邪？是故其辞危。危者使平，易者使倾。其道甚大，百物不废，惧以终始，其要无咎，此之谓易之道也。

夫乾，天下之至健也，德行恒易以知险。夫坤，天下之至顺也。德行恒简以知阻。能说诸心，能研诸侯之虑。定天下之吉凶，成天下之亹亹者。是故变化云为，吉事有祥，象事知器，占事知来。天地设位，圣人成能，人谋鬼谋，百姓与能。

八卦以象告，爻彖以情言，刚柔杂居而吉凶可见矣。变动以利言，吉凶以情迁。是故爱恶相攻而吉凶生，远近相取而悔吝生，情伪相感而利害生。凡易之情，近而不相得则凶，或害之，悔且吝。将叛者，其辞惭，中心疑者其辞枝，吉人之辞寡，躁人之辞多，诬善之人其辞游，失其守者其辞屈。（《周易·系辞下》）

昔者圣人之作易也，幽赞于神明而生蓍，参天两地而倚数，观变于阴阳而立卦，发挥于刚柔而生爻，和顺于道德而理于义，穷理尽性，以至于命。

昔者圣人之作易也，将以顺性命之理。是以立天之道，曰阴与阳；立地之道，曰柔与刚；立人之道，曰仁与义。兼三才而两之，故易六画而成卦。分阴分阳，迭用柔刚，故易六位而成章。

天地定位，山泽通气，雷风相薄，水火不相射，八卦相错。数往者顺，知来者逆，是故易逆数也。

雷以动之，风以散之，雨以润之，日以烜之，艮以止之，兑以说之，乾以君之，坤以藏之。

帝出乎震，齐乎巽，相见乎离，致役乎坤，说言乎兑，战乎乾，劳乎坎，成言乎艮。万物出乎震，震，东方也。齐乎巽，巽，东南也，齐也者，言万物之絜齐也。离也者，明也，万物皆相见，南方之卦也，圣人南面而听天下，向明而治，盖取诸此也。坤也者，地也，万物皆致养焉，故曰致役乎坤。兑正秋也，万物之所说也，故曰说言乎兑。战乎乾，乾，西北之卦也，言阴阳相薄也。坎者水也，正北方之卦也，劳卦也，万物之所归也，故曰劳乎坎。艮，东北之卦也，万物之所成终而所成始也，故曰成言乎艮。

神也者，妙万物而为言者也。动万物者，莫疾乎雷；桡万物者，莫疾乎风；燥万物者，莫熯乎火；说万物者，莫说乎泽；润万物者，莫润乎水；终万

物、始万物者,莫盛乎艮。故水火相逮,雷风不相悖,山泽通气,然后能变化,既成万物也。(《周易·说卦》)

有天地,然后万物生焉,盈天地之间者唯万物,故受之以屯,屯者盈也,屯者物之始生也。物生必蒙,故受之以蒙,蒙者蒙也,物之稚也。

物稚不可不养也,故受之以需,需者饮食之道也。饮食必有讼,故受之以讼。讼必有众起,故受之以师,师者,众也。众必有所比,故受之以比,比者,比也。

比必有所畜,故受之以小畜。物畜然后有礼,故受之以履。履而泰,然后安,故受之以泰,泰者,通也。物不可以终通,故受之以否。

物不可以终否,故受之以同人。与人同者物必归焉,故受之以大有。有大者不可以盈,故受之以谦。有大而能谦必豫,故受之以豫。

豫必有随,故受之以随。以喜随人者必有事,故受之以蛊,蛊者,事也。有事而后可大,故受之以临,临者,大也。物大然后可观,故受之以观。

可观而后有所合,故受之以噬嗑,嗑者,合也。物不可以苟合而已,故受之以贲,贲者,饰也。至饰然后亨则尽矣,故受之以剥,剥者,剥也。物不可以终尽剥,穷上反下,故受之以复。

复则不妄矣,故受之以无妄。有无妄然后可畜,故受之以大畜。物畜然后可养,故受之以颐,颐者,养也。不养则不可动,故受之以大过。

物不可以终过,故受之以坎,坎者,陷也。陷必有所丽,故受之以离,离者,丽也。(《周易·序卦上》)

有天地然后有万物,有万物然后有男女,有男女然后有夫妇,有夫妇然后有父子,有父子然后有君臣,有君臣然后有上下,有上下然后礼义有所错。夫妇之道,不可以不久也,故受之以恒,恒者,久也。

物不可以久居其所,故受之以遁,遁者退也。物不可以终遁,故受之以大壮。物不可以终壮,故受之以晋,晋者,进也。进必有所伤,故受之以明夷,夷者,伤也。

伤于外者必反其家,故受之以家人。家道穷必乖,故受之以睽,睽者乖也。乖必有难,故受之以蹇,蹇者,难也。物不可以终难,故受之以解,解者,缓也。

缓必有所失,故受之以损。损而不已必益,故受之以益。益而不已必决,故受之以夬,夬者,决也。决必有所遇,故受之以姤,姤者,遇也。

物相遇而后聚,故受之以萃,萃者,聚也。聚而上者谓之升,故受之以升。升而不已必困,故受之以困。困乎上者必反下,故受之以井。

井道不可不革,故受之以革。革物者莫若鼎,故受之以鼎。主器者莫若长子,故受之以震,震者,动也。物不可以终动,止之,故受之以艮,艮者,止也。

物不可以终止,故受之以渐,渐者,进也。进必有所归,故受之以归妹。得其所归者必大,故受之以丰,丰者,大也。穷大者必失其居,故受之以旅。

旅而无所容,故受之以巽,巽者入也。入而后说之,故受之以兑,兑者,说也。说而后散之,故受之以涣,涣者,离也。物不可以终离,故受之以节。

节而信之,故受之以中孚。有其信者必行之,故受之以小过。有过物者必济,故受之以既济。物不可穷也,故受之以未济,终焉。(《周易·序卦下》)

《乾》刚《坤》柔,《比》乐《师》忧。《临》《观》之义,或与或求。《屯》见而不失其居,《蒙》杂而著。《震》,起也。《艮》,止也。《损》《益》盛衰之始也。《大畜》时也。《无妄》灾也。《萃》聚而《升》不来也。《谦》轻而《豫》怠也。《噬嗑》食也,《贲》无色也。《兑》见而《巽》伏也。《随》无故也,《蛊》则饬也。《剥》烂也,《复》反也。《晋》昼也。《明夷》诛也。《井》通而《困》相遇也。《咸》速也。《恒》久也。《涣》离也。《节》止也。《解》缓也。《蹇》难也。《睽》外也。《家人》内也。《否》《泰》反其类也。《大壮》则止,《遁》则退也。《大有》众也。《同人》亲也。《革》去故也。《鼎》取新也。《小过》过也。《中孚》信也。《丰》多故也。亲寡《旅》也。《离》上而《坎》下也。《小畜》寡也。《履》不处也。《需》不进也。《讼》不亲也。《大过》颠也。《姤》遇也,柔遇刚也,《渐》女归待男行也。《颐》养正也。《既济》定也。《归妹》女之终也。《未济》男之穷也。《夬》决也,刚决柔也,君子道长,小人道忧也。(《周易·杂卦》)

《春秋》学案

西周初年,周王朝"封建亲戚,以蕃屏周"(《左传·僖公二十四年》),诸侯国各记国史,"晋之《乘》,楚之《梼杌》,鲁之《春秋》,一也"(《孟子·离娄下》)。"仲尼未生,先有六经;仲尼既生,自明不作①","六艺,非孔氏之书,乃周官之旧典也。……《春秋》存于国史"(《校雠通义·原道》)。换言之,《春秋》最初只是周之鲁国国史,且先于孔子而存在。

《春秋》又称《麟经》或《麟史》,凡记鲁隐公元年至鲁哀公十四年(前722—前481年)之史,历鲁国十二公,计二百四十二年之史,是编年体之史著。《春秋》记事之制是"以事系日,以日系月,以月系时,以时系年",以时为纪,记言记事,传之于世,以为镜鉴。孔子在前人的基础上"次《春秋》",后儒将孔子所"次《春秋》"视为儒家"六经"之一。《春秋》名列儒家"六经"始见《庄子·天运》。从儒经体系与位序看,《诗》《春秋》之位序有先后之别:"王者之迹息而《诗》亡,《诗》亡然后《春秋》作"(《孟子·离娄下》)。春秋战国之际,《春秋》始出三家之"传";两汉时期,《春秋》"三传"各成派别、家法与谱系。今存《春秋》经文约 16000 字,而今存《春秋》"三传"则不下数十万言,历代演《春秋》与绎"三传"之文更是难以计数。

一、成书

早在孔子之前,鲁国国史《春秋》已由史官记录而成。"《春秋》者,鲁史之旧文也"(石韫玉:《独学庐初稿·春秋论》②),孔子次《春秋》而传之。孔子坦言自己是"述而不作,信而好古"(《论语·学而》),其于《春秋》应是编次之、传旧之、非创始之。春秋末世,孔子整理"六经","未尝作一事,如删诗,定书,皆是因诗书而删定③","其事虽述,而功则倍于作矣④";"作非圣人不能,而述则贤者可及","孔子删诗书,定礼乐,赞周易,修春秋,皆传

---

① (清)龚自珍撰:《龚自珍全集》卷 1《六经正名》,上海人民出版社 1975 年版,第 38 页。
② 参见《续修四库全书》编委会编:《续修四库全书》第 1466 册,上海古籍出版社 2002 年版,第 326 页。
③ (宋)黎靖德编,王星贤点校:《朱子语类》卷 34,中华书局 1986 年版,第 3 册,第 855 页。
④ (宋)朱熹撰:《四书章句集注》,中华书局 1983 年版,第 93 页。

先王之旧,而未尝有所作也,故其自言如此"①。或曰:当时诸经已各有编次,至孔子时多有散失,"故孔子重新整理一番,未见得删与不删"②。进言之,"孔子只因旧史而作《春秋》,非有许多曲折"③,"孔子但据直书而善恶自著"④,"圣人据鲁史以书其事,使人自观之以为鉴戒尔"⑤。客观地讲,《春秋》在孔子之前只是纯粹的鲁国国史,《春秋》在孔子之后却成为历史天平与道德法典。

《春秋》书名是否隐有大义,值得略辨。西周以后,各诸侯国各有国史,国史各有名,晋之《乘》、楚之《梼杌》、鲁之《春秋》(《墨子·明鬼》曰"周之《春秋》""燕之《春秋》""宋之《春秋》"与"齐之《春秋》",可见诸国国史多名"春秋"),缘何至孔子"次《春秋》"以后,"春秋"成为"历史"的代名词?"春秋"作为历史之名,其义为何? 后世学者多有讨论,概之有六:一曰春秋时代,历史之时。东周前半段(前770—前453年),鲁国史官将时之大事以年、季、月、日记录,简括成册,名为"春秋"。因鲁史《春秋》所记时间(前722—前481年)与东周前半段大致相同,世称东周前半段为春秋时期。然则,春秋之始年为公元前770年,《春秋》之始年为公元前722年,前后相差多达48年。二曰岁有春秋,言其始终。时有俗儒曰:"春者岁之始,秋者其终也。《春秋》之经,可以奉始养终,故号为《春秋》"(《论衡·正说》),只是这种界说遭到东汉王充的否定。三曰因旧故之名,以号《春秋》。东汉王充指出,"若孟子之言,《春秋》者、鲁史记之名,《乘》《梼杌》同。孔子因旧故之名,以号《春秋》之经,未必有奇说异意、深美之据也"(《论衡·正说》)。换言之,王充认为"号《春秋》未必有奇说异意、深美之据",只是孔子"因旧故之名"而已。四曰春作秋成,故名《春秋》。鲁哀公十四年春,西狩获麟,作《春秋》,九月书成;"以其春作秋成,故曰《春秋》",

①　(宋)朱熹撰:《四书章句集注》,中华书局1983年版,第93页。
②　(宋)黎靖德编,王星贤点校:《朱子语类》卷34,中华书局1986年版,第3册,第856页。
③　(宋)黎靖德编,王星贤点校:《朱子语类》卷83,中华书局1986年版,第6册,第2146页。
④　(宋)黎靖德编,王星贤点校:《朱子语类》卷83,中华书局1986年版,第6册,第2146页。
⑤　(宋)黎靖德编,王星贤点校:《朱子语类》卷83,中华书局1986年版,第6册,第2145页。

此语为徐彦疏《公羊》时引《春秋说》①。不过,徐彦又引《三统历说》"春为阳中,万物以生;秋为阴中,万物以成,故名春秋"②,此说源于《汉书·律历志》。五曰表年以首事,错举以记名。晋人杜预在《春秋左传集解序》中解说《春秋》之名来历时指出:"故史之所记,必表年以首事,年有四时,故错举以为所记之名也。"③显然,徐彦、杜预之语与史不合,而且了无深意,未得《春秋》法旨。六曰春分秋分,阴阳持平;春秋为名,道在中和。早在《尚书·虞书·尧典》记载的上古时代,人们通过观测日月星辰已经发现春分与秋分并形成春秋均平、四时节序的自然观念④。古人认为阴阳二气和合周流而生发万物,岁有春夏秋冬之别,唯春分与秋分时阴阳持平,"春分者,阴阳相半也,故昼夜均而寒暑平"(《春秋繁露·阴阳出入》),"秋分者,阴阳相半也,故昼夜均而寒暑平"(同上)。鲁史名《春秋》,孔子次《春秋》;《春秋》之名或隐喻历史之道贯通天地阴阳之道——天地中和,道在天平;或曰:春秋二分,道在中衡。

二、注本

《春秋》自春秋之末肇始便有左丘明、公羊高、穀梁赤为"三传"(《春秋

---

① 《春秋经·哀公十四年》载"十有四年春,西狩获麟",《史记·孔子世家》载"西狩见麟,曰'吾道穷矣'",《史记·儒林列传》载"西狩获麟,曰'吾道穷矣'。故因史记作春秋,以当王法,其辞微而指博,后世学者多录焉",《汉书·儒林传》载"缀周之礼,因鲁春秋,举十二公行事,绳之以文武之道,成一王法,至麟麟而止"。细绎之,孔子次《春秋》绝笔于获麟,应是止于哀公十四年春,故与所谓成于秋有时间上的冲突;莫非春至秋又有修改或补充,抑或是举时相错而论,姑且存疑。诚如郑樵《春秋经·春秋总辨》曰:"或谓《春秋》之名取赏以春夏,刑以秋冬;或谓一褒一贬,若春若秋;或谓春获麟,秋成书,谓之《春秋》,皆非也。惟杜预所谓'年有四时,故错举以为所记之名',此说得之。"(《六经奥论》卷4)
② 按:《汉书·律历志》记载刘歆"作三统历及谱以说春秋","夫历春秋者,天时也,列人事而目以天时","故列十二公二百四十二年之事,以阴阳之中制其礼。故春为阳中,万物以生;秋为阴中,万物以成。是以事举其中,礼取其和,历数以闰正天地之中,以作事厚生,皆所以定命也"。
③ 参见(清)阮元校刻:《十三经注疏·春秋左传集解序》,中华书局1980年版,第1705页。
④ 《尚书·虞书·尧典》记载尧帝面对"黎民于变时,雍","乃命羲和,钦若昊天,历象日月星辰,敬授人时。分命羲仲,宅嵎夷,曰旸谷。寅宾出日,平秩东作。日中,星鸟,以殷仲春。厥民析,鸟兽孳尾。申命羲叔,宅南交。平秩南讹,敬致。日永,星火,以正仲夏。厥民因,鸟兽希革。分命和仲,宅西,曰昧谷。寅饯纳日,平秩西成。宵中,星虚,以殷仲秋。厥民夷,鸟兽毛毨。申命和叔,宅朔方,曰幽都。平在朔易。日短,星昴,以正仲冬",《周易》曰"日月不过,而四时不忒"(《周易·豫卦·彖传》)、"观天之神道,而四时不忒,圣人以神道设教,而天下服矣"(《周易·观卦·彖传》),亦有此义。

左氏传》《春秋公羊传》《春秋穀梁传》），时至西汉，《春秋》"三传"各自形成《春秋》传承谱系、解经之法与价值旨归。只是，两汉时期，《春秋》"三传"盛行，《春秋经》之研治与传播略显逊色。直至魏晋，《春秋经》又为儒者重视。晋人杜预推崇《左传》并将《春秋经》与之合编，撰有《春秋经传集解》（三十卷，又名《春秋左传集解》）。

唐代是《春秋》注疏与诠释史上的过渡时期，注家不多。陆淳撰《春秋集传纂例》（十卷）、《春秋微旨》（三卷）与《春秋集传辨疑》（十卷），陆淳《春秋集传纂例》"盖释其啖助并赵匡之说"[1]，"序事虽多，释经殊少，犹不如《公》《穀》之于经为密，其论未免一偏；故欧阳修、晁公武诸人皆不满之，而程子则称其绝出诸家，有攘异端开正途之功，盖舍传求经，实导宋人之先路；生臆断之弊，其过不可掩，破附会之失，其功亦不可没也"[2]；其《春秋微旨》"每条必称闻之师曰不忘本也"[3]、"自序谓事或反经，而志协乎道，迹虽近义而意实蕴奸，或本正而末邪，或始非而终，是介于疑似之间者并委曲发明，故曰微旨"[4]；《春秋集传辨疑》是"陆淳所述啖赵两家攻驳三传之言也"[5]、"所述赵说为多，啖说次之"[6]。陆淳考《春秋》"三传"，舍短取长，又集前贤注释，补以己意，陆淳《春秋》三书攻击《春秋》"三传"；陆淳《春秋》三书瑕瑜互见，其精核之处多有汉儒所未发，与凿空杜撰、横生枝节者相异甚多。卢仝撰《春秋摘微》（四卷），其书特色在于：其解经不用《传》，旨意甚疏[7]，诚如韩愈《寄卢仝》诗曰："春秋三传束高阁，独抱遗经穷终始。"（《东雅堂昌黎集注》卷5）另外，唐代出现疑传、惑经之风[8]，其中，刘知幾主张"不掩恶，不虚美"（《史通·杂说下》）。北宋学者对《春秋》经传多生异见，以至于形成疑经、改经风潮。

两宋是《春秋》注疏与诠释史中的昌明时代，杰作频现。孙复撰《春秋

---

① 参见（清）永瑢、纪昀等编纂：《四库全书》第146册，上海古籍出版社1987年版，第375页。
② 参见（清）永瑢、纪昀等编纂：《四库全书》第146册，上海古籍出版社1987年版，第376页。
③ 参见（清）永瑢、纪昀等编纂：《四库全书》第146册，上海古籍出版社1987年版，第538页。
④ 参见（清）永瑢、纪昀等编纂：《四库全书》第146册，上海古籍出版社1987年版，第537—538页。
⑤ 参见（清）永瑢、纪昀等编纂：《四库全书》第146册，上海古籍出版社1987年版，第595页。
⑥ 参见（清）永瑢、纪昀等编纂：《四库全书》第146册，上海古籍出版社1987年版，第595页。
⑦ （宋）晁公武撰，孙猛校证：《郡斋读书志》卷3，上海古籍出版社1990年版，第108页。
⑧ 唐儒刘知幾《史通·惑经》曰："世人以夫子固天攸纵，将圣多能，便谓所著《春秋》，善无不备。而审形者少，随声者多，相与雷同，莫之指实，权而为论，其虚美者有五焉。"

尊王发微》(十二卷),其书特色在于:孙复治《春秋》不惑传注,言简义详,得经之要;注重以经解经,寻求圣人之旨。孙复之论,上祖陆淳,下开胡安国。孙复宣扬"尊王""大一统",昌明文统、道统,积极回应当时"佛老之徒,横乎中国"(《孙明复小集·儒辱》)的时代挑战。不足之处是,孙复过于深求微旨反失《春秋》本旨,虽辨名分、别嫌疑、有发明,但功难补失。王晳撰《春秋皇纲论》(五卷),其书特色在于:凡为《论》二十二,皆发明夫子笔削之旨,而考辨三《传》及啖助、赵匡之得失,其言多明白平易,且无穿凿附会之弊,"在宋人《春秋》解中可谓不失古义"①。刘敞撰《春秋权衡》(十七卷),其书特色在于:刘敞《春秋》之学实有根柢,刘敞推渊源之正,进退诸说,依经立义。概受唐人疑传、惑经之影响,北宋出现疑古、改经之思潮;于此,刘敞为先,"始为权衡以平三家之得失,然后集众说断以己意而为之传"②,且好减损"三传"字句,往往改窜失真。北宋时期,出新意解《春秋》者自孙复与刘敞肇始,但刘敞不尽从《传》亦不尽废《传》,其训释远胜于孙复。刘敞撰《春秋意林》(二卷),其书特色在于:文体之涩,草草数言,佶屈聱牙,猝难句读;刘敞"既苦志研求,运意深曲,又好雕琢其词,使在可解不可解之间""其间正名分、别嫌疑、大义微言,灼然圣人之意者颇不少"③。刘敞撰《春秋传说例》(一卷),其书特色在于:比事以发论,尤为简古,"大致精核,多得经意"①。要言之,刘敞说《春秋》颇出新意,义例多摹《公羊》《穀梁》。程颐撰《春秋传》(二卷),其书特色在于:"略举大义,不尽为说"⑤,比如强调尊王、爱民、华夷之辨、反驳汉儒的灾异观并提出新观点。程颐《春秋传》卷首声称:"夫子之道既不行于天下,于是因鲁《春秋》立百王不易之大法"⑥,而且指出"学《春秋》者,必优游涵泳,默识心通,然后能造其微也"(《宋史·程颐传》),"先识得个义理,方可看《春秋》"⑦。于此可见,程颐《春秋传》蕴涵以"理"解"经"的解经法式。

孙觉撰《春秋经解》(十三卷),其书特色在于:追赞孔子大义,以抑霸

---

① 参见(清)永瑢、纪昀等编纂:《四库全书》第147册,上海古籍出版社1987年版,第128页。
② 参见(清)永瑢、纪昀等编纂:《四库全书》第147册,上海古籍出版社1987年版,第171页。
③ 参见(清)永瑢、纪昀等编纂:《四库全书》第147册,上海古籍出版社1987年版,第485-486页。
④ 参见(清)永瑢、纪昀等编纂:《四库全书》第147册,上海古籍出版社1987年版,第543页。
⑤ (宋)陈振孙撰,徐小蛮等点校:《直斋书录解题》卷3,上海古籍出版社1987年版,第60页。
⑥ 参见(宋)程颢、程颐著,王孝鱼点校:《二程集》下,中华书局1981年版,第1086页。
⑦ (宋)程颢、程颐著,王孝鱼点校:《二程集》上,中华书局1981年版,第164页。

尊王为主,论议颇严;其《自序》曰"《春秋》之所善,王法之所褒也;《春秋》之所恶,王法之所弃也"①,其《春秋经解》(卷一)曰"孔子之作《春秋》也,以天下无王而作也,非为隐公而作也"②。细绎之,孙觉《春秋经解》之法式多袭《公》《穀》、兼取《左传》,并杂入前人诸说以解本经。萧楚撰《春秋辨疑》(四卷),其书特色在于:"持论正大,实有合尼山笔削之义,与胡安国之牵合时事而乖离经义者有殊,与孙复之名为尊王而务为深文巧诋之用心亦别。"③诚如萧楚《春秋辨疑》(卷一)曰:"孔子本准鲁史兼采诸国之志而作《春秋》,《春秋》之未作,则史也,非经也,《春秋》之既作,则经也。"④显然,萧楚认为孔子使得鲁史《春秋》变成儒经《春秋》——"史""经"之变,孔子之功甚大。崔子方撰《春秋经解》(十二卷),其书特色在于"大抵推本经义,于三传多所纠正"⑤,虽泥于日月之例,但持论少有偏驳,而且条其长义,自成一家。崔子方《自序》曰:"余读《左氏》爱其文辞,知有《左氏》而不知有《春秋》也,其后益读《公羊》《穀梁》爱其论说,又知有二书而不知有《春秋》也;左氏之事证于前,二家之例明于后"⑥,指出"《左氏》之失也浅,《公羊》之失也险,《穀梁》之失也迂;《左氏》求圣人之意而不得一,皆以事言之,而略其褒贬,故常取于近而失之浅;《公羊》谓圣人欲以成后世法,必有惊动人之耳目而难言者,故常志于难而失之险;《穀梁》谓圣人苟致意焉,不当浅近易知,必有委曲而深者,故常求于远而失之迂。……今余非固薄三家之论,以为三家之论不去,则学者之疑不决,而圣人之经终不可复见"⑦。崔子方另有《春秋本例》(二十卷)与《春秋例要》(一卷)。叶梦得撰《春秋传》(二十卷),其书特色在于:"考《三传》以求经,不得于事则考于义,不得于义则考于事,更相发明,颇为精核。"⑧叶梦得《春秋传》(卷一)开篇明其宗旨,声称"惟知《春秋》之名而后知天子所以法天,知《春秋》之作而后知孔子所以代天子,知《春秋》之取十二公而后知代天子以法天

---

① 参见(清)永瑢、纪昀等编纂:《四库全书》第147册,上海古籍出版社1987年版,第555页。
② 参见(清)永瑢、纪昀等编纂:《四库全书》第147册,上海古籍出版社1987年版,第557页。
③ 参见(清)永瑢、纪昀等编纂:《四库全书》第148册,上海古籍出版社1987年版,第108页。
④ 参见(清)永瑢、纪昀等编纂:《四库全书》第148册,上海古籍出版社1987年版,第110页。
⑤ 参见(清)永瑢、纪昀等编纂:《四库全书》第148册,上海古籍出版社1987年版,第174页。
⑥ 参见(清)永瑢、纪昀等编纂:《四库全书》第148册,上海古籍出版社1987年版,第175页。
⑦ 参见(清)永瑢、纪昀等编纂:《四库全书》第148册,上海古籍出版社1987年版,第176页。
⑧ 参见(清)永瑢、纪昀等编纂:《四库全书》第149册,上海古籍出版社1987年版,第1页。

之道,如是而可与言《春秋》矣"①。叶梦得撰《春秋考》(十六卷),其书特色在于:本周之法度制作以为断,其言"论次周典,以求合于《春秋》之法,其文辨博纵横,而语有本原"②。其《春秋考原序》曰:"叶子曰吾为《春秋谳》是正三家之过亦略备矣。……自其谳推之,知吾之所正为不妄也,而后可以观吾考,自其考推之,知吾之所择为不诬也,而后可以观吾传是非吾之言也,盖皆圣人之道而先王之制,吾亦可免于后世矣。"③叶梦得所谓《春秋谳》即《春秋左传谳》《春秋公羊传谳》《春秋穀梁传谳》,叶梦得抉摘"三传"是非,信《经》不信《传》,犹沿啖助、孙复之余波。于《公羊》《穀梁》多所驳诘。虽辨博自喜,往往有澜翻过甚之病,盖是宋代诸儒藐视先儒之流弊。④

　　胡安国撰《春秋传》(三十卷)、《通例》(一卷)与《通旨》(一卷),胡安国治《春秋》"事按《左氏》义,采《公》《穀》之精"⑤,"采孟子、庄周、董仲舒、王通、邵尧夫、程明道、张横渠、程正叔之说,以润色之"⑥,后学治《春秋》者多宗胡安国之《通旨》。胡安国认为"《春秋》经世大典,见诸行事,非空言比。今方思济艰难,《左氏》繁碎,不宜虚费光阴,耽玩文采,莫若潜心圣经"(《宋史·胡安国传》),指出"《春秋》有惧天灾、恤民隐之意"(《春秋传·僖公三年》)。同时,胡安国会通《易》《诗》以论《春秋》,其引"大哉乾元"诠释"元年"并提出"《易》言其理,《春秋》见诸行事,若合符节,可谓深切著明矣"(《春秋传·宣公十四年》),又引"天生蒸民,有物有则。民之秉彝,好是懿德"诠释"民为国本",并提出"天理根于人心"(《春秋传·僖公九年》)。胡安国《春秋传》作于宋室南渡之后,故常常感怀时事,往往借《春秋》以寓意,而且多论说、少考据,并非一一悉合《春秋》经旨。或因于此,朱熹评曰"胡文定说《春秋》,高而不晓事情"⑦,"《春秋传》有牵强处,

①　参见(清)永瑢、纪昀等编纂:《四库全书》第149册,上海古籍出版社1987年版,第5页。
②　参见(清)永瑢、纪昀等编纂:《四库全书》第149册,上海古籍出版社1987年版,第247页。
③　参见(清)永瑢、纪昀等编纂:《四库全书》第149册,上海古籍出版社1987年版,第248－249页。
④　参见(清)永瑢、纪昀等:《四库全书总目提要》卷27,中华书局1965年版,第219页。
⑤　(宋)陈振孙撰,徐小蛮等点校:《直斋书录解题》卷3,上海古籍出版社1987年版,第64页。
⑥　(宋)晁公武撰,孙猛校证:《郡斋读书志》卷3,上海古籍出版社1990年版,第108－119页。
⑦　(宋)黎靖德编,王星贤点校:《朱子语类》卷83,中华书局1986年版,第6册,第2157页。

然议论有开合精神"①。冯正符撰《春秋得法志例论》(三十卷)②,其书特色在于:"其书首辨王鲁、素王之说,及杜预三体五例、何休三科九旨之怪妄穿凿"③,"其书例最详,悉务通经旨,不事浮辞"④。有宋一朝,诸儒以经为本、援经击传,大多主张以理解经、通经致用,开创解经之新路。另有张大亨撰《春秋通训》(六卷)、陈傅良撰《春秋后传》(十二卷)、程公说撰《春秋分记》(九十卷)、黄仲炎撰《春秋通说》(十三卷)等值得一观。

时至明代,《春秋》本经研治、注疏与诠释进入低谷,具有代表性的注本与著作罕见。明朝永乐年间,胡广等人奉敕撰《春秋大全》(七十卷),《春秋大全》虽是奉敕纂修,实未纂修,多袭汪克宽《春秋纂疏》、胡安国《春秋传》等前人之说。⑤明末,郝敬撰《春秋直解》(十五卷),卷首《读春秋》阐明撰作之旨,提出"《春秋》无深刻隐语,无种种凡例,不以文字为褒贬,不以官爵名氏为贵贱,未尝可五霸,未尝贵盟会,未尝与齐晋,未尝黜秦楚吴越为夷狄,此其紫紫不然之大者。今欲读《春秋》,勿主诸传先入一字于胸中,但平心观理,圣人之情自见。明白易简者,圣人之情,其艰深隐僻,皆世儒之臆说也"⑥,"《春秋》无例,但据史所记事之有慨于心者,提而书之,公道难掩,是非自见"⑦,"因三传以重《春秋》,非知《春秋》者也"⑧,"世儒不知《春秋》,始于视仲尼太高、疑仲尼太深也"⑨。郝敬本经击传,欲破三传义例与地位,欲扭后世重传轻经之局面,颇为有功;然其好为议论,时有深文曲笔。

《春秋》本经治、注疏与诠释经过明代的低潮之后在清代前期迎来兴盛之机,上至皇帝、下至诸儒,皆重《春秋》。因此,《春秋》本经研治、注疏与诠释之作如雨后春笋,破土而出。清初,康熙皇帝重视儒学,开设日讲《春秋》,《日讲春秋解义》(六十四卷)是日讲之汇编。《日讲春秋解义》

---

① (宋)黎靖德编,王星贤点校:《朱子语类》卷83,中华书局1986年版,第6册,第2155页。
② 按:陈振孙《直斋书录解题》卷三《春秋类》辑录名为《春秋得法志例论》,晁公武《郡斋读书志》卷三《春秋类》辑录名为《得法忘例论》,疑"志"当为"忘",特标出以备参详。
③ (宋)陈振孙撰,徐小蛮等点校:《直斋书录解题》卷3,上海古籍出版社1987年版,第61页。
④ (宋)晁公武撰,孙猛校证:《郡斋读书志》卷3,上海古籍出版社1990年版,第116页。
⑤ 参见(清)永瑢、纪昀等:《四库全书总目提要》卷28,中华书局1965年版,第230页。
⑥ 参见《续修四库全书》编委会编:《续修四库全书》第136册,上海古籍出版社2002年版,第1页。
⑦ 参见《续修四库全书》编委会编:《续修四库全书》第136册,上海古籍出版社2002年版,第3页。
⑧ 参见《续修四库全书》编委会编:《续修四库全书》第136册,上海古籍出版社2002年版,第1页。
⑨ 参见《续修四库全书》编委会编:《续修四库全书》第136册,上海古籍出版社2002年版,第11页。

之特色在于：其书为康熙时期经筵旧稿，雍正时期复加考论，而编次成帙；其书演绎经文，指陈正理，与章句之学迥殊；是非唯崇政迩英、奏御之体裁如是，亦以统驭之柄在于慎其赏罚，赏罚之要在于当其功罪；强调别嫌疑、明是非、定犹豫莫精于《春秋》，圣人笔削之旨实在于此。其书因宋儒进御旧体，以阐发微言；每条先列《左氏》之事迹，而不取其浮夸；次明《公羊》《榖梁》之义例，而不取其穿凿；反复演绎，大旨归本于王道，允足明圣经之书法，而探帝学之本原。①康熙御制《序》曰："朕惟《春秋》者，帝王经世之大法，史外传心之要典也；大义炳若日星，而褒贬笔削，微显婉章，非后世所能窥至；其立法谨严，宅心一本忠恕，因善恶是非而施予夺焉；有正例有变例、有事同而辞异、有事异而辞同，一人之身前后不相掩，一人之事功过不妨殊，如化工之肖物随类付形。"②清康熙三十八年（1699年），康熙敕修《钦定春秋传说汇纂》（三十八卷），清编《四库全书总目提要》（卷29）对其多有美言：惟圣祖仁皇帝道契天经，心符圣义，于尼山笔削，洞鉴精微。虽俯念士子久诵《胡传》，难以骤更，仍缀于《三传》之末，而指授儒臣详为考证。凡其中有乖经义者，一一驳正，多所刊除。至于先儒旧说，世以不合胡《传》摈弃弗习者，亦一一采录表章，阐明古学。盖以圣人之德，居天子之位，故能荡涤门户，辨别是非，挽数百年积重之势而反之于正也。③康熙御制《序》曰："是书之辑，亦唯择其言之当于理者，虽不敢谓深于《春秋》而辨之详、取之慎，于属辞比事之教或有资焉。"④康熙崇信朱熹之学，其曰"唯择其言之当于理"之"理"则是依凭朱子理学之"理"。清乾隆二十三年（1758年），乾隆敕撰《御纂春秋直解》（十五卷），其书特色在于：以十二公为十二卷，庄公、僖公、襄公篇页稍繁，各析一子卷，实十五卷；旨在发明尼山本义，铲除种种迂曲之说，揭批胡安国的附会臆断，故赐名曰《直解》并冠以御制序文，明诰天下。诚如乾隆御制《御纂春秋直解序》曰"中古之书莫大于《春秋》，推其教不越乎属辞比事而原""盖曲说之离经甚于曲学之泥经也审矣。书既成，命之曰直解。匪不求甚解之谓，谓夫索解而过不

---

① 参见（清）永瑢、纪昀等：《四库全书总目提要》卷29，中华书局1965年版，第234页。
② 参见（清）永瑢、纪昀等编纂：《四库全书》第172册，上海古籍出版社1987年版，第1页。
③ 参见（清）永瑢、纪昀等：《四库全书总目提要》卷29，中华书局1965年版，第235页。
④ 参见（清）永瑢、纪昀等编纂：《四库全书》第173册，上海古籍出版社1987年版，第2页。

直,则义不见尔"①。较之,《御纂春秋直解》与《钦定春秋传说汇纂》宗旨同符,恭承训示,斟酌情理之平,以求圣《经》之微意;诸家所说穿凿破碎之处悉斥不采,而使笔削大义更加昭然。

清儒多喜《春秋》,著述宏富。王夫之撰《春秋稗疏》(二卷),其书特色在于:"论《春秋》书法及历象典制之类仅有十之一,而考证地理者十之九"②,论书法、辨春秋,如此之类,皆有根据,"足以纠杜注之失"③。俞汝言撰《春秋平义》(十二卷),其书特色在于:效法明人张岐然《五传平文》以纠元明后学宗法宋儒胡安国《春秋传》之附益之谬,行文"简汰精审,多得《春秋经》意正,不以多生新解为长"④。俞汝言《春秋平义序》曰"传经之失不在浅而在于深,《春秋》为甚,以其笔削出自圣人必有不可测识之旨,然后可以揆乱世反之正,左氏以事求之,丛记杂陈,容饰盛而神理不居,《公》《穀》胡氏诸儒以意测之探微索隐,谨毛发之细,而其大体所在愈求而愈远"⑤;俞氏自陈"四读之而得其指归;圣人之笔削合乎人情、宜乎时势,未尝有矜奇异众之举,而时措咸宜,无不协乎,正直刚柔之德向之,可喜可愕者皆与圣人远焉者也"⑥,并且指出"夫知圣人之不远于人而人亦不远人以求道,而学术一矣,而天下平矣,宁独《春秋》也哉"⑦。毛奇龄撰《春秋毛氏传》(三十六卷),其书特色在于:明义例(礼例、事例、文例、义例),粗具梗概;卷之先后则依经为次,无割裂分隶之嫌;其说以《左传》为主且兼他家,对胡安国《春秋传》多有攻击,驳胡安国《春秋传》之文而能"衡以事理,多不失平允之意,其义例皆有征据,而典礼尤所该洽"⑧。其实,《春秋毛氏传》衍说新意之路数亦多暗袭《公羊》,尽管毛奇龄有时认为"《公羊》《穀梁》道听途说"(《春秋毛氏传》卷一⑨)。不过,毛奇龄亦言"不读《春秋》不识《左传》为策书旧本而妄为是言"(《春秋毛氏传》卷一⑩)。清

---

① 参见(清)永瑢、纪昀等编纂:《四库全书》第174册,上海古籍出版社1987年版,第3页。
② 参见(清)永瑢、纪昀等编纂:《四库全书》第174册,上海古籍出版社1987年版,第341页。
③ 参见(清)永瑢、纪昀等编纂:《四库全书》第174册,上海古籍出版社1987年版,第342页。
④ 参见(清)永瑢、纪昀等编纂:《四库全书》第174册,上海古籍出版社1987年版,第409页。
⑤ 参见(清)永瑢、纪昀等编纂:《四库全书》第174册,上海古籍出版社1987年版,第410页。
⑥ 参见(清)永瑢、纪昀等编纂:《四库全书》第174册,上海古籍出版社1987年版,第410页。
⑦ 参见(清)永瑢、纪昀等编纂:《四库全书》第174册,上海古籍出版社1987年版,第410—411页。
⑧ 参见(清)永瑢、纪昀等编纂:《四库全书》第176册,上海古籍出版社1987年版,第4页。
⑨ 参见(清)永瑢、纪昀等编纂:《四库全书》第176册,上海古籍出版社1987年版,第18页。
⑩ 参见(清)永瑢、纪昀等编纂:《四库全书》第176册,上海古籍出版社1987年版,第16页。

代诸儒治《春秋》者甚多,另有徐庭垣的《春秋管窥》(十二卷)、焦袁熹的《春秋阙如编》(八卷)、方苞的《春秋通论》(四卷)与《春秋直解》(十二卷)、惠士奇的《春秋说》(十五卷)、侯康《春秋古经说》(二卷)等值得一顾。

三、篇旨

孔子"次《春秋》"凡列鲁国十二公,记二百四十二年之史,微言大义,篇旨难晓,始且略探究竟。其实,司马迁所言孔子"次《春秋》"之"次"乃为编次之意,而孟子语境下的孔子"作《春秋》"之"作"并非"原创"或"始作"之义。不过,后儒认为孔子是按照周礼与道德的标准对《春秋》所涉 242 年之史实以《春秋》笔法予以字字褒贬评价并试图使之成为一部道德法典,以警示后人要以史为鉴、要重视历史与道德的评判。

后学对孔子与《春秋》之关系多有演绎,孟子认为春秋之末,"世衰道微,邪说暴行有作,臣弑其君者有之,子弑其父者有之。孔子惧,作《春秋》"(《孟子·滕文公下》);西汉司马迁认为"孔子厄陈蔡,作《春秋》"(《史记·太史公自序》),东汉班固认为"周道敝,孔子述《春秋》"(《汉书·五行志上》)。只是,后学对孔子所"次《春秋》"之宗旨多有揣测。孟子认为"《春秋》,天子之事也"(《孟子·滕文公下》),"孔子成《春秋》而乱臣贼子惧"(《孟子·滕文公下》),荀子认为"《春秋》言是,其微也"(《荀子·儒效》),庄子认为"《春秋》以道名分"(《庄子·天下》);董仲舒认为"《春秋》之道,奉天而法古"(《春秋繁露·楚庄王》),"《春秋》为仁义法"(《春秋繁露·仁义法》),"《春秋》辨物之理,以正其名"(《春秋繁露·深察名号》),"《春秋》大元,故谨于正名"(同上),"孔子作《春秋》,上揆之天道,下质诸人情"(《汉书·董仲舒传》),"孔子作《春秋》,先正王而系万事,见素王之文焉"(同上)。很显然,诸子认为孔子"作《春秋》"是隐藏大义的。然则,时至东汉,王充对前人推崇与演绎的《春秋》大义予以质疑,王充认为《春秋》未必有后儒演绎的大义,并且否定前人所谓的"《春秋》之经,可以奉始养终,故号为《春秋》"之说,同时指出《公羊》《穀梁》是"失平常之事,有怪异之说;径直之文,有曲折之义,非孔子之心"(《论衡·正说》)。

《春秋》明善恶,宣教化。孔子"自卫反鲁,删《诗》《书》,定《礼》《乐》,制《春秋》之义"(《风俗通义·孔子》)。孔子曰"《春秋》以义"(《史记·滑稽列传》)、"属辞比事,《春秋》教也",指出"《春秋》之失,乱""属辞比事而不乱，则深于《春秋》者矣"(《礼记·经解》)。"教之《春秋》，而为之耸善而抑恶焉"(《国语·楚语上》)，在孔子与后儒眼中，《春秋》能够扬善抑恶，教化世人。

《春秋》言褒贬，讲隐讳。孔子"西观周室，论史记旧闻，兴于鲁而次《春秋》，上记隐，下至哀之获麟，约其辞文，去其烦重，以制义法，王道备，人事浃。七十子之徒口受其传指，为有所刺讥褒讳挹损之文辞不可以书见也"(《史记·十二诸侯年表》)。孔子"作"《春秋》并不是原创性的"创作"，却是以史为据，述中有隐，隐中有判。不愿史时皆失礼，谩将刀笔指乾坤；孔子曰"知我者其惟春秋乎，罪我者其惟春秋乎"(《孟子·滕文公下》)之深义应在于此。"《春秋》之称，微而显，婉而辨，上之人能使昭明，善人劝焉，淫人惧焉，是以君子贵之"(《左传·昭公三十一年》)，所以读解之间不可不重其褒贬隐讳之辞法。"《春秋》为尊者讳，为亲者讳，为贤者讳"(《公羊传·闵公元年》)，即"为尊者讳耻，为贤者讳过，为亲者讳疾"(《穀梁传·成公九年》)；或曰："《春秋》采善不遗小，掇恶不遗大，讳而不隐，罪而不忽，以是非，正理以褒贬"(《春秋繁露·威德所生》)。述往事，思来者；孔子作《春秋》其实是于微言之中隐藏大义：历史评价不唯功过而唯道德，善恶是非是历史评价的基本价值原则，即孔子于直言与隐讳之间让"历史"成为道德评判的"天平"。或许，这才是孟子语中的"孔子成《春秋》而乱臣贼子惧"的真正含义。

《春秋》道"名分"，垂法后世。所谓"名分"即《春秋》强调尊王贱伯，内中国而外夷狄，明君臣上下之分，以及循周礼仪轨以明人君之分与圣王之分。《春秋》强调人道与王道并重，且视王道为终极目标。"《春秋》论十二世之事，人道浃而王道备。法布二百四十二年之中，相为左右，以成文采。其居参错，非袭古也。是故论《春秋》者，合而通之，缘而求之，五其比，偶其类，览其绪，屠其赘，是以人道浃而王法立"(《春秋繁露·玉杯》)，或曰"《春秋》二百四十二年，亡国五十二，弑君三十六，采善锄丑，以成王道"(《淮南子·主术训》)、"夫《春秋》，上明三王之道，下辨人事之纪，别嫌疑，明是非，定犹豫，善善恶恶，贤贤贱不肖，存亡国，继绝世，补敝起废，王道之大者也"(《史记·太史公自序》)。另外，西汉末年成书的《孝经钩命决》记载"孔子曰：吾志在《春秋》，行在《孝经》"，若如斯言，《春秋》应隐有大义：“孔子作《春秋》，定天下之邪正，为百王之大法”①，或曰“圣人作《春秋》，正欲褒善贬恶，示万世不易之法”②。

《春秋》尚人伦，重礼义。诚如朱熹所言：“《春秋》一发首不书即位，即君臣之事也；书仲子嫡庶之分，即夫妇之事也；书及邾盟，朋友之事也；书‘郑伯克段’，即兄弟之事也。一开首，人伦便尽在。”③晋人杜预曰：“仲尼因鲁史策书成文，考其真伪，而志其典礼，上以遵周公之遗制，下以明将来之法。”④其实，“圣人作《春秋》，不过直书其事，美恶人自见”⑤。

《春秋》隐大义，片言可折狱。西汉时期，《春秋》经义被引为“决狱”之依据。西汉前期，推崇《春秋》决狱者不唯董仲舒，其弟子吕步舒“持节使决淮南狱，于诸侯擅专断，不报，以《春秋》之义正之，天子皆以为是”（《史记·儒林列传》），另有公孙弘“以《春秋》之义绳臣下取汉相，张汤用唆文决理为廷尉，于是见知之法生，而废格沮诽穷治之狱用矣”（《史记·平准书》）。然则，吕步舒、公孙弘等人在淮南王、衡山王、江都王谋反案中依《春秋》经义决狱断案导致“坐死者数万人”（同上），说明依《春秋》经义决狱亦有流弊。

孔子次《春秋》，后学传《春秋》。孔子“次《春秋》”暗藏“《春秋》笔法”，笔削之处微言大义，其笔法特点有二：一是尚简，二是严谨。可谓是“加以一字太详，减其一字太略，求诸折中简要合理”（《史通·叙事》），或曰“史之大原，本乎《春秋》；《春秋》之义，昭乎笔削；笔削之义，不仅事具始末，文成规矩已也”（《文史通义·答客问上》）。关于《春秋》书法，孔子提出“属辞比事，《春秋》教也”（《礼记·经解》），“《春秋》之失，乱”（同上），指出“属辞比事而不乱，则深于《春秋》者也”（同上）。唐儒孔颖达疏《礼记·经解》时曰“《春秋》聚合会同之辞，是属辞；比次褒贬之事，是比事也”。其实，肇自春秋之末，《春秋》“三传”便各生解经之法与价值旨趣；其中，《左传》传事不传义，是以详于史，而事未必实，以其不知《经》；《公羊》《穀梁》传义不

---

① （宋）黎靖德编，王星贤点校：《朱子语类》卷57，中华书局1986年版，第4册，第1350页。
② （宋）黎靖德编，王星贤点校：《朱子语类》卷83，中华书局1986年版，第6册，第2148页。
③ （宋）黎靖德编，王星贤点校：《朱子语类》卷83，中华书局1986年版，第6册，第2160页。
④ （晋）杜预撰：《春秋左传集解序》，见（清）阮元校刻：《十三经注疏》，中华书局1980年版，第1705页。
⑤ （宋）黎靖德编，王星贤点校：《朱子语类》卷133，中华书局1986年版，第8册，第3198页。

传事,是以详于《经》,而义未必当,以其不知史。①其实,斟酌左氏、公羊、谷梁三家《春秋》之"传",应当经史相兼而无碍,事义相兼而无碍,道德相举而无碍;经、史、事、义、道、德相互发明,方是诠释《春秋》的佳善之法。

四、影响

孔子因鲁史而"作《春秋》",以当王法,其辞微而指博,后世学者多录焉"(《史记·儒林列传》)。西汉时期,治《春秋》者众多,时有"《春秋古经》十二篇,经十一卷","凡《春秋》二十三家,九百四十八篇"(《汉书·艺文志》)。其实,《春秋》传承自有谱系,《汉书·艺文志》曰:

> 古之王者世有史官,君举必书,所以慎言行,昭法式也。左史记言,右史记事,事为春秋,言为尚书,帝王靡不同之。周室既微,载籍残缺,仲尼思存前圣之业,乃称曰:"夏礼吾能言之,杞不足征也;殷礼吾能言之,宋不足征也。文献不足故也,足则吾能征之矣。"以鲁周公之国,礼文备物,史官有法,故与左丘明观其史记,据行事,仍人道,因兴以立功,就败以成罚,假日月以定历数,藉朝聘以正礼乐。有所褒讳贬损,不可书见,口授弟子,弟子退而异言。丘明恐弟子各安其意,以失其真,故论本事而作传,明夫子不以空言说经也。春秋所贬损大人当世君臣,有威权势力,其事实皆形于传,是以隐其书而不宣,所以免时难也。及末世口说流行,故有公羊、谷梁、邹、夹之传。四家之中,公羊、谷梁立于学官,邹氏无师,夹氏未有书。

孔子"为春秋,笔则笔,削则削,子夏之徒不能赞一辞。弟子受春秋"(《史记·孔子世家》)。孔子"次《春秋》",汉儒分承《春秋》"三传"。左丘明亲见鲁史,据事而言,即使其识有不逮,但是出入不会太大。《公羊》《谷梁》则前后经师递相附益,推寻字句之义多是凭心而断,难免有各徇私见之所偏。然则,征实迹者其失小,骋虚论者其失大。②后世诸儒于《春秋》"三传"争论纷纭,其根由或源于此。唐人《五经正义》崇尚《左传》,宋儒虽重

---

① (宋)叶梦得撰:《春秋传·序》,见(宋)陈振孙撰,徐小蛮等点校:《直斋书录解题》卷3,上海古籍出版社1987年版,第63页。

② 参见(清)永瑢、纪昀等:《四库全书总目提要》卷29,中华书局1965年版,第244页。

《左传》但更重《春秋经》，宋儒大有越过汉唐复归先秦而溯源本经的路数，因此宋儒对《春秋经》的重视程度超越前人；比如广德军刊刻《春秋经》（一卷）、朱熹刊刻《春秋经》（一卷）、礼部侍郎眉山李焘仁父刊刻《春秋古经》（一卷）等。①

诚然，尊崇《春秋》者奉之为圭臬，贬抑《春秋》者视之为"断烂朝报"。北宋时期，王安石"训释《诗》《书》《周礼》既成，颁之学官，天下号曰新义"，却"黜《春秋》之书，不使列于学官，至戏目为断烂朝报"（《宋史·王安石传》）。与王安石贬抑《春秋》不同，南宋朱熹对孔子所作《春秋》自有高见。朱熹认为"《春秋》大旨，其可见者：诛乱臣，讨贼子，内中国，外夷狄，贵王贱伯而已"②，指出"今之做春秋义，都是一般巧说，专是计较利害，将圣人之经做一个权谋机变之书"③，"今之治春秋者，都只将许多权谋变诈为说，气象局促，不识圣人之意，不论王道之得失，而言伯业之盛衰，失其旨远矣"④。而且朱熹声称"《春秋》皆乱世之事，而圣人一切裁之以天理"⑤，"《春秋》本是严底文字，圣人此书之作，遏人欲于横流，遂以二百四十二年行事寓其褒贬"⑥。其实，《春秋》"三传"之文多为后学所为，难免有纵横之意；后世学《春秋》者力有不逮，故多凿说。

于儒经体系发展史而言，自"六经"至"十三经"，无论增减变化，多有《春秋》或《春秋》"三传"之一。于历代王朝崇儒之史来看，《春秋》或《春秋》"三传"亦多为官学之选。另外，东汉熹平四年（175年），汉灵帝诏刻"熹平石经"，始列《春秋》；唐文宗大和七年至开成二年（833－837年）诏刻"开成石经"，凡取《春秋》"三传"；北宋嘉祐六年（1061年）诏刻"嘉祐石经"，收有《春秋》；清代乾隆年间诏刻儒家十三经于石，凡取《春秋》"三传"。不唯于此，肇自唐初，历代科举考试多将《春秋》或《春秋》"三传"之一列入其中。历史地看，自西汉至晚清，《春秋》及《春秋》"三传"的影响深矣、远矣。

---

① （宋）陈振孙撰，徐小蛮等点校：《直斋书录解题》卷3，上海古籍出版社1987年版，第51页。
② （宋）黎靖德编，王星贤点校：《朱子语类》卷83，中华书局1986年版，第6册，第2144页。
③ （宋）黎靖德编，王星贤点校：《朱子语类》卷83，中华书局1986年版，第6册，第2174页。
④ （宋）黎靖德编，王星贤点校：《朱子语类》卷83，中华书局1986年版，第6册，第2173页。
⑤ （宋）黎靖德编，王星贤点校：《朱子语类》卷23，中华书局1986年版，第2册，第541页。
⑥ （宋）黎靖德编，王星贤点校：《朱子语类》卷83，中华书局1986年版，第6册，第2174页。

附:《春秋》节要

元年春王正月。三月,公及邾仪父盟于蔑。夏五月,郑伯克段于鄢。秋七月,天王使宰咺来归惠公、仲子之赗。九月,及宋人盟于宿。冬十有二月,祭伯来。公子益师卒。(《隐公元年》)

五年春,公矢鱼于棠。夏四月,葬卫桓公。秋,卫师入郕。九月,考仲子之宫。初献六羽。邾人、郑人伐宋。螟。冬十有二月辛巳,公子彄卒。宋人伐郑,围长葛。(《隐公五年》)

元年春王正月,公即位。三月,公会郑伯于垂,郑伯以璧假许田。夏四月丁未,公及郑伯盟于越。秋,大水。冬十月。(《桓公元年》)

元年春王正月。三月,夫人孙于齐。夏,单伯送王姬。秋,筑王姬之馆于外。冬十月乙亥,陈侯林卒。王使荣叔来锡桓公命。王姬归于齐。齐师迁纪、郱、鄑、郚。(《庄公元年》)

十年春王正月,公败齐师于长勺。二月,公侵宋。三月,宋人迁宿。夏六月,齐师、宋师次于郎。公败宋师于乘丘。秋九月,荆败蔡师于莘,以蔡侯献舞归。冬十月,齐师灭谭,谭子奔莒。(《庄公十年》)

元年春王正月。齐人救邢。夏六月辛酉,葬我君庄公。秋八月,公及齐侯盟于落姑。季子来归。冬,齐仲孙来。(《闵公元年》)

十有六年春王正月戊申朔,陨石于宋五。是月,六鹢退飞,过宋都。三月壬申,公子季友卒。夏四月丙申,鄫季姬卒。秋七月甲子,公孙兹卒。冬十有二月,公会齐侯、宋公、陈侯、卫侯、郑伯、许男、邢侯、曹伯于淮。(《僖公十六年》)

元年春王正月,公即位。二月癸亥,日有食之。天王使叔服来会葬。夏四月丁巳,葬我君僖公。天王使毛伯来锡公命。晋侯伐卫。叔孙得臣如京师。卫人伐晋。秋,公孙敖会晋侯于戚。冬十月丁未,楚世子商臣弑其君頵。公孙敖如齐。(《文公元年》)

十有四年春王正月,公至自晋。邾人伐我南鄙,叔彭生帅师伐邾。夏五月乙亥,齐侯潘卒。六月,公会宋公、陈侯、卫侯、郑伯、许男、曹伯、晋赵盾。癸酉,同盟于新城。秋七月,有星孛入于北斗。公至自会。晋人纳捷菑于邾。弗克纳。九月甲申,公孙敖卒于齐。齐公子商人弑其君舍。宋子哀来奔。冬,单伯如齐。齐人执单伯。齐人执子叔姬。(《文公十四

年》)

三年春王正月，郊牛之口伤，改卜牛。牛死，乃不郊。犹三望。葬匡王。楚子伐陆浑之戎。夏，楚人侵郑。秋，赤狄侵齐。宋师围曹。冬十月丙戌。郑伯兰卒。葬郑穆公。(《宣公三年》)

元年春王正月，公即位。二月辛酉，葬我君宣公。无冰。三月，作丘甲。夏，臧孙许及晋侯盟于赤棘。秋，王师败绩于茅戎。冬十月。(《成公元年》)

十有三年春，晋侯使郤锜来乞师。三月，公如京师。夏五月，公自京师，遂会晋侯、齐侯、宋公、卫侯、郑伯、曹伯、邾人、滕人伐秦。曹伯卢卒于师。秋七月，公至自伐秦。冬，葬曹宣公。(《成公十三年》)

七年春，郯子来朝。夏四月，三卜郊，不从，乃免牲。小邾子来朝。城费。秋，季孙宿如卫。八月，螽。冬十月，卫侯使孙林父来聘。壬戌，及孙林父盟。楚公子贞帅师围陈。十有二月，公会晋侯、宋公、陈侯、卫侯、曹伯、莒子、邾子于鄬。郑伯髡顽如会，未见诸侯，丙戌，卒于鄵。陈侯逃归。(《襄公七年》)

三十年春王正月，楚子使薳罢来聘。夏四月，蔡世子般弑其君固。五月甲午。宋灾。宋伯姬卒。天王杀其弟佞夫。王子瑕奔晋。秋七月，叔弓如宋，葬宋共姬。郑良霄出奔许，自许入于郑，郑人杀良霄。冬十月，葬蔡景公。晋人、齐人、宋人、卫人、郑人、曹人、莒人、邾人、滕子、薛人、杞人、小邾人会于澶渊，宋灾故。(《襄公三十年》)

十有六年春，齐侯伐徐。楚子诱戎蛮子杀之。夏，公至自晋。秋八月己亥，晋侯夷卒。九月，大雩。季孙意如如晋。冬十月，葬晋昭公。(《昭公十六年》)

二十五年春，叔孙婼如宋。夏，叔诣会晋赵鞅、宋乐大心、卫北宫喜、郑游吉、曹人、邾人、滕人、薛人、小邾人于黄父。有鸜鹆来巢。秋七月上辛，大雩；季辛，又雩。九月己亥，公孙于齐，次于阳州。齐侯唁公于野井。冬十月戊辰，叔孙婼卒。十有一月己亥，宋公佐卒于曲棘。十有二月，齐侯取郓。(《昭公二十五年》)

元年春王三月。晋人执宋仲几于京师。夏六月癸亥，公之丧至自干侯。戊辰，公即位。秋七月癸巳，葬我君昭公。九月，大雩。立炀宫。冬十月，陨霜杀菽。(《定公元年》)

十有五年春王正月，邾子来朝。鼷鼠食郊牛，牛死，改卜牛。二月辛丑，楚子灭胡，以胡子豹归。夏五辛亥，郊。壬申，公薨于高寝。郑罕达帅师伐宋。齐侯、卫侯次于渠蒢。邾子来奔丧。秋七月壬申，姒氏卒。八月庚辰朔，日有食之。九月，滕子来会葬。丁巳，葬我君定公，雨，不克葬。戊午，日下昃，乃克葬。辛巳，葬定姒。冬，城漆。（《定公十五年》）

元年春王正月，公即位。楚子、陈侯、随侯、许男围蔡。鼷鼠食郊牛，改卜牛。夏四月辛巳，郊。秋，齐侯，卫侯伐晋。冬，仲孙何忌帅师伐邾。（《哀公元年》）

十有四年春，西狩获麟。小邾射以句绎来奔。夏四月，齐陈恒执其君，置于舒州。庚戌，叔还卒。五月庚申朔，日有食之。陈宗竖出奔楚。宋向魋入于曹以叛。莒子狂卒。六月，宋向魋自曹出奔卫。宋向巢来奔。齐人弑其君壬于舒州。秋，晋赵鞅帅师伐卫。八月辛丑，仲孙何忌卒。冬，陈宗竖自楚复入于陈，陈人杀之。陈辕买出奔楚。有星孛。饥。（《哀公十四年》）

十有六年春王正月己卯，卫世子蒯聩自戚入于卫，卫侯辄来奔。二月，卫子还成出奔宋。夏四月己丑，孔丘卒。（《哀公十六年》）

《春秋》"三传"学案

春秋末期，孔子"次《春秋》"，孔门后学与左丘明"传《春秋》"。于《春秋》"三传"成文次第而言，《春秋左氏传》问世应早，《春秋公羊传》次之，《春秋穀梁传》较晚。于《春秋》"三传"大义而言，"《春秋》大义，内诸夏而外夷狄，三传皆同"[1]；于《春秋》"三传"辞指而言，"三传"虽皆重隐讳之法，然唯《公羊传》辞法多变、讲究颇多。

两汉四百余年，《春秋》"三传"各有传承，唯《公羊传》盛行，《穀梁传》次之。时至唐初，《春秋左氏传》盛行。两宋时期，儒者强调越过汉唐回归先秦儒学之源，《春秋经》为众人所重；其中，孙复、刘敞、朱熹等人主张弃"传"从"经"，实则他们多以《春秋左氏传》为据。朱熹认为《春秋》制度大纲，《左传》较可据，《公》《穀》较难凭[2]、"左氏所传春秋事，恐八九分是。

---

① 章太炎讲演，诸祖耿等记录：《章太炎国学讲演录》，中华书局 2013 年版，第 20 页。
② （宋）黎靖德编，王星贤点校：《朱子语类》卷 83，北京：中华书局 1986 年版，第 6 册，第 2151 页。

公谷专解经,事则多出揣度"①。于《春秋》三传而言,朱熹对《左传》的认同程度似乎超过《公羊》与《穀梁》。自宋至清,诸儒注疏与诠释《春秋左氏传》层出不穷,《公羊传》《穀梁传》鲜有人问津。直至清代中后期,诸儒急于应对"三千年未有之大变局"、欲托古经以求变法图强之药方,于是,《公羊传》注疏与诠释成为一时思潮,公羊学成为一时显学。

自春秋至晚清,后世注疏与诠释《春秋》之作多达百余部、千余卷。事实上,《春秋》本是鲁史旧文,孔子略加笔削,据事而书,显微之间,美恶自见;然则,"自三传启穿凿之门,世儒袭见闻之陋,圣人记事之意,渐以弗存"(《答周宗侯西亭言春秋辩疑》②)。今循《春秋》"三传"之史迹,各自略为学案。

《春秋左氏》学案

相传,《春秋左氏传》是春秋末年的鲁国左丘明以"传"诠释《春秋》之作,原名《左氏春秋》,又名《春秋左氏》或《春秋内传》,自汉以后,简称《左传》。《汉书·艺文志》记载"左氏传"三十卷""《左氏微》二篇"。

《左传》是儒家"十三经"中篇幅最长者,约二十万言,其总字数近十倍于《春秋》经文。《左传》凡记从鲁隐公元年(前722年)至鲁哀公二十七年(前468年)之史,记载鲁国与各诸侯国相关的政治、经济、军事、外交和文化方面的重要事件与重要人物,既是研究先秦鲁国历史的重要史书,又是研究先秦儒学的重要经典。

一、成书

东周道缺,礼坏乐崩;孔子明王道,"次《春秋》,上记隐,下至哀之获麟,约其辞文,去其烦重,以制义法","鲁君子左丘明惧弟子人人异端,各安其意,失其真,故因孔子史记具论其语,成《左氏春秋》"(《史记·十二诸侯年表》③)。或曰:定哀之间,"鲁君子左丘明论集其文,作《左氏传》三十

---

① (宋)黎靖德编,王星贤点校:《朱子语类》卷83,北京:中华书局1986年版,第6册,第2151页。

② (明)张居正著,张舜徽主编:《张居正集》第2册,湖北人民出版社1994年版,第909页。

③ 按:清人崔适《史记探源》(卷四)认为这段话是刘歆窜入,即以《七略》窜入《年表》,并且认为《七略》"上下文意相联",《年表》"上下文意相背",同时举出七条理由加以论证。——参见(清)崔适:《史记探源》卷4,中华书局1986年版,第69—74页。

篇，又撰异同，号曰《国语》，二十一篇，由是《乘》《梼杌》之事遂暗，而《左氏》《国语》独章"（《后汉书·班彪列传上》）。《左传》以鲁国《春秋》为本，兼采楚之《梼杌》、晋之《乘》等列国资料，详述春秋时期的历史事件与历史人物。不过，根据《左传》所记"三家分晋"（《史记·天官书》："田氏篡齐，三家分晋，并为战国"）之事，可以推知《左传》全书成书时间应为战国初期。

"《左氏》经之与传，犹衣之表里，相持而成。经而无传，使圣人闭门思之十年，不能知也。"（桓谭《新论》[①]）比较《春秋》经文与《左传》传文，《左传》传文比《春秋》经文多出十三年，所记之事多出二十六年。《左传》以《春秋》记事为纲，阐明《春秋》书法、补充《春秋》经文、订正《春秋》错误。因此，后世有人认为《左传》是一部独立的著作，如晋人王接认为"《左氏》辞义赡富，自是一家书，不主为经发"（《晋书·王接传》），清人皮锡瑞在《经学通论·春秋》中肯定了王接的观点。然则，后人常怀疑《左传》并非左丘明所作，如南宋朱熹认为"丘明所耻如此，《左传》必非其所作"[②]，指出"左丘是古有此姓，名明，自是一人。作传者乃左氏，别自是一人"[③]。又如，南宋陈振孙曰：

> 自昔相传以为左丘明撰。其好恶与圣人同者也。而其末记晋知伯反丧于韩、魏，在获麟后二十八年，去孔子没亦二十六年，不应年少后亡如此。又，其书称"虞不腊矣""见于尝酎"及"秦庶长"，皆战国后制，故疑非孔子所称左丘明，别是一人为史官者。其释《经》义例，虽未尽当理，而具得当时事实，则非二传之此也。[④]

虽然陈振孙所言不无道理，但是《左传》自春秋至西汉其家学传承路径清晰，后学颇众，因此不排除在《左传》最终成书之前有后学补入春秋战国交替之时的重要史事。统言之，大体可知《左传》成书应为春秋末年，最晚不过春秋战国交替之时。

---

① 参见（宋）李昉等撰：《太平御览》卷610，中华书局1960年版，第3册，第2746页。
② （宋）黎靖德编，王星贤点校：《朱子语类》卷29，中华书局1986年版，第2册，第748页。
③ （宋）黎靖德编，王星贤点校：《朱子语类》卷29，中华书局1986年版，第2册，第748页。
④ （宋）陈振孙撰，徐小蛮等点校：《直斋书录解题》卷3，上海古籍出版社1987年版，第51—52页。

二、注本

《春秋》具列事实,人人可解;一知半见,议论丛生;注疏之繁,《左传》为最。综观《左传》注疏史,晋、唐、宋、清是谓繁盛时代,力作频出,常有新见。

其实,《左传》注疏史早在西汉初期已经发萌。西汉初兴,北平侯张苍、梁太傅贾谊、京兆尹张敞、太中大夫刘公子皆修《春秋左氏传》,贾谊"为《左氏传训故》"(《汉书·儒林传》)。汉成帝时,"东海张霸通《左氏春秋》,案百篇序,以《左氏》训诂,造作百二篇,具成奏上"(《论衡·佚文》)。时至东汉,《左传》注疏史又呈勃兴之势,孔奋"少从刘歆受《春秋左氏传》",孔奋之弟孔奇"博通经典,作《春秋左氏删》",孔奋之子孔嘉"作《左氏说云》"(《后汉书·孔奋传》)。郑兴"晚善《左氏传》,遂积精深思,通达其旨,同学者皆师之","世言左氏者多祖于兴"(《后汉书·郑兴传》),郑兴之子郑众"从父受《左氏春秋》,精力于学,明三统历,作《春秋难记条例》"(《后汉书·郑众传》)。贾逵之父贾徽"从刘歆受《左氏春秋》","作《左氏条例》二十一篇"(《后汉书·贾逵传》);贾逵"悉传父业,弱冠能诵《左氏传》及五经本文","尤明《左氏传》《国语》,为之解诂五十一篇"(同上)。服虔"有雅才,善著文论,作《春秋左氏传解》,行之至今。又以左传驳何休之所驳汉事六十条"(《后汉书·儒林列传下》),颖容"博学多通,善《春秋左氏》","著《春秋左氏条例》五万馀言"(同上)。何休撰《左氏膏肓》(九卷),其书是何休"始答贾逵事,因记《左氏》之短"[1],郑康成作《针膏肓》以排之。

魏晋时期,《左传》注疏史有所展开。晋人杜预撰《春秋左传集解》(三十卷),其书特色在于:专修左丘明之《传》以释《经》[2];其弊在于弃《经》而信《传》,于《传》则尚忠,于《经》则略违。自晋、宋传杜学为义疏者,有沈文阿、苏宽、刘炫。沈氏义例粗可,经传极疏;苏氏不体本文,唯攻贾、服;刘炫好规杜失,此诸义疏犹有可观。[3]另外,杜预撰《春秋释例》(十五卷),其书特色在于:集《左传》诸例及地名、谱第、历数,皆显其同异,从而释之,发

---

① (宋)晁公武撰,孙猛校证:《郡斋读书志》卷3,上海古籍出版社1990年版,第105页。

② (宋)陈振孙撰,徐小蛮等点校:《直斋书录解题》卷3,上海古籍出版社1987年版,第52页。

③ (宋)陈振孙撰,徐小蛮等点校:《直斋书录解题》卷3,上海古籍出版社1987年版,第54页。

明尤多。①杜预"皓首《春秋》,深明权义,乃谓学者未可与权,必先讲义,义之通明,既有宗本,举一则推万,可知计源则众流毕会,是以礼经言凡者谓其统之有宗也,志在可例者谓其会之有元也",声称"立经举元,后世非以例义求之,则莫能一而贯也"②。杜预认为"经之条贯必出于传,传之义例总归于凡"③,指出《左传》称"凡"者五十,其别四十有九,皆周公之垂法,史书之旧章。杜预虽有曲从左氏之失,而用心周密,后人无以复加。

唐初,唐太宗崇儒学,孔颖达奉诏撰《五经正义》而成《春秋左传正义》,凸显《左传》于《春秋》"三传"之中的政治价值与学术地位。左丘明传、杜预注、孔颖达疏《春秋左传正义》(六十卷),其书特色在于:认为此书为左丘明作,以祛众惑;认为今世所传,唯杜预《注》、孔颖达《疏》为最古。杜预《注》多强《经》以就《传》,孔颖达《疏》多左于杜预。《左传》之义明二百五十四年之善恶是非,杜预《注》、孔颖达《疏》彰明《左传》大义。清编《四库全书总目提要》(卷26)有言:"后儒妄作聪明、以私臆谈褒贬者,犹得据《传》文以知其谬。则汉晋以来藉《左氏》以知经义,宋元以后更藉《左氏》以杜臆说矣。《传》与《注》《疏》,均谓有大功于《春秋》可也。"④清儒阮元校刻儒家"十三经"所选底本便是晋人杜预集解、唐人孔颖达等撰《春秋左传正义》(六十卷),今已成为通行本。

宋代是《左传》注疏史上的拓展时期,力作不少。吕祖谦撰《春秋左氏传说》(二十卷),其书特色在于:持论随事立义,而推阐更为详尽;多有发明,其说精良;极为详博,其笔锋颖利,凡所指摘,皆刻露不留余地。吕祖谦研究《左氏》多所发明,另有《左传类编》《左传博议》与《春秋左氏传续说》(十二卷);其《左传类编》取《左氏》之文,分别为十九目,久无传本;《左传博议》则随事立义,以评其得失;《春秋左氏传续说》(十二卷)继《左氏传说》而作,以补所未及;其体例是随文解义,议论稍不如前说阔大;于《传》文所载,阐发其蕴,并抉摘其疵。吕祖谦邃于史事,知空谈不可以说《经》,故研究《传》文,穷始末以核得失,而不倡废《传》之论。⑤魏了翁撰《春秋左

---

① (宋)晁公武撰、孙猛校证:《郡斋读书志》卷3,上海古籍出版社1990年版,第105页。
② 参见(清)永瑢、纪昀等编纂:《四库全书》第146册,上海古籍出版社1987年版,第4页。
③ 参见(清)永瑢、纪昀等编纂:《四库全书》第146册,上海古籍出版社1987年版,第1页。
④ 参见(清)永瑢、纪昀等:《四库全书总目提要》卷26,中华书局1965年版,第210页。
⑤ 参见(清)永瑢、纪昀等:《四库全书总目提要》卷27,中华书局1965年版,第221页。

传要义》(三十一卷),其书特色在于:节录杜预《注》与孔颖达《疏》之文,每条之前各为标题,而系以先后次第,与诸经要义体例并同。魏了翁袤辑众说以注《春秋左传》,其书未就,而其所取于《注》《疏》者则尚见于此书;不录烦重琐屑者,而于名物度数则是削繁举要。①略有不足之处是,魏了翁《春秋左传要义》多有先儒未论之语。综观宋代《春秋左传》注疏史,另有吴元绪撰《左氏鼓吹》(一卷)、吴曾撰《左氏发挥》(六卷)、石朝英撰《左传约说》(一卷)、陈傅良撰《左氏章指》(三十卷)等值得一观。

明代是《左传》注疏史上的过渡时期,力作不多。陆粲撰《左传附注》(五卷),其书特色在于:此书前三卷驳正杜预之《注》义,第二卷驳正孔颖达之《疏》文,第五卷驳正陆德明《左传释文》之音;多旁采诸家之论,亦间断以己意,于训诂家颇为有裨。②陆粲另有《春秋左传镌》(二卷)。傅逊撰《左传属事》(二十卷),其书特色在于:仿建安袁枢《纪事本末》之体,变编年为属事。事以题分,题以国分。《传》文之后,各隐括大意而论之。于杜氏《集解》之未安者,颇有更定。对《传》文有乖于世教者,多有纠正。③有明一朝,另有冯时可撰《左氏释》(二卷)、陈许廷撰《春秋左传典略》(十二卷)、王震撰《春秋左翼》(四十三卷)、凌稚隆撰《春秋左传评注测义》(七十卷)等值得一提。

清代是《左传》注疏史上的昌明时期,力作频现。清初,顾炎武撰《左传杜解补正》(三卷),其书特色在于:顾炎武以为杜预《左传集解》时有阙失,贾逵、服虔之《注》,乐逊之《春秋序义》今又不传,于是博稽群书,精于考证;凡引皆有根据,推求文义,研究诂训,多得《左氏》之意。顾炎武重视杜预《解》,能弥缝其阙失,扫除门户之偏,能持是非之平。④马骕撰《左传事纬》(十二卷),其书特色在于:贯通春秋史事,史料依据详赡,见解精辟独到;"于左氏实能融会贯通,故所论具有条理,其图表亦皆考证精详"⑤;凡编《左传》所记历史事件108篇,是以纪事本末体裁叙述春秋历史的通史。惠栋撰《左传补注》(六卷),其书特色在于:援引旧训以补杜预《左传

① 参见(清)永瑢、纪昀等:《四库全书总目提要》卷27,中华书局1965年版,第221页。
② 参见(清)永瑢、纪昀等:《四库全书总目提要》卷28,中华书局1965年版,第230页。
③ 参见(清)永瑢、纪昀等:《四库全书总目提要》卷28,中华书局1965年版,第232页。
④ 参见(清)永瑢、纪昀等:《四库全书总目提要》卷29,中华书局1965年版,第235页。
⑤ 参见(清)永瑢、纪昀等:《四库全书总目提要》卷29,中华书局1965年版,第237页。

集解》之遗,广引儒家诸经与诸子之书以为明证;其长在博,其短在于嗜博;其长在古,其短在于泥古。①沈彤撰《春秋左氏传小疏》(一卷),其书特色在于:沈彤以为顾炎武所补《左传》杜《注》未尽,更为订正;未完之书,得失互见。②朱元英撰《左传拾遗》(二卷),其书特色在于:仿《东莱博议》之体,唯《博议》多阐经义,好出新意,往往失之过苛③;同时,训诂之失,杂引不类(如《九章算法》,谓差分为衰分,失之准确)。洪亮吉撰《春秋左传诂》(二十卷),其书特色在于:广采汉魏唐宋与近人汉学之论,驳正杜预《春秋经传集解》,欲正杜预之失;长于训诂,融古通今,常有独到见解;"行文质朴简练,讲究务实,有话则长,无话则省"④。略显不足之处是,洪亮吉采摭杜预之文以相诘难,贬斥犹过,力多而功少。于清代《春秋左传》注疏史而言,另有苏本洁的《左传杜注补义》(一卷)、高士奇的《左传姓名考》(四卷)、顾宗玮的《春秋左传事类年表》(一卷)、冯李骅与陆浩同的《左绣》(三十卷)、姜炳璋的《读左补义》(五十卷)、李文渊的《左传评》(三卷)、姜希辙的《左传统笺》(三十五卷)、朱鹤龄的《读左日钞》(十二卷)等值得一顾。

清末民初,《左传》注疏史有所接续。其中,廖平治《左传》尤力,名噪一时。廖平研治《左传》之作宏丰,主要有《左氏古经说读本》《左氏春秋古经说》《左氏春秋古经说疏证》《左氏古经说汉义补证》《左传汉义证》《左传汉义补证》《春秋左传古义凡例五十则》《左氏释例》《左氏补例》《春秋左氏传汉义补证简明凡例二十则》《春秋古经左氏说后义补证凡例》《左氏春秋学外编》《左氏春秋学外编凡例》《左氏拨正录》《左传三十论》《续三十论》《左氏源流考》《〈左传〉变易今学传例表》《〈左传〉变易今学礼制表》以及《春秋》"三传"总论著作《春秋三传折中》《三传师说同源异流表》《三传异礼表》《三传异例表》与《三传异事表》等,有四十余种。⑤廖平认为晋人杜预《春秋左氏集解》不守旧训,其治《春秋》是依《王制》为《春秋》传,参以西汉先师旧说,从班固为断;廖平对不尽意者则详为疏之,疏中引用实事,以《史记》为主,间用《左传》、董仲舒《公羊》学、礼制与《左氏》相涉之文。廖

---

① 参见(清)永瑢、纪昀等:《四库全书总目提要》卷29,中华书局1965年版,第241页。

② 参见(清)永瑢、纪昀等:《四库全书总目提要》卷29,中华书局1965年版,第242页。

③ 参见(清)永瑢、纪昀等:《四库全书总目提要》卷31,中华书局1965年版,第257页。

④ (清)洪亮吉撰,李解民点校:《春秋左传诂》上册,中华书局1987年版,第9页。

⑤ 参见(清)廖平著,杨世文、舒大刚校点:《廖平全集》,上海古籍出版社2015年版,第8、9册。

平治《左氏》，初时主张"平分今古"，将《左传》视为古文，数变之后，崇尚今文，贬抑古文，则又将《左传》视为今文。廖平认为《左传》为解经之书，将《左传》分为记事和义例：记事为《传》，义例为《说》。尽管廖平视《左传》为解经之作，却否定《左传》为左丘明所作，其《春秋左传古义凡例》曰："《左传》则《左氏春秋》之弟子久习师传，素闻史法，先入为主，各是所长，怪今学弟子弃实崇虚，近于舞文乱法，而义例繁多，鲜能划一；又参用四代，非从周之义。乃发愤自雄，别立一帜，以抒所长。采《国语》之事实，据《周官》之礼制，其曰'左氏传'者，谓传左氏学耳，正如《左传》《穀梁》，以先师氏其学，非谓丘明所撰也。"廖平《春秋》学之要是主张"经学之要在制度不在名物"，主张经世致用、托古改制；其学术宗旨强调治《春秋》当应时应世，观照现实社会与政治；其治《春秋》学之弊在于：前后数变，说经放肆，虽时有发明新见，但多有臆测之言。

时至近现代，《左传》注疏史又有新发展，力作不断。其中，颇具代表性的著作有童书业的《春秋左传研究》、杨伯峻的《春秋左传注》、王叔岷的《左传考校》以及瑞典高本汉的《左传真伪考》与《左传注释》、日本安井衡的《左传辑释》、日本竹田光鸿的《左传会笺》等。

三、篇旨

《左传》凡记东周二百五十四年之史，即从鲁隐公元年（前722年）至鲁哀公二十七年（前468年）之史，依循鲁国十二公之次第（隐公、桓公、庄公、闵公、僖公、文公、宣公、成公、襄公、昭公、定公、哀公，另附悼公），主要内容以鲁国国史为主线，兼涉与鲁国相关的各诸侯国之史，具体内容涉及政治、经济、军事、外交和文化等诸多方面。较之，《左传》与《春秋经》所记鲁国十二公次序与编年相同，但是《左传》之《哀公二十七年》文末则记至鲁悼公四年（前467－前464年），比《春秋经》多出数年。不知这是左氏所为，还是后学补入。为便于直观理解《春秋经》与《左传》之篇目、纪年之差异，特列下表以供参详。

《春秋》《左传》纪年对比表

《春秋》篇目与篇序、鲁国十二公次序与编年	《春秋左氏传》篇目与篇序、鲁国十三公次序与编年	备注
隐公十一（前722—前712年）	隐公十一（前722—前712年）	
桓公十八（前711—前694年）	桓公十八（前711—前694年）	
庄公三十二（前693—前662年）	庄公三十二（前693—前662年）	
闵公二（前661—前660年）	闵公二（前661—前660年）	
僖公三十三（前659—前627年）	僖公三十三（前659—前627年）	
文公十八（前626—前609年）	文公十八（前626—前609年）	
宣公十八（前608—前591年）	宣公十八（前608—前591年）	
成公十八（前590—前573年）	成公十八（前590—前573年）	
襄公三十一（前572—前542年）	襄公三十一（前572—前542年）	
昭公三十二（前541—前510年）	昭公三十二（前541—前510年）	
定公十五（前509—前495年）	定公十五（前509—前495年）	
哀公十四（前494—前481年）	哀公二十七（前494—前468年）	《左传》比《春秋》经多出13年之史
	悼公四（前467—前464年）	《左传》比《春秋》经多出"悼公四"年之史

　　虽说"左氏传经,辞语尚略"(《论衡·案书》)、要在"品藻"(《法言·重黎》),但是《左传》并非像朱熹所说"左氏之病,是以成败论是非,而不本于义理之正"[①]。其实,《左传》自有"《春秋》笔法"与"《春秋》大义",概言之,《左传》篇旨大要有如下四个基本方面。

　　其一,《左传》重名分,讲等级。

　　《春秋》道"名分",《左传》重"名分"。《左传》对"名"有界说,指出"名有五,有信,有义,有象,有假,有类,以名生为信,以德名为义,以类命为象,取于物为假,取于父为类"(《桓公六年》)。《左传》认为"名以制义,义

---

① （宋）黎靖德编,王星贤点校:《朱子语类》卷83,中华书局1986年版,第6册,第2149页。

以出礼，礼以体政，政以正民，是以政成而民听"（《桓公二年》），"夫令名，德之舆也，德，国家之基也"（《襄公二十四年》）。

《左传》不仅重名分，而且讲等级。具言之，"王命诸侯，名位不同"（《庄公十八年》），《昭公七年》载无宇辞曰"天有十日，人有十等，下所以事上，上所以共神也；故王臣公，公臣大夫，大夫臣士，士臣皂，皂臣舆，舆臣隶，隶臣僚，僚臣仆，仆臣台，马有圉，牛有牧，以待百事"，《桓公二年》载师服曰"吾闻国家之立也，本大而末小，是以能固；故天子建国，诸侯立家，卿置侧室，大夫有贰宗，士有隶子弟，庶人工商，各有分亲，皆有等衰，是以民服事其上，而下无觊觎"，《襄公十四年》载师旷曰"夫君，神之主也，民之望也，若困民之主，匮神乏祀，百姓绝望，社稷无主，将安用之，弗去何为，天生民而立之君，使司牧之，勿使失性，有君而为之贰，使师保之，勿使过度，是故天子有公，诸侯有卿，卿置侧室，大夫有贰，宗士有朋友，庶人工商皂隶牧圉，皆有亲昵，以相辅佐也，善则赏之，过则匡之，患则救之，失则革之"。凡此可见，《左传》强调天子、诸侯、卿、大夫、士、庶人、工商各有名分，强调应该各安名分，如是，社会与政治便会井然有序，和谐稳定。

另外，《左传》指出"唯器与名，不可以假人，君之所司也，名以出信，信以守器，器以藏礼，礼以行义，义以生利，利以平民，政之大节也，若以假人，与人政也，政亡"（《成公二年》）。同时，《左传》认为君臣上下各有名分，不守名分是谓"逆"，并且指出凡"逆"有六："贱妨贵，少陵长，远间亲，新间旧，小加大，淫破义，所谓六逆也。"（《隐公三年》）

其二，《左传》讲仁孝，重忠信。

《左传》讲"仁"，其义承袭孔子，如《昭公十一年》曰"克己复礼，仁也"当是化引《论语·颜渊》中的子曰"克己复礼为仁"。诚然，《左传》讲"仁"也有新突破，如《庄公二十二年》曰"以君成礼，弗纳于淫，仁也"、《僖公三十三年》曰"出门如宾，承事如祭，仁之则也"、《成公九年》曰"不背本，仁也，不忘旧，信也，无私，忠也，尊君，敏也，仁以接事，信以守之，忠以成之，敏以行之，事虽大必济"。当然，《左传》讲"仁"更多的是侧重于政治观照，如《隐公六年》曰"亲仁善邻，国之宝也"、《哀公七年》载子服景伯曰"小所以事大，信也，大所以保小，仁也，背大国不信，伐小国不仁，民保于城，城保于德，失二德者，危将焉保"。同时，《左传》强调为君者当秉仁而行，如《襄公九年》曰"体仁足以长人，嘉德足以合礼，利物足以和义，贞固足以干事"，《定公四年》曰"不侮矜寡，不畏强御，唯仁者能之，违强陵弱，非勇也，乘人之约，非仁也，灭宗废祀，非孝也，动无令名，非知也"。

《左传》重视伦理道德，尤其重视孝、忠、信；如《隐公三年》曰"君义，臣行，父慈，子孝，兄爱，弟敬，所谓六顺也"、《文公十八年》曰"孝敬忠信为基德，盗贼藏奸为凶德"、《襄公二十三年》曰"为人子者，患不孝，不患无所"。又如，《昭公二十年》载伍子胥"奔死免父，孝也，度功而行，仁也，择任而往，知也，知死不辟，勇也"、《定公二年》曰"不侮矜寡，不畏强御，唯仁者能之，违强陵弱，非勇也，乘人之约，非仁也，灭宗废祀，非孝也"。复如，《哀公十六年》载叶公曰"周仁之谓信，率义之谓勇"、《僖公二十四年》曰"心不则德义之经为顽，口不道忠信之言为嚚"。《左传》认为"穆伯如齐，始聘焉，礼也，凡君即位，卿出并聘，践修旧好，要结外援，好事邻国，以卫社稷，忠信卑让之道也"，并且指出"忠，德之正也，信，德之固也，卑让，德之基也"（《文公元年》），同时强调"君人执信，臣人执共，忠信笃敬，上下同之，天之道也"（《襄公二十二年》）。由是观之，《左传》讲忠信已有道德形而上学之意蕴与向度。

其三，《左传》否天命，重修德。

《左传》论天命与德性，颇具辩证意味。首先，《左传》认为天道玄远，《昭公十八年》载子产曰"天道远，人道迩，非所及也"即有此意，同时《左传》指出"阴阳之事，非吉凶所生也，吉凶由人"（《僖公十六年》）、"善败由己，而由人乎哉"（《僖公二十年》）。其次，《左传》认为个人之德性可以改变其天命，如《昭公二十六年》记载"齐有彗星，齐侯使禳之，晏子曰，无益也，祇取诬焉，天道不谄不贰，其命若之何，禳之，且天之有彗也，以除秽也，君无秽德，又何禳焉，若德之秽，禳之何损"，又如《宣公三年》记载：

> 　　楚子伐陆浑之戎，遂至于洛，观兵于周疆。定王使王孙满劳楚子。楚子问鼎之大小轻重焉。对曰："在德不在鼎。昔夏之方有德也，远方图物，贡金九牧，铸鼎象物，百物而为之备，使民知神、奸。故民入川泽山林，不逢不若。螭魅罔两，莫能逢之，用能协于上下，以承天休。桀有昏德，鼎迁于商，载祀六百。商纣暴虐，鼎迁于周。德之休明，虽小，重也。其奸回昏乱，虽大，轻也。天祚明德，有所底止。成王定鼎于郏鄏，卜世三十，卜年七百，天所命也。周德虽衰，天命未

改。鼎之轻重,未可问也。"(《宣公三年》)

要言之,《左传》强调的是政权兴衰"在德不在鼎",或曰天命在德非在天。

于个体而言,唯有德可改天命,若无德则天命难晓。《闵公二年》曰"无德而禄,殃也"、《宣公十二年》曰"无德而强争诸侯,何以和众"。所以,于个体而言,"修己而不责人,则免于难"(《闵公二年》)。因此,《左传》将"立德"视为上等之事,《襄公二十四年》载"豹闻之,大上有立德,其次有立功,其次有立言"。对此,《左传》所载臧文仲之语亦有申明,《庄公十一年》载臧文仲曰"宋其兴乎,禹汤罪己,其兴也悖焉,桀纣罪人,其亡也忽焉",其意在强调为人、为政、为君皆不可忽视"立德",唯德可安身立命,唯德可续政命、延国祚。

其四,《左传》重礼义,慎刑罚。

《左传》对"礼"很重视,且有精辟界说。首先,礼之于国家有重要意义,《隐公十一年》曰"礼,经国家,定社稷,序民人,利后嗣者也"、《僖公十一年》曰"礼,国之干也,敬,礼之舆也,不敬则礼不行,礼不行则上下昏,何以长世"、《昭公二十六年》曰"礼之可以为国也久矣,与天地并,君令臣共,父慈子孝,兄爱弟敬,夫和妻柔,姑慈妇听,礼也,君令而不违,臣共而不贰,父慈而教,子孝而箴,兄爱而友,弟敬而顺,夫和而义,妻柔而正,姑慈而从,妇听而婉,礼之善物也"。其次,礼之于个人有重要意义,《昭公十五年》曰"礼,王之大经也"、《昭公七年》曰"礼,人之干也,无礼无以立"、《成公十三年》载孟献子曰"礼,身之干也,敬,身之基也","君子勤礼,小人尽力,勤礼莫如致敬,尽力莫如敦笃,敬在养神,笃在守业"。

"信以守礼,礼以庇身"(《成公十五年》),为人应该"度德而处之,量力而行之,相时而动,无累后人,可谓知礼矣";知礼而恕行,"恕而行之,德之则也,礼之经也"。《左传》认为"礼"有具体体现,《昭公二年》曰"忠信,礼之器也,卑让,礼之宗也"、《僖公二十七年》曰"礼乐,德之则也"、《文公七年》曰"义而行之,谓之德礼,无礼不乐,所由叛也"。当然,《左传》对"礼"作为制度与规范的价值意义更为重视,如《隐公五年》载鲁公问羽数于众仲,仲子对曰"天子用八,诸侯用六,大夫四,士二,夫舞所以节八音,而行八风,故自八以下,公从之,于是初献六羽,始用六佾也"。于人君而言,礼与非礼在日常生活中亦有体现,《隐公五年》曰"公矢鱼于棠,非礼也"、《桓公三年》曰"齐侯送姜氏,非礼也"、《文公四年》曰"逆妇姜于齐,卿不行,非礼也"、《文公六年》曰"闰月不告朔,非礼也"。

《左传》认为"礼之始"为"孝",《文公二年》曰"孝,礼之始也",强调为人应当"行之以礼,敬始而思终"(《昭公五年》)。那么,现实生活中究竟如何行礼,《左传》有明确答案:《文公十五年》曰"礼以顺天,天之道也"、《成公十六年》曰"礼以顺时""时顺而物成,上下和睦"。更为重要的是,《左传》认为礼之于治国理政有重要意义,《襄公三十一年》曰"礼之于政,如热之有濯也,濯以救热,何患之有",反之,"无礼必亡"(《昭公二十五年》)。同时,《左传》洞见"礼"具有形而上与形而下之分殊,而且又见"礼"之贯通形上与形下之统贯精神,《昭公二十五年》曰:

> 对曰:"吉也闻诸先大夫子产曰:'夫礼,天之经也,地之义也,民之行也。'天地之经,而民实则之。则天之明,因地之性,生其六气,用其五行。气为五味,发为五色,章为五声。淫则昏乱,民失其性。是故为礼以奉之。为六畜、五牲、三牺,以奉五味。为九文、六采、五章,以奉五色。为九歌、八风、七音、六律,以奉五声。为君臣上下,以则地义。为夫妇外内,以经二物。为父子、兄弟、姑姊、甥舅、昏媾、姻亚,以象天明。为政事、庸力、行务,以从四时。为刑罚、威狱,使民畏忌,以类其震曜杀戮。为温慈惠和,以效天之生殖长育。民有好、恶、喜、怒、哀、乐,生于六气。是故审则宜类,以制六志。哀有哭泣,乐有歌舞,喜有施舍,怒有战斗,喜生于好,怒生于恶。是故审行信令,祸福赏罚,以制死生。生,好物也。死,恶物也。好物,乐也;恶物,哀也。哀乐不失,乃能协于天地之性,是以长久。简子曰:"甚哉! 礼之大也。"对曰:"礼,上下之纪,天地之经纬也,民之所以生也,是以先王尚之。故人之能自曲直以赴礼者,谓之成人。大,不亦宜乎!"

因此,《左传》反对弃礼,《哀公十五年》曰"死而弃之,是弃礼也"。显然,《左传》言"礼"自有理论体系与价值向度,并非如朱熹所言"左氏说礼,皆是周末衰乱不经之礼"[1]。

---

[1] (宋)黎靖德编,王星贤点校:《朱子语类》卷 63,中华书局 1986 年版,第 4 册,第 1555 页。

《左传》虽言刑狱，但是强调慎刑慎罚。《左传》认同刑狱在治国理政中的重要性，《文公六年》曰"正法罪，辟刑狱，董逋逃"，《宣公十二年》曰"德、刑、政、事、典、礼，不易，不可敌也"，《僖公二十八年》曰"礼以行义，信以守礼，刑以正邪，舍此三者，君将若之何"。《左传》所谓慎刑慎罚是强调不滥刑、不滥罚，《僖公二十三年》曰"刑之不滥，君之明也"，《成公二年》引《周书》曰"明德慎罚，文王所以造周也，明德，务崇之之谓也，慎罚，务去之之谓也，若兴诸侯，以取大罚，非慎之也"。《昭公六年》记载"郑人铸刑书"，叔向使诒子产书曰："昔先王议事以制，不为刑辟，惧民之有争心也"，其意亦是强调为政应当慎刑、慎罚。同时，《左传》主张"德立刑行"、德法并用，《成公十六年》曰"德以施惠，刑以正邪"，《成公十七年》曰"德刑不立，奸轨并至"。不过，《左传》强调刑罚有时，刑罚有界，《襄公二十六年》曰"古之治民者，劝赏而畏刑，恤民不倦，赏以春夏，刑以秋冬"，《襄公六年》载司城子罕曰"同罪异罚，非刑也"，《昭公五年》曰"为政者不赏私劳，不罚私怨"。或因于此，《左传》强调人君应该"内姓选于亲，外姓选于旧，举不失德，赏不失劳，老有加惠，旅有施舍，君子小人，物有服章，贵有常尊，贱有等威，礼不逆矣，德立刑行，政成事时，典从礼顺，若之何敌之"（《宣公十二年》）。

综上可见，《左传》自有"《春秋》笔法"，概之有四：一是《左传》秉笔直书，不虚美、不隐恶，对历史人物的崇高与卑下、光明与丑恶之表现皆真切叙写。二是《左传》表现出特定的道德价值评判的倾向性，即有爱憎与臧否之不同态度。三是《左传》肯定仁、义、礼、德等道德规范，并以此作为价值尺度。四是《左传》否认天命鬼神，强调人事作为，重视民心向背，凸显"以民为本"的政治理念。另外，从《左传》的语言与风格看，《左传》注重剪裁史料、精于谋篇、善于敷演故事。《左传》思想深邃、文风朴厚，寓理于叙事。《左传》铺叙之中时有渲染、夸饰之笔，但是语言简洁、准确，注意细致描摹，长于运用比喻，文字极富表现力。故曰，"左氏叙事，纷者整之、孤者辅之、板者活之、直者婉之、俗者雅之、枯者腴之，剪裁运化之方，斯为大备"（《艺概·文概》）。或如南宋朱熹所言："《春秋》之书，且据《左氏》"[①]，"看《春秋》，且须看得一部《左传》首尾意思通贯，方能略见圣人笔削，与当

---

① （宋）黎靖德编，王星贤点校：《朱子语类》卷83，中华书局1986年版，第6册，第2149页。

时事之大意"[①]。

四、影响

从《庄子·天运》篇所言"丘治《诗》《书》《礼》《乐》《易》《春秋》六经"，可知《春秋》是儒经之中称经较早的著作之一。汉唐时期，《左传》依傍《春秋》而走上神坛，实现由"传"而"经"之跃升。

西汉景帝时期，河间献王刘德修学好古，"其学举六艺，立毛氏诗、左氏春秋博士"（《汉书·景十三王传》）。汉武帝建元五年（前136年），汉武帝"置五经博士"（《汉书·武帝纪》），其中有《春秋》。西汉末年，刘歆"见古文《春秋左氏传》"而大好之，"以为左丘明好恶与圣人同，亲见夫子，而公羊、穀梁在七十子后，传闻之与亲见之，其详略不同"（《汉书·楚元王传》），认为《左传》比《公》《穀》解经高明，欲将古文《春秋左氏传》立为博士、列入官学。然则，时有今文经学家不同意刘歆之意，刘歆作《移让太常博士书》以责之，其书曰：

> 往者缀学之士不思废绝之阙，苟因陋就寡，分文析字，烦言碎辞，学者罢老且不能究其一艺。信口说而背传记，是末师而非往古，至于国家将有大事，若立辟雍封禅巡狩之仪，则幽冥而莫知其原。犹欲保残守缺，挟恐见破之私意，而无从善服义之公心，或怀妒嫉，不考情实，雷同相从，随声是非，抑此三学，以尚书为备，谓左氏为不传春秋，岂不哀哉！

显然，崇尚古文经的刘歆洞见了今文经学家"因陋就寡，分文析字，烦言碎

① （宋）黎靖德编，王星贤点校：《朱子语类》卷83，中华书局1986年版，第6册，第2148页。

辞"的解经弊病,故其宣扬由"今"返"古"、由繁返简。①汉平帝时期增立经学博士,"又立左氏春秋、毛诗、逸礼、古文尚书,所以网罗遗失,兼而存之"(《汉书·儒林传》)。综观西汉时期的《左传》学术传承,谱系清晰,诚如《汉书·儒林传》曰:

> 汉兴,北平侯张苍及梁太傅贾谊、京兆尹张敞、太中大夫刘公子皆修春秋左氏传。谊为左氏传训故,授赵人贯公,为河间献王博士,子长卿为荡阴令,授清河张禹长子。禹与萧望之同时为御史,数为望之言左氏,望之善之,上书数以称说。后望之为太子太傅,荐禹于宣帝,征禹待诏,未及问,会疾死。授尹更始,更始传子咸及翟方进、胡常。常授黎阳贾护季君,哀帝时待诏为郎,授苍梧陈钦子佚,以左氏授王莽,至将军。而刘歆从尹咸及翟方进受。由是言左氏者本之贾护、刘歆。

其实,《春秋》"三传"在两汉虽各有传承,但是彼此多有相攻;西汉时期,《左传》虽立为博士,但《公羊》与《穀梁》则颇为盛行,后者的政治影响远在《左传》之上。东汉初期,众人围绕是否立《左氏春秋》为儒经博士有争议,"范升等所议奏左氏春秋不可立"、"先帝不以左氏为经,故不置博士,后主所宜因袭"(《后汉书·郑范陈贾张列传》)。李育认为《左传》"虽乐文采,然谓不得圣人深意,以为前世陈元、范升之徒更相非折,而多引图谶,不据理体,于是作《难左氏义四十一事》"(《后汉书·儒林列传》)。肇自西汉,《左传》虽为解经之作,但其政治地位逐渐升格。

唐初,孔颖达奉诏撰《五经正义》而成《春秋左传正义》,《左传》入"经",其政治地位优于《公》《穀》。唐代史家刘知幾对《左传》多有赞言:

---

① 按:以往有学者从书写文字与书写时间上区别今文经学(汉时流行隶书)与古文经学(先秦古籀文字)是流于文字表象的学术判断,例如皮锡瑞认为"两汉经学有今古文之分。今古文所以分,其先由于文字之异。今文者,今所谓隶书,世所传熹平石经及孔庙等处汉碑是也。古文者,今所谓籀书,世所传岐阳石鼓及《说文》所载古文是也"(皮锡瑞著,周予同注释:《经学历史》,中华书局 2008 年版,第 87 页),凡此之论多是未见今古经学之深层区别——解经之法、价值理念与政治角力之别。或曰:"今古文字不同,并不足为经今古文学的区别,因而它也不能成为今古文学相争的主要原因。"(侯外庐等著:《中国思想通史[第二卷]》,人民出版社 2011 年版,第 286 页)

"寻左氏载诸大夫词令,行人应答,其文典而美,其语博而奥;述远古则委曲如存,征近代则循环可覆。必料其功用厚薄,指意深浅。谅非经营草创,出自一时;琢磨润色,独成一手。斯盖当时国史,已有成文,丘明但编而次之,配经称传而行也。"(《史通·申左》)然则,两宋诸儒主张越过汉唐,回归先秦儒学本源,故而多重《春秋经》,轻视"三传"。其中,朱熹虽言"《左传》较可据"[①],却又曰"左氏传是个博记人做,只是以世俗见识断当它事,皆功利之说"[②]、"左氏之病,是以成败论是非,而不本于义理之正。尝谓左氏是个猾头熟事,趋炎附势之人"[③]。

另外,自唐至清,历代王朝诏刻的儒家石经中多有《左传》,如唐代的"开成石经"、后蜀的"广政石经"、南宋的"绍兴石经"与清代的"乾隆石经"之中皆有《左传》。而且,自唐至清,《左传》多为历代科举考试的必读书目。所以说,《左传》之于时代、政治与学术的影响不言自明。

附:《左传》节要

书曰:"郑伯克段于鄢。"段不弟,故不言弟;如二君,故曰克;称郑伯,讥失教也:谓之郑志。不言出奔,难之也。(《隐公元年》)

石碏谏曰:"臣闻爱子,教之以义方,弗纳于邪。骄、奢、淫、泆,所自邪也。四者之来,宠禄过也。将立州吁,乃定之矣,若犹未也,阶之为祸。夫宠而不骄,骄而能降,降而不憾,憾而能眕者鲜矣。且夫贱妨贵,少陵长,远间亲,新间旧,小加大,淫破义,所谓六逆也。君义,臣行,父慈,子孝,兄爱,弟敬,所谓六顺也。去顺效逆,所以速祸也。君人者将祸是务去,而速之,无乃不可乎?"弗听,其子厚与州吁游,禁之,不可。桓公立,乃老。(《隐公三年》)

五年春,公将如棠观鱼者。臧僖伯谏曰:"凡物不足以讲大事,其材不足以备器用,则君不举焉。君将纳民于轨物者也。故讲事以度轨量谓之轨,取材以章物采谓之物,不轨不物谓之乱政。乱政亟行,所以败也。故春蒐夏苗,秋狝冬狩,皆于农隙以讲事也。三年而治兵,入而振旅,归而饮至,以数军实。昭文章,明贵贱,辨等列,顺少长,习威仪也。鸟兽之肉不

---

① (宋)黎靖德编,王星贤点校:《朱子语类》卷83,中华书局1986年版,第6册,第2151页。
② (宋)黎靖德编,王星贤点校:《朱子语类》卷83,中华书局1986年版,第6册,第2151页。
③ (宋)黎靖德编,王星贤点校:《朱子语类》卷83,中华书局1986年版,第6册,第2149页。

登于俎,皮革齿牙、骨角毛羽不登于器,则公不射,古之制也。若夫山林川泽之实,器用之资,皂隶之事,官司之守,非君所及也。"公曰:"吾将略地焉。"遂往,陈鱼而观之。僖伯称疾,不从。书曰"公矢鱼于棠",非礼也,且言远地也。(《隐公五年》)

君子谓:"郑庄公于是乎有礼。礼,经国家,定社稷,序民人,利后嗣者也。许无刑而伐之,服而舍之,度德而处之,量力而行之,相时而动,无累后人,可谓知礼矣。"(《隐公十一年》)

公问名于申𬙋。对曰:"名有五,有信,有义,有象,有假,有类。以名生为信,以德命为义,以类命为象,取于物为假,取于父为类。不以国,不以官,不以山川,不以隐疾,不以畜牲,不以器币。周人以讳事神,名,终将讳之。故以国则废名,以官则废职,以山川则废主,以畜牲则废祀,以器币则废礼。晋以僖侯废司徒,宋以武公废司空,先君献,武废二山,是以大物不可以命。"公曰:"是其生也,与吾同物,命之曰同。"(《桓公六年》)

史嚚曰:"虢其亡乎! 吾闻之:国将兴,听于民;将亡,听于神。神,聪明正直而一者也,依人而行。虢多凉德,其何土之能得!"(《庄公三十二年》)

晋侯复假道于虞以伐虢。宫之奇谏曰:"虢,虞之表也。虢亡,虞必从之。晋不可启,寇不可玩,一之谓甚,其可再乎? 谚所谓'辅车相依,唇亡齿寒'者,其虞、虢之谓也。"(《僖公五年》)

天王使召武公、内史过赐晋侯命。受玉惰。过归,告王曰:"晋侯其无后乎。王赐之命而惰于受瑞,先自弃也已,其何继之有? 礼,国之干也。敬,礼之舆也。不敬则礼不行,礼不行则上下昏,何以长世?"(《僖公十一年》)

韩简侍,曰:"龟,像也;筮,数也。物生而后有象,像而后有滋,滋而后有数。先君之败德,乃可数乎? 史苏是占,勿从何益?《诗》曰:'下民之孽,匪降自天,僔沓背憎,职竞由人。'"(《僖公十五年》)

王怒,将以狄伐郑。富辰谏曰:"不可。臣闻之,大上以德抚民,其次亲亲以相及也。昔周公吊二叔之不咸,故封建亲戚以蕃屏周。管蔡郕霍,鲁卫毛聃,郜雍曹滕,毕原酆郇,文之昭也。邘晋应韩,武之穆也。凡蒋刑茅胙祭,周公之胤也。……庸勋亲亲,昵近尊贤,德之大者也。即聋从昧,与顽用嚚,奸也大者也。弃德崇奸,祸之大者也。郑有平、惠之勋,又有厉、宣之亲，弃娸宠而用三良，于诸姬为近，四德具矣。耳不听五声之和为聋，目不别五色之章为昧，心不则德义之经为顽，口不道忠信之言为嚚，狄皆则之，四奸具矣。周之有懿德也，犹曰'莫如兄弟'，故封建之。其怀柔天下也，犹惧有外侮，扞御侮者莫如亲亲，故以亲屏周。"（《僖公二十四年》）

赵衰曰："郤縠可。臣亟闻其言矣，说礼乐而敦《诗》《书》。《诗》《书》，义之府也。礼乐，德之则也。德义，利之本也。"（《僖公二十七年》）

穆伯如齐，始聘焉，礼也。凡君即位，卿出并聘，践修旧好，要结外授，好事邻国，以卫社稷，忠信卑让之道也。忠，德之正也；信，德之固也；卑让，德之基也。（《文公元年》）

襄仲如齐纳币，礼也。凡君即位，好舅甥，修昏姻，娶元妃以奉粢盛，孝也。孝，礼之始也。（《文公二年》）

古之王者知命之不长，是以并建圣哲，树之风声，分之采物，著之话言，为之律度，陈之艺极，引之表仪，予之法制，告之训典，教之防利，委之常秩，道之礼则，使毋失其土宜，众隶赖之，而后即命。圣王同之。（《文公六年》）

晋郤缺言于赵宣子曰："日卫不睦，故取其地，今已睦矣，可以归之。叛而不讨，何以示威？服而不柔，何以示怀？非威非怀，何以示德？无德，何以主盟？子为正卿，以主诸侯，而不务德，将若之何？《夏书》曰：'戒之用休，董之用威，劝之以《九歌》，勿使坏。'九功之德皆可歌也，谓之九歌。六府、三事，谓之九功。水、火、金、木、土、谷，谓之六府。正德、利用、厚生，谓之三事。义而行之，谓之德、礼。无礼不乐，所由叛也。若吾子之德莫可歌也，其谁来之？盍使睦者歌吾子乎？"宣子说之。（《文公七年》）

孔子曰："董狐，古之良史也，书法不隐。赵宣子，古之良大夫也，为法受恶。惜也，越竟乃免。"（《宣公二年》）

楚子伐陆浑之戎，遂至于洛，观兵于周疆。定王使王孙满劳楚子。楚子问鼎之大小轻重焉。对曰："在德不在鼎。昔夏之方有德也，远方图物，贡金九牧，铸鼎象物，百物而为之备，使民知神、奸。故民入川泽山林，不逢不若。螭魅罔两，莫能逢之，用能协于上下，以承天休。桀有昏德，鼎迁于商，载祀六百。商纣暴虐，鼎迁于周。德之休明，虽小，重也。其奸回昏乱，虽大，轻也。天祚明德，有所底止。成王定鼎于郏鄏，卜世三十，卜年

七百,天所命也。周德虽衰,天命未改。鼎之轻重,未可问也。"(《宣公三年》)

仲尼闻之曰:"惜也,不如多与之邑。唯器与名,不可以假人,君之所司也。名以出信,信以守器,器以藏礼,礼以行义,义以生利,利以平民,政之大节也。若以假人,与人政也。政亡,则国家从之,弗可止也已。"(《成公二年》)

公及诸侯朝王,遂从刘康公、成肃公会晋侯伐秦。成子受脤于社,不敬。刘子曰:"吾闻之,民受天地之中以生,所谓命也。是以有动作礼义威仪之则,以定命也。能者养以之福,不能者败以取祸。是故君子勤礼,小人尽力,勤礼莫如致敬,尽力莫如敦笃。敬在养神,笃在守业。国之大事,在祀与戎,祀有执膰,戎有受脤,神之大节也。今成子惰,弃其命矣,其不反乎?"(《成公十三年》)

君子劳心,小人劳力,先王之制也。(《襄公九年》)

二十四年春,穆叔如晋。范宣子逆之,问焉,曰:"古人有言曰'死而不朽',何谓也?"穆叔未对。宣子曰:"昔匄之祖,自虞以上,为陶唐氏,在夏为御龙氏,在商为豕韦氏,在周为唐杜氏,晋主夏盟为范氏,其是之谓乎?"穆叔曰:"以豹所闻,此之谓世禄,非不朽也。鲁有先大夫曰臧文仲,既没,其言立。其是之谓乎!豹闻之,大上有立德,其次有立功,其次有立言,虽久不废,此之谓不朽。若夫保姓受氏,以守宗祊,世不绝祀,无国无之,禄之大者,不可谓不朽。"(《襄公二十四年》)

夫令名,德之舆也。德,国家之基也。有基无坏,无亦是务乎!有德则乐,乐则能久。(《襄公二十四年》)

古之治民者,劝赏而畏刑,恤民不倦。赏以春夏,刑以秋冬。是以将赏,为之加膳,加膳则饫赐,此以知其劝赏也。将刑,为之不举,不举则彻乐,此以知其畏刑也。夙兴夜寐,朝夕临政,此以知其恤民也。三者,礼之大节也。有礼无败。今楚多淫刑,其大夫逃死于四方,而为之谋主,以害楚国,不可救疗,所谓不能也。(《襄公二十六年》)

吴公子札来聘,见叔孙穆子,说之。谓穆子曰:"子其不得死乎?好善而不能择人。吾闻'君子务在择人'。吾子为鲁宗卿,而任其大政,不慎举,何以堪之?祸必及子!"请观于周乐。使工为之歌《周南》《召南》,曰:"美哉!始基之矣,犹未也。然勤而不怨矣。"为之歌《邶》《墉》《卫》,曰:

"美哉，渊乎！忧而不困者也。吾闻卫康叔、武公之德如是，是其《卫风》乎？"为之歌《王》，曰："美哉！思而不惧，其周之东乎？"为之歌《郑》，曰："美哉！其细已甚，民弗堪也，是其先亡乎！"为之歌《齐》，曰："美哉！泱泱乎！大风也哉！表东海者，其大公乎！国未可量也。"为之歌《豳》，曰："美哉！荡乎！乐而不淫，其周公之东乎？"为之歌《秦》，曰："此之谓夏声。夫能夏则大，大之至也，其周之旧乎？"为之歌《魏》，曰："美哉！沨沨乎！大而婉，险而易行，以德辅此，则明主也。"为之歌《唐》，曰："思深哉！其有陶唐氏之遗民乎？不然，何忧之远也？非令德之后，谁能若是？"为之歌《陈》，曰："国无主，其能久乎？"自《郐》以下无讥焉。为之歌《小雅》，曰："美哉！思而不贰，怨而不言，其周德之衰乎？犹有先王之遗民焉。"为之歌《大雅》，曰："广哉！熙熙乎！曲而有直体，其文王之德乎？"为之歌《颂》，曰："至矣哉！直而不倨，曲而不屈，迩而不逼，远而不携，迁而不淫，复而不厌，哀而不愁，乐而不荒，用而不匮，广而不宣，施而不费，取而不贪，处而不底，行而不流，五声和，八风平，节有度，守有序，盛德之所同也。"见舞《象箾》《南钥》者，曰："美哉！犹有憾。"见舞《大武》者，曰："美哉！周之盛也，其若此乎！"见舞《韶濩》者，曰："圣人之弘也，而犹有惭德，圣人之难也。"见舞《大夏》者，曰："美哉！勤而不德，非禹其谁能修之？"见舞《韶箾》者，曰："德至矣哉！大矣！如天之无不帱也，如地之无不载也，虽甚盛德，其蔑以加于此矣。观止矣！若有他乐，吾不敢请已！"(《襄公二十九年》)

文王之功，天下诵而歌舞之，可谓则之，文王之行，至今为法，可谓象之。有威仪也。故君子在位可畏，施舍可爱，进退可度，周旋可则，容止可观，作事可法，德行可像，声气可乐，动作有文，言语有章，以临其下，谓之有威仪也。(《襄公三十一年》)

二年春，晋侯使韩宣子来聘，且告为政而来见，礼也。观书于大史氏，见《易》《象》与《鲁春秋》，曰："周礼尽在鲁矣。吾乃今知周公之德，与周之所以王也。"(《昭公二年》)

吾闻之曰："忠信，礼之器也。卑让，礼之宗也。"辞不忘国，忠信也。先国后己，卑让也。(《昭公二年》)

三月，郑人铸刑书。叔向使诒子产书，曰："始吾有虞于子，今则已矣。昔先王议事以制，不为刑辟，惧民之有争心也。犹不可禁御，是故闲之以义,纠之以政,行之以礼,守之以信,奉之以仁,制为禄位以劝其从,严断刑罚以威其淫。惧其未也,故诲之以忠,耸之以行,教之以务,使之以和,临之以敬,莅之以强,断之以刚。犹求圣哲之上,明察之官,忠信之长,慈惠之师,民于是乎可任使也,而不生祸乱。民知有辟,则不忌于上,并有争心,以征于书,而徼幸以成之,弗可为矣。夏有乱政而作《禹刑》,商有乱政而作《汤刑》,周有乱政而作《九刑》,三辟之兴,皆叔世也。今吾子相郑国,作封洫,立谤政,制参辟,铸刑书,将以靖民,不亦难乎?《诗》曰:'仪式刑文王之德,日靖四方。'又曰:'仪刑文王,万邦作孚。'如是,何辟之有?民知争端矣,将弃礼而征于书。锥刀之末,将尽争之。乱狱滋丰,贿赂并行,终子之世,郑其败乎!肸闻之,国将亡,必多制,其此之谓乎!"(《昭公六年》)

仲尼闻之,见于郯子而学之。既而告人曰:"吾闻之:'天子失官,学在四夷',犹信。"(《昭公十七年》)

和如羹焉,水火醯醢盐梅以烹鱼肉,燀之以薪。宰夫和之,齐之以味,济其不及,以泄其过。君子食之,以平其心。君臣亦然。君所谓可而有否焉,臣献其否以成其可。君所谓否而有可焉,臣献其可以去其否。是以政平而不干,民无争心。故《诗》曰:"亦有和羹,既戒既平。鬷嘏无言,时靡有争。"先王之济五味,和五声也,以平其心,成其政也。声亦如味,一气、二体、三类、四物、五声、六律、七音、八风、九歌,以相成也。清浊、小大、短长、疾徐、哀乐、刚柔、迟速、高下、出入、周疏,以相济也。君子听之,以平其心。心平,德和。故《诗》曰:"德音不瑕。"(《昭公二十年》)

"夫礼,天之经也。地之义也,民之行也。"天地之经,而民实则之。则天之明,因地之性,生其六气,用其五行。气为五味,发为五色,章为五声。淫则昏乱,民失其性。是故为礼以奉之。为六畜、五牲、三牺,以奉五味。为九文、六采、五章,以奉五色。为九歌、八风、七音、六律,以奉五声。为君臣上下,以则地义。为夫妇外内,以经二物。为父子、兄弟、姑姊、甥舅、昏媾、姻亚,以象天明。为政事、庸力、行务,以从四时。为刑罚、威狱,使民畏忌,以类其震曜杀戮。为温慈惠和,以效天之生殖长育。民有好、恶、喜、怒、哀、乐,生于六气。是故审则宜类,以制六志。哀有哭泣,乐有歌舞,喜有施舍,怒有战斗。喜生于好,怒生于恶。是故审行信令,祸福赏罚,以制死生。生,好物也。死,恶物也。好物,乐也;恶物,哀也。哀乐不

失,乃能协于天地之性,是以长久。(《昭公二十五年》)

(晏子)对曰:"礼之可以为国也久矣。与天地并。君令臣共,父慈子孝,兄爱弟敬,夫和妻柔,姑慈妇听,礼也。君令而不违,臣共而不贰,父慈而教,子孝而箴,兄爱而友,弟敬而顺;夫和而义,妻柔而正;姑慈而从,妇听而婉:礼之善物也。"(《昭公二十六年》)

子鱼曰:"以先王观之,则尚德也。昔武王克商,成王定之,选建明德,以蕃屏周。故周公相王室,以尹天下,于周为睦。分鲁公以大路,大旗,夏后氏之璜,封父之繁弱,殷民六族,条氏、徐氏、萧氏、索氏、长勺氏、尾勺氏。使帅其宗氏,辑其分族,将其类丑,以法则周公,用即命于周。是使之职事于鲁,以昭周公之明德。分之土田倍敦,祝、宗、卜、史,备物、典策,官司、彝器。因商奄之民,命以《伯禽》,而封于少皞之虚。分康叔以大路、少帛、綪茷、旃旌、大吕,殷民七族,陶氏、施氏、繁氏、锜氏、樊氏、饥氏、终葵氏;封畛土略,自武父以南,及圃田之北竟,取于有阎之土,以共王职。取于相土之东都,以会王之东搜。聃季授土,陶叔授民,命以《康诰》,而封于殷虚。皆启以商政,疆以周索。分唐叔以大路、密须之鼓,阙巩,沽洗,怀姓九宗,职官五正。命以《唐诰》,而封于夏虚,启以夏政,疆以戎索。三者皆叔也,而有令德,故昭之以分物。不然,文、武、成康、之伯犹多,而不获是分也,唯不尚年也。管蔡启商,惎间王室。王于是乎杀管叔而蔡蔡叔,以车七乘,徒七十人。其子蔡仲,改行帅德,周公举之,以为己卿士。见诸王而命之以蔡,其命书云:'王曰:胡!无若尔考之违王命也。'"(《定公四年》)

季孙欲以田赋,使冉有访诸仲尼。仲尼曰:"丘不识也。"三发,卒曰:"子为国老,待子而行,若之何子之不言也?"仲尼不对。而私于冉有曰:"君子之行也,度于礼,施取其厚,事举其中,敛从其薄。如是则以丘亦足矣。若不度于礼,而贪冒无厌,则虽以田赋,将又不足。且子季孙若欲行而法,则周公之典在。若欲苟而行,又何访焉?"弗听。(《哀公十一年》)

十四年,春,西狩于大野。叔孙氏之车子锄商获麟,以为不祥,以赐虞人。仲尼观之,曰:"麟也。"然后取之。(《哀公十四年》)

子路曰:"君子死,冠不免。"结缨而死。孔子闻卫乱,曰:"柴也其来,由也死矣。"(《哀公十五年》)

夏四月己丑,孔丘卒。公诔之曰:"旻天不吊,不慭遗一老。俾屏余一人以在位,茕茕余在疚。呜呼哀哉! 尼父。无自律。"子赣曰:"君其不没于鲁乎! 夫子之言曰:'礼失则昏,名失则愆。'失志为昏,失所为愆。生不能用,死而诔之,非礼也。称一人,非名也。君两失之。"(《哀公十六年》)

《春秋公羊》学案

《春秋公羊传》又称《春秋公羊》或《公羊春秋》,简称《公羊传》或《公羊》,凡记鲁隐公元年至鲁哀公十四年(前 722—前 481 年)之史,历鲁国十二公,计二百四十二年之史。《春秋公羊》为问答体,传文逐句传释《春秋》经文,演绎《春秋》大义。《春秋公羊》成文较早,成书稍晚,其成书应在西汉前期。西汉时期,儒家经学出现今文经学与古文经学之分殊,《春秋公羊》属于今文经学,应时而出、经世致用,成为西汉中期政治统治的重要理论之一。

西汉景帝武帝交替之际,汉帝国的政治理念从黄老的"无为"转向儒家的"有为",公羊学大师董仲舒应时陈论,解答了庶出的汉武帝的政治困惑与其政权合法性来源问题并促成汉武帝"置五经博士",同治《春秋公羊》的公孙弘更是由白衣为相卿。从此,《春秋公羊》盛行一时,《春秋公羊》注疏与诠释始有发端。然则,自汉以降,《春秋公羊》学波澜不兴,潜伏而行,直到清代中后期,清儒面对内外交困之时局,急于寻求解救之法,始将注意力转移至《春秋公羊》;由此,《春秋公羊》注疏与诠释史呈现出复苏之势。只是与汉代不同,《春秋公羊》没能成为清王朝的官方政治哲学,更没能挽救清王朝急转直下的历史宿命。

一、成书

东周道缺,礼坏乐崩;孔子"次《春秋》",子夏传授《春秋》。齐人公羊高学《春秋》于子夏,家传至玄孙公羊寿。《春秋公羊》属于集体性著作,成书应在西汉前期,大抵为汉景帝时期,整理者有公羊寿、胡毋生等人。唐儒徐彦为《春秋公羊传》作《疏》时引戴宏《序》曰:"子夏传与公羊高,高传与其子平,平传与其子地,地传与其子敢,敢传与其子寿。至汉景帝时,寿乃与齐人胡母子都著于竹帛[①]，"及董仲舒亦传之"[②]。西汉时期，"公羊、穀梁立于学官"，盛行一时。《汉书·艺文志》载"公羊传十一卷"，"公羊外传五十篇""公羊章句三十八篇""公羊杂记八十三篇""公羊颜氏记十一篇""公羊董仲舒治狱十六篇"。

二、注本

西汉前期，"上大夫董仲舒推春秋义，颇著文焉"（《史记·十二诸侯年表》），董仲舒所推《春秋》之义属于《春秋公羊》一脉，且以《春秋公羊》显于朝堂。董仲舒撰《春秋繁露》（十七卷）是诠释《春秋公羊》的杰作，其书特色在于：发明《春秋》之旨多主《公羊》，言天地之数、阴阳五行；注重《春秋》比事属辞，根极理要之言；本《春秋》以立论，于经义多有演绎。其书认为"《春秋》尊礼而重信"（《春秋繁露·楚庄王》），"百礼之贵，皆编于月；月编于时，时编于君，君编于天"（《春秋繁露·观德》），"《春秋》之道，奉天而法古"（《春秋繁露·楚庄王》）。其书指出"《春秋》采善不遗小，掇恶不遗大，讳而不隐，罪而不忽，以是非，正理以褒贬"（《春秋繁露·威德所生》），"《春秋》明得失，差贵贱，本之天"（《春秋繁露·重政》）。其书强调"《春秋》大元，故谨于正名"（《春秋繁露·深察名号》），"《春秋》别物之理以正其名，名物必各因其真"（《春秋繁露·实性》）。其书提出"《春秋》之所治，人与我也。所以治人与我者，仁与义也。以仁安人，以义正我，故仁之为言人也，义之为言我也，言名以别矣"（《春秋繁露·仁义法》），"《春秋》修本末之义，达变故之应，通生死之志，遂人道之极者也"（《春秋繁露·玉杯》）。其书声称"《春秋》无通辞，从变而移"（《春秋繁露·竹林》），"《春秋》固有常义，又有应变"（《春秋繁露·精华》），"《春秋》有经礼，有变礼"（《春秋繁露·玉英》）。观二千年《春秋公羊》学史，公羊学大师董仲舒主张通经致用、天人感应，其功甚大，故曰："欲学《公羊》者，舍董生安归。"[③]

东汉时期，《春秋公羊》四传至何休，何休为《春秋公羊》经传解诂，其书遂大传。郑玄作《发墨守》，且"有《公羊》善谶之说，往往言谶文者多宗

---

① 参见（宋）晁公武撰，孙猛校证：《郡斋读书志》卷3，上海古籍出版社1990年版，第101页。
② （宋）陈振孙撰，徐小蛮等点校：《直斋书录解题》卷3，上海古籍出版社1987年版，第52页。
③ 康有为撰：《春秋董氏学·自序》，中华书局1990年版，第1页。

之"①。何休坐禁锢时,作《春秋公羊传解诂》,覃思不窥门十七年,又作《公羊墨守》《左氏膏肓》《穀梁废疾》。《春秋公羊传解诂》(十二卷)之特色在于:其书多引谶纬,其所谓"黜周王鲁""变周文从殷质"之类并非《公羊》之明文;"三科九旨,详其疏中"②。何谓"三科九旨",其说有二:一是"何氏作《文谥例》云:'三科九旨者,新周、故宋,以《春秋》当新王',此一科三旨也。又云:'所见异辞,所闻异辞,所传闻异辞',二科六旨也。又'内其国而外诸夏,内诸夏而外夷狄',是三科九旨也"③;二是东汉末年"宋氏之注《春秋说》,三科者:一曰张三世,二曰存三统,三曰异外内,是三科也;九旨者:一曰时,二曰月,三曰日,四曰王,五曰天王,六曰天子,七曰讥,八曰贬,九曰绝。时与日、月,详略之旨也;王与天王、天子,是录远近亲疏之旨也;讥与贬、绝,则轻重之旨也"④。较之,何休《春秋公羊传解诂》制定义例,使有条理,但其释《传》而不释《经》,与杜预《春秋左传集解》相异⑤。另外,何休著《公羊墨守》,郑玄作《发墨守》以排之;何休见之曰:"康成入吾室,操吾戈,以伐我乎?"⑥

　　魏晋南北朝时期,社会动荡,文运不兴。《春秋》学不显,然则"河外儒生俱伏膺杜氏,其公羊、穀梁二传,儒者多不措怀"(《北齐书·儒林传》)。时至唐初,唐太宗崇尚儒学,诏命孔颖达等人撰《五经正义》,只是《五经正义》仅选《春秋左传》而未选《春秋公羊》。或因于此,绍承公羊寿与何休,唐儒徐彦撰《春秋公羊传注疏》(二十八卷),其书特色在于:秉承《春秋公羊》以问答形式逐字逐句逐层逐段阐释《春秋》经文之笔法,徐彦为《春秋公羊》作疏,保留旧说,疏不破注,"自设问答,文繁语複"⑦。两宋时期,《春秋公羊》学不显,治《春秋公羊》者不多,故《春秋公羊》注疏与诠释史不盛。宋儒陈振孙《直斋书录解题》(卷3)载有不著撰者的《春秋公羊传疏》

① (宋)陈振孙撰,徐小蛮等点校:《直斋书录解题》卷3,上海古籍出版社1987年版,第52页。
② (宋)陈振孙撰,徐小蛮等点校:《直斋书录解题》卷3,上海古籍出版社1987年版,第53页。
③ (汉)何休解诂,(唐)徐彦疏:《春秋公羊传注疏》,参见(清)阮元校刻:《十三经注疏》,中华书局1980年版,第2196页。
④ (汉)何休解诂,(唐)徐彦疏:《春秋公羊传注疏》,参见(清)阮元校刻:《十三经注疏》,中华书局1980年版,第2197页。
⑤ 参见(清)永瑢、纪昀等:《四库全书总目提要》卷26,中华书局1965年版,第211页。
⑥ (宋)陈振孙撰,徐小蛮等点校:《直斋书录解题》卷3,上海古籍出版社1987年版,第56页。
⑦ (清)永瑢、纪昀等:《四库全书总目提要》卷26,中华书局1965年版,第211页。

（三十卷），未详点评；宋儒晁公武《郡斋读书志》（卷3）载有不著撰人《春秋公羊疏》（三十卷）并引"《崇文总目》谓其'援证浅局，出于近世'"，又曰"以何氏三科九旨为宗，本其说曰：'何氏之意，三科九旨，正是一事尔。总而言之，谓之三科；析而言之，谓之九旨。新周故宋，以春秋当新王，此一科三旨也；所见异辞，所传闻异辞，此二科六旨也；内其国而外诸夏，内诸夏而外夷狄，此三科九旨也'"①。宋儒晁公武《郡斋读书志》（卷3）记载《石经公羊传》（十二卷）为北宋田况皇祐初知成都日刊石，刻经始末被宋人范成大《石经始末记》②所记述。

时至清朝中后期，《春秋公羊》注疏与诠释史呈现复苏之势，时有庄存与、刘逢禄、孔广森、魏源、凌曙、廖平、康有为等公羊学大家。

清儒庄存与撰《春秋正辞》（十二卷），其书特色在于：以经传相核，对《春秋》大义予以究辨，其间多微言大义；崇尚今文经学，阐扬《公羊传》"张三世"；条例赅括，甄综精详，宗圣尚贤，信古不乱。《春秋正辞》全书有奉天辞、天子辞、内辞、二伯辞、诸夏辞、外辞、禁暴辞、诛乱辞、传疑辞九类。同时，庄存与上接董子、何休，依据《春秋》十二公之数目与一年十二月之数目，提出"十二公"与"十二月"相同数且符合天数，并基于何休所曰《春秋》"所以二百四十二年者，取法十二公，天数备足，著为法式"（《春秋公羊传注疏》卷1《隐公元年》），提出"拨乱启治，渐于升平，十二有象，太平以成"，即演绎出"十二象"之法式。绍继董子、何休之公羊家法，庄存与提出"章疑别微，《春秋》之大教也"（《春秋正辞·内辞第三》），同时提出"《春秋》非记事之史，不书多于书，以所不书知所书，以所书知所不书"（《春秋要旨》）、"《春秋》详内略外，详尊略卑，详重略轻，详近略远，详大略小，详变略常，详正略否"（同上）、"《春秋》治乱必表其微，所谓礼禁未然之前也。凡所书者有所表也，是故《春秋》无空文"（同上）。孔广森著《春秋公羊通义》（十一卷），其书特色在于：不唯汉时今文经学，会通三传，条其大义；参照荀崧之说而否定何休的"三科九旨"说，且自立"三科九旨"之新说即自立"天道""王法""人情"为"三科"，强调《春秋》上本天道，中用王法，下理人情；提出"天道一曰时，二曰月，三曰日；王法一曰让，二曰贬，三曰绝；人

---

① （宋）晁公武撰，孙猛校证：《郡斋读书志》卷3，上海古籍出版社1990年版，第107页。

② 参见（清）永瑢、纪昀等编纂：《四库全书》第1381册，上海古籍出版社1987年版，第431页。

情一曰尊,二曰亲,三曰贤"谓之"九旨",其说虽品类条析,但略显牵强。同时,强调"《左氏》之事详,《公羊》之义长,《春秋》重义不重事",词以意立、意以词达。刘逢禄著《公羊春秋何氏解诂笺》(一卷),其书特色在于:诠释何休《春秋公羊传解诂》之疑义,兼采众说以补何休之疏误,不墨守章句。刘逢禄著《春秋公羊何氏释例》(十卷),其书特色在于:阐扬何休《春秋公羊传解诂》之大义,强调治《公羊》须以"张三世、通三统之义贯之",订正孔广森别立"三科九旨"之新说。刘逢禄因治《春秋公羊》而名噪一时,立说平允,条理精密,其著对研究清代《春秋公羊》注疏与诠释史大有裨益。刘逢禄是庄存与的外孙,其公羊学师法庄存与,远接董子;刘逢禄洞见时代变化,阐扬"张三世";重塑孔子圣人形象,从"西狩获麟"绎出"圣人以此见天地之心"(《春秋公羊何氏释例》卷1);主张治国"穷则必变",阐扬"通三统";依据"王鲁",阐扬"大一统"。刘逢禄提出"王鲁者,即所谓以《春秋》当新王也。夫子受命制作,以为托诸空言不如行事博深切明,故引史记而加乎王心焉。……天不生仲尼,万古如长夜,《春秋》是也"(《春秋公羊何氏释例》卷6),并以平等眼光提出新的"夷狄"与"诸夏"关系说,直陈二者关系可以互变。师从公羊学大家刘逢禄的魏源著《公羊春秋论》(上下),其书考诸西汉今文《公羊》之法旨,驳斥钱大昕等古文学家对《公羊》之诽谤,订正孔广森等人对《公羊》之误读;其书诠释《春秋公羊》之时变与经世之义,演绎时代变革之哲学;魏源演绎《春秋公羊》随时而变之学,反对"祖宗之法不可变",提出"师夷长技以制夷"的改革主张,强调"以经术为治术"(《默觚·学篇九》)、"人能与造化相通,则可自造自化"(《默觚·学篇二》)。另外,魏源撰《董子春秋发微》(七卷),其书特色在于:"发挥《公羊》之微言大义,而补胡母生《条例》、何邵公《解诂》所未备也。"[1]魏源在《董子春秋发微序》中赞言董子《春秋》学:"若谓董生疏通大诣,不列经文,不足颉颃何氏,则其书三科、九旨灿然大备,且弘通精渺,内圣而外王,蟠天而际地,远在胡母生、何休章句之上。"[2]

凌曙著《春秋公羊礼疏》(十一卷)、《公羊礼说》(一卷)、《公羊问答》(二卷)与《春秋繁露注》(十七卷)。虽然凌曙在《春秋公羊礼疏序》中自称

---

① (清)魏源撰:《魏源集》(上册),中华书局1976年版,第134—135页。

② (清)魏源撰:《魏源集》(上册),中华书局1976年版,第135页。

"笃嗜《公羊春秋》，覃精竭思，力索有年"①，但其治《公羊》多是汇集众家、略有疏解而已，未得《公羊》大义，是"穷其枝叶，而未及宗原"②。凌曙卒业《公羊》并读《春秋繁露》，凌曙认为《春秋》之义存于公羊，而公羊之学传自董子，董子《春秋繁露》以行仁为本，正名为先，体大思精，推见至隐。凌曙《春秋繁露注》之特色在于：采诸历代旧文与先儒之说，博稽旁讨，通究本末，篇义章句，皆栉梳而解释；其书凡列隋唐以后诸书引《春秋繁露》者，考其异同，较为详赡；其书闳深肃括，自成一家之言。师承凌曙的陈立撰《公羊义疏》（七十六卷），其书特色在于：凡唐以前公羊古义及当时说公羊者皆钩稽贯串，择精语详；旁征博引，致力尤深，"草创三十年，长编甫具"（《清史稿·儒林三·陈立传》）。其书不足之处是：前儒注疏所非所误既不明言其非，又不加匡正；多有穿凿，偏离《公羊》家法；其公羊学未脱其师凌曙之窠臼，多有"未及宗原"之疏解。

廖平撰《公羊何氏解诂十论》《何氏公羊春秋十论叙目》《何氏公羊春秋续十论叙目》《何氏公羊春秋再续十论叙目》③《公羊春秋经传验推补证》（第一至第十一）④等研治《公羊》之文章。廖平治经，学有多变（凡有"六变"：一变"平分今古"，二变"尊今抑古"，三变"小统大统"，四变"人学天学"，五变"人天小大"，六变"五运六气"）：由"平分古今"发展至"尊今抑古"，即由平等看待今文经学与古文经学，发展至推崇今文经学、贬抑古文经学。廖平治《公羊》，主张"厌弃破碎，专事求大义"，其公羊学常有发明，多发前人未发之论。其学长于校勘、考据、辨讹，笃守今文家法，复归两汉师说；其学反对"空疏恫恍"，主张经世致用。廖平认为"空疏恫恍之：不足为学"（《知圣篇》）、"通经致用为儒林之标准"（同上），"学以通经致用为归"（《四益馆杂著》）、"经学以平治为归，所言皆政治典章，不尚空理禅宗"（同上）。廖平另有《公羊先师遗说真记》《公羊解诂商榷》《公羊春秋补证凡例》《公羊春秋传例序》《公羊春秋补证后序》《公羊外编》《正公羊十六条》以及《春秋》总论类著作《春秋三传折中》《三传事礼例折中表》等，凡计

---

①　（清）凌曙著，黄铭等点校：《春秋公羊礼疏》，上海古籍出版社2015年版，第2页。
②　（清）凌曙著，黄铭等点校：《春秋公羊礼疏》，上海古籍出版社2015年版，第2页。
③　参见（清）廖平撰辑：《六译馆丛书》，四川存古书局1921年刊刻，第13册。
④　参见（清）廖平撰辑：《六译馆丛书》，四川存古书局1921年刊刻，第3—12册。

二十余种。^①

　　康有为著《春秋董氏学》与《春秋笔削大义微言考》，其书特色在于：认为孔子之道在六经，六经统一于《春秋》，《春秋》之义在《公羊》；其书其学本宗《公羊传》与《穀梁传》，亦重董仲舒、何休之于《公羊传》之发明。康有为编纂《春秋董氏学》的目的在于发掘《春秋》诸义，康有为著《春秋笔削大义微言考》旨在考察《春秋》原貌即孔子所作《春秋》之原文，探寻孔子笔削之处与隐喻之义，借此为《春秋》"正名"。康有为以《公羊传》与《穀梁传》解释《春秋》之范式为突破口，通过问答来层递疏通本经大义与引申之义；康有为认为孔子作《春秋》寄寓"微言大义"犹如今之撰"电报密码"，将要言寄于字码，阅读者与诠释者依凡例获悉其隐义。康有为《春秋董氏学》提出"《春秋》之义不在经文，而在口说"^②；其《春秋笔削大义微言考》强调"学《春秋》者，第一当知《春秋》之大义传在口说，而不传在文字"^③。康有为在《春秋笔削大义微言考》自序中曰："凡汉世学官师师相传，惟公、穀二家，实皆孔门弟子、后学口说"^④，"孔子之道，其本在仁，其理在公，其法在平，其制在文，其体在各明名分，其用在与时进行"^⑤；又在《春秋笔削大义微言考》结尾中曰："《春秋》托始文王，以为人道之始。故一部《春秋》，皆言人道，发人道平等、自立、自主之理，不及鸟兽道。孔子以天为体，以物为胞，众生同出，推恩亦同，但施之有次第耳。故亲亲而后仁民，仁民而后爱物。先其国而后诸夏，先诸夏而后夷狄。至于人人平等自立，远近大小如一，人道备矣"^⑥。清光绪十六年（1890 年），康有为会晤廖平，其"尊今抑古"的经学思想应是受到廖平"平分今古"的经学思想的影响。后来，康有为、梁启超宣扬"托古改制""三世进化"，意在借《公羊》之今文经学精神为其鼓动的维新变法寻找理论依据。康有为《讲学记》坦言："读《公羊》，

① 参见(清)廖平著，杨世文、舒大刚校点：《廖平全集》，上海古籍出版社 2015 年版，第 7、9 册。
② 康有为撰，姜义华、张荣华编校：《康有为全集》第 2 集，中国人民大学出版社 2007 年版，第 356 页。
③ 康有为撰，姜义华、张荣华编校：《康有为全集》第 6 集，中国人民大学出版社 2007 年版，第 5 页。
④ 康有为撰，姜义华、张荣华编校：《康有为全集》第 6 集，中国人民大学出版社 2007 年版，第 3 页。
⑤ 康有为撰，姜义华、张荣华编校：《康有为全集》第 6 集，中国人民大学出版社 2007 年版，第 3 页。
⑥ 康有为撰，姜义华、张荣华编校：《康有为全集》第 6 集，中国人民大学出版社 2007 年版，第 309 页。

先信改制；不信改制，则《公羊》一书，无用之书也"[1]，其《孔子改制考》提出"孔子以布衣而改乱制，加王心，达王事，不得不托诸行事以明其义"。康有为在《春秋董氏学》中曰："孔子创义，皆有三数，以待变通"[2]；在《孟子微》中曰："孔子立三世，有拨乱、有升平、有太平"[3]，声称"《春秋》本仁，上本天心，下该人事，故兼据乱、升平、太平三世之制"[4]，强调"《春秋》要旨分三科：据乱世、升平世、太平世，以为进化"[5]。不仅如此，康有为将"大一统"与大同、王鲁相结合，构建出"大同世界"的理想社会蓝图，提出"孔子以元统天"（《孔子改制考》）、"一统于其教"（同上），"借鲁以行天下法度"[6]，"孔子之教，人类不能外，中西一也"（《陕西孔教会讲演》[7]）。事实证明，康有为想象的全球一统、大同世界只是基于晚清乱局背景下的乌托邦构想，只是基于儒家道德理想与王道理想的政治幻想。

有清一朝，另有龚自珍《春秋决事比答问》、王闿运《春秋何氏笺》、包慎言《春秋公羊传历谱》、俞樾《春秋公羊传平议》、杨国桢《春秋公羊传音训》等值得一观。另外，清儒阮元校刻儒家"十三经"所采底本为汉人何休解诂、唐人徐彦疏《春秋公羊传注疏》（二十八卷），从此，何休解诂、徐彦疏《春秋公羊传注疏》成为《春秋公羊》的通行本。

三、篇旨

孔子之道在六经，六经之道在《春秋》，而《春秋》之道归于《公羊》。《春秋公羊》注重诠释《春秋》的微言大义，属辞比事；强调"大一统"、"通三统"、"三世"说、"素王"说、"王鲁"说，而且寓褒贬、隐大义，具有强烈的现实政治观照与终极价值关怀。"文王之文在孔子，孔子之文在仲舒"（《论

---

[1] 康有为撰，姜义华、张荣华编校：《康有为全集》第 2 集，中国人民大学出版社 2007 年版，第247 页。

[2] 康有为撰：《春秋董氏学》卷 5，中华书局 1990 年版，第 120 页。

[3] 康有为撰，姜义华、张荣华编校：《康有为全集》第 5 集，中国人民大学出版社 2007 年版，第411 页。

[4] 康有为撰，姜义华、张荣华编校：《康有为全集》第 5 集，中国人民大学出版社 2007 年版，第411 页。

[5] 康有为撰，姜义华、张荣华编校：《康有为全集》第 5 集，中国人民大学出版社 2007 年版，第420 页。

[6] 康有为撰：《春秋董氏学》卷 2，中华书局 1990 年版，第 28 页。

[7] 康有为撰：《康有为政论集》下册，中华书局 1981 年版，第 1108 页。

衡·超奇》);仲舒之文藏于《繁露》,《繁露》精华源于《公羊》。董仲舒认为"《春秋》为仁义法"(《春秋繁露·仁义法》),苏舆《春秋繁露义证》认为"《春秋》之旨,以仁为归"①,康有为认为"孔子疾世之不仁,故作《春秋》。明王道重仁而爱人,思患而豫防,反复于仁不仁之间,此《春秋》全书之旨也"②,概言之,《春秋公羊》之要旨在于崇仁尚义,经世致用。

《公羊传》强调"大一统"。《春秋·隐公元年》经曰:"元年春,王正月。"《公羊传·隐公元年》传曰:"元年者何?君之始年也。春者何?岁之始也。王者孰谓?谓文王也。曷为先言王而后言正月?王正月也。何言乎王正月?大一统也。"对此,董仲舒释曰"王者必受命而后王",强调王者"改正朔,易服色,制礼乐,一统于天下,所以明易姓,非继人,通以己受之于天也"(《春秋繁露·三代改制质文》)。董仲舒眼中的"大一统"强调"一统乎天子","一之者在主"(《春秋繁露·符瑞》)。针对当时政治社会实况,董仲舒提出"《春秋》大一统者,天地之常经,古今之通谊也。今师异道,人异论,百家殊方,指意不同,是以上亡以持一统;法制数变,下不知所守。臣愚以为诸不在六艺之科孔子之术者,皆绝其道,勿使并进。邪辟之说灭息,然后统纪可一而法度可明,民知所从矣"(《汉书·董仲舒传》)。其实,所谓《春秋》"大一统"强调的是"《春秋》正即位,大一统而慎始"(《汉书·路温舒传》),或曰"《春秋》所以大一统者,六合同风,九州共贯也"(《汉书·王吉传》)。要言之,《春秋》"大一统"强调以周天子为"天下共主",为后王立法,而西汉公羊学家眼中的"大一统"则旨在强调"新王必改制",即期待实现政治权力与意识形态的统一,以维系现实政权的长治久安。

《公羊传》主张"通三统"。这一点在董仲舒《春秋繁露》中有详细论证,其《三代改制质文》篇曰:

> 《春秋》曰:"杞柏来朝。"王者之后称公,杞何以称伯?《春秋》上绌夏,下存周,以《春秋》当新王。《春秋》当新王者奈何?曰:王者之法,必正号,绌王谓之帝,封其后以小国,使奉祀之。下存二王之后以

---

① (清)苏舆撰:《春秋繁露义证》,中华书局 1992 年版,第 161 页。
② 康有为撰:《春秋董氏学》,中华书局 1990 年版,第 2—3 页。

大国,使服其服,行其礼乐,称客而朝。故同时称帝者五,称王者三,所以昭五端,通三统也。是故周人之王,尚推神农为九皇,而改号轩辕谓之黄帝,因存帝颛顼、帝喾、帝尧之帝号,绌虞而号舜曰帝舜,录五帝以小国。下存禹之后于杞,存汤之后于宋,以方百里,爵号公。使服其服,行其礼乐,称先王客而朝。《春秋》作新王之事,变周之制,当正黑统。而殷周为王者之后,绌夏改号禹谓之帝,录其后以小国,故曰绌夏存周,以《春秋》当新王。不以杞侯,弗同王者之后也。

其实,董仲舒所言"通三统"意在强调新王改制,应尊重前二朝之传统及先王后裔,"垂三统,列三正,去无道,开有德,不私一姓,明天下乃天下之天下,非一人之天下也"(《汉书·谷永传》),或曰:"王者必通三统,明天命所授者博,非独一姓也。"(《汉书·楚元王传》)因此,新王要追封前二朝之先王及其后裔,让他们"得服其正色,用其礼乐,永事先祖"(《白虎通·三正》)。凡此不仅有利于化解旧王朝残余势力对新王朝的反抗,而且有利于文化继承与巩固政权。值得一提的是,西汉成帝时,梅福上疏指出"以为宜建三统,封孔子之世以为殷后",又言"武王克殷,未下车,存五帝之后,封殷于宋,绍夏于杞,明著三统,示不独有""武帝时,始封周后姬嘉为周子南君,至元帝时,尊周子南君为周承休侯,位次诸侯王",并且强调"孔子故殷后也,虽不正统,封其子孙以为殷后,礼亦宜之"(《汉书·梅福传》)。西汉成帝绥和元年(前8年),汉成帝诏令实行"通三统"[①],诏曰"盖闻王者必存二王之后,所以通三统也。昔成汤受命,列为三代,而祭祀废绝。考求其后,莫正孔吉。其封吉为殷绍嘉侯",不久,孔吉"进爵为公,及周承休侯皆为公,地各百里"(《汉书·成帝纪》)。

《公羊传》提倡"三世"说。《公羊传·隐公元年》曰"所见异辞,所闻异辞,所传闻异辞"是"三世"说之雏形。《春秋繁露·楚庄王》曰:"春秋分十二世以为三等:有见,有闻,有传闻。有见三世,有闻四世,有传闻五世。故哀、定、昭,君子之所见也。襄、成、文、宣,君子之所闻也。僖、闵、庄、桓、隐,君子之所传闻也。所见六十一年,所闻八十五年,所传闻九十六

---

① 按:后儒关于何谓"三统"有不同理解,朱熹认为"三统,谓:夏正建寅为人统,商正建丑为地统,周正建子为天统"(朱熹撰:《四书章句集注》,中华书局1983年版,第59页),且备为一说。

年。于所见微其辞，于所闻痛其祸，于传闻杀其恩，与情俱也。是故逐季氏而言又雩，微其辞也。"董仲舒提出的"所见世""所闻世"与"所传闻世"表明春秋时期二百四十二年之史自有发展逻辑，《春秋》笔法是"所见微其辞""所闻痛其祸""传闻杀其恩"。东汉何休《公羊解诂》提出"所见者，谓昭定哀，己与父时事也；所闻者，谓文宣成襄，王父时事也；所传闻者，谓隐桓庄闵僖，高祖曾祖时事也。……于所传闻之世，见治起于衰乱之中，用心尚粗粝，故内其国而外诸夏；……于所闻之世，见治升平，内诸夏而外夷狄；……至所见之世，著治太平，夷狄进至于爵，天下远近大小若一。……所以三世者，礼为父母三年，为祖父母期，为曾祖父母齐衰三月，立爱自亲始，故《春秋》据哀录隐，上治祖祢"（《春秋公羊经传解诂·隐公元年》）。何休所言"所传闻世"是"据乱世"，"内其国外其夏"；"所闻世"是"升平世"，"内诸夏外夷狄"；"所见世"是"太平世"，"夷狄进至于爵，天下远近大小若一"。大体观之，何休的《公羊传》"三世"说蕴含发展序列与向善序列，其中，变革与至善是历史的普遍法则。

《公羊传》宣扬"王鲁"说。《春秋·隐公元年》经曰"元年春，王正月"，《公羊传·隐公元年》传曰"王者孰谓？谓文王也"，董仲舒认为"王者必受命而后王"，"故《春秋》应天作新王之事，时正黑统。王鲁，尚黑，绌夏，亲周，故宋"（《春秋繁露·三代改制质文》）。其中，董仲舒所言《春秋》"王鲁"隐喻以《春秋》言王道、以孔子为素王，其曰"《春秋》上绌夏，下存周，以《春秋》当新王"（同上）、"今《春秋》缘鲁以言王义，杀隐桓以为远祖，宗定哀以为考妣，至尊且高，至显且明"（《春秋繁露·奉本》）。孔子"作《春秋》"绝笔于"西狩获麟"，麟为祥瑞，当为圣王而来，但当时鲁君无德。故后儒有言曰："孔子见麟之获，获而又死，则自比于麟，自谓道绝不复行，将为小人所徯获也。"（《论衡·指瑞》）其实，《春秋》"王鲁"思想在孔子整理的《诗》中也有体现：《诗》凡列十五国风却无"鲁风"，"三颂"则将《鲁颂》与《商颂》《周颂》并列，其"王鲁"意图不言自明。推而言之，《春秋》"王鲁"而贬诸侯与《春秋》"内诸夏而外夷狄"（《公羊传·成公十五年》）之内在理路相互贯通，皆是以道德与文明而判分之。

《公羊传》首倡"素王"说。《春秋·哀公十四年》经曰"十有四年春，西狩获麟"，《公羊传·哀公十四年》传曰：

何以书？记异也。……麟者仁兽也。有王者则至，无王者则不至。……孔子曰："孰为来哉？孰为来哉？"反袂拭面，涕沾袍。……西狩获麟，孔子曰："吾道穷矣！"《春秋》何以始乎隐？祖之所逮闻也。所见异辞，所闻异辞，所传闻异辞。何以终乎哀十四年？曰：备矣！君子曷为为《春秋》？拨乱世，反诸正，莫近诸《春秋》。则未知其为是与？其诸君子乐道尧舜之道与？末不亦乐乎尧舜之知君子也？制《春秋》之义以俟后圣，以君子之为，亦有乐乎此也。

西汉公羊学大师董仲舒认为："孔子作《春秋》，先正王而系万事，见素王之文焉"（《汉书·董仲舒传》），"西狩获麟，受命之符是也"（《春秋繁露·符瑞》）。董仲舒言外之意是说："西狩获麟"是孔子成为"素王"的"受命之符"。或曰孔子"勇力不闻，伎巧不知，专行教道，以成素王"，"《春秋》二百四十二年，亡国五十二，弑君三十六，采善锄丑，以成王道，论亦博矣"（《淮南子·主术训》）；孔子"睹麟而泣，哀道不行，德泽不洽，于是退作《春秋》，明素王之道，以示后人"（《说苑·贵德》）。其实，两汉诸儒大多认为"孔子作《春秋》，以示王意"（《论衡·超奇》），"孔子不王，素王之业，在于《春秋》"（《论衡·定贤》），孔子"制《春秋》之义，著素王之法"（《风俗通义·孔子》）。

《公羊传》崇尚"复仇"，但讲边界。《公羊传·隐公十一年》曰"君弑，臣不讨贼，非臣也。子不复雠，非子也"，《公羊传·定公四年》曰"父不受诛，子复雠可也；父受诛，子复雠，推刃之道也。复雠不除害，朋友相卫，而不相迿，古之道也"，《公羊传·庄公四年》曰"《春秋》为贤讳。何贤乎襄公？复雠也"。襄公为九世远祖复雠，《公羊传》赞曰"九世犹可以复雠乎？虽百世可也"，但是又曰："家亦可乎？曰：不可。国何以可？国君一体也；先君之耻犹今君之耻也，今君之耻犹先君之耻也。"可见，于"复雠"而言，家国有别，古今有别。同时，《公羊传》强调"复雠不除害"，即复仇只在仇主本人，不能祸及其家人。要言之，复仇亦有边界，不能滥杀无辜。

《公羊传》讲究辞法，注重隐讳美颂。从《春秋》辞法上看，《公羊传》有讥、美、隐、讳等法式。《公羊传·隐公三年》曰"尹氏者何？天子之大夫也。其称尹氏何？贬。曷为贬？讥世卿，世卿非礼也"，《公羊传·宣公十年》曰"崔氏者何？齐大夫也。其称崔氏何？贬。曷为贬？讥世卿，世卿非礼也"，《公羊传·闵公元年》曰"春秋为尊者讳，为亲者讳，为贤者讳"，《公羊传·僖公十七年》曰"夏，灭项。孰灭之？齐灭之。曷为不言齐灭之？为桓公讳也。《春秋》为贤者讳。此灭人之国，何贤尔？君子之恶恶也疾始，善善也乐终。桓公尝有继绝，存亡之功，故君子为之讳也"，《公羊传·昭公二十年》曰"夏，曹公孙会自鄸出奔宋。奔未有言自者，此其言自何？畔也。畔则曷为不言其畔？为公子喜时之后讳也。《春秋》为贤者讳。何贤乎公子喜时？让国也"等等。其中，《春秋》因公子喜时有贤而为之讳，体现的是"君子之善善也长，恶恶也短，恶恶止其身，善善及子孙。贤者子孙，故君子为之讳也"。

另外，《春秋》隐大义，其义可决狱。《春秋》决狱始于西汉，其大义本于《公羊》。"汉兴至于五世之间，唯董仲舒名为明于《春秋》，其传公羊氏也"（《史记·儒林列传》），"董仲舒治《公羊春秋》，始推阴阳，为儒者宗"（《汉书·五行志上》）。董仲舒年老因病致仕，"朝廷如有大议，使使者及廷尉张汤就其家而问之，其对皆有明法"（《汉书·董仲舒传》），董子"作春秋决狱二百三十二事，动以经对，言之详矣"（《后汉书·应劭传》）。西汉时期，推崇《春秋》决狱者不唯董仲舒，其弟子吕步舒"持节使决淮南狱，于诸侯擅专断，不报，以春秋之义正之，天子皆以为是"（《史记·儒林列传》）。《春秋》决狱的基本精神是"原心定罪"，董仲舒认为"《春秋》之听狱也，必本其事而原其志。志邪者不待成，首恶者罪特重，本直者其论轻"（《春秋繁露·精华》）。换言之，"原心定罪"强调按当事人的主观动机、意图、愿望来判定其罪之有无与刑之轻重，其意义在于以儒家道德伦理温情消解刑罚之酷烈，缓解社会矛盾，维护政治稳定，其弊在于以具有主观性的模糊性的动机与儒家道德伦理定罪量刑，导致削弱刑法律令的规范性与权威性，甚至为统治者依据主观意愿进行断案与惩罚提供了理论借口。《史记·平准书》记载张汤"奏当异九卿见令不便，不入言而腹诽，论死"，又曰"其明年，淮南、衡山、江都王谋反迹见，而公卿寻端治之，竟其党与，而坐死者数万人"，凡此可见《春秋》决狱之流弊甚大矣。

简言之，公羊学家眼中的孔子"次《春秋》"是讥世拯世，微言大义，宣扬仁义，垂法后世。《春秋》微言：改制以通三统，更化以致太平；《春秋》疾世：讥世之不仁，而崇仁义之道；《春秋》大义：诛恶以戒后世，扬善以化后人。

四、影响

汉武帝时期，董仲舒、公孙弘皆因治《公羊》而闻名，汉武帝"尊公羊家，诏太子受《公羊春秋》，由是《公羊》大兴"（《汉书·儒林传》）。然则，卫太子"私问《穀梁》而善之"，其孙汉宣帝思祖而崇尚《穀梁》，汉宣帝甘露三年（前51年），汉宣帝诏定"五经异同"，"平《公羊》《穀梁》同异，各以经处是非"（《汉书·儒林传》）并立《穀梁》博士，时有治《穀梁》学的尹更始、翟方进等人因《穀梁》而显于朝廷。从此，《穀梁》学大盛，而《公羊》学式微。

东汉时期，何休《春秋公羊解诂》问世，使得《公羊》学脉相续。东汉熹平四年（175年），汉灵帝诏刻"熹平石经"将《公羊》列入儒家"七经"之中（见《隋书·经籍志》），由此《公羊》正式得到汉王朝的尊崇并首度入经。唐代后期，唐文宗大和七年至开成二年（833－837年）诏刻的"开成石经"中有《公羊》；北宋皇祐元年（1049年），田况补刻《公羊》于后蜀"广政石经"。两宋时期，《公羊》学不彰，北宋嘉祐六年（1061年）诏刻的"嘉祐石经"与南宋绍兴十三年（1143年）诏刻的"绍兴石经"中均无《公羊》，而且诸儒多贬抑《公羊》。比如，朱熹声称"《春秋》制度大纲，《左传》较可据，《公》《穀》较难凭"[1]、"《公》《穀》考事甚疏，然义理却精"[2]、"《公》《穀》专解经，事则多出揣度"[3]、"《公》《穀》虽陋，亦有是处，但皆得于传闻，多讹谬"[4]。或因于此，元明时期推崇朱子理学的后儒多数不重《公羊》。

《春秋公羊》再度为官方所重视发生在清代乾隆年间，乾隆诏刻儒家十三经于石选取《春秋》"三传"，《春秋公羊》位列其中。而且，乾隆认为"中古之书，莫大于《春秋》；推其教，不越乎属辞比事"，"汉仲舒董氏，经术最醇"（《清高宗实录》卷907[5]），并多次以董仲舒与《春秋公羊》为题策试天下儒林。1745年，庄存与进京参加会试的试题即是"拟董仲舒天人册三篇"，庄存与深研董学和《公羊》，"于原文册曰以下四条，一字不遗"（《记

---

① （宋）黎靖德编，王星贤点校：《朱子语类》卷83，中华书局1986年版，第6册，第2151页。
② （宋）黎靖德编，王星贤点校：《朱子语类》卷83，中华书局1986年版，第6册，第2151页。
③ （宋）黎靖德编，王星贤点校：《朱子语类》卷83，中华书局1986年版，第6册，第2151页。
④ （宋）黎靖德编，王星贤点校：《朱子语类》卷83，中华书局1986年版，第6册，第2151页。
⑤ 参见中华书局影印：《清实录》第20册，中华书局1986年版，第233页。

外王父庄宗伯公甲子次场墨卷后》[①])。值得一提的是,晚清诸儒欲借《春秋公羊》挽救清王朝行将末日的宿命而未果,其中以康有为出力为最,康有为不仅著有《春秋董氏学》,而且援《公羊》"三统""三世"思想演绎出"据乱世""升平世"至"太平世"之理路,为其鼓吹的大同社会构想张本。尽管康有为学贯中西、推古治今,但终因时迁世移,而未见政治成效。

王朝更迭,质文代变。综观《春秋公羊》学史,其学其史之发展规律与世之治乱息息相关,呈现出时而彰明、时而潜行的发展轨迹。随之,《春秋公羊》的学术影响亦呈现出时而盛行、时而消隐的发展轨迹。

附:《春秋公羊》节要

元年者何? 君之始年也。春者何? 岁之始也。王者孰谓? 谓文王也。曷为先言王而后言正月? 王正月也。何言乎王正月? 大一统也。公何以不言即位? 成公意也。何成乎公之意? 公将平国而反之桓。曷为反之桓? 桓幼而贵,隐长而卑,其为尊卑也微,国人莫知。隐长又贤,诸大夫扳隐而立之。隐于是焉而辞立,则未知桓之将必得立也。且如桓立,则恐诸大夫之不能相幼君也,故凡隐之立为桓立也。隐长又贤,何以不宜立? 立适以长不以贤,立子以贵不以长。桓何以贵? 母贵也。母贵则子何以贵? 子以母贵,母以子贵。(《隐公元年》)

尹氏者何? 天子之大夫也。其称尹氏何? 贬。曷为贬? 讥世卿,世卿非礼也。外大夫不卒,此何以卒? 天王崩,诸侯之主也。(《隐公三年》)

取邑不日,此何以日? 一月而再取也。何言乎一月而再取? 甚之也。内大恶讳,此其言甚之何?《春秋》录内而略外,于外大恶书,小恶不书,于内大恶讳,小恶书。(《隐公十年》)

冬十有一月壬辰,公薨。何以不书葬? 隐之也。何隐尔? 弑也。弑则何以不书葬?《春秋》君弑,贼不讨,不书葬,以为无臣子也。子沈子曰:"君弑,臣不讨贼,非臣也。不复仇,非子也。葬,生者之事也。"《春秋》君弑,贼不讨,不书葬,以为不系乎臣子也。公薨何以不地? 不忍言也。隐何以无正月? 隐将让乎桓,故不有其正月也。(《隐公十一年》)

① 参见(清)刘逢禄:《刘礼部集》卷10,详见《续修四库全书》编委会编:《续修四库全书》第1501册,上海古籍出版社2002年版,第184页。

其称世子何？复正也。曷为或言归？或言复归？复归者，出恶，归无恶；复入者，出无恶，入有恶。入者，出入恶。归者，出入无恶。（《桓公十五年》）

何以书？讥。何讥尔？筑之礼也，于外非礼也。于外何以非礼？筑于外非礼也。其筑之何以礼？主王姬者必为之改筑。主王姬者则曷为必为之改筑？于路寝则不可，小寝则嫌。群公子之舍则以卑矣。其道必为之改筑者也。（《庄公元年》）

大去者何？灭也。孰灭之？齐灭之。曷为不言齐灭之？为襄公讳也。《春秋》为贤讳。何贤乎襄公？复雠也。何雠尔？远祖也。哀公亨乎周，纪侯谮之。以襄公之为于此焉者，事祖祢之心尽矣。尽者何？襄公将复雠乎纪，卜之曰："师丧分焉。寡人死之，不为不吉也。"远祖者几世乎？九世矣。九世犹可以复雠乎？虽百世可也。家亦可乎？曰：不可。国何以可？国君一体也；先君之耻犹今君之耻也，今君之耻犹先君之耻也。国君何以为一体？国君以国为体，诸侯世，故国君为一体也。今纪无罪，此非怒与？曰：非也。古者有明天子，则纪侯必诛，必无纪者。纪侯之不诛，至今有纪者，犹无明天子也。古者诸侯必有会聚之事，相朝聘之道，号辞必称先君以相接，然则齐、纪无说焉，不可以并立乎天下。故将去纪侯者，不得不去纪也。有明天子，则襄公得为若行乎？曰：不得也。不得则襄公曷为之？上无天子，下无方伯，缘恩疾者可也。（《庄公四年》）

公曷为与微者狩？齐侯也。齐侯则其称人何？讳与雠狩也。前此者有事矣，后此者有事矣，则曷为独于此焉？讥于雠者将壹讥而已，故择其重者而讥焉，莫重乎其与雠狩也。于雠者则曷为将壹讥而已？雠者无时，焉可与通；通则为大讥，不可胜讥，故将壹讥而已，其余从同同。（《庄公四年》）

恒星者何？列星也。列星不见，则何以知？夜之中星反也。如雨者何？如雨者非雨也。非雨则曷为谓之如雨？不修《春秋》曰："雨星不及地尺而复。"君子修之曰："星霣如雨。"何以书？记异也。（《庄公七年》）

无苗，则曷为先言无麦，而后言无苗？一灾不书，待无麦然后书无苗。何以书？记灾也。（《庄公七年》）

何以书？记灾也。外灾不书，此何以书？及我也。（《庄公十一年》）

同盟者何？同欲也。（《庄公十六年》）

纳币不书,此何以书?讥。何讥尔?亲纳币,非礼也。(《庄公二十二年》)

新延厩者何?修旧也。修旧不书,此何以书?讥。何讥尔?凶年不修。(《庄公二十九年》)

何以不称弟?杀也。杀则曷为不言刺?为季子讳杀也。曷为为季子讳杀?季子之过恶也,不以为国狱,缘季子之心而为之讳。季子之过恶奈何?庄公病将死,以病召季子,季子至而授之以国政,曰:"寡人即不起此病,吾将焉致乎鲁国?"季子曰:"般也存,君何忧焉?"公曰:"庸得若是乎?牙谓我曰:'鲁一生一及,君已知之矣。庆父也存。'"季子曰:"夫何敢?是将为乱乎?夫何敢?"俄而牙弑械成。季子和药而饮之曰:"公子从吾言而饮此,则必可以无为天下戮笑,必有后乎鲁国。不从吾言而不饮此,则必为天下戮笑,必无后乎鲁国。"于是从其言而饮之,饮之无傫氏,至乎王堤而死。公子牙今将尔,辞曷为与亲弑者同?君亲无将,将而诛焉。然则善之与?曰:"然。"杀世子母弟直称君者,甚之也。季子杀母兄何善尔?诛不得辟兄,君臣之义也。然则曷为不直诛,而鸩之?行诛乎兄,隐而逃之,使托若以疾死,然亲亲之道也。(《庄公三十二年》)

公何以不言即位?继弑君不言即位。孰继?继子般也。孰弑子般?庆父也。杀公子牙,今将尔,季子不免。庆父弑君,何以不诛?将而不免遏恶也。既而不可及,因狱有所归,不探其情而诛焉,亲亲之道也。恶乎归狱?归狱仆人邓扈乐。曷为归狱仆人邓扈乐?庄公存之时,乐曾淫于宫中,子般执而鞭之。庄公死,庆父谓乐曰:"般之辱尔,国人莫不知,盍弑之矣?"使弑子般。然后诛邓扈乐而归狱焉,季子至而不变也。(《闵公元年》)

齐仲孙者何?公子庆父也。公子庆父则曷为谓之齐仲孙?系之齐也。曷为系之齐?外之也。曷为外之?《春秋》为尊者讳,为亲者讳,为贤者讳。子女子曰:"以《春秋》为《春秋》,齐无仲孙,其诸吾仲孙与?"(《闵公元年》)

其言吉何?言吉者,未可以吉也。曷为未可以吉?未三年也。三年矣,曷为谓之未三年?三年之丧,实以二十五月。其言于庄公何?未可以称宫庙也。曷为未可以称宫庙?在三年之中矣。吉禘于庄公,何以书?讥。何讥尔?讥始不三年也。(《闵公二年》)

屈完者何？楚大夫也。何以不称使？尊屈完也。曷为尊屈完？以当桓公也。其言盟于师、盟于召陵何？师在召陵也。师在召陵，则曷为再言盟？喜服楚也。何言乎喜服楚？楚有王者则后服，无王者则先叛。夷狄也，而亟病中国，南夷与北狄交。中国不绝若线，桓公救中国，而攘夷狄，卒帖荆，以此为王者之事也。其言来何？与桓为主也。前此者有事矣，后此者有事矣，则曷为独于此焉？与桓公为主，序绩也。（《僖公四年》）

用者何？用者不宜用也。致者何？致者不宜致也。禘用致夫人，非礼也。夫人何以不称姜氏？贬。曷为贬？讥以妾为妻也。其言以妾为妻奈何？盖胁于齐媵女之先至者也。（《僖公八年》）

曷为先言霣而后言石？霣石记闻，闻其磌然，视之则石，察之则五。是月者何？仅逮是月也。何以不日？晦日也。晦则何以不言晦？《春秋》不书晦也。朔有事则书，晦虽有事不书。曷为先言六而后言鹢？六鹢退飞，记见也，视之则六，察之则鹢，徐而察之则退飞。五石六鹢何以书？记异也。外异不书，此何以书？为王者之后记异也。（《僖公十六年》）

孰灭之？齐灭之。曷为不言齐灭之？为桓公讳也。春秋为贤者讳。此灭人之国，何贤尔？君子之恶恶也疾始，善善也乐终。桓公尝有继绝存亡之功，故君子为之讳也。（《僖公十七年》）

曷为或言三卜？或言四卜？三卜，礼也；四卜，非礼也。三卜何以礼？四卜何以非礼？求吉之道三。禘尝不卜，郊何以卜？卜郊，非礼也。卜郊何以非礼？鲁郊，非礼也。鲁郊何以非礼？天子祭天，诸侯祭土。天子有方望之事，无所不通。诸侯山川有不在其封内者，则不祭也。曷为或言免牲？或言免牛？免牲礼也，免牛非礼也。免牛何以非礼？伤者曰牛。三望者何？望祭也。然则曷祭？祭泰山河海。曷为祭泰山河海？山川有能润于百里者，天子秩而祭之。触石而出，肤寸而合，不崇朝而遍雨乎天下者，唯泰山尔。河海润于千里。犹者何？通可以已也。何以书？讥不郊而望祭也。（《僖公三十一年》）

作僖公主者何？为僖公作主也。主者曷用？虞主用桑，练主用栗。用栗者，藏主也。作僖公主，何以书？讥。何讥尔？不时也。其不时奈何？欲久丧而后不能也。（《文公二年》）

大事者何？大祫也。大祫者何？合祭也。其合祭奈何？毁庙之主陈于太祖，未毁庙之主皆升，合食于太祖，五年而再殷祭。跻者何？升也。

何言乎升僖公？讥。何讥尔？逆祀也。其逆祀奈何？先祢而后祖也。（《文公二年》）

纳币不书，此何以书？讥。何讥尔？讥丧娶也。娶在三年之外，则何讥乎丧娶？三年之内不图婚。吉禘于庄公，讥。然则曷为不于祭焉讥？三年之恩疾矣，非虚加之也，以人心为皆有之。以人心为皆有之，则曷为独于娶焉讥？娶者，大吉也，非常吉也。其为吉者主于己，以为有人心焉者，则宜于此焉变矣。（《文公二年》）

毛伯者何？天子之大夫也。何以不称使？当丧未君也。逾年矣，何以谓之未君？即位矣，而未称王也。未称王，何以知其即位？以诸侯之逾年即位，亦知天子之逾年即位也。以天子三年然后称王，亦知诸侯于其封内三年称子也，逾年称公矣。则曷为于其封内三年称子？缘民臣之心不可一日无君，缘终始之义，一年不二君，不可旷年无君。缘孝子之心，则三年不忍当也。毛伯来求金，何以书？讥。何讥尔？王者无求，求金非礼也。然则是王者与？曰：非也。非王者则曷为谓之王者？王者无求，曰：是子也。继文王之体，守文王之法度，文王之法无求，而求，故讥之也。（《文公九年》）

遂何以不称公子？一事而再见者，卒名也。夫人何以不称姜氏？贬。曷为贬？讥丧娶也。丧娶者公也，则曷为贬夫人？内无贬于公之道也。内无贬于公之道，则曷为贬夫人？夫人与公一体也。其称妇何？有姑之辞也。（《宣公元年》）

崔氏者何？齐大夫也。其称崔氏何？贬。曷为贬？讥世卿，世卿非礼也。（《宣公十年》）

此楚子也，其称人何？贬。曷为贬？不与外讨也。不与外讨者，因其讨乎外而不与也，虽内讨亦不与也。曷为不与？实与而文不与。文曷为不与？诸侯之义不得专讨也。诸侯之义不得专讨，则其曰实与之何？上无天子，下无方伯，天下诸侯有为无道者，臣弑君，子弑父，力能讨之，则讨之可也。（《宣公十一年》）

潞何以称子？潞子之为善也，躬足以亡尔。虽然，君子不可不记也。离于夷狄，而未能合于中国，晋师伐之，中国不救，狄人不有，是以亡也。（《宣公十五年》）

初者何？始也。税亩者何？履亩而税也。初税亩何以书？讥。何讥尔？讥始履亩而税也。何讥乎始履亩而税？古者什一而藉。古者曷为什一而藉？什一者天下之中正也。多乎什一，大桀、小桀；寡乎什一，大貉、小貉。什一者天下之中正也，什一行而颂声作矣。（《宣公十五年》）

成周者何？东周也。宣谢者何？宣宫之谢也。何言乎成周宣谢灾？乐器藏焉尔。成周宣谢灾何以书？记灾也。外灾不书，此何以书？新周也。（《宣公十六年》）

梁山者何？河上之山也。梁山崩，何以书？记异也。何异尔？大也。何大尔？梁山崩，壅河三日不沐。外异不书，此何以书？为天下记异也。（《成公五年》）

曷为殊会吴？外吴也。曷为外也？《春秋》内其国而外诸夏，内诸夏而外夷狄。王者欲一乎天下，曷为以外内之辞言之？言自近者始也。（《成公十五年》）

操者何？郑之邑也。诸侯卒其封内不地，此何以地？隐之也。何隐也？弑也。孰弑之？其大夫弑之。曷为不言其大夫弑之？为中国讳也。曷为为中国讳？郑伯将会诸侯于鄢，其大夫谏曰："中国不足归也，则不若与楚。"郑伯曰："不可。"其大夫曰："以中国为义，则伐我丧；以中国为强，则不若楚。"于是弑之。郑伯髡原何以名？伤而反，未至乎舍而卒也。未见诸侯其言如会何？致其意也。（《襄公七年》）

孛者何？彗星也。其言于大辰何？在大辰也。大辰者何？大火也。大火为大辰，伐为大辰，北辰亦为大辰。何以书？记异也。（《昭公十七年》）

此偏战也，曷为以诈战之辞言之？不与夷狄之主中国也。然则曷为不使中国主之？中国亦新夷狄也。其言灭获何？别君臣也，君死于位曰灭，生得曰获，大夫生死皆曰获。不与夷狄之主中国，则其言获陈夏啮何？吴少进也。（《昭公二十三年》）

其言新作之何？修大也。修旧不书，此何以书？讥。何讥尔？不务乎公室也。（《定公二年》）

吴何以称子？夷狄也，而忧中国。其忧中国奈何？伍子胥父诛乎楚，挟弓而去楚，以干阖庐。阖庐曰："士之甚，勇之甚，将为之兴师而复雠于楚。"伍子胥复曰："诸侯不为匹夫兴师，且臣闻之，事君犹事父也。亏君之义，复父之雠，臣不为也。"于是止。蔡昭公朝乎楚，有美裘焉，囊瓦求之，昭公不与，为是拘昭公于南郢数年，然后归之。于其归焉，用事乎河，曰："天下诸侯，苟有能伐楚者，寡人请为之前列。"楚人闻之怒。为是兴师，使囊瓦将而伐蔡。蔡请救于吴，伍子胥复曰："蔡非有罪也，楚人为无道，君如有忧中国之心，则若时可矣。"于是兴师而救蔡。曰：事君犹事父也，此其为可以复雠奈何？曰："父不受诛，子复雠可也；父受诛，子复雠，推刃之道也。复雠不除害，朋友相卫，而不相迩，古之道也。"（《定公四年》）

齐国夏曷为与卫石曼姑帅师围戚？伯讨也。此其为伯讨奈何？曼姑受命乎灵公而立辄，以曼姑之义为固，可以距之也。辄者曷为者也？蒯聩之子也。然则曷为不立蒯聩而立辄？蒯聩为无道，灵公逐蒯聩而立辄。然则辄之义可以立乎？曰："可。"其可奈何？不以父命辞王父命，以王父命辞父命，是父之行乎子也。不以家事辞王事，以王事辞家事，是上之行乎下也。（《哀公三年》）

孟子者何？昭公之夫人也。其称孟子何？讳娶同姓，盖吴女也。（《哀公十二年》）

何以书？记异也。何异尔？非中国之兽也。然则孰狩之？薪采者也。薪采者则微者也，曷为以狩言之？大之也。曷为大之？为获麟大之也。曷为获麟大之？麟者仁兽也。有王者则至，无王者则不至。有以告者曰："有麕而角者。"孔子曰："孰为来哉！孰为来哉！"反袂拭面涕沾袍。颜渊死，子曰："噫！天丧予。"子路死，子曰："噫！天祝予。"西狩获麟，孔子曰："吾道穷矣！"《春秋》何以始乎隐？祖之所逮闻也，所见异辞，所闻异辞，所传闻异辞。何以终乎哀十四年？曰："备矣！"君子曷为为《春秋》？拨乱世，反诸正，莫近诸《春秋》。则未知其为是与？其诸君子乐道尧舜之道与？末不亦乐乎尧舜之知君子也？制《春秋》之义以俟后圣，以君子之为，亦有乐乎此也。（《哀公十四年》）

《春秋穀梁》学案

《春秋穀梁传》又称《穀梁春秋》《穀梁传》或《穀梁》，鲁人穀梁赤学《春秋》于子夏，为"经"作"传"，故其书名《春秋穀梁传》。《汉书·艺文志》记载当时流传有"《穀梁传》十一卷""《穀梁外传》二十篇"与"《穀梁章句》三十三篇"，隐约可见西汉时期的《穀梁传》诠释史盖有一时之盛。令人遗憾的是，后世"诸儒言《左传》者多，言《公》《穀》者少"①，《穀梁传》始终未成显学。

《穀梁传》凡记鲁隐公元年至鲁哀公十四年（前 722—前 481 年）之史，历鲁国十二公，计二百四十二年之史。《穀梁传》采用问答体诠释《春秋》，其体例与《公羊传》相似。《穀梁传》用词准确、文字凝练，《穀梁传》要在演绎《春秋》大义，其在史实叙述方面略逊于《左传》。《穀梁传》主张"著以传著，疑以传疑"，强调诠释者应尊重史实。

废兴由于好恶，盛衰继之辩讷。汉宣帝即位以后"闻卫太子好《穀梁春秋》"而"兴《穀梁》"并立《穀梁》博士，从此，"《穀梁》之学大盛"（《汉书·儒林传》）。《穀梁传》在汉宣帝前后或补入不少应时之论，因此，既不可将《穀梁传》贴上孔子思想的标签，又不可将《穀梁传》完全视为是穀梁赤的思想，因为《穀梁传》中融合了西汉中后期诸儒的演绎与应时之论。尽管如此，《穀梁传》仍不失为儒家的重要经典，其中的经典性观点至今仍有现实意义。比如《穀梁传·隐公元年》曰"《春秋》成人之美，不成人之恶""《春秋》贵义而不贵惠，信道而不信邪"，《穀梁传·桓公五年》曰"《春秋》之义，信以传信，疑以传疑"，《穀梁传·桓公十四年》曰"民者，君之本也"，《穀梁传·昭公二十九年》曰"昭公出奔，民如释重负"，等等。

一、成书

鲁人穀梁赤，世称其为子夏弟子，撰《春秋穀梁传》（十二卷）。《穀梁传》"自荀卿、申公至蔡千秋、江翁凡五传。宣帝好之，遂盛行于世"②。其实，《穀梁传》成文甚早，成书甚晚，其成书时间或晚于《公羊传》，应在西汉中期。

二、注本

孔子"次《春秋》"，孔门后学与左丘明"论本事而作传"。《春秋》"三传"各有家法，师徒秘传，"口说流行，故有公羊、穀梁、邹、夹之传。四家之中，公羊、穀梁立于学官"（《汉书·艺文志》）。汉宣帝好《穀梁传》，《穀梁

---

① 参见（清）永瑢、纪昀等：《四库全书总目提要》卷 26，中华书局 1965 年版，第 211 页。
② （宋）陈振孙撰，徐小蛮等点校：《直斋书录解题》卷 3，上海古籍出版社 1987 年版，第 52 页。

传》遂盛行于世。时至东汉，何休追述李育之意以难"二传"而作《穀梁废疾》，郑玄作《起废疾》以答何休，郑玄之作义据通深（见《后汉书·郑玄传》）。

综观两汉《穀梁传》注疏与诠释史，波澜不兴；直至魏晋，《穀梁传》方为世人所重。三国时期，吴人"唐固亦修身积学，称为儒者，著国语、公羊、穀梁传注"（《三国志·吴书·阚泽传》），魏人糜信著《春秋穀梁注》（十二卷）。两晋时期，西晋刘兆博学洽闻，温笃善诱，安贫乐道，潜心著述，以《春秋》一经而三家殊途，"为《春秋左氏》解，名曰全综，《公羊》《穀梁》解诂皆纳经传中，朱书以别之"（《晋书·儒林列传·刘兆传》）。东晋徐邈姿性端雅，勤行励学，开释文义，标明指趣，撰正五经音训，学者宗之，"所注《穀梁传》，见重于时"（《晋书·儒林列传·徐邈传》）。

汉魏以来，为《穀梁传》注解者，有尹更始、唐固、糜信、孔演、江熙等十余家，而"范宁以为皆肤浅，于是帅其长子参、中子雍、小子凯、从弟邵及门生故吏，商略名例，博采诸儒同异之说，成其父范汪之志"①。晋人范宁撰《春秋穀梁传集解》（十二卷），其书特色在于：范宁"以为《春秋》惟《穀梁氏》无善释，故为之注解"②；其书"所集诸家之说，皆记姓名。其称何休曰及郑君释之者，即所谓《发墨守》《起废疾》也；称邵曰者，宁从弟也；称泰曰、雍曰、凯曰者，其诸子也"③；"尝谓《三传》之学，《穀梁》所得最多，诸家之解，范宁之论最善"①。时至唐代，唐儒杨士勋撰《春秋穀梁传疏》（十二卷）所依底本便是范宁的《春秋穀梁传集解》。清编《四库全书》收录晋人范宁集解，唐杨士勋疏《春秋穀梁传注疏》（二十卷），其书特色在于：注疏削繁注要，文清义约；诠释《春秋》"大义"，忽略《春秋》"微言"；解经多驳《公羊》之说，应时之意明显；说理透彻，常有新见。范宁以《传》附《经》，冠以"《传》曰"之字，如郑玄、王弼之《易》有"象曰""象曰"之例⑤；范宁引《左传》《公羊》以解《穀梁》，文义相违，敷陈疑滞；范宁博采诸儒同异之说，又参时人各记所识，并言其意，而成《集解》。唐杨士勋之《疏》广征博引、专

---

① （宋）晁公武撰，孙猛校证：《郡斋读书志》卷3，上海古籍出版社1990年版，第103页。
② （宋）陈振孙撰，徐小蛮等点校：《直斋书录解题》卷3，上海古籍出版社1987年版，第53页。
③ （宋）陈振孙撰，徐小蛮等点校：《直斋书录解题》卷3，上海古籍出版社1987年版，第53页。
④ （宋）晁公武撰，孙猛校证：《郡斋读书志》卷3，上海古籍出版社1990年版，第103页。
⑤ 参见（清）永瑢、纪昀等：《四库全书总目提要》卷26，中华书局1965年版，第211页。

主一说；文清义约，刊削繁复；说传疑传，歧义屡出。洎乎清初，《春秋穀梁》注疏与诠释史一直郁而不彰。

清代中后期，《穀梁传》注疏与诠释史呈现勃兴之势，时有诸儒为之作注。刘逢禄撰《穀梁废疾申何》（二卷）、《穀梁申废疾》与《穀梁广废疾》，其书特色在于：崇尚今文经学，贬抑古文经学；申何休之说而难郑玄之论；推尊何休《春秋公羊》学，排斥《左氏》与《穀梁》之说。诚如，章太炎《春秋左传读叙录序》所言"《穀梁》见攻者止于文义之间，《左氏》乃其书与师法之真伪"①。刘逢禄不满郑玄《六艺论》所言"《穀梁》善于经，而迹近孔子"一语，而在《穀梁废疾申何叙》中曰："窃尝以为《春秋》微言大义，鲁论诸君子皆得闻之，而子游、子思、孟子著其纲。其不可显言者，属子夏口授之公羊氏，五传始著竹帛也。然向微温城董君、齐胡母生，及任城何邵公三君子同道相继，则《礼运》《中庸》《孟子》所述圣人之志，王者之迹，几乎息矣。穀梁子不传建五始、通三统、张三世、异内外诸大旨，盖其始即夫子所云中人以下不可语上者。"②刘逢禄力证《公羊传》是《春秋》传承之正脉，虽承认《穀梁》出自子夏所授，但言《穀梁》"日月之例""灾变之说"等论见未得《春秋》大义，强调《公羊》所言"大一统""通三统""张三世"等论见是《春秋》大旨。所以，刘逢禄赞《公羊》之义为长，贬《穀梁》之义为短。

清儒钟文烝撰《春秋穀梁经传补注》（二十四卷），其书特色在于：网罗众家，折中一是；自比梅鷟之辨伪书、陈第之谈古韵，略引其绪，以待后贤；"兼究宋元诸儒书，书中若释禘袷、祖祢谥法以及心志不通、仁不胜道、以道受命等，皆能提要挈纲，实事求是"（《清史稿·儒林三·钟文烝传》）。钟文烝重新解释"属辞比事，《春秋》教也"，提出"属者，属合之。比者，比次之。《春秋》大义，是是非非，皆于其属合、比次、异同、详略之间见之，是其本教也"③；同时，主张正名尽辞，以明王道，提出"道名分者，正名以顺言，顺言以成事。名之必可言，言之必可行也。议而不辩者，假事以明义，推见以至隐"④。侯康撰《穀梁礼证》（二卷），其书特色在于：考《穀梁传》

---

①　章太炎：《章太炎全集》（第2卷），上海人民出版社1982年版，第809页。

②　参见(清)刘逢禄：《春秋公羊经何氏释例 春秋公羊释例后录》卷6，上海古籍出版社2013年版，第480—488页。

③　参见(清)钟文烝：《春秋穀梁经传补注》卷首《论经》，中华书局1996年版，第1页。

④　参见(清)钟文烝：《春秋穀梁经传补注》卷首《论经》，中华书局1996年版，第1页。

凡涉于礼者,以为义理莫精于《穀梁》,据《穀梁》以证"三礼";"以《公羊》杂出众师,时多偏驳,排诋独多"(《清史稿·儒林三·侯康传》);其著《穀梁礼证》未完帙,仅成二卷,然亦精备。柳兴恩撰《穀梁春秋大义述》(三十卷),其书特色在于:考证精博,扶翼孤经;其书分《述日月例》第一、《述礼》第二、《述异文》第三、《述古训》第四、《述师说》第五、《述经师》第六、《述长编》第七;"于所见载籍之涉《穀梁》者,循次摘录,附以论断,并著本经废兴源流"(《清史稿·儒林三·柳兴恩传》);倡明鲁学,成一家言。

时至清末,王闿运撰《穀梁传笺》(十卷),其书特色在于:考三代之制度,详品物之所用,阐发《春秋穀梁》之微言;"寻其宏旨",不强解释;阐明奥义,多有前贤未发之覆;其书认为《穀梁》是解《春秋》之"真传";其书既不效宋儒侈谈义理,亦不仿乾嘉学者专尊古注,发明臆测体会而简为诠释。王闿运意在"佐治道,存先典,明古训,雄文章",发明《穀梁》大义以为"经世致用"。另外,王闿运撰《穀梁申义》(一卷),其书特色在于:王闿运认为《穀梁传》阐扬《春秋》大义,是"经"而非"史",其书多祖述《公羊》之义,认为"《公》《穀》不妨为异"并主张《公》《穀》可以并立、"无害于说经",旨在鼓吹"通经致用"。只是其《穀梁申义》虽义精辞辨,但恐有过求附会之失。

清末民初,《穀梁传》注疏与诠释出现回光返照式的景致,廖平是促成此番景致的代表人物,其《穀梁》学著述颇丰。廖平撰《穀梁春秋经传古义疏》(十一卷),其书特色在于:采诸微文孤记,别先师家法门户之见,凡相近之处皆采之;明六经相通之实,"凡本传佚义,取汉博士说补之";其书旨在"发明古义,推原礼证","注疏之外,别撰大义,属辞比事,条而贯之,并缀以表,旁及三传异同,辨别何(休)、郑(玄)、纠范(宁)《释范》,靡不加详";其书于古义颇多创获,"守汉师之法,道来学之路"。廖平治今文经,尤重《春秋》;其治《穀梁》学分为"内学"与"外学",于"内学"著有《穀梁春秋经传古义疏》《穀梁经传章句疏》《穀梁春秋经传古义凡例》,于"外学"著有《起起废疾》《释范》《穀梁集解纠谬》《穀梁先师遗说考》《穀梁大义详证》《穀梁传例疏证》《穀梁决事》《穀梁属辞》《穀梁本末》《穀梁比事》《穀梁琐语》《穀梁日月时例表》《穀梁笔削表》《穀梁褒贬表》《穀梁善恶表》《穀梁三言例表》《穀梁内本国外诸夏表》《穀梁内诸夏外夷狄表》《穀梁内内夷外外夷表》《穀梁尊大夷卑小夷表》《穀梁诸侯列数隐见表》《穀梁春秋经学外篇凡例》等。① 总体而言,廖平研治《穀梁传》,其说多发前人未发之论;其治《穀梁传》始"厌弃破碎,而专求大义"。廖平认为旧论《穀梁传》者多遵范宁注,而范宁注依附何休与杜预且以攻传为能事,故而"首明古义,说本先师,推原礼证,参以《王制》",以辩驳郑、范违失;而且另著《起起穀梁废疾》通过"条例"何、郑、范之说,纠匡驳谬。廖平以礼制会通《穀梁》与《王制》,申明以礼制而分今古之说。

另外,清儒阮元校刻儒家"十三经"所采底本为晋人范宁集解、唐人杨士勋疏《春秋穀梁传注疏》(二十卷),从此,范宁集解、杨士勋疏《春秋穀梁传注疏》成为《穀梁传》的通行本。

三、篇旨

《穀梁传》宣扬儒家思想,强调宗法制度、礼义教化;强调尊重王权,规约权力;强调君臣各有职分,各有行为准则;强调贵贱尊卑之别,鼓吹君王道德自律。《穀梁传》与《公羊传》体例略同,诠释范式与价值向度强调发掘《春秋》经文的微言大义,提出"信以传信,疑以传疑",主张贵义而不贵惠,信道而不信邪,成人之美而不成人之恶。诚如宋儒胡安国所说:"事莫备于《左氏》,例莫明于《公羊》,义莫精于《穀梁》。"(《困学纪闻》卷6)其实,《穀梁传》之所以能在西汉后期为君王所推崇,是因为强调礼乐教化,尊重王权,力主仁德之治。可以说,《穀梁传》在某种程度上满足了西汉后期君王对权力与道德的双重需要。

《穀梁传》强调尊王,但亦限王。《春秋》本经曰"庄公三年五月,葬周桓王",《穀梁传·庄公三年》认为此是"举天下而葬一人","王者,民之所归往也"。天下民心归往于"王",天下权力归系于"王";因而,"王"拥有无上权力,"王权"拥有至上权威。春秋时期,周室虽已衰微,周天子的王权与形象却不容有损,诸侯国仍须向周天子进贡。《穀梁传·桓公十五年》曰"古者,诸侯时献于天子以其国之所有,故有辞让而无征求",《穀梁传·僖公八年》曰"朝服虽弊,必加于上;弁冕虽旧,必加于首;周室虽衰,必先诸侯"。《穀梁传》强调君臣有分,各有规范,《穀梁传·襄公十九年》曰"君不尸小事,臣不专大名,善则称君,过则称己,则民作让矣";反之,君臣无

---

① 参见(清)廖平著,杨世文、舒大刚校点:《廖平全集》,上海古籍出版社2015年版,第6、9册。

职分,政必生大乱,《穀梁传·宣公十五年》曰"君不君,臣不臣,此天下所以倾也"。显然,《穀梁传》名君之职分,意在"限王"、规约君权。

《穀梁传》别尊卑,等贵贱。《穀梁传·成公十五年》曰"夫人之义,不逾君也,为贤者崇也",是强调男尊女卑;《穀梁传·昭公四年》曰"《春秋》之义,用贵治贱,用贤治不肖,不以乱治乱也",是强调贵贱有等、贤愚有别。《穀梁传》强调道德自律,并且尤为强调君王的道德自律。《穀梁传·襄公二十九年》曰"礼,君不使无耻,不近刑人,不狎敌,不迩怨。贱人,非所贵也;贵人,非所刑也;刑人,非所近也",《穀梁传·桓公十四年》曰"民者,君之本也",强调明君当以民为本,昏君败亡则"民如释重负";《穀梁传·僖公三年》称赞鲁僖公"有志乎民",赞扬圣主明君恩泽百姓、志在民生。《穀梁传》讥斥君王贪图淫乐,比如《穀梁传·成公十八年》认为"筑鹿囿"是"筑不志",强调"山林薮泽之利,所以与民共也,虞之,非正也",意在表明鲁成公"筑鹿囿"是夺民之利,非正道之举。同时,《穀梁传》别尊卑与等贵贱的思想在其华夷之辨中有所体现,比如《成公十二年》曰"中国与夷狄不言战,皆曰败之"、《昭公元年》引《传》曰"中国曰大原,夷狄曰大卤。号从中国,名从主人"等,即是据道德与文明而别尊卑、等贵贱。

《穀梁传》强调礼乐教化、仁德之治。汉武帝发动的征讨四夷尤其是与匈奴之战前后持续数十年,战争拖垮汉帝国的经济,导致社会政治出现动荡,百姓盼望能安居乐业;汉昭帝时,"盐铁会议"罢榷酤,轻徭役,薄赋税;汉宣帝即位后,推崇其祖卫太子所喜的《穀梁传》,抑制其曾祖刘彻所崇尚的《公羊传》,其意在抚战争之余伤,行礼乐之教化,施仁德之治道。不过,汉宣帝却反对太子刘奭(汉元帝)崇尚德教儒术,指出"汉家自有制度,本以霸王道杂之,奈何纯任德教,用周政乎"(《汉书·元帝纪》)。正是基于"以霸王道杂之"的政治理念,汉宣帝将先秦儒家强调的礼乐教化与王道仁政融于当时盛行的法家思想与黄老思想之中,并使之成为王朝倚重的政治哲学之一。甘露三年(前51年),汉宣帝将《穀梁》立为博士与官学。汉宣帝多次颁布减免租税、赈贷种食、尊老崇孝的诏令,强调"谨牧养民而风德化",注重礼乐教化,使"海内兴于礼让";同时,汉宣帝废除汉武帝时期颁设的严刑峻法,并且平理弄狱。

《穀梁传》强调宗法思想、重视宗法情谊。汉武帝时期,淮南王作乱,《公羊》学大师董仲舒的弟子吕步舒"持节使决淮南狱,于诸侯擅专断,不报,以《春秋》之义正之,天子皆以为是"(《史记·儒林列传》)。与《公羊传》要求大义灭亲、严惩乱臣贼子不同,《穀梁传》试图以宗法血亲之温情消解政治角力过程中的残酷与冰冷。比如,《穀梁传·昭公八年》认为"陈侯之弟招杀陈世子偃师"是不合王朝礼制的,但《春秋》为显其恶,特意如此。或许是因为看破汉初宫室内斗、诸王之乱的根因,汉宣帝立《穀梁》以分《公羊》之尊荣,试图让血缘之亲与宗法之情成为化解宗室权力斗争的药方。地节元年(前69年),汉宣帝颁诏曰:"盖闻尧亲九族,以和万国。朕蒙遗德,奉承圣业,惟念宗室属未尽而以罪绝,若有贤材,改行劝善,其复属,使得自新"(《汉书·宣帝纪》)。细绎可见,汉宣帝所颁诏书之义深得《穀梁传》强调的宗法思想,明显具有欲以宗法情谊化解政治冲突与权力角力的政治意图。

《穀梁传》演绎《春秋》大义,自有宏旨。诚如晋人范宁在《穀梁传》序中赞言:《穀梁传》大旨是"德之所助,虽贱必申。义之所抑,虽贵必屈。故附势匿非者无所逃其罪,潜德独运者无所隐其名,信不易之宏轨,百王之通典也"(《春秋穀梁传序》[①])。较之,《春秋》"三传",各有长短;其中,"《左氏》艳而富,其失也巫。《穀梁》清而婉,其失也短。《公羊》辩而裁,其失也俗。若能富而不巫,清而不短,裁而不俗,则深于其道者也。故君子之于《春秋》,没身而已矣"(《春秋穀梁传序》[②])。或曰:"《左氏》是史学,《公》《穀》是经学"[③]、"《公》《穀》考事甚疏,然义理却精"[④]、"《穀梁》虽精细,但有些邹搜狭窄"[⑤]、"《公》《穀》专解经,事则多出揣度"[⑥]。总而言之,后人对《穀梁》褒贬不一,《穀梁》的被认可度似乎远不及《左传》与《公羊》。

四、影响

纵观《穀梁传》注疏与诠释史,尽管《穀梁传》并非显学,但其亦是自有

---

① 参见(清)阮元校刻:《十三经注疏·春秋穀梁传集解序》,中华书局1980年版,第2358—2362页。

② 参见(清)阮元校刻:《十三经注疏·春秋穀梁传集解序》,中华书局1980年版,第2358—2362页。

③ (宋)黎靖德编,王星贤点校:《朱子语类》卷83,中华书局1986年版,第6册,第2151页。

④ (宋)黎靖德编,王星贤点校:《朱子语类》卷83,中华书局1986年版,第6册,第2152页。

⑤ (宋)黎靖德编,王星贤点校:《朱子语类》卷83,中华书局1986年版,第6册,第2153页。

⑥ (宋)黎靖德编,王星贤点校:《朱子语类》卷83,中华书局1986年版,第6册,第2151页。

传承谱系。西汉前期，"瑕丘江生为《穀梁春秋》"（《史记·儒林列传》），"瑕丘江公受《穀梁春秋》及《诗》于鲁申公，传子至孙为博士"（《汉书·儒林传》），卫太子刘据尝"私问《穀梁》而善之"。汉宣帝即位以后，"闻卫太子好《穀梁春秋》，以问丞相韦贤、长信少府夏侯胜及侍中乐陵侯史高，皆鲁人也，言穀梁子本鲁学，公羊氏乃齐学也，宜兴《穀梁》"（同上）。

西汉时期能够反映《穀梁传》影响的标志性事件是汉宣帝立"《穀梁春秋》博士"。甘露三年（前51年），汉宣帝"诏诸儒讲五经同异，太子太傅萧望之等平奏其议，上亲称制临决焉。乃立梁丘《易》、大小夏侯《尚书》《穀梁春秋》博士"（《汉书·宣帝纪》），从此，《穀梁》学大盛。在此期间，尹更始、翟方进等人因治《穀梁》而显于朝廷。相对而言，东汉时期能够反映《穀梁传》影响的标志性事件较多。建初八年（83年），汉章帝诏令"群儒选高才生，受学《左氏》《穀梁春秋》《古文尚书》《毛诗》，以扶微学，广异义焉"（《后汉书·肃宗孝章帝纪》）；建光二年（122年），汉安帝"诏选三署郎及吏人能通古文《尚书》《毛诗》《穀梁春秋》各一人"（《后汉书·孝安帝纪》）；光和三年（180年），汉灵帝"诏公卿举能通《尚书》《毛诗》《左氏》《穀梁春秋》各一人"（《后汉书·孝灵帝纪》）。尽管如此，依然没能挽救《穀梁传》注疏与诠释史式微之颓势。

《穀梁传》虽自西汉宣帝时被立为官学，但嗣后注家廖寥，一直未成显学。纵观两汉《穀梁传》注疏与诠释史，"宣、元之后，刘向治《穀梁春秋》，数其祸福，传以洪范，与仲舒错"（《汉书·五行志》），梅福"明《尚书》《穀梁春秋》，为郡文学，补南昌尉"（《汉书·杨胡朱梅云传》）。贾逵"悉传父业，弱冠能诵《左氏传》及五经本文，以大夏侯《尚书》教授，虽为古学，兼通五家《穀梁》之说"（《后汉书·郑范陈贾张列传》），侯霸"笃志好学，师事九江太守房元，治《穀梁春秋》，为元都讲"（《后汉书·侯霸传》），尹敏"初习欧阳《尚书》，后受古文，兼善《毛诗》《穀梁》《左氏春秋》"（《后汉书·尹敏传》）。

三国魏时，魏文帝黄初五年（224年），文帝"立太学，制五经课试之法，置《春秋穀梁》博士"（《三国志·魏书·文帝纪》）。东晋元帝时期，"时方修学校，简省博士，置《周易》王氏、《尚书》郑氏、《古文尚书》孔氏、《毛诗》郑氏、《周官礼记》郑氏、《春秋左传》杜氏服氏、《论语》《孝经》郑氏博士各一人，凡九人，其《仪礼》《公羊》《穀梁》及郑《易》皆省不置"，荀崧上疏曰

"愿陛下万机余暇,时垂省览。宜为郑《易》置博士一人,郑《仪礼》博士一人,《春秋公羊》博士一人,《穀梁》博士一人",元帝诏曰"《穀梁》肤浅,不足置博士,余如奏"(《晋书・荀崧传》)。晋人范宁崇儒抑俗,勤于经学,"以《春秋穀梁氏》未有善释,遂沉思积年,为之集解。其义精审,为世所重。既而徐邈复为之注,世亦称之"(《晋书・范宁传》)。此外,从历代儒家石经看,历代儒家石经虽有《春秋》,但将《穀梁传》列入其中则是相对较晚的事,始见唐代"开成石经";嗣后,北宋仁宗皇祐元年(1049 年),田况补刻《穀梁传》于五代后蜀"广政石经"[①]。清代乾隆年间,乾隆诏刻儒家"十三经"于石,《穀梁传》位列其中。

值得一提的是,西汉以降,《穀梁传》常为诸书所征引,如东汉班固的《汉书》多有征引《穀梁传》之语以为证据、北魏郦道元的《水经注》多有征引《穀梁传》之语以为证据。不仅如此,唐宋时期的大型类书多取《穀梁传》之语,如唐儒欧阳询等人所撰《艺文类聚》、唐代史家杜佑所撰《通典》、北宋李昉等人奉敕编纂的《太平御览》与王钦若等人奉敕编纂的《册府元龟》。同时,后儒注疏儒经也多有征引《穀梁传》之语以为证据,如三国魏人何晏集解《论语》、唐玄宗李隆基御注《孝经》、宋儒邢昺疏解《孝经》等多有征引。时至清代,清圣祖康熙御定的《康熙字典》多有征引《穀梁传》之语以为证据,凡引多达 140 余见。

附:《春秋穀梁》节要

虽无事,必举正月,谨始也。公何以不言即位?成公志也。焉成之?言君之不取为公也。君之不取为公何也?将以让桓也。让桓正乎?曰不正。《春秋》成人之美,不成人之恶。隐不正而成之,何也?将以恶桓也。其恶桓何也?隐将让而桓弑之,则桓恶矣。桓弑而隐让,则隐善矣。善则其不正焉何也?《春秋》贵义而不贵惠,信道而不信邪。孝子扬父之美,不扬父之恶。先君之欲与桓,非正也,邪也。虽然,既胜其邪心以与隐矣,已探先君之邪志而遂以与桓,则是成父之恶也。兄弟,天伦也。为子受之父,为诸侯受之君,已废天伦而忘君父以行小惠,曰小道也。若隐者可谓

[①] (宋)范成大:《石经始末记》,参见(清)永瑢、纪昀等编纂:《四库全书》第 1381 册,上海古籍出版社 1987 年版,第 431 页。

轻千乘之国,蹈道则未也。(《隐公元年》)

礼,妇人谓嫁曰归,反曰来归,从人者也。妇人在家制于父,既嫁制于夫,夫死从长子。妇人不专行,必有从也。伯姬归于纪,此其如专行之辞何也?曰非专行也。吾伯姬归于纪,故志之也。其不言使,何也?逆之道微,无足道焉尔。纪子伯、莒子盟于密。或曰纪子伯莒子而与之盟。或曰年同爵同,故纪子以伯先也。(《隐公二年》)

立者,不宜立者也。晋之名,恶也。其称人以立之,何也?得众也。得众则是贤也。贤则其曰不宜立,何也?《春秋》之义,诸侯与正而不与贤也。(《隐公四年》)

《传》曰常事曰视,非常曰观。礼,尊不亲小事,卑不尸大功。鱼,卑者之事也,公观之,非正也。(《隐公五年》)

桓无王,其曰王何也?谨始也。其曰无王何也?桓弟弑兄,臣弑君,天子不能定,诸侯不能救,百姓不能去。以为无王之道,遂可以至焉尔。元年有王,所以治桓也。正月,公即位。继故不言即位,正也。继故不言即位之为正何也?曰先君不以其道终,则子弟不忍即位也。继故而言即位,则是与闻乎弑也。继故而言即位,是为与闻乎弑何也?曰先君不以其道终,己正即位之道而即位,是无恩于先君也。(《桓公元年》)

无事焉,何以书?不遗时也。《春秋》编年,四时具而后为年。(《桓公元年》)

孔,氏,父,字谥也。或曰其不称名,盖为祖讳也,孔子故宋也。(《桓公二年》)

宋人者,宋公也。其曰人何也?贬之也。突归于郑。曰突,贱之也。曰归,易辞也。祭仲易其事,权在祭仲也。死君难,臣道也。今立恶而黜正,恶祭仲也。郑忽出奔卫。郑忽者,世子忽也。其名,失国也。柔会宋公、陈侯、蔡叔,盟于折。柔者何?吾大夫之未命者也。公会宋公于夫钟。(《桓公十一年》)

孔子曰:听远音者,闻其疾而不闻其舒;望远者,察其貌而不察其形。立乎定、哀以指隐、桓,隐、桓之日远矣。(《桓公十四年》)

宋人以齐人、蔡人、卫人、陈人伐郑。以者,不以者也。民者,君之本也。使人以其死,非正也。(《桓公十四年》)

桓公葬而后举谥,谥所以成德也,于卒事乎加之矣。知者虑,义者行,

仁者守，有此三者备，然后可以会矣。(《桓公十八年》)

继弑君不言即位，正也。继弑不言即位之为正何也？曰先君不以其道终，则子不忍即位也。(《庄公元年》)

孙之为言，犹孙也。讳奔也。接练时，录母之变，始人之也。不言氏姓，贬之也。人之于天也，以道受命；于人也，以言受命。不若于道者，天绝之也。不若于言者，人绝之也。(《庄公元年》)

独阴不生，独阳不生，独天不生，三合然后生。故曰母之子也可，天之子也可。尊者取尊称焉，卑者取卑称焉。其曰王者，民之所归往也。(《庄公三年》)

齐人者，齐侯也。其曰人何也？卑公之敌，所以卑公也。何为卑公也？不复仇而怨不释，刺释怨也。(《庄公四年》)

恒星者，经星也。日入至于星出，谓之昔。不见者，可以见也。夜中星陨如雨。其陨也如雨，是夜中与？《春秋》著以传著，疑以传疑。中之几也，而曰夜中，著焉尔。何用见其中也？失变而录其时，则夜中矣。其不曰恒星之陨何也？我知恒星之不见，而不知其陨也；我见其陨而接于地者，则是雨说也。著于上，见于下，谓之雨；著于下，不见于上，谓之陨，岂雨说哉？(《庄公七年》)

纳币，大夫之事也。礼有纳采，有问名，有纳征，有告期，四者备而后娶，礼也。公之亲纳币，非礼也，故讥之。(《庄公二十二年》)

古者税什一，丰年补败，不外求而上下皆足也。虽累凶民，民弗病也。一年不艾而百姓饥，君子非之。不言如，为内讳也。(《庄公二十八年》)

不正罢民三时，虞山林薮泽之利，且财尽则怨，力尽则懟，君子危之，故谨而志之也。或曰：倚诸桓也。桓外无诸侯之变，内无国事，越千里之险，北伐山戎，为燕辟地。鲁外无诸侯之变，内无国事，一年罢民三时，虞山林薮泽之利，恶内也。(《庄公三十一年》)

楚丘者何？卫邑也。国而曰城，此邑也，其曰城何也？封卫也。则其不言城卫何也？卫未迁也。其不言卫之迁焉何也？不与齐侯专封也。其言城之者，专辞也。故非天子不得专封诸侯。诸侯不得专封诸侯，虽通其仁以义而不与也。故曰仁不胜道。(《僖公二年》)

其曰诸侯，散辞也。聚而曰散何也？诸侯城，有散辞也，桓德衰矣。(《僖公十四年》)

夷伯,鲁大夫也。因此以见天子至于士皆有庙:天子七庙,诸侯五,大夫三,士二。故德厚者流光,德薄者流卑。是以贵始,德之本也;始封必为祖。(《僖公十五年》)

先陨而后石何也?陨而后石也。于宋四竟之内曰宋。后数,散辞也。耳治也。是月,六鹢退飞过宋都。是月也,决不日而月也。六鹢退飞过宋都,先数,聚辞也,目治也。子曰:石,无知之物,鹢,微有知之物。石无知,故日之;鹢微有知之物,故月之。君子之于物,无所苟而已。石、鹢且犹尽其辞,而况于人乎?故五石六鹢之辞不设,则王道不亢矣。民所聚曰都。(《僖公十六年》)

君子恶恶疾其始,善善乐其终。桓公尝有存亡继绝之功,故君子为之讳也。(《僖公十七年》)

宋公及楚人战于泓。宋师败绩。日事遇朔曰朔。《春秋》三十有四战,未有以尊败乎卑,以师败乎人者也。以尊败乎卑,以师败乎人,则骄其敌。襄公以师败乎人,而不骄其敌何也?责之也。泓之战,以为复雩之耻也。雩之耻,宋襄公有以自取之。伐齐之丧,执滕子,围曹,为雩之会,不顾其力之不足而致楚成王,成王怒而执之。故曰,礼人而不答,则反其敬;爱人而不亲,则反其仁;治人而不治,则反其知。过而不改,又之,是谓之过。襄公之谓也。古者被甲婴胄,非以兴国也,则以征无道也,岂曰以报其耻哉?宋公与楚人战于泓水之上。司马子反曰:"楚众我少,鼓险而击之,胜无幸焉。"襄公曰:"君子不推人危,不攻人厄。须其出。"既出,旌乱于上,陈乱于下。子反曰:"楚众我少,击之,胜无幸焉。"襄公曰:"不鼓不成列。"须其成列而后击之,则众败而身伤焉,七月而死。倍则攻,敌则战,少则守。人之所以为人者,言也。人而不能言,何以为人?言之所以为言者,信也。言而不信,何以为言?信之所以为信者,道也。信而不道,何以为道?道之贵者时,其行势也。(《僖公二十二年》)

公以楚师伐齐,取谷。以者,不以者也。民者,君之本也。使民以其死,非其正也。公至自伐齐。恶事不致,此其致之何也?危之也。(《僖公二十六年》)

大事者何?大是事也,著祫、尝。祫祭者,毁庙之主,陈于大祖,未毁庙之主,皆升合祭于大祖。跻,升也,先亲而后祖也,逆祀也。逆祀,则是无昭穆也。无昭穆,则是无祖也。无祖,则无天也。故曰:文无天。无天

者,是无天而行也。君子不以亲亲害尊尊,此《春秋》之义也。(《文公二年》)

晋杀其大夫阳处父。称国以杀,罪累上也。襄公已葬,其以累上之辞言之何也? 君漏言也,上泄则下暗,下暗则上聋。且暗且聋,无以相通。射姑杀者也。射姑之杀奈何? 曰:晋将与狄战,使狐射姑为将军,赵盾佐之。阳处父曰:"不可! 古者君之使臣也,使仁者佐贤者,不使贤者佐仁者。今赵盾贤,夜姑仁,其不可乎!"襄公曰:"诺!"谓夜姑曰:"吾始使盾佐女,今女佐盾矣。"夜姑曰:"敬诺!"襄公死,处父主竟上事,射姑使人杀之。君漏言也,故士造辟而言,诡辞而出,曰:"用我则可,不用我则无乱其德。"晋狐射姑出奔狄。闰月不告月,犹朝于庙。不告月者何也? 不告朔也。不告朔则何为不言朔也? 闰月者,附月之馀日也,积分而成于月者也。天子不以告朔,而丧事不数也。犹之为言,可以已也。(《文公六年》)

男子二十而冠,冠而列丈夫,三十而娶。女子十五而许嫁,二十而嫁。(《文公十二年》)

自正月不雨,至于秋七月。大室屋坏。大室屋坏者,有坏道也,讥不修也。大室,犹世室也。周公,曰大庙;伯禽,曰大室;群公,曰宫。礼,宗庙之事,君亲割,夫人亲舂,敬之至也。为社稷之主,而先君之庙坏,极称之,志不敬也。(《文公十三年》)

晋赵盾帅师救陈。善救陈也。宋公、陈侯、卫侯、曹伯会晋师于棐林,伐郑。列数诸侯而会晋赵盾,大赵盾之事也。其曰师何也? 以其大之也。于棐林,地而从伐郑,疑辞也。此其地何? 则著其美也。(《宣公元年》)

为天下主者天也,继天者君也,君之所存者命也。为人臣而侵其君之命而用之,是不臣也;为人君而失其命,是不君也。君不君,臣不臣,此天下所以倾也。(《宣公十五年》)

初税亩。初者始也。古者什一,藉而不税。初税亩,非正也。古者三百步为里,名曰井田。井田者,九百亩,公田居一。私田稼不善,则非吏;公田稼不善,则非民。初税亩者,非公之去公田而履亩十取一也,以公之与民为已悉矣。古者公田为居,井灶葱韭尽取焉。(《宣公十五年》)

丘甲,国之事也。丘作甲,非正也。丘作甲之为非正何也? 古者立国家,百官具,农工皆有职以事上。古者有四民,有士民,有商民,有农民,有工民。夫甲,非人人之所能为也。丘作甲,非正也。(《成公元年》)

为尊者讳敌不讳败，为亲者讳败不讳敌，尊尊亲亲之义也。(《成公元年》)

为尊者讳耻，为贤者讳过，为亲者讳疾。(《成公九年》)

中国与夷狄不言战，皆曰败之。(《成公十二年》)

乞，重辞也。古之人重师，故以乞言之也。(《成公十三年》)

晋士匄帅师侵齐，至谷，闻齐侯卒，乃还。还者，事未毕之辞也。受命而诛生，死，无所知其怒。不伐丧，善之也。善之则何为未毕也？君不尸小事，臣不专大名，善则称君，过则称己，则民作让矣。士匄外专君命。故非之也。然则为士匄者宜奈何？宜墠帷而归命乎介。(《襄公十九年》)

晋荀吴帅师败狄于大原。《传》曰：中国曰大原，夷狄曰大卤。号从中国，名从主人。(《昭公元年》)

《春秋》之义：用贵治贱，用贤治不肖，不以乱治乱也。孔子曰："怀恶而讨，虽死不服。"(《昭公四年》)

归而弑，不言归，言归非弑也。归一事也，弑一事也，而遂言之，以比之归弑，比不弑也。弑君者日，不日，比不弑也。楚公子弃疾杀公子比。当上之辞也。当上之辞者，谓不称人以杀，乃以君杀之也。讨贼以当上之辞，杀，非弑也。比之不弑有四。取国者称国以弑，楚公子弃疾杀公子比，比不嫌也。《春秋》不以嫌代嫌。弃疾主其事，故嫌也。(《昭公十三年》)

戊辰，公即位。殡然后即位也。定无正，见无以正也。逾年不言即位，是有故公也；言即位，是无故公也。即位，授受之道也。先君无正终，则后君无正始也；先君有正终，则后君有正始也。戊辰，公即位，谨之也。定之即位，不可不察也。公即位，何以日也？戊辰之日，然后即位也。癸亥，公之丧至自干侯，何为戊辰之日然后即位也？正君乎国，然后即位也。沈子曰："正棺乎两楹之间，然后即位也。"内之大事日，即位，君之大事也，其不日，何也？以年决者，不以日决也。此则其日何也？著之也。何著焉？逾年即位，厉也，于厉之中又有义焉。未殡，虽有天子之命犹不敢，况临诸臣乎？周人有丧，鲁人有丧，周人吊，鲁人不吊。周人曰："固吾臣也，使人可也。"鲁人曰："吾君也，亲之者也，使大夫则不可也。"故周人吊，鲁人不吊，以其下成、康为未久也。君至尊也，去父之殡而往吊犹不敢，况未殡而临诸臣乎？(《定公元年》)

雩者，为旱求者也。求者请也，古之人重请。何重乎请？人之所以为人者,让也。请道去让也,则是舍其所以为人也,是以重之。焉请哉?请乎应上公。古之神人有应上公者,通乎阴阳,君亲帅诸大夫道之而以请焉。夫请者,非可诒托而往也,必亲之者也,是以重之。(《定公元年》)

《春秋》有三盗:微杀大夫谓之盗,非所取而取之谓之盗,辟中国之正道以袭利谓之盗。(《哀公四年》)

《春秋》有临天下之言焉,有临一国之言焉,有临一家之言焉。其言来者,有外鲁之辞焉。(《哀公七年》)

吴,夷狄之国也,祝发文身,欲因鲁之礼,因晋之权,而请冠、端而袭其藉于成周,以尊天王。吴进矣!吴,东方之大国也,累累致小国以会诸侯,以合乎中国。吴能为之,则不臣乎?吴进矣!王,尊称也。子,卑称也。辞尊称而居卑称,以会乎诸侯,以尊天王。吴王夫差曰:"好冠来!"孔子曰:"大矣哉!夫差未能言冠而欲冠也。"(《哀公十三年》)

狩地不地,不狩也。非狩而曰狩,大获麟,故大其适也。其不言来,不外麟于中国也。其不言有,不使麟不恒于中国也。(《哀公十四年》)

《周礼》学案

《周礼》又称《周官》,与《仪礼》《礼记》合称"三礼"。西周初年,周公姬旦为维系西周王朝政治的有序运行而制礼作乐,世传《周礼》为周公姬旦所制。《周礼》记载周代官制、礼制、职制,反映当时政治、文化、道德之精神。大体而言,"礼"既包含王朝的典章制度,又融摄民间的风俗习惯;追根溯源,"大概礼之起源于祀神,故其字后来从示,其后扩展而为对人,更其后扩展而为吉、凶、军、宾、嘉的各种仪制"[1]。

先秦时期虽有"六经"之说,但与《周礼》几乎无涉,《周礼》真正为后世官方推崇则是始于西汉中后期。汉武时期,河间献王刘德修学好古,"所得书皆古文先秦旧书"之中有"《周官》"(《汉书·景十三王传》),由于《冬官》佚失,刘德将《考工记》补入《周礼》并献于朝廷。

---

[1] 郭沫若:《十批判书》,东方出版社1996年版,第96页。

一、成书

《周礼》诸篇之旨概源于周初,部分篇章大义或源于周公之制作①。《史记·周本纪》记载,"召公为保,周公为师,东伐淮夷,残奄,迁其君薄姑。成王自奄归,在宗周,作多方。既绌殷命,袭淮夷,归在丰,作周官。兴正礼乐,度制于是改,而民和睦,颂声兴"。《史记·鲁周公世家》记载,"成王在丰,天下已安,周之官政未次序,于是周公作周官,官别其宜,作立政,以便百姓,百姓说"。故曰,《周礼》即《周官》现世虽在西汉中期,但成书应在先秦时期。

历经秦火,《周礼》现世于西汉中期。武帝时期,"河间献王开献书之路,得《周官》,有五篇,失《冬官》一篇,乃募以千金,不得,取《考工记》以补其阙。至孝成时,刘歆校理秘书,始得序列,著于《录略》,为众儒排弃。歆独以为周公致太平之迹。永平时,杜子春初能通其读,郑众、郑兴、亦尝传受。玄皆引之,以参释异同云"②。凡考,《汉书·艺文志》所载《周礼》之名为《周官》,杜子春、郑兴、郑众、贾逵、卫宏、张衡所注皆称《周官》,马融、郑玄所注亦称《周官礼》;至唐,贾公彦作《疏》始沿用省文,称为《周礼》。

二、注本

史载,西汉孔安国所献书中有"《礼古经》五十六篇及《周官经》六篇,前世传其书,未有名家"(《后汉书·儒林列传下》)。东汉中兴以后,"郑众传周官经,后马融作周官传,授郑玄,玄作周官注"(同上),张衡"著《周官训诂》"(《后汉书·张衡列传》),贾逵"作《周官解故》"(《后汉书·贾逵传》)。

"郑玄《周礼注》(十二卷)"(《隋书·经籍志》),贾公彦疏郑玄《周礼注》而为"《周礼疏》(五十卷)"(《新唐书·艺文志》)。郑注、贾疏《周礼注疏》的特色在于:郑玄"于三《礼》之学,本为专门,故所释特精。惟好引纬

---

① 按:相关论证参见张亚初、刘雨《西周金文官制研究》(中华书局 1986 年版)一书,诚如该书"前言"曰"我们认为,完全肯定和基本否定《周礼》,是两个极端,都是不妥当的。《周礼》在主要内容上,与西周铭文所反映的西周官制,颇多一致或相近的地方。正确认识和充分利用《周礼》,是西周职官问题研究中不容忽视的问题"(第 3 页)。

② (宋)晁公武撰,孙猛校证:《郡斋读书志》卷 2,上海古籍出版社 1990 年版,第 69 页。

书,是其一短";郑玄"好改经字,亦其一失"①;其《周礼注》"括囊大典,网罗众家",融会杜子春、郑兴、郑众、卫宏、贾逵等人之成果,广搜博稽,训释经文,阐述礼制,纠正衍误。其《周礼注》提出"为政在人,政由礼也""重礼所以为国本",强调"定名分,序尊卑之制,崇敬让之节"的政治哲学与价值理念。郑玄《周礼注》瑕瑜互见、得失兼有,如其笃信《周礼》为周公所作,笃信《周礼》为周制。贾公彦《周礼疏》是绍继郑玄《周礼注》的又一部研究《周礼》的著作,贾公彦采摘前人注疏,旁征博引,增益阐发。贾公彦《周礼疏》极为博核,足以发挥郑玄之学,"世称其发挥郑学最为详明"②。宋儒朱熹精于《礼》,深知郑玄、贾公彦《周礼》注疏之善,朱熹指出"五经中,周礼疏最好,诗与礼记次之,书易疏乱道"③。

北宋熙宁年间(1068－1077 年),朝廷设经义局,王安石"自为《周官义》十馀万言,不解《考工记》"。晁公武《郡斋读书志》(卷二)记载王安石撰《新经周礼义》(二十二卷),清编《四库全书总目提要》(卷二十)记载王安石撰《周官新义》(十六卷)并附《考工记解》(二卷)。王安石《周官新义》的特色在于:认为王莽取《周礼》而行是"敛财聚货,渎祀烦民,冗碎诡异,离去人情远甚,施于文则可观,措于事则难行,凡莽之驯致大乱者,皆以此。厥后唯苏绰、王通善之,诸儒未尝有者"④。王安石"以其书理财者居半,受之,如行青苗之类,皆稽焉,所以自释其义者,盖以其所创新法尽傅著之"⑤。王安石"《周礼新义》笔迹如斜风细雨","附会经义以钳儒者之口,实非真信《周礼》为可行。迨其后用之不得其人,行之不得其道,百弊丛生,而宋以大坏。其弊亦非真缘《周礼》以致误"。王安石《周官新义》训诂多用《字说》,病其牵合;依经诠义,如解"八则"之治都鄙、"八统"之驭万民,"九两"之系邦国者,皆具有发明⑥,并非舞文害道。因此,时有王昭禹《周礼详解》、王与之《周礼订义》、林之奇《周礼讲义》多称述王安石《周官新义》,不过,亦有罗大经以诗攻讦王安石《周官新义》之流弊,其《放鱼诗》

① (清)永瑢、纪昀等:《四库全书总目提要》卷 19,中华书局 1965 年版,第 149 页。
② (宋)晁公武撰,孙猛校证:《郡斋读书志》卷 2,上海古籍出版社 1990 年版,第 75 页。
③ (宋)黎靖德编,王星贤点校:《朱子语类》卷 86,中华书局 1986 年版,第 6 册,第 2206 页。
④ (宋)晁公武撰,孙猛校证:《郡斋读书志》卷 2,上海古籍出版社 1990 年版,第 81－82 页。
⑤ (宋)晁公武撰,孙猛校证:《郡斋读书志》卷 2,上海古籍出版社 1990 年版,第 82 页。
⑥ 参见(清)永瑢、纪昀等:《四库全书总目提要》卷 19,中华书局 1965 年版,第 150 页。

诗曰"错认苍姬六典书,中原从此变萧疏"①。其实,王安石强调通经致用,推崇古之王道,其《周官新义》名曰"新义"实则泥古,欲为"熙宁变法"张本却因古今之异与新旧党争而失败。然则,王安石可谓是"网罗六艺之遗文,断以己意;糠粃百家之陈迹,作新斯人"(《东坡全集》卷106《王安石赠太傅》);其《周官新义》被颁为科举取士用书而影响一时,并非如清人所说王安石"解《经》之说,则与所立新法各为一事"②。

于宋代《周礼》注疏史而言,王昭禹《周礼详解》、王与之《周礼订义》均有一席之地。王昭禹《周礼详解》(四十卷)的特色在于:"其附会穿凿,皆遵王氏《字说》。盖当时《三经新义》列在学官,功令所悬,故昭禹因之不改。然其发明义旨,则有不尽同于王氏之学者。盖已目睹青苗之弊,而阴破其说矣。至其阐发《经》义,有足订《注》《疏》之误者"③。王与之《周礼订义》(八十卷)的特色在于:删繁取要,由博得约,"所采旧说凡五十一家,然唐以前仅杜子春、郑兴、郑众、郑玄、崔灵恩、贾公彦等六家,其余四十五家则皆宋人,凡文集、语录无不搜采"④;其以当时诸儒为主,附存古义;不只是辨析名物制度,亦见圣经精微之蕴;其以义理为本、典制为末,多有发明。另外,以图解注释《周礼》是宋代《周礼》注疏史的特色之一,比如王洙的《周礼礼器图》、陈祥道的《周礼纂图》、周必大的《周礼庖人讲义》、夏休的《周礼井田谱》、魏了翁的《周礼井田图说》等皆是以图解经。

明儒王应电笃好《周礼》,用力颇深,覃研十数载,求圣人之心,溯周礼之源;考天象之文,察设官之意;推五官离合之故,见纲维统体之极;而且能够因显以探微,因细以绎大。王应电撰《周礼传》(十卷)、《图说》(二卷)、《翼传》(二卷),其书特色在于:所著"三书"虽各为卷帙,实相辅而行;核其大致,瑕瑜互见;"其《传》十卷,黜《考工记》不录,犹曰专解古《经》,至割裂《序官》之文,凡同职相统者,使区分部居,各以类从,则颇嫌窜乱。然论说颇为醇正,虽略于考证,而义理多所发明。其《图说》二卷,用以稽考《传》义"⑤。略显不足之处是,其著"三书"之中,多有臆说,不尽可从。于

① (宋)罗大经撰,王瑞来点校:《鹤林玉露》卷5,中华书局1983年版,第80页。
② 参见(清)永瑢、纪昀等编纂:《四库全书》第91册,上海古籍出版社1987年版,第2页。
③ (清)永瑢、纪昀等:《四库全书总目提要》卷19,中华书局1965年版,第151页。
④ (清)永瑢、纪昀等:《四库全书总目提要》卷19,中华书局1965年版,第153页。
⑤ (清)永瑢、纪昀等:《四库全书总目提要》卷19,中华书局1965年版,第154页。

明代《周礼》注疏史而言,另有柯尚迁撰《周礼全经释原》(十四卷)、王志长撰《周礼注疏删翼》(三十卷)值得一观。

清代是《周礼》注疏史中的昌明时代。乾隆十三年(1748年),乾隆御定《三礼义疏》中有《钦定周官义疏》(四十八卷),其书特色在于:从《周官》之旧名,从其朔;而且,

> 首冠以御制《日知荟说》论《周官》者十则,以昭千古之权衡。其采掇群言,则分为七例:一曰正义,直诂《经》义,确然无疑者也。二曰辨正,后儒驳正,至当不易者也。三曰通论,或以本节本句参证他篇,比类以测义,或引他经与此互相发明者也。四曰馀论,虽非正解而依附《经》义,于事物之理有所推阐者也。五曰存疑,各持一说,义亦可通;又或已经驳论,而持此者多,未敢偏废者也。六曰存异,名物象数,久远无传,难得其真,或创立一说,虽未即惬人心,而不得不存之以资考辨者也。七曰总论,本节之义已经训解,又合数节而论之,合一职而论之者也。大抵《周官》六典,其源确出周公,而流传既久,不免有所窜乱,不必以为疑,亦不必以为讳。说《周官》者以郑氏为专门,而训诂既繁,不免有所出入,不可护其短,亦不可没其长。是书博征约取,持论至平。于《考工记注》奥涩不可解者不强为之词,尤合圣人阙疑之义也。[①]

纵览清代《周礼》注疏史,力作频现;其中,李光坡的《周礼述注》(二十四卷)颇具特色。李光坡是大学士李光地之弟,家居不仕,潜心经学,著有《三礼述注》,《周礼述注》是其中之一。李光坡之书"取《注》《疏》之文,删繁举要,以溯训诂之源。又旁采诸家,参以己意,以阐制作之义。虽于郑、贾名物度数之文,多所刊削,而析理明通,措词简要,颇足为初学之津梁。考其兄光地《榕村集》中,有《周官笔记》一卷,皆标举要义,不以考证辨难为长。其侄钟伦亦有《周礼训纂》,与光坡此书体例相近"[②]。李光坡之书既无汉学之博奥,又无宋学之蔓衍,理明而词达,隐约可见适中之道。李

---

① (清)永瑢、纪昀等:《四库全书总目提要》卷19,中华书局1965年版,第155页。
② (清)永瑢、纪昀等:《四库全书总目提要》卷19,中华书局1965年版,第155页。

光坡之侄李钟伦撰《周礼训纂》（二十一卷），其书特色在于："自《天官》至《秋官》，详纂注疏，加以训义。惟阙《考工记》不释，盖以河间献王所补，非周公之古《经》也"。李钟伦学礼于李光坡，其学有源，"凡所诠释，颇得《周官》大义。惟于名物度数，不甚加意，故往往考之弗详"①。方苞撰《周官集注》（十二卷），其书特色在于："集诸家之说诠释《周礼》""其注仿朱子之例，采合众说者，不复标目。全引一家之说者，乃著其名。凡其显然舛误之说，皆置不论。惟似是而非者，乃略为考正。有推极义类、旁见侧出者，亦仿朱子之例，以圈外别之。训诂简明，持论醇正，于初学颇为有裨"②。江永撰《周礼疑义举要》（七卷），融会郑《注》，参以新说，于经义多有阐发，其解《考工记》（二卷）尤为精核。

清儒颇爱《周礼》，注疏迭出，另有沈彤的《周官禄田考》、庄存与的《周官记》与《周官说》、王鸣盛的《周礼军赋说》、戴震的《考工记图注》、段玉裁的《周礼汉读考》、阮元的《考工记车制图解》、王聘珍的《周礼学》、孙诒让的《周礼正义》等。其中，孙诒让的《周礼正义》（八十六卷）是清代《周礼》注疏史中的集大成者。孙诒让认为《周礼》是周公所作的致太平之书，是先王政教所自出，是周代礼制之荟萃。孙诒让《周礼正义》之特色在于：广征群籍，甄其合者，用资符验；不合者则为疏通别白，使不相混淆；其书意在弥补郑玄注的简奥与贾公彦疏的疏略，是"古今之言《周礼》者莫能先也"（章太炎：《章氏丛书》文录二《孙诒让传》）。

三、篇旨

《周礼》全书要旨在于探寻天人关系、天政关系，即探寻自然精神与人文精神之关联，亦即自然法则与人伦法则、政治制度之关联。《周礼》强调人法天地与政法自然的逻辑理路。《周礼》以天、地、春、夏、秋、冬建构宇宙论，以天官、地官、春官、夏官、秋官、冬官建构官制；同时，以岁有三百六十天而设官有三百六十职。显然，岁有三百六十天是取整数为计，而官有三百六十职则是比拟天数而设。《周礼》意在阐明天道即人道，天道即政道。西汉刘"歆以《周官》十六篇为《周礼》"（《前汉纪·孝成皇帝纪二》），

---

① （清）永瑢、纪昀等：《四库全书总目提要》卷19，中华书局1965年版，第156页。
② （清）永瑢、纪昀等：《四库全书总目提要》卷19，中华书局1965年版，第156页。

或许是只见《周官》作为先秦旧制的史料价值与人文精神，而多少有些忽略《周官》之名为《周官》的本义与作者隐藏其间的初衷。

《周礼》全书凡六篇，依循天地春夏秋冬各自为篇，首篇为《天官冢宰》，凡涉63种职官，负责宫廷事务；次篇为《地官司徒》，凡涉78种职官，负责民政事务；次篇为《春官宗伯》，凡涉70种职官，负责宗族事务；次篇为《夏官司马》，凡涉70种职官，负责军事事务；次篇为《秋官司寇》，凡涉66种职官，负责刑罚事务；次篇为《冬官考工记》，凡涉30种职官，负责营造事务。《周礼》全书要旨强调"惟王建国，辨方正位，体国经野，设官分职，以为民极"；其中，《天官冢宰》篇强调天官冢宰"使帅其属而掌邦治，以佐王均邦国"，提出"大宰之职掌建邦之六典，以佐王治邦国""以八法治官府""以八则治都鄙""以八柄诏王驭群臣""以八统诏王驭万民""以九职任万民""以九式均节财用""以九贡致邦国之用""以九两系邦国之民"等，凡列职官各有司属、度数与职能。《地官司徒》篇强调地官司徒"使帅其属而掌邦教，以佐王安扰邦国"，提出大司徒之职"掌建邦之土地之图，与其人民之数，以佐王安扰邦国"，"以保息六养万民"（慈幼、养老、振穷、恤贫、宽疾、安富）、"以本俗六安万民"（媺宫室、族坟墓、联兄弟、联师儒、联朋友、同衣服）、"颁职事十有二于邦国都鄙，使以登万民""以乡三物教万民而宾兴之"（六德：知、仁、圣、义、忠、和；六行：孝、友、睦、姻、任、恤；六艺：礼、乐、射、御、书、数）、"以乡八刑纠万民"（不孝之刑、不睦之刑、不姻之刑、不弟之刑、不任之刑、不恤之刑、造言之刑、乱民之刑）等，凡列职官各有司属、度数与职能。

《春官宗伯》篇强调春官宗伯"使帅其属而掌邦礼，以佐王和邦国"，提出大宗伯之职"掌建邦之天神、人鬼、地示之礼，以佐王建保邦国"，"以凶礼哀邦国之忧""以宾礼亲邦国""以军礼同邦国""以嘉礼亲万民""以九仪之命正邦国之位""以玉作六瑞，以等邦国""以禽作六挚，以等诸臣""以玉作六器，以礼天地四方"等，凡列职官各有司属、度数与职能。《夏官司马》篇强调夏官司马"使帅其属而掌邦政，以佐王平邦国"，提出大司马之职"掌建邦国之九法，以佐王平邦国"（建邦国之九法：制畿封国，以正邦国；设仪辨位，以等邦国；进贤兴功，以作邦国；建牧立监，以维邦国；制军诘禁，以纠邦国；施贡分职，以任邦国；简稽乡民，以用邦国；均守平则，以安邦国；比小事大，以和邦国），"以九伐之法正邦国"（九伐之法：冯弱犯寡，则眚之；贼贤害民，则伐之；暴内陵外，则坛之；野荒民散，则削之；负固不服，则侵之；贼杀其亲，则正之；放弑其君，则残之；犯令陵政，则杜之；外内乱，鸟兽行，则灭之）、"以九畿之籍，施邦国之政职"（九畿：方千里曰国畿，其外方五百里曰侯畿，又其外方五百里曰甸畿，又其外方五百里曰男畿，又其外方五百里曰采畿，又其外方五百里曰卫畿，又其外方五百里曰蛮畿，又其外方五百里曰夷畿，又其外方五百里曰镇畿，又其外方五百里曰蕃畿）等，凡列职官各有司属、度数与职能。《秋官司寇》篇强调秋官司寇"使帅其属而掌邦禁，以佐王刑邦国"，提出大司寇之职"掌建邦之三典，以佐王刑邦国、诘四方：一曰刑新国用轻典，二曰刑平国用中典，三曰刑乱国用重典"，"以五刑纠万民"（五刑：野刑，上功纠力；军刑，上命纠守；乡刑，上德纠孝；官刑，上能纠职；国邢，上愿纠恭）等，凡列职官各有司属、度数与职能。《冬官》原篇早在西汉前期已经佚失，河间献王刘德以《考工记》补之，故今存《周礼》有《冬官考工记》篇，《考工记》篇强调"国有六职，百工与居一焉"，并且根据社会分工提出"坐而论道，谓之王公；作而行之，谓之士大夫；审曲面势，以饬五材，以辨民器，谓之百工；通四方之珍异以资之，谓之商旅；饬力以长地财，谓之农夫；治丝麻以成之，谓之妇功""攻木之工"有七（轮、舆、弓、庐、匠、车、梓）、"攻金之工"有六（筑、冶、凫、栗、段、桃）、"攻皮之工"有五（函、鲍、韗、韦、裘）、"设色之工"有五（画、缋、钟、筐、幌）、"刮摩之工"有五（玉、栉、雕、矢、磬）、"搏埴之工"有二（陶、旊）等，凡列百工各有职能、特长、度数与艺道。

值得一提的是，世人大多以为周公尚德而不言刑，实则不然。《周礼》之"秋官有许多刑，如何是不言刑"[①]，其实《周礼》强调礼刑并施与德法并用的政治理念，或曰德教与任法并举，尚德而且言刑。只不过，《周礼》侧重于德教而非刑罚而已。大体而言，《周礼》强调以德为政，以德为教，其要旨有三：一是别贵贱，序尊卑；二是经国家，定社稷；三是明法度，行教化。"周公制周礼曰：则以观德，德以处事，事以度功，功以食民"（《左传·文公十八年》），其制礼作乐之基本精神与向度有二：一是强调礼化，二是强调乐化。"礼化"强调以礼化人、以礼成人，侧重于道德修养的外在性与他律性；"乐化"强调以乐治心、以乐致和，侧重于道德修养的内在性与自

律性；或曰"乐由中出，礼自外作；乐由中出，故静；礼自外作，故文"（《史记·乐书》）。诚然，《周礼》言"礼"自有体系，即以天、地、春、夏、秋、冬之自然体系建构政治制度、伦常体系与等级秩序，以天地自然之数设计礼数、职数、伦常之数，将纷繁杂乱的人间万事通过数字加以系统化、条理化与数度化，并通过百官与百工来有序而合理地一一呈现。统言之，《周礼》建构的政体、制度与蓝图是充满道德理想主义之精神情结与价值向度的，其通过天地自然之道建构政治伦常之道的路数是精深而高妙的。或因于此，《周礼》多为为政者尤其是改革者所重视，西汉王莽依《周礼》而改制，北宋王安石阐释《周礼》之新义而为"熙宁变法"张本，尽管他们皆以失败告终且遭世人非议。另外，从古代官制史看，《周礼》凡设"六官"（天、地、春、夏、秋、冬）之官制直接影响到汉唐官制的设计，比如隋唐时期所设"三省六部制"之"六部"（吏、户、礼、兵、刑、工）应是参照《周礼》"六官"而设。洎乎晚清，"六部制"世代沿袭，应是得益于《周礼》"六官"之义。

四、影响

自汉至清，《周礼》之于政治、社会、文化、道德等方面的影响颇为深远。西汉末年，王莽"奏起明堂、辟雍、灵台，为学者筑舍万区，作市、常满仓，制度甚盛。立乐经，益博士员，经各五人。征天下通一艺教授十一人以上，及有逸礼、古书、毛诗、周官、尔雅、天文、图谶、钟律、月令、兵法、史篇文字，通知其意者，皆诣公车"（《汉书·王莽传上》）。不仅如此，王莽还"以周官、王制之文，置卒正、连率、大尹，职如太守"（《汉书·王莽传中》）。王莽重视《周官》，欲为周公，其改制多依《周官》。东汉时期，《周官》注疏始出，杜子春、郑兴、郑众、贾逵、卫宏、张衡皆注《周官》，马融、郑玄亦注《周官礼》。诚如后儒曰："昔周公作周官，分职著明，法度相持，王室虽微，犹能久存。今其遗书，所以观周室牧民之德既至，又其有益来事之范，殆未有所穷也"（《后汉书·百官志》）。时至南北朝，经学有南学、北学之分，北朝沈重撰有《周官礼义疏》、熊安生撰有《周官义疏》。

唐宋时期，《周礼》的政治影响与学术影响出现新高潮。唐儒贾公彦的《周礼疏》仿《五经正义》之体例，汇综诸说，是唐代《周礼》注疏史中的力作。唐文宗时期，文宗诏刻"开成石经"始将《周礼》与《仪礼》《礼记》并列入经。北宋时期，王安石主持"熙宁变法"，颇为重视《周礼》，且撰《周官新义》为"熙宁变法"张本。但是,反对者认为王安石以《周礼》为变法依据、以《周礼》取士,是以《周礼》乱天下。南宋时期,人们对《周礼》且信且疑,俨然分殊两端:"今人不信《周官》"①,"今谓《周官》非圣人之书"②。然则,朱熹认为"今只有《周礼》《仪礼》可全信"③,"《周礼》,胡氏父子以为是王莽令刘歆撰,此恐不然,《周礼》是周公遗典也"④,"《周礼》一书好看,广大精密,周家法度在里"⑤。与朱熹所见略同,陈亮《六经发题·周礼》赞曰"《周礼》一书,先王之遗制具在","盖至于周公,集百圣之大成,文理密察,累累乎如贯珠,井井乎如画棋局,曲而当,尽而不污,无复一毫之间,而人道备矣。人道备,则足以周天下之理,而通天下之变。变通之理具在,周公之道盖至此而与天地同流,而忧其穷哉"⑥。

时至清代,《周礼》的政治影响与学术影响出现新境界。乾隆御定《三礼义疏》中有《钦定周官义疏》(四十八卷),乾隆诏刻的儒家"石经"中亦有《周礼》。另据统计,有清一代,诸儒对《周礼》多有注疏正义,凡有数十种之多。

自汉至清,纵观《周礼》注疏史,《周礼》作为儒家经典之一对古代礼乐制度、伦常制度、丧祭制度、教育制度与政治制度等制度建设产生了相当重要的影响。特别是《周礼》强调的以天地春夏秋冬之自然理性演绎道德理性、伦理理性与制度理性和以自然精神演绎人文精神与政制精神,以及分权、秩序、和谐、亲亲、尊尊、长长、男女有别的政治理念与伦常思想,更是催生了古代政治意识形态的基本格局与中华民族精神的文化底蕴。

附:《周礼》节要

惟王建国,辨方正位,体国经野,设官分职,以为民极。乃立天官冢宰,使帅其属而掌邦治,以佐王均邦国。治官之属:大宰,卿一人。小宰,中大夫二人。宰夫,下大夫四人、上士八人、中士十有六人。旅,下士三十有二人、府六人、史十有二人、胥十有二人、徒百有二十人。(《天官冢宰》)

---

① (宋)黎靖德编,王星贤点校:《朱子语类》卷86,中华书局1986年版,第6册,第2205页。
② (宋)黎靖德编,王星贤点校:《朱子语类》卷86,中华书局1986年版,第6册,第2215页。
③ (宋)黎靖德编,王星贤点校:《朱子语类》卷86,中华书局1986年版,第6册,第2203页。
④ (宋)黎靖德编,王星贤点校:《朱子语类》卷86,中华书局1986年版,第6册,第2204页。
⑤ (宋)黎靖德编,王星贤点校:《朱子语类》卷86,中华书局1986年版,第6册,第2204页。
⑥ (宋)陈亮著,邓广铭点校:《陈亮集》卷10,中华书局1987年版,第104页。

大宰之职，掌建邦之六典，以佐王治邦国：一曰治典，以经邦国，以治官府，以纪万民。二曰教典，以安邦国，以教官府，以扰万民。三曰礼典，以和邦国，以统百官，以谐万民。四曰政典，以平邦国，以正百官，以均万民。五曰刑典，以诘邦国，以刑百官，以纠万民。六曰事典，以富邦国，以任百官，以生万民。（《天官冢宰》）

小宰之职，掌建邦之宫刑，以治王宫之政令。凡宫之纠禁，掌邦之六典、八法、八则之贰，以逆邦国、都鄙、官府之治。执邦之九贡、九赋、九式之贰，以均财节邦用。（《天官冢宰》）

惟王建国，辨方正位，体国经野，设官分职，以为民极。乃立地官司徒，使帅其蜀而掌邦教，以佐王安扰邦国。教官之属：大司徒，卿一人。小司徒，中大夫二人。乡师，下大夫四人、上士八人、中士十有六人。旅，下士三十有二人、府六人、史十有二人、胥十有二人、徒百有二十人。（《地官司徒》）

大司徒之职，掌建邦之土地之图与其人民之数，以佐王安扰邦国。以天下土地之图，周知九州岛之地域广轮之数，辨其山林、川泽、丘陵、坟衍原隰之名物。（《地官司徒》）

小司徒之职，掌建邦之教法，以稽国中及四郊都鄙之夫家九比之数，以辨其贵贱、老幼、废疾。凡征役之施舍，与其祭祀、饮食、丧纪之禁令，乃颁比法于六乡之大夫，使各登其乡之众寡、比要，乃会万民之卒伍而用之。（《地官司徒》）

惟王建国，辨方正位，体国经野，设官分职，以为民极。乃立春官宗伯，使帅其属而掌邦礼，以佐王和邦国。礼官之属：大宗伯，卿一人。小宗伯，中大夫二人。肆师，下大夫四人、上士八人、中士十有六人。旅，下士三十有二人、府六人、史十有二人、胥十有二人、徒百有二十人。（《春官宗伯》）

大宗伯之职，掌建邦之天神、人鬼、地示之礼，以佐王建保邦国。以吉礼事邦国之鬼神示，以禋祀祀昊天上帝，以实柴祀日、月、星、辰，以槱祀司中、司命、飌师、雨师，以血祭祭社稷、五祀、五岳，以狸沈祭山林川泽，以疈辜祭四方百物。以肆献祼享先王，以馈食享先王，以祠春享先王，以禴夏享先王，以尝秋享先王，以烝冬享先王。（《春官宗伯》）

小宗伯之职，掌建国之神位，右社稷，左宗庙。兆五帝于四郊，四望、四类,亦如之。兆山川丘陵坟衍,各因其方。掌五礼之禁令,与其用等。辨庙祧之昭穆,掌三吉凶之五服、车旗、宫室之禁。掌三族之别,以辨亲疏。(《春官宗伯》)

惟王建国,辨方正位,体国经野,设官分职,以为民极。乃立夏官司马,使师其属而掌邦政,以佐王平邦国。政官之属:大司马,卿一人。小司马,中大夫二人。军司马,下大夫四人。舆司马,上士八人。行司马,中士十有六人。旅,下士三十有二人、府六人、史十有六人、胥三十有二人、徒三晨有二十人。凡制军,万有二千五百人为军,王六军,大国三军,次国二军,小国一军,军将皆命卿。二千有五百人为师,师帅皆中大夫;五百人为旅,旅帅皆下大夫;百人为卒,卒长皆上士;二十五人为两,两司马皆中士;五人为伍,伍皆有长。一军则二府、六史、胥十人、徒百人。(《夏官司马》)

大司马之职,掌建邦国之九法,以佐王平邦国。制畿封国,以正邦国;设仆辨位,以等邦国;进贤兴功,以作邦国;建牧立监,以维邦国;制军诘禁,以纠邦国;施贡分职,以任邦国;简稽乡民,以用邦国;均守平则,以安邦国;比小事大,以和邦国。以九伐之法正邦国,冯弱犯寡则眚之,贼贤害民则伐之,暴内陵外则坛之。野荒民散则削之,负固不服则侵之,贼杀其亲则正之,放弑其君则残之,犯令陵政则杜之。外内乱,鸟兽行,则灭之,正月之吉,始和,布政于邦国都鄙,乃悬政象之法于象魏,使万民观政象,挟日,而敛之,乃以九畿之籍施邦国之政职。(《夏官司马》)

小司马之职,掌凡小祭祀。会同、飨射、师田、丧纪,掌其事,如大司马之法。(《夏官司马》)

惟王建国,辨方正位,体国经野,设官分职,以为民极。乃立秋官司寇,使帅其属而掌邦禁,以佐王刑邦国。刑官之属:大司寇,卿一人。小司寇,中大夫二人。士师,下大夫四人。乡士,上士八人、中士十有六人。旅,下士三十有二人、府六人、史十有二人、胥十有二人、徒百有二十人。遂士,中士十有二人、府主人、史十有二人、胥十有二人、徒百有二十人。(《秋官司寇》)

大司寇之职,掌建邦之三典,以佐王刑邦国,诘四方。一曰,刑新国用轻典;二曰,刑平国用中典;三曰,刑乱国用重典。以五刑纠万民:一曰野刑,上功纠力;二曰军刑,上命纠守;三曰乡刑,上德纠孝;四曰官刑,上能纠职;五曰国刑,上愿纠暴。(《秋官司寇》)

小司寇之职,掌外朝之政,以致万民而询焉。一日询国危,二曰询国迁,三曰询立君。其位,王南乡,三公及州长、百姓北面,群臣西面,群吏东面,小司寇摈以叙进而问焉,以众辅声明而弊谋。以五刑听万民之狱讼,附于刑,用情讯之。至于旬,乃弊之,读书,则用法。凡命夫命妇不躬坐狱讼,凡王之同族有罪不即市。以五声听狱讼,求民情:一曰辞听,二曰色听,三曰气听,四曰耳听,五曰目听。以八辟丽邦法,附刑罚:一曰议亲之辟,二曰议故之辟,三曰议贤之辟,四曰议能之辟,五曰议功之辟,六曰议贵之辟,七曰议勤之辟,八曰议宾之辟。(《秋官司寇》)

国有六职,百工与居一焉。或坐而论道,或作而行之,或审曲面执,以饬五材,以辨民器,或通四方之珍异以资之,或饬力以长地财,或治丝麻以成之。坐而论道,谓之王公;作而行之,谓之士大夫;审曲面执,以饬五材,以辨民器,谓之百工;通四方之珍异以资之,谓之商旅;饬力以长地财,谓之农夫;治丝麻以成之,谓之妇功。粤无镈,燕无函,秦无庐,胡无弓车。粤之无镈也,非无庐也,夫人而能为庐也;燕之无函也,非无函也,夫人而能为函也;秦之无庐也,非无庐也,夫人而能为庐也;胡之无弓车也,非无弓车也,夫人而能为弓车也。知者创物,巧者述之守之,世谓之工。百工之事,皆圣人之作也。烁金以为刃,凝土以为器,作车以行陆,作舟行水,此皆圣人之所作也。天有时,地有气,材有美,工有巧,合此四者,然后可以为良。材美工巧,然而不良,则不时,不得地气也。橘逾淮而北为枳,鹦鹉不逾济,貉逾汶则死,此地气然也;郑之刀,宋之斤,鲁之削,吴粤之剑,迁乎其地而弗能为良,地气然也。燕之角,荆之干,妢胡之笴,吴粤之金锡,此材之美者也。天有时以生,有时以杀;草木有时以生,有时以死,石有时以泐,水有时以凝,有时以泽,此天时也。(《冬官考工记》)

《礼记》学案①

综观两汉儒经史略,《礼记》传承谱系颇为清晰。"汉兴,鲁高堂生传《士礼》十七篇"(《汉书·儒林传》),其中,受其业者有"瑕丘萧奋以《礼》至淮阳太守",又有东海人孟卿"事萧奋,以授后苍、鲁闾丘卿。仓说《礼》数

---

① 本章所言"《礼记》学案"包括《小戴礼记》学案、《大学》学案、《中庸》学案、《大戴礼记》学案。

万言,号曰《后氏曲台记》,授沛闻人通汉子方、梁戴德延君、戴圣次君、沛庆普孝公"(同上)。其实,汉初鲁人高堂生所传《士礼》(十七篇)当为今之《仪礼》,而作为《礼经》之"记"的最初传本的《后氏曲台记》为后苍所传。西汉中后期,戴德、戴圣追随后苍学《礼》,戴德传《礼记》(凡八十五篇),世称《大戴礼记》;戴圣传《礼记》(凡四十九篇),世称《小戴礼记》。然则,自西汉以降,后儒对《小戴礼记》多有称道,而对《大戴礼记》则不以为然。

唐代初期,《小戴礼记》被选入《五经正义》之经学体系;北宋时期,《大学》《中庸》被从《小戴礼记》中抽出且以单"篇"称"书"。两宋时期,《大学》《中庸》与《论语》《孟子》构成"四书"体系,并被补刻入南宋"绍兴石经",从而实现以单"篇"入"经"。

小戴《礼记》学案

今本《礼记》也称《小戴记》或《小戴礼记》,为西汉儒者戴圣辑纂。戴圣,字次君,西汉梁人,戴德兄长之子,世称小戴;西汉宣帝时,戴圣为博士,官至九江太守,以博士身份讲论《五经》于石渠阁,为当时著名儒臣,《汉书·儒林传》载有略传。戴圣传《礼记》(四十九篇),是戴圣删戴德《大戴礼记》(八十五篇)而成。《小戴礼记》所录篇章非一时之作,亦非一人之作。其中,《坊记》《表记》《缁衣》具有浓郁的先秦儒者文风与时代色彩。

一、成书

今本《礼记》(《小戴记》或《小戴礼记》)成书于西汉后期,但其部分篇目之作者、成文时间素有争议。东汉郑玄《六艺论》认为"戴德传《记》八十五篇,则《大戴记》是也,戴圣传《记》四十九篇,则此《礼记》是也"①。晋人陈邵《周礼论序》认为"戴德删古礼二百四篇为八十五篇,谓之《大戴礼》;戴圣删《大戴礼》为四十九篇,是为《小戴礼》。后汉马融、卢植考诸家同异,附戴圣篇章,去其繁重及所叙略而行于世,即今之《礼记》是也。郑玄亦依卢、马之本而注焉"(《经典释文·序录》)。汉末,马融传小戴之学而补《月令》《明堂位》《乐记》三篇为今本《礼记》(四十九篇)。戴圣所传《记》(四十九篇)因郑玄作注且断言为戴圣所辑,而流于后世。时至初唐,

---

① 参见(清)阮元校刻:《十三经注疏·礼记正义》,中华书局1980年版,第1673页。

陆德明《经典释文》、孔颖达《礼记正义》皆采用郑玄之说。

《礼记》(四十九篇)虽能确定为戴圣所传,但未能尽知四十九篇之作者。《史记·孔子世家》曰"子思作《中庸》",《经典释文》引刘瓛说认为公孙尼子作《缁衣》;1993年出土的湖北荆门郭店战国楚简中有《缁衣》残简,可证《缁衣》篇出于先秦。郑玄认为《月令》是吕不韦所撰,卢植认为《王制》是西汉博士所撰。略考《礼记》诸篇,其旨多合原儒要义,大体可断《礼记》(四十九篇)应为"孔子门徒共撰所闻""七十子后学"所记,是一部出自先秦至汉代前期诸儒之手的集体性著作。

二、注本

东汉末年,《小戴礼记》始见注本。郑玄"因涿郡卢植,事扶风马融"[1],师从东郡张恭祖受《礼记》并作注。郑玄《礼记注》融合今古经文,以古文为宗,兼采今文之益;其注多存异文,择善而从;注文力求简明精确,注文往往少于经文。郑玄《礼记注》的问世使得《礼记》脱离礼经而传,并且使得《礼记》与《周礼》《仪礼》同享尊荣。

魏晋之时,王肃撰《礼记注》(三十卷)。王肃《礼记注》(三十卷)甫一问世,当时郊庙之礼皆用王肃之说,而不采郑玄之学;"朝仪国典,咸自肃出"(《北史·王肃传》)。时至南北朝时期,学分南北,南朝经学宗于郑玄之学,北朝经学崇尚王肃之学。观当时儒学思潮,"南人约简,得其英华;北学深芜,穷其枝叶"(《北史·儒林传》);南人解经兼采诸说,善谈玄理;北人解经重视训诂典章制度,不尚玄谈。[2]于郑玄《礼记注》而言,始有义疏;其中较负盛名者有南朝皇侃《礼记义疏》(四十八卷)与《礼记讲疏》(九

---

① (南朝·宋)范晔:《后汉书·郑玄传》,中华书局1962年版,第1207页。

② 按:北齐颜之推《颜氏家训·音辞》曰:"南方水土和柔,其音清举而切诣,失在浮浅,其辞多鄙俗。北方山川深厚,其音沉浊而鈋钝,得其质直,其辞多古语。然冠冕君子,南方为优;闾里小人,北方为愈。易服而与之谈,南方士庶,数言可辩;隔垣而听其语,北方朝野,终日难分。而南染吴越,北杂夷虏,皆有深弊,不可具论。"近人马宗霍认为"南方水土和柔,兼被清谈之风,其学多华;北方山川深厚,笃守重迟之俗,其学多朴。华故生新意,朴故率由旧章;以是为分,庶几得其大齐,必谓南为魏晋之学,北为汉学,见失之固,而如唐人云南人约简,得其英华,北学深芜,穷其枝叶,又失之偏矣"(马宗霍:《中国经学史》,上海书店出版社1984年版,第78页)。显然,颜之推以地域论人之性情颇有承袭司马迁《史记·货殖列传》以地域论人之性情的印迹。只是以地域论人论学往往忽略当时政治导向与价值观念之影响,难以窥见儒者与儒学之于时代的观照和回应,更难洞见经学的发展变化与儒学的新生样态。

十九卷)，北朝熊安生《礼记义疏》(三十卷)。北朝"诸生能通礼经者，又多是安生门人，诸生尽通《小戴礼》"(《北史·儒林传》)。唐初，唐太宗以儒学多门、经籍久远、章句繁杂、文字多讹为由，诏命孔颖达等人正义"五经"；孔颖达推尊郑玄之学而撰《礼记正义》(七十卷)，使得郑玄之注广为流传。诚如孔颖达《礼记正义·序》曰：

> 夫礼者，经天纬地，本之则大一之初；原始要终，体之乃人情之欲。……于是博物通人，知今温古，考前代之宪章，参当时之得失，是以所见，各记旧闻，错总鸠聚，以类相附，《礼记》之目，于是乎在。去圣逾远，异端渐扇，故大小二戴，共氏而分门；王郑两家，同经而异注。爰从晋宋，逮于周隋，其传礼业者，江左尤盛。其为义疏者，南人有贺循、贺场、庾蔚、崔灵恩、沈重宣、皇甫侃等，北人有徐道明、李业兴、李宝鼎、侯聪、熊安生等。其见于世者，唯皇熊二家而已。熊则违背本经，多引外义，犹之楚而北行，马虽疾而去逾远矣。又欲释经文，唯聚难义，犹治丝而芬之，手虽繁而丝益乱也。皇氏虽章句详正，微稍繁广，又既遵郑氏，乃时乖郑义。此是木落不归其本，狐死不首其邱。此皆二家之弊，未为得也。然以熊比皇，皇氏胜矣。虽体例既别，不可因循。今奉敕删理，仍据皇氏以为本，其有不备，以熊氏补焉。必取文证详悉，义理精审，翦其繁芜，撮其机要。[①]

孔颖达宗师郑玄之学，摈弃王肃之学。但是，于前人注疏，孔颖达则是兼采诸说，既取南朝皇侃之义，又取北朝熊安生之疏。孔颖达所撰《礼记正义》之特点在于：其书之义疏"翦其繁芜，撮其机要"；绍承郑玄《注》，未免附会；"采摭旧文，词富理博，说《礼》之家，钻研莫尽，譬诸依山铸铜，煮海为盐"[②]。唐高宗永徽二年(651年)，唐高宗诏诸臣对孔颖达《五经正义》加以考证、增损，永徽四年(653年)，将孔颖达所撰《五经正义》颁行天下；从此，《小戴礼记》升入"经书"之列，并于"三礼"之中形成一枝独秀的景象。孔颖达所撰《礼记正义》颁行天下以后，其他诸家之说消隐、亡佚。

---

① 参见(清)阮元校刻：《十三经注疏·礼记正义》，中华书局1980年版，第1673页。
② (清)永瑢、纪昀等：《四库全书总目提要》卷21，中华书局1965年版，第168页。

儒经之中,"三礼"(《周礼》《礼记》《仪礼》)为重,而"三礼"之中,《礼记》为重。自唐至清,朝廷官方多次诏刻儒经于石亦多取《礼记》。

南宋卫湜所撰《礼记集说》(一百六十卷)是宋代《小戴礼记》注疏史中的杰构,其《礼记集说》作于南宋宁宗开禧至嘉定年间(1205－1224年),历时二十余载。卫湜学宗朱熹理学,不以郑玄、孔颖达注疏为宗,采集百余家《礼记》之说以为《礼记集说》。卫湜《礼记集说》的特点在于:"采摭群言,最为赅博,去取亦最为精审。自郑注而下,所取凡一百四十四家,其他书之涉于《礼记》者,所采录不在此数焉。"①网罗汉唐注疏,兼采宋儒义理之学;继承诸家之说,荟萃衍绎而附以臆测之言,以为集说。

元代尊奉两宋理学,学宗朱熹之学。朝廷科举考试重视《礼记》多于《仪礼》与《周礼》,《礼记》沿用的是郑玄注、孔颖达疏。元代吴澄的《礼记纂言》和陈澔的《礼记集解》是元代《礼记》注疏史中的代表作。绍承程朱理学,吴澄撰《礼记纂言》(三十六卷),吴澄"改并旧文,俨然删述",沿承宋代经学之风。陈澔《礼记集说》(十卷),又称《云庄礼记集说》,亦承宋代经学之风。陈澔之父陈大猷师承饶鲁,饶鲁师从黄干,黄干是朱熹的高徒,故曰陈澔之学源于朱熹。陈澔《礼记集说》未释《大学》与《中庸》,只说《礼记》四十七篇。陈澔《礼记集说》的特色在于:其书比之郑玄注、孔颖达疏而言,简明浅显;比之卫湜《礼记集说》而言,陈澔《礼记集说》简洁明了。明初,胡广等人修《五经大全》所采底本便是以陈澔《礼记集说》为主,自此世人诵习相沿,陈澔《礼记集说》得以流传。②晚明时期,郝敬撰《礼记通解》(二十二卷),其卷首《读礼记》曰:"礼者,道之匡廓。道无垠塄,礼有范围。故德莫大于仁,而教莫先于礼。圣教约为要,复礼为仁。礼仪三百,威仪三千;致中和,天地位,万物育,此道之至极,而礼之大全也。"③郝敬认为礼是道之呈现,道是礼之精神。明末,黄道周撰《礼记解》(五篇)即:《月令明义》四卷、《表记集传》二卷、《坊记集传》二卷、《缁衣集传》四卷、《儒行集传》二卷。黄道周的《礼记解》指辨郑玄等先儒之说,驳难前人之学,颇有宋学遗风。明末清初,王夫之撰《礼记章句》(四十九卷),采汉儒之说,学宗宋学。

---

① (清)永瑢、纪昀等:《四库全书总目提要》卷21,中华书局1965年版,第169页。
② (清)永瑢、纪昀等:《四库全书总目提要》卷21,中华书局1965年版,第170页。
③ 参见《续修四库全书》编委会编:《续修四库全书》第97册,上海古籍出版社2002年版,第73页。

　　清代是儒家经学注疏史上的昌明时期,《礼记》注疏如缕不绝。清儒孙希旦研读"三礼",专治《小戴礼记》,撰《礼记集解》(六十一卷)。孙希旦《礼记集解》的特色在于:取郑玄注与孔颖达疏之不当之处,以附己意,逐一辩说;去郑玄注与孔颖达疏之繁芜,掇其枢要,并采宋元诸儒之说,博观而约取;其《集解》详于名物制度,必求其据,旨在以经注经;学宗程朱,阐明礼意,求乎天理人心之安。① 世人赞言孙希旦《礼记集解》"可以补汉儒所未及;而深明先王制作之意,以即乎人心之所安,则又汉儒所不逮也"。清代《礼记》注疏史中的另一代表作是朱彬的《礼记训纂》(四十九卷)。朱彬《礼记训纂》(四十九卷)的特色在于:继承郑玄《礼记注》和孔颖达《礼记正义》,会通前人注释;同时对郑玄注与孔颖达疏删繁就要、去芜存精,勘正原文与前人注疏之误;撷取宋元明之旧注,吸收清人考据成果。考镜学术源流,以训诂校勘为主,兼释字词音义,考证名物制度;"求其博而精,简而赅,足以荟众说而持其平","发前人所未发,不薄今而爱古,不别户而分门"②。然则,朱彬"唯《大学》《中庸》不加训释,仍依郑注,列经文于次"③。朱彬《礼记训纂》指瑕元儒陈澔《礼记集说》之疏略,取汉代至清朝诸儒之故训、注疏,博采广摭,撮其精英,且于义理亦有阐发,不失为《礼记》注疏史中的力作。

三、篇旨

　　《小戴礼记》(四十九篇)凡记夏、商、周特别是周朝的冠、婚、丧、祭、燕、射、朝、聘等礼仪制度,阐发礼制的基本精神与现实意义。《小戴礼记》的基本思想大体有五:一是天下大同的政治理想与德治仁政的政治理念;二是中庸之道修身的生命哲学与中庸之道治国的政治哲学;三是礼乐治国与礼乐教化的思想;四是礼通天人与仪治身国的思想;五是学以明礼、学以致善、学以成人、学以治国的价值理念。《礼记》基本宗旨散于诸篇,我们且将西汉刘向依内容分类的《礼记》诸篇予以列表,以撮其篇旨要义。

---

① 参见(清)孙希旦撰,沈啸寰、王星贤校点:《礼记集解》,中华书局 1989 年版,第 1 页。
② 参见(清)朱彬撰,饶钦农点校:《礼记训纂》,中华书局 1996 年版,第 1 页。
③ 参见(清)朱彬撰,饶钦农点校:《礼记训纂》,中华书局 1996 年版,第 2 页。

西汉刘向《礼记》(四十九篇)分类表①

一、"通论"(十六篇)	《檀弓上、下》《礼运》《玉藻》《大传》《学记》《经解》《哀公问》《仲尼燕居》《孔子闲居》《坊记》《中庸》《表记》《缁衣》《儒行》《大学》
二、"制度"(六篇)	《曲礼上、下》《王制》《礼器》《少仪》《深衣》
三、"吉事"(七篇)	《投壶》《冠义》《昏义》《乡饮酒义》《射义》《燕义》《聘义》
四、"丧服"(十一篇)	《曾子问》《丧服小记》《杂记上、下》《丧大记》《奔丧》《问丧》《服问》《间传》《三年问》《丧服四制》
五、"祭祀"(四篇)	《郊特牲》《祭法》《祭义》《祭统》
六、"明堂阴阳(记)"(二篇)	《月令》《明堂位》
七、"世子法"(一篇)	《文王世子》
八、"子法"(一篇)	《内则》
九、"乐记"(一篇)	《乐记》

其中,《曲礼》篇言"五礼之事:祭祀之说,吉礼也。丧荒去国之说,凶礼也。致贡朝会之说,宾礼也。兵车旌鸿之说,军礼也。事长敬老,执挚纳女之说,嘉礼也"②。《檀弓》篇记檀弓之人善于礼,故以其名命篇;强调"事亲有隐而无犯,左右就养无方,服勤至死,致丧三年。事君有犯而无隐,左右就养有方,服勤至死,方丧三年。事师无犯无隐,左右就养无方,服勤至死,心丧三年"。《王制》篇提出"王者之制:禄爵,公、侯、伯、子、男,凡五等。诸侯之上大夫卿、下大夫、上士、中士、下士,凡五等","六礼:冠、昏、丧、祭、乡、相见。七教:父子、兄弟、夫妇、君臣、长幼、朋友、宾客。八政:饮食、衣服、事为、异别、度、量、数、制"。《王制》篇言"一道德以同俗,养耆老以致孝,恤孤独以逮不足,上贤以崇德,简不肖以绌恶",强调王道、仁政是人君为政之本。《礼运》提出"小康""大同"的理想社会构想。《中庸》提出中和之道,强调修身、慎独;《缁衣》强调"上好仁,则下之为仁争先人。故长民者章志、贞教、尊仁,以子爱百姓;民致行己以说其上矣""夫民,教之以德,齐之以礼,则民有格心;教之以政,齐之以刑,则民有遁心。

---

① 按:近人梁启超《要籍解题及其读法》将大、小戴《礼记》篇目混合,依内容归为十类。其实,梁启超的分类不尽恰当,如将《冠义》等七篇归为《仪礼》十七篇之传注。故不赘述。
② (清)朱彬撰,饶钦农点校:《礼记训纂》,中华书局1996年版,第1页。

故君民者,子以爱之,则民亲之;信以结之,则民不倍;恭以莅之,则民有孙心"。《祭义》《曲礼上》《仲尼燕居》旨在讲"礼":"礼者,履也""言而履之,礼也",其旨强调"行修、言道","为礼以教人,使人以有礼,知自别于禽兽"。《哀公问》提出"民之所由生,礼为大""古之为政,爱人为大。所以治爱人,礼为大";"礼"何以为"大",或如《礼运》所言"礼者,君之大柄也,所以别嫌明微,傧鬼神,考制度,别仁义,所以治政安君也"。《明堂位》强调礼乐治国与明堂规制,指出"周公践天子之位以治天下。六年朝诸侯于明堂,制礼作乐,颁度量,而天下大服"。《学记》强调尊师重教,教学相长;"化民成俗,其必由学","建国君民,教学为先";《学记》认为"玉不琢,不成器。人不学,不知道",这和《王制》所言"天子命之教,然后为学"相贯通。《学记》指出"学,然后知不足;教,然后知困。知不足,然后能自反也;知困,然后能自强也。故曰教学相长也"。《乐记》强调以乐为教,指出"凡音者,生人心者也。情动于中,故形于声。声成文,谓之音。是故治世之音安以乐,其政和;乱世之音怨以怒,其政乖;亡国之音哀以思,其民困。声音之道与政通矣"。

效法天道,以成政道;《月令》曰:春,天子"乘鸾路,驾苍龙,载青旗,衣青衣,服仓玉";夏,天子"乘朱路,驾赤骝,载赤旗,衣朱衣,服赤玉";秋,天子"乘戎路,驾白骆,载白旗,衣白衣,服白玉";冬,天子"乘玄路,驾铁骊,载玄旗,衣黑衣,服玄玉";《乡饮酒义》曰:"古之制礼也,经之以天地,纪之以日月,参之以三光,政教之本也";《杂记上》曰:"天之正色苍而玄,地之正色黄而繻,圣人法天地以制衣裳。"效法天道,以成人道;天道是礼仪的本体,是人伦纲常的本源;礼仪之于人在于"正容体,齐颜色,顺辞令"(《冠义》)、"正君臣,亲父子,和长幼"(《冠义》)。《礼记》言"八礼"(冠、婚、丧、祭、射、御、朝、聘),《昏义》曰"夫礼,始于冠,本于昏,重于丧祭,尊于朝聘,和以射乡,此礼之大体也"。于礼之用而分类,《礼记》所记礼仪主要有冠、婚、丧、祭、射之五大类。

冠礼。周制规定男子二十岁加冠,《冠义》曰"冠者,礼之始也""孝、弟、忠、顺之行立,而后可以为人",表明成人、父子世代相传即"以著代也"(《冠义》)。

婚礼。《昏义》曰"合二姓之好,上以事宗庙","下以继后世"。婚礼有纳采、问名、纳吉、纳征、请期、亲迎之仪轨,凡此礼数表示恭敬、谨慎与尊重。《昏义》曰"昏礼者,礼之本也","妇夫有义,而后父子有亲,父子有亲而后君臣有正"。

丧礼。丧礼是"以生者饰死者""明死生之义,送以哀敬"(《荀子·礼论》),或曰"死,葬之以礼"(《论语·为政》)。《丧服小记》记载丧礼有"五服"(斩衰、齐衰、大功、小功、缌麻),"上杀、下杀、旁杀"即亲者服重,疏者服轻,依次递减。《奔丧》之"礼"亦讲亲疏,比如"哭"有别:"齐衰,望乡而哭;大功,望门而哭;小功,至门而哭;缌麻,即位而哭"。《奔丧》记身在异国者,闻丧奔赴之礼;《问丧》记善问居丧之所由;《服问》记丧服有轻重,轻重之间有变易之节;《间传》记丧服有轻重之别、各有所宜。《三年问》记丧服三年所由,强调"三年之丧,人道之至文者也,夫是之谓至隆。是百王之所同,古今之所壹也",并引孔子之语曰"子生三年,然后免于父母之怀;夫三年之丧,天下之达丧也"。《丧大记》记载人君以下,始死、小敛、大敛、殡葬之事。《丧有四制》强调礼"体天地,法四时,则阴阳,顺人情"、礼之"吉凶异道,不得相干,取之阴阳",故有"丧有四制,变而从宜,取之四时也。有恩有理,有节有权,取之人情也。恩者仁也,理者义也,节者礼也,权者知也。仁义礼智,人道具矣"。

祭礼。儒家强调"祭之以礼"(《论语·为政》),"生则敬养,死则敬享,思终身弗辱也"(《祭义》)。《祭义》强调"大孝尊亲,其次弗辱,其下能养",强调以孝事天地,强调祭祀当合诸天道;《祭法》言有虞氏至周天子祭祀天地山川群神之数,《祭统》言"凡治人之道,莫急于礼。礼有五经,莫重于祭",强调祭之义生于心、追养继孝,强调孝子事亲应"生则养,没则丧,丧毕则祭""养则观其顺,丧则观其哀,祭则观其敬而时"。《郊特牲》言天子、诸侯、大夫所祭诸神有别,天子郊祭于天,强调"知其义而敬守之,天子之所以治天下"。

射礼。《射义》记载"古者诸侯之射也,必先行燕礼;卿、大夫、士之射也,必先行乡饮酒之礼",强调"天子以射选诸侯、卿、大夫、士"。《射义》曰"射者,仁之道也。射求正诸己,己正而后发,发而不中,则不怨胜己者,反求诸己而已矣",说明儒家仁义之道是融贯于射之技艺与射之礼仪的。或因于此,射礼成为天子选拔人才的程序与标准之一。

燕礼。《燕义》言君臣宴饮之礼,天子、诸侯、大夫、上卿、小卿、士等于宴饮之时皆有仪轨以明等差、贵贱,故宴饮之礼要在"明君臣之义"。燕礼体现上下相尊之义,体现宾主相敬之义,"臣下竭力尽能以立功于国,君必报之以爵禄"(《燕义》)。

乡饮酒礼。《乡饮酒义》记载乡大夫饮宾于庠序之礼,强调尊贤养老之义;"六十者坐,五十者立侍,以听政役,所以明尊长也。六十者三豆,七十者四豆,八十者五豆,九十者六豆,所以明养老也。民知尊长养老,而后乃能入孝弟。民入孝弟,出尊长养老,而后成教,成教而后国可安也"。其旨在于通过明尊长、明养老,实现教化百姓、变化习俗。

值得指出的是,《小戴礼记》强调"礼"法天地自然,强调"礼制"教化世人。比如《礼器》曰"礼以时为大"、《曾子问》曰"先王制礼,过时弗举,礼也"、《王制》曰"命典礼,考时月定日"。不仅如此,《月令》更是强调考四时、定月日,强调王制与礼仪皆循天道:春,"冬风解冻,蛰虫始振,鸿雁来","草木萌动","王命农事",开始农耕,播种五谷,祭祀山林川泽,以祈福佑,禁止砍伐和杀幼虫及牝牲,以宜生长;夏,"劳时劝民,毋或失时","驱兽毋害五谷","农乃登麦",此时"鹿角解,蝉始鸣,半夏生,木堇荣";秋,"凉风至,白露降,寒蝉鸣","农乃登谷,天子尝新,先荐寝庙",以丰收的果实祭享先祖,并审决狱讼;冬,"命百官谨盖藏,命有司循行积聚,无有不敛"(《月令》)。"春作夏长,秋敛冬藏"(《乐记》),《礼记》强调人们应该依从自然法则,并从自然法则中演绎出人伦法则与政治法则。

《礼记》是孔门后学所记,素来难读,然则《礼记》"最不可不读"①。那么,《礼记》如何解读? 南宋朱熹从《礼记》与《仪礼》关联处提出的方法颇有道理,朱熹曰"读《礼记》,须先读《仪礼》"②、"读《礼记》而不读《仪礼》,许多理皆无安著处"③、"《礼记》只是解《仪礼》,如《丧服小记》便是解《丧服传》,推之每篇皆然"④、"《仪礼》是经,《礼记》是解《仪礼》。如《仪礼》有《冠礼》,《礼记》便有《冠义》;《仪礼》有《昏礼》,《礼记》便有《昏义》;以至燕、射之类,莫不皆然。只是《仪礼》有士相见礼,《礼记》却无士相见义"⑤。

---

①　(宋)黎靖德编,王星贤点校:《朱子语类》卷11,中华书局1986年版,第1册,第189页。
②　(宋)黎靖德编,王星贤点校:《朱子语类》卷87,中华书局1986年版,第6册,第2225页。
③　(宋)黎靖德编,王星贤点校:《朱子语类》卷87,中华书局1986年版,第6册,第2225页。
④　(宋)黎靖德编,王星贤点校:《朱子语类》卷87,中华书局1986年版,第6册,第2226页。
⑤　(宋)黎靖德编,王星贤点校:《朱子语类》卷85,中华书局1986年版,第6册,第2194页。

四、影响

自汉至清,儒家经学几经沉浮,从"五经"至"十三经",《礼记》多见其中。

东汉中期,《礼记》(四十九篇)已有传本,桥玄"从同郡戴德学,著《礼记章句》(四十九篇)"①,卢植"少从通儒故南郡太守马融受古学,颇知今之《礼记》特多回冗,……敢率愚浅,为之解诂"②,《隋书·经籍志》记载"《礼记》二十卷,卢植注"。东汉末年,郑玄遍注群经,其中有"《礼记》"③。大唐贞观年间,唐太宗以儒学多门、经籍久远、章句繁杂、文字多讹为由,诏命孔颖达与诸儒撰定《五经正义》,孔颖达依郑玄《礼记注》而撰《礼记正义》,《礼记》被列入"五经",成为天下人习诵之"圣典"。由于孔颖达所撰《礼记正义》被颁行天下,《礼记》于"三礼"之中脱颖而出,升格为"经"且为"大经"(《新唐书·选举志》)。同时,唐人陆德明《经典释文》亦采用郑玄《礼记注》,从此《礼记》的其他注本式微、亡佚。

两宋时期,称"经"的《礼记》不仅得到沿袭,而且其地位有所巩固。北宋仁宗诏刻的"嘉祐石经"与南宋高宗诏刻的"绍兴石经"中皆有《礼记》,同时《礼记》成为科举考试的必考科目之一。明清时期,《礼记》为官方所推崇。明初,明成祖诏命胡广等人修《五经大全》,亲自制序列之卷首并刊赐天下,其中有《礼记大全》(三十卷)。只是,《礼记大全》以元人陈澔《礼记集说》为宗,尽弃其他《礼记》之学,导致后世学者"全不睹古义"④。清乾隆十三年(1748年),乾隆帝钦定的《三礼义疏》中有《礼记义疏》(八十二卷),广摭群言,曲证旁通,采宋儒之说以补郑玄注所未备,并且批评元人陈澔《礼记集说》未释《大学》与《中庸》是为妄削古经。乾隆钦定《礼记义疏》抛弃元明以陈澔《礼记集说》为圭臬之旧习,钦定《礼记义疏》采汉宋之说,大有复归汉学之意。另外,清乾隆年间,乾隆钦命刊刻儒家"十三经"于石,其中亦有《礼记》。

时至清末,《礼记》之《王制》篇与《礼运》篇所描绘的王道政治与大同

---

① (南朝·宋)范晔:《后汉书·桥玄传》,中华书局1962年版,第1695页。

② (南朝·宋)范晔:《后汉书·卢植传》,中华书局1962年版,第2116页。

③ (南朝·宋)范晔:《后汉书·郑玄传》,中华书局1962年版,第1212页。

④ (清)皮锡瑞:《经学历史》,中华书局1981年版,第289页。

理想成为康有为等人"托古改制"的理论源头,同时成为清末资产阶级民主改良运动的理论旗帜。其实,随着儒家典籍的经典化与圣典化,渐渐滋生出一种对儒经的异化,致使儒经沦为帝王标榜文治的象征。早在北宋时期,朝廷尚文,曾以"三礼出身""《九经》及第"等名衔作为政治性荣誉授予那些于儒家经学有所造诣或屡试不中的人。例如,刘潜"得同《三礼》出身"(《宋史·刘潜传》)、陈咸被"特赐咸同《三传》出身"(《宋史·陈越传》)、邢昺被"擢《九经》及第"(《宋史·邢昺传》)等。与此同时,儒经因附丽于政治而被推升为万世不易的经典与圣典,已然成为世人精神信仰之圭臬与日常生活之规约。然亦因此,儒学的生命力被窒息——被官方的圣典化与教条化所窒息,以至于沦为封建王朝标榜文治与崇儒的工具。①

附:小戴《礼记》节要

礼从宜,使从俗。夫礼者所以定亲疏,决嫌疑,别同异,明是非也。礼,不妄说人,不辞费。礼,不逾节,不侵侮,不好狎。修身践言,谓之善行。行修言道,礼之质也。礼闻取于人,不闻取人。礼闻来学,不闻往教。道德仁义,非礼不成,教训正俗,非礼不备。分争辨讼,非礼不决。君臣上下父子兄弟,非礼不定。宦学事师,非礼不亲。班朝治军,莅官行法,非礼威严不行。祷祠祭祀,供给鬼神,非礼不诚不庄。是以君子恭敬撙节退让以明礼。鹦鹉能言,不离飞鸟;猩猩能言,不离禽兽。今人而无礼,虽能言,不亦禽兽之心乎?夫唯禽兽无礼,故父子聚麀。是故圣人作,为礼以教人。使人以有礼,知自别于禽兽。(《曲礼上》)

公事不私议。(《曲礼下》)

事亲有隐而无犯,左右就养无方,服勤至死,致丧三年。事君有犯而无隐,左右就养有方,服勤至死,方丧三年。事师无犯无隐,左右就养无方,服勤至死,心丧三年。(《檀弓上》)

子路曰:"吾闻诸夫子:丧礼,与其哀不足而礼有余也,不若礼不足而哀有余也。祭礼,与其敬不足而礼有余也,不若礼不足而敬有余也。"(《檀弓上》)

---

① 参见王传林:《从"六经"到"十三经"——儒家经学体系化之理路与特性考论》,(香港)《新亚论丛》第十八期。

曾子曰："国无道,君子耻盈礼焉。国奢,则示之以俭;国俭,则示之以礼。"(《檀弓下》)

孔子过泰山侧,有妇人哭于墓者而哀,夫子式而听之,使子路问之,曰:"子之哭也,壹似重有忧者。"而曰:"然。昔者吾舅死于虎,吾夫又死焉,今吾子又死焉。"夫子曰:"何为不去也?"曰:"无苛政。"夫子曰:"小子识之:苛政猛于虎也。"(《檀弓下》)

王者之制禄爵,公侯伯子男,凡五等。诸侯之上大夫卿,下大夫,上士中士下士,凡五等。(《王制》)

道路:男子由右,妇人由左,车从中央。父之齿随行,兄之齿雁行,朋友不相逾。轻任并,重任分,斑白者不提挈。君子耆老不徒行,庶人耆老不徒食。(《王制》)

六礼:冠、昏、丧、祭、乡、相见。七教:父子、兄弟、夫妇、君臣、长幼、朋友、宾客。八政:饮食、衣服、事为、异别、度、量、数、制。(《王制》)

孟春之月,日在营室,昏参中,旦尾中。其日甲乙。其帝大皞,其神句芒。其虫鳞。其音角,律中大蔟。其数八。其味酸,其臭膻。其祀户,祭先脾。东风解冻,蛰虫始振,鱼上冰,獭祭鱼,鸿雁来。天子居青阳左个。乘鸾路,驾仓龙,载青旗,衣青衣,服仓玉,食麦与羊,其器疏以达。(《月令》)

孟夏之月,日在毕,昏翼中,旦婺女中。其日丙丁。其帝炎帝,其神祝融。其虫羽。其音徵,律中中吕。其数七。其味苦,其臭焦。其祀灶,祭先肺。蝼蝈鸣,蚯蚓出,王瓜生,苦菜秀。天子居明堂左个,乘朱路,驾赤骝,载赤旗,衣朱衣,服赤玉。食菽与鸡,其器高以粗。(《月令》)

中央土。其日戊己。其帝黄帝,其神后土。其虫裸,其音宫,律中黄钟之宫。其数五。其味甘,其臭香。其祠中溜,祭先心。天子居大庙大室,乘大路,驾黄骝,载黄旗,衣黄衣,服黄玉,食稷与牛,其器圜以闳。(《月令》)

孟秋之月,日在翼,昏建星中,旦毕中。其日庚辛。其帝少皞,其神蓐收。其虫毛。其音商,律中夷则。其数九。其味辛,其臭腥。其祀门,祭先肝。凉风至,白露降,寒蝉鸣。鹰乃祭鸟,用始行戮。天子居总章左个,乘戎路,驾白骆,载白旗,衣白衣,服白玉,食麻与犬,其器廉以深。(《月令》)

孟冬之月，日在尾，昏危中，旦七星中。其日壬癸。其帝颛顼，其神玄冥。其虫介。其音羽，律中应钟。其数六。其味咸，其臭朽。其祀行，祭先肾。水始冰，地始冻。雉入大水为蜃。虹藏不见。天子居玄堂左个，乘玄路，驾铁骊，载玄旗，衣黑衣，服玄玉，食黍与彘，其器闳以奄。（《月令》）

乐，所以修内也；礼，所以修外也。礼乐交错于中，发形于外，是故其成也怿，恭敬而温文。立大傅、少傅以养之，欲其知父子、君臣之道也。（《文王世子》）

大道之行也，天下为公。选贤与能，讲信修睦，故人不独亲其亲，不独子其子，使老有所终，壮有所用，幼有所长，矜寡孤独废疾者，皆有所养。男有分，女有归。货恶其弃于地也，不必藏于己；力恶其不出于身也，不必为己。是故谋闭而不兴，盗窃乱贼而不作，故外户而不闭，是谓大同。今大道既隐，天下为家，各亲其亲，各子其子，货力为己，大人世及以为礼。城郭沟池以为固，礼义以为纪；以正君臣，以笃父子，以睦兄弟，以和夫妇，以设制度，以立田里，以贤勇知，以功为己。故谋用是作，而兵由此起。禹、汤、文、武、成王、周公，由此其选也。此六君子者，未有不谨于礼者也。以著其义，以考其信，著有过，刑仁讲让，示民有常。如有不由此者，在势者去，众以为殃，是谓小康。（《礼运》）

何谓人情？喜怒哀惧爱恶欲七者，弗学而能。何谓人义？父慈、子孝、兄良、弟弟、夫义、妇听、长惠、幼顺、君仁、臣忠十者，谓之人义。讲信修睦，谓之人利。争夺相杀，谓之人患。故圣人所以治人七情，修十义，讲信修睦，尚辞让，去争夺，舍礼何以治之？饮食男女，人之大欲存焉；死亡贫苦，人之大恶存焉。故欲恶者，心之大端也。人藏其心，不可测度也；美恶皆在其心，不见其色也，欲一以穷之，舍礼何以哉？故人者，其天地之德，阴阳之交，鬼神之会，五行之秀气也。故天秉阳，垂日星；地秉阴，窍于山川。播五行于四时，和而后月生也。是以三五而盈，三五而阙。五行之动，迭相竭也，五行、四时、十二月，还相为本也；五声、六律、十二管，还相为宫也；五味、六和、十二食，还相为质也；五色、六章、十二衣，还相为质也。故人者，天地之心也，五行之端也，食味别声被色而生者也。（《礼运》）

是故夫礼，必本于大一，分而为天地，转而为阴阳，变而为四时，列而为鬼神。其降曰命，其官于天也。夫礼必本于天，动而之地，列而之事，变而从时，协于分艺，其居人也曰养，其行之以货力、辞让：饮食、冠昏、丧祭、射御、朝聘。故礼义也者，人之大端也，所以讲信修睦而固人之肌肤之会、筋骸之束也。所以养生送死事鬼神之大端也。所以达天道顺人情之大窦也。故唯圣人为知礼之不可以已也，故坏国、丧家、亡人，必先去其礼。故礼之于人也，犹酒之有糵也，君子以厚，小人以薄。故圣王修义之柄、礼之序，以治人情。故人情者，圣王之田也。修礼以耕之，陈义以种之，讲学以耨之，本仁以聚之，播乐以安之。故礼也者，义之实也。协诸义而协，则礼虽先王未之有，可以义起也。义者艺之分、仁之节也，协于艺，讲于仁，得之者强。仁者，义之本也，顺之体也，得之者尊。故治国不以礼，犹无耜而耕也；为礼不本于义，犹耕而弗种也；为义而不讲之以学，犹种而弗耨也；讲之于学而不合之以仁，犹耨而弗获也；合之以仁而不安之以乐，犹获而弗食也；安之以乐而不达于顺，犹食而弗肥也。四体既正，肤革充盈，人之肥也。父子笃，兄弟睦，夫妇和，家之肥也。大臣法，小臣廉，官职相序，君臣相正，国之肥也。天子以德为车、以乐为御，诸侯以礼相与，大夫以法相序，士以信相考，百姓以睦相守，天下之肥也。是谓大顺。大顺者，所以养生送死、事鬼神之常也。（《礼运》）

先王之立礼也，有本有文。忠信，礼之本也；义理，礼之文也。无本不正，无文不行。礼也者，合于天时，设于地财，顺于鬼神，合于人心，理万物者也。是故天时有生也，地理有宜也，人官有能也，物曲有利也。故天不生，地不养，君子不以为礼，鬼神弗飨也。居山以鱼鳖为礼，居泽以鹿豕为礼，君子谓之不知礼。故必举其定国之数，以为礼之大经，礼之大伦。以地广狭，礼之薄厚，与年之上下。是故年虽大杀，众不匡惧。则上之制礼也节矣。礼，时为大，顺次之，体次之，宜次之，称次之。尧授舜，舜授禹；汤放桀，武王伐纣，时也。（《礼器》）

礼有大有小，有显有微。大者不可损，小者不可益，显者不可掩，微者不可大也。（《礼器》）

天地合而后万物兴焉。夫昏礼，万世之始也。取于异姓，所以附远厚别也。币必诚，辞无不腆。告之以直信；信，事人也；信，妇德也。壹与之齐，终身不改。故夫死不嫁。男子亲迎，男先于女，刚柔之义也。天先乎地，君先乎臣，其义一也。执挚以相见，敬章别也。男女有别，然后父子亲，父子亲然后义生，义生然后礼作，礼作然后万物安。无别无义，禽兽之

道也。婿亲御授绥,亲之也。亲之也者,亲之也。敬而亲之,先王之所以得天下也。(《郊特牲》)

凡内外,鸡初鸣,咸盥漱,衣服,敛枕簟,洒扫室堂及庭,布席,各从其事。(《内则》)

父母有过,下气怡色,柔声以谏。谏若不入,起敬起孝,说则复谏;不说,与其得罪于乡党州闾,宁孰谏。父母怒、不说,而挞之流血,不敢疾怨,起敬起孝。(《内则》)

凡父母在,子虽老不坐。(《内则》)

曾子曰:"孝子之养老也,乐其心不违其志,乐其耳目,安其寝处,以其饮食忠养之孝子之身终,终身也者,非终父母之身,终其身也;是故父母之所爱亦爱之,父母之所敬亦敬之,至于犬马尽然,而况于人乎!"(《内则》)

年不顺成,则天子素服,乘素车,食无乐。(《玉藻》)

昔者周公朝诸侯于明堂之位:天子负斧依南乡而立;三公,中阶之前,北面东上。诸侯之位,阼阶之东,西面北上。诸伯之国,西阶之西,东面北上。诸子之国,门东,北面东上。诸男之国,门西,北面东上。九夷之国,东门之外,西面北上。八蛮之国,南门之外,北面东上。六戎之国,西门之外,东面南上。五狄之国,北门之外,南面东上。九采之国,应门之外,北面东上。四塞,世告至。此周公明堂之位也。明堂也者,明诸侯之尊卑也。(《明堂位》)

亲亲尊尊长长,男女之有别,人道之大者也。(《丧服小记》)

圣人南面而听天下,所且先者五,民不与焉。一曰治亲,二曰报功,三曰举贤,四曰使能,五曰存爱。五者一得于天下,民无不足、无不赡者。五者,一物纰缪,民莫得其死。圣人南面而治天下,必自人道始矣。立权度量,考文章,改正朔,易服色,殊徽号,异器械,别衣服,此其所得与民变革者也。其不可得变革者则有矣:亲亲也,尊尊也,长长也,男女有别,此其不可得与民变革者也。(《大传》)

君子如欲化民成俗,其必由学乎! 玉不琢,不成器;人不学,不知道。是故古之王者建国君民,教学为先。(《学记》)

古之教者,家有塾,党有庠,术有序,国有学。比年入学,中年考校。一年视离经辨志,三年视敬业乐群,五年视博习亲师,七年视论学取友,谓之小成;九年知类通达,强立而不反,谓之大成。夫然后足以化民易俗,近

者说服,而远者怀之,此大学之道也。(《学记》)

善歌者,使人继其声;善教者,使人继其志。其言也约而达,微而臧,罕譬而喻,可谓继志矣。(《学记》)

善学者,师逸而功倍,又从而庸之;不善学者,师勤而功半,又从而怨之。善问者,如攻坚木,先其易者,后其节目,及其久也,相说以解;不善问者反此。善待问者,如撞钟,叩之以小者则小鸣,叩之以大者则大鸣,待其从容,然后尽其声;不善答问者反此。此皆进学之道也。(《学记》)

凡音之起,由人心生也。人心之动,物使之然也。感于物而动,故形于声。声相应,故生变;变成方,谓之音;比音而乐之,及干戚羽旄,谓之乐。乐者,音之所由生也;其本在人心之感于物也。(《乐记》)

凡音者,生人心者也。情动于中,故形于声。声成文,谓之音。是故治世之音安以乐,其政和。乱世之音怨以怒,其政乖。亡国之音哀以思,其民困。声音之道,与政通矣。(《乐记》)

凡音者,生于人心者也。乐者,通伦理者也。是故知声而不知音者,禽兽是也;知音而不知乐者,众庶是也。唯君子为能知乐。是故审声以知音,审音以知乐,审乐以知政,而治道备矣。(《乐记》)

礼义立,则贵贱等矣;乐文同,则上下和矣;好恶著,则贤不肖别矣。刑禁暴,爵举贤,则政均矣。仁以爱之,义以正之,如此,则民治行矣。乐由中出,礼自外作。乐由中出故静,礼自外作故文。大乐必易,大礼必简。乐至则无怨,礼至则不争。揖让而治天下者,礼乐之谓也。(《乐记》)

乐者,天地之和也;礼者,天地之序也。和故百物皆化;序故群物皆别。乐由天作,礼以地制。过制则乱,过作则暴。明于天地,然后能兴礼乐也。论伦无患,乐之情也;欣喜欢爱,乐之官也。中正无邪,礼之质也;庄敬恭顺,礼之制也。若夫礼乐之施于金石,越于声音,用于宗庙社稷,事乎山川鬼神,则此所与民同也。(《乐记》)

故乐也者,动于内者也;礼也者,动于外者也。乐极和,礼极顺,内和而外顺,则民瞻其颜色而弗与争也;望其容貌,而民不生易慢焉。故德辉动于内,而民莫不承听;理发诸外,而民莫不承顺。(《乐记》)

君子有三患:未之闻,患弗得闻也;既闻之,患弗得学也;既学之,患弗能行也。君子有五耻:居其位,无其言,君子耻之;有其言,无其行,君子耻之;既得之而又失之,君子耻之;地有余而民不足,君子耻之;众寡均而倍

焉,君子耻之。(《杂记下》)

夫圣王之制祭祀也:法施于民则祀之,以死勤事则祀之,以劳定国则祀之,能御大灾则祀之,能捍大患则祀之。是故厉山氏之有天下也,其子曰农,能殖百谷;夏之衰也,周弃继之,故祀以为稷。共工氏之霸九州岛岛也,其子曰后土,能平九州岛岛,故祀以为社。帝喾能序星辰以著众;尧能赏均刑法以义终;舜勤众事而野死。鲧鄣洪水而殛死,禹能修鲧之功。黄帝正名百物以明民共财,颛顼能修之。契为司徒而民成;冥勤其官而水死。汤以宽治民而除其虐;文王以文治,武王以武功,去民之灾。此皆有功烈于民者也。及夫日月星辰,民所瞻仰也;山林川谷丘陵,民所取材用也。非此族也,不在祀典。(《祭法》)

先王之所以治天下者五:贵有德,贵贵,贵老,敬长,慈幼。此五者,先王之所以定天下也。贵有德,何为也? 为其近于道也。贵贵,为其近于君也。贵老,为其近于亲也。敬长,为其近于兄也。慈幼,为其近于子也。是故至孝近乎王,至弟近乎霸。至孝近乎王,虽天子,必有父;至弟近乎霸,虽诸侯,必有兄。先王之教,因而弗改,所以领天下国家也。子曰:"立爱自亲始,教民睦也。立教自长始,教民顺也。教以慈睦,而民贵有亲;教以敬长,而民贵用命。孝以事亲,顺以听命,错诸天下,无所不行。"(《祭义》)

凡治人之道,莫急于礼。礼有五经,莫重于祭。夫祭者,非物自外至者也,自中出生于心也;心怵而奉之以礼。是故,唯贤者能尽祭之义。贤者之祭也,必受其福。非世所谓福也。福者,备也;备者,百顺之名也。无所不顺者,谓之备。言:内尽于己,而外顺于道也。忠臣以事其君,孝子以事其亲,其本一也。上则顺于鬼神,外则顺于君长,内则以孝于亲。如此之谓备。唯贤者能备,能备然后能祭。是故,贤者之祭也:致其诚信与其忠敬,奉之以物,道之以礼,安之以乐,参之以时。明荐之而已矣。不求其为。此孝子之心也。祭者,所以追养继孝也。孝者畜也。顺于道不逆于伦,是之谓畜。是故,孝子之事亲也,有三道焉:生则养,没则丧,丧毕则祭。养则观其顺也,丧则观其哀也,祭则观其敬而时也。尽此三道者,孝子之行也。(《祭统》)

夫祭之为物大矣,其兴物备矣。顺以备者也,其教之本与? 是故,君子之教也,外则教之以尊其君长,内则教之以孝于其亲。是故,明君在上,则诸臣服从;崇事宗庙社稷,则子孙顺孝。尽其道,端其义,而教生焉。是故君子之事君也,必身行之,所不安于上,则不以使下;所恶于下,则不以事上;非诸人,行诸己,非教之道也。是故君子之教也,必由其本,顺之至也,祭其是与? 故曰:祭者,教之本也已。夫祭有十伦焉;见事鬼神之道焉,见君臣之义焉,见父子之伦焉,见贵贱之等焉,见亲疏之杀焉,见爵赏之施焉,见夫妇之别焉,见政事之均焉,见长幼之序焉,见上下之际焉。此之谓十伦。(《祭统》)

孔子曰:"入其国,其教可知也。其为人也:温柔敦厚,《诗》教也;疏通知远,《书》教也;广博易良,《乐》教也;洁静精微,《易》教也;恭俭庄敬,《礼》教也;属辞比事,《春秋》教也。故《诗》之失,愚;《书》之失,诬;《乐》之失,奢;《易》之失,贼;《礼》之失,烦;《春秋》之失,乱。其为人也:温柔敦厚而不愚,则深于《诗》者也;疏通知远而不诬,则深于《书》者也;广博易良而不奢,则深于《乐》者也;洁静精微而不贼,则深于《易》者也;恭俭庄敬而不烦,则深于《礼》者也;属辞比事而不乱,则深于《春秋》者也。"(《经解》)

民之所由生,礼为大。非礼无以节事天地之神也,非礼无以辨君臣上下长幼之位也,非礼无以别男女父子兄弟之亲、昏姻疏数之交也;君子以此之为尊敬然。然后以其所能教百姓,不废其会节。有成事,然后治其雕镂文章黼黻以嗣。其顺之,然后言其丧算,备其鼎俎,设其豕腊,修其宗庙,岁时以敬祭祀,以序宗族。即安其居,节丑其衣服,卑其宫室,车不雕几,器不刻镂,食不贰味,以与民同利。昔之君子之行礼者如此。(《哀公问》)

子曰:"礼也者,理也;乐也者,节也。君子无理不动,无节不作。不能《诗》,于礼缪;不能乐,于礼素;薄于德,于礼虚。"子曰:"制度在礼,文为在礼,行之,其在人乎!"(《仲尼燕居》)

礼之所兴,众之所治也;礼之所废,众之所乱也。(《仲尼燕居》)

孔子曰:"志之所至,诗亦至焉。诗之所至,礼亦至焉。礼之所至,乐亦至焉。乐之所至,哀亦至焉。哀乐相生。是故,正明目而视之,不可得而见也;倾耳而听之,不可得而闻也;志气塞乎天地,此之谓五至。"(《孔子闲居》)

子言之:"君子之道,辟则坊与,坊民之所不足者也。"大为之坊,民犹逾之。故君子礼以坊德,刑以坊淫,命以坊欲。(《坊记》)

子云:"夫礼,坊民所淫,章民之别,使民无嫌,以为民纪者也。"(《坊记》)

子曰:"君子不以辞尽人。故天下有道,则行有枝叶;天下无道,则辞有枝叶。是故君子于有丧者之侧,不能赙焉,则不问其所费;于有病者之侧,不能馈焉,则不问其所欲;有客,不能馆,则不问其所舍。故君子之接如水,小人之接如醴;君子淡以成,小人甘以坏。小雅曰:'盗言孔甘,乱是用餤。'"(《表记》)

子曰:"夫民,教之以德,齐之以礼,则民有格心;教之以政,齐之以刑,则民有遁心。故君民者,子以爱之,则民亲之;信以结之,则民不倍;恭以莅之,则民有孙心。"(《缁衣》)

子曰:"民以君为心,君以民为体;心庄则体舒,心肃则容敬。心好之,身必安之;君好之,民必欲之。心以体全,亦以体伤;君以民存,亦以民亡。"(《缁衣》)

三年之丧何也? 曰:称情而立文,因以饰群,别亲疏贵贱之节,而不可损益也。(《三年问》)

故三年之丧,人道之至文者也,夫是之谓至隆。是百王之所同,古今之所壹也,未有知其所由来者也。(《三年问》)

儒有合志同方,营道同术;并立则乐,相下不厌;久不相见,闻流言不信;其行本方立义,同而进,不同而退。其交友有如此者。温良者,仁之本也;敬慎者,仁之地也;宽裕者,仁之作也;孙接者,仁之能也;礼节者,仁之貌也;言谈者,仁之文也;歌乐者,仁之和也;分散者,仁之施也;儒皆兼此而有之,犹且不敢言仁也。其尊让有如此者。(《儒行》)

凡人之所以为人者,礼义也。礼义之始,在于正容体、齐颜色、顺辞令。容体正,颜色齐,辞令顺,而后礼义备。以正君臣、亲父子、和长幼。君臣正,父子亲,长幼和,而后礼义立。故冠而后服备,服备而后容体正、颜色齐、辞令顺。故曰:冠者,礼之始也。是故古者圣王重冠。(《冠义》)

昏礼者,将合二姓之好,上以事宗庙,而下以继后世也。故君子重之。是以昏礼纳采、问名、纳吉、纳征、请期,皆主人筵几于庙,而拜迎于门外,入,揖让而升,听命于庙,所以敬慎重正昏礼也。(《昏义》)

敬慎重正而后亲之,礼之大体,而所以成男女之别,而立夫妇之义也。男女有别,而后夫妇有义;夫妇有义,而后父子有亲;父子有亲,而后君臣

有正。故曰:昏礼者,礼之本也。(《昏义》)

乡饮酒之义:立宾以象天,立主以象地,设介僎以象日月,立三宾以象三光。古之制礼也,经之以天地,纪之以日月,参之以三光,政教之本也。(《乡饮酒义》)

古者诸侯之射也,必先行燕礼;卿、大夫、士之射也,必先行乡饮酒之礼。故燕礼者,所以明君臣之义也;乡饮酒之礼者,所以明长幼之序也。故射者,进退周还必中礼,内志正,外体直,然后持弓矢审固;持弓矢审固,然后可以言中,此可以观德行矣。(《射义》)

射者,仁之道也。射求正诸己,己正然后发,发而不中,则不怨胜己者,反求诸己而已矣。(《射义》)

夫昔者君子比德于玉焉:温润而泽,仁也;缜密以栗,知也;廉而不刿,义也;垂之如队,礼也;叩之其声清越以长,其终诎然,乐也;瑕不掩瑜、瑜不掩瑕,忠也;孚尹旁达,信也;气如白虹,天也;精神见于山川,地也;圭璋特达,德也。天下莫不贵者,道也。《诗》云:"言念君子,温其如玉。"故君子贵之也。(《聘义》)

凡礼之大体,体天地,法四时,则阴阳,顺人情,故谓之礼。訾之者,是不知礼之所由生也。夫礼,吉凶异道,不得相干,取之阴阳也。丧有四制,变而从宜,取之四时也。有恩有理,有节有权,取之人情也。恩者仁也,理者义也,节者礼也,权者知也。仁义礼智,人道具矣。(《丧服四制》)

《大学》学案

《大学》原为《小戴礼记》第四十二篇,相传为孔子的弟子曾子作。《大学》全篇共八章,凡 1546 字,分为经传两个部分。《大学》"凡传文,杂引经传,若无统纪,然文理接续,血脉贯通,深浅始终,至为精密"[1]。然则,《大学》之宗旨究竟何谓,后儒素来意见纷纭。唐儒孔颖达《礼记正义》疏曰:"此《大学》之篇,论学成之事,能治其国,章明其德于天下。"[2]南宋朱熹、明代王阳明意见相左,《大学章句》《大学问》各阐高见。近人章太炎认为,"《大学》是至德以为道本"[3]。

---

① (宋)朱熹:《四书章句集注·大学章句》,中华书局 1983 年版,第 4 页。
② 参见(清)阮元校刻:《十三经注疏·礼记正义》,中华书局 1980 年版,第 1673 页。
③ 章太炎讲演,诸祖耿等记录:《章太炎国学讲演录》,中华书局 2013 年版,第 236 页。

一、成书

如果相传《大学》为孔子的弟子曾子所作是真的话，那么《大学》应成文于春秋末期。但是，细绎《大学》之文体风格与语言风格，隐约可见其文应成于战国时期或秦汉之际。

究言之，"大学"之名何义①？综观历代解说，概之有五：一是"博学"，如东汉郑玄《三礼目录》曰"《大学》者，以其记博学可以为政也"②。二是"大人之学"即使人为大之学，如明代王阳明在《大学问》中回答弟子所问"《大学》者，昔儒以为大人之学矣"时曰"大人者，以天地万物为一体者也"③。三是"大成之学"，如南宋黎立武《大学本旨》曰"大学者，大成之学也"④。四是大人之学的概称，是相对于小学而言的，即从入学年龄大小来划分的，如汉初贾谊《新书·容经》曰"古者，年九岁入就小学，蹍小节焉，业小道焉。束发就大学，蹍大节焉，业大道焉"。五是作为教育机构之名的大学，类于今之大学，如《荀子·大略》曰"立大学，设庠序，修六礼，明七教，所以道之也"，《礼记·王制》曰"天子命之教然后为学。小学在公宫南之左，大学在郊。天子曰辟雍，诸侯曰泮宫"。其实，《大学》虽言为学，但与古之学校的职能并无太多关系，诚如程颐所言："《大学》，孔氏之遗书，而初学入德之门也。"⑤

二、注本

北宋时期，程颢、程颐颇为重视《大学》，《大学》被从《礼记》中抽出，且与《论》《孟》并行。"《大学》自唐以前无别行之本"⑥，北宋仁宗天圣八年（1030年）始有《大学》单行本问世。嗣后，《大学》注本不绝。从宋代《大学》注疏史看，其中颇具代表性的有朱熹的《大学章句》、金履祥的《大学疏

---

① 按："大"古时读"太"，亦读"大"；"大"作形容词有"大的"之义，作动词有使大、尊崇之义。
② 参见（清）阮元校刻：《十三经注疏·礼记正义》，中华书局1980年版，第1673页。
③ 参见（明）王阳明著，吴光等编校：《王阳明全集》卷26，上海古籍出版社1992年版，第967—973页。
④ （南宋）黎立武：《大学本旨》，参见（清）永瑢、纪昀等编纂：《四库全书》第200册，上海古籍出版社1987年版，第740页。
⑤ 参见（宋）朱熹：《四书章句集注·大学章句》，中华书局1983年版，第3页。
⑥ 参见（清）永瑢、纪昀等：《四库全书总目提要》卷35，中华书局1965年版，第293页。

义》。朱熹《大学章句》（一卷）收入"四书"体系，其特色在于：朱熹分《大学》之文为经、传，"颠倒其旧次，补缀其阙文"①。金履祥《大学疏义》（一卷）的特色在于：谨严笃实，犹有朱子之遗韵；金履祥因随其章第，作《疏义》以畅其旨，依文诠解，多有阐发。②

时至明清，《大学》注疏又出新作，其中比较有代表性的有明儒赵南星所撰《学庸正说》（三卷）中的《大学》（一卷）和清儒毛奇龄所撰《大学证文》（四卷）。赵南星《学庸正说》之《大学》的特色在于：每节衍为口义，逐句阐发，而又以不尽之意附载于后。虽然体例近乎讲章，但是词旨颇为醇正，诠释颇为详明。其说《大学》不从王阳明之"知本"，而是仍从朱熹之"格物"，并有《补传》一章亦为训解。③清儒毛奇龄《大学证文》（四卷）的特色在于：备述诸家《大学》改本之异同，首列《大学》之真古本，次列汉熹平石经本，次为明道程子改本，次为伊川程子改本，次为朱子改本；其备列诸本，使得《大学》沿革秩然，使得诸本相资参证；"盖一则欲纲目分明，使学者易于致力。一则欲章句不易，使古经不至失真。各明一义，固可以并行不悖耳"④。

值得一提的是，明代大儒王阳明虽未注《大学》，但其极为重视《大学》并撰有《大学问》。王阳明认为"大学"之义为"大人之学"，强调"大人者，以天地万物为一体者也"（《大学问》）。显然，王阳明于《大学》之中洞见并发明了"大学问"。

三、篇旨

《大学》提出"三纲领"（明明德、亲民、止于至善）、"八条目"（格物、致知、诚意、正心、修身、齐家、治国、平天下），其主旨强调修己安人、内圣外王，强调"大人之学""大成之学""君子之学"。

《大学》无论是"三纲领"还是"八条目"，皆强调"修身"为本，而"修身"之于"三纲领"则强调以德修身、以身体道。"明明德"：前一个"明"作动词，有使动的意味，即"使彰明"，亦即发扬、弘扬、发明、自明的意思。后一

---

① 参见（清）永瑢、纪昀等：《四库全书总目提要》卷35，中华书局1965年版，第293—294页。
② 参见（清）永瑢、纪昀等：《四库全书总目提要》卷35，中华书局1965年版，第298页。
③ 参见（清）永瑢、纪昀等：《四库全书总目提要》卷36，中华书局1965年版，第302—303页。
④ 参见（清）永瑢、纪昀等：《四库全书总目提要》卷36，中华书局1965年版，第305页。

个"明"作形容词,明德也就是光明正大的品德。这是强调道德个体具有道德自明、自觉之能力。"亲民":程颐认为"亲,当作新"①,"新民"即使人革故鼎新,弃恶扬善,引导、教化人民之意。不过,王阳明认为"亲"如字作"亲",即取义"亲民"而非"新民"。王阳明和弟子徐爱曾辨亲民与新民之别,王阳明认为"宜从旧本作'亲民'",并且指出"说亲民便是兼教养意,说新民便觉偏了"。较之,如果说程朱的以"新"释"亲"洞见人性有恶与人之弃恶,那么王阳明的"亲"如原字则是洞见人性本善与人之向善。"止于至善":郑玄注曰"止,犹自处也",孔颖达正义曰"在止于至善者,言大学之道在止处于至善之行"。与前儒略有不同,学宗"二程"的朱熹在《大学章句》中曰:"止者,必至是而不牵之意;至善,则事理当然之极也。言明明德、亲民,皆当至于至善之地而不迁"②。其实,"止于至善"的价值向度有二:一是强调对个人道德修养境界的期许,一是强调对理想政治社会的憧憬即期望政治统治与社会管理能达至善之境。显然,其中隐存通过个人的"止于至善"开显社会的"止于至善"与政治的"止于至善"的价值逻辑,亦即隐存通过"内圣"开显"外王"——"道德"开显"事功"的价值逻辑。

《大学》"八条目"(格物、致知、诚意、正心、修身、齐家、治国、平天下)之间隐存清晰的逻辑关系:始于"格物",中于"修身",终于"平天下"。绍述孔子的仁政爱人思想与孟子的仁政民本思想,《大学》强调"尊长""亲民""恺悌君子,民之父母"。《大学》"八条目"之间具有轻重缓急之分、先后次第之别,其中,"修身"是中枢,联结"内"与"外"两个价值维度并开显出内圣至外王的价值理路;或曰:修身是贯通明德、亲民、止于至善的桥梁。同时,"八条目"开显出善恶真伪的价值向度,诚如南宋陈普《大学·三关》诗曰"致知格物最为难,梦觉关中善恶关。若得二关俱过了,方成人在两仪间"③。值得指出的是,《大学》蕴藏"修身——治国"相贯通、相次第的逻辑理路:由身心和谐开显君民和谐,由身体哲学生发政治哲学。早期儒家素来重视身体在政治中的作用,孔子曰"其身正,不令而行;其身不正,虽令不从"(《论语·子路》),孟子曰"行有不得者,皆反求诸己,其身正

---

① 参见(宋)朱熹:《四书章句集注·大学章句》,中华书局 1983 年版,第 3 页。
② 参见(宋)朱熹:《四书章句集注·大学章句》,中华书局 1983 年版,第 3 页。
③ 参见北京大学古文献研究所编:《全宋诗》卷 3645,北京大学出版社 1998 年版,第 69 册,第 43774 页。

而天下归之"(《孟子·离娄上》)并且强调"天下之本在国,国之本在家,家之本在身"(同上),《礼记·缁衣》曰"民以君为心,君以民为体。心庄则体舒,心肃则容敬。心好之,身必安之。君好之,民必欲之。心以体全,亦以体伤;君以民存,亦以民亡"。先秦儒者大多主张心修体全、身修德全,身心和谐、君民相亲,且有意将道德理想主义放大为政治理想主义,并以此为据去建构道德与政治、个体与政治、个体与国家的理想关系模式。在他们眼中,心修德全、君民相亲所呈现出的和谐而理想的关系正是对"修身—治国"相贯通相次第的逻辑理路的最好诠释。较之,其实先秦法家与秦汉黄老道家也曾借喻于心体关系言说君民关系、君臣关系,《管子·心术上》曰"心之在体,君之位也。九窍之有职,官之分也。心处其道,九窍循理。嗜欲充益,目不见色,耳不闻声",《淮南子·兵略训》曰"故将以民为体,而民以将为心。心诚则支体亲刃,心疑则支体挠北。心不专一,则体不节动;将不诚心,则卒不勇敢",等等。

与宋儒不同,明儒王阳明批评朱熹对《大学》旧本的调整是"合之以敬而益缀,补之以传而益离",认为朱熹之举造成"旧本析而圣人之义亡矣"。王阳明基于"圣人之道,吾性自足,不假外求",强调"《大学》之要,诚意而已"(《大学古本旁释序》)。王阳明强调于内以求本心之诚,强调将本心之诚推广于外事外物,王阳明曰:"致吾心之良知于事事物物也。……致吾心之良知者,致知也。事事物物皆得其理者,格物也。"(《传习录·答顾东桥书》[①])其实,宋儒杨时已经提出"《大学》之修身、齐家、治国、平天下,其本只是正心诚意而已"(《龟山集》卷12《余杭所闻》[②])。然而,王阳明以"诚意"为要批评朱熹以"格物"为要,体现出"心学"之内向性与"理学"之外向性于学理与价值上的分殊。换言之,王阳明与朱熹对《大学》之要的不同理解与界定折射出心学与理学的学理进路之异。若是抛开心学与理学之争,回到《大学》文本则见"自天子以至于庶人,壹是皆以修身为本"之语,故应以"修身"概括《大学》之旨为当。因为"修身"能够统摄"诚意"与"格物",能够统摄"内圣"与"外王";因为"修身"能够联通内向价值展开与外向价值展开,即道德个体通过"修身"能够实现道德提升与价值实

---

① 参见(明)王阳明著,吴光等编校:《王阳明全集》卷2,上海古籍出版社1992年版,第421—251页。

② 参见(清)永瑢、纪昀等编纂:《四库全书》第1125册,上海古籍出版社1987年版,第223页。

现——因为"圣贤之道,无非实践"(《大学格物说》①)。时至清初,清儒对朱熹改补《大学》及解释有所批评,陈确《大学辨》认为"《大学》首章非圣经也,其传十章非贤传也。……《大学》其言似圣,而其旨实窜于禅。其辞游而无根,其趋罔而终困,支离虚诞,此游夏之徒所不道,决非秦以前儒者所作可知"②,声称"自汉有《戴记》,至于宋千有余年间,亦绝未有一人焉谓是孔曾之书焉者。谓是千有余年中无一学人焉,吾不信也"③。同时,陈确认为"知止"等字是空寂之学,学无止境与学有知止存在内在张力与冲突,指出"知无穷,行亦无穷;行无穷,知愈无穷。先后之间,如环无端,故足贵也"④。与陈确不同,颜元坦言"《大学》首四句,吾奉为古圣真传"(《存学编》卷1《明亲》),只是颜元认为"自汉晋泛滥于章句,不知章句所以传圣贤之道而非圣贤之道也"(《存学编》卷1《上太仓陆桴亭先生书》)。另外,明末大儒刘宗周认为"《大学》之道,一言以蔽之,曰慎独而已矣"(《大学古记约义》⑤),继而刘宗周强调知止、本体与工夫,并申明"慎独是学问第一义"(《学言》⑥)。

四、影响

《大学》作为《礼记》诸篇中的一篇,其在中唐之前虽有郑玄注、孔颖达疏,但其地位并不突出,鲜有人予以特别关注。或曰,《大学》只是随着《礼记》入《五经正义》体系而入经而已,单篇《大学》本身的学术地位与学术价值并没有被特别地突显出来。中唐以后,佛老之说横行,韩愈、李翱辟佛老、扬儒学,韩愈《原道》称引《大学》阐发儒家"道统",李翱阐发《大学》"格物"与"致知"之义。尽管如此,《大学》在北宋之前仍然只是《礼记》诸篇中的一篇而已,并没有单篇别行之本。宋仁宗天圣八年(1030年),宋仁宗将《大学》单行本赐与新第进士王拱宸等人,《大学》始有单行本。程颢、程颐表章《大学》并将其与《论语》《孟子》并列,而且程颐认为《大学》是"孔氏之遗书,而初学入德之门也。于今可见古人为学次第者,独赖此篇之存,

---

① 参见(清)阮元:《揅经室集》上,中华书局1993年版,第55页。
② (清)陈确:《陈确集·别集》卷14,中华书局1979年版,第552页。
③ (清)陈确:《陈确集·别集》卷14,中华书局1979年版,第558页。
④ (清)陈确:《陈确集·别集》卷14,中华书局1979年版,第560页。
⑤ (明)刘宗周著,吴光主编:《刘宗周全集》第1册,浙江古籍出版社2007年版,第650页。
⑥ (明)刘宗周著,吴光主编:《刘宗周全集》第2册,浙江古籍出版社2007年版,第396页。

而《论》《孟》次之。学者必由是而学焉,则庶乎其不差矣"①。与此同时,司马光著《中庸大学广义》(一卷),《大学》《中庸》并称始出。从此,《大学》实现由"篇"成"本"、由"文"成"书"。时至南宋,朱熹作《大学章句》并将《大学》分为经与传,又将《大学》与《中庸》《论语》《孟子》合称"四书"。朱熹将《大学》置于"四书"之首,强调"学问须以《大学》为先,次《论语》,次《孟子》,次《中庸》""先看《大学》,次《语》《孟》,次《中庸》。果然下工夫,句句字字,涵泳切己,看得透彻,一生受用不尽"②。

自唐至清,《大学》成为科举考试的必读书目与历代治国理政的经典,不仅对中国古代教育产生重要影响,而且对中华民族文化品格的生发与成长产生深远影响。宋理宗宝庆三年(1227年),宋理宗下诏盛赞朱熹《四书章句集注》"有补治道",《大学》被列为科举考试科目之一。元明时期,《大学》影响渐大。元仁宗皇庆二年(1313年)十一月,朝廷颁布"考试程序"明确规定《大学》《中庸》《论语》《孟子》采用朱熹的《四书章句集注》作为科举考试用书。明朝重视两宋理学,而且尤重朱子之学,儒家"四书""五经"受到朝廷重视,《大学》的政治地位随之隆升。明永乐十三年(1415年),胡广等奉敕撰《四书大全》,明成祖朱棣御制序文并颁行天下,明朝二百余年尊此为取士之制。清康熙十六年(1677年),康熙命儒臣喇沙里、陈廷敬等编撰刊刻《日讲四书解义》,并亲自写序。康熙认为《大学》体现出曾子的思想,尤为推崇,并在御制《日讲四书解义序》中宣称清廷要将治统与道统合一,即要以儒家学说为治国之具。

自宋以降,《大学》随着儒学的海外传播而日益受到海外学者的重视。韩国思想家李退溪(1501—1570年)著有《圣学十图》,其第三图为"小学图"、第四图为"大学图"。李退溪信奉朱熹之学,称引朱熹《大学或问》"吾闻敬之一字,圣学之所以成始而成终者也。为小学者,不由乎此,因无以涵养本原,而谨夫夫洒、扫、应、对、进、退之节,与夫六艺六教。为大学者,不由乎此,亦无以开发聪明进得修业,而致夫明德新民之功也"。李退溪认为小学与大学融通为一,大学在明明德,小学在明伦。李退溪秉承朱熹的"先知后行"思想,反对王阳明的"知行合一"思想。李退溪的哲学思想

---

① 参见(宋)朱熹:《四书章句集注·大学章句》,中华书局1983年版,第3页。
② (宋)黎靖德编、王星贤点校:《朱子语类》卷14,中华书局1986年版,第1册,第249页。

在韩国历史上有重要影响,而且波及日本。据传,李退溪的学说直接影响到日本的藤原惺窝并使之成为儒学家。于此可见,《大学》在海外的学术影响甚大矣。

附:《大学》节要

大学之道,在明明德,在亲民,在止于至善。知止而后有定,定而后能静,静而后能安,安而后能虑,虑而后能得。物有本末,事有终始。知所先后,则近道矣。古之欲明明德于天下者,先治其国;欲治其国者,先齐其家;欲齐其家者,先修其身;欲修其身者,先正其心;欲正其心者,先诚其意;欲诚其意者,先致其知。致知在格物。物格而后知至,知至而后意诚,意诚而后心正,心正而后身修,身修而后家齐,家齐而后国治,国治而后天下平。自天子以至于庶人,壹是皆以修身为本。其本乱而末治者否矣。其所厚者薄,而其所薄者厚,未之有也。

《中庸》学案

《中庸》原为《小戴礼记》第三十一篇,唐代初期随《小戴礼记》入《五经正义》之经典体系,北宋时期单篇独立并入"四书"之经典体系。据传,《中庸》为孔子的孙子子思所作,《史记·孔子世家》曰:"伯鱼生伋,字子思,年六十二。尝困于宋。子思作《中庸》。"[1]《中庸》全篇共分三十三章,约3540 余字,篇旨阐明中庸之道。《中庸》是儒家群经中哲理性较强的著作,既讲道德形而上学,又讲道德修养工夫;《中庸》从天人合一的维度阐释性理之学,阐释天人之奥。同时,《中庸》强调"致中和""尊德性"与"道问学"。北宋程颐认为"《中庸》乃孔门传授心法"[2],不过程颐对何谓"传授心法"未细说,或如南宋朱熹所概"人心惟危,道心惟微,惟精惟一,允执

---

① (汉)司马迁:《史记·孔子世家》,中华书局 1959 年版,第 1946 页。
② (宋)朱熹:《四书章句集注·中庸章句》,中华书局 1983 年版,第 17 页。

厥中"(《尚书·大禹谟》)。①

一、成书

倘若真如《史记·孔子世家》所言"子思作《中庸》",那么《中庸》成文应在春秋战国过渡之际。然则,《汉书·艺文志》记载"《中庸说》(二篇)",却未题何人所作,亦未言其要。不过,唐儒陆德明《经典释文》(卷一)认为"《中庸》是子思伋所作",李翱《复性书》认为"子思著《中庸》四十七篇,传于孟轲",宋儒程颢、程颐、朱熹认同并持此观点。与此相反,自宋至清常有儒者质疑《中庸》是子思所作。宋儒欧阳修《问进士策》指出"礼乐之书散亡,而杂出于诸儒之说,独《中庸》出于子思。子思,圣人之后也,所传宜得其真,而其说异于圣人,何也"(《文忠集》卷48)。清儒崔东壁《洙泗考信余录》认为"孔子、孟子之言皆平实切于日用,无高深广远之言。《中庸》独探赜索隐,欲极微妙之致,与孔、孟之言皆不类,其可疑一也。《论语》之文简而明,《孟子》之言曲而尽。《论语》者,有子、曾子门人所记,正与子思同时,何以《中庸》之文独繁而晦,上去《论语》绝远,下犹不逮《孟子》? 其可疑二也。'在下位'以下十六句见于《孟子》,其文小异,说者谓子思传于孟子者。然孔子、子思之言多矣,孟子何以独述此语? 孟子述孔子之言皆称'孔子曰',又不当掠之为己语也。其可疑三也。由是观之,《中庸》必非子思所作"②。清代学者袁枚、俞樾等人因《中庸》有"载华岳而不重""车

---

① 按:目前学界有观点指出,从古人对于"心"的认识而言,孔子批评宰我所设问的"食夫稻,衣夫锦,于汝安否"(《论语·阳货》),这里的"安"实际上包含着对于"心"的认识,但孔子只是表达为"于汝安否",并没有提及"心"。所以,直到孟子,还对孔子所谓的"操则存,舍则亡,出入无时,莫知其乡"提出猜测性的"惟心之谓与"(《孟子·告子上》)的说法,而子思在《中庸》中所论的"喜怒哀乐之未发,谓之中;发而皆中节,谓之和;中也者,天下之大本也;和也者,天下之达道也"(《礼记·中庸》)也完全是就"心"而论的,但也同样没有提及"心"。这充分说明,在子思、孟子以前,人们不可能形成"人心惟危,道心惟微,惟精惟一,允执厥中"之类的表达。

　　对于上述观点,我们不敢苟同。这种观点囿于文字表象且信口开河,失之偏颇。究竟是观字立论还是洞明义理,答案不言而喻。其实,不言"心",未必不知"心",孔子的"操则存,舍则亡"之言说对象分明就是"心"。凡考,《论语》不止一次提到"心",比如子曰"回也,其心三月不违仁"(《雍也》)、《尧曰》曰"天下之民归心焉"。况且,《尚书》之《夏书》《商书》《诗经》诸篇、《周易·系辞上下》多次提到"心",且有"天心""忧心""中心""洗心"等范畴。所以,贸然断言"在子思、孟子以前,人们不可能形成'人心惟危,道心惟微,惟精惟一,允执厥中'之类的表达"云云,其实是不成立的。

② (清)崔述:《崔东壁遗书》卷3,上海古籍出版社1983年版,第397页。

同轨、书同文"等语而疑《中庸》应为秦时或汉初之时的作品。近人冯友兰认为"《中庸》有'今天下车同轨、书同文、行同伦'之言,所说乃秦汉统一之景象;《中庸》又有'载华岳而不重'之言,亦似非鲁人之语;且所论命、性、诚、明诸点,皆较《孟子》为鲜明,似就孟子之学说,加以发挥者。则此篇又似秦汉时孟子一派之儒所作"①。概言之,关于《中庸》作者与成书时间有两种基本观点:一是认为《中庸》是子思所作,成书应在春秋末期;二是认为《中庸》是子思后学所作,成书应在秦汉时期。

耐人寻味的是,"中庸"之名何义?通常认为,"中"即适中,不偏不倚,恪守中道,无过无不及。"庸"即常、用之义。中庸之道强调以中为常道,常守中道。例如,朱熹曰:

> 中、庸只是一个道理,以其不偏不倚,故谓之"中";以其不差异可常行,故谓之"庸"。未有中而不庸者,亦未有庸而不中者。惟中,故平常。尧授舜,舜授禹,都是当其时合如此做,做得来恰好,所谓中也。中,即平常也,不如此,便非中,便不是平常。以至汤武之事亦然。又如当盛夏极暑时,须用饮冷,就敞处,衣葛,挥扇,此便是中,便是平常。当隆冬盛寒时,须用饮汤,就密室,重裘,拥火,此便是中,便是平常。若极暑时重裘拥火,盛寒时衣葛挥扇,便是差异,便是失其中矣。②

又如朱熹《训蒙绝句·中庸》诗曰:"过兼不及总非中,离却平常不是庸。二字莫将容易看,只斯为道用无穷。"③究其根源,古人尚中,观日月星辰而确定天之中,应天之中而设地之中。古人认为,日月星辰之错行、四时往复之恒常便是天地之道、中庸之道。或曰:天道之"诚"即是中庸,人道之"诚"即是中庸。《中庸》强调"时中"——无时不中,又强调尺度性、灵活性;同时《中庸》强调平常为庸,道用为庸。在原儒眼中,天地之道、四时节律即是中和、中庸之道,恰当、适宜即是中节、中庸之行——"执其两

---

① 冯友兰:《中国哲学史》,中华书局 1961 年版,第 446—447 页。
② (宋)黎靖德编,王星贤点校:《朱子语类》卷 62,中华书局 1986 年版,第 4 册,第 1483 页。
③ 参见北京大学古文献研究所编:《全宋诗》卷 2394,北京大学出版社 1998 年版,第 44 册,第27672 页。

端,用其中""叩其两端而竭焉"(《论语·子罕》)。

二、注本

《中庸》作为《礼记》诸篇之一,在唐宋之前鲜为学者重视,晚唐时期,追随韩愈发起古文运动的李翱著有《中庸说》并提出《中庸》的传承谱系,至此,《中庸》方才脱颖而出。两宋时期,《中庸》注本渐增并独立成书,且与《大学》《论语》《孟子》并称为"四书"。综观两宋《中庸》注疏史,注本迭出,其中有胡瑗《中庸义》(一卷)、程颢《中庸解》、程颐《中庸解义》、司马光《中庸广义》(一卷)、朱熹《中庸章句》(一卷)、晁公武《中庸大传》(一卷)、黎立武《中庸指归》等。然则,较具代表性的注疏本非朱熹的《中庸章句》(一卷)莫属。

朱熹《中庸章句》(一卷)的基本特色在于:朱熹不从郑玄《注》之分节,而是均谓之"章句";朱熹《中庸章句》虽不从郑玄《注》,而实较郑《注》为精密;朱熹学宗二程、张载、周敦颐,不泥古义,新见迭出。《中庸章句》修改历时三十年,凡九次修正;朱熹于《中庸》之文更是熟读精思、虚心涵泳、切己体察,字句释义、精考文献、探求义理。与前人注疏不同的是,朱熹《中庸章句》充满理学的哲理化气息,是典型的以理学诠释《中庸》。诚如朱熹在《中庸章句序》所言:"此书之旨,支分节解、脉络贯通、详略相因、巨细毕举,而凡诸说之同异得失,亦得以曲畅旁通,而各极其趣。"[1]诚然,宋儒虽在考证名物方面不及汉儒,但于义理发明方面却是明显超越汉儒。程门弟子杨时认为"《中庸》之书,盖圣学之渊源,入德之大方也"(《龟山集》卷25《中庸义序》[2]),"圣学所传,具在此书"(《龟山集》卷26《题中庸后示陈知默》[3])。宋儒黎立武撰有《中庸指归》(一卷)与《中庸分章》(一卷),黎立武《中庸》之学师于郭忠孝《中庸说》,郭忠孝师于程颐而学《易》与《中庸》。郭忠孝《中庸说》以中为性、以庸为道,所秉之见为程子晚年之定论,黎立武《中庸指归》即阐此旨。同时,黎立武《中庸分章》发明郭氏之旨,所言具有条理,以止于至善为归,以诚意为要。与众不同的是,黎立武"谓

---

[1] (宋)朱熹:《四书章句集注·中庸章句》,中华书局 1983 年版,第 15—16 页。
[2] 参见(清)永瑢、纪昀等编纂:《四库全书》第 1125 册,上海古籍出版社 1987 年版,第 348 页。
[3] 参见(清)永瑢、纪昀等编纂:《四库全书》第 1125 册,上海古籍出版社 1987 年版,第 357 页。

《中庸》《大学》皆通于《易》,列图立说"①。

时至明代,大儒赵南星撰《学庸正说》(三卷),其中有《中庸》(二卷)。其说之基本特色在于:每节衍为口义,逐句阐发,而又以不尽之意附载于后。虽然体例近乎讲章,但是词旨醇正,诠释详明。其说不以无声无臭虚论性天,而始终归本于慎独,皆确然守先儒之旧。颇为值得称道的是,赵南星"说经亦不以流俗好尚为是非"②。

时至清代,《中庸》注疏史又出新作,其中有王夫之的《中庸衍》、毛奇龄的《中庸说》(五卷)、康有为的《中庸注》等。王夫之的《中庸衍》强调"知行相资以为用,唯其各有致功,而亦各有其效,故相资以互用",旨在"力辟致良知之说,以羽翼朱子"(《清史稿·王夫之传》)。毛奇龄的《中庸说》出自其《四书改错》,其说之特色在于:考据与义理相兼,"承汉而不佞汉,反朱理学而又习王心学";以"诚""礼"统贯全篇,提出"诚"为道之本、"礼"为道之用;以经解经,回归原典,纠前儒名物训释与义理诠释之误。康有为认为《中庸》是孔子学说之精华,是子思所作的"孔子之行状"。康有为声称,"宋儒发挥《中庸》最透,然于孔子之道无焉"③、"宋儒言《大学》最有功。言《中庸》《系辞》已入佛理"④。康有为《中庸注》批评前儒之注疏,指出"宋明以来,言者虽多,则又皆向壁虚造,仅知存诚明善之一旨,而遂割弃孔子大统之地,僻陋偏安于一隅"。康有为坦言:"吾所著发明孔教之书,有《孔子改制考》《伪经考》《论语注》《中庸注》《孟子微》,又《春秋微言大义考》,又《春秋董子学》。"⑤康有为注解儒经尤其是《中庸注》可谓是应时而作、应世而作,欲托古改制、重构儒学、复明孔教的"大统之地"。康有为《中庸注》演绎《中庸》"王天下有三重焉"而强调"三世三统"说,欲为重建孔教与改良运动张本。因此,康有为《中庸注》有歪曲经文、过度诠释之嫌,而且其欲借《中庸注》以明孔教的注经意图亦值得商榷。

---

① 参见(清)永瑢、纪昀等:《四库全书总目提要》卷35,中华书局1965年版,第297页。

② 参见(清)永瑢、纪昀等:《四库全书总目提要》卷36,中华书局1965年版,第302—303页。

③ 参见康有为撰,姜义华、张荣华编校:《康有为全集》第2集,中国人民大学出版社2007年版,第166页。

④ 参见康有为撰,姜义华、张荣华编校:《康有为全集》第2集,中国人民大学出版社2007年版,第245页。

⑤ 参见康有为撰,姜义华、张荣华编校:《康有为全集》第11集,中国人民大学出版社2007年版,第118页。

三、篇旨

《中庸》全篇三十三章,分为四个部分。第一部分即第一章,是全篇之总纲,"首明道之本原出于天而不可易,其实体备于己而不可离,次言存养省察之要,终言圣神功化之极"①。第二部分即第二章至第十一章,《中庸》作者引用孔子之语诠释中庸之道。第三部分即第十二章至第二十章,《中庸》作者引用孔子之语诠释"道也者,不可须臾离也"之大义,进一步阐明中庸之道。第四部分即第二十一至第三十三章,《中庸》作者从天道、人道与政道三个维度对中庸之道予以论述。

《中庸》强调中和之道:"中也者,天下之大本也;和也者,天下之达道也。致中和,天下位焉,万物育焉",强调人之情感生发应中节,不中节则失和;故曰"喜、怒、哀、乐之未发,谓之中。发而皆中节,谓之和"。"性"是未发,"情"是已发,"喜怒哀乐未发之时,只是浑然,所谓气质之性亦皆在其中。至于喜怒哀乐,却只是情"(《朱子语类》卷4)。或曰:"性才发,便是情。情有善恶,性则全善"(《朱子语类》卷5),"仁义礼智,乃未发之性,所谓诚。中庸,皆已发之理"(《朱子语类》卷6),"仁是未发,爱是已发"(《朱子语类》卷20),"仁是爱之理,爱是仁之用。未发时,只唤做仁,仁却无形影;既发后,方唤做爱,爱却有形影"(同上)。换言之,未发为中,已发贵和;发而中节则致善,发而失节则致恶;由性至情,善恶分明。人心惟危,道心惟微;"君子有情,止乎于礼","天下有三门:由于情欲,入自禽门;由于礼义,入自人门;由于独智,入自圣门"(《法言·修身》)。

《中庸》强调"诚"与"诚之",认为"诚者,天之道也;诚之者,人之道也。诚者不勉而中,不思而得,从容中道,圣人也。诚之者,择善而固执之者也"。《中庸》以"诚"言说天地法则,以"诚之"言说人伦之道。于此而言,"诚字本就天道论"②。"自诚明,谓之性;自明诚,谓之教;诚则明矣,明则诚矣";先明乎善,而后实其善,此为由"明"至"诚"之大道。《中庸》强调天道自然流溢,人道择善固执;强调静观自然,发现天性,通过道德自觉与修养工夫成就自我,"故君子尊德性而道问学,致广大而尽精微,极高明而道

---

① (宋)朱熹:《四书章句集注·中庸章句》,中华书局1983年版,第18页。
② (宋)陈淳:《北溪字义》,中华书局1983年版,第33页。

中庸"。

《中庸》提出"三达德"(知、仁、勇)、"五达道"(君臣、父子、夫妇、昆弟、朋友)、"慎独自修"、"至诚尽性"与"知天",强调效法天道、天人合一,强调学以成人、学为君子,强调成就至善、至诚、至仁、至圣的道德境界与理想人格。"天命之谓性,率性之谓道,修道之谓教"强调道德个体能够赞天地之化育、与天地参合,能够致中和之道、行中庸之道。"慎独"强调道德自修、自觉与自成,强调天地理性与人之情感能够合一,人之喜怒哀乐应当合于天道天性。同时,《中庸》强调为人与治国有"九经":修身、尊贤、亲亲、敬大臣、体群臣、子庶民、来百工、柔远人、怀诸侯,凡此九者,"行之者一也"——中庸。中庸之道强调尚中、时中、中正与中和,其中,"尚中"是逻辑起点,"时中"是内在本质,"中正"是规范准则,"中和"是理想目标。《中庸》所论具有浓郁的形上性、思辨性,强调"天"的本体性与"人"的自觉性;同时,《中庸》将"天""人"合一,使"天道"成为"人道"与"政道"的本根,即通过"性"将"天"与"人"有机地联结起来,进而强调"人"通过知性、尽性、知天能够实现"赞天地之化育,则可以与天地参"。正是因为其论具有浓郁的形上性与思辨性,《中庸》向来被视为难读之经,程颐曰"善读《中庸》者,只得此一卷书,终身用不尽也"[1],"《中庸》之书,其味无穷,极索玩味"[2];朱熹认为"《中庸》工夫密,规模大"[3],"《中庸》亦难读,看三书后,方宜读之"[4],"《中庸》,初学者未当理会"[5];黎立武认为"《中庸》者,群经之统会枢要也"[6]。其实,《中庸》要在言"道"之中正与平常、言天人合一、言道德与政治合一,其所言之形上与形下实为一贯;然则,若非精思深悟,实难洞见《中庸》之要旨。另外,宋儒认为《中庸》及其所引《诗·大雅·旱麓》之"鸢飞戾天、鱼跃于渊"隐含"尧舜气象",比如朱熹曰"上鸢下鱼,见者皆道,应之者便是"(《朱子语类》卷63)、"'弄精神',是操切做作也,所以说:'知此,则入尧舜气象'"(同上)。与宋儒不同,明儒王阳明弟子季本

①　(宋)程颢、程颐著,王孝鱼点校:《二程集》上,中华书局2004年版,第174页。
②　(宋)程颢、程颐著,王孝鱼点校:《二程集》上,中华书局2004年版,第222页。
③　(宋)黎靖德编,王星贤点校:《朱子语类》卷14,中华书局1986年版,第1册,第249页。
④　(宋)黎靖德编,王星贤点校:《朱子语类》卷14,中华书局1986年版,第1册,第249页。
⑤　(宋)黎靖德编,王星贤点校:《朱子语类》卷62,中华书局1986年版,第4册,第1479页。
⑥　(宋)黎立武:《中庸指归》,中华书局1998年版,第129页。

认为"圣人之学,只是慎独"(《说理会编》①);刘宗周认为"孔门之学,其精者见于《中庸》一书,而'慎独'二字最为居要,即太极图说之张本也。乃知圣贤千言万语,说本体,说工夫,总不离'慎独'二字。'独'即天命之性所藏精处,而'慎独'即尽性之学"(《圣学宗要》②),"《大学》言慎独,《中庸》亦言慎独,慎独之处,别无学也"(《大学古记约义》③),并开显出本体与工夫之路向。

大体而言,《中庸》篇旨关涉个人、社会与政治三个向度:个人方面强调明诚、节制、慎独;社会方面强调行中道、无过与不及;政治方面强调施仁政、爱百姓、平天下。

四、影响

《中庸》作为《小戴礼记》诸篇文章中的一篇在唐宋之前虽有注疏,但鲜为学者所重视。晚唐时期,李翱的《中庸说》发明《中庸》的性命之学。北宋时期,程颢、程颐表章《中庸》并将其与《论》《孟》并举。邢昺的《中庸》大义为宋真宗采纳,宋仁宗以《中庸》单篇赐予进士,从此,《中庸》的学术地位与政治地位渐隆。

南宋嘉定五年(1212年),朱熹集注的"四书"(《中庸章句》《大学章句》《论语集注》《孟子集注》)的官方地位被正式确立,《中庸》实现由"篇"而"书",由"篇"而"经"。元仁宗皇庆二年(1313年),朱熹集注的《四书章句集注》被钦定为科举考试用书。明朝永乐十三年(1415年),明成祖朱棣钦命胡广等人纂修《四书大全》,并御笔作序,颁行天下。有明一代,"自永乐中命儒臣纂修《四书大全》,颁之学官,而诸书皆废"(《日知录》卷32)。时至清代,儒家"四书"仍是科举考试的书目。清康熙十六年(1677年),康熙命儒臣喇沙里、陈廷敬等编撰刊刻《日讲四书解义》并亲自写序。康熙认为《中庸》体现的是子思的思想,尤为推崇;康熙在御制《日讲四书解义序》中宣称清廷要将治统与道统合一,即以儒家学说为治国之具。

自宋以降,《中庸》随着儒学的海外传播而日益受到海外学者的重视。韩国思想家李退溪(1501—1570年)著有《圣学十图》,其"第六心统性情

---

① (清)黄宗羲著,沈芝盈点校:《明儒学案》卷13,中华书局1985年版,第277页。
② (明)刘宗周著,吴光主编:《刘宗周全集》第2册,浙江古籍出版社2007年版,第258页。
③ (明)刘宗周著,吴光主编:《刘宗周全集》第1册,浙江古籍出版社2007年版,第650页。

图""第七仁说图"与"第八心学图"明显受到《中庸》思想的影响。绍承程朱提出的理气合一的思想,李退溪以《孟子》"四端"(恻隐之心、羞恶之心、辞让之心、是非之心)与《礼记》"七情"(喜、怒、哀、惧、爱、恶、欲)绘制出"心统性情图"。李退溪引"朱子曰:仁者,天地生物之心,而人之所得以为心。未发之前,四德具焉,而惟仁则包乎四者",并且指出"仁"统摄四德与四端,贯通天地自然与人类社会。李退溪在《圣学十图》之"第八心学图"中将"心"分为"道心"与"人心",强调生于形气而觉于欲者是人心,源于性命而觉于义理者是道心。李退溪认为道心不离于人心,人通过持敬可使"人心"切近"道心"、复归"道心"。考较之,李退溪语中的价值理路与张载强调的"善反"即从气质之性复归天地之性颇有异曲同工之妙。另外,李退溪的"四端七情论"与《天命图说》强调"四端之发纯理故无不善,七情之发兼气固有善恶",说明其学多受两宋理学的影响,尤其深受《中庸》心性之学的影响。

附:《中庸》节要

天命之谓性;率性之谓道;修道之谓教。道也者,不可须臾离也;可离,非道也。是故君子戒慎乎其所不睹,恐惧乎其所不闻。莫见乎隐,莫显乎微。故君子慎其独也。喜、怒、哀、乐之未发,谓之中。发而皆中节,谓之和。中也者,天下之大本也。和也者,天下之达道也。致中和,天地位焉,万物育焉。

在上位,不陵下;在下位,不援上;正己而不求于人则无怨。上不怨天,下不尤人。

诚者,天之道也。诚之者,人之道也。诚者,不勉而中不思而得:从容中道,圣人也。诚之者,择善而固执之者也。

自诚明谓之性,自明诚谓之教。诚则明矣,明则诚矣。

《大戴礼记》学案

《大戴礼记》(三十九篇)又称《大戴礼》或《大戴记》,为西汉末年的礼学家戴德所辑。史载,"汉兴,鲁高堂生传士礼十七篇。讫孝宣世,后仓最明。戴德、戴圣、庆普皆其弟子,三家立于学官"(《汉书·艺文志》),"由是礼有大戴、小戴、庆氏之学"(《汉书·儒林传》)。西汉末年,"大戴授琅邪徐良祋卿，为博士、州牧、郡守，家世传业"，"由是大戴有徐氏"（同上）。东汉，光武"中兴已后，亦有大、小戴博士，虽相传不绝，然未有显于儒林者"（《后汉书·儒林列传》）。

两汉时期，《大戴礼记》与《小戴礼记》并驾齐驱。南北朝时期，北周儒者卢辩作《大戴礼解诂》若干卷。唐初，大儒孔颖达奉命作《五经正义》所取礼经为郑玄注《小戴礼记》，从此《小戴礼记》地位日隆并且由"记"称"经"，而《大戴礼记》却鲜有人问津。直至清代，《大戴礼记》方才受到重视，又有注疏力作问世。

一、成书

《大戴礼记》始著录于《隋书·经籍志》，《隋书·经籍志》曰："《大戴礼记》十三卷，汉信都王太傅戴德撰。"《大戴礼记》为西汉末年的礼学家戴德所辑，成书当在西汉末年。自成书始，鲜为后学所重视，更有学者将其视为伪书；"自宋元以来诸本，日益伪舛，驯至不可读"[①]，甚至有学者认为"此书殆后人好事者采获诸书为之，故驳杂不经，决非戴德本书也"[②]。

东汉郑玄《六艺论》认为"戴德传《记》八十五篇，则《大戴礼》是也"，而今存《大戴礼记》仅有三十九篇。究言之，《大戴礼记》其他诸篇何时亡佚？清编《四库全书总目提要》（卷 21）有言：

> 《隋书·经籍志》曰："《大戴礼记》十三卷，汉信都王太傅戴德撰。"《崇文总目》云："《大戴礼记》十卷，三十五篇，又一本三十三篇。"《中兴书目》云："今所存止四十篇。"晁公武《读书志》云："篇目自三十九篇始，无四十三、四十四、四十五、六十一四篇，有两七十四。"而韩元吉、熊朋来、黄佐、吴澄并云两七十三，陈振孙云两七十二。盖后人于《盛德》第六十六别出《明堂》一篇为六十七。其馀篇第，或至《文王官人》第七十一改为七十二。或至《诸侯迁庙》第七十二改为七十三。或至《诸侯衅庙》第七十三改为七十四。故诸家所见不同。盖有新析一篇，则与旧有之一篇篇数重出也。汉许慎《五经异义》论明堂称

---

①　（清）卢文弨：《抱经堂文集》卷 8，中华书局 1990 年版，第 118 页。
②　（宋）陈振孙撰，徐小蛮等点校：《直斋书录解题》卷 2，上海古籍出版社 1987 年版，第 46 页。

《礼》戴说、《礼·盛德记》，即《明堂篇》语。《魏书·李谧传》《隋书·牛宏传》俱称《盛德篇》，或称《泰山盛德记》。知析《盛德篇》为《明堂篇》者，出于隋唐之后。又郑康成《六艺论》曰："戴德传《记》八十五篇。"司马贞曰："《大戴礼》合八十五篇，其四十七篇亡，存三十八篇。"盖《夏小正》一篇多别行。隋唐间录《大戴礼》者，或阙其篇，是以司马贞云然。[①]

由此可知，今存《大戴礼记》（三十九篇）原有八十五篇，其中，第一至三十八篇、第四十三至四十五篇、第六十一篇、第八十二至八十五篇至唐代已亡佚。另外，今本《大戴礼记》（十三卷）之卷一、卷二、卷七、卷九、卷十二共十五篇无注，有注者仅八卷二十四篇，且已不知何人所注。

二、注本

自汉至清，戴德所辑《礼记》虽偶见传承、注疏，却未曾显于儒林。览史可知，北周儒生卢辩的《大戴礼解诂》是《大戴礼记》的较早注本。《北史·卢辩传》记载，卢辩博通经籍，以《大戴礼》未有解诂，乃注之。

宋儒傅崧卿撰《夏小正戴氏传》（四卷），其书特色在于："始仿杜预编次《左氏春秋》之例，列正文于前，而列《传》于下。每月各为一篇，而附以注释。又以关浍藏本与集贤所藏《大戴礼记》本参校异同，注于下方。其关本注释二十三处，亦并附录，题曰旧注以别之。盖是书之分经传，自崧卿始。"[②]大戴之学，治者甚稀；《夏小正》文句简奥，尤不易读，傅崧卿稽核旧文，得其端绪，使后学有径可循。南宋朱熹撰《仪礼经传通解》录有《大戴礼记》之《夏小正》《曾子事父母》《武王践阼》《诸侯迁庙》《诸侯衅庙》《保傅》《朝事》《投壶》《公冠》，朱熹之书以义理为主，于文字考释发明不多。杨简撰《先圣大训》录有《大戴礼记》之《主言》《五义》《入官》《本命》《三朝记》《哀公问》《卫将军文子》，详于注释，间有发明。

清儒王聘珍撰《大戴礼记解诂》（十三卷），其书特色在于："据相承旧本，不复增删改易。其显然讹误者，则注云某当为某；抑或古今文异，假借

相成,依声讬类,意义可通,则注云某读曰某而已。其解诂专依《尔雅》《说文》及两汉经师训诂以释字义;于古训之习闻者,不复标明出处;稍涉隐奥,必载原书;亦复多引经传,证成其义。间有不知而阙,必无杜撰之言。旧说有可采者,则加'卢注云'以别之。至于礼典之辨,器数之详,壹以先师康成绪论为主,以礼本郑氏专门之学。"①时贤后学对王聘珍《大戴礼记解诂》多有溢美之词,阮元叙曰"其为解诂也,义精语洁,恪守汉法,多所发明,为孔撝约诸家所不及。能使三千年孔壁古文无隐滞之义,无虚造之文,用力勤而为功钜矣"②;汪廷珍叙曰"学古而识卓,理精而论笃"③;凌廷堪叙曰"研求古训,理精义密,足矫以臆说经之弊"④。然则,王聘珍《大戴礼记解诂》所谓的"据相承旧本",其实是未善校勘,任意增删字句,常置错字于不顾,造成以讹传讹。王聘珍《大戴礼记解诂》虽于字句训解方面常有发明,但是其书瑕瑜互见、讹误不少。

清儒孔广森撰《大戴礼记补注》(十三卷,首一卷),其书特色在于:博稽群书,参会众说,以为补注。校勘较精,参诸前注他书以为互勘,从其善者;凡所增补之处俱以"补"字标出,间附自己之"按",断是非,通文义。综观《大戴礼记》注疏史,孔广森《大戴礼记补注》确为上乘。清儒姜兆锡撰《大戴礼删翼》(四卷),其书特色在于:该书节录《大戴礼记》而自为之注;因旧本而删其繁冗,翼其义理。其中,删其繁冗,如《保傅篇》删去魏公子无忌等文;翼其义理,如《礼三本篇》据《荀子》"利爵"以正"利省"之误。有注在《家语》而从略者,如《王言》《五义》《五帝德》《盛德》等篇。有注在《礼记》而从略者,如《哀公问》《礼察》《曾子大孝》《朝事》《投壶》等篇。有注在《仪礼》外编而略互见其义者,如《夏小正》《武王践阼》等篇。有旧本无注而笺解者,如《曾子立事》《本孝》《制言》《天圆》与《少间》《本命》等篇。⑤此外,综观清代《大戴礼记》注疏史,另有俞樾《大戴礼记平议》、王树楠《校正孔氏大戴礼记补注》、孙诒让《大戴礼记斠补》、于鬯《大戴礼记校》(三卷)、戴礼《大戴礼记集注》等力作可为一观。

---

① (清)王聘珍:《大戴礼记解诂》,中华书局1983年版,第6页。

② (清)王聘珍:《大戴礼记解诂》,中华书局1983年版,第1页。

③ (清)王聘珍:《大戴礼记解诂》,中华书局1983年版,第1页。

④ (清)王聘珍:《大戴礼记解诂》,中华书局1983年版,第2页。

⑤ 参见(清)永瑢、纪昀等:《四库全书总目提要》卷24,中华书局1965年版,第199页。

于今而言,高明《大戴礼记今注今译》(台湾商务印书馆 1975 年版)颇佳,有简要题解,便为阅读、参详。黄怀信《〈大戴礼记〉汇校集注》(三秦出版社 2005 年版)汇集众家之说,考稽甚详,是谓佳作。

三、篇旨

《大戴礼记》(三十九篇)全书主旨颇杂,言礼仪礼制、帝王世系、天文月令、曾子孝行、政治理念、伦理道德等等。具言之,各篇大体亦有篇旨。

《主言》篇记录孔子与曾子的对话,篇旨强调君主之言、明主之道:道者明德、德者尊道,强调明主内修"七教"(上敬老则下益孝,上顺齿则下益悌,上乐施则下益谅,上亲贤则下择友,上好德则下不隐,上恶贪则下耻争,上强果则下廉耻),外行"三至"(至礼不让而天下治,至赏不费而天下之士说,至乐无声而天下之民和)。《哀公问五义》篇记录鲁哀公与孔子的对话,篇旨讨论五种道德人格即庸人、士、君子、贤人、圣人。《哀公问于孔子》篇记录鲁哀公与孔子的对话,篇旨关涉礼与为政,强调"民之所由生,礼为大""古之为政,爱人为大,所以治。爱人,礼为大,所以治。礼,敬为大"。《礼三本》篇言"礼有三本:天地者,性之本也;先祖者,类之本也;君师者,治之本也"。《礼察》篇言礼之用,强调"以礼义治之者积礼义,以刑罚治之者积刑罚;刑罚积而民怨倍,礼义积而民和亲"。

《夏小正》篇言岁有十二月[1],相传为夏代历书;各月时令物候、天文星象有别,因此各月农桑政事各有不同。观《夏小正》之文,简洁意瞻,其成文时间应比《礼记·月令》篇要早。《保傅》篇言周时太保、太傅、太师、少保、少傅、少师之职由,强调"保,保其身体;傅,傅其德义;师,导之教顺",强调"明镜者,所以察形也;往古者,所以知今也"。

《曾子立事》篇记述曾子言君子之道:博学、明辨、笃行、审问、慎思即君子立身之道。《曾子本孝》篇记录曾子言孝之根本与行孝之方。《曾子立孝》篇记录曾子从君子与小人之维度论孝,强调"君子立孝,其忠之用,礼之贵"。《曾子大孝》篇记录曾子言孝之层次,强调"孝有三":"大孝尊亲,其次不辱,其下能养""大孝不匮,中孝用劳,小孝用力"。《曾子事父

---

[1]　按:今本《夏小正》凡列岁有十二月应是后人改之,怀疑有误,原文或为岁有十月;相关论证参见陈久金撰《论〈夏小正〉是十月太阳历》(刊于《自然科学史研究》1982 年第 4 期)。

母》篇言孝子事父母应有爱敬之道，应谏而有方；同时又言事兄有"尊事之，以为己望"之道，事弟有"嘉事不失时"之道。《曾子制言上、中、下》篇言行礼秉德、居仁由义、进退不苟之事；据文意推测，此篇应是曾子后学追记曾子之语而作。《曾子疾病》篇记述曾子的道德事迹，强调君子"言有主，行有本""君子慎其所去就""与君子游，芯乎如入兰芷之室，久而不闻，则与之化矣；与小人游，贷乎如入鲍鱼之次，久而不闻，则与之化矣"。《曾子天圆》篇记载曾子的天地观，提出"天道曰圆，地道曰方"，强调"圣人慎守日月之数，以察星辰之行，以序四时之顺逆"而为历法与音律。

《武王践阼》篇记载武王克殷，践天子立；武王召士大夫及师尚父问子孙之常道，师尚父言以仁为道，武王闻其言，"惕若恐惧，退而为戒书"。《卫将军文子》篇记载卫将军文子问道于子贡，子贡评议先贤诸子之道德以告文子。子贡之语强调思仁、言义、忠信孝悌、畏天敬人。

《五帝德》篇记载宰我与孔子问答"五帝德"，主要言五帝身世、品德与事迹。《帝系》篇言五帝之世系，家庭传承之史。《劝学》篇言为学之方，此篇前三段文字与《荀子·劝学》篇大体相同，此篇末段以水比德与《荀子·宥坐》《说苑·杂言》《春秋繁露·山川颂》以水比德大体相同，此篇或是杂取诸文而成；其篇旨强调"君子靖居恭学，修身致志"。《子张问入官》篇记载子张问入官于孔子，主要言"安身取誉"之道。孔子强调从政有"六路"（有善勿专，教不能勿掺，已过勿发，失言勿踦，不善辞勿遂，行事勿留）。《盛德》篇言圣王之德、御民之道，强调为政以德、御政有体（以之道则国治，以之德则国安，以之仁则国和，以之圣则国平，以之义则国成，以之礼则国定）。《明堂》篇略记明堂之制。《千乘》篇强调以仁治国，以礼义树德，顺天道，应四时而为政。《四代》篇言古之四代的政刑可为今鉴，《虞戴德》篇强调为政以德，"明法于天明，开施教于民"，《诰志》篇强调诰志当会民意，合天地。《文王官人》篇记载文王观人之法，提出"伦有七属，属有九用，用有六微（徵）"（六微：观诚、考志、视中、观色、观隐、揆德），"人有六徵，六徵既成，以观九用，九用既立"，"九用有徵，乃任七属"（七属：国则任贵、乡则任贞、官则任长、学则任师、族则任宗、家则任主、先则任贤）等等。《诸侯迁庙》篇记诸侯迁庙之礼的具体仪轨，《诸侯衅庙》篇记诸侯衅庙之礼的具体仪轨，二者皆强调祭之以礼、心有诚敬。

《小辨》篇言小辨不可成为为政之道："小辨破言，小言破义，小义破道，道小不通，通道必简"，强调为政在于"行礼乐而力忠信""外内参意曰知德，德以柔政曰知政"。《用兵》篇言用兵之由，强调圣人用兵与贪者用兵有根本区别："圣人之用兵也，以禁残止暴于天下也；及后世贪者之用兵也，以刈百姓，危国家也。"《少闲》篇曰"言情"，强调君臣之间有道、君民之间有道："臣事君而不言情于君则不臣，君而不言情于臣则不君。有臣而不臣犹可，有君而不君，民无所措手足。"《朝事》篇记载朝事之仪，强调"圣王昭义以别贵贱，以序尊卑，以体上下，然后民知尊君敬上，而忠顺之行备矣"。《投壶》篇记载古代投壶之礼，详记主客燕饮之礼，讲论才艺之礼。《公符》篇记载公冠之礼。

《本命》篇言道命、阴阳、生死、男女、婚姻、礼仪、丧服，提出"三从之道"（在家从父，适人从夫，夫死从子）、"女有五不取"（逆家子不取，乱家子不取，世有刑人不取，世有恶疾不取，丧妇长子不取）、"妇有七去"（不顺父母去，无子去，淫去，妒去，有恶疾去，多言去，窃盗去）、"妇有三不去"（有所取无所归，不去；与更三年丧，不去；前贫贱后富贵，不去）、"大罪有五"（逆天地者，罪及五世；诬文武者，罪及四世；逆人伦者，罪及三世；诬鬼神者，罪及二世；杀人者，罪止其身）、"九礼"（冠、昏、朝、聘、丧、祭、宾主、乡饮酒、军旅）；篇旨要在杂记诸礼，推本性命，反映尚德重礼之旨归。《易本命》篇言测物穷理，尽性知命，强调"惟达道德者，能原本之矣"；以数论天人，以数论禽兽，以数论万物，强调"王者动必以道，静必以理；动不以道，静不以理，则自夭而不寿，訞孽数起，神灵不见，风雨不时，暴风水旱并兴，人民夭死，五谷不滋，六畜不蕃息"。此篇要义极具西汉天人感应说与天谴说之色彩，当为汉儒衍说之作。《本命》篇言"妇有七去""妇有三不去"与"女有五不取"反映出女性在家庭婚姻生活方面有一定的自由，强调道德是自由的基础，男女皆当以道德为规约。只是，此篇主要是以男外女内与男尊女卑的价值观念为基调的。

四、影响

自汉以降，《大戴礼记》虽偶见传承、注疏、征引，但其学术地位并不隆显。关于《大戴礼记》之传承史略，杜佑《通典·礼序》有言：

初，献王又得仲尼弟子及后学所记百四十一篇，至刘向考校经籍，才获百三十篇，向因第而叙之。而又得明堂阴阳记二十二篇，孔子三朝记七篇，王氏史记二十篇，乐记二十三篇，总二百二篇。戴德删其烦重，合而记之，为八十五篇，谓之大戴记；而戴圣又删大戴之书，为四十七篇，谓之小戴记。马融亦传小戴之学，又定月令、明堂位，合四十九篇。郑玄受业于融，复为之注。[1]

于唐一代，大儒欧阳询称引《大戴礼记》诸篇而为《艺文类聚》，史家杜佑征引《大戴礼记》而为《通典》，《大戴礼记》之学术价值稍有发显。只是，孔颖达奉命为《五经正义》是取《小戴礼记》、中唐诏刻儒家《开成石经》亦取《小戴礼记》，从此，《大戴礼记》消隐于世。

北宋诏刻儒家"嘉祐石经"、南宋诏刻儒家"绍兴石经"，均取《小戴礼记》而不取《大戴礼记》，于宋一朝，《大戴礼记》注疏史几绝。而且，南宋大儒朱熹亦认为"《大戴礼》本文多错，注尤舛误"，"《大戴礼》冗杂，其好处已被小戴采摘来做《礼记》了"[2]，"《大戴礼》无头，其篇目阙处，皆是元无，非小戴所去取。其间多杂伪，亦有最好处。然多误，难读"[3]。总的来看，于宋一朝，《大戴礼记》的学术地位不高、学术价值不显。

直至清代，《大戴礼记》注疏史方才发生较大变化。清代是《大戴礼记》注疏史的昌盛时代，其间注家众多，力作迭出。因此，《大戴礼记》于清代的学术地位渐高、学术影响渐大。

附:《大戴礼记》节要

孔子曰："参！女可语明主之道与？"曾子曰："不敢以为足也，得夫子之间也难，是以敢问。"孔子曰："吾语女：道者，所以明德也；德者，所以尊道也。是故非德不尊，非道不明。虽有国焉，不教不服，不可以取千里。虽有博地众民，不以其地治之，不可以霸主。是故昔者明主内修七教，外行三至。七教修焉，可以守；三至行焉，可以征。七教不修，虽守不固；三至不行，虽征不服。是故明主之守也，必折冲于千里之外；其征也，衽席之

---

[1] （唐）杜佑撰，王文锦等点校：《通典》卷41，中华书局1988年版，第1120页。

[2] （宋）黎靖德编，王星贤点校：《朱子语类》卷88，中华书局1986年版，第6册，第2269页。

[3] （宋）黎靖德编，王星贤点校：《朱子语类》卷88，中华书局1986年版，第6册，第2269页。

上还师。是故内修七教而上不劳,外行三至而财不费,此之谓明主之道也。"(《主言》)

曾子曰:"敢问:何谓七教?"孔子曰:"上敬老则下益孝,上顺齿则下益悌,上乐施则下益谅,上亲贤则下择友,上好德则下不隐,上恶贪则下耻争,上强果则下廉耻,民皆有别,则贞、则正,亦不劳矣,此谓七教。七教者,治民之本也,教定是正矣。上者,民之表也。表正,则何物不正?是故君先立于仁,则大夫忠,而士信、民敦、工璞、商悫、女憧、妇空空,七者教之志也。七者布诸天下而不窕,内诸寻常之室而不塞。是故圣人等之以礼,立之以义,行之以顺,而民弃恶也如灌。"(《主言》)

曾子曰:"敢问,何谓三至?"孔子曰:"至礼不让而天下治,至赏不费而天下之士说,至乐无声而天下之民和。明主笃行三至,故天下之君可得而知也,天下之士可得而臣也,天下之民可得而用也。"(《主言》)

哀公曰:"善!何如则可谓君子矣?"孔子对曰:"所谓君子者,躬行忠信,其心不买;仁义在己,而不害不志;闻志广博,而色不伐;思虑明达,而辞不争;君子犹然如将可及也,而不可及也。如此,可谓君子矣。"(《哀公问五义》)

哀公曰:"善!敢问:何如可谓圣人矣?"孔子对曰:"所谓圣人者,知通乎大道,应变而不穷,能测万物之情性者也。大道者,所以变化而凝成万物者也。情性也者,所以理然、不然、取、舍者也。故其事大,配乎天地,参乎日月,杂于云蜺,总要万物,穆穆纯纯,其莫之能循;若天之司,莫之能职;百姓淡然,不知其善。若此,则可谓圣人矣。"(《哀公问五义》)

孔子曰:"丘闻之也:民之所由生,礼为大。非礼无以节事天地之神明也,非礼无以辨君臣上下长幼之位也,非礼无以别男女父子兄弟之亲、昏姻、疏数之交也,君子以此之为尊敬然。然后以其所能教百姓,不废其会节。有成事,然后治其雕镂文章黼黻以嗣。其顺之,然后言其丧算,备其鼎俎,设其豕腊,修其宗庙,岁时以敬祭祀,以序宗族,则安其居处,丑其衣服,卑其宫室,车不雕几,器不刻镂,食不贰味,以与民同利,昔之君子之行礼者如此。"(《哀公问于孔子》)

公曰:"敢问:为政如之何?"孔子对曰:"夫妇别,父子亲,君臣严,三者正,则庶民从之矣。"公曰:"寡人虽无似也,愿闻所以行三言之道。可得而闻乎?"孔子对曰:"古之为政,爱人为大,所以治。爱人,礼为大,所以治。

礼，敬为大；敬之至也，大昏为大，大昏至矣。大昏既至，冕而亲迎，亲之也；亲之也者，亲之也。是故君子兴敬为亲，舍敬是遗亲也。弗爱不亲，弗敬不正；'爱'与'敬'，其政之本与？"（《哀公问于孔子》）

孔子遂言曰："古之为政，爱人为大；不能爱人。不能有其身；不能有其身，不能安土；不能安土，不能乐天；不能乐天，不能成身。"（《哀公问于孔子》）

礼有三本：天地者，性之本也；先祖者，类之本也；君师者，治之本也。无天地焉生？无先祖焉出？无君师焉治？三者偏亡，无安之人。故礼，上事天，下事地，宗事先祖，而宠君师，是礼之三本也。（《礼三本》）

凡礼始于脱，成于文，终于隆。故至备，情文俱尽；其次，情文佚兴；其下，复情以归太一。（《礼三本》）

孔子曰："君子之道譬犹防与？夫礼之塞，乱之所从生也；犹防之塞，水之所从来也。故以旧防为无用而坏之者，必有水败；以旧礼为无所用而去之者，必有乱患。"故昏姻之礼废，则夫妇之道苦，而淫辟之罪多矣；乡饮酒之礼废，则长幼之序失，而争斗之狱繁矣。聘射之礼废，则诸侯之行恶，而盈溢之败起矣。丧祭之礼废，则臣子之恩薄，而倍死忘生之礼众矣。凡人之知，能见已然，不能见将然。礼者，禁于将然之前；而法者，禁于已然之后。是故法之用易见，而礼之所为生难知也。（《礼察》）

日冬至，阳气至，始动，诸向生皆蒙蒙符矣，故麋角陨，记时焉尔。（《夏小正》）

明堂之位曰：笃仁而好学，多闻而道慎，天子疑则问，应而不穷者，谓之道；道者，导天子以道者也；常立于前，是周公也。诚立而敢断，辅善而相义者，谓之充；充者，充天子之志也；常立于左，是太公也。絜廉而切直，匡过而谏邪者，谓之弼；弼者，拂天子之过者也；常立于右，是召公也。博闻强记，接给而善对者，谓之承；承者，承天子之遗忘者也；常立于后，是史佚也。故成王中立而听朝，则四圣维之，是以虑无失计，而举无过事；殷周之前以长久者，其辅翼天子有此具也。（《保傅》）

明镜者，所以察形也；往古者，所以知今也。今知恶古之危亡，不务袭迹于其所以安存，则未有异于却走而求及于前人也。太公知之，故兴微子之后，而封比干之墓，夫圣人之于当世存者乎，其不失可知也。（《保傅》）

曾子曰："君子攻其恶，求其过，强其所不能，去私欲，从事于义，可谓学矣。君子爱日以学，及时以行，难者弗辟，易者弗从，唯义所在。日旦就业，夕而自省思，以殁其身，亦可谓守业矣。君子学必由其业，问必以其序，问而不决，承闲观色而复之，虽不说，亦不强争也。君子既学之，患其不博也；既博之，患其不习也；既习之，患其无知也；既知之，患其不能行也；既能行之，贵其能让也；君子之学，致此五者而已矣。君子博学而孱守之，微言而笃行之，行必先人，言必后人，君子终身守此悒悒。行无求数有名，事无求数有成；身言之，后人扬之；身行之，后人秉之；君子终身守此惮惮。"(《曾子立事》)

曾子曰："忠者，其孝之本与？孝子不登高，不履危，痹亦弗凭；不苟笑，不苟訾，隐不命，临不指。故不在尤之中也。"(《曾子本孝》)

曾子曰："君子立孝，其忠之用，礼之贵。故为人子而不能孝其父者，不敢言人父不畜其子者；为人弟而不能承其兄者，不敢言人兄不能顺其弟者；为人臣而不能事其君者，不敢言人君不能使其臣者也。故与父言，言畜子；与子言，言孝父；与兄言，言顺弟；与弟言，言承兄；与君言，言使臣；与臣言，言事君。君子之孝也，忠爱以敬；反是，乱也。尽力而有礼，庄敬而安之；微谏不倦，听从而不怠，欢欣忠信，咎故不生，可谓孝矣。"(《曾子立孝》)

曾子曰："孝有三：大孝尊亲，其次不辱，其下能养。"(《曾子大孝》)

夫孝者，天下之大经也。夫孝置之而塞于天地，衡之而衡于四海，施诸后世而无朝夕，推而放诸东海而准，推而放诸西海而准，推而放诸南海而准，推而放诸北海而准。诗云："自西自东，自南自北，无思不服。"此之谓也。(《曾子大孝》)

单居离问于曾子曰："事父母有道乎？"曾子曰："有。爱而敬。父母之行若中道，则从；若不中道，则谏；谏而不用，行之如由己。从而不谏，非孝也；谏而不从，亦非孝也。孝子之谏，达善而不敢争辨；争辨者，作乱之所由兴也。由己为无咎，则宁；由己为贤人，则乱。孝子无私乐，父母所忧忧之，父母所乐乐之。孝子唯巧变，故父母安之。若夫坐如尸，立如齐，弗讯不言，言必齐色，此成人之善者也，未得为人子之道也。"(《曾子事父母》)

曾子曰："夫行也者，行礼之谓也。夫礼，贵者敬焉，老者孝焉，幼者慈焉，少者友焉，贱者惠焉。此礼也，行之则行也，立之则义也。今之所谓行者，犯其上，危其下，衡道而强立之，天下无道，故若天下有道，则有司之所求也。故君子不贵兴道之士,而贵有耻之士也;若由富贵兴道者与?贫贱,吾恐其或失也;若由贫贱兴道者与?富贵,吾恐其赢骄也。夫有耻之士,富而不以道则耻之,贫而不以道则耻之。"(《曾子制言》)

是以君子直言直行,不宛言而取富,不屈行而取位;仁之见逐,智之见杀,固不难;诎身而为不仁,宛言而为不智,则君子弗为也。君子虽言不受,必忠,曰道;虽行不受,必忠,曰仁;虽谏不受,必忠,曰智。天下无道,循道而行,衡涂而偾,手足不揜,四支不被,此则非士之罪也,有士者之羞也。(《曾子制言》)

与君子游,苾乎如入兰芷之室,久而不闻,则与之化矣;与小人游,贷乎如入鲍鱼之次,则与之化矣;是故,君子慎其所去就。与君子游,如长日加益,而不自知也;与小人游,如履薄冰,每履而下,几何而不陷乎哉?吾不见好学盛而不衰者矣,吾不见好教如食疾子者矣,吾不见日省而月考之其友者矣!吾不见孜孜而与来而改者矣!(《曾子疾病》)

圣人慎守日月之数,以察星辰之行,以序四时之顺逆,谓之历,截十二管,以宗八音之上下清浊,谓之律也。律居阴而治阳,历居阳而治阴,律历迭相治也,其间不容发。圣人立五礼以为民望,制五衰以别亲疏;和五声之乐以导民气,合五味之调以察民情;正五色之位,成五谷之名。序五牲之先后贵贱,诸侯之祭,牛,曰太牢;大夫之祭牲,羊,曰少牢;士之祭牲,特豕,曰馈食;无禄者稷馈,稷馈者无尸,无尸者厌也。宗庙曰刍豢,山川曰牺牷,割列禳瘗,是有五牲。此之谓品物之本、礼乐之祖、善否治乱之所由兴作也。(《曾子天圆》)

且臣闻之,以仁得之,以仁守之,其量百世;以不仁得之,以仁守之,其量十世;以不仁得之,以不仁守之,必及其世。(《武王践阼》)

畏天而敬人,服义而行信,孝乎父而恭于兄,好从善而往,盖赵文子之行也。

外宽而内直,自设于隐栝之中,直己而不直于人,以善存,亡汲汲,盖蘧伯玉之行也。

孝子慈幼,允德禀义,约货去怨,盖柳下惠之行也。

德恭而行信,终日言不在尤之内,在尤之外,贫而乐也,盖老莱子之行也。

易行以俟天命,君下位而不援其上;观于四方也,不忘其亲;苟思其

亲,不尽其乐;以不能学为己终身之忧,盖介山子推之行也。(《卫将军文子》)

宰我曰:"请问帝尧。"孔子曰:"高辛之子也,曰放勋。其仁如天,其知如神;就之如日,望之如云;富而不骄,贵而不豫;黄黼黻衣,丹车白马。伯夷主礼,龙、夔教舞,举舜、彭祖而任之,四时先民治之。流共工于幽州,以变北狄;放驩兜于崇山,以变南蛮;杀三苗于三危,以变西戎;殛鲧于羽山,以变东夷。其言不贰,其行不回,四海之内,舟舆所至,莫不说夷。"

宰我曰:"请问帝舜。"孔子曰:"蟜牛之孙,瞽叟之子也,曰重华。好学孝友,闻于四海;陶家事亲,宽裕温良。敦敏而知时,畏天而爱民,恤远而亲亲。承受大命,依于倪皇;叡明通知,为天下工。使禹敷土,主名山川,以利于民;使后稷播种,务勤嘉谷,以作饮食;羲、和掌历,敬授民时;使益行火,以辟山莱;伯夷主礼,以节天下;夔作乐,以歌钥舞,和以钟鼓;皋陶作士,忠信疏通,知民之情;契作司徒,教民孝友,敬政率经。其言不惑,其德不愿,举贤而天下平。南抚交趾、大、教,鲜支、渠廋、氐、羌,北山戎、发、息慎,东长鸟夷、羽民。舜之少也,恶悴劳苦,二十以孝闻乎天下,三十在位,嗣帝所,五十乃死,葬于苍梧之野。"(《五帝德》)

孔子曰:"吾尝终日思矣,不如须臾之所学。吾尝跂而望之,不如升高而博见也;升高而招,非臂之长也,而见者远;顺风而呼,非声加疾也,而闻者著;假车马者,非利足也,而致千里;假舟楫者,非能水也,而绝江海;君子之性非异也,而善假于物也。"(《劝学》)

子张问入官于孔子,孔子曰:"安身取誉为难也。"子张曰:"安身取誉如何?"孔子曰:"有善勿专,教不能勿撂,已过勿发,失言勿踦,不善辞勿遂,行事勿留。君子入官,自行此六路者,则身安誉至,而政从矣。且夫忿数者狱之所由生也,距谏者虑之所以塞也,慢易者礼之所以失也,堕怠者时之所以后也,奢侈者财之所以不足也,专者事之所以不成也,历者狱之所由生也。君子入官,除七路者,则身安誉至,而政从矣。"(《子张问入官》)

圣王之盛德;人民不疾,六畜不疫,五谷不宎,诸侯无兵而正,小民无刑而治,蛮夷怀服。古者天子常以季冬考德,以观治乱得失。凡德盛者治也,德不盛者乱也;德盛者得之也,德不盛者失之也。是故君子考德,而天下之治乱得失,可坐庙堂之上而知也。德盛则修法,德不盛则饰政,法政

而德不衰,故曰王也。凡人民疾、六畜疫、五谷灾者,生于天;天道不顺,生于明堂不饰;故有天灾,即饰明堂也。(《盛德》)

明堂者,所以明诸侯尊卑。外水曰辟雍,南蛮、东夷、北狄、西戎。明堂月令,赤缀户也,白缀牖也。二九四七五三六一八。堂高三尺,东西九筵,南北七筵,上圆下方。九室十二堂,室四户,户二牖,其宫方三百步。在近郊,近郊三十里。(《明堂》)

公曰:"请问图德何尚?"子曰:"圣,知之华也;知,仁之实也;仁,信之器也;信,义之重也;义,利之本也。委利生孽。"(《四代》)

公曰:"嘻,言之至也。道天地以民辅之,圣人何尚?"子曰:"有天德,有地德,有人德,此谓三德。三德率行,乃有阴阳;阳曰德,阴曰刑。"(《四代》)

公曰:"善哉! 以天教于民,可以班乎?"子曰:"可哉。虽可而弗由,此以上知所以行斧钺也。父之于子,天也。君之于臣,天也。有子不事父,有臣不事君,是非反天而到行耶? 故有子不事父,不顺;有臣不事君,必刃。顺天作刑,地生庶物,是故圣人之教于民也,率天如祖地,能用民德。是以高举不过天,深虑不过地,质知而好仁,能用民力,此三常之礼明而名不塞。"(《虞戴德》)

子曰:"知仁合则天地成,天地成则庶物时,庶物时则民财敬,民财敬以时作;时作则节事,节事以动众,动众则有极;有极以使民则劝,劝则有功,有功则无怨,无怨则嗣世久,唯圣人! 是故政以胜众,非以陵众;众以胜事,非以伤事;事以靖民,非以征民;故地广而民众,长之禄也。"(《诰志》)

伦有七属,属有九用,用有六微:一曰观诚,二曰考志,三曰视中,四曰观色,五曰观隐,六曰揆德。(《文王官人》)

人有六征,六征既成,以观九用,九用既立。一曰取平仁而有虑者,二曰取慈惠而有理者,三曰取直愍而忠正者,四曰取顺直而察听者,五曰取临事而洁正者,六曰取慎察而洁廉者,七曰取好谋而知务者,八曰取接给而广中者,九曰取猛毅而独断者,此之谓九用也。(《文王官人》)

忠有九知:知忠必知中,知中必知恕,知恕必知外,知外必知德,知德必知政,知政必知官,知官必知事,知事必知患,知患必知备。若动而无备,患而弗知,死亡而弗知,安与知忠信? 内思毕心曰知中,中以应实曰知恕，内恕外度曰知外，外内参意曰知德，德以柔政曰知政，正义辨方曰知官，官治物则曰知事，事戒不虞曰知备，毋患曰乐，乐义曰终。(《小辨》)

人生有喜怒，故兵之作，与民皆生，圣人利用而弭之乱，人与之丧厥身。(《用兵》)

圣人爱百姓而忧海内，及后世之人，思其德，必称其人，故今之道尧舜禹汤文武者犹依然，至今若存。夫民思其德，必称其人，朝夕祝之，升闻皇天，上神歆焉，故永其世而丰其年也。(《用兵》)

古者圣王昭义以别贵贱，以序尊卑，以体上下，然后民知尊君敬上，而忠顺之行备矣。是故古者天子之官有典命官，掌诸侯之仪。大行人，掌诸侯之仪，以等其爵。故贵贱有别，尊卑有序，上下有差也。典命诸侯之五仪，诸臣之五等，以定其爵，故贵贱有别，尊卑有序，上下有差也。(《朝事》)

分于道，谓之命；形于一，谓之性，化于阴阳，象形而发，谓之生；化穷数尽，谓之死。故命者，性之终也。则必有终矣。(《本命》)

是故无专制之义，有三从之道——在家从父，适人从夫，夫死从子，无所敢自遂也。教令不出闺门，事在馈食之闲而正矣，是故女及日乎闺门之内，不百里而奔丧，事无独为，行无独成之道。参之而后动，可验而后言，宵行以烛，宫事必量，六畜蕃于宫中，谓之信也，所以正妇德也。(《本命》)

故王者动必以道，静必以理；动不以道，静不以理，则自天而不寿，妖孽数起，神灵不见，风雨不时，暴风水旱并兴，人民夭死，五谷不滋，六畜不蕃息。(《易本命》)

《仪礼》学案

《仪礼》(又称《礼古经》)初名《士礼》，今存十七篇，是礼之本经，记有冠、婚、丧、祭、乡、射、朝、聘等礼仪制度。《仪礼》所载礼仪包括天子、诸侯、大夫、士的日常生活仪轨，其主要为士礼，是古人家庭生活、社会生活与政治生活的行动指南。西汉官学所立之"礼"，应为世传《仪礼》。

一、成书

"礼仪三百,威仪三千"(《礼记·中庸》),遗憾的是《仪礼》传至西汉仅存十七篇。西汉初期,"言礼自鲁高堂生"(《史记·儒林列传》),"礼固自孔子时而其经不具,及至秦焚书,书散亡益多,于今独有士礼,高堂生能言之"(同上)。《汉书·艺文志》曰:

> 汉兴,鲁高堂生传士礼十七篇。讫孝宣世,后仓最明。戴德、戴圣、庆普皆其弟子,三家立于学官。礼古经者,出于鲁淹中及孔氏,学七十篇文相似,多三十九篇。及明堂阴阳、王史氏记所见,多天子诸侯卿大夫之制,虽不能备,犹愈仓等推士礼而致于天子之说。

《仪礼》诸篇成文应为春秋末期至战国末期,其成书约在秦汉时期。汉初,鲁人高堂生所传《士礼》十七篇即是今本《仪礼》;《仪礼》之今文经传至西汉末年有戴德、戴圣、刘向三家,而且三家所传《仪礼》之篇次有别。

二、注本

《仪礼》言古人进退揖让之节,昏丧燕饮之道。高堂生所传为《仪礼》今文本,鲁恭王坏孔子宅,得亡《仪礼》(五十六篇)是古文本。西汉时期,戴德、戴圣、刘向各有所传,东汉末年的郑玄所注本即依刘向所传本,为现今通行本。清编《四库全书总目提要》(卷二十)认为《仪礼》"其书自玄以前,绝无注本"。郑玄之后,王肃《仪礼注》(十七卷),《隋书·经籍志》有录。唐初,王肃《仪礼注》(十七卷)已佚。较之,戴德、戴圣、刘向所传《仪礼》之篇次略有异同,详见下表。

西汉戴德、戴圣、刘向所传《仪礼》篇次异同表

戴德本《仪礼》篇次	戴圣本《仪礼》篇次	刘向本《仪礼》篇次	备注
《冠礼》第一	《冠礼》第一	士冠礼第一	清编《四库全书总目提要》（卷二十）曰：刘向《别录》本，即郑氏所注。贾公彦《疏》谓："《别录》尊卑吉凶，次第伦序，故郑用之。二戴尊卑吉凶杂乱，故郑不从之也。"
《昏礼》第二	《昏礼》第二	士昏礼第二	
《相见》第三	《相见》第三	士相见礼第三	
《士丧》第四	《乡饮》第四	乡饮酒礼第四	
《既夕》第五	《乡射》第五	乡射礼第五	
《士虞》第六	《燕礼》第六	燕礼第六	
《特牲》第七	《大射》第七	大射第七	
《少牢》第八	《士虞》第八	聘礼第八	
《有司彻》第九	《丧服》第九	公食大夫礼第九	
《乡饮酒》第十	《特牲》第十	觐礼第十	
《乡射》第十一	《少牢》第十一	丧服第十一	
《燕礼》第十二	《有司彻》第十二	士丧礼第十二	
《大射》第十三	《士丧》第十三	既夕礼第十三	
《聘礼》第十四	《既夕》第十四	士虞礼第十四	
《公食》第十五	《聘礼》第十五	特牲馈食礼第十五	
《觐礼》第十六	《公食》第十六	少牢馈食礼第十六	
《丧服》第十七	《觐礼》第十七	有司彻第十七	

较之可见，戴德本、戴圣本、刘向本即郑玄注本之篇次、篇名相异甚大。

综观《仪礼》注疏史，汉末郑玄《仪礼注》是《仪礼》最早之注本，唐初大儒贾公彦撰《仪礼疏》（十七卷）是较早之疏本；南宋时期，郑玄注与贾公彦疏合刊为《仪礼注疏》。汉郑玄注、唐贾公彦疏《仪礼注疏》（十七卷）之特色在于：郑玄《注》参用高堂生今文本与鲁恭王得亡《仪礼》（五十六篇）古文本，郑玄《注》从今文而不从古文，而且今文大书，古文附注；贾公彦据齐人黄庆、隋人李孟二家之《疏》，定为今本；郑玄会通今古文、博综兼采，贾公彦采摘前疏、训释名物制度，《仪礼注疏》可谓是集大成之作。略显不足之处是：郑《注》简约而古奥，猝不易通。贾《疏》文繁句复，虽详赡而伤于芜蔓，端绪亦不易明。

两宋时期，《仪礼》不显，其注疏名家屈指可数。南宋李如圭撰《仪礼集释》（三十卷），其书特色在于：李如圭出入经传，又为《纲目》以别章句之旨，为《释宫》以论宫室之制；李如圭全录郑玄《注》，而旁征博引以为之释，多发贾公彦《疏》所未备。李如圭《仪礼集释》不足之处在于：其篇自为卷，其间文句稍繁，篇页太多，难于分袟。由于《仪礼》向来治者稀少，经文与

注语往往讹脱,宋人张淳始订世传《仪礼》讹误而为《仪礼识误》。南宋杨复撰《仪礼图》(十七卷)与《仪礼旁通图》(一卷),其书特色在于:录十七篇《经》文,节取旧说,疏通其意,各详其仪节陈设之方位,系之以图,凡二百有五;又分《宫庙门》《冕弁门》《牲鼎礼器门》,为图二十有五,名《仪礼旁通图》,附于后。其书依经绘象,约举大端,粗见古礼梗概,裨益良多。其书不足之处是:随事立图,或纵或横,既无定向,或左或右,仅列一隅。遂似满屋散钱,纷无条贯。其见于《宫庙门》仅止七图,颇为漏略;又远近广狭,全无分数。[1]南宋魏了翁撰《仪礼要义》(五十卷),其书特色在于:每篇各为条目,节取《注》《疏》而录于下方,与《周易要义》略同。取郑玄《注》、贾公彦《疏》而删之,分胪纲目,条理秩然,使品节度数之辨开卷即知,不复以辞义纠葛为病。其书不足之处在于:所采诸说不及他家,其训诂备于郑、贾之所说,郑、贾之精华亦为此书尽取。[2]

　　直至清代,《仪礼》注疏史方才迎来繁盛时期,上至朝廷,下至儒生,于《仪礼》注疏多有重视。清乾隆十三年(1748 年),乾隆御定《三礼义疏》中有《钦定仪礼义疏》(四十八卷),其书特色在于:分经文为四十卷,冠以《纲领》一卷,《释宫》一卷,不入卷数,附有《礼器图》四卷,《礼节图》四卷。其书大旨以元人敖继公《仪礼集说》为宗,而参核诸家以补正其舛漏。至于今文、古文之同异,则全采郑《注》,而移附音切之下,经文、记文之次第则从古本而不用割附之说。其书举数百年庋阁之尘编,搜剔疏爬,使疑义奥词涣然冰释,先王旧典可沿溯以得其津涯。考证之功,数倍于他经。[3]清儒万斯大撰《仪礼商》(二卷)与《附录》(一卷),其书特色在于:取《仪礼》十七篇,篇为之说,颇有新义;万斯大不拘前人注疏之陈轨,往往发明前人所未发。李光坡撰《仪礼述注》(十七卷),其书特色在于:取郑《注》、贾《疏》总撮大义,而节取其辞,亦间取诸家异同之说附于后。其书瑕瑜互见,疏解简明,使学者不患于难读,足为说《礼》之初津。[4]

　　于清代《仪礼》注疏史而言,清儒胡培翚的《仪礼正义》(四十卷)可谓杰作。胡培翚《仪礼正义》(四十卷)是《仪礼》注疏史上的集大成之作,其

---

① 参见(清)永瑢、纪昀等:《四库全书总目提要》卷20,中华书局1965年版,第160页。

② 参见(清)永瑢、纪昀等:《四库全书总目提要》卷20,中华书局1965年版,第160页。

③ 参见(清)永瑢、纪昀等:《四库全书总目提要》卷20,中华书局1965年版,第161页。

④ 参见(清)永瑢、纪昀等:《四库全书总目提要》卷20,中华书局1965年版,第161页。

书特色在于：实事求是，以经证经，立学重在贯通，无门户之见，既不为官书而轻从偏见，又不为汉宋门户之所囿；其书钩稽排纂，搜采之博，鉴核之精，论说之持平，诂解之求是，实为治《仪礼》之典范。其书于器数考训方面是以考释而存理，使精义融于形释，其考据又兼博学、审问、慎思、明辨以求致知。其书旨以郑玄《仪礼注》为宗，萃辑前贤时彦之群言；辨贾公彦《仪礼疏》之不足，旁征诸子群经、历代礼仪制度以博辨；辅翼郑玄之学，嘉惠来学。其书略有不足之处是，胡培翚《仪礼正义》中有五篇未能完帙，后有杨大堉辑补；杨大堉所补与胡培翚所撰在体例上有异，远不及胡培翚之力，因此，胡培翚《仪礼正义》未能尽善尽美。胡培翚师于凌廷堪学《礼》，绍承凌廷堪以"礼"代"理"之学旨，打破"疏不破注"之陈规，阐发《仪礼》宏旨，将《仪礼》注疏史与《仪礼》研究推向新的历史高峰。有清一朝，另有清人方苞《仪礼析疑》（十七卷）、吴廷华《仪礼章句》（十七卷）、盛世佐《仪礼集编》（四十卷）、沈彤《仪礼小疏》（一卷）等值得一观。

三、篇旨

《仪礼》（十七篇）或为残缺之书，《汉书·艺文志》曰"《礼古经》五十六卷，经七十篇""《记》百三十一篇"，凡见诸篇数均多于《仪礼》十七篇，因此推测《仪礼》（十七篇）或为残缺之书。然则，朱熹认为"惟《仪礼》是古全书"①，不过，朱熹又曰"《仪礼》五十六篇今皆亡阙，只存十七篇，故不全尔"②。其实，秦收《仪礼》诸书而燔之，鲁高堂生隐而传《礼》，其间散佚自是难免。另外，关于《仪礼》与《周礼》之内在关联，唐儒贾公彦《仪礼疏序》有言："《周礼》《仪礼》，发源是一，理有终始，分为二部，并是周公摄政大平之书。《周礼》为末，《仪礼》为本。本则难明，末便易晓。是以《周礼》注者，则有多门，《仪礼》所注，后郑而已。"③于周代而言，《仪礼》与《周礼》皆应是周公以礼摄政、求致太平之书。

《仪礼》（十七篇）主旨鲜明，篇旨可循。其中，《士冠礼》篇详细记载加冠礼之仪轨，强调"礼仪有序"、成人行礼。《士昏礼》篇详记婚礼之制度，强调"婚聘六礼"（"六礼"：纳采、问名、纳吉、纳征、请期、亲迎），强调新婚

---

①　（宋）黎靖德编，王星贤点校：《朱子语类》卷84，中华书局1986年版，第6册，第2187页。
②　（宋）黎靖德编，王星贤点校：《朱子语类》卷87，中华书局1986年版，第6册，第2243页。
③　参见（清）阮元校刻：《十三经注疏·仪礼注疏》，中华书局1980年版，第945页。

之妇的日常生活礼仪。《士相见礼》篇言士见士、见大夫、见君主之礼仪，篇旨强调以礼相待、以诚敬相迎。

《乡饮酒礼》篇记载古代基层行政组织定期举行的酒会礼仪，详记主宾相饮之礼仪，强调敬老、尚齿与礼乐教化。《乡射礼》篇记载古代基层行政组织定期举行的射箭比赛之具体礼仪与礼数，篇旨强调"君子无所争，必也射乎！揖让而升，下而饮，其争也君子"。《燕礼》篇记载诸侯与大臣举行酒会的详细礼仪，篇旨强调主宾有别、君子小人有别、饮食有礼、等级尊卑分明。《大射》篇记载君主主持的射箭比赛大会之具体礼仪，篇旨强调君主、庶子、公卿、大夫的射箭之礼、饮乐之礼，礼数繁复、仪轨分明。《聘礼》篇记载君主派遣大臣到别国进行外交活动时的具体礼仪，篇旨强调主宾相迎有礼、出入有礼、往来有礼。《公食大夫礼》篇记载君主招待别国使臣时的具体礼节，篇旨强调往来有礼、迎送有仪、饮食有节、礼物有等。《觐礼》篇言诸侯朝见天子时的礼仪，强调礼仪有等、礼数分明。《丧服》篇言丧礼五服有等（斩衰、齐衰、大功、小功、缌麻），礼之等级依亲疏而别仪轨；篇旨强调服丧依据亲疏远近而有不同，比如丧服等级即是依据亲疏远近而有差别。

《士丧礼》篇记载古代一般贵族从死亡到殡葬的具体礼仪，强调殡敛有礼、丧之以礼。《既夕礼》篇记载贵族殡敛丧葬时的详细礼仪，强调祭奠有礼、哭泣有礼。《士虞礼》篇记载贵族埋葬父母之后所举行的安魂礼，《特牲馈食礼》篇记载贵族定期在家庙祭祀祖先的礼仪，此二篇强调敬祭先人、祭之以礼、慎终追远。《少牢馈食礼》篇记载大夫在家庙祭祀祖先时的具体礼仪，强调敬祭有礼；《有司彻》篇记载大夫祭祀祖先时的礼仪及其客人参与祭祀的礼仪，强调主宾祭祀之仪有别，强调礼仪之中见诚敬之义。

要言之，《仪礼》（十七篇）凡记冠、婚、丧、祭、士礼、乡饮礼等反映出儒家强调的孝、悌、诚、敬、忠、信、谦、让等伦理理念与道德价值，体现出儒家强调的亲亲、尊尊、敬老、尚齿、敬天、爱人的哲学精神。《仪礼》（十七篇）所言诸礼旨在教化习俗，淳化民风，维系宗法制度与血亲伦常。

四、影响

综观《仪礼》传播史，自汉始有郑玄《仪礼注》，至唐有贾公彦《仪礼疏》。无奈，自汉至宋，《仪礼》注者寥寥可数，《仪礼》之学日渐式微。《仪礼》诸篇多为名物礼数之学,郑玄《仪礼注》文句古奥不易理解,后儒多避之不讲。北宋熙宁年间(1068－1077年),朝廷废罢《仪礼》,治者更少,尽管元祐年间(1086－1094年)复又举之,然情况无有改观。洎乎南宋,朱熹看重《仪礼》,认为"学礼,先看《仪礼》"①、"《仪礼》是经,《礼记》是解《仪礼》"②、"《仪礼》,礼之根本,而《礼记》乃其枝叶"③、"今士人读《礼记》,而不读《仪礼》,故不能见其本末"④,而且朱熹撰《四书章句集注》时偶有征引《仪礼》之语以为论据。时至元明,元儒敖继公撰《仪礼集说》以疏通郑玄《仪礼注》而纠正其失,明儒郝敬《仪礼节解》疏通证明且发先儒所未发。

朝代更迭,质文代变。《仪礼》(十七篇)凡记多是古礼,汉唐之时已不可通解,宋明时期虽偶有注疏,然其学术地位与实际影响皆不显。时至清乾隆年间,官修《四库全书》收有《仪礼》。乾隆十三年(1748年),乾隆御定《三礼义疏》中有《钦定仪礼义疏》(四十八卷)。于清一朝,《仪礼》(十七篇)注家云集,诸作以考据训诂见长。于此,大体可见《仪礼》于清代影响之盛。

另外,自唐伊始,历代诏刻的儒家石经中多有《仪礼》,例如唐代诏刻的"开成石经"、五代后蜀诏刻的"广政石经"与清代诏刻的"乾隆石经"中皆有《仪礼》,从中隐约可见《仪礼》之于后世政治与社会之影响。

附:《仪礼》节要

冠义:始冠,缁布之冠也。太古冠布,齐则缁之。其緌也,孔子曰:"吾未之闻也,冠而敝之可也。"适子冠于阼,以著代也。醮于客位,加有成也。三加弥尊,谕其志也。冠而字之,敬其名也。委貌,周道也。章甫,殷道也。毋追,夏后氏之道也。周弁。殷冔。夏收。三王共皮弁素积。无大夫冠礼,而有其昏礼。古者五十而后爵,何大夫冠礼之有?公侯之有冠礼也,夏之末造也。天子之元子,犹士也,天下无生而贵者也。继世以立诸侯,像贤也。以官爵人,德之杀也。死而谥,今也。古者生无爵,死无谥。(《冠礼》)

凡言,非对也,妥而后传言。与君言,言使臣。与大人言,言事君。与老者言,言使弟子。与幼者言,言孝弟于父兄。与众言,言忠信慈祥。与居

---

① (宋)黎靖德编,王星贤点校:《朱子语类》卷87,中华书局1986年版,第6册,第2225页。
② (宋)黎靖德编,王星贤点校:《朱子语类》卷85,中华书局1986年版,第6册,第2193页。
③ (宋)黎靖德编,王星贤点校:《朱子语类》卷84,中华书局1986年版,第6册,第2186页。
④ (宋)黎靖德编,王星贤点校:《朱子语类》卷84,中华书局1986年版,第6册,第2187页。

官者言,言忠信。凡与大人言,始视面,中视抱,卒视面,毋改。众皆若是。若父,则游目,毋上于面,毋下于带。若不言,立则视足,坐则视膝。(《相见》)

非以君命使,则不称寡。大夫士,则曰寡君之老。凡执币者,不趋,容弥蹙以为仪。执玉者,则唯舒武,举前曳踵。凡自称于君,士大夫则曰下臣。宅者在邦,则曰市井之臣;在野,则曰草茅之臣,庶人则曰刺草之臣。他国之人则曰外臣。(《相见》)

乡饮酒之礼。主人就先生而谋宾、介。主人戒宾,宾拜辱;主人答拜,乃请宾。宾礼辞,许。主人再拜,宾答拜。主人退,宾拜辱。介亦如之。(《乡饮》)

乡射之礼。主人戒宾,宾出迎,再拜。主人答再拜,乃请。宾礼辞,许。主人再拜,宾答再拜。主人退;宾送,再拜。无介。(《乡射》)

乃间:歌《鱼丽》,笙《由庚》;歌《南有嘉鱼》,笙《崇丘》;歌《南山有台》,笙《由仪》。遂歌乡乐:《周南·关雎》《葛覃》《卷耳》,《召南·鹊巢》《采蘩》《采苹》。大师告于乐正曰:"正歌备。"乐正由楹内、东楹之东,告于公,乃降复位。(《燕礼》)

若以乐纳宾,则宾及庭,奏《肆夏》;宾拜酒,主人答拜,而乐阕。公拜受爵,而奏《肆夏》;公卒爵,主人升,受爵以下,而乐阕。升歌《鹿鸣》,下管《新宫》,笙入三成,遂合乡乐。若舞,则《勺》。(《燕礼》)

公食大夫之礼。使大夫戒,各以其爵。上介出请,入告。三辞。宾出,拜辱。大夫不答拜,将命。宾再拜稽首。大夫还,宾不拜送,遂从之。宾朝服即位于大门外,如聘。(《公食》)

诸侯觐于天子,为宫方三百步,四门,坛十有二寻、深四尺,加方明于其上。方明者,木也,方四尺,设六色,东方青,南方赤,西方白,北方黑,上玄,下黄。设六玉,上圭,下璧,南方璋,西方琥,北方璜,东方圭。上介皆奉其君之旗,置于宫,尚左。公、侯、伯、子、男,皆就其旗而立。四传摈。天子乘龙,载大旗,像日月、升龙、降龙;出,拜日于东门之外,反祀方明。礼日于南门外,礼月与四渎于北门外,礼山川丘陵于西门外。(《觐礼》)

士丧礼。死于适室,幠用敛衾。复者一人以爵弁服,簪裳于衣,左何之,扱领于带;升自前东荣、中屋,北面招以衣,曰:"皋某复!"三,降衣于前。受用箧,升自阼阶,以衣尸。复者降自后西荣。(《士丧》)

士虞礼。特豕馈食,侧亨于庙门外之右,东面。鱼腊爨亚之,北上。

饎爨在东壁,西面。设洗于西阶西南,水在洗西,篚在东。尊于室中北墉下,当户,两甒醴、酒,酒在东。无禁,幂用绤布,加勺,南枋。素几、苇席,在西序下。苴刌茅,长五寸,束之,实于篚,馔于西坫上。馔两豆菹、醢于西楹之东,醢在西,一铏亚之。从献豆两亚之,四笾亚之,北上。馔黍稷二敦于阶间,西上,藉用苇席。匜水错于盘中,南流,在西阶之南,簞巾在其东。陈三鼎于门外之右,北面,北上,设扃鼏。匕俎在西塾之西。羞燔俎在内西塾上,南顺。(《士虞》)

特牲馈食之礼。不诹日。及筮日,主人冠端玄,即位于门外,西面。子姓兄弟如主人之服,立于主人之南,西面北上。有司群执事,如兄弟服,东面北上。席于门中,闑西阈外。筮人取筮于西塾,执之,东面受命主人。宰自主人之左赞命,命曰:"孝孙某,筮来日某,诹此某事,适其皇祖某子。尚飨!"筮者许诺,还,即席,西面坐。卦者在左。卒筮,写卦。筮者执以示主人。主人受视,反之,筮者还,东面。长占,卒,告于主人:"占曰迹攗则筮远日,如初仪。宗人告事毕。"(《特牲》)

少牢馈食之礼。日用丁巳。筮旬有一日。筮于庙门之外。主人朝服,西面于门东。史朝服,左执筮,右取上韇,兼与筮执之,东面受命于主人。主人曰:"孝孙某,来日丁亥,用荐岁事于皇祖伯某,以某妃配某氏。尚飨!"史曰:"诺!"西面于门西,抽下韇,左执筮,右兼执韇以击筮,遂述命曰:"假尔大筮有常。孝孙某,来日丁亥,用荐岁事于皇祖伯某,以某妃配某氏。尚飨!"乃释韇立筮。卦者在左坐,卦以木。卒筮,乃书卦于木,示主人,乃退占。吉,则史韇筮,史兼执筮与封以告于主人:"占曰从。"乃官戒,宗人命涤,宰命为酒,乃退。若不吉,则及远日,又筮日如初。(《少牢》)

《孝经》学案

《孝经》成书于战国初年,流行于秦汉之际。《吕氏春秋·察微》篇所引文献已见《孝经》之名,《史记·仲尼弟子列传》所载曾参小传写道"孔子以为能通孝道,故授之业。作《孝经》"。两汉之际的纬书《孝经钩命决》载孔子曰:"吾志在《春秋》,行在《孝经》,以《春秋》属商,以《孝经》属参。"[1]

---

[1] (唐)欧阳询:《艺文类聚》卷26,上海古籍出版社1985年版,第464页。

西汉前期,《古文孝经》见世,只是时人与儒家后学多从《今文孝经》。《汉书·艺文志》记载"凡孝经十一家,五十九篇",又曰"孝经者,孔子为曾子陈孝道也。夫孝,天之经,地之义,民之行也。举大者言,故曰孝经。汉兴,长孙氏、博士江翁、少府后仓、谏大夫翼奉、安昌侯张禹传之,各自名家。经文皆同,唯孔氏壁中古文为异"。自汉至清,历代帝王多标榜自己是"明王之以孝治天下"(《孝经·孝治》),不少诏令敕书常引《孝经》之语,其中亦不乏亲自御注《孝经》者,如晋元帝、梁武帝、唐玄宗、清世祖等。清代中期,清儒阮元校勘儒家"十三经"所采《孝经》便是唐玄宗李隆基御注的《今文孝经》(十八篇本)。今天,通行本《孝经》所采版本亦是唐玄宗李隆基御注的《今文孝经》。

一、成书

究言之,《孝经》的作者是谁,直接关乎《孝经》的成书时间。《史记·仲尼弟子列传》认为曾参"作《孝经》",《汉书·艺文志》认为"《孝经》者,孔子为曾子陈孝道也",《白虎通·五经》认为孔子"已作《春秋》,后作《孝经》何?欲专制正",《孔子家语·七十二弟子解》认为曾参"志存孝道,故孔子因之以作《孝经》",由此可见《孝经》作者一是曾参、二是孔子、三是孔子与曾参。细绎《孝经》原文,常见"曾子"称谓则疑非曾参自谓,而应该是其弟子门人称呼曾参之谓,因此《孝经》当是"孔子与曾参论孝,而门人书之"(司马光:《古文孝经指解序》)。诚如南宋晁公武《郡斋读书志》(卷3)所言:"今其首章云:'仲尼居,曾子侍。'则非孔子所著明矣。详其文义,当是曾子弟子所为书也。"①对此,南宋王应麟《困学纪闻》(卷7)引"冯氏曰:子思作《中庸》,追述其祖之语,乃称字,是书当成于子思之手"②。要言之,尽管孔子为曾参陈孝道,却非自著《孝经》,曾子闻孔子言孝道,弟子门人记之;因此,《孝经》作者当是曾参与弟子门人共之,至于是不是其弟子子思,只是冯氏推测之语而已。基于此,可以断定《孝经》成书大约在战国初年。

《孝经》是儒家"十三经"中最早且唯一称"经"的著作,所谓儒家"六经"原多为单字称名,如《诗》《书》《礼》《乐》《易》,且皆不称"经"。儒家著

---

① (宋)晁公武撰,孙猛校证:《郡斋读书志》卷3,上海古籍出版社1990年版,第125－128页。
② (宋)王应麟:《困学纪闻》卷7,上海古籍出版社2015年版,第254页。

作初时并不重视书名、篇名,后人捻取首字或首名以为书名、篇名,并无太多意义与目的。缘何《孝经》称"经",称《孝》妥否?班固认为"夫孝,天之经,地之义,民之行也。举大者言,故曰《孝经》"(《汉书·艺文志》);郑玄认为"夫孝者,盖三才之经纬,五行之纲纪。若无孝,则三才不成,五行僭序。是以在天则曰至德,在地则曰愍德,施之于人则曰孝德。故下文言天之经、地之义、人之行,三德同体而异名,盖孝之殊途。经者,不易之称,故曰《孝经》"(《敦煌本孝经序》[①])。其实,"汉世通谓《论语》《孝经》为传"(《论语注疏·序解》),而不称其为"经"。东汉灵帝熹平四年(175年),蔡邕奉命所刻"熹平石经"中有《论语》,却无《孝经》。简言之,《孝经》称"经"是因孝道贯通天道、地道与人道,是天经地义的大道,故称"经"。很显然,《孝经》称"经"与儒家"六经"别称略不相同,但皆反映出儒家道德理想主义之自觉与道德乌托邦之情结,以及道德哲学之价值向度。

二、注本

早在西汉时期,《孝经》便出现今文与古文之版本别异,只是时人与儒家后学多从《今文孝经》。汉时,《今文孝经》有郑玄注本,《古文孝经》有孔安国传本。唐时,唐玄宗李隆基御注《今文孝经》,有"开元本"与"石台本"。清时,顺治帝、雍正帝亦御注《今文孝经》。清儒阮元校刻儒家"十三经"时,所选《孝经》底本是唐玄宗李隆基御注《今文孝经》。凡考《今文孝经》的诸家注本,各有特色,摘要论之。

大唐开元十年(722年),唐玄宗李隆基颁布御注《孝经》[②],世称"开元本《孝经》";大唐天宝四年(745年),唐玄宗李隆基御注《孝经》并作序、勒石,世称"石台本《孝经》"或《石台孝经》。不仅如此,开元年间,唐玄宗李隆基"又特令行冲撰御所注《孝经》疏义,列于学官"(《旧唐书·元行冲传》)。要言之,唐玄宗李隆基《孝经》注本的特色有五:一是"特举六家之异同,会五经之旨趣";二是"分注错经,理亦条贯";三是"亲自训注,垂范将来";四是观照现实政治,意欲"以孝治天下";五是强调忠孝,宣扬"移孝

---

① 参见汪受宽撰:《孝经译注》附录 2,上海古籍出版社 2004 年版,第 106—107 页。
② 按:"《唐书》曰:……《论语》者,六经之精华;《孝经》者,人伦之大本。穷理执要,真可谓圣人至言。是以汉朝《论语》首列学官,光武令虎贲之士皆习《孝经》,玄宗亲为《孝经》注解,皆使当时大理,海内乂安。"参见(宋)李昉等:《太平御览》卷 608,中华书局 1960 年版,第 2735 页。

为忠"的政治理念。

北宋真宗咸平二年（999 年），宋真宗诏令邢昺撰《孝经注疏》，邢昺所依《孝经》底本即是唐玄宗御注和元行冲作疏的《孝经》。邢昺在《孝经注疏序》中写道："今特剪截《元疏》，旁引诸书，分义错经，会合归趣，一依讲说，次第解释，号之为讲议也。"①邢昺《孝经注疏》之特色有三：一是"剪截《元疏》"，即以唐人元行冲《御注孝经疏》为底本，加以剪裁。二是"旁引诸书"，增补《元疏》以外的诸儒之说。三是"分义错经"，即将原来经、注、疏分离，改为以疏附注、以注附经。时称《孝经讲义》，后改称《孝经注疏》。

清顺治八年（1651 年）八月，清世祖顺治颁诏："朕惟帝王孝治天下，尊养隆备，鸿章显号，因事有加，乃人子之至情，古今之通义也"（《清世祖实录》卷 59），正式提出"孝治天下"。清顺治十三年（1656 年），清世祖顺治御撰《御定孝经注》；清雍正五年（1727 年），清世宗雍正亲撰《御纂孝经集注》。清朝二帝所注《孝经》文字简明，逊色于唐玄宗李隆基的《孝经注》。然则，清人编撰的《四库全书总目提要》对清帝御注《孝经》却多有溢美之词。《四库全书总目提要》（卷 32）曰：

> 世宗宪皇帝以诸注或病庸肤，或伤芜杂，不足阐天经地义之理，爰指授儒臣，精为简汰，刊其糟粕，存其菁华，仿朱子《论语·孟子集注》之体，纂辑此编。凡斧藻群言，皆亲为鉴定，与世祖章皇帝《御注》并发明圣教，齐曜仪璘。盖我世祖章皇帝四海会同，道光缵绪。我世宗宪皇帝九重问视，礼备承颜。孝治覃敷，胪欢万国。以圣契圣，实深造至德要道之原。故能衡鉴众论，得所折衷，于以建皇极而立人纪，固非儒生义疏所能比拟万一矣。②

其实，清世宗雍正亲撰《御纂孝经集注》并没有达到《四库全书总目提要》所说的"固非儒生义疏所能比拟万一"的程度。"爰指授儒臣，精为简汰，刊其糟粕，存其菁华"固然是雍正《御纂孝经集注》的特色，但是雍正《御纂孝经集注》之政治意图过于明显，似有假《孝经》而行自己政治权术之嫌。

---

① 参见（清）永瑢、纪昀等编纂：《四库全书》第 182 册，上海古籍出版社 1987 年版，第 28 页。

② （清）永瑢、纪昀等：《四库全书总目提要》卷 32，中华书局 1965 年版，第 266 页。

雍正在《御纂孝经集注序文》中坦言："朕乃命专译经文以便诵习。夫《孝经》一书，词简义畅，可不烦注解而自明。诚使内外臣庶，父以教其子，师以教其徒。口讽其文，心知其理，身践其事。为士大夫者能资孝作忠，扬名显亲；为庶人者能谨身节用，竭力致养，家庭务敦于本行，闾里胥向于淳风。如此则亲逊成化，和气熏蒸，跻比户可封之俗，是朕之所厚望也夫。"①。

今通行于世的《孝经》采用的底本是唐玄宗李隆基御注的《今文孝经》。其实，有关今古文《孝经》之争，清代《四库全书》馆臣主张的是调和说，其《四库全书总目提要》孝经类有言："始以开元《御注》用今文，遵制者从郑；后以朱子《刊误》用古文，讲学者又转而从孔。要其文句小异，义理不殊，当以黄震之言为定论（语见黄氏《日钞》）。故今之所录，惟取其词达理明，有裨来学，不复以今文、古文区分门户，徒酿水火之争。盖注经者明道之事，非分朋角胜之事也。"②

三、篇旨

鉴于唐玄宗李隆基御注的《今文孝经》（十八篇本）已成通行本，流传甚广，我们且以此本略概《孝经》的篇旨大义。若一言概括《孝经》全书之旨，三国时期的刘劭所言"《孝经》以爱为至德，以敬为要道"（《人物志·八观》）颇得《孝经》要旨。不过，若用《孝经》中的一句原文统概《孝经》要旨，我们认为"夫孝，德之本也，教之所由生也"可以统概《孝经》全书之旨。

《今文孝经》（十八篇本）大致可分六个部分，其中，第一部分是《开宗明义章》，此为《孝经》一书之总纲，强调"孝"是"德之本""教之所由生"，强调"孝始于事亲，中于事君，终于立身"。第二部分是第二章至第六章，分别论说"孝"之于天子、诸侯、卿大夫、士、庶人的不同要求与规范，提出以"孝"为核心内容的"德教"，强调爱敬、忠顺；同时，强调在道德修养方面应该"法先王"之道与德，谨言慎行、谨身节用。第三部分是第七章至第九章，阐明"孝道"即"政道"——"孝"之于政治的重要性，提出"孝治"与"圣治"的政治理念。将"孝"视为天经地义的大道，构建出孝道、天道与治道合一的精神向度与价值向度，使"孝治"与"圣治"拥有了至上性与权威性。

---

① 参见（清）永瑢、纪昀等编纂：《四库全书》第182册，上海古籍出版社1987年版，第269页。
② （清）永瑢、纪昀等：《四库全书总目提要》卷32，中华书局1965年版，第263页。

或曰，将孝德进行形上化，使道德贯通现实政治，从而将孝德政治化、政治孝德化。第四部分是第十章至第十一章，阐释孝行与行孝，指出"不孝"的危害性。从为人子与为人臣的角度，提出敬亲、事亲、不骄、不争，强调"不孝"是最大的罪过，强调无法、无亲、无上是祸乱天下的根源。第五部分是第十二章至第十四章，讨论人君如何"以孝治天下"，提出明王应该教化百姓，使之注重孝悌、忠敬；同时，强调礼乐治国化民、移孝为忠、扬名后世。第六部分是第十五章至第十八章，阐明道德个体如何秉行孝道，依孝处理君臣关系、父子关系；强调事君、事亲应有谏诤、顺美、匡恶，强调处丧、祭祀应有爱敬、哀戚；诚如曾子曰"慎终追远，民德归厚矣"（《论语·学而》）。

自从西汉前期，儒家古文经典重现于世，儒经之今文与古文之文字、版本、篇旨便呈现出一定的差异。这一点在《今文孝经》与《古文孝经》中体现得很明显，姑且列表以比较。

今古文《孝经》之异同比较表

《今文孝经》（目录与内容）	《古文孝经》（目录与内容）	主要差异
《开宗明义章第一》 仲尼居，曾子侍。子曰："先王有至德要道，以顺天下，民用和睦，上下无怨。女知之乎？" 曾子避席曰："参不敏，何足以知之？"子曰："夫孝，德之本，教之所由生也。复坐，吾语女：身体发肤，受之父母，不敢毁伤，孝之始也；立身行道，扬名于后世，以显父母，孝之终也。夫孝，始于事亲，中于事君，终于立身。《大雅》云：'无念尔祖，聿修厥德。'"	《开宗明谊章第一》 仲尼闲居，曾子侍坐。子曰："参，先王有至德要道，以训天下，民用和睦，上下无怨。女知之乎？" 曾子辟席曰："参不敏，何足以知之乎？"子曰："夫孝，德之本，教之所繇生也。复坐，吾语女：身体发肤，受之父母，不敢毁伤，孝之始也；立身行道，扬名于后世，以显父母，孝之终也。夫孝，始于事亲，中于事君，终于立身。《大雅》云：'无念尔祖，聿修其德。'"	今"义"，古"谊"。 今"顺"，古"训"。 今"避"，古"辟"。 今"由"，古"繇"。 今"厥"，古"其"。 今无"闲""坐""参"。
《天子章第二》 子曰："爱亲者，不敢恶于人；敬亲者，不敢慢于人。爱敬尽于事亲，而德教加于百姓，刑于四海。盖天子之孝也。《甫刑》云：'一人有庆，兆民赖之。'"	《天子章第二》 子曰："爱亲者，不敢恶于人；敬亲者，不敢慢于人。爱敬尽于事亲，然后德教加于百姓，刑于四海。盖天子之孝也。《吕刑》云：'一人有庆，兆民赖之。'"	今"而"，古"然后"。 今"甫"，古"吕"。
《诸侯章第三》 在上不骄，高而不危；制节谨度，满而不溢。高而不危，所以长守贵也。满而不溢，所以长守富也。富贵不离其身，然后能保其社稷，而和其民人。盖诸侯之孝也。《诗》云："战战兢兢，如临深渊，如履薄冰。"	《诸侯章第三》 子曰：居上不骄，高而不危；制节谨度，满而不溢。高而不危，所以长守贵也。满而不溢，所以长守富也。富贵不离其身，然后保其社稷，而和其民人。盖诸侯之孝也。《诗》云："战战兢兢，如临深渊，如履薄冰。"	今"在"，古"居"。 今无"子曰"。

《今文孝经》(目录与内容)	《古文孝经》(目录与内容)	主要差异
《卿大夫章第四》 非先王之法服不敢服,非先王之法言不敢道,非先王之德行不敢行。是故非法不言,非道不行;口无择言,身无择行。言满天下无口过,行满天下无怨恶。三者备矣,然后能守其宗庙。盖卿大夫之孝也。《诗》云:"夙夜匪懈,以事一人。"	**《卿大夫章第四》** 子曰:非先王之法服不敢服,非先王之法言不敢道,非先王之德行不敢行。是故非法不言,非道不行;口亡择言,身亡择行。言满天下亡口过,行满天下亡怨恶。三者备矣,然后能保其禄位而守其宗庙。盖卿大夫之孝也。《诗》云:"夙夜匪解,以事一人。"	今无"子曰"。 今"无",古"亡"。 今文无"保其禄位而"。 今"懈",古"解"。
《士章第五》 资于事父以事母,而爱同;资于事父以事君,而敬同。故母取其爱,而君取其敬,兼之者,父也。故以孝事君则忠,以敬事长则顺。忠顺不失,以事其上,然后能保禄位,而守其祭祀。盖士之孝也。《诗》云:"夙兴夜寐,无忝尔所生。"	**《士章第五》** 子曰:资于事父以事母,其爱同;资于事父以事君,其敬同。故母取其爱,而君取其敬,兼之者,父也。故以孝事君则忠,以弟事长则顺。忠顺不失,以事其上,然后能保爵禄而守其祭祀。盖士之孝也。《诗》云:"夙兴夜寐,亡忝尔所生。"	今无"子曰"。 今"而",古"其"。 今"敬",古"弟"。 今"禄位",古"爵禄"。 今"无",古"亡"。
《庶人章第六》 用天之道,分地之利,谨身节用,以养父母,此庶人之孝也。故自天子至于庶人,孝无终始,而患不及者,未之有也。	**《庶人章第六》** 子曰:因天之时,就地之利,谨身节用,以养父母,此庶人之孝也。	今无"子曰"。 今"用",古"因"。 今"道",古"时"。 今"分",古"就"。
	《孝平章第七》 子曰:故自天子以下至于庶人,孝亡终始,而患不及者,未之有也。	今无"子曰""以下"。 今"无",古"亡"。 此内容为今文合于《庶人章第六》,古文独立成章为《孝平章第七》。
《三才章第七》 曾子曰:"甚哉,孝之大也!"子曰:"夫孝,天之经也,地之义也,民之行也。天地之经,而民是则之。则天之明,因地之利,以顺天下。是以其教不肃而成,其政不严而治。先王见教之可以化民也,是故先之以博爱,而民莫遗其亲;陈之于德义,而民兴行;先之以敬让,而民不争;导之以礼乐,而民和睦;示之以好恶,而民知禁。《诗》云:'赫赫师尹,民具尔瞻。'"	**《三才章第八》** 曾子曰:"甚哉,孝之大也!"子曰:"夫孝,天之经也,地之谊也,民之行也。天地之经,而民是则之。则天之明,因地之利,以训天下。是以其教不肃而成,其政不严而治。先王见教之可以化民也,是故先之以博爱,而民莫遗其亲;陈之以德谊,而民兴行;先之以敬让,而民不争;道之以礼乐,而民和睦;示之以好恶,而民知禁。《诗》云:'赫赫师尹,民具尔瞻。'"	今"义",古"谊"。 今"顺",古"训"。 今"于",古"以"。 今"义",古"谊"。 今"导",古"道"。 今文《三才章第七》,古文《三才章第八》。

续表

《今文孝经》（目录与内容）	《古文孝经》（目录与内容）	主要差异
《孝治章第八》 子曰："昔者明王之以孝治天下也，不敢遗小国之臣，而况于公、侯、伯、子、男乎？故得万国之欢心，以事其先王。治国者，不敢侮于鳏寡，而况于士民乎？故得百姓之欢心，以事其先君。治家者，不敢失于臣妾，而况于妻子乎？故得人之欢心，以事其亲。夫然，故生则亲安之，祭则鬼享之，是以天下和平，灾害不生，祸乱不作。故明王之以孝治天下也如此。《诗》云：'有觉德行，四国顺之。'"	《孝治章第九》 子曰："昔者明王之以孝治天下也，不敢遗小国之臣，而况于公、侯、伯、子、男乎？故得万国之欢心，以事其先王。治国者，不敢侮于鳏寡，而况于士民乎？故得百姓之欢心，以事其先君。治家者，不敢失于臣妾之心，而况于妻子乎？故得人之欢心，以事其亲。夫然，故生则亲安之，祭则鬼享之。是以天下和平，灾害不生，祸乱不作。故明王之于孝治天下也如此。《诗》云：'有觉德行，四国顺之。'"	今文无"之心"。 今"以"，古"于"。 今文《孝治章第八》，古文《孝治章第九》。
《圣治章第九》 曾子曰："敢问圣人之德，无以加于孝乎？"子曰："天地之性，人为贵。人之行，莫大于孝。孝莫大于严父，严父莫大于配天，则周公其人也。昔者，周公郊祀后稷以配天，宗祀文王于明堂以配上帝；是以四海之内，各以其职来祭。夫圣人之德，又何以加于孝乎？故亲生之膝下，以养父母日严。圣人因严以教敬，因亲以教爱。圣人之教，不肃而成，其政不严而治，其所因者，本也。父子之道，天性也，君臣之义也。父母生之，续莫大焉。君亲临之，厚莫重焉。故不爱其亲而爱他人者，谓之悖德；不敬其亲而敬他人者，谓之悖礼。以顺则逆，民无则焉。不在于善，而皆在于凶德，虽得之，君子不贵也。君子则不然，言思可道，行思可乐，德义可尊，作事可法，容止可观，进退可度，以临其民。是以其民畏而爱之，则而象之。故能成其德教，而行其政令。《诗》云：'淑人君子，其仪不忒。'"	《圣治章第十》 曾子曰："敢问圣人之德，无以加于孝乎？"子曰："天地之性，人为贵。人之行，莫大于孝。孝莫大于严父，严父莫大于配天，则周公其人也。昔者，周公郊祀后稷以配天，宗祀文王于明堂以配上帝；是以四海之内，各以其职来祭。夫圣人之德，又何以加于孝乎？是故亲生毓之，以养父母日严。圣人因严以教敬，因亲以教爱。圣人之教，不肃而成，其政不严而治，其所因者，本也。" 《父母生绩章第十一》 子曰：父子之道，天性也，君臣之谊也。父母生之，绩莫大焉。君亲临之，厚莫重焉。 《孝优劣章第十二》 子曰："不爱其亲而爱他人者，谓之悖德；不敬其亲而敬他人者，谓之悖礼。以训则昏，民亡则焉。不宅于善，而皆在于凶德，虽得志，君子弗从也。君子则不然，言思可道，行思可乐，德谊可尊，作事可法，容止可观，进退可度，以临其民。是以其民畏而爱之，则而象之。故能成其德教，而行其政令。《诗》云：'淑人君子，其仪不忒。'"	今文无"其""助"。 今"无"，古"亡"。 今"故"，古"是故"。 今"之膝下"，古"毓之"。 今文《圣治章第九》，古文《圣治章第十》。 今文无"子曰"。 今"义"，古"谊"。 今"续"，古"绩"。 古文《父母生绩章第十一》，此内容今文则合于《圣治章第九》。 今文无"子曰"、有"故"。 今"顺"，古"训"；今"逆"，古"昏"。 今"无"，古"亡"。 今"在"，古"宅"。 今"之"，古"志"。 今"不贵"，古"弗从"。 今"义"，古"谊"。 古文《孝优劣章第十二》，此内容今文则合于《圣治章第九》。

《今文孝经》(目录与内容)	《古文孝经》(目录与内容)	主要差异
《纪孝行章第十》 子曰:"孝子之事亲也,居则致其敬,养则致其乐,病则致其忧,丧则致其哀,祭则致其严。五者备矣,然后能事亲。事亲者,居上不骄,为下不乱,在丑不争。居上而骄则亡,为下而乱则刑,在丑而争则兵。三者不除,虽日用三牲之养,犹为不孝也。"	《纪孝行章第十三》 子曰:"孝子之事亲乎,居则致其敬,养则致其乐,疾则致其忧,丧则致其哀,祭则致其严。五者备矣,然后能事其亲。事亲者,居上不骄,为下不乱,在丑不争。居上而骄则亡,为下而乱则刑,在丑而争则兵。此三者不除,虽日用三牲之养,繇为不孝也。"	今文无"其""此"。 今"也",古"乎"。 今"病",古"疾"。 今"犹",古"繇"。 古文《纪孝行章第十三》,今文《纪孝行章第十》。
《五刑章第十一》 子曰:"五刑之属三千,而罪莫大于不孝。要君者无上,非圣人者无法,非孝者无亲。此大乱之道也。"	《五刑章第十四》 子曰:"五刑之属三千,而皋莫大于不孝。要君者亡上,非圣人者亡法,非孝者亡亲。此大乱之道也。"	今"罪",古"皋"。 今"无",古"亡"。 今"犹",古"繇"。 古文《五刑章第十四》,今文《五刑章第十一》。
《广要道章第十二》 子曰:"教民亲爱,莫善于孝。教民礼顺,莫善于悌。移风易俗,莫善于乐。安上治民,莫善于礼。礼者,敬而已矣。故敬其父则子悦,敬其兄则弟悦,敬其君则臣悦;敬一人而千万人悦,所敬者寡而悦者众,此之谓要道也。"	《广要道章第十五》 子曰:"教民亲爱,莫善于孝。教民礼顺,莫善于弟。移风易俗,莫善于乐。安民治民,莫善于礼。礼者,敬而已矣。故敬其父则子说,敬其兄则弟说,敬其君则臣说;敬一人而千万人悦,所敬者寡而说者众,此之谓要道也。"	今"悌",古"弟"。 今"安上",古"安民"。 今"悦",古"说"。 古文《广要道章第十五》,今文《广要道章第十二》。
《广至德章第十三》 子曰:"君子之教以孝也,非家至而日见之也。教以孝,所以敬天下之为人父者也。教以悌,所以敬天下之为人兄者也。教以臣,所以敬天下之为人君者也。《诗》云:'恺悌君子,民之父母。'非至德,其孰能顺民如此其大者乎?"	《广至德章第十六》 子曰:"君子之教以孝也,非家至而日见之也。教以孝,所以敬天下之为人父者。教以弟,所以敬天下之为人兄者。教以臣,所以敬天下之为人君者。《诗》云:'恺悌君子,民之父母。'非至德,其孰能训民如此其大者乎?"	今"者也",古"者"。 今"悌",古"弟"。 今"顺",古"训"。 古文《广至德章第十六》,今文《广至德章第十三》。
《广扬名章第十四》 子曰:"君子之事亲孝,故忠可移于君。事兄悌,故顺可移于长。居家理,故治可移于官。是以行成于内,而名立于后世矣。"	《广扬名章第十八》 子曰:"君子事亲孝,故忠可移于君。事兄弟,故顺可移于长。居家理,故治可移于官。是以行成于内,而名立后世矣。"	今"君子之",古"君子"。今"悌",古"弟"。 今"立于",古"立"。 古文《广扬名章第十八》,今文《广扬名章第十四》。

续表

《今文孝经》(目录与内容)	《古文孝经》(目录与内容)	主要差异
《谏争章第十五》 曾子曰:"若夫慈爱、恭敬、安亲、扬名,则闻命矣。敢问子从父之令,可谓孝乎?"子曰:"是何言与,是何言与? 昔者天子有争臣七人,虽无道,不失其天下;诸侯有争臣五人,虽无道,不失其国;大夫有争臣三人,虽无道,不失其家;士有争友,则身不离于令名;父有争子,则身不陷于不义。故当不义,则子不可以不争于父,臣不可以不争于君;故当不义则争之。从父之令,又焉得为孝乎?"	《谏争章第二十》 曾子曰:"若夫慈爱、龚敬、安亲、扬名,参闻命矣。敢问子从父之命,可谓孝乎?"子曰:"参,是何言与,是何言与? 言之不通邪! 昔者天子有争臣七人,虽亡道,不失天下;诸侯有争臣五人,虽亡道,不失国;大夫有争臣三人,虽亡道,不失其家;士有争友,则身不离于令名;父有争子,则身不陷于不谊。故当不谊则子不可以不争于父,臣不可以不争于君;故当不谊则争之。从父之命,又安得为孝乎?"	今"恭",古"龚"。 今"则",古"参"。 今"令",古"命"。 今"无",古"亡"。 今"义",古"谊"。 今"不失其",古"不失"。 今"焉",古"安"。 今文无"参""言之不通邪"。 古文《谏争章第二十》,今文《谏诤章第十五》。
《感应章第十六》 子曰:"昔者明王事父孝,故事天明;事母孝,故事地察;长幼顺,故上下治。天地明察,神明彰矣。故虽天子,必有尊也,言有父也;必有先也,言有兄也。宗庙致敬,不忘亲也;修身慎行,恐辱先也。宗庙致敬,鬼神著矣。孝悌之至,通于神明,光于四海,无所不通。《诗》云:'自西自东,自南自北,无思不服。'"	《感应章第十七》 子曰:"昔者明王事父孝,故事天明;事母孝,故事地察;长幼顺,故上下治。天地明察,鬼神章矣。故虽天子必有尊也,言有父也;必有先也,必有长也。宗庙致敬,不忘亲也;修身慎行,恐辱先也。宗庙致敬,鬼神著矣。孝弟之至,通于神明,光于四海,亡所不暨。《诗》云:'自西自东,自南自北,亡不服。'"	今"神明彰",古"鬼神章"。今"悌",古"弟"。今"无",古"亡"。今"通",古"暨"。今文列"必有长也"。古文《感应章第十七》,今文《感应章第十六》。
《事君章第十七》 子曰:"君子之事上也,进思尽忠,退思补过,将顺其美,匡救其恶,故上下能相亲也。《诗》云:'心乎爱矣,遐不谓矣。中心藏之,何日忘之。'"	《事君章第二十一》 子曰:"君子之事上也,进思尽忠,退思补过,将顺其美,匡救其恶,故上下能相亲也。《诗》云:'心乎爱矣,遐不谓矣。忠心藏之,何日忘之。'"	今"中心",古"忠心"。 古文《事君章第二十一》,今文《事君章第十七》。

《今文孝经》（目录与内容）	《古文孝经》（目录与内容）	主要差异
《丧亲章第十八》 子曰："孝子之丧亲也，哭不偯，礼无容，言不文，服美不安，闻乐不乐，食旨不甘，此哀戚之情也。三日而食，教民无以死伤生。毁不灭性，此圣人之政也。丧不过三年，示民有终也。为之棺椁衣衾而举之，陈其簠簋而哀戚之；擗踊哭泣，哀以送之；卜其宅兆，而安措之；为之宗庙，以鬼享之；春秋祭祀，以时思之。生事爱敬，死事哀戚，生民之义备矣，死生之义备矣，孝子之事亲终矣。"	《丧亲章第二十二》 子曰："孝子之丧亲也，哭不依，礼亡容，言不文，服美不安，闻乐不乐，食旨不甘，此哀戚之情也。三日而食，教民亡以死伤生也。毁不灭性，此圣人之正也。丧不过三年，示民有终也。为之棺椁衣衾以举之，陈其簠簋而哀戚之；哭泣擗踊，哀以送之；卜其宅兆，以安措之；为之宗庙，以鬼享之；春秋祭祀，以时思之。生事爱敬，死事哀戚，生民之本尽矣，死生之谊备矣，孝之事终矣。"	今"偯"，古"依"。 今"无"，古"亡"。 今"政"，古"正"。 今"擗踊哭泣"，古"哭泣擗踊"。 今"而"，古"以"。 今无"也"，有"亲"。 今"义"，古"谊"。 古文《丧亲章第二十二》，今文《丧亲章第十八》。
	《闺门章第十九》 子曰：闺门之内具礼矣乎！严父严兄，妻子臣妾，繇百姓徒役也。	古文《闺门章第十九》，今文无此章。

上表中《今文孝经》与《古文孝经》在文字内容、目录设置、章节划分等方面存在相当大的差异。从语言风格看，《今文孝经》更加简洁、通假字较《古文孝经》有所减少；从章节划分看，《今文孝经》更加紧凑、章节划分较《古文孝经》有所减少；从思想主旨看，《今文孝经》更加鲜明，如其改"安民"为"安上"、改"正"为"政"、改"训"为"顺"，皆反映出为君权张本的价值向度。较之，《古文孝经》比《今文孝经》在内容章节上多出《闺门章》（"子曰：闺门之内具礼矣乎！严父严兄，妻子臣妾，繇百姓徒役也"），此章言闺门之内亦重孝道，当是针对闺门之内的女性而言。[①]唐代，时人诬讹《古文孝经》，谬谓闺门一章鄙俗不可行。或见《今文孝经》无《闺门》章，唐代郑氏著《女孝经》以广之。

耐人寻味的是，南宋大儒朱熹对今古文《孝经》皆不以为然，这一点在朱熹与门人的问答中有所体现。《朱子语类》（卷82）记载：

---

① 凡考，"闺门"原义指城门，后为家中之门，后绎指为家中内门并特指女子居处。墨子曰"大城丈五为闺门，广四尺"（《墨子·备城门》），荀子曰"闺门之内，父子兄弟同听之，则莫不和亲"（《荀子·乐论》）。两汉时期，"闺门"绎指为家中内门并特指女子居处，"闺门之内，姑姐妹无别"（《说苑·尊贤》），"恶衣恶食，陋车驽马，妃匹无二，闺门之内，友朋之德，众莫不闻"（《汉书·王莽传上》）。东汉班固《白虎通·谥》曰"夫人一国之母，修闺门之内，群下亦化之，故设谥以彰其善恶"，东汉刘熙《释名·释亲属》曰"卿之妃曰内子；子，女子也，在闺门之内治家也"。

问:"《孝经》一书,文字不多,先生何故不为理会过?"曰:"此亦难说。据此书,只是前面一段是当时曾子闻于孔子者,后面皆是后人缀缉而成。"①

古文《孝经》亦有可疑处。自天子章到"孝无终始而患不及者未之有也",便是合下与曾子说底通为一段。只逐章除了后人所添前面"子曰"及后面引诗,便有首尾,一段文义都活。自此后却似不晓事人写出来,多是《左传》中语。如"以顺则逆,民无则焉;不在于善,而皆在于凶德",是季文子之辞。却云"虽得之,君子所不贵",不知论孝却得个甚底,全无交涉!如"言斯可道,行期可乐"一段,是北宫文子论令尹之威仪,在《左传》中自有首尾,载入《孝经》,都不接续,全无意思!只是杂史传中胡乱写出来,全无义理。疑是战国时人斗凑出者。又曰:"胡氏疑是乐正子春所作。乐正子春自细腻,却不如此说。"②

总之,在朱熹眼中,"《孝经》疑非圣人之言"③,"《孝经》亦是凑合之书,不可尽信"④。与朱熹不同,自称"余之说经,推明古训,实事求是"⑤的阮元提出:"据此诸古籍,知'经'之一字,始于此书。自此之后,五经、六经、七经、九经、十一经之名,皆出于此"⑥,"《孝经纬》曰:孔子曰:'吾志在《春秋》,行在《孝经》',此八字实为至圣之微言,实有传授,非纬书家所能撰托"⑦;阮元认为"孔子之学,于何书见之最为醇备欤?则《孝经》《论语》是也。……周秦以来子家各流皆不能及,而为万世之极则也"⑧。无独有偶,清儒陈澧认为"《孝经》为道之根源,六艺之总会"⑨。

① (宋)黎靖德编,王星贤点校:《朱子语类》卷82,中华书局1986年版,第6册,第2141页。
② (宋)黎靖德编,王星贤点校:《朱子语类》卷82,中华书局1986年版,第6册,第2141-2142页。
③ (宋)黎靖德编,王星贤点校:《朱子语类》卷82,中华书局1986年版,第6册,第2142页。
④ (宋)黎靖德编,王星贤点校:《朱子语类》卷82,中华书局1986年版,第6册,第2142页。
⑤ (清)阮元:《揅经室集·自序》,中华书局1993年版,上册,第1页。
⑥ (清)阮元:《揅经室集·孝经解》,中华书局1993年版,上册,第48页。
⑦ (清)阮元:《揅经室集·孝经解》,中华书局1993年版,上册,第48页。
⑧ (清)阮元:《揅经室集·石刻孝经论语记》,中华书局1993年版,上册,第238页。
⑨ (清)陈澧著,杨志刚编校:《东塾读书记》卷1《孝经》,生活·读书·新知三联书店1998年版,第3页。

四、影响

西汉崇尚"以孝治天下",诸位皇帝很重视《孝经》。汉昭帝始元五年(前 82 年),汉昭帝颁诏曰:"朕以眇身获保宗庙,战战栗栗,夙兴夜寐,修古帝王之事,通保傅,传《孝经》《论语》《尚书》,未云有明。"(《汉书·昭帝纪》)汉平帝元始三年(3 年)夏,"序、庠置《孝经》师一人"(《汉书·平帝纪》)。"汉制使天下诵《孝经》,选吏举孝廉"(《后汉书·荀爽传》),"光武令虎贲之士皆习《孝经》"[①]。

隋唐时期,朝廷崇儒,《孝经》立于国学,颁行天下。隋朝大业三年(607 年)四月,隋炀帝颁诏曰"孝悌有闻,人伦之本,德行敦厚,立身之基"(《隋书·炀帝纪上》),时人有言,"唯读《孝经》一卷,足可立身治国"(《隋书·儒林传·何妥传》)。唐初,唐太宗尚儒学,魏徵编撰的《群书治要》依《今文孝经》而为节要,凡十七章;时至中唐,《孝经》的地位陡然有变,《孝经》不仅被列为"九经"之一,而且身为皇帝的唐玄宗李隆基亲自注解《孝经》并诏勒于石。自唐玄宗御注《今文孝经》颁行,郑玄注《今文孝经》、孔安国传《古文孝经》皆废,后遂亡佚。

宋至清,《今文孝经》立于官学,成为科举考试的重要科目。不唯于此,宋至清的皇帝们诏刻的儒家"十三经"中亦均有《孝经》。南宋时期,宋高宗绍兴十四年(1144 年),诏令各州以御书《孝经》刊石,赐现任官与在籍学子。明洪武初年,朱元璋御制《孝经六言》,令人传唱。清乾隆年间,和珅等人奉诏刻成的儒家"十三经"之《孝经》石碑被立于太学,其墨拓本被颁行各省,以供世人学行。

综观《孝经》史略,但见历代帝王多是标榜"以孝治天下",无意中助推《孝经》成为为人与为政之"经"。西汉以前,《孝经》称"经"却不是经,唐宋之时,《孝经》由"称经"而"成经"。可见,经史与历史、道德与政治,共进之中有融合,亦有分离;从《古文孝经》的昙花一现到《今文孝经》的御注颁行,《孝经》之于政治与政治之于《孝经》的双向影响在道德理想主义与政治权术谋略互动而交织的历史进程中渐次呈现、渐次彰明。

---

① 参见(宋)李昉等:《太平御览》卷 608,中华书局 1960 年版,第 2735 页。

附:《孝经》节要

子曰:"夫孝,德之本也,教之所由生也。复坐,吾语汝。身体发肤,受之父母,不敢毁伤,孝之始也。立身行道,扬名于后世,以显父母,孝之终也。夫孝,始于事亲,中于事君,终于立身。"(《开宗明义》)

子曰:"爱亲者,不敢恶于人;敬亲者,不敢慢于人。爱敬尽于事亲,而德教加于百姓,刑于四海。盖天子之孝也。《甫刑》云:'一人有庆,兆民赖之。'"(《天子》)

在上不骄,高而不危;制节谨度,满而不溢。高而不危,所以长守贵也。满而不溢,所以长守富也。富贵不离其身,然后能保其社稷,而和其民人。盖诸侯之孝也。《诗》云:"战战兢兢,如临深渊,如履薄冰。"(《诸侯》)

非先王之法服不敢服,非先王之法言不敢道,非先王之德行不敢行。是故非法不言,非道不行;口无择言,身无择行。言满天下无口过,行满天下无怨恶。三者备矣,然后能守其宗庙。盖卿大夫之孝也。(《卿大夫》)

资于事父以事母,而爱同;资于事父以事君,而敬同。故母取其爱,而君取其敬,兼之者父也。故以孝事君则忠,以敬事长则顺。忠顺不失,以事其上,然后能保其禄位,而守其祭祀。盖士之孝也。(《士》)

用天之道,分地之利,谨身节用,以养父母,此庶人之孝也。故自天子至于庶人,孝无终始,而患不及者,未之有也。(《庶人》)

子曰:"夫孝,天之经也,地之义也,民之行也。天地之经,而民是则之。则天之明,因地之利,以顺天下。是以其教不肃而成,其政不严而治。先王见教之可以化民也,是故先之以博爱,而民莫遗其亲,陈之以德义,而民兴行。先之以敬让,而民不争;导之以礼乐,而民和睦;示之以好恶,而民知禁。《诗》云:'赫赫师尹,民具尔瞻。'"(《三才》)

子曰:"昔者明王之以孝治天下也,不敢遗小国之臣,而况于公、侯、伯、子、男乎? 故得万国之欢心,以事其先王。治国者,不敢侮于鳏寡,而况于士民乎? 故得百姓之欢心,以事其先君。治家者,不敢失于臣妾,而况于妻子乎? 故得人之欢心,以事其亲。夫然,故生则亲安之,祭则鬼享之。是以天下和平,灾害不生,祸乱不作。故明王之以孝治天下也如此。《诗》云:'有觉德行,四国顺之。'"(《孝治》)

子曰:"天地之性,人为贵。人之行,莫大于孝。孝莫大于严父。严父莫大于配天,则周公其人也。昔者,周公郊祀后稷以配天,宗祀文王于明堂,以配上帝。是以四海之内,各以其职来祭。夫圣人之德,又何以加于孝乎?故亲生之膝下,以养父母日严。圣人因严以教敬,因亲以教爱。圣人之教,不肃而成,其政不严而治,其所因者本也。父子之道,天性也,君臣之义也。父母生之,续莫大焉。君亲临之,厚莫重焉。故不爱其亲而爱他人者,谓之悖德;不敬其亲而敬他人者,谓之悖礼。以顺则逆,民无则焉。不在于善,而皆在于凶德,虽得之,君子不贵也。君子则不然,言思可道,行思可乐,德义可尊,作事可法,容止可观,进退可度,以临其民。是以其民畏而爱之,则而象之。故能成其德教,而行其政令。《诗》云:'淑人君子,其仪不忒。'"(《圣治》)

子曰:"孝子之事亲也,居则致其敬,养则致其乐,病则致其忧,丧则致其哀,祭则致其严。五者备矣,然后能事亲。事亲者,居上不骄,为下不乱,在丑不争。居上而骄则亡,为下而乱则刑,在丑而争则兵。三者不除,虽日用三牲之养,犹为不孝也。"(《纪孝行》)

子曰:"教民亲爱,莫善于孝。教民礼顺,莫善于悌。移风易俗,莫善于乐。安上治民,莫善于礼。礼者,敬而已矣。故敬其父,则子悦;敬其兄,则弟悦;敬其君,则臣悦;敬一人,而千万人悦。所敬者寡,而悦者众,此之谓要道也。"(《广要道》)

子曰:"君子之教以孝也,非家至而日见之也。教以孝,所以敬天下之为人父者也。教以悌,所以敬天下之为人兄者也。教以臣,所以敬天下之为人君者也。"(《广至德》)

子曰:"君子之事亲孝,故忠可移于君。事兄悌,故顺可移于长。居家理,故治可移于官。是以行成于内,而名立于后世矣。"(《广扬名》)

昔者天子有争臣七人,虽无道,不失其天下;诸侯有争臣五人,虽无道,不失其国;大夫有争臣三人,虽无道,不失其家;士有争友,则身不离于令名;父有争子,则身不陷于不义。则子不可以不争于父,臣不可以不争于君;故当不义,则争之。(《谏诤》)

子曰:"昔者明王事父孝,故事天明;事母孝,故事地察;长幼顺,故上下治。天地明察,神明彰矣。故虽天子,必有尊也,言有父也;必有先也,言有兄也。宗庙致敬,不忘亲也;修身慎行,恐辱先也。宗庙致敬,鬼神著

矣。孝悌之至,通于神明,光于四海,无所不通。《诗》云:'自西自东,自南自北,无思不服。'"(《感应》)

子曰:"君子之事上也,进思尽忠,退思补过,将顺其美,匡救其恶,故上下能相亲也。"(《事君》)

子曰:"孝子之丧亲也,哭不偯,礼无容,言不文,服美不安,闻乐不乐,食旨不甘,此哀戚之情也。三日而食,教民无以死伤生。毁不灭性,此圣人之政也。丧不过三年,示民有终也。为之棺椁衣衾而举之,陈其簠簋而哀戚之;擗踊哭泣,哀以送之;卜其宅兆,而安措之;为之宗庙,以鬼享之;春秋祭祀,以时思之。生事爱敬,死事哀戚,生民之本尽矣,死生之义备矣,孝子之事亲终矣。"(《丧亲》)

《论语》学案

《论语》是孔子的弟子及再传弟子对孔子言行的汇集,孔门弟子将曾经接闻的"夫子之语"形成文字,编成篇章。最早的汇集本应初现于春秋战国过渡之际,传至西汉,分流而出《鲁论语》《齐论语》《古论语》三个版本。《古论语》与《齐论语》《鲁论语》"篇次不同",《古论语》与《鲁论语》分别为 21 篇和 20 篇。《古论语》最接近《论语》原貌,用战国蝌蚪文书写,孔安国为之训解,后失传。西汉末年,张禹师从夏侯建习《鲁论语》,又从庸生习《齐论语》。后来,张禹成为汉成帝的师傅,河平四年(前 25 年)拜为丞相并被封为安昌侯,张禹沿袭《鲁论语》篇目,将《鲁论语》与《齐论语》融合为一,世称《张侯论》。"欲为《论》,念张文"(《汉书·匡张孔马传》),学者多从《张侯论》,《齐论语》与《古论语》渐渐寖微。东汉灵帝熹平四年(175 年),蔡邕奉命刊刻"熹平石经",其中所刻《论语》采用的即是《张侯论》。东汉经学家郑玄以《张侯论》为依据,参照《齐论语》与《古论语》,作《论语注》。至此,汉代流传的《论语》三种版本合而为一。世传朱熹《四书章句集注》采用的《论语》底本便是西汉末年张禹融合《鲁论语》与《齐论语》而成的《张侯论》。

两汉之际,由于《张侯论》的盛行与三《论》的合流,以至于东汉后期,"说《论》者,皆知说文解语而已,不知《论语》本几何篇;但周以八寸为尺,不知《论语》所独一尺之意","说《论语》者,但知以剥解之问,以纤微之难,不知存问本根篇数章目"(《论衡·正说》)。于今观之,《论语》凡录多涉道德伦理之范畴,可谓是我国最早的规范伦理学著作。

一、成书

孔子整理"六经"(《诗》《书》《礼》《乐》《易》《春秋》)、精通"六艺"(礼、乐、射、御、书、数),"博学而无所成名"(《论语·子罕》)。孔子崇尚道德,以德服人,七十子皆服孔子之化;孔门弟子"善继人之志,善述人之事"(《礼记·中庸》),编纂夫子之言语而成《论语》。班固《汉书·艺文志》曰:"《论语》者,孔子应答弟子、时人及弟子相与言,而接闻于夫子之语也。当时弟子各有所记,夫子既卒,门人相与辑而论纂,故谓之《论语》。"陆德明《经典释文·叙录》曰:"夫子既终,微言已绝。弟子恐离居以后,各生意见,而圣言永灭,故相与论撰。因辑时贤及古明王之语,合成一法,谓之《论语》。"从班固所言"夫子既卒,门人相与辑而论纂,故谓之《论语》"大抵可知,《论语》应汇编于孔子死后,弟子居丧三年期间。春秋战国之际,"七十子之徒散游诸侯,大者为师傅卿相,小者友教士大夫,或隐而不见。故子路居卫,子张居陈,澹台子羽居楚,子夏居西河,子贡终于齐……"(《史记·儒林列传》);《论语》的最终编订者或为仲弓、子游、子夏,或为有子、曾子之门人①,或为子思②,或为子贡,或为子张。其中,《齐论语》应为子贡所传,《鲁论语》应为曾子、子思所传,《古论语》或为仲弓、子游、子夏所传。细观今传《论语》篇章内容,《论语》成书应是经历初编与后成的漫长过程——孔子弟子完成"初编",孔子再传弟子补充而"后成",大抵成书于春秋战国交替之际。

凡考,小戴《礼记·坊记》与韩婴《韩诗外传》之引文初见《论语》之名。所以,王充《论衡·正说》所言"初,孔子孙孔安国以教鲁人扶卿,官至荆州刺史,始曰《论语》",只是一种臆说。《论语》之名何义,至今学界意见不一。班固《汉书·艺文志》认为"《论语》者……夫子既卒,门人相与辑而论纂,故谓之《论语》"强调的是"辑而论纂"之义。北宋邢昺《论语正义》认为"论者,伦也,纶也,轮也,理也,次也,撰也。以此书可以经纶世务,故曰

---

① (宋)朱熹:《四书章句集注》,中华书局1983年版,第43页。
② 参见杨朝明:《〈论语〉成书及其文本特征》,《理论学刊》2009年第2期。

纶也;圆转无穷,故曰轮也;蕴含万理,故曰理也;篇章有序,故曰次也;群贤集定,故曰撰也"。元代何异孙《十一经问对》认为"《论语》有弟子记夫子之言者,有夫子答弟子问,有弟子自相答者,又有时人相言者,有臣对君问者,有师弟子对大夫之问者,皆所以讨论文义,故谓之《论语》"①。较之,虽然班固、邢昺、何异孙之说皆有不当,但是班固之说较近于《论语》之名的本义,邢昺提出的伦、纶、轮、理、次、撰多是引申义,何异孙提出的"讨论文义"亦是引申义。考字解经,但观"论"字;《说文解字·言部》曰"论:议也。从言侖声"《△部》曰"侖:思也。从人从册",《龠部》曰"侖,理也";"論"与"侖"原初本义相通,汇编入册必依其次第、求其文(纹)理,即比竹成册谓之"侖"。合而言之,"论"是汇集圣语、比竹成册,"语"是夫子之语、"答述曰语"②,"论语"即汇集所接闻的夫子答述之语,使得圣言有传,成册存念。这或许才是孔门弟子汇编孔子之语的初衷,亦应是"论语"之名的本义。另外,从《汉书·张禹传》"欲为论,念张文"与《后汉书·邳彤传》"语曰'一言可以兴邦'"(出自《论语·子路》)可知,《论语》在两汉时期曾简称为《论》或《语》。

二、注本

秦始皇焚书坑儒,《论语》潜行;汉惠帝废除"挟书令",《论语》见世。稍后,《小戴礼记》《韩诗外传》诸书始有称引《论语》。《论语》传世过程中有三个版本:"鲁人所学,谓之《鲁论》;齐人所学,谓之《齐论》;孔壁所得,谓之《古论》。"(皇侃《论语义疏叙》引刘向《别录》)自秦以降,《论语》的注疏、集解、正义、疏证等颇为常见,《汉书·艺文志》记载"凡论语十二家,二百二十九篇",《新唐书·艺文志》记载"《论语》类三十家"。自汉至清,《论语》诸多注本中颇具特色的是三国何晏的《论语集解》、北宋邢昺的《论语注疏》、南宋朱熹的《论语集注》、清代刘宝楠的《论语正义》。

汉魏时期,《论语》注本多见,其中,何晏《论语集解》是集大成之作。《论语集解》多有新见,为《论语》训释开辟新路。《论语集解》分为序言和

---

① (元)何异孙:《十一经问对》卷1,参见(清)永瑢、纪昀等编纂:《四库全书》第184册,上海古籍出版社1987年版,第346页。

② 郑玄注《周礼·大司乐》曰"发端曰言,答述曰语",许慎《说文解字·言部》曰"直言曰言,论难曰语"。

正文两大部分:序言介绍《论语》的流布与书旨,何晏曰:"集诸家之善,记其姓名,有不安者颇为改易,名曰《论语集解》";正文依《论语》篇章结构进行注解,参集孔安国、包咸、马融、郑玄、陈群、王肃等名家训解,考其得失,博采众长,并发明新义。何晏深受当时玄学风潮的影响,深受《老子》的影响,呈现出以"老"化"孔"的注经特色①。

北宋邢昺《论语注疏》又称《论语正义》《论语注疏解经》,邢昺剔除皇侃依傍道家思想疏解《论语》的文字,复归《论语》本义。比如,《论语注疏》疏解《论语·为政》"子曰:吾十有五而志于学,三十而立,四十而不惑,五十而知天命,六十而耳顺,七十而从心所欲不逾矩"时,剔除了"微妙玄通,深不可知"与"独浊化之迹,同盈虚之质"等具有道家思想特色的观点。同时,邢昺略辅义理,详加训释名物典制,扭转《论语》注疏史之方向。由此,"汉学、宋学,兹其转关",或曰"先有是《疏》,而后讲学诸儒得沿溯以窥其奥"②。其中,南宋朱熹集注《论语》时多得益于邢昺之《疏》。

南宋朱熹《论语集注》摆脱以往《论语》经、注、疏三层结构,直接注释经文。《论语集注》在字词训诂、名物制度以及句意说明等方面广泛引用汉魏古注,凡计多达三十五家。朱熹是两宋理学的集大成者,其集注《论语》时常常融入理学,多有自注、"愚按",使得《论语集注》成为理学的重要基石。《论语集注》会通古今,深化《论语》本义,度越前人注疏,是《论语》注疏史中的经典与杰构。

清人刘宝楠《论语正义》兼采前人《论语》注疏,指正谬误,考证精核,博采众长,详加引录。《论语正义》凡引文献多达三百七十余种,数量之多超越以往《论语》所有注本。《论语正义》注重文字训诂、史实考订,尤其是对典章制度、风俗礼节、人名地名等多考证详备。《论语正义》兼收异说,学有自得,重视考证训解与义理阐发,是清代《论语》注疏史中的代表作。只是,《论语正义》资料浩博,弊在烦琐。

---

① 《论语集解》注《论语·子罕》"子绝四:毋意,毋必,毋固,毋我"时写道:"以道为度,故不任意也。用之则行,舍之则藏,故无专必也。无可无不可,故无固行也。述古而不自作,处群萃而不自异,唯道是从,故不自有其身也。"《论语集解》注《论语·雍也》"有颜回者好学,不迁怒,不贰过"时写道:"凡人任情,喜怒违礼。颜回任道,怒不过分。迁者,移也。怒其当礼,不移易也。不贰过者,有不善,未尝复行。"由此可见,何晏引用《老子》的"孔德之容,惟道是从"以注孔子之道,而且将颜回视为具有道家色彩的任道而行的智者。

② (清)永瑢、纪昀等:《四库全书总目提要》卷35,中华书局1965年版,第291页。

值得提及的是,讲学以慎独为宗的明儒刘宗周撰有《论语学案》(十卷),刘宗周循《论语》诸章摘要而解,其要皆抒所实得,非剿窃释氏以说儒书。刘宗周《论语学案》虽与朱熹之说稍异,然其论分明不苟,直抒己见,不无纯驳。①刘宗周《论语学案》是汉至明《论语》注疏史上唯一的"学案体",是明清之际"学案体"盛行时期的学术思潮的折射与学术新路向的体现。另外,近人程树德编纂的《论语集释》(四十卷)遍采历代注疏、征引浩博、条理清晰、对制度典章详加考证,是《论语》注疏史上的又一部集大成之作。只是,程树德征引材料与按语中偶有禅语。杨伯峻所著《论语译注》(二十篇)注释简明,全篇今译,是《论语》通俗本之佳作。

三、篇旨

《论语》全书共计 20 篇,492 章,16000 余字②。若用《论语》原文一语概其旨,《论语》全书之旨应是尽在"下学而上达"(《宪问》),或曰"下学上达"③。《论语》的核心与孔子之学的精髓是"仁",强调"克己复礼为仁"(《颜渊》),强调仁者爱人、推己及人、推己及物,强调"己欲立而立人,己欲达而达人"(《雍也》)和"修己以安人""修己以安百姓"(《宪问》)。

尽管《论语》诸篇无明显编排之义,但是各篇主旨大义颇为清晰,所

---

① 参见(清)永瑢、纪昀等编纂:《四库全书》第 207 册,上海古籍出版社 1987 年版,第 505－506 页。

② 按:根据朱熹《四书章句集注·论语集注》(中华书局 1983 年版)核对《论语》全文(含书名、篇名),不含标点,实得字数为 16025。

③ 按:孔安国注曰"下学人事,上知天命",皇侃疏曰"下学,学人事。上达,达天命"(参见程树德:《论语集释》三,中华书局 1990 年版,第 1020 页);李贽认为"上达者,圣人之所独"并言"圣人有所不知""圣人有所不能",又曰"下学自是下学,上达自是上达"(李贽:《焚书·续焚书》,岳麓书社 1990 年版,第 137－138 页)。于此可见,后儒对"下学而上达"的理解分殊两路,前者见"下学"与"上达"之中的"而"、见"通",后者将"下学"与"上达"断然开,分明是将天人相分并割裂天人合一的通路。较之,前者释义即孔安国、皇侃等人的释义较为切近孔子之学。

其实,古往今来,人作为生命个体总是在"宇宙场域"与"万物场域"中观照并理解自身——追寻天人通,在"内在道德场域"与"外在伦理场域"中观照并理解自身——追寻内外通,在"社会场域"与"政治场域"中观照并理解自身——追寻人我通。尽管人与宇宙、万物、他者、自身之间存在着相离、相对、相仇、相冲,但是"天地之性人为贵"、人有智与灵,终可以通过感应、教化、变通、和解,走向相应、相合、相和、相通。此可谓孔子"下学而上达"思想的今日启示。

以,将《论语》仅仅视为"传记"①是不妥帖的。概观《论语》20篇之篇旨大义,《学而》篇强调为学之道、修德之方,无时不学、无时不习,是初学者所务之本。《为政》篇强调为政以德、为君之方,又言孝之义。《八佾》篇多论礼乐之事,意在讥世,欲以礼乐救世。《里仁》篇言说仁德,劝人以仁。《公冶长》篇纵论古今人物贤否得失,强调为人之德。《雍也》篇记录孔子与弟子的言行,阐明为人之道。《述而》篇记录孔子谦己诲人的言行,强调道德修行。《泰伯》篇记录孔子与曾子以道德评点古人。《子罕》篇记载孔子行事风格、处世之方与价值取向。《乡党》篇记录孔子日常生活中的言谈举止、衣食住行和生活习惯,日常生活细节之处但见孔子盛德之至、中礼而行。《乡党》篇文体和内容虽与《论语》其他诸篇的"语录体"不类,但清晰可见日常生活中的孔子形象与行为规矩。故曰,编者应有于日常生活之中见圣人形象与儒学之用的深意,同时意欲彰明圣人与儒学并非远离现实、高远迂阔。或曰:《乡党》篇彰明儒学或谓儒学之于孔子是生活的学问、生存的学问、生命的学问,亦是道德伦理的学问、社会政治的学问、天地万物的学问。《先进》篇记录孔子的教育思想,以及评点弟子贤愚与否的言论。《颜渊》篇论及践行仁德之方,即如何为政以仁、处世以仁。《子路》篇强调正名,以及为人与为政之道。《宪问》篇讨论修身为人之道,以"仁"评论古人。《卫灵公》篇记录孔子与弟子周游列国时的言行,强调仁德治国。《季氏》篇讨论君子修身,强调礼法治国之道。《阳货》篇强调仁德,阐发礼乐治国之道。《微子》篇记载古代圣贤事迹和孔子周游列国时的言行与见闻,要在希圣慕贤、行道救世。《子张》篇凡记弟子之言,子夏为多,子贡次之,要在为人之道、教学之法。《尧曰》篇追记古代圣贤,强调为政在于"尊五美,屏四恶",强调君子当知天命之所在。

比较《论语》首章"学而时习之,不亦说乎? 有朋自远方来,不亦乐乎? 人不知而不愠,不亦君子乎"与《学而》篇末章"不患人之不己知,患不知人也"以及《论语》末章"不知命,无以为君子也。不知礼,无以立也。不知言,无以知人也",则见"学"之义不仅贯穿《学而》全篇,而且贯穿《论语》全书,亦见《论语》首尾一贯,结构谨严,以及编者之隐义。

---

① 参见蒋伯潜:《十三经概论》,上海古籍出版社1983年版,第499页。

四、影响

《论语》自西汉时不仅注本增多，而且影响渐大。汉武帝时，刘馀（鲁恭王）因扩建王宫拆除曲阜孔子故宅时发现《古论》①，刘馀上言汉武帝，"武帝遣吏发取，古经、《论语》，此时皆出"（《论衡·佚文》）；"《古论》出孔氏壁中，分《尧曰》下章子张问以为一篇，有两《子张》，凡二十一篇，篇次不与齐鲁论同"②。汉昭帝始元五年（前82年）六月，诏曰："朕以眇身获保宗庙，战战栗栗，夙兴夜寐，修古帝王之事，通保傅，传《孝经》《论语》《尚书》，未云有明。其令三辅、太常举贤良各二人，郡国文学高第各一人。"（《汉书·昭帝纪》）由此，《论语》始为西汉朝廷所重视。汉和帝永元十四年（102年），徐防"以五经久远，圣意难明，宜为章句，以悟后学"而上疏曰"《论语》不宜射策"，汉和帝"诏书下公卿，皆从防言"（《后汉书·徐防传》）。至此可见，《论语》的政治地位依然不高。不过，自汉初刘邦以太牢祭祀孔子，任用叔孙通制朝仪，儒学声望便渐渐生发并日渐隆显。时至西汉末年，《论语》研究已是遍地开花，《汉书·艺文志》记载"凡论语十二家，二百二十九篇"，其中，"论语古二十一篇""齐二十二篇""鲁二十篇，传十九篇"，又曰："汉兴，有齐、鲁之说。传齐论者，昌邑中尉王吉、少府宋畸、御史大夫贡禹、尚书令五鹿充宗、胶东庸生，唯王阳名家。传鲁论语者，常山都尉龚奋、长信少府夏侯胜、丞相韦贤、鲁扶卿、前将军萧望之、安昌侯张禹，皆名家。张氏最后而行于世。"至于《鲁论语》与《齐论语》之篇目差别，何晏《论语集解》有言"《鲁论语》二十篇，《齐论语》别有《问王》《知道》，凡二十二篇，其二十篇中章句，颇多于《鲁论》"。

东汉灵帝熹平四年（175年），蔡邕奉命所刻"熹平石经"中有《论语》，《论语》称经当始于此时。唐代开成二年（837年）刻成的《开成石经》中有《论语》，北宋仁宗嘉祐六年（1061年）刻成的《嘉祐石经》中亦有《论语》。

---

① 按：《汉书·楚元王传》曰"鲁恭王坏孔子宅，欲以为宫，而得古文于坏壁之中，逸礼有三十九，书十六篇"，并无《论语》；《汉书·景十三王传》曰"恭王初好治宫室，坏孔子旧宅以广其宫，闻钟磬琴瑟之声，遂不敢复坏，于其壁中得古文经传"，亦无《论语》。《汉书·艺文志》曰"武帝末，鲁共王坏孔子宅，欲以广其宫，而得古文《尚书》及《礼记》《论语》《孝经》凡数十篇，皆古字也"；《说文解字·序》曰"壁中书者，鲁恭王坏孔子宅，而得《礼记》《尚书》《春秋》《论语》《孝经》"。

② 参见（宋）朱熹：《四书章句集注》，中华书局1983年版，第43页。

清代乾隆年间,乾隆钦命和珅、王杰等人刊刻的儒家十三经中也有《论语》,石经刻成被立于太学。

自汉至清,《论语》的影响绵延不绝。特别是宋明时期,《论语》成为宋明理学得以创构与发展的基石之一。《宋史》记载,程颢、程颐"表章《大学》《中庸》二篇,与《语》《孟》并行",张载"以《易》为宗,以《中庸》为体,以《孔》《孟》为法"(《宋史·张载传》)。南宋时期,儒家"四书"被官方尊崇,朱熹殁后,"朝廷以其《大学》《语》《孟》《中庸》训说立于学官"(《宋史·朱熹传》)。从此,《论语》成为科举考试的必考内容之一。

《论语》之文多是语录体、对话体,言简义丰,道德文章,是"当时门人弟子记圣人言行,动容周旋,揖逊进退,至为纤悉"①。《论语》所载"每日零碎问"②,多见"夫子风采,溢于格言"(《文心雕龙·征圣》);只是《论语》"言语散见,初看亦难"③,"读之愈久,但觉意味深长"④。《论语》义旨宏富,堪为六经、六艺之精要;赵岐曰"《论语》者,《五经》之馆辖,《六艺》之喉衿也"⑤,薛放曰"《论语》者,六经之菁华"(《旧唐书·薛放传》),杨时曰"《论语》之书皆圣人微言,而其徒传守之,以明斯道者也。故于终篇,具载尧舜咨命之言,汤武誓师之意,与夫施诸政事者。以明圣学之所传者,一于是而已。所以著明二十篇之大旨也。孟子于终篇,亦历叙尧、舜、汤、文、孔子相承之次,皆此意也"⑥。一言以蔽之,"《论语》者,二十篇;群弟子,记善言"(王应麟:《三字经》)。明清时期,《论语》之于政治的影响达到高峰。明清官方尊崇《论语》,常有非凡之举。比如,明成祖朱棣下诏纂修《四书大全》并亲自为之作序,刊赐天下。又如,清康熙十六年(1677 年),康熙《钦定日讲四书解义》并御制《四书讲疏义序》。厄言之,《论语》对中国古代尤其是汉至清时期的社会、政治、经济、教育、法律、文化、音乐等皆有重要影响。

综观《论语》传播史,《论语》的影响波及东亚与欧美地区。公元 371—384 年,《论语》传到高句丽,小兽林王设五经博士、立太学教育子弟,

---

① (宋)黎靖德编,王星贤点校:《朱子语类》卷 15,中华书局 1986 年版,第 1 册,第 287 页。
② (宋)黎靖德编,王星贤点校:《朱子语类》卷 19,中华书局 1986 年版,第 2 册,第 428 页。
③ (宋)黎靖德编,王星贤点校:《朱子语类》卷 14,中华书局 1986 年版,第 1 册,第 249 页。
④ (宋)朱熹:《四书章句集注》,中华书局 1983 年版,第 43 页。
⑤ (汉)赵岐:《孟子题辞》,参见(清)焦循:《孟子正义》卷 1,中华书局 1987 年版,第 2 页。
⑥ 参见(宋)朱熹:《四书章句集注》,中华书局 1983 年版,第 194 页。

《论语》成为主要教授内容之一。公元682年,新罗效仿唐朝,将《论语》定为必修课程。嗣后,《论语》经朝鲜传至日本,日本文武天皇大宝二年(702年)规定《论语》是各级学生的必修课。1711年,比利时耶稣会士卫方济(Francais Nöel,1651—1729年)在布拉格出版的《中华帝国六经》中有《论语》。1809年,英国传教士马士曼(Joshua Marshman,1768—1837年)将《论语》首次从汉语翻译为英语并出版。今天,随着全球化的到来,《论语》在海外的传播与影响更加广泛而深远,并为人类构建精神家园与命运共同体提供着价值引导与文化助力。

附:《论语》节要

子曰:"学而时习之,不亦说乎? 有朋自远方来,不亦乐乎? 人不知而不愠,不亦君子乎?"(《学而》)

曾子曰:"吾日三省吾身,为人谋而不忠乎? 与朋友交而不信乎? 传不习乎?"(《学而》)

子曰:"道千乘之国,敬事而信,节用而爱人,使民以时。"(《学而》)

有子曰:"君子务本,本立而道生,孝悌也者,其仁之本与。"(《学而》)

子曰:"弟子,入则孝,出则悌,谨而信,泛爱众,而亲仁。行有余力,则以学文。"(《学而》)

子夏曰:"贤贤易色;事父母,能竭其力;事君,能致其身;与朋友教,言而有信。虽曰未学,吾必谓之学矣。"(《学而》)

子曰:"君子不重,则不威;学则不固。主忠信。无友不如己者。过,则无惮改。"(《学而》)

有子曰:"信近于义,言可复也。恭近于礼,远耻辱也。因不失其亲,亦可宗也。"(《学而》)

有子曰:"礼之用,和为贵,先王之道斯为美,小大由之,有所不行,知和而和,不以礼节之,亦不可行也。"(《学而》)

曾子曰:"慎终追远,民德归厚。"(《学而》)

子曰:"为政以德,譬如北辰,居其所而众星共之。"(《为政》)

子曰:"导之以政,齐之以刑,民免而无耻,导之以德,齐之以礼,有耻且格。"(《为政》)

哀公问曰:何谓则民服,孔子对曰:"举直错诸枉,则民服,举枉错诸

直,则民不服。"(《为政》)

季康子问,使民敬,忠,以劝,如之何,子曰:"临之以庄则敬,孝慈则忠,举善而教不能则劝。"(《为政》)

子曰:"人而无信,不知其可也。大车无輗,小车无軏,其何以行之哉?"(《为政》)

子曰:"君子周而不比,小人比而不周。"(《为政》)

子曰:"诗三百,一言以蔽之,曰思无邪。"(《为政》)

林放问礼之本,子曰:"礼,与其奢也。宁俭,丧,与其易也。宁戚。""祭如在,祭神如神在。"(《八佾》)

定公问,君使臣,臣事君,如之何,孔子对曰:"君使臣以礼,臣事君以忠。"(《八佾》)

子曰:"居上不宽,为礼不敬,临丧不哀,吾何以观之哉。"(《八佾》)

子曰:"人而不仁,如礼何? 人而不仁,如乐何?"(《八佾》)

季氏旅于泰山,子谓冉有曰:"女弗能救与?"对曰:"不能。"子曰:"呜呼! 曾谓泰山不如林放乎?"(《八佾》)

子夏问曰:"'巧笑倩兮,美目盼兮,素以为绚兮'。何谓也?"子曰:"绘事后素。"曰:"礼后乎?"子曰:"起予者商也,始可与言诗已矣。"(《八佾》)

子曰:"《关雎》,乐而不淫,哀而不伤。"(《八佾》)

子谓韶:"尽美矣,又尽善也。"谓武:"尽美矣,未尽善也。"(《八佾》)

子曰:"周监于二代,郁郁乎文哉,吾从周。"(《八佾》)

子曰:"君子无终食之间违仁,造次必于是,颠沛必于是。"(《里仁》)

子曰:"人之过也,各于其党。观过,斯知仁矣。"(《里仁》)

子曰:"朝闻道,夕死可矣。"(《里仁》)

子曰:"见贤思齐焉。见不贤而内自省也。"(《里仁》)

子曰:"不仁者不可以久处约,不可以长处乐。仁者安仁,知者利仁。"(《里仁》)

子曰:"君子欲讷于言而敏于行。"(《里仁》)

子曰:"君子怀德,小人怀土;君子怀刑,小人怀惠。"(《里仁》)

子曰:"君子之于天下也,无适也,无莫也,义之与比。"(《里仁》)

子曰:"参乎! 吾道一以贯之。"曾子曰:"唯。"子出,门人问曰:"何谓也?"曾子曰:"夫子之道,忠恕而已矣。"(《里仁》)

子曰："君子喻于义，小人喻于利。"（《里仁》）

子曰："事父母几谏，见志不从，又敬不违，劳而不怨。"（《里仁》）

子曰："父母在，不远游，游必有方。"（《里仁》）

子曰："三年无改于父之道，可谓孝矣。"（《里仁》）

子曰："父母之年，不可不知也。一则以喜，一则以惧。"（《里仁》）

子曰："始吾于人也，听其言而信其行；今吾于人也，听其言而观其行。于予与改是。"（《公冶长》）

子贡问曰："孔文子何以谓之文？"子曰："敏而好学，不耻下问，是以谓之文。"（《公冶长》）

子谓子产："有君子之道四焉：其行己也恭，其事上也敬，其养民也惠，其使民也义。"（《公冶长》）

子曰："已矣乎，吾未见能见其过而内自讼者也。"（《公冶长》）

子在陈，曰："归与！归与！吾党之小子狂简，斐然成章，不知所以裁之。"（《公冶长》）

颜渊、季路侍。子曰："盍各言尔志？"子路曰："愿车马、衣轻裘，与朋友共。敝之而无憾。"颜渊曰："愿无伐善，无施劳。"子路曰："愿闻子之志。"子曰："老者安之，朋友信之，少者怀之。"（《公冶长》）

哀公问，弟子孰为好学。孔子对曰："有颜回者好学，不迁怒，不贰过，不幸短命死矣。"（《雍也》）

子曰："回也其心三月不违仁，其馀则日月至焉而已矣。"（《雍也》）

子曰："贤哉，回也！一箪食，一瓢饮，在陋巷，人不堪其忧，回也不改其乐。贤哉，回也！"（《雍也》）

子曰："质胜文则野，文胜质则史。文质彬彬，然后君子。"（《雍也》）

子曰："齐一变，至于鲁；鲁一变，至于道。"（《雍也》）

子曰："中庸之为德也，其至矣乎！民鲜久矣。"（《雍也》）

子贡曰："如有博施于民而能济众，何如？可谓仁乎？"子曰："何事于仁？必也圣乎！尧舜其犹病诸。夫仁者，己欲立而立人，己欲达而达人。能近取譬，可谓仁之方也已。"（《雍也》）

子曰："述而不作，信而好古，窃比于我老彭。"（《述而》）

子曰："默而识之，学而不厌，诲人不倦，何有于我哉？"（《述而》）

子以四教：文，行，忠，信。（《述而》）

子曰:"三人行,必有我师焉。择其善者而从之,其不善者而改之。"(《述而》)

子曰:"德之不修,学之不讲,闻义不能徙,不善不能改,是吾忧也。"(《述而》)

子曰:"志于道,据于德,依于仁,游于艺。"(《述而》)

子曰:"仁远乎哉? 我欲仁,斯仁至矣。"(《述而》)

子曰:"不愤不启,不悱不发,举一隅不以三隅反,则不复也。"(《述而》)

子曰:"富而可求也,虽执鞭之士,吾亦为之。如不可求,从吾所好。"(《述而》)

子曰:"饭疏食饮水,曲肱而枕之,乐亦在其中矣。不义而富且贵,于我如浮云。"(《述而》)

子曰:"甚矣吾衰也! 久矣,吾不复梦见周公。"(《述而》)

子曰:"君子坦荡荡,小人长戚戚。"(《述而》)

子曰:"恭而无礼则劳;慎而无礼则葸;勇而无礼则乱;直而无礼则绞。君子笃于亲,则民兴于仁;故旧不遗,则民不偷。"(《泰伯》)

曾子曰:"士不可以不弘毅,任重而道远。仁以为己任,不亦重乎? 死而后已,不亦远乎?"(《泰伯》)

子曰:"笃信,好学,守死,善道。危邦不入,乱邦不居。天下有道则见,无道则隐。邦有道,贫且贱焉,耻也;邦无道,富且贵焉,耻也。"(《泰伯》)

子曰:"狂而不直,侗而不愿,悾悾而不信,吾不知之矣。"(《泰伯》)

子曰:"兴于《诗》,立于礼,成于乐。"(《泰伯》)

子曰:"不在其位,不谋其政。"(《泰伯》)

子曰:"大哉尧之为君也! 巍巍乎,唯天为大,唯尧则之。荡荡乎,民无能名焉。巍巍乎其有成功也,焕乎其有文章!"(《泰伯》)

子绝四:毋意、毋必、毋固、毋我。(《子罕》)

子畏于匡,曰:"文王既没,文不在兹乎? 天之将丧斯文也,后死者不得与于斯文也;天之未丧斯文也,匡人其如予何?"(《子罕》)

子曰:"吾有知乎哉? 无知也。有鄙夫问于我,空空如也。我叩其两端而竭焉。"(《子罕》)

子曰："凤鸟不至,河不出图,吾已矣夫!"(《子罕》)

子在川上曰："逝者如斯夫! 不舍昼夜。"(《子罕》)

颜渊喟然叹曰："仰之弥高,钻之弥坚。瞻之在前,忽焉在后。夫子循循然善诱人,博我以文,约我以礼,欲罢不能。既竭吾才,如有所立卓尔,虽欲从之,末由也已。"(《子罕》)

子曰："譬如为山,未成一篑,止,吾止也;譬如平地,虽覆一篑,进,吾往也。"(《子罕》)

子曰："三军可夺帅也,匹夫不可夺志也。"(《子罕》)

子曰："知者不惑,仁者不忧,勇者不惧。"(《子罕》)

子曰："岁寒,然后知松柏之后凋也。"(《子罕》)

颜渊问仁,子曰："克己复礼为仁。一日克己复礼,天下归仁焉。为仁由己,而由人乎哉?"颜渊曰："请问其目?"子曰："非礼勿视,非礼勿听,非礼勿言,非礼勿动。"颜渊曰："回虽不敏,请事斯语矣。"(《颜渊》)

仲弓问仁,子曰："出门如见大宾,使民如承大祭。己所不欲,勿施于人。在邦无怨,在家无怨。"仲弓曰："雍虽不敏,请事斯语矣。"(《颜渊》)

司马牛问仁,子曰："仁者,其言也讱。"曰："其言也讱,斯谓之仁已乎?"子曰："为之难,言之得无讱乎?"(《颜渊》)

樊迟问仁,子曰："爱人。"问知,子曰："知人。"樊迟未达,子曰："举直错诸枉,能使枉者直。"(《颜渊》)

子贡问政。子曰："足食,足兵,民信之矣。"子贡曰："必不得已而去,于斯三者何先?"曰："去兵。"子贡曰："必不得已而去,于斯二者何先?"曰："去食。自古皆有死,民无信不立。"(《颜渊》)

哀公问于有若曰："年饥,用不足,如之何?"有若对曰："盍彻乎?"曰："二,吾犹不足,如之何其彻也?"对曰："百姓足,君孰与不足? 百姓不足,君孰与足?"(《颜渊》)

齐景公问政于孔子,孔子对曰："君君,臣臣,父父,子子。"公曰："善哉! 信如君不君、臣不臣、父不父、子不子,虽有粟,吾得而食诸?"(《颜渊》)

季康子问政于孔子,孔子对曰："政者,正也。子帅以正,孰敢不正?"(《颜渊》)

子张问崇德辨惑。子曰："主忠信,徙义,崇德也。爱之欲其生,恶之

欲其死。既欲其生,又欲其死,是惑也。'诚不以富,亦祗以异。'"(《颜渊》)

曾子曰:"君子以文会友,以友辅仁。"(《颜渊》)

子路曰:"卫君待子而为政,子将奚先?"子曰:"必也正名乎!"子路曰:"有是哉,子之迂也!奚其正?"子曰:"野哉由也!君子于其所不知,盖阙如也。名不正,则言不顺;言不顺,则事不成;事不成,则礼乐不兴;礼乐不兴,则刑罚不中;刑罚不中,则民无所措手足。故君子名之必可言也,言之必可行也。君子于其言,无所苟而已矣。"(《子路》)

樊迟请学稼,子曰:"吾不如老农。"请学为圃,曰:"吾不如老圃。"樊迟出,子曰:"小人哉樊须也!上好礼,则民莫敢不敬;上好义,则民莫敢不服;上好信,则民莫敢不用情。夫如是,则四方之民襁负其子而至矣,焉用稼?"(《子路》)

子曰:"其身正,不令而行;其身不正,虽令不从。"(《子路》)

子适卫,冉有仆,子曰:"庶矣哉!"冉有曰:"既庶矣,又何加焉?"曰:"富之。"曰:"既富矣,又何加焉?"曰:"教之。"(《子路》)

子曰:"君子和而不同,小人同而不和。"(《子路》)

子曰:"君子泰而不骄,小人骄而不泰。"(《子路》)

子贡问曰:"何如斯可谓之士矣?"子曰:"行己有耻,使于四方,不辱君命,可谓士矣。"曰:"敢问其次。"曰:"宗族称孝焉,乡党称弟焉。"曰:"敢问其次。"曰:"言必信,行必果,硁硁然小人哉! ——抑亦可以为次矣。"曰:"今之从政者何如?"子曰:"噫!斗筲之人,何足算也?"(《子路》)

子路问曰:"何如斯可谓之士矣?"子曰:"切切偲偲,怡怡如也,可谓士矣。朋友切切偲偲,兄弟怡怡。"(《子路》)

叶公语孔子曰:"吾党有直躬者,其父攘羊,而子证之。"孔子曰:"吾党之直者异于是。父为子隐,子为父隐,直在其中矣。"(《子路》)

宪问耻,子曰:"邦有道,谷;邦无道,谷,耻也。""克、伐、怨、欲不行焉,可以为仁矣?"子曰:"可以为难矣,仁则吾不知也。"(《宪问》)

子曰:"有德者必有言,有言者不必有德。仁者必有勇,勇者不必有仁。"(《宪问》)

子曰:"君子而不仁者有矣夫,未有小人而仁者也。"(《宪问》)

子曰:"贫而无怨难,富而无骄易。"(《宪问》)

子路问君子,子曰:"修己以敬。"曰:"如斯而已乎?"曰:"修己以安人。"曰:"如斯而已乎?"曰:"修己以安百姓。修己以安百姓,尧、舜其犹病诸!"(《宪问》)

子曰:"君子上达,小人下达。"(《宪问》)

子曰:"莫我知也夫!"子贡曰:"何为其莫知子也?"子曰:"不怨天,不尤人,下学而上达。知我者其天乎!"(《宪问》)

在陈绝粮,从者病莫能兴。子路愠见曰:"君子亦有穷乎?"子曰:"君子固穷,小人穷斯滥矣。"(《卫灵公》)

子曰:"无为而治者其舜也与!夫何为哉?恭己正南面而已矣。"(《卫灵公》)

子曰:"志士仁人无求生以害仁,有杀身以成仁。"(《卫灵公》)

颜渊问为邦,子曰:"行夏之时,乘殷之辂,服周之冕,乐则《韶》《舞》;放郑声,远佞人。郑声淫,佞人殆。"(《卫灵公》)

子曰:"君子义以为质,礼以行之,孙以出之,信以成之。君子哉!"(《卫灵公》)

子曰:"君子病无能焉,不病人之不己知也。"(《卫灵公》)

子曰:"君子疾没世而名不称焉。"(《卫灵公》)

子曰:"君子求诸己,小人求诸人。"(《卫灵公》)

子曰:"君子矜而不争,群而不党。"(《卫灵公》)

子曰:"君子不以言举人,不以人废言。"(《卫灵公》)

子曰:"人能弘道,非道弘人。"(《卫灵公》)

子曰:"君子谋道不谋食。耕也馁在其中矣,学也禄在其中矣。君子忧道不忧贫。"(《卫灵公》)

子曰:"有教无类。"(《卫灵公》)

子曰:"当仁不让于师。"(《卫灵公》)

季氏将伐颛臾,冉有、季路见于孔子,曰:"季氏将有事于颛臾。"孔子曰:"求,无乃尔是过与?夫颛臾,昔者先王以为东蒙主,且在邦域之中矣,是社稷之臣也。何以伐为?"冉有曰:"夫子欲之,吾二臣者皆不欲也。"孔子曰:"求,周任有言曰:'陈力就列,不能者止。'危而不持,颠而不扶,则将焉用彼相矣?且尔言过矣,虎兕出于柙,龟玉毁于椟中,是谁之过与?"冉有曰:"今夫颛臾固而近于费,今不取,后世必为子孙忧。"孔子曰:"求,君子疾夫舍曰欲之而必为之辞。丘也闻,有国有家者,不患寡而患不均,不患贫而患不安。盖均无贫,和无寡,安无倾。夫如是,故远人不服则修文德以来之,既来之,则安之。今由与求也相夫子,远人不服而不能来也,邦分崩离析而不能守也,而谋动干戈于邦内。吾恐季孙之忧不在颛臾,而在萧墙之内也。"(《季氏》)

孔子曰:"天下有道,则礼乐征伐自天子出;天下无道,则礼乐征伐自诸侯出。自诸侯出,盖十世希不失矣;自大夫出,五世希不失矣;陪臣执国命,三世希不失矣。天下有道,则政不在大夫;天下有道,则庶人不议。"(《季氏》)

孔子曰:"益者三友,损者三友。友直、友谅、友多闻,益矣;友便辟、友善柔、有便佞,损矣。"(《季氏》)

孔子曰:"益者三乐,损者三乐。乐节礼乐、乐道人之善、乐多贤友,益矣;乐骄乐、乐佚游、乐宴乐,损矣。"(《季氏》)

孔子曰:"君子有三戒:少之时,血气未定,戒之在色;及其壮也,血气方刚,戒之在斗;及其老也,血气既衰,戒之在得。"(《季氏》)

孔子曰:"君子有三畏:畏天命,畏大人,畏圣人之言。小人不知天命而不畏也,狎大人,侮圣人之言。"(《季氏》)

孔子曰:"生而知之者上也,学而知之者次也;困而学之又其次也。困而不学,民斯为下矣。"(《季氏》)

孔子曰:"君子有九思:视思明,听思聪,色思温,貌思恭,言思忠,事思敬,疑思问,忿思难,见得思义。"(《季氏》)

孔子曰:"见善如不及,见不善如探汤;吾见其人矣。吾闻其语矣。隐居以求其志,行义以达其道;吾闻其语矣,未见其人也。"(《季氏》)

陈亢问于伯鱼曰:"子亦有异闻乎?"对曰:"未也。尝独立,鲤趋而过庭,曰:'学《诗》乎?'对曰:'未也。''不学《诗》,无以言。'鲤退而学《诗》。他日,又独立,鲤趋而过庭,曰:'学《礼》乎?'对曰:'未也。''不学《礼》,无以立。'鲤退而学《礼》。闻斯二者。"陈亢退而喜曰:"问一得三,闻《诗》,闻《礼》,又闻君子之远其子也。"(《季氏》)

子曰:"性相近也,习相远也。"(《阳货》)

子曰:"唯上知与下愚不移。"(《阳货》)

子张问仁于孔子,孔子曰:"能行五者于天下为仁矣。"请问之,曰:

"恭、宽、信、敏、惠。恭则不侮，宽则得众，信则人任焉，敏则有功，惠则足以使人。"(《阳货》)

子曰："由也，女闻六言六蔽矣乎？"对曰："未也。""居！吾语女。好仁不好学，其蔽也愚；好知不好学，其蔽也荡；好信不好学，其蔽也贼；好直不好学，其蔽也绞；好勇不好学，其蔽也乱；好刚不好学，其蔽也狂。"(《阳货》)

子曰："小子何莫学夫《诗》？《诗》可以兴，可以观，可以群，可以怨。迩之事父，远之事君，多识于鸟兽草木之名。"(《阳货》)

子曰："礼云礼云，玉帛云乎哉？乐云乐云，钟鼓云乎哉？"(《阳货》)

子曰："巧言令色，鲜矣仁。"(《阳货》)

子路行以告，夫子怃然曰："鸟兽不可与同群，吾非斯人之徒与而谁与？天下有道，丘不与易也。"(《微子》)

周公谓鲁公曰："君子不施其亲，不使大臣怨乎不以，故旧无大故则不弃也，无求备于一人。"(《微子》)

子夏曰："博学而笃志，切问而近思，仁在其中矣。"(《子张》)

子夏曰："百工居肆以成其事，君子学以致其道。"(《子张》)

子夏曰："君子有三变：望之俨然，即之也温，听其言也厉。"(《子张》)

子夏曰："仕而优则学，学而优则仕。"(《子张》)

叔孙武叔语大夫于朝曰："子贡贤于仲尼。"子服景伯以告子贡，子贡曰："譬之宫墙，赐之墙也及肩，窥见室家之好；夫子之墙数仞，不得其门而入，不见宗庙之美、百官之富。得其门者或寡矣，夫子之云不亦宜乎！"(《子张》)

尧曰："咨！尔舜，天之历数在尔躬，允执其中。四海困穷，天禄永终。"舜亦以命禹。曰："予小子履，敢用玄牡，敢昭告于皇皇后帝：有罪不敢赦，帝臣不蔽，简在帝心。朕躬有罪，无以万方；万方有罪，罪在朕躬。"周有大赉，善人是富。"虽有周亲，不如仁人。百姓有过，在予一人。"谨权量，审法度，修废官，四方之政行焉。兴灭国，继绝世，举逸民，天下之民归心焉。所重：民、食、丧、祭。宽则得众，信则民任焉，敏则有功，公则说。(《尧曰》)

孔子曰："不知命，无以为君子也；不知礼，无以立也；不知言，无以知人也。"(《尧曰》)

《孟子》学案

自战国至东汉，孟子之学不彰，司马迁《史记·孟子荀卿列传》对孟子也只是寥寥数语，对孟子之书略有提及。西汉前期，河间献王刘德"所得书皆古文先秦旧书，周官、尚书、礼、礼记、孟子、老子之属，皆经传说记，七十子之徒所论"（《汉书·景十三王传》），《孟子》见世。东汉时期，《汉书·艺文志》将《孟子》列入诸子类，东汉王充视《孟子》为辅翼"经书"的"传"。北宋初期，孙复、石介、欧阳修、王安石、程颢、程颐等人响应韩愈的道统说而尊崇孟子，从此《论》《孟》并提。肇自唐宋之际，《孟子》一书的学术地位、学术声望与学术影响渐隆。

一、成书

孟子"受业子思之门人。道既通，游事齐宣王，宣王不能用。适梁，梁惠王不果所言，则见以为迂远而阔于事情"，无奈之中的孟子"退而与万章之徒序诗书，述仲尼之意，作《孟子》七篇"（《史记·孟子荀卿列传》）。简言之，《孟子》（七篇）成书于战国时期。然则，后世史籍著作对《孟子》一书的篇数与卷次之记载不尽相同，《汉书·艺文志》载"《孟子》十一篇"[①]，《隋书·经籍志》载"《孟子》十四卷齐卿孟轲撰，赵岐注"，《孟子正义》载"《孟子》七卷郑玄注""《孟子》七卷刘熙注。梁有《孟子》九卷，綦毋邃撰，亡"[②]。《汉书·艺文志》只将《孟子》列入儒家诸子略，并无称经。东汉末年的赵岐将《孟子》与《论语》相比，认为《孟子》是"拟圣而作"，其《孟子题辞》认为《孟子》是"孟子之所作也，故总谓之《孟子》"[③]。同时，赵岐见孟子《性善辩》《文说》《孝经》《为政》，不过，赵岐认为文义不够宏深，似非孟子本真。因此，不知赵岐是否采四篇外书之精华以入《孟子》十四篇，但自其见过孟子四篇外书之后，孟子四篇外书便不见于世。

尽管《韩非子·显学》篇凡列"儒分为八"中有孟氏之儒，但是《孟子》在秦汉之际的地位与声望并不隆显。至于赵岐所言"汉兴，除秦虐禁，开

---

① （汉）班固：《汉书》卷30《艺文志》，中华书局1962年版，第1725页。
② （唐）魏徵：《隋书》卷34《经籍志》，中华书局1973年版，第996页。
③ 参见（清）焦循：《孟子正义》卷1《孟子题辞》，中华书局1987年版，第3页。

延道德,孝文皇帝欲广游学之路,《论语》《孝经》《孟子》《尔雅》皆置博士"①,似乎与汉代史实不符。②凡考西汉旧典,皆未见《孟子》于西汉初年被立为博士之事。难怪为《孟子》作注的朱熹指出:"赵岐说《孟子》《尔雅》皆置博士,在《汉书》亦无可考。"③

二、注本

自汉至清,后儒章句注疏《孟子》不绝,其中有程曾、赵岐、郑玄、刘熙、綦毋邃、朱熹、张栻、戴震、焦循等人的著述,只是今多亡佚,且举要论之。

东汉赵岐的《孟子章句》是目前所见最早的《孟子》注本,赵岐《孟子章句》的特色在于分章析句、贯通辞气、追寻原意、发明用心,以意逆志、阐扬大义;侧重于训诂,广集诸经而解之。其中,最为典型的特色是发明"章指"。所谓"章指"即"赵岐注《孟子》,每章之末括其大旨,间作韵语,谓之章指"④。另据《后汉书》记载,《孟子》章句于汉代不止赵岐一家,其中,程曾的《孟子章句》就早于赵岐的《孟子章句》⑤。只是,程曾的《孟子章句》今已亡佚。

宋儒朱熹《四书集注》之《孟子集注》是儒学史与孟学史中的经典之作。朱熹《孟子集注》侧重于义理,广集儒者诸说与诸注,辨析怀疑,打破"注不违经"之陈规,常常发明新见,融理学于其间。朱熹曰:"经书有不可解处,只得阙。若一向去解,便有不通而谬处"⑥,《朱子语类》记载朱熹与门人讨论《仁人心也章》时有一段对话:

---

① (汉)赵岐:《孟子题辞》,参见(清)焦循:《孟子正义》卷1,中华书局1987年版,第17页。
② 通考《史记》《汉书》《汉纪》皆未见《孟子》于汉初被置为博士之事,另据《汉书·景十三王传》记载:"献王所得书皆古文先秦旧书,《周官》《尚书》《礼》《礼记》《孟子》《老子》之属,皆经传说记,七十子之徒所论",又据《后汉书·翟酺传》记载:"孝文皇帝始置一经博士,武帝大合天下之书,而孝宣论六经于石渠,学者滋盛,弟子万数";由上观之,"孝文皇帝始置一经博士",未言其中有《孟子》。
③ (宋)黎靖德编,王星贤点校:《朱子语类》卷138,中华书局1986年版,第8册,第3277页。
④ (清)钱大昕:《十驾斋养新录》卷3《孟子章指》,上海书店出版社1983年版,第52页。
⑤ 据《后汉书·儒林列传》记载:"程曾字秀升,豫章南昌人也。……著书百馀篇,皆五经通难,又作《孟子章句》。建初三年,举孝廉,迁海西令,卒于官。"《后汉书·赵岐传》记载:"岐多所述作,著《孟子章句》《三辅决录》传于时。"较之,程曾于"建初三年(78年)举孝廉,迁海西令,卒于官",而赵岐(?~201年)在建安六年(201年)去世,可见程曾早于赵岐近百年而作《孟子章句》。参见(南朝宋)范晔撰:《后汉书》卷79、卷64,中华书局1965年版,第2581、2124页。
⑥ (宋)黎靖德编,王星贤点校:《朱子语类》卷11,中华书局1986年版,第1册,第193页。

> 季成问"放心"。曰："如'求其放心','主一之谓敬'之类，不待商量，便合做起。若放迟霎时，则失之。如辨明是非，经书有疑之类，则当商量。"①

大体而言，朱熹《孟子集注》是《孟子》注疏史中的里程碑，不仅提升了《孟子》之于儒经的地位，而且在注解《孟子》的过程中深化了理学。只是，朱熹以理学注解《孟子》恐非尽合孟子本义，亦非尽是孟子原义。

清儒焦循的《孟子正义》是《孟子》注疏史中的集大成者。焦循认为以往的《孟子》注疏"体例踌驳，征引陋略乖舛，文义冗蔓俚鄙"，欲为《孟子》予以新疏，以补前人之阙。清儒认为赵岐《孟子注》好用古事为比，托名孙奭的《孟子疏》多不得其根据。焦循《孟子正义》反映出清儒继承汉代章句训诂之义，凡涉形训、声训和义训等诸种方法。焦循《孟子正义》主要疏赵岐《注》，欲承汉代实学精神弥补宋明理学之空疏。与清代众儒重视"考据"不同，焦循认为"考据"不是治经之要，提出"世俗考据之称，或为此类而设，不得窃附于经学，亦不得诬经学，为此概以考据目之也"（《雕菰集》卷13《与孙渊如观察论考据著作书》），声称"自擅为考据之学，吾深恶之也"（《里堂家训》卷下）；从而提出独特的治经理念："惟经学可言性灵，无性灵不可以言经学"（同上），"以己之性灵，合诸古圣之性灵，并贯通于千百家著书立言者之性灵"（《雕菰集》卷13《与孙渊如观察论考据著作书》）。当然，详于训诂名物的焦循对《孟子》大义也有深会，其疏文浩博，精义常现。此外，清儒戴震《孟子字义疏证》对《孟子》一书所涉核心范畴详加疏证，且发己意，以成新说，是《孟子》诠释史中的又一部力作。戴震自陈"仆生平著述最大者，为《孟子字义疏证》一书，此正人心之要"（《与段玉裁书》②）。戴震从字义疏证《孟子》体现出独特的治经理念："治经先考字义，次通义理，志存闻道，必空所依傍"（《与某书》③）、"由字以通其词，由词以通其道，必有渐"（《与是仲明论学书》④）。《汉书·艺文志》曰"六书谓象形、象事、象意、象声、转注、假借，造字之本也"，戴震曰"六书也者，文字之纲领，而治经之津涉也"（《六书论序》）。戴震批评宋儒有"凿空"之

---

① （宋）黎靖德编，王星贤点校：《朱子语类》卷59，中华书局1986年版，第4册，第1408页。
② 参见（清）戴震：《戴震全书》第6册，黄山书社1995年版，第543页。
③ 参见（清）戴震：《戴震全书》第7册，黄山书社1995年版，第374页。
④ 参见（清）戴震：《戴震全书》第6册，黄山书社1995年版，第370页。

二弊："缘词生训者,所释之义非其本义;守讹传谬者,所据之经并非其本经"(《古经解钩沈序》[1])。因此,戴震秉行"实事求是"的治经路数与"有志闻道"(《与段玉裁书》[2])的治经宗旨。

自汉肇始,《孟子》章句、注疏时见,注家笔法各异,诸家凡列《孟子》篇目与卷次亦有不同。在此,我们且列下表以备参详。

赵岐、朱熹、焦循所定《孟子》篇目、篇序与卷次异同表

东汉赵岐《孟子章句》篇目、篇序与卷次	魏徵《群书治要》卷37《孟子治要》篇目	朱熹《孟子集注》篇目、篇序与卷次	焦循《孟子正义》篇目、篇序与卷次	备注
梁惠王章句上 梁惠王章句下 公孙丑章句上 公孙丑章句下 滕文公章句上 滕文公章句下 离娄章句上 离娄章句下 万章章句上 万章章句下 告子章句上 告子章句下 尽心章句上 尽心章句下	《梁惠王》 《公孙丑》 《滕文公》 《离娄》 《告子》 《尽心》[3]	卷一 梁惠王章句上 卷二 梁惠王章句下 卷三 公孙丑章句上 卷四 公孙丑章句下 卷五 滕文公章句上 卷六 滕文公章句下 卷七 离娄章句上 卷八 离娄章句下 卷九 万章章句上 卷十 万章章句下 卷十一 告子章句上 卷十二 告子章句下 卷十三 尽心章句上 卷十四 尽心章句下[4]	卷二、三 梁惠王上 卷四、五 梁惠王下 卷六、七 公孙丑上 卷八、九 公孙丑下 卷十、十一 滕文公上 卷十二、十三 滕文公下 卷十四、十五 离娄上 卷十六、十七 离娄下 卷十八、十九 万章上 卷二十、二十一 万章下 卷二十二、二十三 告子上 卷二十四、二十五 告子下 卷二十六、二十七 尽心上 卷二十八、二十九 尽心下[5]	焦循《孟子正义》全书共三十卷,其中,卷一《孟子题辞》、卷三十《孟子篇叙》,其他诸卷为原孟子七篇分而列之。

---

① 参见(清)戴震:《戴震全书》第6册,黄山书社1995年版,第378页。
② 参见(清)戴震:《戴震全书》第6册,黄山书社1995年版,第541页。
③ (唐)魏徵:《群书治要》卷37,世界书局2011年版,第956页。
④ (宋)朱熹:《四书章句集注》,中华书局1983年版,第2—3页。
⑤ (清)焦循:《孟子正义》,中华书局1987年版,第1—7页。

由上表可见后学眼中的《孟子》之卷章分殊并不相同,而且他们的注疏多是因时而注,循己而注。其中,朱熹《孟子集注》反映出两宋儒学之新变与理学建构之需要,宋儒主张越过汉唐回到先秦,自觉绍述孔孟之道,故于义理多有发明;清儒焦循《孟子正义》反映出清儒继承汉代章句训诂之学,且以考据名物见长。因此,于儒学义理而言,朱熹《孟子集注》堪称经典;于考据训诂而言,焦循《孟子正义》是谓杰作。这种理论表征之异反映出宋儒与清儒在修治儒家经典方面的路数不同,或曰:他们的解经与注经风格相异,学术旨趣自然也是殊途。

三、篇旨

《孟子》一书,凡计 7 篇 14 卷 286 章,约 35000 字,全书主旨若用《孟子》原文概括当是"孟子道性善,言必称尧舜"(《滕文公上》)。

《孟子》一书词旨宏富,义理彰明。《滕文公》上篇载"孟子道性善,言必称尧舜",孟子认为人有仁心、可成仁人、可成仁政。《告子》下篇提出"人皆可以为尧舜",《尽心》下篇强调"仁人无敌于天下"。《滕文公》下篇提出"大丈夫":"居天下之广居,立天下之正位,行天下之大道。得志与民由之,不得志独行其道。富贵不能淫,贫贱不能移,威武不能屈。此之谓大丈夫。"《公孙丑》上篇提出"浩然正气":"其为气也,至大至刚,以直养而无害,则塞于天地之间。其为气也,配义与道;无是,馁也。是集义所生者,非义袭而取之也。"《尽心》上篇强调"尽其心者,知其性也。知其性,则知天矣。存其心,养其性,所以事天也。夭寿不贰,修身以俟之,所以立命也"。《公孙丑》《告子》篇言恻隐(仁)、羞恶(义)、恭敬(礼)、是非(智)之"四端",强调"四端"是"我固有之也,弗思耳矣",强调"凡有四端于我者,知皆扩而充之矣"。孟子认为"四端"扩而充之,足以保四海,反之,若不扩充之,则不足以事父母。《告子》上篇强调人应该"求放心",孟子曰"仁,人心也;义,人路也。舍其路而弗由,放其心而不知求,哀哉! 人有鸡犬放,则知求之;有放心,而不知求。学问之道无他,求其放心而已矣"。《离娄》篇提出"大人者,不失其赤子之心者也"。

值得指出的是,《尽心》篇提出以不忍人之心成不忍人之政,"不忍人之政"即是"仁政"。《离娄》上篇曰"三代之得天下也以仁,其失天下也以不仁。国之所以废兴存亡者亦然。天子不仁,不保四海;诸侯不仁,不保

社稷;卿大夫不仁,不保宗庙;士庶不仁,不保四体"。《梁惠王》上篇曰:
"王如施仁政于民,省刑罚,薄税敛,深耕易耨。壮者以暇日修其孝悌忠
信,入以事其父兄,出以事其长上,可使制梃以挞秦楚之坚甲利兵矣。彼
夺其民时,使不得耕耨以养其父母,父母冻饿,兄弟妻子离散。彼陷溺其
民,王往而征之,夫谁与王敌?"同时,《滕文公上》《公孙丑上》与《尽心上》
勾勒出"仁政"的政治蓝图与生活情景。其中,《滕文公上》曰:

> 夫仁政,必自经界始。经界不正,井地不钧,谷禄不平。是故暴
> 君污吏必慢其经界。经界既正,分田制禄可坐而定也。夫滕壤地褊
> 小,将为君子焉,将为野人焉。无君子莫治野人,无野人莫养君子。
> 请野九一而助,国中什一使自赋。卿以下必有圭田,圭田五十亩。馀
> 夫二十五亩。死徙无出乡,乡田同井。出入相友,守望相助,疾病相
> 扶持,则百姓亲睦。方里而井,井九百亩,其中为公田。八家皆私百
> 亩,同养公田。公事毕,然后敢治私事,所以别野人也。此其大略也。

《离娄》上篇提出"不以仁政,不能平治天下",《公孙丑》上篇强调"当今之
时,万乘之国行仁政,民之悦之,犹解倒悬也。故事半古之人,功必倍之,
惟此时为然"。《孟子》"仁政"构想的关键在于强调民本思想:"民为贵,社
稷次之,君为轻";或曰实现"仁政"的关键在于人君有仁心、成仁者、施仁
政,能够与民同乐、与民同忧。

自汉肇始,后儒对《孟子》之要旨多有独见。其中,宋儒陈渊曰"孟子
七篇专发明性善"(《宋史·陈渊传》),宋儒张栻曰"孟子当战国横流之时,
发挥天理遏止人欲,深切著明,拨乱反正之大纲也,其微辞奥义备载七篇
之书"(《孟子讲义序》①),宋儒王应麟曰:

> 孟子辟邪距诐,羽翼孔道,七篇垂训,法严义精:知性知天,易之
> 奥也;以意逆志,诗之纲也;言称尧舜,书之要也;井田爵禄之制,可以
> 知礼;王霸义利之辨,可以知春秋。儒者称之曰:通五经。噫,若孟氏

---

① (宋)张栻:《张栻集》第3册,中华书局2015年版,第972页。

斯谓之通矣,燧哉。(《玉海》卷 42《汉诸经通义》[①])

综观《孟子》,全书意在教人收放心、扩"四心",成仁人、成圣人,尽天命、成仁政。或曰,《孟子》强调道德自觉性、自明性,强调善的可为、可成、可推、可扩,由心而发,由身而践,由政而成,可王天下。

追根溯源,《孟子》七篇之宏旨不仅与孔子及《论语》有密切渊源,而且与"六经"元典有密切关系。孟子周游列国未遇明君,"退而与万章之徒序诗书,述仲尼之意,作《孟子》七篇"(《史记·孟子荀卿列传》);孟子对《书》《春秋》有深刻理解,孟子曰"尽信《书》,则不如无《书》。吾于《武成》,取二三策而已矣"(《尽心下》)、"世衰道微,邪说暴行有作,臣弑其君者有之,子弑其父者有之。孔子惧,作《春秋》。《春秋》,天子之事也。是故孔子曰'知我者其惟春秋乎! 罪我者其惟春秋乎!'"(《滕文公下》)。不唯于此,《孟子》七篇引《诗》有 33 处、论《诗》有 4 处、引《书》有 18 次、论《书》有 1 次,从中可以窥见孟子的经学思想与《孟子》的理论旨趣。

另外,较之于《论语》的简洁记述、语言平易,《孟子》之文长于议论,文风雄阔;较之于孔子的温润和平、中正内敛、含蓄儒雅之气象,孟子颇有光芒四射、语言犀利、雄伟善辩之气象。

四、影响

战国以降,《孟子》一书的影响始终不断。西汉司马迁读孟子书尝"废书而叹"(《史记·孟子荀卿列传》)并为孟子立传,东汉程曾、赵岐等人则为《孟子》作章句、注疏。

唐代宝应二年(763 年),礼部侍郎杨绾上疏言:"请依古察孝廉,其乡闾孝友、信义、廉耻而通经者,县荐之州,州试其所通之学,送于省。……《论语》《孝经》《孟子》兼为一经,其明经、进士及道举并停。"(《新唐书·选举志上》)大历年间(766-779 年),经学家赵匡针对当时科举之弊提出建议曰:"通《礼记》《尚书》《论语》《孝经》之外,更通《道德》诸经、通《玄经》《孟子》《荀卿子》《吕氏春秋》《管子》《墨子》《韩子》,谓之茂才举。"(《通典》卷十七《选举五》)显然,杨绾、赵匡之疏议已有隆升《孟子》之初绪。时至

---

① 参见(清)永瑢、纪昀等编纂:《四库全书》第 944 册,上海古籍出版社 1987 年版,第 168 页。

中晚唐,韩愈在辟佛扬儒的复古运动中,将孟子列入儒家道统,其《原道》曰:"尧以是传之舜,舜以是传之禹,禹以是传之汤,汤以是传之文、武、周公,文、武、周公传之孔子,孔子传之孟轲,轲之死,不得其传焉。"韩愈指出:"学者必慎其所道,道于杨墨老庄佛之学,而欲之圣人之道,犹航断港绝潢以望至于海也。故求观圣人之道,必自孟子始。"①韩愈意在从儒学道统序列隆升孟子,其举直接影响到两宋理学家对孟子与《孟子》的升格运动。

尽管《孟子》早在汉代已有注本,但那时《孟子》并不称经,《汉书·艺文志》与《隋书·经籍志》只视《孟子》为儒家类或诸子类。追根溯源,《孟子》称经与韩愈发起的辟佛扬儒的"古文运动"之余波有关。后蜀广政年间(938-965年),蜀主孟昶诏刻儒家石经(世称"广政石经"),北宋徽宗宣和年间(1119-1125年),席贡补刻《孟子》于广政石经。于此,《孟子》由"子"入"经"。另外,《孟子》入"四书"始于北宋,这一点在《宋史》中有旁证。《宋史》赞言程颢、程颐"表章《大学》《中庸》二篇,与《语》《孟》并行"②,赞言张载"以《易》为宗,以《中庸》为体,以《孔》《孟》为法"③;又曰(朱)"熹没,朝廷以其《大学》《语》《孟》《中庸》训说立于学官"④。要之,北宋之时,《论》《孟》并行,复至南宋,立于学官⑤;从此,《孟子》的实际地位开始比肩"五经",并成为儒家"十三经"之一。⑥

北宋元丰六年(1083年),孟子首次被官方追封为"邹国公",北宋元丰七年(1084年),孟子被官方诏令配享孔庙。元朝至顺元年(1330年),元文宗追封孟子为"邹国亚圣公"(《元史·祭祀志五》);明朝嘉靖九年(1530年),明世宗尊奉孟子为亚圣,罢公爵。至此,孟子由"子"入"圣",

---

① (唐)韩愈:《东雅堂昌黎集注》卷20《送王秀才序》,参见(清)永瑢、纪昀等编纂:《四库全书》第1075册,上海古籍出版社1987年版,第303页。

② (元)脱脱等:《宋史·道学一》,中华书局1977年版,第12710页。

③ (元)脱脱等:《宋史·道学一·张载传》,中华书局1977年版,第12724页。

④ (元)脱脱等:《宋史·道学三·朱熹传》,中华书局1977年版,第12769页。

⑤ 按:东汉王充作《论衡·刺孟》篇质疑孟子,唐宋诸儒疑经改经涉及孟子,比如司马光撰《疑孟论》、何涉撰《删孟》、冯休撰《删孟》、晁说之撰《诋孟》、黄次汲撰《评孟》、邵博撰《疑孟》以及李觏的《常语》、郑厚的《艺圃折衷》、叶适的《习学记言序目》等纷纷攻击《孟子》。直至"四书"的出现与确立,孟子和《孟子》的历史定位与正统地位方才得以稳固。

⑥ 参见王传林:《儒家"石经"之史考论——从"石经"之史看经学体系化之路向与特征》,《孔子研究》2015年第5期。

其历史形象实现华丽转身。另外,明朝初年,发生在朱元璋身上的一个反例,颇能证明《孟子》影响之巨。据《续修四库全书总目提要》载明人刘三吾撰《孟子节文》有言:"明太祖览《孟子》,至'土芥''寇雠'之语,谓非人臣所宜言,诏去配享;有谏者,以不敬论,且命金吾射之;其憎《孟子》甚矣。三吾之《孟子节文》殆为此作也。"①朱元璋删《孟子》并且诏去孟子之配享,不过,后来朱元璋听从儒生建议又恢复了孟子的配享。此事虽具戏剧性,但从侧面反映出《孟子》一书影响深远。

肇自北宋,历代朝廷与儒者大多推崇孟子与《孟子》。宋明诸儒主张度越汉唐而"代圣人立言",《孟子》成为宋明理学的源头活水。北宋熙宁四年(1071年),《孟子》首次被列入科举考试科目之中;元明清时期,历代朝廷科举考试多将《孟子》列为考试的重要内容。

附:《孟子》节要

孟子见梁惠王。王曰:"叟不远千里而来,亦将有以利吾国乎?"孟子对曰:"王何必曰利?亦有仁义而已矣。王曰'何以利吾国'?大夫曰'何以利吾家'?士庶人曰'何以利吾身'?上下交征利而国危矣。万乘之国弑其君者,必千乘之家;千乘之国弑其君者,必百乘之家。万取千焉,千取百焉,不为不多矣。苟为后义而先利,不夺不餍。未有仁而遗其亲者也,未有义而后其君者也。王亦曰仁义而已矣,何必曰利?"(《梁惠王上》)

孟子对曰:"地方百里而可以王。王如施仁政于民,省刑罚,薄税敛,深耕易耨。壮者以暇日修其孝悌忠信,入以事其父兄,出以事其长上,可使制梃以挞秦楚之坚甲利兵矣。彼夺其民时,使不得耕耨以养其父母,父母冻饿,兄弟妻子离散。彼陷溺其民,王往而征之,夫谁与王敌?故曰:'仁者无敌。'王请勿疑!"(《梁惠王上》)

孟子曰:"人皆有不忍人之心。先王有不忍人之心,斯有不忍人之政矣。以不忍人之心,行不忍人之政,治天下可运之掌上。所以谓人皆有不忍人之心者,今人乍见孺子将入于井,皆有怵惕恻隐之心。非所以内交于孺子之父母也,非所以要誉于乡党朋友也,非恶其声而然也。由是观之,无恻隐之心,非人也;无羞恶之心,非人也;无辞让之心,非人也;无是非之

---

① 参见中国科学院图书馆编:《续修四库全书总目提要》,中华书局1993年版,第921页。

心,非人也。恻隐之心,仁之端也;羞恶之心,义之端也;辞让之心,礼之端也;是非之心,智之端也。人之有是四端也,犹其有四体也。有是四端而自谓不能者,自贼者也;谓其君不能者,贼其君者也。凡有四端于我者,知皆扩而充之矣,若火之始然,泉之始达。苟能充之,足以保四海;苟不充之,不足以事父母。"(《公孙丑上》)

孟子道性善,言必称尧舜。(《滕文公上》)

孟子曰:"子之君将行仁政,选择而使子,子必勉之!夫仁政,必自经界始。经界不正,井地不钧,谷禄不平。是故暴君污吏必慢其经界。经界既正,分田制禄可坐而定也。夫滕壤地褊小,将为君子焉,将为野人焉。无君子莫治野人,无野人莫养君子。请野九一而助,国中什一使自赋。卿以下必有圭田,圭田五十亩。余夫二十五亩。死徙无出乡,乡田同井。出入相友,守望相助,疾病相扶持,则百姓亲睦。方里而井,井九百亩,其中为公田。八家皆私百亩,同养公田。公事毕,然后敢治私事,所以别野人也。此其大略也。若夫润泽之,则在君与子矣。"(《滕文公上》)

世衰道微,邪说暴行有作,臣弑其君者有之,子弑其父者有之。孔子惧,作春秋。春秋,天子之事也,是故孔子曰:"知我者,其惟春秋乎?罪我者,其惟春秋乎。"圣王不作,诸侯放恣,处士横议,杨朱墨翟之言盈天下,天下之言,不归杨,则归墨。杨氏为我,是无君也;墨氏兼爱,是无父也。无父无君。是禽兽也。公明仪曰:"庖有肥肉,厩有肥马,民有饥色,野有饿莩,此率兽而食人也。"杨墨之道不息,孔子之道不著,是邪说诬民,充塞仁义也。仁义充塞,则率兽食人,人将相食。吾为此惧。闲先圣之道,距杨墨,放淫辞,邪说者,不得作,作于其心,害于其事,作于其事,害于其政,圣人复起,不易吾言矣。昔者禹抑洪水,而天下平;周公兼夷狄,驱猛兽,而百姓宁;孔子成春秋,而乱臣贼子惧。诗云:"戎狄是膺,荆舒是惩,则莫我敢承。"无父无君,是周公所膺也。我亦欲正人心,息邪说,距诐行,放淫辞,以承三圣者。岂好辩哉?予不得已也。能言距杨墨者,圣人之徒也。(《滕文公下》)

孟子曰:"三代之得天下也以仁,其失天下也以不仁。国之所以废兴存亡者亦然。天子不仁,不保四海;诸侯不仁,不保社稷;卿大夫不仁,不保宗庙;士庶人不仁,不保四体。今恶死亡而乐不仁,是犹恶醉而强酒。"(《离娄上》)

孟子曰:"爱人不亲反其仁,治人不治反其智,礼人不答反其敬。行有不得者,皆反求诸己,其身正而天下归之。诗云:'永言配命,自求多福。'"(《离娄上》)

孟子告齐宣王曰:"君之视臣如手足,则臣视君如腹心;君之视臣如犬马,则臣视君如国人;君之视臣如土芥,则臣视君如寇雠。"(《离娄下》)

孟子曰:"君子所以异于人者,以其存心也。君子以仁存心,以礼存心。仁者爱人,有礼者敬人。爱人者人恒爱之,敬人者人恒敬之。"(《离娄下》)

孟子曰:"伯夷,圣之清者也;伊尹,圣之任者也;柳下惠,圣之和者也;孔子,圣之时者也。孔子之谓集大成。集大成也者,金声而玉振之也。金声也者,始条理也;玉振之也者,终条理也。始条理者,智之事也;终条理者,圣之事也。智,譬则巧也;圣,譬则力也。由射于百步之外也,其至,尔力也;其中,非尔力也。"(《万章下》)

公都子曰:"告子曰:'性无善无不善也。'或曰:'性可以为善,可以为不善;是故文武兴,则民好善;幽厉兴,则民好暴。'或曰:'有性善,有性不善;是故以尧为君而有象,以瞽瞍为父而有舜;以纣为兄之子且以为君,而有微子启、王子比干。'今曰'性善',然则彼皆非与?"孟子曰:"乃若其情,则可以为善矣,乃所谓善也。若夫为不善,非才之罪也。恻隐之心,人皆有之;羞恶之心,人皆有之;恭敬之心,人皆有之;是非之心,人皆有之。恻隐之心,仁也;羞恶之心,义也;恭敬之心,礼也;是非之心,智也。仁义礼智,非由外铄我也,我固有之也,弗思耳矣。故曰:'求则得之,舍则失之。'或相倍蓰而无算者,不能尽其才者也。诗曰:'天生蒸民,有物有则。民之秉夷,好是懿德。'孔子曰:'为此诗者,其知道乎! 故有物必有则,民之秉夷也,故好是懿德。'"(《告子上》)

孟子曰:"牛山之木尝美矣,以其郊于大国也,斧斤伐之,可以为美乎? 是其日夜之所息,雨露之所润,非无萌蘖之生焉,牛羊又从而牧之,是以若彼濯濯也。人见其濯濯也,以为未尝有材焉,此岂山之性也哉? 虽存乎人者,岂无仁义之心哉? 其所以放其良心者,亦犹斧斤之于木也,旦旦而伐之,可以为美乎? 其日夜之所息,平旦之气,其好恶与人相近也者几希,则其旦昼之所为,有梏亡之矣。梏之反复,则其夜气不足以存;夜气不足以存,则其违禽兽不远矣。人见其禽兽也,而以为未尝有才焉者,是岂人之情也哉？故苟得其养，无物不长；苟失其养，无物不消。孔子曰：'操则存，舍则亡；出入无时，莫知其乡。'惟心之谓与？"(《告子上》)

孟子曰："仁，人心也；义，人路也。舍其路而弗由，放其心而不知求，哀哉！人有鸡犬放，则知求之；有放心，而不知求。学问之道无他，求其放心而已矣。"(《告子上》)

孟子曰："舜发于畎亩之中，傅说举于版筑之间，胶鬲举于鱼盐之中，管夷吾举于士，孙叔敖举于海，百里奚举于市。故天将降大任于是人也，必先苦其心志，劳其筋骨，饿其体肤，空乏其身，行拂乱其所为，所以动心忍性，曾益其所不能。人恒过，然后能改；困于心，衡于虑，而后作；征于色，发于声，而后喻。入则无法家拂士，出则无敌国外患者，国恒亡。然后知生于忧患而死于安乐也。"(《告子下》)

孟子曰："尽其心者，知其性也。知其性，则知天矣。存其心，养其性，所以事天也。夭寿不贰，修身以俟之，所以立命也。"(《尽心上》)

孟子曰："莫非命也，顺受其正。是故知命者，不立乎岩墙之下。尽其道而死者，正命也。桎梏死者，非正命也。"(《尽心上》)

孟子曰："万物皆备于我矣。反身而诚，乐莫大焉。强恕而行，求仁莫近焉。"(《尽心上》)

孟子曰："仁言，不如仁声之入人深也。善政，不如善教之得民也。善政民畏之，善教民爱之；善政得民财，善教得民心。"(《尽心上》)

孟子曰："人之所不学而能者，其良能也；所不虑而知者，其良知也。孩提之童，无不知爱其亲者；及其长也，无不知敬其兄也。亲亲，仁也；敬长，义也。无他，达之天下也。"(《尽心上》)

孟子曰："君子有三乐，而王天下不与存焉。父母俱存，兄弟无故，一乐也。仰不愧于天，俯不怍于人，二乐也。得天下英才而教育之，三乐也。君子有三乐，而王天下不与存焉。"(《尽心上》)

孟子曰："君子之所以教者五：有如时雨化之者，有成德者，有达财者，有答问者，有私淑艾者。此五者，君子之所以教也。"(《尽心上》)

孟子曰："广土众民，君子欲之，所乐不存焉。中天下而立，定四海之民，君子乐之，所性不存焉。君子所性，虽大行不加焉，虽穷居不损焉，分定故也。君子所性，仁义礼智根于心。其生色也，睟然见于面，盎于背，施于四体，四体不言而喻。"(《尽心上》)

孟子曰："君子之于物也，爱之而弗仁；于民也，仁之而弗亲。亲亲而仁民，仁民而爱物。"(《尽心上》)

孟子曰："人皆有所不忍，达之于其所忍，仁也；人皆有所不为，达之于其所为，义也。人能充无欲害人之心，而仁不可胜用也；人能充无穿逾之心，而义不可胜用也。人能充无受尔汝之实，无所往而不为义也。士未可以言而言，是以言餂之也；可以言而不言，是以不言餂之也，是皆穿逾之类也。"(《尽心下》)

孟子曰："养心莫善于寡欲。其为人也寡欲，虽有不存焉者，寡矣；其为人也多欲，虽有存焉者，寡矣。"(《尽心下》)

《荀子》学案

荀子崇信孔子，自陈其学本于孔子、子弓。荀子言性恶，导致其著颇显乖离，后世儒者多不果其言，而且常有贬损之词。或因于此，荀子之作结集成书较晚，其书之注本更是很晚才出现。显然，这无疑是人为地遮蔽了《荀子》的学术价值与历史地位。

一、成书

荀子之文成于战国晚期，散见于秦汉。西汉刘向校雠荀子之文凡三百二十二篇，除去重复二百九十篇，定著三十二篇。刘向因避汉宣帝刘询之讳，称荀子为孙卿，荀子之书是名《孙卿子》。今传世本《荀子》(三十二篇)始出西汉，为刘向辑录而成，不分卷次。

二、注本

尽管西汉刘向已定《荀子》(三十二篇)，但是自西汉至隋唐之际，《荀子》一书鲜有人问津，更无注本问世。

凡考，唐儒杨倞《荀子注》是《荀子》一书的最早注本。唐儒杨倞《荀子注》与刘向所校《荀子》有所不同，杨倞《荀子注》将刘向所校《荀子》重新编排目录、篇次，且将全书分为二十卷。清儒王先谦《荀子集解》篇目与篇序便是依循唐儒杨倞《荀子注》篇目、篇序与卷次。鉴于刘向、杨倞、王先谦所定《荀子》篇目、篇序与卷次略有异同，且列下表比之。

刘向、杨倞、王先谦所定《荀子》篇目、篇序与卷次异同表

（汉）刘向校定《荀子》 篇目与篇序	（唐）杨倞《荀子注》 篇目、篇序与卷次	（清）王先谦《荀子集解》 篇目、篇序与卷次
劝学篇第一	第一卷	第一卷
修身篇第二	劝学篇第一	劝学篇第一
不苟篇第三	修身篇第二	修身篇第二
荣辱篇第四	第二卷	第二卷
非相篇第五	不苟篇第三	不苟篇第三
非十二子篇第六	荣辱篇第四	荣辱篇第四
仲尼篇第七	第三卷	第三卷
成相篇第八	非相篇第五	非相篇第五
儒效篇第九	非十二子篇第六	非十二子篇第六
王制篇第十	仲尼篇第七	仲尼篇第七
富国篇第十一	第四卷	第四卷
王霸篇第十二	儒效篇第八	儒效篇第八
君道篇第十三	第五卷	第五卷
臣道篇第十四	王制篇第九	王制篇第九
致仕篇第十五	第六卷	第六卷
议兵篇第十六	富国篇第十	富国篇第十
强国篇第十七	第七卷	第七卷
天论篇第十八	王霸篇第十一	王霸篇第十一
正论篇第十九	第八卷	第八卷
乐论篇第二十	君道篇第十二	君道篇第十二
解蔽篇第二十一	第九卷	第九卷
正名篇第二十二	臣道篇第十三	臣道篇第十三
礼论篇第二十三	致仕篇第十四	致士篇第十四
宥坐篇第二十四	第十卷	第十卷
子道篇第二十五	议兵篇第十五	议兵篇第十五
性恶篇第二十六	第十一卷	第十一卷
法行篇第二十七	强国篇第十六	强国篇第十六
哀公篇第二十八	天论篇第十七	天论篇第十七
大略篇第二十九	第十二卷	第十二卷
尧问篇第三十	正论篇第十八	正论篇第十八
君子篇第三十一	第十三卷	第十三卷
赋篇第三十二①	礼论篇第十九	礼论篇第十九

---

① 参见（清）王先谦：《荀子集解》，中华书局 1988 年版，第 557 页。

（汉）刘向校定《荀子》 篇目与篇序	（唐）杨倞《荀子注》 篇目、篇序与卷次	（清）王先谦《荀子集解》 篇目、篇序与卷次
	第十四卷 乐论篇第二十 第十五卷 解蔽篇第二十一 第十六卷 正名篇第二十二 第十七卷 性恶篇第二十三 君子篇第二十四 第十八卷 成相篇第二十五 赋篇第二十六 第十九卷 大略第二十七 第二十卷 宥坐篇第二十八 子道篇第二十九 法行篇第三十 哀公篇第三十一 尧问篇第三十二①	第十四卷 乐论篇第二十 第十五卷 解蔽篇第二十一 第十六卷 正名篇第二十二 第十七卷 性恶篇第二十三 君子篇第二十四 第十八卷 成相篇第二十五 赋篇第二十六 第十九卷 大略第二十七 第二十卷 宥坐篇第二十八 子道篇第二十九 法行篇第三十 哀公篇第三十一 尧问篇第三十二②

较之可见，西汉刘向所校《荀子》主要是去重，并无分卷，亦无刻意地进行目录编排。如果说刘向所校《荀子》之目录编排有深义的话，大抵是循为学、修身、治国、平天下之儒学理路。东汉班固《汉书》将《荀子》列为儒家，不过，《汉书·艺文志》称"孙卿子三十三篇"③实有误，刘向校定《孙卿子》（《荀子》）实为三十二篇。《隋书·经籍志》载"孙卿子十二卷楚兰陵令荀况撰"④，"至杨倞始改为荀卿"⑤。唐儒杨倞"以文字繁多，故分旧十二卷三十二篇为二十卷，又改孙卿新书为荀卿子，其篇第亦颇有移易，使以类

①　参见（清）王先谦：《荀子集解》，中华书局 1988 年版，第 547 页。

②　参见（清）王先谦：《荀子集解》，中华书局 1988 年版，第 547 页。

③　（汉）班固：《汉书》卷 30《艺文志》，中华书局 1962 年版，第 1725 页。

④　（唐）魏徵：《隋书》卷 34《经籍志》，中华书局 1973 年版，第 996 页。

⑤　（宋）陈振孙撰，徐小蛮等点校：《直斋书录解题》卷 9，上海古籍出版社 1987 年版，第 270 页。

相从云"①,即杨倞将《荀子》篇目重新排序并且分卷。

然则,唐儒杨倞将《荀子》篇目重新排序的依据为何? 意欲何为? 概因自秦至唐,荀学流而不显,《荀子》鲜有问津,杨倞注解《荀子》大有将《荀子》比列《论语》之意。《直斋书录解题》曰:

> 案刘向序,校中书三百二十二篇,以校除复重二百九十篇,定著三十二篇。《隋志》为十二卷。至倞始分为二十卷而注释之。淳熙中,钱佃耕道用元丰监本参校,刊之江西漕司,其同异著之篇末,凡二百二十六条,视他本最为完善。②

杨倞参比《论语》篇次体例而注解《荀子》,欲将《荀子》比于儒经,欲将荀子比于孔子。其实,只要将杨倞重新排列的《荀子》之篇目与篇序和《论语》之篇目与篇序对照一下便会发现二者多有相同之处:杨倞重新排列的《荀子》之首篇为《劝学篇》、末篇为《尧问篇》,全书分为二十卷;而《论语》之首篇为《学而篇》、末篇为《尧曰篇》,全书分为二十篇。杨倞《荀子注》瑕瑜互见,其重新编排目录与分卷显然是有意将《荀子》拟入儒经,其崇荀之心诚可嘉许。

值得指出的是,南宋晁公武《郡斋读书志》将荀子列入"儒家类",其"《杨倞荀子》二十卷"条目有言:

> 右赵荀况撰。汉刘向校定,除其重复,著三十二篇,为十二卷,题曰《新书》。称:卿,赵人,当齐宣王、威王之时,聚天下贤士稷下。是时,荀卿为秀才,年十五始来游学。至齐襄王时,荀卿最为老师。后适楚,相春申君以为兰陵令。已而归赵。按威王死,其子嗣立,是为宣王。楚考烈王初,黄歇始相。《年表》自齐宣王元年至楚考烈王元年,凡八十一年,则荀卿去楚时仅百岁矣。杨倞,唐人,始为之注。且更《新书》为《荀子》,易其篇第,析为二十卷。其书以性为恶,以礼为伪,非谏诤,傲灾祥,尚强伯之道。论学术,则以子思、孟轲为"饰邪

---

① (清)王先谦:《荀子集解》,中华书局1988年版,第52页。

② (宋)陈振孙撰,徐小蛮等点校:《直斋书录解题》卷9,上海古籍出版社1987年版,第270页。

说、文奸言",与墨翟、惠施同诋焉。论人物,则以平原、信陵为辅拂,与伊尹、比干同称焉。其指往往不能醇粹,故后儒多疵之云。①

晁公武所言与《汉书·艺文志》《隋书·经籍志》略有出入,或有讹误。清人所编《四库全书总目提要》将《荀子》列入儒家类,并曰:

> 周荀况撰。况,赵人。尝仕楚为兰陵令,亦曰荀卿。汉人或称曰孙卿,则以宣帝讳询,避嫌名也。《汉志·儒家》载《荀卿》三十三篇。王应麟《考证》谓当作三十二篇。刘向《校书序录》称孙卿书凡三百二十三篇,以相校除重复二百九十篇,定著三十三篇,为十二卷,题曰《新书》。唐杨倞分易旧第,编为二十卷,复为之注,更名《荀子》,即今本也。考刘向《序录》,卿以齐宣王时来游稷下。后仕楚,春申君死而卿废。然《史记·六国年表》载春申君之死,上距宣王之末凡八十七年。《史记》称卿年五十始游齐,则春申君死之年,卿当一百三十七矣。于理不近。晁公武《读书志》谓《史记》所云年五十为年十五之讹,意其或然。宋濂《荀子》书后又以为襄王时游稷下,亦未详所本。总之战国时人尔,其生卒年月已不可确考矣。况之著书,主于明周孔之教,崇礼而劝学。其中最为口实者,莫过于非十二子及性恶两篇。王应麟《困学纪闻》据《韩诗外传》所引,卿但非十子,而无子思、孟子,以今本为其徒李斯等所增,不知子思、孟子后来论定为圣贤耳。其在当时,固亦卿之曹偶,是犹朱、陆之相非,不足讶也。至其以性为恶,以善为伪,诚未免于理未融。然卿恐人恃性善之说,任自然而废学,因言性不可恃,当勉力于先王之教。故其言曰:凡性者,天之所就也,不可学,不可事。礼义者,圣人之所生也,人之所学而能、所事而成者也。不可学、不可事而在人者谓之性,可学而能、可事而成之在人者谓之伪。是性伪之分也。其辨白伪字甚明。杨倞注亦曰:伪,为也。凡非天性而人作为之者,皆谓之伪。故伪字人旁加为,亦会意字也。其说亦合卿本意。后人昧于训诂,误以为真伪之伪,遂哗然掊击,谓卿蔑视礼义,如老、庄之所言。是非惟未睹其全书,即性恶一篇自篇

---

① （宋）晁公武撰,孙猛校证:《郡斋读书志》卷10,上海古籍出版社1990年版,第422页。

首二句以外，亦未竟读矣。平心而论，卿之学源出孔门，在诸子之中最为近正，是其所长；主持太甚，词义或至于过当，是其所短。韩愈大醇小疵之说，要为定论。馀皆好恶之词也。杨倞所注亦颇详洽。[1]

清末，《荀子》又出注本。其中，清儒王先谦《荀子集解》是自秦以降《荀子》注疏史中的集大成者，王先谦《荀子集解》篇目、篇序与卷次皆依杨倞之为，王先谦集唐儒杨倞之注和清儒郝懿行、钱大昕、卢文弨、王念孙、王引之、顾千里、刘台拱、谢墉、俞樾等人之注，并多以先谦案语（凡计二百七十余条）校正之。王先谦《荀子集解》的特色之一还在于集先秦两汉儒经与诸子之书以参证《荀子》，常见参证者有《诗经》《尚书》《左传》《庄子》《孟子》《墨子》《周礼》《礼记》《淮南子》《说苑》《史记》《汉书》《吕氏春秋》《韩诗外传》《释名》《太平御览》等书。王先谦参引先秦两汉诸书，杂集诸家之说，时而发明己见。王先谦《荀子集解》"析杨、谢之疑辞，酌宋元之定本"[2]，是一个比较完善的注本，推动了荀学在晚清的传承与发展。

三、篇旨

细绎《荀子》三十二篇，各有其旨，后儒排序或依于此。其中，《劝学》《修身》《不苟》《非十二子》《仲尼》《儒效》皆言为学。《王制》《富国》《王霸》《君道》《臣道》《致士》《议兵》《强国》皆言治国。《天论》《正论》《礼论》《乐论》《解蔽》《正名》《性恶》各论一义，文长而整；言人性、伦常、天道，关涉人生哲学与自然哲学。其中，《天论》言"天行有常"即是言"天道有常"[3]，荀子否定天具有惩恶扬善的道德理性，意在凸显天的自然理性，尤其是他强调的天人相分明显具有自然哲学的价值向度，以及推崇自然理性的价值旨趣。《成相》与《赋》，一为乐曲杂辞，一为赋文诗教，二者以说唱与诗赋的形式宣传礼仪伦常，塑造了圣王与贤相的形象。《大略》为荀学与《荀子》之要语，或为后学杂录。《宥坐》《子道》《法行》《哀公》《尧问》多见荀门后学颂扬荀卿之语。诚如近人刘咸炘《子疏》所言：

---

[1]　（清）永瑢、纪昀等：《四库全书总目提要》卷91，中华书局1965年版，第770页。

[2]　（清）王先谦：《荀子集解·序》，中华书局1988年版，第1页。

[3]　（清）俞樾：《诸子平议》，中华书局1954年版，第265页。

　　诸子之书,皆门人记录,本是零条。编次之时,略以义类,其分篇不过量简册而为之。其篇名初不过取篇首之字。(如《论语》《孟子》及《庄子》外,杂《篇》,及此书《不苟》《君子》《大略》以下五篇。)后乃以义名篇,亦不过取篇首一段之义。(如是书《正论》等七篇。)故其篇名皆不能该篇中之义,而前篇末与后篇首义多相同。后人见其篇名有义,往往认一篇为一义而强贯说之,谬也。书中提行分段,多是辗转写刻者所为,非其原本,不当分而分者少,当分而不分者多。读诸子书,皆当如此。又是书段首每有题目之词。如《修身篇》治气、养心之书,《儒效篇》人伦之类,皆不可连下文说。①

　　《荀子》长于论礼而不止于礼,强调化性起伪、明分和群,《富国篇》与《礼论篇》皆论人道在能群。《荀子》以欲言性,声称人之性恶;指出物有限而欲无穷,人纵欲,故有争;圣人为止争而制礼,人主治国应当"隆礼"。《天论》与《解蔽》言万物自然存在且不以人之意志为转移;世人有见于此而无见于彼,陷于蔽而未识天道真义,常常是知观一隅而自以为知道;《解蔽》曰"凡人之患,蔽于一曲,而暗于大理"。荀子强调通过正名、制名来正定礼法,并阐明刑名、爵名、文名、实名、善名、大共名、大别名之别异,《正名》曰"王者之制名,名定而实辨,道行而志通,则慎率民而一焉"。荀子"隆礼",主张"制礼义以分之",《荣辱》《王制》《富国》与《礼论》即言此义。《臣道》与《强国》强调:礼者,节之准也;义者,内节于人,而外节于万物者也;"知礼之制欲而不知达性,知礼之别而不知和,诚所谓达于礼而不达于乐者。惟止知制,故偏重礼之文而不重其情质,性恶之说亦由是生焉"②。依循性恶而展开的隆礼与重法,是荀子之学的两大支点。

　　然则,当具有道德理想主义色彩的"隆礼"不能解决性恶所导致的诸多问题时,具有实用与功利色彩的"重法"势必成为荀子之学的唯一支点。学宗荀子的韩非与李斯深明此义,并且不约而同地抛弃荀学的仁义礼乐而走向严刑峻法。由此,我们便不难解释为何学宗荀子的韩非与李斯会不约而同地背离荀学与儒家,走向法家——抛弃仁义礼乐而走向严刑峻

---

① 刘咸炘:《刘咸炘学术论集·子学编》,广西师范大学出版社 2007 年版,第 27 页。
② 刘咸炘:《刘咸炘学术论集·子学编》,广西师范大学出版社 2007 年版,第 28 页。

法。遗憾的是,后人常常囿于儒法门户之界而未能真正洞见荀学与韩学即儒家与法家在学理层面上的内在关联与潜在分歧。从荀学到韩学即从荀子儒学到韩非与李斯的法家之学,这是以荀子为代表的儒学的第一次转向——这种转向不只是范式转向,而是价值转向与理念转向。简言之,以荀子为代表的儒家思想孕育了以韩非为代表的法家思想,这是荀学缘何会向韩学转进的理论本因,亦是儒家思想缘何会流于法家思想的理论本因。

追根溯源,《荀子》三十二篇之宏旨不仅与孔子及《论语》有密切渊源,而且与"六经"元典有密切关系。荀子"推儒、墨、道德之行事兴坏,序列著数万言而卒"(《史记·孟子荀卿列传》),"荀卿之学出于孔氏,而尤有功于诸经""盖自七十子之徒即殁,汉诸儒未兴,中更战国暴秦之乱,六艺之传赖以不绝者,荀卿也。周公作之,孔子述之,荀卿子传之,其揆一也"[(清)汪中:《荀卿子通论》①]。其实,《荀子》与"六经"元典之关系的直接证据散于《荀子》诸篇,比如《非十二子》篇曰"今夫仁人也,将何务哉?上则法舜禹之制,下则法仲尼子弓之义,以务息十二子之说。如是则天下之害除,仁人之事毕,圣王之迹著矣",《劝学》篇曰:

> 学恶乎始?恶乎终?曰:其数则始乎诵经,终乎读礼;其义则始乎为士,终乎为圣人。真积力久则入。学至乎没而后止也。故学数有终,若其义则不可须臾舍也。为之,人也;舍之,禽兽也。故书者,政事之纪也;诗者,中声之所止也;礼者,法之大分、类之纲纪也,故学至乎礼而止矣。夫是之谓道德之极。礼之敬文也,乐之中和也,诗书之博也,春秋之微也,在天地之间者毕矣。

可见,荀子不仅崇信孔子儒学,而且对"六经"之旨有深刻体认。同时,荀子似乎有意无意地回应了《庄子·天下》篇对"六经"元典旨归的概括②,

---

① 参见(清)王先谦:《荀子集解》,中华书局1988年版,第22页。

② 《庄子·天下》曰:"古之人其备乎!配神明,醇天地,育万物,和天下,泽及百姓,明于本数,系于末度,六通四辟,小大精粗,其运无乎不在。其明而在数度者,旧法世传之史尚多有之。其在于《诗》《书》《礼》《乐》者,邹、鲁之士、缙绅先生多能明之。《诗》以道志,《书》以道事,《礼》以道行,《乐》以道和,《易》以道阴阳,《春秋》以道名分。其数散于天下而设于中国者,百家之学时或称而道之。"

并与《礼记·经解》篇所言"六经"元典旨归(即《诗》教、《书》教、《易》教、《礼》教、《乐》教、《春秋》教)[1]形成呼应。另外,综观《荀子》诸篇,清晰可见强烈的批判精神,其中以《非十二子》《正论》《乐论》《解蔽》《王霸》等篇较具代表性,不仅反映出荀子对世道人心的观照与忧切,而且反映出儒学的价值向度与终极关怀。

四、影响

战国以降,后儒多因荀子一句"人之性恶,其善者伪也"(《荀子·性恶》)而贬抑荀子。唐儒韩愈《读荀》写道:"及得荀氏书,于是又知有荀氏者也。考其辞,时若不粹;要其归,与孔子异者鲜矣。……孟氏,醇乎醇者也。荀与扬,大醇而小疵。"[2]宋儒程颐批评"荀卿才高学陋,以礼为伪,以性为恶,不见圣贤,虽曰尊子弓,然而时相去甚远。圣人之道,至卿不传"[3],"荀子极偏驳,只一句'性恶',大本已失"[4]。又,苏轼《荀卿论》曰:

> 昔者常怪李斯事荀卿,既而焚灭其书,大变古先圣王之法,于其师之道,不啻若寇仇。及今观荀卿之书,然后知李斯之所以事秦者,皆出于荀卿,而不足怪也。
>
> 荀卿者,喜为异说而不让,敢为高论而不顾者也。其言愚人之所惊,小人之所喜也。子思、孟轲,世之所谓贤人君子也。荀卿独曰:"乱天下者,子思、孟轲也。"天下之人,如此其众也;仁人义士,如此其多也。荀卿独曰:"人性恶。桀、纣,性也。尧、舜,伪也。"由是观之,意其为人必也刚愎不逊,而自许太过。彼李斯者,又特甚者耳。
>
> 今夫小人之为不善,犹必有所顾忌,是以夏、商之亡,桀、纣之残

---

[1] 《礼记·经解》记载:"孔子曰:入其国,其教可知也。其为人也:温柔敦厚,《诗》教也;疏通知远,《书》教也;广博易良,《乐》教也;洁静精微,《易》教也;恭俭庄敬,《礼》教也;属辞比事,《春秋》教也。故《诗》之失,愚;《书》之失,诬;《乐》之失,奢;《易》之失,贼;《礼》之失,烦;《春秋》之失,乱。其为人也:温柔敦厚而不愚,则深于《诗》者也;疏通知远而不诬,则深于《书》者也;广博易良而不奢,则深于《乐》者也;洁静精微而不贼,则深于《易》者也;恭俭庄敬而不烦,则深于《礼》者也;属辞比事而不乱,则深于《春秋》者也。"

[2] (唐)韩愈:《东雅堂昌黎集注》卷11,参见(清)永瑢、纪昀等编纂:《四库全书》第1075册,上海古籍出版社1987年版,第196页。

[3] (宋)程颢、程颐著,王孝鱼点校:《二程集》上,中华书局2004年版,第403页。

[4] (宋)程颢、程颐著,王孝鱼点校:《二程集》上,中华书局2004年版,第262页。

暴，而先王之法度、礼乐、刑政，犹未至于绝灭而不可考者，是桀、纣犹有所存而不敢尽废也。彼李斯者，独能奋而不顾，焚烧夫子之六经，烹灭三代之诸侯，破坏周公之井田，此亦必有所恃者矣。彼见其师历诋天下之贤人，自是其愚，以为古先圣王皆无足法者。不知荀卿特以快一时之论，而荀卿亦不知其祸之至于此也。

其父杀人报仇，其子必且行劫。荀卿明王道，述礼乐，而李斯以其学乱天下，其高谈异论有以激之也。孔、孟之论，未尝异也，而天下卒无有及者。苟天下果无有及者，则尚安以求异为哉！①

南宋大儒朱熹认为，"荀子只见得不好人底性，便说做恶"②，"荀子但只见气之不好，而不知理之皆善"③；"荀子尽有好处，胜似扬子，然亦难看"④，"荀子虽然是有错，到说得处也自实，不如他说得恁地虚胖"⑤。其实，朱熹是只见荀子言性恶，未见荀子言"化性而起伪"之致善。近人章太炎《诸子略说》认为"荀子语语平实，但务修己治人，不求高远。论至极之道，固非荀子所及"⑥，颇显精当、客观。

事实上，荀子之学自秦伊始便有传承、美誉。于荀学传承谱系而言，荀门高徒韩非与李斯颇得荀学"重法"之法旨。西汉时期，"江都相董仲舒亦大儒，作书美孙卿"⑦，颇得荀学"隆礼"与重视圣王教化之法旨。从荀学到董学，以荀子为代表的儒学有所发展，并催生荀学发展史上的第二次转向。或曰：董学的出现是对荀学的绍述与复归，促成了荀学发展史上的第二次转向——范式转向、价值转向与理念转向。自汉至清，虽然荀子之学多遭贬抑，但是清代乾嘉时期，荀子之学还是得到了价值重估并被肯定，其中代表性著作有王昶的《荀子跋》、钱大昕的《跋荀子》、汪中的《荀卿子通论》、卢文弨的《书荀子后》、张惠言的《读荀子》等。钱大昕认为"宋儒言性，虽主孟氏，然必分义理与气质而二之，则已兼取孟、荀二义，至其教

---

① 参见(元)马端临：《文献通考·经籍考》卷35，中华书局1986年版，第1714页。
② (宋)黎靖德编，王星贤点校：《朱子语类》卷59，中华书局1986年版，第4册，第1389页。
③ (宋)黎靖德编，王星贤点校：《朱子语类》卷101，中华书局1986年版，第7册，第2587页。
④ (宋)黎靖德编，王星贤点校：《朱子语类》卷137，中华书局1986年版，第8册，第3254页。
⑤ (宋)黎靖德编，王星贤点校：《朱子语类》卷137，中华书局1986年版，第8册，第3254页。
⑥ 章太炎讲演，诸祖耿等记录：《章太炎国学讲演录》，中华书局2013年版，第240页。
⑦ (清)王先谦：《荀子集解》卷20，中华书局1988年版，第558页。

人以变化气质为先,实暗用荀子'化性'之说"(《〈荀子笺释〉跋》);戴震认为"荀子推崇礼义,宋儒推崇理,于圣人之教不害也"(《孟子私淑录》卷3)。凌廷堪《荀卿颂》曰:"守圣人之道者,孟、荀二子而已。孟子长于《诗》《书》,七篇之中,称引甚广。……若夫荀卿氏之书也,所述者皆礼之逸文,所推者皆礼之精意。……夫孟氏言仁,必申之以义;荀氏言仁,必推本于礼。……后人尊孟而抑荀,无乃自放于礼法之外乎","卓哉荀卿,取法后王。著书兰陵,儒术以昌。本礼言仁,厥性乃复。如范范金,如绳绳木"①。诚然,凌廷堪的《荀卿颂》与其提出的"圣人之道,一礼而已"(《复礼上》②)的思想是分不开的。时至清末,面对晚清颓败之时势,大儒谭嗣同对传统文化进行了深刻反思与批判,并言辞激烈地指出:"二千年来之政,秦政也,皆大盗也;二千年来之学,荀学也,皆乡愿也。惟大盗利用乡愿,惟乡愿工媚大盗。二者交相资,而罔不托之于孔。"③

时事有更替,道术多变迁。当今学界,梁涛、张奇伟、廖名春等人重视《荀子》,多言应将《荀子》由"子"入"经"。无奈,时迁势移,儒学式微,今之所言《荀子》由"子"入"经"更多的只是学术研究层面上的一种价值认同。所以说,即便《荀子》于今实现由"子"入"经",其影响似乎也难与以往官方诏令推崇的儒家"五经"相媲美,更难有《论语》《孟子》之地位与影响。

附:《荀子》节要

礼者,所以正身也,师者,所以正礼也。(《修身》)

君子养心莫善于诚,致诚则无它事矣。惟仁之为守,惟义之为行。诚心守仁则形,形则神,神则能化矣。诚心行义则理,理则明,明则能变矣。变化代兴,谓之天德。天不言而人推其高焉,地不言而人推其厚焉,四时不言而百姓期焉。夫此有常,以至其诚者也。君子至德,嘿然而喻,未施而亲,不怒而威:夫此顺命,以慎其独者也。善之为道者,不诚则不独,不独则不形,不形则虽作于心,见于色,出于言,民犹若未从也;虽从必疑。天地为大矣,不诚则不能化万物;圣人为知矣,不诚则不能化万民;父子为亲矣,不诚则疏;君上为尊矣,不诚则卑。夫诚者,君子之所守也,而政事

---

① (清)凌廷堪:《校礼堂文集》卷10,中华书局1998年版,第76—77页。

② (清)凌廷堪:《校礼堂文集》卷4,中华书局1998年版,第27页。

③ (清)谭嗣同:《仁学》(29),中华书局1958年版,第47页。

之本也,唯所居以其类至。操之则得之,舍之则失之。操而得之则轻,轻则独行,独行而不舍,则济矣。济而材尽,长迁而不反其初,则化矣。(《不苟》)

人之情,食欲有刍豢,衣欲有文绣,行欲有舆马,又欲夫余财蓄积之富也;然而穷年累世不知不足,是人之情也。(《荣辱》)

假今之世,饰邪说,文奸言,以枭乱天下,矞宇嵬琐使天下混然不知是非治乱之所在者,有人矣。

纵情性,安恣睢,禽兽行,不足以合文通治;然而其持之有故,其言之成理,足以欺惑愚众;是它嚣魏牟也。

忍情性,綦谿利跂,苟以分异人为高,不足以合大众,明大分,然而其持之有故,其言之成理,足以欺惑愚众:是陈仲史鳅也。

不知壹天下建国家之权称,上功用,大俭约,而僈差等,曾不足以容辨异,县君臣;然而其持之有故,其言之成理,足以欺惑愚众:是墨翟宋钘也。

尚法而无法,下修而好作,上则取听于上,下则取从于俗,终日言成文典,反紃察之,则倜然无所归宿,不可以经国定分;然而其持之有故,其言之成理,足以欺惑愚众:是慎到田骈也。

不法先王,不是礼义,而好治怪说,玩琦辞,甚察而不惠,辩而无用,多事而寡功,不可以为治纲纪;然而其持之有故,其言之成理,足以欺惑愚众;是惠施邓析也。

略法先王而不知其统,犹然而材剧志大,闻见杂博。案往旧造说,谓之五行,甚僻违而无类,幽隐而无说,闭约而无解。案饰其辞而祗敬之曰:此真先君子之言也。子思唱之,孟轲和之,世俗之沟犹瞀儒,嚾嚾然不知其所非也,遂受而传之,以为仲尼、子弓为兹厚于后世,是则子思、孟轲之罪也。

若夫总方略,齐言行,壹统类,而群天下之英杰,而告之以大古,教之以至顺,奥窔之间,簟席之上,敛然圣王之文章具焉,佛然平世之俗起焉,六说者不能入也,十二子者不能亲也。无置锥之地,而王公不能与之争名,在一大夫之位,则一君不能独畜,一国不能独容,成名况乎诸侯,莫不愿以为臣,是圣人之不得埶者也,仲尼子弓是也。一天下,财万物,长养人民,兼利天下,通达之属莫不从服,六说者立息,十二子者迁化,则圣人之得埶者,舜禹是也。今夫仁人也,将何务哉?上则法舜禹之制,下则法仲尼子弓之义,以务息十二子之说。如是则天下之害除,仁人之事毕,圣王之迹著矣。(《非十二子》)

圣人也者,道之管也;天下之道管是矣,百王之道一是矣。故诗书礼乐之道归是矣。诗言是其志也,书言是其事也,礼言是其行也,乐言是其和也,春秋言是其微也,故风之所以为不逐者,取是以节之也,小雅之所以为小雅者,取是而文之也,大雅之所以为大雅者,取是而光之也,颂之所以为至者,取是而通之也。天下之道毕是矣。乡是者臧,倍是者亡;乡是如不臧,倍是如不亡者,自古及今,未尝有也。(《儒效》)

听政之大分:以善至者待之以礼,以不善至者待之以刑。两者分别,则贤不肖不杂,是非不乱。贤不肖不杂,则英杰至,是非不乱,则国家治。若是,名声日闻,天下愿,令行禁止,王者之事毕矣。(《王制》)

万物同宇而异体,无宜而有用为人,数也。人伦并处,同求而异道,同欲而异知,生也。(《富国》)

国无礼则不正。礼之所以正国也,譬之犹衡之于轻重也,犹绳墨之于曲直也,犹规矩之于方圆也,既错之而人莫之能诬也。诗云:"如霜雪之将将,如日月之光明,为之则存,不为则亡。"此之谓也。(《王霸》)

故君人者,爱民而安,好士而荣,两者无一焉而亡。(《君道》)

程者,物之准也;礼者,节之准也;程以立数,礼以定伦;德以叙位,能以授官。凡节奏欲陵,而生民欲宽;节奏陵而文,生民宽而安;上文下安,功名之极也,不可以加矣。(《致士》)

君者,国之隆也;父者,家之隆也。隆一而治,二而乱。自古及今,未有二隆争重,而能长久者。(《致士》)

故人之命在天,国之命在礼。人君者,隆礼尊贤而王,重法爱民而霸,好利多诈而危,权谋倾覆幽险而亡。(《强国》)

天行有常,不为尧存,不为桀亡。应之以治则吉,应之以乱则凶。强本而节用,则天不能贫;养备而动时,则天不能病;修道而不贰,则天不能祸。故水旱不能使之饥,寒暑不能使之疾,袄怪不能使之凶。本荒而用侈,则天不能使之富;养略而动罕,则天不能使之全;倍道而妄行,则天不能使之吉。故水旱未至而饥,寒暑未薄而疾,袄怪未至而凶,受时与治世

同,而殃祸与治世异,不可以怨天,其道然也。故明于天人之分,则可谓至人矣。(《天论》)

礼起于何也?曰:人生而有欲,欲而不得,则不能无求。求而无度量分界,则不能不争;争则乱,乱则穷。先王恶其乱也,故制礼义以分之,以养人之欲,给人之求。使欲必不穷于物,物必不屈于欲。两者相持而长,是礼之所起也。(《礼论》)

性者,本始材朴也;伪者,文理隆盛也。无性则伪之无所加,无伪则性不能自美。性伪合,然后成圣人之名,一天下之功于是就也。故曰:天地合而万物生,阴阳接而变化起,性伪合而天下治。天能生物,不能辨物也,地能载人,不能治人也;宇中万物生人之属,待圣人然后分也。(《礼论》)

夫乐者,乐也,人情之所必不免也,故人不能无乐。乐则必发于声音,形于动静,而人之道,声音、动静、性术之变尽是矣。故人不能不乐,乐则不能无形,形而不为道,则不能无乱。先王恶其乱也,故制《雅》《颂》之声以道之,使其声足以乐而不流,使其文足以辨而不諰,使其曲直、繁省、廉肉、节奏足以感动人之善心,使夫邪污之气无由得接焉。是先王立乐之方也,而墨子非之奈何!(《乐论》)

圣人知心术之患,见蔽塞之祸,故无欲、无恶、无始、无终、无近、无远、无博、无浅、无古、无今,兼陈万物而中县衡焉。是故众异不得相蔽以乱其伦也。(《解蔽》)

人何以知道?曰:心。心何以知?曰:虚壹而静。心未尝不臧也,然而有所谓虚;心未尝不两也,然而有所谓壹;心未尝不动也,然而有所谓静。人生而有知,知而有志;志也者,臧也;然而有所谓虚;不以所已臧害所将受谓之虚。心生而有知,知而有异;异也者,同时兼知之;同时兼知之,两也;然而有所谓一;不以夫一害此一谓之壹。心卧则梦,偷则自行,使之则谋;故心未尝不动也;然而有所谓静;不以梦剧乱知谓之静。未得道而求道者,谓之虚壹而静。(《解蔽》)

凡以知,人之性也;可以知,物之理也。(《解蔽》)

故王者之制名,名定而实辨,道行而志通,则慎率民而一焉。故析辞擅作名,以乱正名,使民疑惑,人多辨讼,则谓之大奸。其罪犹为符节度量之罪也。故其民莫敢托为奇辞以乱正名,故其民悫;悫则易使,易使则公。其民莫敢托为奇辞以乱正名,故壹于道法,而谨于循令矣。如是则其迹长矣。迹长功成，治之极也。是谨于守名约之功也。今圣王没，名守慢，奇辞起，名实乱，是非之形不明，则虽守法之吏，诵数之儒，亦皆乱也。若有王者起，必将有循于旧名，有作于新名。然则所为有名，与所缘以同异，与制名之枢要，不可不察也。(《正名》)

性者，天之就也；情者，性之质也；欲者、情之应也。以所欲为可得而求之，情之所必不免也。以为可而道之，知所必出也。故虽为守门，欲不可去，性之具也。虽为天子，欲不可尽。欲虽不可尽，可以近尽也。欲虽不可去，求可节也。所欲虽不可尽，求者犹近尽；欲虽不可去，所求不得，虑者欲节求也。道者、进则近尽，退则节求，天下莫之若也。(《正名》)

人之性恶，其善者伪也。今人之性，生而有好利焉，顺是，故争夺生而辞让亡焉；生而有疾恶焉，顺是，故残贼生而忠信亡焉；生而有耳目之欲，有好声色焉，顺是，故淫乱生而礼义文理亡焉。然则从人之性，顺人之情，必出于争夺，合于犯分乱理而归于暴。故必将有师法之化，礼义之道，然后出于辞让，合于文理，而归于治。用此观之，然则人之性恶明矣，其善者伪也。故枸木必将待檃栝、烝矫然后直；钝金必将待砻厉然后利；今人之性恶，必将待师法然后正，得礼义然后治，今人无师法，则偏险而不正；无礼义，则悖乱而不治，古者圣王以人性恶，以为偏险而不正，悖乱而不治，是以为之起礼义，制法度，以矫饰人之情性而正之，以扰化人之情性而导之也，始皆出于治，合于道者也。今人之化师法，积文学，道礼义者为君子；纵性情，安恣睢，而违礼义者为小人。用此观之，人之性恶明矣，其善者伪也。(《性恶》)

孔子曰："夫水，大遍与诸生而无为也，似德；其流也埤下，裾拘必循其理，似义；其洸洸乎不淈尽，似道；若有决行之，其应佚若声响，其赴百仞之谷不惧，似勇；主量必平，似法；盈不求概，似正；淖约微达，似察；以出以入，以就鲜洁，似善化；其万折也必东，似志。是故君子见大水必观焉。"(《宥坐》)

入孝出弟，人之小行也。上顺下笃，人之中行也；从道不从君，从义不从父，人之大行也。(《子道》)

故尊圣者王，贵贤者霸，敬贤者存，慢贤者亡，古今一也。故尚贤，使能，等贵贱，分亲疏，序长幼，此先王之道也。(《君子》)

简帛儒家文献学案

近现代以来，随着考古发现的不断展开，先秦与秦汉时期失传的儒家文献陆续被发现；新出土的儒家文献正在改变传统的儒学研究范式，所谓"二重证据法"似乎成为诸多研究者的不二法门。近年来，出土文献中颇具代表性的有 1993 年出土的"郭店简"（1993 年湖北荆门郭店村一号楚墓出土的竹简，简称"郭店简"）、1994 年出现的"上博简"（1994 年上海博物馆斥资从香港市场购回的竹简残简与完简，简称"上博简"）、2008 年出现的"清华简"（2008 年清华大学收藏的一批战国竹简，简称"清华简"）与 1973 年出土的"长沙马王堆帛书"（1973 年湖南长沙马王堆三号汉墓出土的帛书，简称"长沙马王堆帛书"）。在此，我们梳理其中的儒家类文献，略作学案并合而列之。

一、"郭店简"学案

"郭店简"凡计 804 枚，为竹质墨迹，字体典雅、秀丽，其中有字简 730 枚，凡计 13000 多个文字。1998 年，"郭店简"由荆门市博物馆编为《郭店楚墓竹简》并由文物出版社出版。[①]据内容而言，"郭店简"不仅有道家文献，而且有儒家文献；其中，儒家类文献有《缁衣》、《鲁穆公问子思》、《穷达以时》、《五行》、《唐虞之道》、《忠信之道》、《成之闻之》、《尊德义》、《性自命出》、《六德》、《语丛三》（《父无恶》）、《语丛一》（《物由望生》）和《语丛二》（《名数》），凡十四篇。较之，《缁衣》篇与传世本《礼记·缁衣》篇略同，《五行》篇与长沙马王堆帛书《五行》篇略同，其余为先秦佚籍。

"郭店简"中的儒学文献联通孔子与孟子之间的道统间距，可谓是孔孟儒学的中间枢纽。其中，郭店简《缁衣》篇的内容与《礼记·缁衣》篇大

---

① 参见荆门市博物馆编：《郭店楚墓竹简》，文物出版社 1998 年版，第 15—103、127—215 页。

体相合，章节次序与文字略有差异；郭店简《缁衣》篇言"民以君为心，君以民为体。心好则体安之，君好则民欲之""上好仁，则下之为仁也争先""君子道人以言，而恒以行"①，篇旨强调为君以仁、为政以德、君心民体与君民和谐。《鲁穆公问子思》篇记述鲁穆公问子思何谓"忠臣"，子思回答"恒称其君之恶者，可谓忠臣"②；其篇旨强调为臣有道，不阿君、不媚君，其义大抵与《论语·八佾》曰"臣事君以忠"、《论语·宪问》曰"勿欺也，而犯之"相承袭、相融通。郭店简《穷达以时》篇言"有天有人，天人有分；察天人之分，而知所行矣"，强调为人应该"穷达以时，德行一也"③；是篇所载内容与《韩诗外传》(卷7)、《说苑·杂言》等书所见内容大体近似。郭店简《五行》篇与长沙马王堆帛书《五行》篇在文字方面略有出入，郭店简《五行》篇言"五行：仁形于内谓之德之行，不形于内谓之行。义形于内谓之德之行，不形于内谓之行。礼形于内谓之德之行，不形于内谓之行。智形于内谓之德之行，不形于内谓之行。圣形于内谓之德之行，不形于内谓之行"，采用正反论证指出"不明不圣、不圣不智、不智不仁、不仁不安、不安不乐、不乐无德""不远不敬、不敬不严、不严不尊、不尊不恭、不恭无礼"，篇旨强调"德之行五和谓之德""五行皆形于内而时行""闻道而悦者，好仁者也；闻道而畏者，好义者也；闻道而恭者，好礼者也；闻道而乐者，道德者也"④；是篇或许是《荀子·非十二子》所驳子思、孟子"案往旧造说，谓之五行"之"五行"。《唐虞之道》篇言"唐虞之道，禅而不传""尧舜之行，爱亲尊贤""孝，仁之冕也；禅，义之至也"，篇旨强调"匹夫为天子德必若尧舜"⑤、仁孝、德贤、上德以禅授贤，其意在教化万民、教民大顺之道。《忠信之道》篇言"大久而不渝，忠之至也；陶而睹常，信之至也""至忠无讹，至信不倍"，篇旨强调"忠，仁之实也；信，义之期也"⑥。

《性自命出》篇言"喜怒哀悲之气，性也""好恶，性也""善不善，性也"，强调"性自命出，命自天降；道始于情，情生于性""道者，群物之道。凡道，心术为主。道四术，唯人道为可道也""诗书礼乐，其始出皆生于人""察，

---

① 参见荆门市博物馆编：《郭店楚墓竹简》，文物出版社1998年版，第127—138页。
② 参见荆门市博物馆编：《郭店楚墓竹简》，文物出版社1998年版，第139—142页。
③ 参见荆门市博物馆编：《郭店楚墓竹简》，文物出版社1998年版，第143—146页。
④ 参见荆门市博物馆编：《郭店楚墓竹简》，文物出版社1998年版，第147—154页。
⑤ 参见荆门市博物馆编：《郭店楚墓竹简》，文物出版社1998年版，第155—160页。
⑥ 参见荆门市博物馆编：《郭店楚墓竹简》，文物出版社1998年版，第161—164页。

义之方也。义，敬之方也。敬，物之节也。笃，仁之方也。仁，性之方也。性或生之。忠，信之方也。信，情之方也。情出于性""凡性，或动之，或逆之，或交之，或厉之，或出之，或养之，或长之。凡动性者，物也；逆性者，悦也；交性者，故也；厉性者，义也；出性者，势也；养性者，习也；长性者，道也"①。《性自命出》篇所涉道德范畴有天、命、性、情、心、志、教、道、义、敬、欲、忠、信等，正反论证，要言天、道、性、命与情之义及其内在关联。较之，郭店简《性自命出》篇与上博简《性情论》篇内容大体相同，只是上博简《性情论》篇略有阙文，二者应可互为参证、对读、并释。《成之闻之》篇论人性、言教化、重身教、讲与民同乐，讲君子慎六位，其篇曰"圣人之性与中人之性，其生而未有非志""君子之莅民也，身服善以先之，敬慎以守之""上苟倡之，则民鲜不从矣""君子之于言也，非从末流者之贵，穷言反本者之贵""民可敬导也，而不可掩也；可御也，而不可牵也""君子不贵庶物，而贵与民有同也""欲人之爱己也，则必先爱人；欲人之敬己也，则必先敬人""君子治人伦以顺天德""君子慎六位，以祀天常"，较之，其义与《论语·季氏》曰"不患寡而患不均"、《孟子·离娄下》曰"舜明于庶物、察于人伦"、《周易·乾卦》曰"首出庶物，万国咸宁"、《尚书·咸有一德》曰"克享天心"、《尚书·君奭》曰"惟冒丕单称德"等多有相通之处。《成之闻之》篇曰"天登大常，以理人伦，制为君臣之义，作为父子之亲，分为夫妇之辨"，与《新语·道基》曰"先圣乃仰观天文，俯察地理，图画乾坤，以定人道，民始开悟，知有父子之亲，君臣之义，夫妇之道，长幼之序。于是百官立，王道乃生"、《春秋繁露·王道通三》曰"四时之行，父子之道也；天地之志，君臣之义也；阴阳之理，圣人之法也"等多有相通之处；《成之闻之》篇曰"民皆有性"，与《礼记·中庸》曰"天命之谓性"，《成之闻之》篇曰"慎求之于己"②与《礼记·大学》曰"慎独"等亦多相通，可以对读互证。

《六德》（又名《六位》）篇旨言为君、为臣与为人之道，强调为君应该选贤任能、慎六位、秉六德，其篇末曰"君子所以立身大法三，其绎之也六，其衍十又二；三者通，言行皆通；三者不通，非言行也；三者皆通，然后是也"应指君、父、夫之三者，君臣、父子、夫妇之六者以及"六德"（圣、智、仁、义、

---

① 参见荆门市博物馆编：《郭店楚墓竹简》，文物出版社 1998 年版，第 177—184 页。

② 参见荆门市博物馆编：《郭店楚墓竹简》，文物出版社 1998 年版，第 165—170 页。

忠、信)与"六位"(父圣、夫智、子仁、君义、臣忠、妇信)之十二者。其篇曰
"何谓六德? 圣、智也,仁、义也,忠、信也。圣与智就矣,仁与义就矣,忠与
信就矣;作礼乐,制刑法,教此民尔,使之有向也,非圣智者莫之能也"、生
民有"六位"(夫妇、父子、君臣)、"六职"(有率人者、有从人者、有使人者、
有事人者、有教者、有受者),又曰"义者,君德也""忠者,臣德也""智也者,
夫德也""信也者,妇德也""圣也者,父德也""仁者,子德也",强调夫夫、妇
妇、子子、君君、臣臣六者各行其职,"六职既分,以卒六德""人有六德,三
新(亲)不断。门内之治恩掩义,门外之治义斩恩""父圣子仁,夫智妇信,
君义臣忠。圣生仁,智率信,义使忠""孝,本也。下修其本,可以断讼"①
等,其大义与《礼记·丧服四制》曰"门内之治,恩掩义;门外之治,义断恩。
资于事父以事君,而敬同,贵贵尊尊,义之大者也"、《周礼·地官司徒》曰
"以乡三物教万民而宾兴之:一曰六德,知、仁、圣、义、忠、和;二曰六行,
孝、友、睦、姻、任、恤;三曰六艺,礼、乐、射、御、书、数"、《周礼·天官冢宰》
曰"以官府之六职辨邦治:一曰治职,以平邦国,以均万民,以节财用。二
曰教职,以安邦国,以宁万民,以怀宾客。三曰礼职,以和邦国,以谐万民,
以事鬼神"、《逸周书·大匡解》曰"绥、比、新、故、外、内贵、贱曰六位"等多
有相通之处。另外,《六德》篇曰"仁,内也。义,外也"与《春秋繁露·仁义
法》曰"《春秋》为仁义法。仁之法在爱人,不在爱我。义之法在正我,不在
正人"亦多相通,可为互证。值得指出的是,《六德》篇曰"为父绝君,不为
君绝父;为昆弟绝妻,不为妻绝昆弟;为宗族杀朋友,不为朋友杀宗族"与
儒家传世文献宣扬的君尊臣卑思想有所区别。《尊德义》篇强调以德为
教、治民之道与为君之道,其篇曰"尊德义,明乎民伦,可以为君""为古率
民向方者,唯德可""教非改道也,教之也;学非改伦也,学己也""圣人之治
民,民之道也""禹之行水,水之道也;造父之御马,马之道也;后稷之艺地,
地之道也;莫不有道焉,人道为近,是以君子,人道之取先""察者出,所以
知己;知己所以知人,知人所以知命,知命而后知道,知道而后知行""教其
政,不教其人,政弗行矣""尊仁、亲忠、敬壮、归礼,行矣而无违,养心于子
谅,忠信日益而不自知也""民可使道之,而不可使知之;民可道也,而不可

① 参见荆门市博物馆编:《郭店楚墓竹简》,文物出版社 1998 年版,第 185—190 页。

强也""凡动民必顺民心,民心有恒,求其永"①等,其大义与《论语·泰伯》曰"民可使由之,不可使知之"、《论语·学而》曰"不患人之不己知,患不知人也"、《论语·尧曰》曰"不知命,无以为君子也。不知礼,无以立也。不知言,无以知人也"、《新书·辅佐》曰"圣帝之德,畜民之道"以及《论语》《孟子》等书所强调的为政以德、为君以德、修身以德之论见多有契合,可以互为参证。

《语丛三》(又名《父无恶》)篇言"父无恶。君犹父也,其弗恶也""友,君臣之道也""志于道,狎于德,比于仁,游于艺""天形成人,与物斯理""人之性非与,止乎其孝""义,德之进也""义,宜也;爱,仁也;义,处之也;礼,行之也""有天有命""毋意,毋固,毋我,毋必""生为贵"②,其篇旨强调君臣之道、父子之道、交友之道、天道与物道,其篇之大义可与《论语·述而》"志于道,据于德,依于仁,游于艺"、《论语·子罕》"毋意,毋必,毋固,毋我"、《春秋繁露·奉本》"臣子之不为君父受罪,罪不臣子莫大焉"、《汉书·楚元王传》"奉安君父,忠孝之至"等对读互见。《语丛一》(又名《物由望生》)篇言"物希望生",亦言"名数",又曰"有圣有善""有天有命,有地有形""有仁有智,有义有礼""有物有緌有□,而后教生""天生百物,人为贵""爱善之谓仁""知天所为,知人所为,然后知道;知道然后知命""察天道以化民气""礼,交之行述也""乐,或生或教者也""诗,所以会古今之诗也者""易,所以会天道、人道也""春秋,所以会古今之事也""父子,致上下也""兄弟,致先后也""君臣、朋友,其择者也"③等等。其中,其言"天生百物,人为贵"与《孝经·圣治》曰"天地之性,人为贵"、《说苑·杂言》曰"天生万物,唯人为贵"之旨义略同。值得注意的是,其言儒家六经之旨与《庄子·天下》曰"《诗》以道志,《书》以道事,《礼》以道行,《乐》以道和,《易》以道阴阳,《春秋》以道名分"、《春秋繁露·玉杯》曰"《诗》《书》具其志,《礼》《乐》纯其养,《易》《春秋》明其知。六学皆大,而各有所长。《诗》道志,故长于质。《礼》制节,故长于文。《乐》咏德,故长于风。《书》著功,故长于事。《易》本天地,故长于数。《春秋》正是非,故长于治人",皆不相同。然则,其所言"《易》,所以会天道、人道也"与"《春秋》,所以会古今之事也"隐约

---

① 参见荆门市博物馆编:《郭店楚墓竹简》,文物出版社1998年版,第171—176页。
② 参见荆门市博物馆编:《郭店楚墓竹简》,文物出版社1998年版,第195—202页。
③ 参见荆门市博物馆编:《郭店楚墓竹简》,文物出版社1998年版,第175—186页。

可见其意在强调儒经蕴含应时应世的价值向度。《语丛二》(又名《名数》)篇言"名数也,由□絲生""情生于性,礼生于情,严生于礼,敬生于严""欲生于性,虑生于欲""爱生于性,亲生于爱""恶生于性,怒生于恶""有德者不移""小不忍败大势""知命者无□"[①];其篇旨"名数",但言儒家比较有争议的道德范畴如情、性、欲、爱、礼、敬、恶、德、喜、怒、愠、智、惧等,并讨论彼此生成关系,颇合儒家心性哲学;同时,其篇末言及为人处世之方。较之,郭店简《语丛》之体例尤其是《语丛四》与《韩非子·说林》《说苑·谈丛》大体近似。《语丛二》篇的主要言说范式是"某生于某",《语丛一》篇的主要言说范式是"有某有某",凡此言说范式与《诗经》"四言诗"、《老子》"四言句"颇为相仿;同时,其所言范畴之间的内在生成逻辑与《老子》(第40章)曰"天下万物生于有,有生于无"、《老子》(第42章)曰"道生一,一生二,二生三,三生万物"、《周易·系辞上》曰"易有太极,是生两仪,两仪生四象,四象生八卦"更是颇相类同、契合。

二、"上博简"学案

自 2001 年以来,"上博简"由上海古籍出版社陆续出版,即《上海博物馆藏战国楚竹书》(一至九)。其中,儒家类文献不少,且摘要论之。

2001 年出版的《上海博物馆藏战国楚竹书(一)》中有《孔子诗论》《缁衣》与《性情论》。《孔子诗论》篇有总论和分论,强调赋诗、奏乐、著文必须具有的志、情和言,并论《讼》《大夏》与《邦风》。其中,孔子提出"诗毋离志、乐毋离情、文毋离言"的论见。《孔子诗论》的目次为《颂》《大雅》《小雅》《国风》,其篇次与今传世本《诗》之《风》《雅》《颂》的篇次不同;同时,《孔子诗论》没有传世本《诗经》小序中的"美""刺"之言。《孔子诗论》只是概论《风》《雅》《颂》,没有详论诗之内容;《孔子诗论》不仅为研究《诗》之编次、本义提供了史料,而且为研究孔子对《诗》的评价与授《诗》之法提供了依据。《缁衣》篇强调忠君爱民、恭敬廉节、谨慎言行,提倡德教在先、法治在后以及"刑不试而民咸服"的论见,其主要内容与传世本《礼记·缁衣》、郭店简《缁衣》基本相同。《性情论》篇提出天降命、命出性、性生情、情始道,主论"性""情"与"道"之概念;其所论之"性"是指"人之本性",指出"性

---

① 参见荆门市博物馆编:《郭店楚墓竹简》,文物出版社 1998 年版,第 187—194 页。

可习",论涉"性"与"习"之间的价值关联,阐明人性变化在于"待习而后奠""用心各异,教使然也";同时,提出"情"源于"性",人情有七爱、五知、三恶等;明确"道"为人道,人道以礼为主体,强调人性可用"四术"引导即用《诗》《书》《礼》《乐》引导。[1]较之,上博简《性情论》篇与郭店简《性自命出》篇文字内容大体相同,虽然上博简《性情论》篇比郭店简《性自命出》篇有所阙文,但可互为参证。

2002 年出版的《上海博物馆藏战国楚竹书(二)》中有《民之父母》《子羔》《从政》《鲁邦大旱》《昔者君老》与《容成氏》。《民之父母》篇为孔子与子夏关于"五至""五起"与"三无"之问答,阐述儒家道德观,强调君子人格;其内容与《礼记·孔子闲居》《孔子家语·论礼》略同。《子羔》篇为孔子与子羔之问答,内容凡涉尧舜禅让与禹契后稷之事,其论五帝之事与《史记·五帝本纪》《大戴礼记·五帝德》有同有异。《鲁邦大旱》篇记述鲁邦大旱,哀公求教孔子,孔子答曰祭祷无助于事;同时,其内容又涉孔子与子贡讨论此事对民众的影响。《从政》篇强调从政者应该"敦五德,固三誓,除十怨",可与《论语》《礼记》所载相关说法互为参证。《昔者君老》篇记述国君自衰老至崩逝,太子朝见过程中的礼仪规范。《容成氏》篇记述上古帝王的传说,凡有容成氏、高辛氏、帝尧、帝舜、夏禹、商汤、周文王、周武王等二十余位古代帝王,言三代禅让、评后世争位;提出禹分九州岛、文王平九邦,其说与《尚书·禹贡》有异。[2]

2003 年出版的《上海博物馆藏战国楚竹书(三)》中有《周易》与《中弓》。《周易》内容涉及 34 个卦的内容,凡计 1806 字;竹简之文用六种标号,实为罕见,大抵反映阴阳变换、互为因果之义理。《中弓》篇采用问答体,言中弓为孔子弟子,被孔子喻为"犁牛之子"即有德行之人、大用之人。[3]

2004 年出版的《上海博物馆藏战国楚竹书(四)》中有《采风曲目》《逸

---

① 参见马承源主编:《上海博物馆藏战国楚竹书(一)》,上海古籍出版社 2001 年版,第 123—277 页。

② 参见马承源主编:《上海博物馆藏战国楚竹书(二)》,上海古籍出版社 2002 年版,第 154—293 页。

③ 参见马承源主编:《上海博物馆藏战国楚竹书(三)》,上海古籍出版社 2003 年版,第 136—283 页。

诗《内豊》与《相邦之道》①。其中,《采风曲目》篇记《子奴思我》《丧之末》《牧人》《道之远尔》《北野》《咎比》《王音深谷》《思之》《奚言不从》等,凡计三十九篇曲目。《逸诗》篇有《交交鸣鸟》歌咏君子"若玉若英"、《多薪》歌咏兄弟亲密无间。《内豊》篇简论"为人君、臣、父、子、兄、弟之道",凡事言在己者,不论在人者,并且强调孝子事父母之道。其内容与《礼记·内则》《大戴礼记·曾子立孝》相关。《相邦之道》篇记述孔子与子贡问答相邦之道,是篇原无篇题,其篇名是整理者因内容而命。

2005 年出版的《上海博物馆藏战国楚竹书(五)》中有《季庚子问于孔子》《君子为礼》《弟子问》与《三德》②。《季庚子问于孔子》篇采用问答体,记述季康子以币迎孔子归鲁之事与孔子对治国兴鲁之论见;是篇表明孔子与季康子存在政见分歧,篇旨蕴含强烈的现实观照与政治观照;是篇原无篇题,其篇名为整理者据篇首句而拟。《君子为礼》篇记述孔子与弟子的答问,强调"君子为礼,以依于仁"与"义",阐述仁、礼、义三者之间的内在关联;其文与《论语·颜渊》篇所载"颜渊问仁"的内容基本相同,又与《礼记·礼运》所言"礼也者,义之实""义者、艺之分、仁之节""仁者,义之本"基本相同。《弟子问》篇记载孔子与弟子的答问,强调君子应该言行相近。《三德》篇言"天供时,地供材,民供力,明王无思,是谓三德""齐齐节节,外内有辨,男女有节,是谓天礼""顺天之常",君子慎其德而"临民以仁,民莫弗亲;兴兴民事,行往视来;民之所喜,上帝是佑","骤夺民时,天饥必来","上帝喜之,乃无凶灾","民之所欲,鬼神是佑","顺天之时,起地之材"。其中,《三德》篇言"顺天之常""顺天之时"与《孟子·离娄上》曰"顺天者存,逆天者亡"、《礼记·礼器》曰"必顺天时"、《春秋繁露·循天之道》曰"顺天之道"等义理相通。《三德》篇言"天供时,地供材,民供力,明王无思,是谓三德"与《周易·说卦》曰"昔者圣人之作《易》也,将以顺性命之理,是以立天之道曰阴与阳,立地之道曰柔与刚,立人之道曰仁与义"、《孝经·三才》曰"夫孝,天之经也,地之义也,民之行也"等所论"三才之分,天地人之治"颇为相似。《三德》篇原无篇题,其篇名为整理者据内容

---

① 参见马承源主编:《上海博物馆藏战国楚竹书(四)》,上海古籍出版社 2004 年版,第 164—170、174—178、220—229、234—238 页。

② 参见马承源主编:《上海博物馆藏战国楚竹书(五)》,上海古籍出版社 2005 年版,第 200—235、254—303 页。

而补。目前,学界有观点认为上博简《三德》篇和马王堆帛书《黄帝四经》颇有相像之处,应为道家作品,但观上博简《三德》篇所论要义,多见其言天地人之关系和仁义,其儒家色彩颇为浓郁。

2007 年出版的《上海博物馆藏战国楚竹书(六)》中有《孔子见季桓子》《用曰》和《天子建州》(甲、乙本)①。《孔子见季桓子》篇采用问答体,记述孔子与季桓子讨论为政治国之道:"行圣人之道",孔子以仁应之;篇曰"仁人之道,衣服必中""亲仁""谦""信""成德",强调居上者应修身成德,君子以众人之福为先,动静谦让而合于理想;是篇原无篇题,其篇名为整理者取用全文首句而命之。《用曰》篇曰"事非与(举)有方"以言处事有道,其曰"错心怀惟"以言用心思虑,其曰"非人是恭,厥身是卫"以言明哲保身,其曰"既出于口,则弗可悔,若矢之免于弦"强调慎言;其篇旨强调为人修身应该秉德、保德、"九惠是贞"、"德径于康"与"羞闻恶谋"。从为政角度看,《用曰》篇大抵分殊两个价值向度:一是言"君事"即为君之道,一是言"臣事"即为臣之道。《天子建州》(甲、乙)篇记述礼制,其曰"礼者,义(仪)之兄也""天子建之以州,邦君建之以都,大夫建之以里,士建之以室""席,邦君三辟,大夫二辟,士一辟"等论见与《荀子》《礼记》所载礼论、礼制相似。《天子建州》篇曰"天子坐以矩,食以仪,立以县,行以绳。视侯量,顾还身,诸侯食同状,视百正,顾还肩,与卿大夫同耻度,士视目恒,顾还面",其大义与《左传·宣公十一年》曰"议远迩,略基址,具糇粮,度有司",《襄公九年》曰"修器备,盛糇粮",《昭公三十二年》曰"计徒庸,虑材用,书糇粮",《尚书·周书》(《洪范》《立政》《周官》)和《周礼》中的王者建国、立政、设官等思想多有相通之处。

2008 年出版的《上海博物馆藏战国楚竹书(七)》中有《武王践阼》。《武王践阼》篇采用问答体,记述师尚父以丹书告诫周武王,周武王铸铭器以自戒。其篇曰"怠胜义则丧,义胜怠则长;义胜欲者从,欲胜义者凶""身则君之臣,道则圣人之道。君斋(将)道之,君不祈则弗道"②等,其内容与《大戴礼记·武王践阼》篇基本相合。是篇原无篇名,其篇名为整理者据

① 参见马承源主编:《上海博物馆藏战国楚竹书(六)》,上海古籍出版社 2007 年版,第 198—236、286—306、311—338 页。

② 参见马承源主编:《上海博物馆藏战国楚竹书(七)》,上海古籍出版社 2008 年版,第 151—165 页。

内容而补之。

2009 年出版的《上海博物馆藏战国楚竹书（八）》中有《子道饿》《颜渊问于孔子》《成王既邦》《王居》《李颂》《志书乃言》《有皇将起》《兰赋》和《鹠鹏》①。《子道饿》篇记载孔子"厄于陈蔡"，子游北上求救于鲁，要言子游"修其德行""重本贵情"。《颜渊问于孔子》篇记载孔子答颜渊所问君子之"内事""内教"与"至明"之问题，篇旨强调"内事"之要在于敬正、慎罚、举贤和惠民，"内教"之要在于"修身以先，则民莫不从"与导之以俭、谦、让、卑，"至明"之要在于"贫而安乐"。《成王既邦》篇记载周公畅言"重光其昌"，要言周公与成王讨论"天子之正道"："皆欲俗其新而亲之，皆欲以其邦就之，是谓天子之正道"，"民皆有央鹇之心，而国有相串割之志，是谓重光"。篇旨强调周公与成王皆有忧患意识、王道理想，体现出他们对理想国度的探索与期望。《王居》篇应为楚惠王与令尹等人的对话，楚惠王曰"吾闻古之善臣，不以私惠私悁内于王门。非而所以复，我不能贯壁而视圣，吾以尔为远日耳"，篇旨强调贤臣无私惠私怨，为人、为臣不可诽谤他人，应该"必良慎之"。《志书乃言》篇记载楚王的讲话，篇旨表明楚王没有听信谗言，而是用人有道。于内容观之，《王居》篇与《志书乃言》篇极为近似，而且文义存在一定的相关性，或可合为一篇，或本是一篇。《李颂》篇歌颂的应为梧桐而非李树，篇文以比德的言说范式歌颂梧桐"深利开豆，亢其不贰""丰华重光，民之所好""榛棘之间""呕植速成""是故圣人速此和物，以理人情，人因其情则乐其事，远其情"，其篇旨在于以物比德、托物言志。《有皇将起》篇将枭与凤并举，提出"有皇将起今兮，助余教保子今兮，使游于仁今兮"，其篇旨言父欲请良师以教子，未果，子因贪慕荣华而耻于劳作而去。篇中所言"使游于仁"一句可见此篇极具儒家意味。较之，《有皇将起》篇体例与《鹠鹏》篇基本相同。《鹠鹏》篇言鹠鹏或为黄莺，篇曰鹠鹏（又作"鹠鹪"）"欲衣而恶臬""不织而欲衣"，"膀飞"而去。较之，《鹠鹏》篇所言"鹠鹏"与《诗经·邶风·旄丘》篇所言"琐兮尾兮，流离之子"中的"流离"近似，其义略同，大有异曲同工之妙。《兰赋》篇曰兰"猷不失厥芳馨，谥迺而达闻于四方"，篇旨以物比德，强调兰之品质高迈、坚贞、

---

① 参见马承源主编：《上海博物馆藏战国楚竹书（八）》，上海古籍出版社 2009 年版，第 121—291 页。

隐逸,篇蕴空谷幽兰之意象。较之,上博简《兰赋》篇与孔子所作《猗兰操》篇文有所同、旨有所趣,《乐府诗集·琴曲歌辞二》引《琴操》曰:"《猗兰操》,孔子所作。孔子历聘诸侯,诸侯莫能任。自卫反鲁,隐谷之中,见香兰独茂,喟然叹曰'兰当为王者香,今乃独茂,与众草为伍。'乃止车,援琴鼓之,自伤不逢时,托辞于香兰云。"(《乐府诗集》卷58)世传孔子所作《猗兰操》曰:"习习谷风,以阴以雨。之子于归,远送于野。何彼苍天,不得其所。逍遥九州,无所定处。世人暗蔽,不知贤者。年纪逝迈,一身将老。"(同上①)以物比德,托物言志,抑或以兰自喻,志向高远:"气如兰兮长不改,心若兰兮终不移。"兰,花中之君子,细绎《兰赋》篇与《猗兰操》篇之旨趣,可见《兰赋》的作者与孔子心有灵犀。

2012年出版的《上海博物馆藏战国楚竹书(九)》中有《成王为城濮之行(甲、乙本)》《灵王遂申》《陈公治兵》《举治王天下》《邦人不称》《史蒥问于夫子》《卜书》②。《成王为城濮之行(甲、乙本)》篇记载楚"成王为城濮之行,王使子文教子玉"之事。《灵王遂申》篇记述楚灵王即位,申、息两县不满;灵王灭蔡分器,下令申人不可空手而归;申成公虽派幼子虎前去,但虎三次都徒手而归。篇旨隐约可见申成公对楚王发动战争之不满,反映出春秋中晚期的诸侯与大夫以及大夫家族之间的离心离德。《陈公治兵》篇记载楚王命陈公"相执事人整师徒"之事,篇旨强调"执事人必善命之",内容涉及先秦军礼;《陈公治兵》篇言"八鼓"与《周礼·地官司徒》所言"鼓人:掌教六鼓、四金之音声,以节声乐,以和军旅,以正田役"等儒家所言"军礼"有相通之处,可以对举释读。《举治王天下》篇曰"五杀③不举,其民能相分馀;三年不生鱼,五年亡冻饵者,此曷止也",篇旨强调王天下不在刑杀而在务农。《邦人不称》篇记述叶公子高阻止失邦而逃的楚昭王并帮助楚昭王复国,子高处事低调,邦人不知子高功绩;楚国遭白起之乱,子高助楚惠王平乱,事后不受封赏,邦人不知子高功绩;其篇曰"无名焉,是故弗知焉,类天之道焉"正是其要义所在。《史蒥问于夫子》篇记述史蒥向孔子请教辅助齐国太子之事,篇载夫子曰"必危(端正)其邦家,则能贵

---

① 参见(宋)郭茂倩编:《乐府诗集》卷58,中华书局1979年版,第839页。

② 参见马承源主编:《上海博物馆藏战国楚竹书(九)》,上海古籍出版社2012年版,第158—302页。

③ 按:"杀"古作"殺",有释读者认为"殺"与"穀"同,"穀"原释为"殺",且备为一说。

于禹汤,禹汤则学""故教于始乎哉,始得可人而举之""临事而惧";篇旨强调齐家、德若禹汤,强调治国为政若"纳邪伪,幽色与酒,大钟鼎,美宫室,驱骋畋猎,与狱讼,此所以失"。《卜书》篇记载肥叔、季曾、蔡公与困(渊)公对龟兆的判断,篇言"三族""三末"等,其大义与《左传·襄公七年》曰"三卜"、《周礼·春官宗伯》曰"三兆"或有相通之处。

三、"清华简"学案

自 2010 年以来,"清华简"由中西书局陆续出版,即《清华大学藏战国竹简》第壹至柒辑;其中,第壹、叁、伍辑多为儒家类文献,且摘要论之。

2010 年出版的《清华大学藏战国竹简(壹)》凡涉《尚书》类文献多篇,其中有《尹至》《尹诰》《程寤》《保训》《耆夜》《金縢》《皇门》《祭公》和《楚居》①。《尹至》与《尹诰》(即《咸有一德》)篇记述夏末商初之事,汤王训告尹提出"(执)挚度挚惠(德),不僭""与民同心,乃得其位",阐明为政治国应该尚德、"一德"。《程寤》篇记载周文王之妃太姒之梦与解梦之事,篇旨隐喻文武受命、周革殷命,提出"卑柔和顺""怀允""松柏棫柞",欲明爱民、徕民、尚贤、唯才是用义;强调为政治国有道:监时、务和、怀文、保道、爱身、力人。《耆夜》篇记载周武王征伐耆国凯旋于文王庙庆功宴乐之事,武王与毕公、召公、周公、辛公爵酬作歌数首,如《乐乐旨酒》《輶乘》《赑赑》《明明上帝》《蟋蟀》,歌曰"纮仁兄弟,庶民和同""方臧方武,穆穆克邦""愍情(精)谋猷,裕德乃救""明明上帝,临下之光,不显来格,歆厥禋明(盟)""蟋蟀在堂,役车其行;今夫君子,不喜不乐""康乐而毋荒,是惟良士之方""康乐而毋荒,是惟良士之惧",诸歌可与《诗经·唐风·蟋蟀》等诗文对读。《保训》篇记载周文王临终前对其子武王的遗言,文王意在用史事阐释"中"的观念,篇曰"舜既得中,言不易实,变名身兹,备惟允翼翼不懈,用作三降之德。帝尧嘉之,用受厥绪"正是其篇旨大义之所在。《金縢》篇记述武王克殷后患疾,周公乞代疾死,是时,成王年幼,周公摄政,管叔及其群兄弟流言于邦,周公作《鸱鸮》以遗成王;成王启金縢之匮,执书而泣,成王曰"今皇天动威,以彰公德。惟余冲人其亲逆公,我邦家礼亦宜之"。是篇与《尚书·金縢》篇大体相同,行文次序略异,可以对读互证。《皇门》篇

---

① 参见李学勤主编:《清华大学藏战国竹简(壹)》,中西书局 2010 年版,第 127—179 页。

记载周公告诫宗臣之事，篇言"蔑有耆耈虑事屏朕位""恭明祀，敷明刑""王用有监，多宪丁政，命用克和有成，王用能承天之鲁命""王邦用宁，小民用格、能稼穑，咸祀天神，戎兵以能兴，军用多实""朕遗父兄眔朕荩臣，夫明尔德，以助余一人忧，毋惟尔身之懔，皆恤尔邦，假余宪"，强调为政治国应该明德、明刑、慎武、修身进德、以膺天命，应该重视孝道与祭祀。是篇与《逸周书·皇门解》篇大体相同，行文次序略异，可以对读互证。《祭公》篇记载身染沉疴的国之宿老祭公应穆王的"乞言"而与穆王对话，篇曰"余畏天之作威，公其告我懿德""勖宅天命""置之明德，付畀于四方，用应受天命，敷文在下""尚宽壮厥心，康受乂之"，阐明周人敬天畏天的天命观，强调治国理政要在明德、慎刑、重祭祀、尚宽宥。是篇与《逸周书·祭公解》篇大体相同，个别词句略异，可以对读互证。

2012 年出版的《清华大学藏战国竹简（叁）》收有《傅说之命》（三篇）、《周公之琴舞》《芮良夫毖》与《良臣》[①]。其中，《傅说之命》（三篇）与东晋梅赜所传古文《尚书》颇有不同，或可证今本古文《尚书》系伪书。《周公之琴舞》篇为一组乐诗，凡有十篇颂诗，其结构与《大武》相仿，其内容凡涉周公还政、成王嗣位。《周公之琴舞》篇记述"周公作《多士》，敬毖琴舞九絉"，篇言"夫明思慎""天多降德，沨沨才下，流自求敄（悦），诸尔多子，逐思沈之""弼敢荒德，德非惰市，纯维敬市，文非敕市，不坠卣彦"，篇旨强调为政思慎、不敢荒德、敬畏天命，又明天命与道德之相依与深契。《芮良夫毖》篇为儆诫性质的"毖"诗，属于刺讥时政的政治诗。篇曰"恭天之畏（威），听民之繇""畏天之降灾""万民之咎，所而弗敬""心之忧矣，靡所告怀""平和庶民，莫敢戾纵""君子之受谏，万民之逑""德刑不齐""民之忧惕""政命德刑，各有常次""民多艰难，我心不快""亡父母能生，亡君不能生""吾用作毖再终，以寓命达听"等，反映的是不秉纯德则不足以化解天灾的天道观与敬天、秉德、爱民的政治哲学。《良臣》篇记述自上古至春秋时的良臣，要言道德之于为人为政的重要性。篇曰"黄帝之市（师）：女和、章人、保侗"和尧、舜、禹、伊尹、柬宜生、南宫适、君奭、周公旦、邵公、子范、子余、尹子闵、子西、叶公子高、管夷吾、季孙、子皮、子产及子产之辅（"子羽、子剌、蔑明、卑登、寯之便、王子全"），凡列黄帝、尧、舜、禹、汤、周文王、

① 参见李学勤主编：《清华大学藏战国竹简（叁）》，中西书局 2012 年版，第 121—162 页。

周武王、晋文公、楚成王、楚昭王、齐桓公、秦穆公、鲁哀公与郑子产时期的良臣即有功德之臣,旨在歌颂良臣之良德。《良臣》篇原文无篇名,其篇名为整理者所加。

2015 年出版的《清华大学藏战国竹简(伍)》收有《封许之命》《厚父》《命训》《度训》《常训》《汤处于汤丘》《汤在啻门》《殷高宗问于三寿》[①]。其中,《封许之命》篇记载周王赏赐财物之事,所赏赐之物有玉器、秬鬯、车马与车马器、荐彝。《厚父》篇记述商王与厚父的对话,其中,商王指责夏桀之劣迹,厚父曰"天降下民,设万邦,作之君,作之师,惟曰其勤上帝。乱下民,之匿,王乃竭,失其命,弗用先哲王。孔甲之典刑,颠覆厥德,沉湎于非彝,天乃弗若,乃坠厥命,亡厥邦。惟时下民鸿帝之子,感天,之臣民,乃沸,慎厥德,用叙在服""天命不可湛,斯民心难测。民式克恭心、敬畏,畏不祥,保教明德,慎肆祀,惟所役之司民启之""民心惟本,厥作惟叶""酒非食,惟神之飨;桀亦惟酒用败威仪"。《厚父》篇反映周初的重德、明德思想,其中所载民本思想已较商周之际有所发展。《厚父》篇与《尚书·伊训》《尚书·太甲(三篇)》《尚书·咸有一德》等文献可以互参而读,比义会通。《命训》《度训》与《常训》诸篇言天道、人道,述治政之法,道王者立言之宗,其内容或见于东周以后。清华简中的《命训》《度训》《常训》与《逸周书》中的《命训》《度训》《常训》略同,多言为政牧民之道,而且文气相类、内容相通。《汤处于汤丘》篇记述商汤与诸臣的问答,篇言"展彰百义,以和利万民,以修四时之政,以设九事之人,以长奉社稷""为君爱民,为臣恭命""君既睿明,既受君命""古之先圣人所以自爱,不事昏,不处疑;食时不嗜珍,五味皆哉,不有所偙;不服华文,器不雕镂;不虐杀;与民分利,此以自爱也",篇旨大义强调为政为君应当"明以道心",征伐依凭道德,为政以德而兼取刑罚,重祭祀,畏"天威""恭天威",效法古之仁人与圣人以自爱。《汤在啻门》篇记载汤在啻门问小臣之理,篇言汤问古帝良言,小臣答以成人、成邦、成地与成天之道,其曰"五以成人,德以光之;四以成邦,五以相之;九以成地,五以将之;九以成天,六以行之""五以将之:水、火、金、木、土,以成五曲,以植五谷""六以行之:昼、夜、茪(春)、夏、秋、冬,各时不解,此惟事首,亦惟天道""德浚明执信以义成,此谓美德,可以保成;德变亟执

---

① 参见李学勤主编:《清华大学藏战国竹简(伍)》,中西书局 2015 年版,第 109—161 页。

讹以亡成,此谓恶德,虽成或渝";是篇以"美事"与"恶事""美役"与"恶役""美政"与"恶政""美刑"与"恶刑"对举而成正反论证。其中,汤问曰:"人何得以生,何多以长,孰少而老,胡猷是人,而一恶一好?"小臣答曰:"唯彼五味之炁(气),是哉以为人。其末炁(气),是谓玉种,一月始孕,二月乃裹,三月乃形,四月乃胡固,五月或收(襄),六月生肉,七月乃肌,八月乃正,九月緟章,十月乃成,民乃时生。"凡考先秦秦汉经典,论及"人"是"十月乃成,民乃时生"者并不多见,只有《管子·水地》言"人"是"五月而成,十月而生"、《庄子·天运》曰"十月生子"与《文子·九守》曰"人受天地变化而生,一月而膏,二月血脉,三月而哒,四月而胎,五月而筋,六月而骨,七月而成形,八月而动,九月而躁,十月而生",以及《淮南子·精神训》曰"一月而膏,二月而胅,三月而胎,四月而肌,五月而筋,六月而骨,七月而成,八月而动,九月而躁,十月而生",《春秋繁露·阳尊阴卑》曰"人亦十月而生,合于天数也"、《大戴礼·易本命》曰"天一,地二,人三;三三而九,九九八十一;一主日,日数十,故人十月而生"。统言之,论"人"是"十月而生"而合于天时之说初见于战国时期,发展于西汉时期。同时,考诸《汤处于汤丘》与《汤在啻门》之义理,但见其中儒家哲学意味尤浓;所以说,今有学者将其视为道家作品,似乎并不妥切。《殷高宗问于三寿》篇记载殷高宗与三寿的对话,言政治理想与道德范畴,假借彭祖之口论涉祥、义、德、音、仁、圣、智、利和睿信之行,又言"吾勉自抑、畏以敬,夫兹(克)君子"即克己、爱民与敬天,强调治国与修身之要。《殷高宗问于三寿》篇虽貌似道家作品,但其论与儒家道德哲学却多有相合之处。

凡考,《清华大学藏战国竹简》第贰、肆、陆、柒辑凡涉儒家文献较少,姑且录而不论。

2011年出版的《清华大学藏战国竹简(贰)》收有《系年》篇,是篇共分为23章,记录从西周初年至战国前期的历史,凡记诸事多不见于传世文献,或对订正《左传》《国语》《史记》诸书有参考价值。

2014年出版的《清华大学藏战国竹简(肆)》收有《筮法》《别卦》与《算表》。《筮法》篇记述占筮的原理和方法,属于蓍草占筮,强调数字卦,如"八""五""九""四"有爻象,其数字卦系骈列两组六爻卦即四个三爻卦,其阳爻以"一"表示,少数作"九""五",阴爻以"六"表示,少数作"八""四"。较之,《筮法》篇曰"各当其卦,乃力(扐)占之,占之必力(扐),卦乃不忒"与

《周易·系辞上》曰"大衍之数五十,其用四十有九,分而为二以象两,挂一以象三,揲之以四以象四时,归奇于扐以象闰。五岁再闰,故再扐而后挂"多有相通之处。而且,《筮法》篇八经卦卦名、卦序与今存辑本《归藏》大体相同,《别卦》篇具有与《归藏》密合之特点。①

2016 年出版的《清华大学藏战国竹简(陆)》收有《郑武夫人规孺子》《郑文公问太伯》《子产》《管仲》与《子仪》②,诸篇内容凡涉春秋时期郑国、齐国、秦国与楚国之史。《郑武夫人规孺子》篇记述郑武公去世至下葬前后,郑武夫人武姜等对嗣君庄公的规诫与庄公的表态。篇旨体现武姜规劝庄公汲取先君武公的治国经验,守丧期间让权于大夫老臣。强调谨慎行政、敬畏先君。是篇原无篇名,其篇名为整理者据首句之义所拟。《郑文公问太伯》篇记述太伯对郑文公的告诫,太伯陈言郑国自桓公、武公、庄公东迁启疆之史,又言昭公、厉公斗阋斩伐之事,篇旨劝诫郑文公应该追慕先君、克己节欲、任用贤良。《子产》篇言郑国名臣子产的道德修养与施政功绩,篇言子产执政之法,比如"谨信有事,所以自胜立中""勖勉求善,以助上牧民"。同时,《子产》篇又言"君人莅民有道,情以完,得位命固。臣人畏君有道,知畏无罪""君人无使,民事是使。得民,天殃不至""有道之君,能修其邦国以和民""惟能知其身,以能知其所生;知其所生,以先谋人;先谋人,以复于身。身、室、邦国、诸侯、天地固用不悖,以能成卒"。篇旨大义强调"昔之圣君,取仪于身,勉以利民,民用信之",隐约可见儒家所言修身、齐家、治国至平天下之理路,其语言颇具儒学气息。《管仲》篇记述齐桓公与管仲的问答,凡十二组问答,篇言君子重学、施政有道(设承、立辅、敛之三、敷之以五、其阴则三、其阳则五)、"是则事首,惟邦之宝""正五纪、慎四称、执五度、修六政",篇旨强调"和民以德,执事有恪""执德如悬,执政如绳""好义秉德,有扞不懈,为民纪纲,四国和同",要言治国有道、为政以德。《管仲》篇与今存《管子》之文相合,但其大义与先秦儒家政治哲学亦多相通,故录于此。《子仪》篇记载殽之战失利后的秦穆公放归楚人子仪并作歌诗,歌曰"迟迟兮委委,何徒佥所游,又步里謱謰也""漳水兮远望,逆视挞祸。汧兮瀸瀸,渭兮滔滔。杨柳兮依依,其下之浩浩。此

---

① 参见李学勤主编:《清华大学藏战国竹简(肆)》,中西书局 2014 年版,第 75—127 页。

② 参见李学勤主编:《清华大学藏战国竹简(陆)》,中西书局 2016 年版,第 103—145 页。

惕之伤痛,是不扞而犹,协是尚求,怵惕之作,处吾以休,赖子是救",楚乐和之曰"鸟飞兮渐永,余何赠以就之。远人兮离宿,君有潜音,余谁使于告之? 强弓兮挽其绝也,赠追而及之。莫往兮何以置音? 余畏其忒而不信,余谁使于协之? 昔之腊兮余不与,今兹之腊余又不与,施之绩兮而愦之职,任之不成,吾何以祭稷"。歌诗譬喻、隐喻并用,其义幽隐晦涩,隐约可见秦穆公与楚人子仪各自所表达的政治诉求,秦人歌诗希望子仪行别"迟迟兮委委""杨柳兮依依",秦人面对内外交困的时局而有欲修秦楚之好的美意;楚人歌诗以譬喻表明"鸟飞兮渐永,余何赠以就之;远人兮离宿,君有潜音,余谁使于告之",则见身为阶下囚的子仪别意如飞鸟,去意明晰而决绝。《子仪》篇中诗句与《诗经·小雅·采薇》曰"昔我往矣,杨柳依依"有相通之处。

2017 年出版的《清华大学藏战国竹简(柒)》收有《子犯子馀》《晋文公入于晋》《越公其事》《赵简子》[①]。其中,《子犯子馀》与《晋文公入于晋》记载晋文公重耳流亡时的经历以及他借秦返国、整顿内政、一战而霸的史事。《赵简子》篇认为国君应该以俭得政,因为以奢失政。《越公其事》篇详述勾践兵败的十年生聚、十年教训,实施好农、好信、征人、好兵、饬民之"五政",重新崛起,最终灭吴。

四、"长沙马王堆帛书"学案

1973 年,湖南长沙马王堆 3 号汉墓出土的帛书(简称"长沙马王堆帛书")中有《周易》与《二三子问》《系辞》《衷》《要》《缪和》《昭力》《德行》《阴阳五行》诸篇。帛书《周易》[②]分经与传,其六十四卦完整,帛书《周易》与今传世本《周易》诸卦名有别。参见下表:

帛书《周易》与传世本《周易》卦名对照表

帛书《周易》卦名	传世本《周易》卦名	帛书《周易》卦名	传世本《周易》卦名
键	乾	少薮	小畜
川	坤	礼	履

---

① 参见李学勤主编:《清华大学藏战国竹简(柒)》,中西书局 2017 年版,第 91－151 页。

② 参见裘锡圭主编:《长沙马王堆汉墓简帛集成》(叁),中华书局 2014 年版,第 12－38 页。

帛书《周易》卦名	传世本《周易》卦名	帛书《周易》卦名	传世本《周易》卦名
夺	兑	妇	否
罗	离	嗛	谦
筭	巽	馀	豫
辰	震	簡	蛊
根	艮	林	临
赣	坎	无孟	无妄
襦	需	泰蓄	大畜
钦	咸	泰壮	大壮
掾	遯	少过	小过
潘	晋	中复	中孚
乖	睽	登	升
苟	姤	卒	萃

由表可见,帛书《周易》六十四卦分八宫排列,每宫八卦,八卦相重;八宫之序为:键宫、根宫、赣宫、辰宫、川宫、夺宫、罗宫、筭宫。帛书《周易》八宫之序大抵是按方位排序。帛书《周易》与今传世本《周易》诸卦之结构基本相同:先卦义,后六爻。但是帛书《周易》与今传世本《周易》之六爻中的文字略有不同,尽管意思相近。今传世本《周易》中有《彖》《象》《文言》《序卦》与《杂卦》,而帛书《周易》没有诸名之篇。细绎之,帛书《周易》与今传世本《周易》虽有大变化,但无本质之变。《周礼·春官·大卜》曰"太卜掌三易之法,一曰《连山》,二曰《归藏》,三曰《周易》,其经卦皆八,其别卦皆六十有四",或许,帛书《周易》是今传世本《周易》形成过程中的一个初本。

帛书《二三子问》篇问"龙之德",篇曰龙之变化"既能云变,有能蛇变,有能鱼变",化为鸟虫,"唯所欲化,而不失本刑,神能之至也""知者不能察其变,辩者不能审其美,至巧不能赢其文""圣人之立正也,必尊天而敬众,理顺五行,天地无困""圣人壹言,万世用之""时尽而止之以置身,置身而静""上《川》而下《根》。《川》也;《根》,精质也,君子之行也""能精能白,必为上客"①,篇旨大义借龙喻君,要言修身以德、为政以德;其中不少章节引用孔子之语以为证据,清晰可见其篇旨依循儒学之门径。《系辞》篇曰"天奠地痺,键川定矣。痺高已陈,贵贱立矣。动静有常,刚柔断矣。方以类冣,物以群分,吉凶生矣。在天成马,在地成刑,变化见矣""键道成男,川道成女。键知大始,川作成物。键以易,川以閒能""缘者,言如马者也。肴者,言如变者也""一阴一阳之胃道,系之者善也,成之者生也""八卦成列,马在其中矣。因而动之,教在其中矣""是故《易》也者,马。马也者,马也。缘也者,制。肴也者,效天下之动者也"等,与今传世本《周易·系辞》用词有别,其篇旨大义亦略有区别。

帛书《衷》(又称《易之义》)篇曰"天地相□,气味相取,阴阳流刑,刚柔成章""大蓄,兑而诲也""家人者,得处也。井者,得之彻也""林之卦,自谁不先瞿。观之卦,盈而能乎""归妹,以正女也""位天之道曰阴与阳,位地之道曰柔与刚,位人之道曰仁与义,兼三财两之,六画而成卦,分阴分阳,迭用柔刚,故《易》六画而为章也""《键》六刚能方,汤武之德也""《川》六柔相从顺,文之至也""《川》之至德,柔而反于方。《键》之至德,刚而能让"。又曰:"《履》也者,德之基也。《嗛》也者,德之□也。《复》也者,德之本也。《恒》也者,德之固也。《损》也者,德之修也。《益》也者,德之誉也。《困》也者,德之欲也。《井》者,德之地也。《涣》者,德制也。是故占曰:《履》,和而至;《嗛》,奠而光;《复》,少而辨于物;《恒》,久而弗厌;《损》,先难而后易;《益》,长裕而与;《困》,穷而达;《井》,居其所而迁;《涣》,□□□而救。是故《履》,以果行也;《嗛》,以制礼也;《复》,以自知也;《恒》,以一德也;《损》,以远害也;《益》,以兴礼也;《困》,以辟咎也;《井》,以辩义也;《涣》,以行权也。"②传世本《周易·系辞下》曰:"履,德之基也;谦,德之柄也;复,德之本也;恒,德之固也;损,德之修也;益,德之裕也;困,德之辨也;井,德之地也;巽,德之制也""履,和而至;谦,尊而光;复,小而辨于物;恒,杂而不厌;损,先难而后易;益,长裕而不设;困,穷而通;井,居其所而迁;巽,称而隐""履以和行,谦以制礼,复以自知,恒以一德,损以远害,益以兴利,困以寡怨,井以辩义,巽以行权"。较之,帛书《衷》与传世本《周易·系

---

① 参见裘锡圭主编:《长沙马王堆汉墓简帛集成》(叁),中华书局2014年版,第40—57页。
② 参见裘锡圭主编:《长沙马王堆汉墓简帛集成》(叁),中华书局2014年版,第87—110页。

辞下》虽有字词之异,但篇旨略同。帛书《衷》篇道天地、言阴阳、表道德、说卦旨,明显具有今传世本《周易》中的《序卦》与《说卦》之合义。

帛书《要》篇言"天地氲,万勿润,男女购请而万物成""夫子老而好《易》,居则在席,行则在囊""《易》:刚者使知惧,柔者使知刚,愚人为而不忘,做人为而去诈。文王仁,不得其志以成其虑,纣乃无道,文王作,讳而辟咎,然后《易》始兴也""《益》之始也吉,其冬也凶。《损》之始凶,其冬也吉。《损》《益》之道,足以观天地之变,而君者之事已。是以察于《损》《益》之总者,不可动以忧。故明君不时不宿,不日不月,不卜不筮,而知吉与凶,顺于天地之道也,此谓《易》道。故《易》又天道焉,而不可以日月生辰尽称也,故为之以阴阳"①。其中所言"天地氲,万勿润,男女购请而万物成"与今传世本《周易·系辞下》曰"天地絪缊,万物化醇,男女构精,万物化生"只是字词略异,要旨大同。

帛书《缪和》篇主要记述缪和、吕昌、吴孟、庄但、张射、李平与先生的问答对话,篇旨主要言天道、人道、政道与为人处世之道;篇曰"夫易,明君之用也。吾思不达问,学不上与,言而贸易,先人之道""涣者,散也。贲阶,几也;时也。古之君子时福至则进取,时亡则以让""凡天之道壹阴壹阳,壹短壹长,壹晦壹明。夫人道尤之""夫《易》,上圣之治也。古君子处尊思卑,处贵思贱,处富思贫,处乐思劳,此四者,足以长又亓立,名与天地俱"等,篇言为君之道应该劳谦,立为刑辟、赏庆爵列,指出"君子内得于心,外度于义,外内合同,上顺天道,下中地理,中适人心","聪明睿智受以愚,博闻强识守以浅,尊禄贵官守以卑,若此,故能君人"②。同时,其篇旨强调天道、人道、政道三者相通:"天之道橐高神明而好下,故万物归命焉。地之道静博以尚而安卑,故万物得生焉。耻君之道尊严睿知而弗以骄人,嗛然比德而好后。"

帛书《昭力》篇记述昭力与夫子的问答对话,探讨《易》中有无卿大夫、士、师之义,子曰"昔之善为大夫者,必敬亓百姓。士顺德忠信以先之,修亓兵甲而备之,长贤而劝之,不乘朕名以教亓人,不美卑队以安社稷";子曰"上正卫国以德,次正卫国以力,下正卫国以兵。卫国以德者,必和亓君

---

① 参见裘锡圭主编:《长沙马王堆汉墓简帛集成》(叁),中华书局2014年版,第112—119页。
② 参见裘锡圭主编:《长沙马王堆汉墓简帛集成》(叁),中华书局2014年版,第122—146页。

臣之节，不以耳之所闻，败目之所见。故权臣不作，同父子之欲，以固亓亲，赏百姓之勤，以禁讳教，察人所疾，不作苟心。是故大国属力焉，而小国归德焉。城廓弗修，五兵弗实，而天下皆服焉""师也者，人之聚也"。篇言"顺德忠信"，强调以德治国。又言"上正陲衣常以来远人，次正襄弓矢以伏天下"，强调无为而治。昭力又问《易》中有无国君之义，子曰"昔之君国者，君亲赐亓大夫，大夫亲赐既亓百官，此之胃参袑。君之自大而亡国者，亓臣厉以阴谋。君臣不相知，则远人无劝矣"，子曰"昔之贤君也，明以察乎人之欲恶，《诗》《书》以成亓虑，外内亲贤以为纪纲，夫人弗告则弗识，弗将不达，弗遂不成"①。

　　帛书《五行》篇属于子思、孟子学派之作品，要言仁、义、礼、智、圣，故谓"五行"，其文偶见《孟子》之语，其文体与《礼记·大学》相近。帛书《五行》篇曰"道者，天道也。闻君子道之志耳而知之也。……圣者，闻志耳而知其所以为口者也""金声而玉振之，有德者也。金声，善也；王言，圣也。善，人道也；德，天道也。唯有德者然后能金声而玉振之""能为一者，言能以多为一；以多为一也者，言能以夫五为一也""能为一然后能为君子""耳目鼻口手足六者，心之役也。耳目也者，说声色者也，鼻口者，说味者也。手足者，说余者也。（心）也者，说仁义者也"②。较之，帛书《五行》篇所言仁、义、礼、智、圣之"五行"与《尚书·洪范》篇所曰"五行"有区别，亦有融通。《尚书·洪范》曰："五行：一曰水，二曰火，三曰木，四曰金，五曰土""五事：一曰貌，二曰言，三曰视，四曰听，五曰思。貌曰恭，言曰从，视曰明，听曰聪，思曰睿。恭作肃，从作义，明作哲，聪作谋，睿作圣"，表明五行、五事与五德之间存在内在关联：土—思曰睿—睿作圣、金—听曰聪—聪作谋、木—视曰明—明作哲、火—言曰从—从作义、水—貌曰恭—恭作肃。战国后期，荀子批评子思与孟轲之学是"略法先王而不知其统，然而犹材剧志大，闻见杂博。案往旧造说，谓之五行，甚僻违而无类，幽隐而无说，闭约而无解"（《荀子·非十二子》），其中所言"案往旧造说，谓之五行"可能就是帛书《五行》篇所言仁、义、礼、智、圣之"五行"。统言之，若要深度理解帛书《五行》之义，应与《尚书》《荀子》《孟子》《大学》等对读互见。

①　参见裘锡圭主编：《长沙马王堆汉墓简帛集成》（叁），中华书局 2014 年版，第 148－152 页。
②　参见裘锡圭主编：《长沙马王堆汉墓简帛集成》（肆），中华书局 2014 年版，第 58－94 页。

此外，近年来出土的简帛文献所见儒家文献还有 1977 年发现的"阜阳汉简"中的《诗经》①《周易》②《春秋事语》《儒家者言》，1959 年发现的"武威汉简"中的《仪礼》(《士相见》《服传》《特牲》《少牢》《有司》《燕礼》《泰射》《丧服》)③，1973 年发现的"定州汉简"中的《论语》《儒家者言》《哀公问五义》《保傅传》，等等。只是，"郭店简"(1993 年)、"上博简"(1994 年)、"清华简"(2008 年)与"北大汉简"(2009 年)等大量儒家文献的相继集中出现，不免让人心生真伪之疑。尽管出土文献所见儒家文献为推崇"二重证据法"的学者提供了改写或重写儒学史的理由，但是出土文献的集中出现尤其是大量儒家文献的集中出现，似乎又给出土文献本身平添了几分诡异而神秘的色彩。历史地看，出土文献在某个历史节点消失或出现看似偶然，实又隐藏某种必然。出土文献所见文献版本或残简片语，尤其是与传世文献相似者，或许原本只是传世文献的不同流传版本而已。较之于出土文献而言，传世文献的有序传承与广泛传播似乎更能说明传世文献的经典性、价值性与版本权威性。

附：简帛儒家文献辑要

夫子曰：好美如好缁衣，恶恶如恶巷伯，则民咸力而型不顿。

子曰：有国者章好章恶，以示民厚，则民情不惑。

子曰：民以君为心，君以民为体。心好则体安之，君好则民欲之。故心以体废，君以民亡。

子曰：政之不行，教之不成也，则刑罚不足耻，而爵不足劝也。故上不可以亵刑而轻爵。(郭店简《缁衣》)

五行：仁形于内谓之德之行，不形于内谓之行。义形于内谓之德之行，不形于内谓之行。礼形于内谓之德之行，不形于内谓之行。智形于内谓之德之行，不形于内谓之行。圣形于内谓之德之行，不形于内谓之行。

德之行五和谓之德，四行和谓之善。善，人道也。德，天道也。君子无中心之忧则无中心之智，无中心之智则无中心之悦，无中心之悦则不

---

① 参见胡平生、韩自强著：《阜阳汉简〈诗经〉研究》，上海古籍出版社 1988 年版，第 1—35 页。

② 参见韩自强著：《阜阳汉简〈周易〉研究》，上海古籍出版社 2004 年版，第 45—86 页。

③ 参见中国科学院考古研究所、甘肃省博物馆：《武威汉简》，文物出版社 1964 年版，第 89—135 页。

安,不安则不乐,不乐则无德。

闻君子道,聪也。闻而知之,圣也。圣人知天道也。知而行之,义也。行之而时,德也。见贤人,明也。见而知之,智也。知而安之,仁也。安而敬之,礼也。圣,知礼乐之所由生也,五行之所和也。和则乐,乐则有德,有德则邦家兴,文王之示也如此。

闻道而悦者,好仁者也。闻道而畏者,好义者也。闻道而恭者,好礼者也。闻道而乐者,好德者也。(郭店简《五行》)

凡人虽有性,心亡定志,待物而后作,待悦而后行,待习而后定。喜怒哀悲之气,性也。及其见于外,则物取之也。性自命出,命自天降。道始于情,情生于性。始者近情,终者近义。知情者能出之,知义者能内之。好恶,性也。所好所恶,物也。善不善,性也,所善所不善,势也。

凡性为主,物取之也。金石之有声,弗扣不鸣,人之虽有性心,弗取不出。

凡心有志也,无与不可,性不可独行,犹口之不可独言也。牛生而长,雁生而伸,其性使然,人而学或使之也。

凡性,或动之,或逆之,或交之,或厉之,或绌之,或养之,或长之。

凡动性者,物也;逆性者,悦也;交性者,故也;厉性者,义也;绌性者,势也;养性者,习也;长性者,道也。

凡见者之谓物,快于己者之谓悦,物之设者之谓势,有为也之谓故。义也者,群善之蕝也。习也者,有以习其性也。道者,群物之道。

凡学者求其心为难,从其所为,近得之矣,不如以乐之速也。虽能其事,不能其心,不贵。求其心有为也,弗得之矣。人之不能以伪也,可知也。不过十举,其心必在焉,察其见者,情焉失哉?察,义之方也。义,敬之方也。敬,物之节也。笃,仁之方也。仁,性之方也,性或生之。忠,信之方也。信,情之方也,情出于性。爱类七,唯性爱为近仁。智类五,唯义道为近忠。恶类三,唯恶不仁为近义。所为道者四,唯人道为可道也。

门内之治,欲其逸也。门外之治,欲其制也。(郭店简《性自命出》)

鲁穆公问于子思曰:“何如而可谓忠臣?”子思曰:“恒称其君之恶者,可谓忠臣矣。”公不悦,揖而退之。成孙弋见,公曰:“向者吾问忠臣于子思,子思曰:‘恒称其君之恶者,可谓忠臣矣。’寡人惑焉,而未之得也。”成孙弋曰:“噫,善哉言乎!夫为其君之故杀其身者,尝有之矣。恒称其君之恶，未之有也。夫为其君之故杀其身者，效禄爵者也。恒称其君之恶者，远禄爵者也。为义而远禄爵，非子思，吾恶闻之矣。"（郭店简《鲁穆公问子思》）

有天有人，天人有分。察天人之分，而知所行矣。有其人，无其世，虽贤弗行矣。苟有其世，何难之有哉？舜耕于历山，陶埏于河浒，立而为天子，遇尧也。邵繇衣枲盖，冒经蒙巾，释版筑而佐天子，遇武丁也。吕望为臧棘津，战监门来地，行年七十而屠牛于朝歌，举而为天子师，遇周文也。管夷吾拘繇束缚，释械柙而为诸侯相，遇齐桓也。百里转鬻五羊，为伯牧牛，释板□而为朝卿，遇秦穆。（郭店简《穷达以时》）

唐虞之道，禅而不传。尧舜之王，利天下而弗利也。禅而不传，圣之盛也。利天下而弗利也，仁之至也。故昔贤仁圣者如此。身穷不贪，没而弗利，穷仁矣。必正其身，然后正世，圣道备矣。故唐虞之（道，禅）也。

夫圣人上事天，教民有尊也；下事地，教民有亲也；时事山川，教民有敬也；亲事祖庙，教民孝也；大学之中，天子亲齿，教民弟也；先圣与后圣，考后而甄先，教民大顺之道也。（郭店简《唐虞之道》）

忠之为道也，百工不楛，而人养皆足。信之为道也，群物皆成，而百善皆立。君子其施也忠，故恋亲附也；其言尔信，故怛而可受也。忠，仁之实也。信，义之期也。（郭店简《忠信为道》）

圣人之性与中人之性，其生而未有非志。次于而也，则犹是也。虽其于善道也亦非有怿，数以多也。及其博长而厚大也，则圣人不可由与墠之。此以民皆有性而圣人不可慕也。

天登大常，以理人伦，制为君臣之义，作为父子之亲，分为夫妇之辨。是故小人乱天常以逆大道，君子治人伦以顺天德。

是故君子之求诸己也深。不求诸其本而攻诸其末，弗得矣。

故君子所复之不多，所求之不远，窃反诸己而可以知人。是故欲人之爱己也，则必先爱人；欲人之敬己也，则必先敬人。（郭店简《成之闻之》）

尊德义，明乎人伦，可以为君。去忿戾，改恚胜，为人上者之务也。（郭店简《尊德义》）

仁为可亲也，义为可尊也，忠为可信也，学为可益也，教为可类也。（郭店简《尊德义》）

尊仁、亲忠、敬庄、归礼，行矣而无违，养心于子谅，忠信日益而不自知

也。（郭店简《尊德义》）

善者民必富，富未必和，不和不安，不安不乐。善者民必众，众未必治，不治不顺，不顺不平。是以为政者教导之取先。教以礼，则民果以劲。教以乐，则民弗德争将。教以辩说，则民艺□长贵以忘。教以艺，则民野以争。教以技，则民少以吝。教以言，则民吁以寡信。教以事，则民力啬以湎利。教以权谋，则民淫昏，远礼无亲仁。先之以德，则民进善焉。（郭店简《尊德义》）

何谓六德？圣，智也；仁，义也；忠，信也。圣与智就矣，仁与义就矣，忠与信就。作礼乐，制刑法，教此民尔，使之有向也，非圣智者莫之能也。（郭店简《六德》）

故夫夫，妇妇，父父，子子，君君，臣臣，六者各行其职，而谗谄无由作也。观诸《诗》《书》则亦在矣，观诸《礼》《乐》则亦在矣，观诸《易》《春秋》则亦在矣，亲此多也，钦此多，美此多也，道不止。（郭店简《六德》）

仁，内也。义也，外也。礼、乐，共也。内立父、子、夫也，外立君、臣、妇也。（郭店简《六德》）

夫天生百物，人为贵。人之道也，或由中出，或由外入。（郭店简《语丛一》）

仁生于人，义生于道。或生于内，或生于外，皆有之。（郭店简《语丛一》）

情生于性，礼生于情，严生于礼，敬生于严，望生于敬，耻生于望，悫生于耻，廉生于悫。（郭店简《语丛二》）

爱生于性。亲生于爱，忠生于亲。（郭店简《语丛二》）

喜生于性，乐生于喜，悲生于乐。（郭店简《语丛二》）

恶生于性，怒生于恶，胜生于怒，惎生于胜，贼生于惎。（郭店简《语丛二》）

父无恶。君犹父也，其弗恶也，犹三军之旌也正也。所以异于父，君臣不相戴也，则可已；不悦，可去也；不义而加诸己，弗受也。（郭店简《语丛三》）

《十月》善譬言。《雨亡政》《即南山》皆言上之衰也，王公耻之。《小旻》多拟，拟言不中志者也。《小宛》其言不恶，少有危焉。《小弁》《巧言》

则言谗人之害也。《伐木》实咎于期也。《天保》其得禄蔑疆矣，馔寡，德古也。《祈父》之责，亦有以也。《黄鸟》则困，天欲反其古也，多耻者其病之乎？《菁菁者莪》则以人益也。（上博简《孔子诗论》）

《鹿鸣》以乐始而会，以道交，见善而效，终乎不厌人。《兔置》其用人，则吾取以□□之故也，后稷之见贵也，则以文武之德也。吾以《甘棠》得宗庙之敬。民性故然，甚贵其人，必敬其位；悦其人，必好其所为，恶其人者亦然。《荡荡》，小人。《有兔》，不逢时。《大田》之卒章，知言而有礼。《小明》，不忠。《邶柏舟》，闷。《谷风》，鄙。《蓼莪》，有孝志。《隰有苌楚》，得而悔之也。（上博简《孔子诗论》）

凡用心之口者，思为甚。用智之疾者，患为甚。用情之至者，哀乐为甚。用身之弁者，悦为甚。用力之尽者，利为甚。（上博简《性情论》）

洞酌彼行潦，挹彼注兹，可以餴饎。岂弟君子，民之父母。洞酌彼行潦，挹彼注兹，可以濯罍。岂弟君子，民之攸归。洞酌彼行潦，挹彼注兹，可以濯溉。岂弟君子，民之攸墍。（上博简《民之父母》）

子羔曰："尧之得舜也，舜之德则诚善与？伊尧之德则甚明与？"孔子曰："均也。舜穑于童土之田，则天下之民归之如流。"子羔曰："舜之德若何，而可以得之童土之黎民也。"孔子曰："吾闻夫舜，其幼也敏，以孝侍亲，言之弗惑，宽裕温良，知时用中，畏天爱民，举贤而治，有以文而远。尧之取舜也，从诸卉茅之中，与之言礼，悦薄而顺；与之言乐，悦和而长；与之言政，悦简而行；与之言道，悦繲而和。故夫舜之德其诚贤矣，由诸畎亩之中而使，君天下而称。"子羔曰："如舜在今之世则何若？"孔子曰："亦己先王之由道，不逢明王，则亦不大使。"孔子曰："舜其可谓受命之民矣。舜，人子也，而三天子事之。"（上博简《子羔》）

君子之立孝，爱是用，礼是贵。故为人君者，言人之君之不能使其臣者，不与言人之臣之不能事其君者；故为人臣者，言人之臣之不能事其君者，不与言人之君之不能使其臣者。故为人父者，言人之父之不能畜子者，不与言人之子之不孝者；故为人子者，言人之子之不孝者，不与言人之父之不能畜子者。故为人兄者，言人之兄之不能慈弟者，不与言人之弟之不能承兄者；故为人弟者，言人之弟之不能承兄者，不与言人之兄之不能慈弟者。故曰：与君言，言使臣；与臣言，言使君。与父言，言畜子；与子言，言孝父。与兄言，言慈弟；与弟言，言承兄。反此乱也。（上博简《内

豊》)

　　颜渊侍于夫子。夫子曰："回，君子为礼，以依于仁。"颜渊作而答曰："回不敏，弗能少居也。"夫子曰："坐，吾语汝。言之而不义，口勿言也；视之而不义，目勿视也；听之而不义，耳勿听也；动之而不义，身勿动焉。"（上博简《君子为礼》）

　　天子四辟莚席，邦君三辟，大夫二辟，士一辟。事鬼则行敬，怀民则以德，断刑则以哀。朝不语内，工不语战。在道不语匿，处政不语乐，尊俎不制事，聚众不语怨，男女不语离，朋友不语分，临食不语恶。临兆不言乱，不言侵，不言灭，不言魃，不言短，故龟有五忌。临城不言毁，观邦不言丧。故见祸而为之祈，见变而为之内。时言而世行，因德而为之制，是谓中不违。所不教于师者三：强行、中敏、信言，此所不教于师也。（上博简《天子建州（甲）》）

　　王问于师尚父曰："不知黄帝、颛顼、尧、舜之道存乎？意微丧不可得而睹乎？"师尚父曰："在丹书。王如欲观之，盍斋乎？将以书视。"武王斋三日，端服、帽，逾堂阶，南面而立。师尚父曰："夫先王之书不与北面。"王西面而行，曲折而南，东面而立。师尚父奉书，道书之言曰："怠胜义则丧，义胜怠则长。义胜欲则从，欲胜义则凶。仁以得之，仁以守之，其运百世；不仁以得之，仁以守之，其运十世；不仁以得之，不仁以守之，及于身。"（上博简《武王践阼》）

　　颜渊曰："君子之内事也，回既闻命矣，敢问君子之内教也有道乎？"孔子曰："有。"颜渊："敢问何如？"孔子曰："修身以先，则民莫不从矣；前以博爱，则民莫遗亲矣；导之以俭，则民知足矣；前之以让，则民不争矣。或迪而教之，能能，贱不肖而远之，则民知禁矣。如进者动行，退者知禁，则其于教也不远矣。"（上博简《颜渊问于孔子》）

　　美后其不长，如兰之不芳。信兰其蒇也，风旱之不罔，天道其越也。稊稗之方起，夫亦适其岁也。兰有异物：容则简逸而莫之能效矣，身体动静而目耳劳矣，宅位隐下而比拟高矣。（上博简《兰赋》）

　　合德同心，尧、舜以德合德，以心合心，君臣合德于世，故其德灼然著见于四方，内外合德于世而中道立。明则保国，知贤政治，教美民服。（上博简《举治王天下》）

先王用有劝，以宾佑于上。是人斯既助厥辟，勤劳王邦王家。先人神只复式用休，俾服在厥家。王邦用宁，小民用格、能稼穑，咸祀天神，戎兵以能兴，军用多实。王用能奄有四邻远土，丕承子孙用蔑被先王之耿光。至于厥后嗣立王，乃弗肯用先王之明刑，乃维汲汲胥驱胥教于非彝。以家相厥室，弗恤王邦王家，维偷德用，以昏求于王臣，弗畏不祥，不肯惠听无罪之辞，乃惟不顺是治。（清华简《皇门》）

王若曰："祖祭公，哀余小子，昧其在位，旻天疾威，余多时假惩。我闻祖不豫有迟，余惟时来见，不淑疾甚，余畏天之作威。公其告我懿德。"祭公拜手稽首，曰："天子，谋父朕疾惟不瘳。朕身尚在兹，朕魂在朕辟昭王之所，无图不知命。"（清华简《祭公》）

周公或夜举爵酬王，作祝诵一终曰《明明上帝》："明明上帝，临下之光。丕显来格，歆厥禋盟。于饮月有盈缺，岁有歇行。作兹祝诵，万寿亡疆。"（清华简《耆夜》）

呜呼！发，祗之哉！昔微假中于河，以复有易，有易服厥罪，微无害，乃归中于河。微志弗忘，传贻子孙，至于成唐，祗备不懈，用受大命。呜呼！发，敬哉！朕闻兹不旧，命未有所延。今汝祗备毋懈，其有所由矣。不及尔身受大命，敬哉，勿淫！日不足，惟宿不详。（清华简《保训》）

"民心惟本，厥作惟叶。引其能元良于友，人乃恒淑厥心。若山厥高，若水厥深，如玉之在石，如丹之在朱，乃寔惟人。"（清华简《厚父》）

（昔者圣人之作《易》也，幽）赞于神明而生占也，参天雨地而义数也，观变于阴阳而立卦也，发挥于刚柔而生爻也，和顺于道德而理于义也。穷理尽性而至于命（也，将以顺性命之）理也。是故位天之道曰阴与阳，位地之道曰柔与刚，位人之道曰仁与义。兼三财两之，六画而成卦。分阴分阳，迭用柔刚，故易六画而为章也。天地定位，山泽通气，火水相射，雷风相薄，八卦相错。数往者顺，知来者逆，故易达数也。（长沙马王堆帛书《易之义》）

子曰：万物之义，不刚则不能动，不动则无功，恒动而弗中则亡，此刚之失也。不柔则不静，不静则不安，久静不动则沉，此柔之失也，是故《键》之："炕龙"，《壮》之"触蕃"，《姤》之"离角"，《鼎》之"折足"，《丰》之"虚盈"，五繇者，刚之失也，动而不能静者也。《川》之"牝马"，《小蓄》之"密云"，《姤》之"蹢躅"，《渐》之"绳孕"，《屯》之"泣血"，五繇者，阴之失也，静而不能动者也。是故天之义刚健动发而不息，亓吉保功也。无柔救之，不死必亡。重阳者亡，故火不吉也。地之义柔弱沉静不动，亓吉保安也。无刚救之，则穷贱遗亡。重阴者沉，故水不吉也。故武之义保功而恒死，文之义保安而恒穷。是故柔而不狂，然后文而能朕也；刚而不折，然而后武而能安也。（长沙马王堆帛书《易之义》）

《易》之义，赞始反冬以为质，六肴相杂，唯侍物也。是故亓初难知而上易知也，本难知也而末易知也。（长沙马王堆帛书《易之义》）

夫子老而好《易》，居则在席，行则在囊。（长沙马王堆帛书《要》）

子曰：易，我后其祝卜矣，我观其德义耳也。幽赞而达乎数，明数而达乎德，有仁□者而义行之耳。赞而不达于数，则其为之亚，数而不达于德，则其为之史。史巫之筮，乡之来也，始之而非也。后世之士，疑丘者，或以易乎？吾求其德而已。吾与史巫同涂而殊归者也。君子德行焉求福，故祭祀而寡也；仁义焉求吉，故卜筮而希也。祝巫卜筮其后乎？（长沙马王堆帛书《要》）

夫易，明君之用也。吾思不达问，学不上与，言而贸易，先人之道。（长沙马王堆帛书《缪和》）

凡天之道壹阴壹阳，壹短壹长，壹晦壹明。（长沙马王堆帛书《缪和》）

夫《易》，上圣之治也。古君子处尊思卑，处贵思贱，处富思贫，处乐思劳，此四者，足以长又亓立，名与天地俱。（长沙马王堆帛书《缪和》）

子曰：夫易，明君之用也。吾思不达问，学不上与，言而贸易，先人之道。不然，吾志亦愿之。（长沙马王堆帛书《昭力》）

子曰："昔之善为大夫者，必敬亓百姓。士顺德忠信以先之，修亓兵甲而备之，长贤而劝之，不乘朕名以教亓人，不美卑队以安社稷。"（长沙马王堆帛书《昭力》）

道者，天道也。闻君子道之志耳而知之也。……圣者，闻志耳而知其所以为口者也。（长沙马王堆帛书《五行》）

耳目鼻口手足六者，心之役也。耳目也者，说声色者也。鼻口者，说味者也。手足者，说余者也。（心）也者，说仁义者也。（长沙马王堆帛书《五行》）

金声而玉振之，有德者也。金声，善也；王言，圣也。善，人道也；德，天道也。唯有德者然后能金声而玉振之。（长沙马王堆帛书《五行》）

参考文献

一、著作

（汉）班固:《汉书》,北京:中华书局,1962 年。

（汉）司马迁:《史记》,北京:中华书局,1959 年。

（晋）陈寿:《三国志》,北京:中华书局,1959 年。

（南朝·宋）范晔:《后汉书》,北京:中华书局,1962 年。

（唐）杜佑:《通典》,北京:中华书局,1984 年。

（唐）房玄龄:《晋书》,北京:中华书局,1974 年。

（唐）李延寿:《北史》,北京:中华书局,1974 年。

（唐）林宝:《元和姓纂》,北京:中华书局,1994 年。

（唐）刘知幾:《史通》,北京:中华书局,1961 年。

（唐）陆德明:《经典释文》,北京:中华书局,1983 年。

（唐）欧阳询等:《艺文类聚》,上海:上海古籍出版社,1965 年。

（唐）魏徵:《群书治要》,北京:世界书局,2011 年。

（唐）魏徵:《隋书》,北京:中华书局,1973 年。

（后晋）刘昫:《旧唐书》,北京:中华书局,1975 年。

（宋）晁公武:《郡斋读书志》,上海:上海古籍出版社,1990 年。

（宋）陈淳:《北溪字义》,北京:中华书局,1983 年。

（宋）陈亮:《陈亮集》,北京:中华书局,1987 年。

（宋）陈振孙:《直斋书录解题》,上海:上海古籍出版社,1987 年。

（宋）程颢、程颐:《二程集》,北京:中华书局,2004 年。

（宋）郭茂倩编:《乐府诗集》,北京:中华书局,1979 年。

（宋）黎靖德编:《朱子语类》,北京:中华书局,1986 年。

（宋）黎立武:《中庸指归》,北京:中华书局,1998 年。

（宋）李昉等：《太平御览》，北京：中华书局，1960 年。

（宋）陆九渊：《陆九渊集》，北京：中华书局，2008 年。

（宋）罗大经：《鹤林玉露》，北京：中华书局，1983 年。

（宋）欧阳修、宋祁：《新唐书》，北京：中华书局，1975 年。

（宋）邵雍：《邵雍集》，北京：中华书局，2010 年。

（宋）王应麟：《困学纪闻》，北京：中华书局，1989 年。

（宋）张载：《张载集》，北京：中华书局，1978 年。

（宋）郑樵：《通志》，北京：中华书局，1987 年。

（宋）周敦颐：《周敦颐集》，北京：中华书局，2009 年。

（宋）朱熹：《诗集传》，北京：中华书局，2011 年。

（宋）朱熹：《四书章句集注》，北京：中华书局，1983 年。

（宋）朱熹：《周易本义》，北京：中华书局，2009 年。

（元）马端临：《文献通考·经籍考》，北京：中华书局，1986 年。

（元）脱脱等：《宋史》，北京：中华书局，1977 年。

（明）郭子章：《圣门人物志》，参见《续修四库全书》编委会编：《续修四库全书》第 512 册，上海：上海古籍出版社，2002 年。

（明）李贽：《焚书·续焚书》，长沙：岳麓书社，1990 年。

（明）刘宗周：《论语学案》，参见（清）永瑢、纪昀等：《四库全书》第 207 册，上海：上海古籍出版社，1987 年。

（明）吕元善：《圣门志》，上海：商务印书馆，1936 年。

（明）王守仁：《王阳明全集》，上海：上海古籍出版社，1992 年。

（明）王廷相：《王廷相集》，北京：中华书局，2009 年。

（明）周汝登：《圣学宗传》，参见《续修四库全书》编委会编：《续修四库全书》第 513 册，上海：上海古籍出版社，2002 年。

（清）陈立：《白虎通疏证》，北京：中华书局，1994 年。

（清）陈立：《公羊义疏》，北京：中华书局，2017 年。

（清）崔述：《崔东壁遗书》，上海：上海古籍出版社，1983 年。

（清）戴震：《戴震全书》，合肥：黄山书社，1995 年。

（清）戴震：《孟子字义疏证》，北京：中华书局，2008 年。

（清）龚自珍：《龚自珍全集》，上海：上海人民出版社，1975 年。

（清）郭庆藩：《庄子集释》，北京：中华书局，1961 年。

（清）洪亮吉：《春秋左传诂》，北京：中华书局，1987 年。

（清）黄宗羲：《明儒学案》，北京：中华书局，1985 年。

（清）黄宗羲：《宋元学案》，北京：中华书局，1986 年。

（清）焦循：《孟子正义》，北京：中华书局，1987 年。

（清）康有为：《春秋董氏学》，北京：中华书局，1990 年。

（清）康有为：《康有为全集》，北京：中国人民大学出版社，2007 年。

（清）孔广森：《大戴礼记补注》，北京：中华书局，2013 年。

（清）李道平：《周易集解纂疏》，北京：中华书局，1994 年。

（清）梁启超：《儒家哲学》，上海：上海人民出版社，2009 年。

（清）梁启超：《饮冰室合集》，北京：中华书局，1989 年。

（清）廖平：《廖平全集》，上海：上海古籍出版社，2015 年。

（清）刘宝楠：《论语正义》，北京：中华书局，1990 年。

（清）刘熙载：《艺概》，上海：上海古籍出版社，1978 年。

（清）卢文弨：《抱经堂文集》，北京：中华书局，1990 年。

（清）马瑞辰：《毛诗传笺通释》，北京：中华书局，1989 年。

（清）彭定求等编：《全唐诗》，北京：中华书局，1999 年。

（清）皮锡瑞：《今文尚书考证》，北京：中华书局，2004 年。

（清）皮锡瑞：《经学历史》，北京：中华书局，1981 年。

（清）钱大昕：《十驾斋养新录》，上海：上海书店出版社，1983 年。

（清）阮元校刻：《十三经注疏》，北京：中华书局，1980 年。

（清）苏舆：《春秋繁露义证》，北京：中华书局，1992 年。

（清）孙希旦：《礼记集解》，北京：中华书局，1989 年。

（清）孙星衍：《尚书今古文注疏》，北京：中华书局，1986 年。

（清）孙诒让：《墨子间诂》，北京：中华书局，2001 年。

（清）孙诒让：《周礼正义》，北京：中华书局，1987 年。

（清）谭翤同：《仁学》，北京：中华书局，1958 年。

（清）王夫之：《读四书大全说》，北京：中华书局，1975 年。

（清）王聘珍：《大戴礼记解诂》，北京：中华书局，1983 年。

（清）王先谦：《诗三家义集疏》，北京：中华书局，1987 年。

（清）王先谦：《荀子集解》，北京：中华书局，1988 年。

（清）王先慎：《韩非子集解》，北京：中华书局，1998 年。

（清）魏源：《魏源集》，北京：中华书局，1976年。

（清）熊赐履：《学统》，参见《续修四库全书》编委会编：《续修四库全书》第513、514册，上海：上海古籍出版社，2002年。

（清）颜元：《颜元集》，北京：中华书局，1987年。

（清）永瑢、纪昀等：《四库全书》（经部），上海：上海古籍出版社，1987年。

（清）永瑢、纪昀等：《四库全书总目提要》，北京：中华书局，1965年。

（清）俞樾：《群经平议》，上海：上海书店出版社，1988年。

（清）俞樾：《诸子平议》，北京：中华书局，1954年。

（清）张伯行：《道统录》，南京：凤凰出版社，2015年。

（清）赵尔巽：《清史稿》，北京：中华书局，1977年。

（清）钟文烝：《春秋穀梁经传补注》，北京：中华书局，1996年。

（清）朱彬：《礼记训纂》，北京：中华书局，1996年。

北京大学古文献研究所编：《全宋诗》，北京：北京大学出版社，1998年。

陈来：《古代思想文化的世界——春秋时代的宗教、伦理和社会思想》，北京：生活·读书·新知三联书店，2002年。

陈来：《古代宗教与伦理》，北京：生活·读书·新知三联书店，1996年。

陈柱：《诸子概论》，南京：江苏文艺出版社，2008年。

陈祖武：《中国学案史》，上海：东方出版中心，2008年。

程树德：《论语集释》，北京：中华书局，1990年。

程志华：《中国儒学史》，北京：人民出版社，2017年。

范寿康：《中国哲学史通论》，北京：生活·读书·新知三联书店，1983年。

范文澜：《群经概论》，石家庄：河北教育出版社，2002年。

冯友兰：《中国哲学史》，北京：中华书局，1961年。

高明：《帛书老子校注》，北京：中华书局，1996年。

顾荩臣：《经史子集概要》，北京：中国书店，1990年。

郭沫若：《十批判书》，北京：东方出版社，1996年。

韩自强：《阜阳汉简〈周易〉研究》，上海：上海古籍出版社，2004年。

何宁:《淮南子集释》,北京:中华书局,1998 年。

胡平生、韩自强:《阜阳汉简〈诗经〉研究》,上海:上海古籍出版社,1988 年。

胡朴安:《中国训诂学史》,上海:上海书店出版社,1984 年。

胡适:《中国哲学史大纲》,北京:商务印书馆,2011 年。

黄晖:《论衡校释》,北京:中华书局,2006 年。

黄宣民、陈寒鸣主编:《中国儒学发展史》,北京:中国文史出版社,2009 年。

姜广辉主编:《中国经学思想史(第二卷)》,北京:中国社会科学出版社,2003 年。

姜广辉主编:《中国经学思想史(第三卷)》,北京:中国社会科学出版社,2010 年。

姜广辉主编:《中国经学思想史(第四卷)》,北京:中国社会科学出版社,2010 年。

姜广辉主编:《中国经学思想史(第一卷)》,北京:中国社会科学出版社,2003 年。

蒋伯潜:《经与经学》,上海:上海书店出版社,1998 年。

蒋伯潜:《十三经概论》,上海:上海古籍出版社,1983 年。

蒋伯潜:《诸子学纂要》,台北:台湾正中书局,1987 年。

蒋礼鸿:《商君书锥指》,北京:中华书局,1986 年。

蒋庆:《公羊学引论》,沈阳:辽宁教育出版社,1995 年。

荆门市博物馆编:《郭店楚墓竹简》,北京:文物出版社,1998 年。

郎擎霄:《孟子学案》,上海:上海三联书店,2014 年。

劳思光:《新编中国哲学史》,桂林:广西师范大学出版社,2005 年。

黎翔凤:《管子校注》,北京:中华书局,2004 年。

李景林:《教化视域中的儒学》,北京:中国社会科学出版社,2013 年。

李威熊:《中国经学发展史论》上册,台北:文史哲出版社,1988 年。

李学勤主编:《清华大学藏战国竹简(陆)》,上海:中西书局,2016 年。

李学勤主编:《清华大学藏战国竹简(柒)》,上海:中西书局,2017 年。

李学勤主编:《清华大学藏战国竹简(叁)》,上海:中西书局,2012 年。

李学勤主编:《清华大学藏战国竹简(肆)》,上海:中西书局,2014 年。

李学勤主编：《清华大学藏战国竹简（伍）》，上海：中西书局，2015 年。

李学勤主编：《清华大学藏战国竹简（壹）》，上海：中西书局，2010 年。

梁漱溟：《东西文化及其哲学》，北京：商务印书馆，1999 年。

林忠军：《象数易学发展史》（第二卷），济南：齐鲁书社，1998 年。

林忠军：《象数易学发展史》（第一卷），济南：齐鲁书社，1994 年。

刘师培：《经学教科书》，上海：上海古籍出版社，2006 年。

刘咸炘：《刘咸炘学术论集·子学编》，桂林：广西师范大学出版社，2007 年。

柳诒徵：《中国文化史》，北京：东方出版社，2008 年。

罗国杰主编：《中国伦理思想史》（上卷），北京：中国人民大学出版社，2008 年。

吕思勉：《经子解题》，上海：华东师范大学出版社，1995 年。

马承源主编：《上海博物馆藏战国楚竹书（一）》，上海：上海古籍出版社，2001 年。

马承源主编：《上海博物馆藏战国楚竹书（二）》，上海：上海古籍出版社，2002 年。

马承源主编：《上海博物馆藏战国楚竹书（三）》，上海：上海古籍出版社，2003 年。

马承源主编：《上海博物馆藏战国楚竹书（四）》，上海：上海古籍出版社，2004 年。

马承源主编：《上海博物馆藏战国楚竹书（五）》，上海：上海古籍出版社，2005 年。

马承源主编：《上海博物馆藏战国楚竹书（六）》，上海：上海古籍出版社，2007 年。

马承源主编：《上海博物馆藏战国楚竹书（七）》，上海：上海古籍出版社，2008 年。

马承源主编：《上海博物馆藏战国楚竹书（八）》，上海：上海古籍出版社，2009 年。

马承源主编：《上海博物馆藏战国楚竹书（九）》，上海：上海古籍出版社，2012 年。

马宗霍：《中国经学史》，上海：上海书店出版社，1984 年。

蒙文通:《经学抉原》,上海:上海人民出版社,2006年。

蒙文通:《儒学五论》,桂林:广西师范大学出版社,2007年。

钱基博:《经学通志》,上海:上海古籍出版社,2011年。

钱穆:《孔子传》,北京:生活·读书·新知三联书店,2005年。

钱穆:《两汉经学今古文平议》,北京:商务印书馆,2001年。

钱钟书:《管锥编》,北京:中华书局,1986年。

裘锡圭主编:《长沙马王堆汉墓简帛集成》(叁),北京:中华书局,2014年。

裘锡圭主编:《长沙马王堆汉墓简帛集成》(肆),北京:中华书局,2014年。

任继愈主编:《中国哲学史》第二册,北京:人民出版社,1966年。

任继愈主编:《中国哲学史》第一册,北京:人民出版社,1963年。

沈善洪、王凤贤:《中国伦理学说史》上卷,杭州:浙江人民出版社,1985年。

童书业:《先秦七子思想研究》,北京:中华书局,2006年。

王葆玹:《今古文经学新论》,北京:中国社会科学出版社,1997年。

王博:《中国儒学史》(先秦卷),北京:北京大学出版社,2011年。

王国维:《观堂集林》,北京:中华书局,1959年。

向宗鲁:《说苑校证》,北京:中华书局,1987年。

肖筵父、李锦全主编:《中国哲学史》上卷,北京:人民出版社,1982年。

谢无量:《中国哲学史》,台北:台湾中华书局,1976年。

新文丰出版社编辑部:《丛书集成新编》,台北:台湾新文丰出版公司,1985年。

熊十力:《读经示要》,北京:中国人民大学出版社,2006年。

徐复观:《中国经学史的基础》,上海:上海书店出版社,2006年。

许道勋、徐洪兴:《中国经学史》,上海:上海人民出版社,2006年。

许维遹:《吕氏春秋集释》,北京:中华书局,2009年。

阎振益:《新书校注》,北京:中华书局,2000年。

杨国荣:《庄子的思想世界》,北京:北京大学出版社,2006年。

杨向奎:《宗周社会与礼乐文明》,北京:人民出版社,1997年。

余敦康：《中国哲学的起源与目标》，北京：首都师范大学出版社，2016 年。

余英时：《论天人之际——中国古代思想起源试探》，北京：中华书局，2014 年。

俞荣根：《儒家法思想通论》，南宁：广西人民出版社，1992 年。

袁行霈：《陶渊明集笺注》，北京：中华书局，2003 年。

张岱年：《中国哲学大纲》，北京：中国社会科学出版社，1982 年。

张奇伟：《亚圣精蕴——孟子哲学真谛》，北京：人民出版社，1997 年。

张锡勤、柴文华主编：《中国伦理道德变迁史稿》上卷，北京：人民出版社，2008 年。

张亚初、刘雨：《西周金文官制研究》，北京：中华书局，1986 年。

章太炎：《章太炎国学讲演录》，北京：中华书局，2013 年。

章太炎：《章太炎全集》，上海：上海人民出版社，1982 年。

中国科学院考古研究所、甘肃省博物馆：《武威汉简》，北京：文物出版社，1964 年。

中国科学院图书馆编：《续修四库全书总目提要》，北京：中华书局，1993 年。

钟泰：《中国哲学史》，沈阳：辽宁教育出版社，1998 年。

周予同：《群经概论》，长沙：岳麓书社，2011 年。

朱伯崑：《易学哲学史》，北京：昆仑出版社，2005 年。

朱剑芒：《经学提要》，长沙：岳麓书社，1990 年。

朱谦之：《老子校释》，北京：中华书局，1984 年。

朱维铮编校：《周予同经学史论》，上海：上海人民出版社，2010 年。

朱自清：《经典常谈》，昆明：云南人民出版社，2015 年。

［美］韩大伟（Honey B. David）：《中国经学史》（周代卷），唐光荣译，北京：社会科学文献出版社，2018 年。

［日］本田成之：《中国经学史》，孙俍工译，上海：上海书店出版社，2001 年。

［日］泷熊之助：《中国经学史概说》，陈清泉译，上海：商务印书馆，1941 年。

［德］马克斯·韦伯：《儒教与道教》，王容芬译，北京：商务印书馆，

1995 年。

二、论文

蔡方鹿:《论宋明理学的经学观》,《四川师范大学学报(社会科学版)》2009 年第 1 期。

柴文华:《论儒家的道德人类学思想》,《河南师范大学学报(哲学社会科学版)》2002 年第 6 期。

陈徽:《〈尚书·洪范〉的道统观和王道思想》,《中州学刊》2021 年第 1 期。

陈来:《早期儒家的德行论——以郭店楚简〈六德〉〈五行〉为中心》,《北京大学学报(哲学社会科学版)》2018 年第 2 期。

陈其泰:《公羊历史哲学的形成与发展》,《孔子研究》1989 年第 2 期。

程苏东:《"经目"释论——以经学史为论域》,《北京大学学报(哲学社会科学版)》2012 年第 6 期。

方铭:《〈孔子诗论〉第一简与〈诗序〉》,《文艺研究》2006 年第 7 期。

干春松:《儒学史的叙述与建构反思》,《学术月刊》2015 年第 11 期。

顾永新:《从〈四书辑释〉的编刻看〈四书〉学学术史》,《北京大学学报(哲学社会科学版)》2006 年第 2 期。

桂罗敏:《从正史艺文志探究儒家经典的数目变化》,《图书馆理论与实践》2008 年第 1 期。

郭齐勇:《荀子:儒学思想史上的重要开拓者》,《河北学刊》2012 年第 5 期。

过常宝:《论〈尚书〉诰体的文化背景》,《北京师范大学学报(社会科学版)》2008 年第 4 期。

黄杰:《〈上海博物馆藏战国楚竹书(八)〉补释六则》,《江汉考古》2017 年第 1 期。

黄俊杰:《论经典诠释与哲学建构之关系——以朱子对〈四书〉的解释为中心》,《南京大学学报(哲学·人文科学·社会科学)》2007 年第 2 期。

黄开国:《庄存与〈春秋〉学新论》,《哲学研究》2005 年第 4 期。

姜广辉、钟华:《经与经学》,《湖南大学学报(社会科学版)》2016 年第 1 期。

蒋重跃:《〈大学〉思想体系的中国特质——基于元典和古代诠释传统的本体论透视》,《南京大学学报(哲学·人文科学·社会科学)》2017年第5期。

金春峰:《论董仲舒思想的特点及其历史作用》,《中国社会科学》1980年第6期。

金德建:《论司马迁所见〈尚书〉中有〈分殷之器物〉》,《人文杂志》1986年第5期。

景海峰:《经典解释与"学统"观念之建构》,《哲学研究》2016年第4期。

景海峰:《经学与哲学:儒学诠释的两种形态》,《哲学动态》2014年第4期。

景海峰:《儒家学统的重建》,《社会科学研究》2017年第1期。

李畅然:《"十三经"形成暨传记升经的三类机制》,《中国典籍与文化》2018年第4期。

李景林:《论孟子的道统与学统意识》,《湖南大学学报(社会科学版)》2019年第2期。

李景林:《儒家的丧祭理论与终极关怀》,《中国社会科学》2004年第2期。

李祥俊:《儒家价值体系及其根源性转化》,《南京社会科学》2018年第11期。

李学勤:《清华简与〈尚书〉、〈逸周书〉的研究》,《史学史研究》2011年第2期。

廖名春:《楚简〈周易·大畜〉卦再释》,《清华大学学报(哲学社会科学版)》2004年第3期。

廖名春:《郭店楚简〈五行〉篇校释札记》,《中国哲学史》2001年第3期。

刘国忠:《清华简〈治邦之道〉初探》,《文物》2018年第9期。

罗检秋:《学统观念与清初经学的转向》,《清史研究》2020年第3期。

马银琴:《风、风声、风刺以及〈风〉名的出现》,《清华大学学报(哲学社会科学版)》2017年第4期。

庞朴:《孔子思想的再评价》,《历史研究》1978年第8期。

庞朴：《马王堆帛书解开了思孟五行说之谜——帛书〈老子〉甲本卷后古佚书之一的初步研究》，《文物》1977 年第 10 期。

任剑涛：《重写儒学史与古代史意识形态》，《武汉大学学报（哲学社会科学版）》2015 年第 2 期。

舒大刚：《"蜀石经"与〈十三经〉的结集》，《周易研究》2007 年第 6 期。

舒大刚：《〈十三经〉：儒家经典体系形成的历史考察》，《社会科学研究》2011 年第 4 期。

王传林：《从"六经"到"十三经"——儒家经学体系化之理路与特性考论》，（香港）《新亚论丛》第 18 期。

王传林：《孟子与庄子理想社会构想比较论》，《孔子研究》2017 年第 2 期。

王传林：《仁心、仁人至仁政——孟子的"仁"之内构及价值向度》，《船山学刊》2016 年第 2 期。

王传林：《儒家"石经"之史考论——从"石经"之史看经学体系化之路向与特征》，《孔子研究》2015 年第 5 期。

王化平：《上博简〈中弓〉与〈论语〉及相关问题探讨》，《北方论丛》2009 年第 4 期。

王辉：《理雅各布与〈中国经典〉》，《中国翻译》2003 年第 2 期。

王钧林：《从孔子到孟子的儒家"修己"思想——兼论曾子承先启后的中介性作用》，《孔子研究》1994 年第 4 期。

王铭：《论唐宋间"四书"升格为儒经的原因》，《人文杂志》2003 年第 6 期。

王士祥：《唐代科场试诗对儒家经典的接受》，《中州学刊》2015 年第 1 期。

谢金良：《〈春秋穀梁传〉风格论》，《福建论坛（文史哲版）》1999 年第 5 期。

谢乃和：《从新出楚简看〈诗经·雨无正〉的诗旨——兼论东周时期的"周亡"与"周衰"观念》，《史学集刊》2017 年第 4 期。

徐洪兴：《唐宋间的孟子升格运动》，《中国社会科学》1993 年第 5 期。

徐正英：《〈诗经〉"二南"对西周礼乐精神的传达——以出土文献为参照》，《中国人民大学学报》2015 年第 3 期。

许抗生：《〈性自命出〉、〈中庸〉、〈孟子〉思想的比较研究》，《孔子研究》2002 年第 1 期。

杨朝明：《〈论语〉成书及其文本特征》，《理论学刊》2009 年第 2 期。

杨义：《〈论语〉早期三次编纂之秘密的发明》，《文学评论》2016 年第 2 期。

姚小鸥、郑永扣：《论上海楚简〈民之父母〉的“五至”说》，《哲学研究》2004 年第 4 期。

余敦康：《先秦诸子哲学对宗教传统的继承与转化》，《文史哲》2004 年第 6 期。

余敦康：《易学与中国伦理思想》，《道德与文明》1993 年第 4 期。

詹世友：《先秦儒家道德教化的不同范型之分析》，《哲学研究》2008 年第 2 期。

詹子庆：《先秦礼学研究刍议》，《社会科学战线》2009 年第 5 期。

张岱年：《孔子与中国文化热》，《清华大学学报（哲学社会科学版）》1986 年第 1 期。

张奇伟：《论“礼义”范畴在荀子思想中的形成——兼论儒学由玄远走向切近》，《北京师范大学学报（人文社会科学版）》2001 年第 2 期。

张祥龙：《“美在其中”的时—间性——〈尧典〉和〈周易〉中的哲理之“观”及与他者哲学的比较》，《华中师范大学学报（人文社会科学版）》2014 年第 2 期。

章权才：《中庸之道与〈中庸〉学》，《广东社会科学》2005 年第 4 期。

赵沛：《廖平的兼治三传与〈三传折中〉》，《南开学报（哲学社会科学版）》2007 年第 1 期。

赵生群、赵昌文：《三传以事解经比较》，《南京师大学报（社会科学版）》2000 年第 4 期。

郑万耕：《〈周易·象传〉及其教化观念》，《孔子研究》2013 年第 6 期。

周桂钿：《汉代公羊学传授考》，《史学史研究》1996 年第 2 期。

朱汉民：《从学统四起到理学独尊》，《社会科学战线》2020 年第 2 期。